The Stranger from Paradise

启真馆 出品

威廉·布莱克传

来自天堂的异乡人

［加拿大］小G.E.本特利 著

彭娜 陈光亚 译

"布莱克先生很少与我为伴；他总是待在天堂里。"

ZHEJIANG UNIVERSITY PRESS
浙江大学出版社
·杭州·

图书在版编目（CIP）数据

威廉·布莱克传：来自天堂的异乡人 /（加）小
G. E. 本特利著；彭娜，陈光亚译. -- 杭州：浙江大学
出版社，2025.5. --（启真·文学家）. -- ISBN 978-7-
308-25991-0

Ⅰ. K835.615.6

中国国家版本馆CIP数据核字第2025N3X625号

威廉·布莱克传: 来自天堂的异乡人

［加］小 G. E. 本特利 著 彭娜 陈光亚 译

责任编辑	伏健强
文字编辑	赵文秀
责任校对	赵 珏
装帧设计	周伟伟
出版发行	浙江大学出版社
	（杭州市天目山路148号 邮政编码310007）
	（网址：http://www.zjupress.com）
排 版	北京楠竹文化发展有限公司
印 刷	北京天宇万达印刷有限公司
开 本	635mm×965mm 1/16
插 页	56
印 张	48
字 数	742千
版 印 次	2025年5月第1版 2025年5月第1次印刷
书 号	ISBN 978-7-308-25991-0
定 价	158.00元

致 B. B. B.

图 1　皮卡迪利大街教区圣詹姆斯教堂

　　由克里斯托弗·雷恩爵士设计。1757年，威廉·布莱克在此受洗。

图 2　皮卡迪利大街圣詹姆斯教堂内的洗礼池

　　由格林林·吉本斯设计。威廉·布莱克及兄弟和妹妹均在其中受洗。

图 3 《基督施洗》(水彩画,31.9 厘米 ×38.4 厘米,1805,巴特林第 485 项)

　　圣灵降临到基督的身上,基督正伸手从一只雕花的大理石圣水池中掬水,为怀中的婴儿施洗。一对年轻的夫妇,带着两个跪着的儿童站在一侧(与 1757 年的布莱克家庭相似),在他们身后站着几位长者(或赞助人),也在注视着这一幕。另一侧还有其他带着婴儿前来受洗的父母。

图 4A 和 4B 《弥尔顿：诗一首》(B本)图版 29 和图版 33（彩色凸版蚀刻画，约 1804—1811）

画幅分别是 16.0 厘米 ×11.2 厘米和 14.0 厘米 ×10.8 厘米，表现"威廉"（William）与"罗伯特"（Robert）接受弥尔顿的神启的场景。弥尔顿在画中表现为落在他们脚前的一颗星星。"威廉"的这幅画在布莱克为《约伯记》创作的第 20 幅插图中再次出现，图中的撒旦显现在（跌倒的农夫的上方），正准备谋害约伯的儿子。

图 5 《大红龙与海上来的兽》(水彩画，40.1 厘米 ×35.6 厘米，约 1803—1805，巴特林第 521 项)

威廉·布莱克创作，其画中的形象来自《启示录》13 章 1—2 节，表现的是俗世权力和宗教权威的魔力。

图 6 《撒旦因夏娃而狂喜》（彩色版画，42.5 厘米 × 53.2 厘米，约 1795，巴特林第
292 项）

表现的是毒蛇撒旦与夏娃交媾的场景。相似的交媾场景，请参见《夏娃的诱惑与堕落》
（见图 106）。

图7　圣詹姆斯教区，金色广场，布罗德大街28号

　　1757年布莱克出生于此。三岁时，他曾在窗口看见上帝探过头来。1752—1812年，他的父亲和哥哥一直在这里经营着一间袜类和缝纫用品商店，在临近布罗德大街（朝右）和马歇尔大街的橱窗中展示各种商品。1809—1810年，布莱克也在这里开了个人画展。请注意，面朝马歇尔大街的窗户，因为要规避皮特窗户税，都用砖封堵了起来。可惜的是，这些建筑在1959年后被拆，取而代之的是一座很碍眼的大厦，名为布莱克大楼。

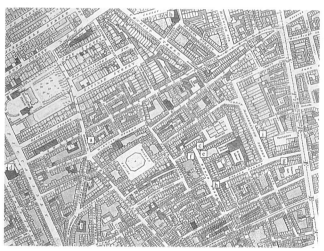

图8　威斯敏斯特圣詹姆斯教区（北与牛津街交界，南望泰晤士河）

　　取自《伦敦与威斯敏斯特、萨瑟克区及相邻区域平面图（详细到户）》，此为原图的四分之一角，图幅为B2（53厘米×59.5厘米），由32块雕版拼合而成，于1792年6月22日印刷。原图由R.霍伍德绘制，于1792—1799年在伦敦出版发行。此图显示：（a）格拉斯豪斯街，詹姆斯·布莱克于1744—1753年在此居住；（b）圣乔治礼拜堂，汉诺威广场，凯瑟琳·莱特在此先后于1746年和1752年分别与托马斯·阿米蒂奇和詹姆斯·布莱克结婚；（c）布罗德大街28号，上图所示的缝纫用品店原址，詹姆斯和凯瑟琳·布莱克在此养育他们的孩子；（d）圣詹姆斯教堂，皮卡迪利大街，1753—1764年，布莱克家的孩子们先后在此受洗；（e）布罗德大街27号，布莱克和詹姆斯·帕克于1784—1785年在此开设印刷店；（f）布罗德大街29号，1784—1793年，布莱克的哥哥约翰居住于此；（g）波兰大街28号，布莱克和凯瑟琳于1785—1790年在此居住；（i）大万宝路街（在牛津街与摄政街之间），布莱克的赞助人托马斯·巴茨居住于此。

图 9 《摇篮曲》（凸版蚀刻的电铸版，11.3 厘米 ×7.2 厘米，1789）

　　取自《天真之歌》（《天真与经验之歌》的图版 16）。电铸版由 16 块蚀板组成，是为亚历山大·吉尔克里斯特所著的《威廉·布莱克传：无名画家》（1863）一书制作的《天真之歌》与《经验之歌》的 16 块铜版的电铸复制品。后来，原始铜版遗失了。

　　电铸版（现存菲茨威廉博物馆）以吉尔克里斯特的蚀板为底版制作而成，不久之后，吉尔克里斯特的这些电铸版也毁掉了。电铸工艺是机械过程，电铸版的表面是对原作忠实的复制，因此无法区分从电铸版制出的版画和凯瑟琳和布莱克二人制作的版画。当然，铜版显示的图像和文本都是反的。

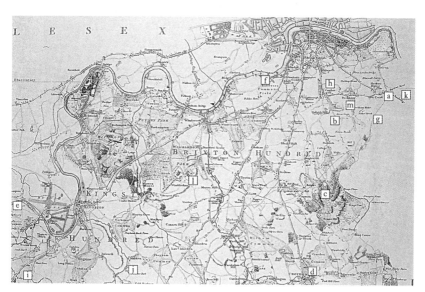

图 10 《萨里郡地图》

该地图由约瑟夫·林德利与威廉·克罗斯利据其在 1789 年和 1790 年所做的调查绘制而成，由 H. 贝克版刻（伦敦，1793 年 4 月 13 日），是一幅由四张图拼接而成的地图，每一部分的尺寸是 42 厘米×55.7 厘米，但这里复制的部分（第 2 张纸的大部分）仅 27 厘米×40 厘米。

吉尔克里斯特写道："挑个晴朗的日子，走上一天，……从东南出发到达 [a] 布莱克希思，或者往西南方走，翻过 [b] 达利奇和 [c] 诺伍德的小山丘，穿过古老淳朴的 [d] 克罗伊登小镇……来到 [e] 泰晤士河畔绿草茵茵的沃顿；很多时候都是穿行于小巷和小径。"这么长的远足线路很可能还包括了《弥尔顿》和《耶路撒冷》中提到的附近的许多地方：[f] 巴特西，[g] 布罗克利丘陵，[h] 坎伯韦尔，[i] 伊舍，[j] 莫尔登，[k] 射手山，[l] 温布尔登，以及 [m] 碧根莱，在这里布莱克看到了一棵满是天使的树。

图 11　威廉·温·赖兰的肖像
（点刻椭圆版画，1768）

　　由 D. P. 帕里塞特根据法国画家彼得·法尔科内创作的画像版刻而成。威廉·温·赖兰是当时备受追捧的点刻版刻师与画家。1774 年，时年 14 岁的布莱克在看到他的脸时，预言"他将来会被绞死"。1783 年，布莱克的预言应验了。布莱克可能之前就曾见过这幅肖像画，因为这幅画就放在彼得·法尔科内的店内代售。店铺位于布罗德大街的卡纳比市场内，离布莱克住的地方很近。

图 12　詹姆斯·巴西尔的肖像

　　布莱克的师傅詹姆斯·巴西尔，生于 1720 年 10 月 6 日，卒于 1802 年 9 月。他是一个古文物线雕版刻师。选自约翰·尼科尔斯创作的《18 世纪的文学逸事……》第九卷（伦敦：为作者本人留样而印刷，1815 年）的卷首插画。

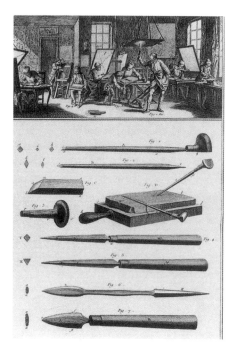

图 13 准备铜版画

《科学、人文艺术、机械艺术纲要（含解释）》第五卷（巴黎：布莱森，大卫，勒布雷顿，1767）。为狄德罗和达朗贝尔所编《百科全书》凹版印刷插图：图1，给铜版打蜡；图1重复，用大蜡烛熏铜版，铜版又大又重，无法一只手拿着，因此从天花板吊下来；图2（左），往蚀板上倒蚀液；图3（中），版刻——"g"就是他正在临摹的图画；图4，等待酸液腐蚀；图5，倒出酸液；图6（左），用刻刀版刻——铜版放在一个垫子上面；图7（右下），敲掉弄错的地方。D是块油石。

图 14 印刷铜版画

《科学、人文艺术、机械艺术纲要（含解释）》第七卷（巴黎：布莱森，大卫，勒布雷顿，1769）。为狄德罗和达朗贝尔所编《百科全书》凹版印刷插图。本场景再现了：图a：给铜版涂油墨，下方有火烤；图b：用手掌根拂拭凹雕，仅在蚀板凹处留下油墨；图1：大型木制印刷机；图2：着墨后的铜板，铺上纸张，放在平台上，用力压巨大的横杆，使滚筒碾过平台上着墨的铜版和纸张；图3：印刷商的桌子上，放着几幅版画。注意：在接近屋顶的地方牵了根绳子，版画都晾在绳子上风干，另外，请注意这里没有人工照明。

关于这种印刷工艺流程的图片更早见于1645年亚伯拉罕·博斯的《论凹版蚀刻》一文。从1645年到布莱克开始版刻学习的1772年，凹版印刷技术都没有太大的变化。

图 15 《亚利马太的约瑟在阿尔比恩的岩石间》（F 本）（线雕版画，25.6 厘米 × 14 厘米，约 1810，印本 2）

布莱克学徒期的版刻（1773），有改动。从米开朗琪罗的湿壁画《圣徒彼得受钉刑》里的罗马百夫长，到作为基督使徒的英格兰的受难艺术家，这一主题的嬗变，是布莱克整个艺术生涯的特色。

画作底部有一段话："1773 年威廉·布莱克根据一幅古老的意大利画版刻而成。在我们所称的黑暗世纪，这位哥特风格的艺术家，披着绵羊和山羊的皮四处流浪，修建了多座世人不配拥有的大教堂。这是世世代代基督徒的写照。米开朗琪罗画。"

图16 奥利弗·戈德史密斯
的肖像

　　由 J. 布雷瑟顿版刻。奥利
弗·戈德史密斯，诗人、小说
家、伦敦格拉布街*的卖文作家。
同时代的詹姆斯·博斯韦尔认为
这幅画"粗糙又粗俗"，少年布莱
克则认为戈德史密斯的头像"刻
画得细致入微"。

图17 詹姆斯·帕克的肖像
（铅笔素描，约1795）

　　由约翰·弗拉克斯曼创作。
詹姆斯·帕克是一个版画家，是
布莱克在学徒期的同门，俩人吵
过架（1773），后来又一起开了家
版画店（1784—1785）。他的头发
很短，适合戴假发。

———————————

* 格拉布街（Grub Street）是旧时伦敦的潦倒文人聚居地，又名"寒士街"。——编注

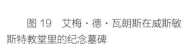

图 18 《艾梅·德·瓦朗斯（彭布罗克伯爵）纪念墓碑正面图》

艾梅·德·瓦朗斯（卒于 1296 年）在威斯敏斯特教堂里的纪念墓碑（约 1776 年，巴特林第 28 项）。布莱克学徒期为理查德·高夫的《大不列颠墓碑》第一卷（1786）所画。

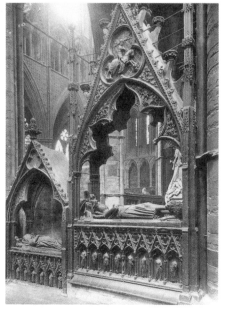

图 19 艾梅·德·瓦朗斯在威斯敏斯特教堂里的纪念墓碑

可想而知，年轻的布莱克在纪念碑顶上作画有多困难。

图 20 《上帝的儿子们在欢呼》（线雕版刻，16.6 厘米 × 10.8 厘米，1826）

布莱克的《〈约伯记〉插图集》的图版 "14"。这个设计他自认为是模仿的威斯敏斯特教堂的大西窗。1890 年，威廉·布莱克·里士满在为圣保罗大教堂穹顶作镶嵌画时，复制了该画。

在为巴茨创作的水彩画中，布莱克再次使用了这个设计，不过上帝之子只有四位；而在这幅版画中，布莱克在每个空白的地方加刻了手臂，这样上帝的儿子的数量看起来像是不确定的或者是无数的。

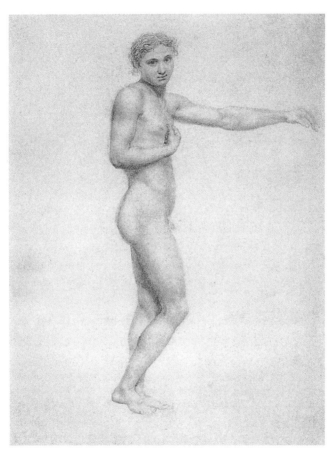

图21　一个美术学院的裸体模特（黑色粉笔，47.9厘米×37厘米，约1780，巴特林第71项）

　　他的右手伸出来搭在支撑的道具上，不过道具被画家略去了。这幅画可能是布莱克在皇家美术学院做学生时画的。当时未满21岁的学生是不允许画真人裸体模特的。杰弗里斯·凯恩斯爵士猜测，被画的人可能是罗伯特·布莱克。1780年的时候，他18岁。

图 22 《古德温伯爵之死》(钢笔和水彩画，12.7 厘米 ×18.1 厘米，约 1779，巴特林
第 60 项)

　　是布莱克在皇家美术学院展出的第一幅作品（1780）。这幅画表现了古德温伯爵与忏悔
者爱德华进餐的场景（1053 年 4 月 11 日）。当时他正在向上帝祷告，"王子（国王爱德华
的弟弟阿尔弗雷德）之死，如果与我有半点关系"，就让他窒息而亡，就在此时"一口食
物……呛到了他，惊呆了一众旁人"。

　　乔治·坎伯兰曾发文赞扬该画的构思与人物刻画。

图 23　乔治·坎伯兰的肖像（点刻版画，17.9 厘米 ×15.8 厘米）

　　由 T. 伍尔诺斯根据布里斯托尔的内森·布兰怀特创作的袖珍肖像版刻而成。这幅画在坎伯兰的《论收藏意大利学派古代版刻师佳作之用途……》（1827）中被用作卷首插图。坎伯兰与布莱克相识于 1780 年，两人一直是挚友，直至 1827 年布莱克去世。

　　这幅画的风格与菲利普斯为布莱克所作的肖像画非常相近（见图 63）。俩人都是右手肘撑着，手里拿着一支铅笔（表明是画家的身份），都穿着深色的厚领外套，打着白色的领结，马甲上挂着一条表链。相比之下，坎伯兰的打扮更加花哨，体格更加魁伟，头发没怎么梳理，看起来像是正在长方形的素描本上画画。

图 24　《火》（水彩画，31.7 厘米 ×42.8 厘米，约 1805，巴特林第 194 项）
很可能取材于布莱克在 1780 年 6 月的"戈登暴乱"中的所见所闻。

图 25　约翰·弗拉克斯曼的肖像
（自画肖像，约 1784）

他是一位志存高远的年轻雕刻家，
布莱克一生忠诚而富有耐心的朋友。
图中所示的手，看起来像是他的右手，
实际上是他的左手，因为画家是根据
镜子里看到的自己来画的。

图 26　托马斯·斯托瑟德的肖像
（铅笔素描画，17.8 厘米 ×14 厘米）

由约翰·弗拉克斯曼创作。斯托
瑟德是极其高产的书籍插图画家，布
莱克曾经版刻过他的画。两人的友谊
从 1780 年左右开始，1807 年结束。二
人在乔叟的坎特伯雷朝圣故事的绘画
构思上产生了很大的分歧，从而导致
决裂。

图 27 《阿普诺城堡野炊被捕记》(蚀刻,约 1780)

　　由托马斯·斯托瑟德构思绘画并版刻(根据他的儿子阿尔弗雷德提供的信息),或者是由布莱克蚀刻的(根据凯瑟琳·布莱克提供的信息)。不过,后者的可能性不大。留心看这里有个正在写生的画家,一顶帽子(它的主人没有出现在画面里)——看守他们的哨兵也没有画进图中。

图 28 《正午》（线雕作品，50.3 厘米 × 40.6 厘米，1738）

　　由威廉·霍格思创作，取自《一日四时》。表现的是霍格巷的法国小教堂。教堂会众穿着镶了金边的，样式简单的连帽黑袍，在周日做完礼拜后于 12 点 30 分离开教堂。他们与周围的英国邻居形成了强烈的对比。

图 29 《快乐的日子》(B 本)(彩色版画, 27.2 厘米 ×20.1 厘米, 1795)
这幅画最初完成于 1780 年。

图 30 《罗莎蒙德的堕落》(线雕作品,圆形,直径 15.35 厘米,1783)

　　由托马斯·斯托瑟德设计,布莱克版刻,托马斯·麦克林为此画支付了布莱克 80 英镑的酬金。

图31A　A. S. 马修的肖像（素描画，约1784）

由约翰·弗拉克斯曼创作。马修是布莱克的赞助人，曾为他的《诗的素描》（1783）撰写过前言，不过，并无褒扬之词。

图31B　哈丽雅特·马修的肖像（铅笔素描画，1784）

由约翰·弗拉克斯曼创作。哈丽雅特·马修是 A. S. 马修的妻子，1783年，布莱克曾在她的文化沙龙上唱自己写的歌。

"她的嘴角似乎——我也说不清，有些奇怪，好像不希望你对她有什么不好的印象。"

P O E T I C A L

S K E T C H E S.

—————————

By W. B.

—————————

L O N D O N:

Printed in the Year M DCC LXXXIII.

图 32 《诗的素描》（S 本）的书名页
（22.3 厘米 × 13.9 厘米，1783）

注意：作者的姓名只标示了大写的首字母，经销商和印刷商都没有注明。该作品只在私下流传，并没有出版。

书名页的风格极其经典，是布莱克的赞助人 A. S. 马修的风格，不过，书中的诗歌充满了浪漫的情感和哥特式的神秘气息。

图 33 托马斯·泰勒的肖像
（油画，约 121.9 厘米 ×91.4 厘米，约 1812）

由托马斯·劳伦斯爵士创作。托马斯·泰勒是银行职员，数学家，柏拉图主义者，同时，也是异教徒。他教过布莱克一些欧几里得几何学，可能是《月亮上的岛屿》（约 1784）中的某个角色的原型。在这幅肖像画中，泰勒旁边放着一卷对开本的《柏拉图》，背景是古希腊的卫城，这表明泰勒是《柏拉图》（1804）的译者。

图34 《城市的裂口，战斗翌日的清晨》（水彩画，29.7厘米×46.3厘米，约1790—1795，巴特林第189项）

布莱克在皇家美术学院展出的作品（1784），这是原画遗失后重新再画的版本。1780年6月布莱克目睹了"戈登暴乱"中暴徒猛烈攻击纽盖特监狱的场景，这幅图可能是布莱克有感而作。残垣断壁和哀悼死者的妇女在布莱克的《亚美利加：一个预言》（1793）（见图35、36）中都再次出现过，一个像是战败的天使的形象也曾在《失乐园》的插图《撒旦召集他的军团》（见图103）中出现过。

图 35 《亚美利加：一个预言》（M 本）图版 1（卷首插图）（凸版蚀刻，23.4 厘米 ×
16.9 厘米，1793）

残垣断壁上盘踞着一个戴着镣铐的天使，很可能是从《城市的裂口，战斗翌日的清晨》
（见图 34）复制而来。

图 36 《亚美利加：一个预言》（M 本）图版 2（书名页）（凸版蚀刻，23.5 厘米 ×
16.7 厘米，1793）

哀悼死者的妇女，可能从《城市的裂口，战斗翌日的清晨》（见图 34）改编而来。

图 37 《约瑟的哥哥们向他下拜》（水彩画，40.3 厘米 ×56.2 厘米，约 1785，巴特林第 155 项）

1785 年在皇家美术学院展出。

图 38 《末日之路》（凸版蚀刻，29.7厘米×20.9厘米，约1787）

原作是罗伯特·布莱克画在他的笔记本中的一幅画，由布莱克蚀刻。后来布莱克又将这幅画的尺寸缩小，变成《天堂与地狱的婚姻》中的图版12、13、20、27。

图 39 《西风之神与花神》（点刻版画，椭圆形，17.4厘米×23.5厘米，1784年12月17日，第2版*）

由布莱克根据托马斯·斯托瑟德的设计版刻而成，用于帕克与布莱克合作经营的版画店，位于黄金广场的布罗德大街27号。这幅画表现了帕克与布莱克的版画店所追求的流行风格，以点刻的方式再现经典的主题，着重表现人物的情感。

---

* 在版画创作中，第2版（Sesond State）是指对原始印版进行首次修改后的版本。——编注

图 40 《正统圣餐礼》第 66—67 页（伦敦：由约翰·斯特尔特版刻，R. 韦尔与 J. 迪尼经销，[1721]）

这幅作品的版刻和印刷应该极为耗时且十分昂贵——据说是版刻在银版上。边框上四个小天使的版画与 91 幅文本加装饰图案的版画是分开印刷的，因此，每一页都需要印制两次才算完成（一次印刷边框，一次印刷文本）。注意：第 66 页上的引导字"vine"与边框重叠，表明这一页印刷了两次。

一张凸版印刷的 8 开纸上印刷 16 个页面需要印刷两次，一次印正面，一次印反面。不过，斯特尔特的 8 开本《正统圣餐礼》最少必须印 8 次（四个边框一起印刷），不过，更有可能是印刷 32 次，一页一页地印。（同样的边框也出现在第 76—77、80 页，因此，边框成套印刷的可能性不大。）

布莱克在《月亮上的岛屿》中写道，制作一本书，"所有的文字都采用版刻而不是印刷，每隔一页纸就配上一张制作好的版画"。布莱克可能想采用斯特尔特的方法来印刷，不过，他的工作量要大多了。

图 41　亨利·菲尤泽利的袖珍肖像（袖珍肖像画，4.2厘米×5.4厘米，1825）

1825年由摩西·霍顿制作，作为菲尤泽利去世的纪念物，盛放在一只镶满宝石的金盒子里，盒子上刻有"亨利·菲尤泽利 |1825年4月16日 | 我们是蠕虫，你是天生的蝴蝶（但丁语）"的字样。自1787年结识菲尤泽利，一直到他去世，布莱克都一直很仰慕他。

这幅袖珍肖像画是复制件，由摩西·霍顿自己复制，原件曾于1803年在皇家美术学院展出。1808年由摩西·霍顿版刻，1820年由R. W. 西维尔版刻。利·亨特称赞道，"栩栩如生，叹为观止……庄严高贵又豪放不羁……似乎下一秒就会从画里冲出来"。

这也是送给菲尤泽利的朋友詹姆斯·卡里克·摩尔家的礼物，当时制作了两份，这是其中的一份。1904年摩尔的女儿朱丽娅去世时，这两幅画传给了乔治·希思（版刻家族的传人），1926年又传给了乔治的儿子菲利普·希思。1947年，菲利普·希思又把两幅袖珍肖像画中稍差的一幅赠送给了牛津的阿什莫尔博物馆，而那幅更为精美的袖珍肖像画，则在1976年去世时传给了儿子约翰·希思。约翰·希思在1991年把这幅画卖给了E. B. 本特利，供小G. E. 本特利用于本传记中。

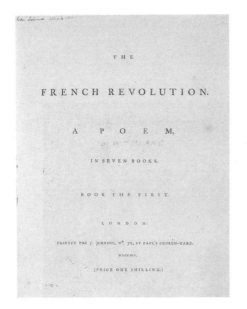

图 42 《法国大革命》的书名页（伦敦：约瑟夫·约翰逊，29.6厘米×22.2厘米，1791）

注意：布莱克的名字并没有出现在书中。出版广告称，"这首诗余下的（6本）都已经制作完成，将按所接订单的顺序出版"，但只有第一本书保存至今。这是清样。

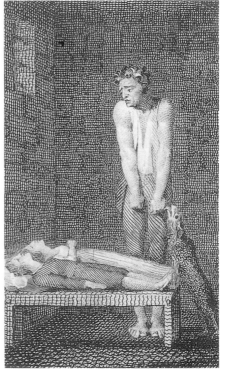

图 43 《这只狗努力吸引他的注意》（线雕作品，15.7厘米×9.2厘米）

布莱克设计并版刻。取自玛丽·沃斯通克拉夫特的《真实生活的原创故事》（1791）第24页。布莱克将玛丽充满情感的道德教化转化为不朽的名句。他在《天真之歌》（1794）的书名页上重现了这一主题（见插图19）。

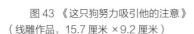

图 44 《来自卢安果的黑奴家庭》（线雕作品，18.1 厘米 × 13.4 厘米，1792）

由约翰·加布里埃尔·斯特德曼设计，布莱克版刻，是斯特德曼的《五年远征苏里南起义黑奴纪事》第二卷中的插图（1796）。注意：男人的胸前刺有首字母"J. G. S."，这与布莱克的《阿尔比恩的女儿们的异象》（1793）中的图版 4——《打上我的烙印的是黝黑的太阳的孩子》之间可能存在某种联系。

图 45 《一个黑人被活活拦腰吊在绞刑架上》（线雕作品，18.0 厘米 × 13.2 厘米，1792）

由斯特德曼设计，布莱克版刻，是斯特德曼的《五年远征苏里南起义黑奴纪事》（1796）第一卷中的插图。几乎可以肯定，斯特德曼遗失的这幅图，被布莱克进行了简化处理，并使之成为经典。

斯特德曼强烈反对残酷对待奴隶，他认为黑人在美洲为奴比在非洲当自由人要好。

图 46 《莱诺勒》的卷首插图（线雕作品，20.1 厘米 × 16.6 厘米，1796）

由布莱克设计，佩里版刻。评论家们觉得这幅图"荒唐可笑"，"男人和女人都没有皮肤"（裸体的？），充斥着"想象的事物，既不可能存在也不应该存在"。布莱克因为刻画灵魂和"想象的事物"而饱受批评，因为人们认为这些灵魂"就不应该存在"，而布莱克却认为这个世界原本就是灵魂的世界。

图 47 《以西结：我要将你眼目所喜爱的忽然取去，〈以西结书〉24 章 16 节》（线雕作品，46.4 厘米 ×50.4 厘米，1794 年 10 月 27 日，第 2 版 [1803 年之后，可能直到 1818 年才出版]）

布莱克最为震撼的线雕作品，由他本人出版。

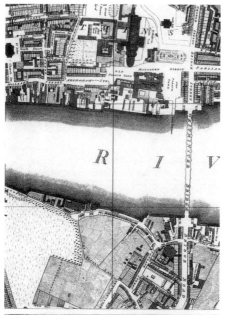

图48　威斯敏斯特，泰晤士河，兰贝斯区

R. 霍伍德的《伦敦与威斯敏斯特、萨瑟克区及相邻区域平面图（详细到户）》的局部图C3 与 D3（1799 年 5 月 24 日）。议会和威斯敏斯特教堂坐落在威斯敏斯特大桥的一侧，而在桥的另一侧，则是赫拉克勒斯公寓 13 号（即布莱克在 1790—1800 年的住址）、救济院（为女性孤儿所设，是一间济贫院）、沿河的木材场以及蔬菜农场。兰贝斯宫是坎特伯雷大主教的官邸，沿河再往下一点，不在此地图上。

图49　《赫拉克勒斯路 23 号》

兰贝斯区赫拉克勒斯公寓 13 号北面的正面图（当时叫赫拉克勒斯路 23 号）。是弗雷德里克·阿德科克的素描作品。门上方的圆形牌匾很可能还记录着布莱克自 1790—1800 年居住于此。12 个成排的烟囱顶帽，说明每个房间都装有壁炉。布莱克夫妇住的房子，屋顶铺有瓦片，宽大的窗户带有直棂，与右边邻居家的房子相比，要气派多了。

赫拉克勒斯公寓在 1928—1931 年拆除，取而代之的是一幢碍眼的大楼。

图 50 《提瑞尔死在赫拉面前》（水彩画，17.8 厘米 ×27.1 厘米，约 1789，巴特林第 198 项）

为《提瑞尔》所作的插图。注意这幅图有很多精美的细节和暗影底纹，不适合以简单的黑白凸版蚀刻进行复制。布莱克后期创作的带有预言性质的版画，绝大部分都是使用凸版蚀刻制作而成。

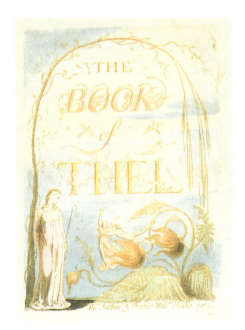

图 51 《塞尔之书》（L 本）图版 2（书名页）（彩色凸版蚀刻，15.5 厘米 ×10.7 厘米，1789）

牧羊女塞尔手里拿着曲柄手杖，站在左边，看着一个裸体的男人从花中飞出来，拥抱一个穿着衣服的女人。在他们的上方，书的标题字母从火焰般的植物、男人和天使中生长出来。而在这所有一切的上方，是一道由爬满藤蔓的柳树形成的拱门。塞尔正在向各种植物学习生命里蕴含的性知识，就像伊拉斯谟·达尔文在《植物园》（1789）第二部分"植物的爱情"中写的那样。

图 52 《天堂与地狱的婚姻》(B
本) 图版 1 (书名页) (凸版蚀刻，
15.2 厘米 ×10.3 厘米，约 1790)

注意：这里没有标明作者——当
然，许多作品印刷时都没有印上作者的
名字，也没有标注日期——后果是，布
莱克无法要求作品的版权。尽管法律规
定出版物必须印有印刷商或者出版商的
名字，这里并没有显示相关的信息。

"HEAVEN"(天堂) 字样的上方，
是光秃秃的一片，而"HELL"(地狱)
的周围却充满生机 (对比《塞尔之书》
的书名页 [见图 51])。画面的底部是
一对情侣，旁边配有标题："所有的快
乐都要被禁止吗"(WBW，第 1323 页)。

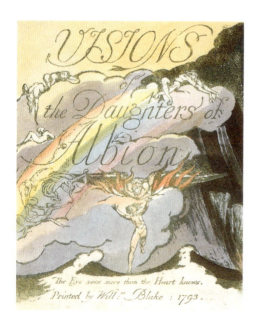

图 53 《阿尔比恩的女儿们的异
象》(E 本) 图版 2 (书名页) (彩色
凸版蚀刻，16.3 厘米 ×12.9 厘米，
1793)

少女奥松翩翩起舞，"于碧波之
上……身姿轻盈，欢欣快乐"。她的
上方是在火中饱受折磨的神 (塞奥
托蒙)。边上是身穿柔美的银装和耀
眼的金装的少女，正在彩虹里嬉戏。
这些似乎既是痛苦也是欢乐的异象。

图 54 《亘古常在者》（彩色凸版蚀刻，23.4 厘米 × 16.9 厘米，1794）

取自《欧罗巴：一个预言》（L 本）图版 1（卷首插图）。布莱克的笔记本第 96 页有这幅画的草图，并配有这首诗里的一句箴言，见图版 5 第 52 行："谁能绑住永恒"。布莱克临终前，为这幅版画的另一个副本上了色。

这可能是布莱克创造的形象中，最广为人知的一个。J.T. 史密斯称赞这幅画"雄浑壮观"，近乎"拉斐尔或米开朗琪罗的崇高之境"。

与之类似的形象出现在《失乐园》的插图《叛乱天使的溃败》（见图 104）中，图中的基督屈膝跪在太阳中。

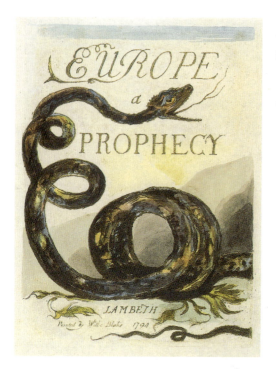

图 57 《由理生之书》（G本）图版 1（书名页）（彩色凸版蚀刻，14.9厘米×10.3厘米，1794）

在刻有文字的石头（像是墓碑或是石碑）面前，由理生一只手拿着一支鹅毛笔，将象形文字书中的"黑暗沉思的秘密"抄到他看不见的石板上。这本书的某个印本上还有题词：

哪条是正途
是左还是右

图 58 《由理生之书》（G本）图版 22（彩色凸版蚀刻，15.6厘米×10.1厘米，1794）

为了伟大的执念而饱受折磨的由理生，将自己的手腕和脚踝都锁在镣铐中。虽然如此，他的头部仍在发出神性的光。这本书的某个印本上还有题词：

冰封的门在嘲笑
这个世界，却将自己锁在折磨里

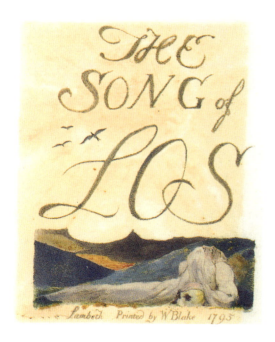

图59 《洛斯之歌》（E本）
图版2（书名页）（彩色凸版蚀刻，24.3厘米×17.2厘米，1795）

这个场景表现的可能是"亚当，一具腐烂的骨架……在伊甸园中逐渐褪色；而诺亚则像阿勒山上的雪一样洁白"。

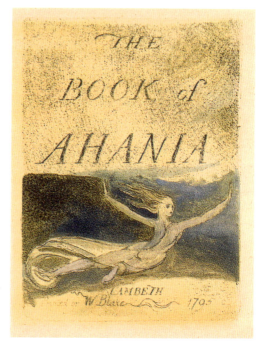

图60 《阿哈尼亚之书》（A本）图版2（书名页）（彩色印刷的凹版蚀刻，13.5厘米×9.8厘米，1795）

图 61 《洛斯之书》(A 本)图版
2(书名页)(彩色印刷的凹版蚀刻,
13.5 厘米 ×9.8 厘米,1795)

图 62 《上帝创造亚当》(彩色版画,51.5 厘米 ×57.5 厘米,1795,巴特林第 289 项)
亚当与他的造物主都饱受折磨。

图 63　威廉·布莱克的肖像

由托马斯·菲利普斯（1807）所绘，路易吉·夏芳尼缇版刻，收作布莱尔的《坟墓》
（1808）的卷首插图。菲利普斯的模特布莱克讲述了米开朗琪罗和天使长加百列的故事。菲
利普斯"听到这个离奇的故事，大为震惊，不过，他捕捉到了布莱克说话时的神情，那种专
注而带着诗意的神情，使这幅肖像画成为英国画派最杰出的代表之一"。

布莱克右手握着的这支铅笔，准确地表明了他的画家身份——为布莱尔的《坟墓》设计
插图的人；饰有褶边的衬衣和雅致的椅子错误地暗示了他是一位绅士。椅子是画室里的道
具，那件衬衣和那件不怎么合身的大衣大概也是道具。

西摩·柯卡普写道，布莱克"看起来有些走神，眼睛似乎没有聚焦。布莱尔《坟墓》中
收录的那幅肖像的问题是，他（布莱克）看起来太高了——原因是手和手臂画得太大了，和
脸不成比例"。

图64 《基督的胜利》（线雕作品，39.7厘米×33.0厘米）

这幅画表现了赤裸身体的基督，带着荣光，从石墓中飞升而出，两位带翅的天使在他面前鞠躬。

《夜思》整个系列共537幅插图，这幅水彩画被用作卷首插图，而《夜思》中《第四夜》的书名页上的插图（巴特林第330 110项）与这幅图大相径庭。这幅画的草图曾用于《瓦拉》第16、58、116页，版刻的清样用于《瓦拉》第114页。注意：本书收录的所有《夜思》的复制品在尺寸上都比原作小很多。

图 65　爱德华·扬的《夜思》(1797) 第 43 页:《第三夜》的书名页(线雕作品,41 厘米 ×32.7 厘米)

表现了纳西莎被一条衔尾蛇缠绕,大蛇把自己的尾巴咬在嘴里。制作这幅版画时还有一幅水彩画草图(巴特林第 330 79 项),表现的是一只巨蟒将一个被锁链拴住的人紧紧缠绕住,那人露出惊骇的神情。在草图中,衔尾蛇搭配的文字是:"自然周而复始"(巴特林第 330 257 项)。

图 66　爱德华·扬的《夜思》(1797) 第 73 页(线雕作品,39.7 厘米 ×31.5 厘米)

表现了圣痕"可怕的祝福"。布莱克为这幅版刻花费了不少心思,有过至少 4 次不同的修改。第 1 稿中基督的头还是侧影,而在接下来的几次修改中,他的头则稍稍转向了读者,如图所示。在水彩画(巴特林第 330 121 项)中,基督则面朝左边。

图 67 爱德华·扬的《夜思》(1797)第 63 页(线雕作品,41.3 厘米 ×32.6 厘米)

表现的是诗句"恐怖之王就是和平王子"。在水彩画(巴特林第 330 108 项)中,经卷上的题词并没有显示出什么实质的意义——从侧面看——饰有星星的一行是"死神,伟大的导师,启迪人类产生每一个高贵的思想"。

制作版画时,布莱克不知道文本(《夜思》第三卷中最后的一行)会在这页一半的地方结束,因此,他没有想到可以利用剩下的这半页纸的空间来设计自己的插图。

图 68 爱德华·扬的《夜思》(1797)第 31 页(线雕作品,40.4 厘米 ×32.1 厘米)

时间飞逝,男男女女,把经卷带给智者,告诉他"我们逝去的时光"。插图所配的诗句是:"与我们逝去的时光对话,是极为明智的,问问时光,它们把什么消息报告给了天国。"布尔沃·里顿评论道:"扬是幸运的。他的诗歌中的隐喻被人(布莱克)以插图的形式再现出来,有了实实在在的形象。得此殊荣的诗人,似乎扬是独一位。"

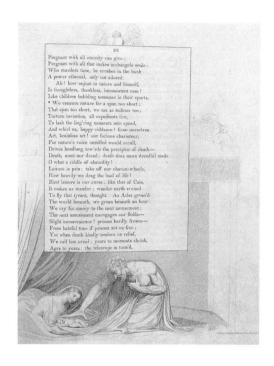

图69 爱德华·扬的《夜思》（1797）第23页（线雕作品，39.4厘米×33厘米）

一位父亲张开手掌，去丈量婴儿小小的身体，表现了诗句"我们斥责自然，给我们的生命太短"中的隐喻。在床和诗句的上方，有天使在守护着脆弱的生命。

布莱克为扬版刻的插图都刻有"创造并版刻"（"inv & sc"）的字样，下方是布莱克的签名"WB"。这些字样布莱克没有用在任何其他的版画当中，不过在一些水彩画中倒是用过（见图79）。

图70 爱德华·扬的《夜思》（1797）第46页（线雕作品，40.8厘米×32.3厘米）

表现了诗句："感觉在无拘无束地奔跑，挣脱了理性的锁链。"布莱克描绘了一个丰满年轻的裸体女人正在忘情地舞蹈，右脚踝上还留着一截儿打碎的脚镣。在她的上方，黑色的枢衣看起来马上就要将她罩住。布莱克似乎在颂扬挣脱了理性的自由。在水彩画（巴特林第330 81项）中，女人飞扬的头发长及小腿。坎宁安写道，"那些严肃又敬虔的"读者，"都被吓坏了……严肃而神圣的诗句周围竟然是战栗的裸体画像"。

这里年轻女性的形象取自《从海中升起的维纳斯》，布莱克曾让学习版刻的汤米·巴茨临摹过。汤米笔下的维纳斯几乎与《夜思》版画中的一样奔放。

图71 《接受里拉琴的品达诗人》（水彩画，16厘米×9厘米，1797，巴特林第335.1项）

为《格雷诗集》（1790）的书名页所作的插图。诗人坐在天鹅上，天鹅的脖颈处松松地拴着一条绳子。

图72 《父亲般的泰晤士河》（水彩画，16厘米×9厘米，1797，巴特林第335-316项）

根据布莱克的题词，这幅画表现了格雷的《伊顿公学远景颂》中的诗句：

父亲般的泰晤士河，你见过许多欢乐的急流

背景是温莎城堡。这幅图表达了布莱克在《天堂与地狱的婚姻》中所写的："古代诗人认为万物皆有灵性，神灵居于其间，起名称谓，并赋之以森林、河流、高山的特性。"

图 73 《许珀里翁》（水彩画，16 厘米 ×9 厘米，1797，巴特林第 335.46 项）

　　根据布莱克的题词，这幅画表现了格雷《诗歌的发展，品达式颂歌》中的诗句：“许珀里翁在行进 / 他们暗中监视 / 闪着光芒的战争的箭失。”这里的许珀里翁呈现出一种模棱两可的状态，与布莱克创作的《亘古常在者》（见图 54）很相似。“亘古常在者”也是一位威严的神，从太阳那里汲取力量。

图74A 托马斯·巴茨（时年41岁）的象牙雕袖珍肖像（椭圆形，8.4厘米×6.3厘米，1801，巴特林第376项）

布莱克在1801年9月11日的信中提到的"试图为您画的肖像"。根据布莱克的说法，此肖像经"我妹妹的手"从费尔珀姆带给了巴茨夫人。巴茨似乎身穿一件带肩章的军装，但没听说他曾有过军衔。这幅袖珍肖像的边框饰以卷曲的编发，想必是画中人的头发。显然，巴茨夫人对这幅画像的相似度持保留态度，因为1803年7月6日布莱克致信给巴茨："我认为巴茨夫人应该跟您比较像才是……我下定决心想让巴茨夫人得到一幅您的好肖像……但是这需要您本人在场，如果画家面前没有活生生的模特，每一笔每一画都是凭着记忆来勾勒，最后出来的样子跟本人肯定是有差距的。"

图74B 贝齐·巴茨（时年约50岁）的象牙雕袖珍肖像（椭圆形，8.7厘米×6.6厘米，1809，巴特林第377项）

题签为"W布莱克所绘，1809"。这幅肖像画的绘制时间比她丈夫托马斯·巴茨的晚了八年。

贝齐·巴茨的肖像画与布莱克同年为托马斯·巴茨所绘的水彩画《巴比伦的大淫妇》（见图75）之间有细微的相似之处。这颇令人尴尬，极有可能是无心之过。两幅画像都描绘了一位有点丰满、上了年纪的女性，小嘴巴，有隐约的双下巴。

图75 《巴比伦的大淫妇》（水彩画，27厘米×22.8厘米，1809，巴特林第523项）

取自《启示录》17章1—4节："巴比伦的大淫妇"，"穿着紫色和朱红色的衣服，用金子、宝石、珍珠为妆饰；手拿金杯，杯中盛满了可憎之物，就是她淫乱的污秽"；她"骑在朱红色的兽上，兽有七头十角"。

大淫妇正指挥着从她的可憎之杯里跳出来的，手拿红酒、吹着喇叭的幽灵，去煽动被海兽吞食的铁甲勇士们。

布莱克为巴茨创作了这幅画，而大淫妇的脸与贝齐·巴茨有几分相似（见图74B），这肯定不是有意为之。

图76 《士兵抓阄分基督的衣服》（水彩画，44厘米×33.5厘米，1800，巴特林第495项）

这幅画在布莱克的个人作品展（1809）上展出过。注意背景中哥特式的建筑物。蹲在地上的士兵们急切地往下看，而背景中的哀悼者则仰面朝上，望向基督，形成强烈的对比。

图 77 《以西结的车轮》（水彩画，39.5 厘米 ×29.5 厘米，约 1803—1805，巴特林第 468 项）

这幅画的底部是以西结，他在梦中看到惊奇的恢宏异象：从着火的旋风中显出"人的形象"的"四活物"，"各有四个脸面，还有……四个翅膀"，"翅膀上长满了眼睛"；"他们头以上的穹苍之上有宝座的形象……在宝座的形象以上有仿佛人的形状。""这是耶和华荣耀的形象。我一看到就俯伏在地。"（《以西结书》第 1 章）

布莱克在描绘这些"活物"时，并没有完全按照《以西结书》中所说的"脚掌好像牛犊之蹄"，也没有表现拥有人脸、狮脸、牛脸和鹰脸的四面活物形象。

图 78 《神赐福给第七日》（水彩画，42 厘米 ×35.5 厘米，约 1805，巴特林第 434 项）

圣经文本，《创世记》第 2 章，第 2—3 节，只是说"神赐福给第七日，……在这日神歇了他一切创造的工"。布莱克的这幅画并没有表现上帝的创造。相反，我们看到上帝处在发光的泪滴的形状之中，周围环绕着 6 个带翅的人形。或许，它们合在一起代表了卡巴拉哲学意义上的神的七种属性。当然，摩西五经中并没有任何描述证明上帝是多重的，也没有说是在完成了六重工作之后才歇息的。

图 79 《我看见的那位天使托手举向天堂》（水彩画，39.3 厘米 ×26.2 厘米，约 1805，巴特林第 518 项）

这幅画的底部，约翰正在书写经卷，他的上方是"大力的天使，从天降下，披着云彩。脸面像日头，两脚像火柱。他手里拿着小书卷，是展开的。他一脚踏海，一脚踏地"（《启示录》10 章 1—2 节，布莱克略去了其中的一句："头上有虹。"）。他的身后，云彩的斗篷里，是 7 个虚弱的骑手，可能是"7 个王"，他们和兽一起，要"与羔羊争战"（《启示录》17 章 10、14 节）。这幅画既忠实地再现了原作，又对原作进行了庄严的升华。画的签名在右边的角落（"inv"下面写着"WB"），与之前在《夜思》系列版画（见图 69）中的签名风格一样。

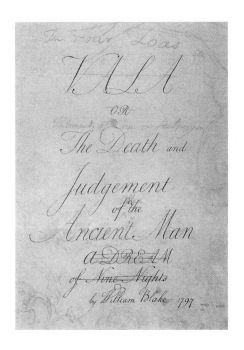

图 80 《瓦拉》(约 1796—1807)
第 1 页(钢笔加墨水,39.7 厘米 ×
31.3 厘米)

收录在这里的尺寸做了大幅的缩
小。标题"瓦拉"换成了"四天神",
"永恒之人"改成了"古人","九夜梦"
则完全删除了。

图中模糊的铅笔画表现的似乎是
最后的审判,标题下面的大地上冒出
来的一个个的人形,赤裸着身子的喇
叭手从画面的右边俯冲而下。

图 81 《瓦拉》(约 1796—1807)
第 27 页(钢笔加墨水,41.2 厘米 ×
32.4 厘米)

展现了布莱克宽大而优雅的铜版字
体。他用这种字体版刻了自己的诗歌,
每页大概刻写 16 行诗句(第 1—14、
17—18、23—30 页)。

在诗的下方,有一个长着长胡须的
骨瘦如柴的男人,他的一只手呈偶蹄
状,从他胯间出来一个丰满的裸体女
人。这个女人可能代表着"从胯间思
考"的鲁瓦(第 28 页,第 1、2 行)。

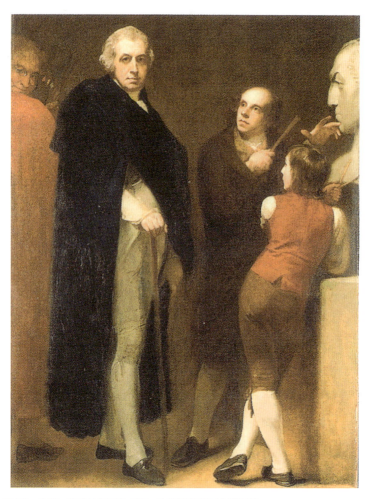

图82 约翰·弗拉克斯曼为威廉·海利雕刻的巨大半身像

　　乔治·罗姆尼创作的一幅油画。画中约翰·弗拉克斯曼（右二）正在为威廉·海利（个子高者）雕刻一尊巨大的半身像。威廉·海利的私生子托马斯·阿方索·海利（右一）站在一旁观看，他当时正在跟着弗拉克斯曼学习雕刻。画面最左边是罗姆尼。威廉·海利一副绅士的打扮，披着斗篷，穿着及膝的短腿裤，挂着拐杖，显然不是以作家的身份出现在油画中。

图 83A　托马斯·海利的肖像
（1800 年 4 月）

　　布莱克的版刻作品。弗拉克斯曼曾为威廉·海利的《论雕塑》（1800）一书制作了托马斯·海利的圆形浮雕（线雕作品，16.1 厘米 ×22.4 厘米），后由亨利·霍华德复制。布莱克又根据亨利·霍华德的复制品版刻而成。

　　1800 年 4 月，托马斯·海利得了脊柱病，这在当时是不治之症。看着奄奄一息的儿子，威廉·海利急切地想要"让亲爱的天使高兴高兴，在离去之前能亲眼见到自己的肖像"。威廉·海利看到第一份清样后，又羞又恼，极为震惊，因为霍华德的"画根本不是那么回事"。后来看到布莱克精心修改过的版本，威廉·海利才缓过来。

图 83B　托马斯·海利的肖像（41 厘米 ×50.3 厘米，1800 年秋，巴特林第 343.18 项）

　　威廉·布莱克画。这幅画与弥尔顿、亚里士多德和荷马等欧洲文学巨擘的肖像画一起，收藏在威廉·海利在费尔珀姆塔楼别墅中的图书馆里。布莱克这幅肖像画，也是想做一些弥补，因为此前为托马斯版刻肖像画时，（见图 83A）临摹了霍华德的复制品，其中有诸多不尽如人意的地方。

图84　萨塞克斯西南部的官方地形测量图（1英尺：1英里）（1813）显示费尔珀姆（a）在奇切斯特（b）东南7英里

　　布莱克的村舍在费尔珀姆南边的角落，福克斯旅馆位于临近岔路口的靠里面的角落，而威廉·海利的塔楼别墅在村子的正中间。邻近地区的大多数土地为里士满公爵所有，他在古德伍德（c）的房产在拉旺（d）的正东面。去拉旺的路，在费尔珀姆的西北面，距离大约有18千米，要穿过奇切斯特。威廉·海利和布莱克曾一起骑着"马……经过玉米地"。1801年，费尔珀姆有82栋房屋、536位居民。

　　注意费尔珀姆附近的兵营标号，东边是利特尔汉普顿（e），西边是S.伯斯特德（f）、奥尔威克（g）和塞尔西（h）。

图 85　布莱克为威廉·海利的宽幅民谣《小水手汤姆》创作的首尾两幅版画

　　两幅版画均采用凸版蚀刻工艺。上图实际尺寸为 11 厘米 ×16 厘米，下图实际尺寸为 3.5 厘米 ×12 厘米。1800 年 10 月 5 日，由福克斯通的寡妇斯派塞印刷并出售，所得收益用以接济她的几个幼儿。这是布莱克的凸版蚀刻工艺首次在另一位作者的作品上实现商业应用。凯瑟琳·布莱克用棕色和深褐色印刷了不少张，但极少有保存下来的。

图86 《酒神与他的狂欢者》（水彩画，21.8厘米×18.1厘米，约1801，巴特林第527.1项）

酒神和他那些长着兽头，满眼淫欲的狂欢者吓坏了童贞女。布莱克为约瑟夫·托马斯牧师所绘，《酒神之假面舞会》插图一套8幅，这是其中的一幅。布莱克在为托马斯·巴茨创作水彩画（约1815，巴特林第528 1项）时再次使用了这个系列图。不过，他给酒神添了一只高足杯，外加一根魔杖，删去了天空中跟随的精灵。

布莱克承接约瑟夫·托马斯等人的工作，让威廉·海利感到明显不悦。海利认为这影响了布莱克为自己的作品版刻插图的进度。

图 87 《天使向众牧羊人报喜》（水彩画，25.5 厘米 ×19.3 厘米，1809，巴特林第
538 2 项）

来自弥尔顿的《耶诞晨颂》，第 8—12 行。布莱克为约瑟夫·托马斯创作的插图。后来
给巴茨的版本（巴特林第 542.2 项），尺寸要小一些，太阳底下的人物是赤裸着的，而且看起
来更年轻，中间的两座金字塔（或帐篷）是后来添上去的。

在《神赐福给第七日》（见图 78）中，上帝被 6 个带翅的人形围绕着；在为《约伯记》
创作的插图《上帝的儿子们在欢呼》（见图 20）中也有相似的构图——上帝的儿子们都交叉
着手臂。

图 88　布莱克的自画像（铅笔淡墨素描，用了白色增亮，23.6 厘米 ×20.4 厘米，约 1803［水印是"G PINE1802"字样］，没有收入巴特林）

　　这幅奇怪的肖像，在 1974 年突然出现，画中的人物无疑是威廉·布莱克。将这幅画与菲利普斯为布莱克所绘的肖像画（见图 63）相对比，就会发现带着古怪翻领的高领大衣、白色的领结、高高的额头、锐利的双眼、弯弯的眉毛、从额头中间向两边后退的发际线，这些地方都如出一辙。当然，菲利普斯的肖像画中的人物下巴要更圆一些，嘴巴更大一些，头发也更花白一些。弗拉克斯曼画的布莱克的正脸肖像画，背面的题签是："威廉·布莱克，1804"（《布莱克档案》的卷首插图）。其着装与发型与这幅中的十分相似，不过，发量要少一些，看起来年纪更大一些，身体也更魁梧。最明显、最具有辨识性的相似之处在布莱克的《异象中的头像之在梦中教布莱克先生画油画的男性肖像》（见图 125）中，林内尔的题签是："一个男人的想象力，布莱克曾在油画等方面接受此人的教导。"那幅画中的嘴巴以及右边的眉毛，与此处布莱克的自画像简直是一个模子刻出来的。或许这幅自画像应该取名为《威廉·布莱克的精神形式》。

　　这幅画像很可能是布莱克在 1803 年左右专攻袖珍肖像画期间的作品。注意这幅画是椭圆形的，是传统袖珍肖像画的形状（如本书图 74A、74B 、90）。布莱克的这双眼睛，尤为引人注目，咄咄逼人，令人生畏。这是布莱克的自画像，"不是用肉眼看到的，而是透过眼睛看到的"样子。

图 89　威廉·考珀的肖像（线雕作品，18.4 厘米×14.3 厘米）

该肖像取自威廉·海利的《威廉·考珀先生生平遗作》（1803 年），第一卷的卷首插图。由罗姆尼于 1792 年创作，布莱克 1802 年版刻。

在这幅肖像画中，威廉·考珀看起来像是有些神经不正常，这让考珀的堂妹赫斯基思夫人感到"无比惊悚，……我觉得这幅肖像太可怕了！令人震惊！并且……我跪求你不要以如此可怖的形象再现我们那天使般的朋友……千万不要展示给公众"。她"心意已决——毫不动摇"，一定不会让这幅肖像出现在海利出版的《威廉·考珀传》里。不过，等到传记出版时，她又说，"罗姆尼画的肖像是整部传记里我最中意的地方"，倒也让布莱克和海利松了口气。

图 90　约翰尼·约翰逊（威廉·考珀的表哥）的袖珍肖像（椭圆形，9.0 厘米 ×7.8 厘米，1802 年 1 月，巴特林第 347 项）

由威廉·布莱克创作。画中的约翰尼正靠在一本书上，背景中有一座想象的哥特式教堂，说明他的志向是成为一名大教堂的修士。这幅袖珍肖像画一直由约翰逊家族保存，但是这幅画与威廉·布莱克之间的联系却被遗忘了，一直到 1955 年，才被我和我的妻子发现是布莱克的作品。

图 91 《慈祥老人之死……确实，好人的最终归宿是寿终正寝！他离开时是多么安宁！》
（蚀刻作品，27.7 厘米 ×24 厘米，1806）

布莱克在 1805 年为罗伯特·布莱尔的《坟墓》（1808）设计创作过一幅插图，本图是路易吉·夏芳尼缇在 1806 年根据这一插图蚀刻而成的。这里刻画的慈祥老人有可能是海利的老仆人威廉·梅特卡夫。这位快 80 岁高龄的老人于 1801 年 11 月 4 日去世，当时布莱克和海利正好在现场。如此看来，画中在床脚处哀恸的二人可能就是布莱克和海利。

图 92 《老鹰》（蚀刻作品，16.1 厘米 × 11.4 厘米）

由布莱克本人设计并蚀刻，为威廉·海利的《系列民谣设计》（1802 年 7 月）的第 2 首
而作的插图。海利请布莱克创作插图的初衷，一是想改善布莱克的经济状况，二是希望能借
此为他的绘画创作天赋和版刻技艺打广告，但最终一样都没有实现，落得人财两空。布莱克
因此还损失了其他委托工作的机会，譬如，为海利的《乔治·罗姆尼传》（1809）设计插图。
赫斯基思夫人在 1802 年 7 月 10 日的信中抱怨道："你那心灵手巧的朋友，根本不明白'显
出神性的人脸'为何物，看看他画的那些女人和孩子……脸上都看不到半丁点的喜悦。"《老
鹰》中的那个孩子，"脸上看不到婴童特有的可爱和美丽。我是打心眼里喜欢孩子们可可爱
爱的样子"。

图 93 《弥尔顿：诗一首》（B 本）图版 1（书名页）（彩色凸版蚀刻，16.9 厘米 ×
11.3 厘米，1804）

弥尔顿立于云彩和火焰之间，露出赤裸的背面。处于分裂状态的弥尔顿，名字也被分裂
开来，以 3 种不同方向书写的文字表现出来。

布莱克的朋友托马斯·格里菲思·温赖特对这套书的安排感到有些困惑："标题称该
诗集包括 12 册书，怎么我的这套只有 3 册呢！最后一页上写着'结语'！到底该有多少
册？""12 册"中的数字 1 蚀刻得非常清晰，但是四套仅存的版本中每一套都只有 2 册（而
非 3 册），其中的两套，封面上的"12"被改成了"2"。

底部刻写的警句"为上帝对待人类的方式正名"，巧妙地引自《失乐园》第 1 节，26 行。

图94 《弥尔顿：诗一首》（B本）
图版21（彩色凸版蚀刻，16.0厘米×
11.1厘米，约1804—1811）

这幅画再现了以下场景：布莱克
在费尔珀姆的花园里蹲下系凉鞋，这
时，洛斯从他后面的太阳中显现出来，
布莱克惊恐地转过身看向他。

图95 《弥尔顿：诗一首》（B本）
图版13（彩色凸版蚀刻，16.0厘米×
11.1厘米，约1804—1811）

这是一幅绚丽的插图，弥尔顿站在
初升的太阳面前，"脱掉了应许的外袍，
把自己从上帝的誓言中解脱出来"。

图 96　一位骑着马的皇家龙骑兵军官

取自《英国军事图书馆》（1809）第二卷。龙骑兵的军服是上身红色的大衣，下身白色的皮制马裤，脚蹬黑色长筒靴，头戴羽饰黑帽；装备的武器有一支枪管长约 66 厘米的卡宾枪，以及手枪、长剑和刺刀（视军衔等而定）。单是军官的上衣就值 10 英镑。他们的战马都是清一色的黑马，从 1799 年起，战马的尾巴都被扎起来，如图所示。

在布莱克 1803 年和 1804 年的庭审上，乔治·赫尔顿少校指控他犯有煽动叛乱罪和袭击军人罪，很可能就是以这身装束出庭的。

图 97 《马》(线雕作品, 14.8 厘米 × 9.0 厘米)

由布莱克设计并版刻，为海利的《系列民谣设计》(1805) 而作。这幅画是目前所知唯一的彩色版本，可能是由布莱克本人上色的，与布莱克的另一幅蛋彩画《马》(巴特林第 366 项) 很相似——母亲显眼的赭色头发、蓝色长裙和无沿帽，不过，版画中的蓝色要比蛋彩画中的更为饱满一些。

这匹成年的公马把骑手从马背上摔下来，吓坏了小女孩儿，但是母亲却很镇定，丝毫不为所动，(公马)"温柔驯服地立在她跟前"。

海利认为赫斯基思夫人看到布莱克的某些画作时会皱眉不悦，尤其是最后一幅——他的得意之作。赫斯基思夫人回信道："老实说，确实如你所言，那幅《马》有些怪诞！更不消说，画中的那位女士也太过镇定了吧。"但丁·加布里埃尔·罗塞蒂则认为，那匹马"绝对是在抽鼻子"。但是，这幅画描绘的是一个静止的瞬间，而不是一个戏剧性的场面。

图 98   R. H. 克罗梅克的素描肖像（素描画，1805）

  由布莱克的朋友托马斯·斯托瑟德所绘。这幅画的创作时期，很可能也就是克罗梅克委托布莱克为布莱尔的《坟墓》（1805）和乔叟的《坎特伯雷故事集》（1806）创作插图的时候。这幅画中的克罗梅克年轻热切，一副招人喜爱的样子。他前额低平，鼻梁高挺，与布莱克形成鲜明的对比（见图 63 菲利普斯创作的布莱克肖像画和图 88 布莱克的自画像）。

  素描中的模特并没有指明身份，但是画中的人物与弗拉克斯曼的一幅名为《克罗梅克先生》（BR，第 168 页有复制品）的素描肖像画别无二致。在两幅素描中，克罗梅克都是顶着一头蓬乱的头发，这说明他没有打理头发的习惯（梳理或者撒发粉）。

图 99　B. H. 马尔金的《慈父忆儿录》
卷首插图（21.7 厘米 × 14.5 厘米）

　　布莱克设计并版刻，未刊清样。所用的
纸张是海利的《系列民谣设计》（1802）中
第 19—20 页、25—26 页的空白内页。这个
1802 年的版本后来被海利的《系列民谣设
计》（1805）所替代。

图 100　B. H. 马尔金的《慈父忆儿录》
卷首插图（21.7 厘米 × 14.5 厘米）

　　最初由布莱克版刻，后经 R. H. 克罗
梅克修改，收入 B. H. 马尔金的《慈父忆儿
录》（1806）并出版。克罗梅克将这幅画略
作修改，使之更符合传统的审美：背景的暗
影，之前是由大小不一的几条光带组成，现
在统一改为一系列平整的平行线；重新润饰
了云朵和光线，让小男孩的脸朝向天堂，显
得更加天真可爱；并使用暗影，突出正中间
的肖像。

　　克罗梅克修改另一位画家的版画，可能
在旁人看来有些不同寻常。和他一起共事过
的版刻师约翰·派伊称："我敢肯定地说，
他这人做事，如果能让助手去完成的，他绝
不自己动一根手指头。"明明是别人干了大
部分的活，结果却是克罗梅克得了名声拿好
处，这样的例子还不止一件。马尔金作品的
卷首插图，作者署名从布莱克变成了克罗梅
克，背后的原因，不得而知。毋庸置疑，马
尔金对布莱克怀有深深的敬仰之情，这在他
这本书的前言中明确地表达过。

图 101 《死亡之门》（白色线雕版刻，18.6 厘米 ×11.7 厘米，1805 年 11 月）

布莱克根据自己为布莱尔的《坟墓》（1808）所设计的插图版刻而成。根据布莱尔的《坟墓》中"关于插图设计"部分的说明，画中的"大门敞开，似乎让完全的黑暗变得可见；挂着拐杖的老人，被暴风雨赶进了黑暗。画的上方是一个重生的男子，坐在光明与荣耀之中"。

从《死亡之门》的一幅画稿（巴特林第 632 项）中可以发现，画中的老人和重生的年轻人都是金字塔形墓碑上的浅浮雕，墓碑的底座上还刻有铭文，文字很多，但模糊不清。这种版刻工艺（很可能就是布莱克在笔记本第 10 页上描述的"在铜版上作木刻"），似乎特别适合用来展现"死亡之门"。

布莱克之前已经在他的笔记本第 71 页、《给孩童：天堂之门》（1793）图版 17、《死亡之门》和《亚美利加：一个预言》（1793）图版 14 使用过这幅画，他还在《天堂与地狱的婚姻》（1790）图版 21 和《亚美利加：一个预言》（1793）图版 8 中使用了重生的年轻人这一形象。

图 102 《死亡之门》（凹雕蚀刻作品，29.7 厘米 ×17.5 厘米）

　　"由 R. H. 克罗梅克于 1806 年 2 月 1 日在伦敦出版"，路易吉·夏芳尼缇根据布莱克为布莱尔的《坟墓》所设计的插图蚀刻而成。这是夏芳尼缇为布莱尔的《坟墓》所作的版画中，最早注明日期的版画清样。与布莱克就同一主题制作的版画（见图 101）不同的是，这幅版画的尺寸更大，而且是原作的镜像。最为突出的区别是，这幅画采用了传统的凹雕蚀刻，白底黑线，而不是布莱克带有实验性质的黑底白线。《死亡之门》的设计后来又被复制，用在了惠特曼的坟墓上。

图 103 《撒旦召集他的军团》(水彩画，51.8 厘米 ×39.3 厘米，1808，巴特林第 5361 项)

是布莱克为托马斯·巴茨制作的一套 12 幅水彩画中的一幅，取自《失乐园》，第一卷，第 300—334 行。这套插图是布莱克 1807 年为约瑟夫·托马斯牧师创作的一套《失乐园》插图的复制品，原作品的尺寸更小（约 25 厘米 ×21 厘米）。此前，布莱克还尝试过同一主题的"实验创作"（蛋彩画，1795—1800，巴特林第 661 项），并在 1809 年的个人画展上展出。这一主题也在他为埃格雷蒙特伯爵夫人创作的蛋彩画（约 1800—1805，巴特林第 662 项）中表现过，画中的撒旦立于山顶，身后是众多堕落的跟随者。

在这幅图中，撒旦的矛和盾就在身后，仿佛随时准备出击，蹲在右下角戴着镣铐的人物让人联想起《亚美利加：一个预言》（M 本）的卷首插图中戴着镣铐的溃败天使（见图 35）。

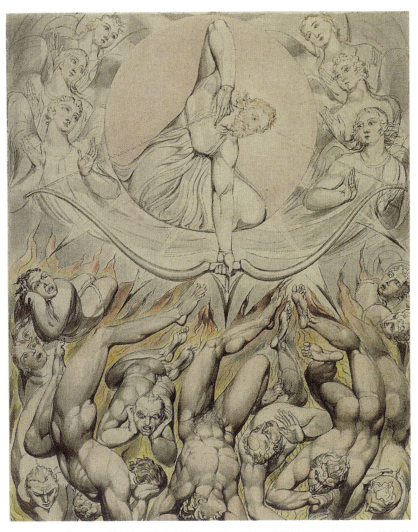

图 104 《叛乱天使的溃败》(水彩画，49.1 厘米 ×38.2 厘米，1808，巴特林第
536 7 项)

取自《失乐园》，第六卷，第 835—866 行。布莱克为托马斯·巴茨而作。在为约瑟
夫·托马斯创作的版本（巴特林第 529 7 项）中，基督在太阳中右膝下跪，可怕而有力的弓
箭朝着下方射出，与《欧罗巴：一个预言》（L 本）卷首插图中的"亘古常在者"（见图 54）
的形象十分相似。相较之下，为巴茨制作的这个版本，画面产生的不安的情绪要稍微缓和一
些，因为基督是双腿下跪的。在两个版本中，太阳都是被 6 个天使模样的人物环绕。这些形
象一起代表了卡巴拉哲学意义上的神的七种属性（见图 78）。第 2 版（给巴茨的版本）中堕
落的人物数量有所不同，人物的神情态度也有所改变，但是，这两个版本中受诅咒下地狱的
两个人物都是组成圆括号的形状，将最中间的人物围住。

图 105 《拉斐尔警告亚当和夏娃》（水彩画，49.7 厘米 ×39.7 厘米，1808，巴特林第 536 6 项）

取自《失乐园》，第五卷，第 377—385 行、443—450、512—528 行。布莱克为托马斯·巴茨而作。为约瑟夫·托马斯设计的这幅插图中的场景（巴特林第 529 6 项：《失乐园》，第五卷，第 451 行及以后各行；第七卷，第 40—59 行）在给巴茨的版本中基本被重构了。较早的版本以淡蓝色和浅灰色为主，一个带着光环的人形立在忏悔的亚当与哭泣的夏娃之间。亚当和夏娃都是站立的姿态，身上围着稀疏的无花果叶，一位头戴王冠的人射下雨点般的箭，一位被毒蛇缠绕的女子（即"罪"）倒出一瓶瓶的毒药。给巴茨的版本以浓郁的淡棕色为主，表现的是更早期的场景：亚当和夏娃还没有围上无花果叶，也还没有忏悔，拉斐尔戴着王冠，身后是两只巨大的翅膀。整幅画由百合花组成的拱形藤架构成，在稍远的背景里，毒蛇缠绕在生长禁果的树上。夏娃的背后是一张古朴的桌子，堆满了天堂里的各种果蔬，桌子的后面，各种野兽在瀑布前漫步，有大象、鸵鸟、狮群和牛群。

图 106 《夏娃的诱惑与堕落》(水彩画，49.7 厘米 ×38.7 厘米，1808，巴特林第536.9 项)

选自《失乐园》，第 9 卷，第 780—784 行。布莱克为托马斯·巴茨而作。毒蛇缠在夏娃的腰间，嘴里含着苹果，凑到夏娃唇边，犹如亲吻，夏娃则伸手托着毒蛇的脑袋。为约瑟夫·托马斯设计的版本（1807）(巴特林第 529 9 项) 基本与此相似。但在这幅图中，闪电像经过或者穿过了亚当的双手，那棵树像是由刺藤交缠而成。

在《撒旦因夏娃而狂喜》(见图 6) 中，毒蛇缠在夏娃的腰间，而在《撒旦看着亚当和夏娃亲热》(巴特林第 529 5 项：《失乐园》，第 4 卷，第 325—335 行) 中，毒蛇缠在撒旦的腰间，而夏娃的腰腹则是完全裸露的。

图 107 《坎特伯雷的朝圣者》(蚀刻清样，26.7 厘米 ×94 厘米，1809 年 11 月)

    R. H. 克罗梅克委托托马斯·斯托瑟德绘制，然后将这一画作的版刻工作委托给威廉·布罗姆利，后又交给路易吉·夏芳尼缇（卒于 1810 年），最终给了路易吉·夏芳尼缇的弟弟尼科洛（卒于 1813 年）。1812 年，克罗梅克去世后，版刻工作由詹姆斯·希思和沃辛顿接手并最终完成。这幅作品出版于 1817 年 10 月 1 日。根据斯托瑟德版的布莱尔《坟墓》（1808）插图设计的简介，"每个人的衣着都符合其特定的历史时期特点"，"绘画所表现的场景……取自去坎特伯雷的某段路，展现了达利奇群山的风景"。不过，正如布莱克在《叙录》（1809）中指出的，这"不是从萨瑟克区到坎特伯雷的路"。显然，朝圣是往西走，而不是往东。根据插图简介的说明，斯托瑟德所描绘的朝圣队伍里，有一个"金匠"。而这个金匠，按照布莱克在《叙录》中的说法，"是乔叟的原著中没有的"。

图 108 《坎特伯雷的朝圣者》（伦敦：威廉·布莱克，1810 年 10 月 8 日）第 3 稿（线雕作品，35.7 厘米 ×97 厘米）

　　由布莱克创作、版刻，很可能也是他上的色。黎明前，朝圣队伍从伦敦萨瑟克区的泰巴旅馆的庭院出发，向东骑行（跨过一条从伦敦城流出的河）。布莱克精心设计了每个朝圣者的外貌、装束和所骑马匹，使之各具特色。布莱克在《叙录》中也对此进行了说明。在朝圣队伍的最后，巴斯夫人（面容酷似巴比伦的大淫妇［见图 75］）侧坐在马上（而不是像女修道院长一样，斜坐在马鞍上），看起来很是危险。乔叟骑在马上，处在朝圣队伍倒数第二的位置，客栈主人亨利·贝利则处在队伍的中间，双手比画着，与人攀谈。而庄稼汉，排在客栈主人与巴斯夫人之间，戴着一顶宽沿圆帽，看起来与威廉·布莱克颇有几分相似。

　　布莱克在笔记本第 117 页写道，他"非常细致地刻画了""每一个人物、每一个表情，头、手和脚的每一个线条，长裙或者服装的每一个细节，……每一匹马都与骑行的人完美契合"。

图 109 《最后的审判的异象》（铅笔底稿，覆以钢笔与水彩画，51 厘米 ×39.5 厘米，1808，巴特林第 642 项）

威廉·布莱克为埃格雷蒙特伯爵夫人而作。布莱克在其他插图设计中也多次使用过这些拥挤的形象。

布莱克以水彩画的形式为以下人士创作过"最后的审判"：托马斯·巴茨（1806，1807，1809；巴特林第 639、641、645 项）；约翰·弗拉克斯曼（1806，巴特林第 640 项［如今散失］）；埃格雷蒙特伯爵夫人（1808，巴特林第 642 项）。有一幅未售出（1809，巴特林第 643、644 项）；另外还有一幅未完成的蛋彩画（1810—1827，巴特林第 648 项）是 1828 年皇家美术学院的参展作品。布莱克还为布莱尔的《坟墓》（1808）创作过《审判日》（1805）的插图。1815 年，小乔治·坎伯兰谈到皇家美术学院展出的那幅画，说"他一心扑在这幅图，直到画面跟你头顶上的圆帽一样黑——仅有的亮光还是地狱般的紫色发出来的"。

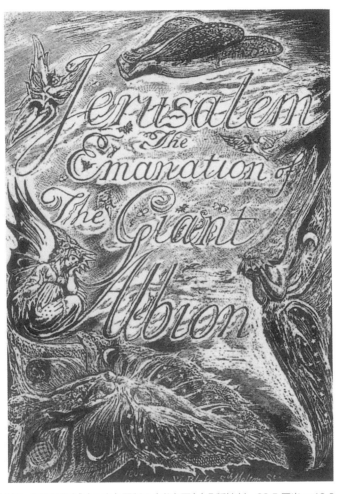

图 110 《耶路撒冷》（A 本）图版 2（书名页）（凸版蚀刻，22.5 厘米 × 16.2 厘米）

"阿尔比恩的众子中，耶路撒冷被冠以自由之名。"（《耶路撒冷》图版 26，第 54 行）

图 111 《强壮的恶人之死》（24.1 厘米 ×28.1 厘米）

布莱克在 1805 年为布莱尔的《坟墓》（1808）创作的插图，路易吉·夏芳尼缇版刻在 1806 年根据插图版刻而成。

垂死之人的灵魂从窗户往外冲，他的"女儿因恐惧而掩面……他的妻子慌慌张张地冲上前来，似乎是铁了心要随他而去"。弗拉克斯曼和克拉布·鲁宾逊都认为这是《坟墓》版画中"最震撼人心的"或称之为"最好的作品之一"。但《反雅各宾评论》称，"这幅画对自然和可能事物的处理太过骇人，令人愤慨"。鲁宾逊也说，"将灵魂的存在以人体的形状表现出来"，实在是"太过冒犯"。

弗朗西斯·杜丝在 1811 年的一个笔记本中写到类似的构图时，说道：

布莱克描绘的人物，都像是被普罗克汝斯忒斯*逮住的男游客，被强行绑到一张铁床上，一个人按着他的头绑在床的这一端，另一个人按着他的脚，强行拉到床的另一端。这样的问题，斯托瑟德、弗拉克斯曼和菲尤泽利也未能幸免。

————————

* 普罗克汝斯忒斯是古希腊传说中的一个强盗。他把游客置于自己床上，为使其适合于床的大小，要么把人的四肢拉长，要么砍短四肢。——译注

图 112 《诸神与巨人们》（25.4 厘米 × 22.8 厘米）

　　由布莱克版刻。诸神与巨人们正在搏斗，主神朱庇特（即宙斯）将一众阴险的小神从天堂里驱逐出去。取自约翰·弗拉克斯曼的《关于赫西俄德*的〈神谱〉〈工作与时日〉的习作》（1817）图版 34。这一场景与布莱克为《失乐园》创作的插图《叛乱天使的溃败》（见图104）有着明显的相似之处。

　　这些没有打上阴影的轮廓画都是点刻而成的，一行一行的小黑点，可能是临摹草画的铅笔画法。以前，布莱克都是用清晰连续的线条来版刻弗拉克斯曼的《伊利亚特》（1805）。

---

* 赫西俄德是古希腊诗人，希腊文学史中第一个有真名实姓的人物，也是第一位有社会、历史背景可考的个人作家。著有长诗《神谱》和《工作与时日》。——译注

图 113 《欢乐女神》(点刻版画，17.5 厘米 ×13.8 厘米，约 1820)

为《欢乐颂》第 13、25—28 行及第 31—36 行所配的插图，非常忠实地复制了布莱克为托马斯·巴茨（1816）所作的水彩画（16.1 厘米 ×12.1 厘米，巴特林第 543 1 项）。

在第 2 版（约 1820）中，布莱克把蚀版好好地打磨了一番，将水彩画变成了一幅引人入胜的线雕作品，并题了两句："使人忘了忧虑的嬉闹"（图中在欢乐女神头顶右上边的几个人物），"双手捧腹哈哈笑"（图中在欢乐女神左侧的人物），并且他还在底部非常轻地写下："所罗门说虚空的虚空。凡事都是虚空，有什么能比这更愚蠢。"（《传道书》1 章 2 节）

图 114 《他的东边大门的太阳》(水彩画,16 厘米 ×12.2 厘米,约 1816,巴特林第 543 3 项)

布莱克为托马斯·巴茨的《欢乐颂》设计的一套六幅画中的一幅,是为《欢乐颂》第 57—68 行所刻插图。在《欢乐颂》中,"伟大的太阳出现了,披着火焰和琥珀色的光",而且,根据布莱克对自己的插图构思的描述,"在那些较小的人物的下方是弥尔顿,旁边有榆树和青绿的山丘、庄稼汉、挤奶姑娘、磨着长柄镰刀的割草工,以及河谷山楂树下的牧羊人和他的姑娘"。

一位高贵的青年,手拿一支权杖,周围环绕飘浮着一群细小的人物。这幅水彩画再现了《撒旦在他最初的荣耀中:你是完美的,直到在你身上发现了罪孽》(约 1805,巴特林第 469 项)的场景。

图 115 《忧郁》（水彩画，16.2 厘米 ×12.2 厘米，约 1816，巴特林第 543 7 项）

　　布莱克为托马斯·巴茨设计的一套六幅插图画中的一幅。是根据弥尔顿《沉思颂》中第
31—34、37—39、45—54、56—60 行的内容而设计的。神情忧郁的修女穿着半透明的衣服，
"仰面朝天"。漫步于"沉思的天使"之下，天使"展开金色的翅膀，拉着火焰轮转的宝座"，
"而月亮神辛西亚正在检查她的龙轭"。

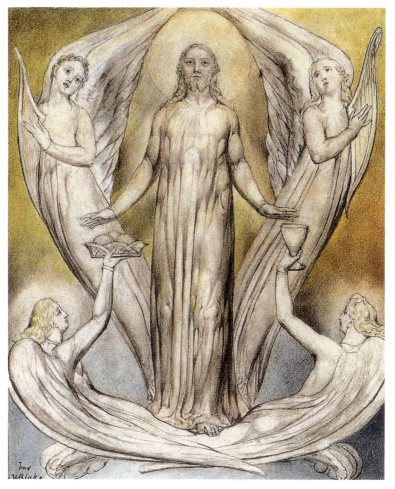

图 116 《天使照看基督》(水彩画, 16.4 厘米 ×13.6 厘米, 约 1816, 巴特林第 544
11 项)

　　布莱克为《复乐园》第四卷, 第 581—585 行所画的一套十二幅中的一幅。显然, 这是
一幅失败的作品。基督下面飘浮着的天使们给了祂一篮面包和一大杯红酒。

图 117 《乔治·斯蒂芬夫人像》（油画素描，29 厘米 ×17 厘米，1821）

　　画作底部有墨水题签"约翰·林内尔"，素描对象的名字是用铅笔写上去的。铅笔痕迹可能是为在画板（25.1 厘米 ×10.3 厘米）上的油画肖像做准备。这幅画完成于 1821 年，约翰·林内尔获得了 15.15 英镑的报酬，并在皇家美术学院展出（1822）。林内尔还画过几幅乔治·斯蒂芬的肖像画（1827，于 1829 年在皇家美术学院展出）和一幅袖珍肖像画（1829）。1824 年 8 月，斯蒂芬托林内尔"付给布莱克先生 11 英镑购买《坎特伯雷的朝圣者》"。1833 年 7 月 1 日，林内尔前往"科尔曼街的乔治·斯蒂芬先生处，为的是见一见布莱克小姐，像兄长一样给予关照"。

图 118A　约翰·林内尔的素描像（35.7 厘米 ×23.8 厘米，1825，巴特林第 688 项）

由威廉·布莱克创作，并附有约翰·林内尔的题签："1825年于汉普斯特德，布莱克照着真人画的素描，为约翰·林内尔的肖像画打的底稿。"

图 118B　约翰·瓦利对着布莱克高谈阔论（11.0 厘米 ×17.6 厘米，1821 年 9 月）

由约翰·林内尔创作，题签为"布莱克先生，瓦利先生"，"J L 1821 年 9 月"。林内尔在自传中写道："我给这俩人画了幅素描。那天夜晚，临近午夜的时候，看到他俩在我家的客厅（在赛伦塞斯特街）。布莱克坐在那里，全神贯注地听瓦利说话，而瓦利则滔滔不绝，不时抬手比画着。这幅图很符合二人平素的特征，显然，相对于激情似火的瓦利，布莱克要理智清醒得多。"

瓦利细心地题签了布莱克为他画的肖像（巴特林第 689 项）："约翰·瓦利，生于 1778年 8 月 17 日 18 时 5 分，上升星座（射手座）"。

图 119 《异象中的头像之爱德华三世》（24.2 厘米 ×20.5 厘米，约 1819 年，巴特林第 735 项）

布莱克与受德华三世的谈话内容相当血腥，国王很不高兴，"眉头紧锁，盯着你"。

图 120 《异象中的头像之伏尔泰的幽灵》（23.8 厘米 ×16.3 厘米，约 1819—1820，巴特林第 749 项）

布莱克为威廉·海利的书房创作了一幅伏尔泰的肖像画（1800）。在《雷诺兹爵士作品集》（1798）的旁注里，布莱克谈及伏尔泰，指出《永恒的福音》（约 1826）中的某些部分是"由我的灵魂对着伏尔泰和培根说出的"。

图 121 《异象中的头像之威廉·华莱士和爱德华一世》（19.8 厘米 ×26.9 厘米，1819 年 10 月，巴特林第 734 项）

这位苏格兰的爱国者和他的死敌爱德华一世相继在布莱克面前显现，他们允许布莱克画出他们的肖像。

图 122 《异象中的头像之欧文·格伦道尔》（25.4 厘米 × 20.3 厘米，约 1819 ）

见《布莱克—瓦利大型素描本》，第 59 页。格伦道尔（约 1359—1416 ），自称威尔士王子，违抗亨利四世的命令，领导威尔士人解放。他脸上目空一切的神情给人留下深刻印象。

图 123 《异象中的头像之
沃里克伯爵，爱德华四世的兄弟
（即表哥）》（25.4 厘米 ×20.3
厘米，约 1819 ）

见《布莱克—瓦利大型素描
本》，第 38 页。理查德·内维尔
（1428—1471）是扶植新王的元
老重臣，也是爱德华四世幼年时
英格兰实际的统治者和裁决者。

图 124 《异象中的头像之试图窃取王
位的陆军上校布拉德》（25.4 厘米 ×20.3
厘米，约 1819 年）

见《布莱克—瓦利大型素描本》，第 39
页。托马斯·布拉德（约 1618—1680）是
个投机分子，因为支持议会而获得赏赐，
拥有了爱尔兰的多处庄园。1660 年查尔斯
一世复辟时，他又被剥夺了财产。1663 年，
他和同伙密谋突袭都柏林城堡并且俘虏了
爱尔兰总督，后惨遭出卖。布拉德成功逃
脱，其余的人都被处以绞刑。

1671 年，布拉德和三名同伙在手杖里
藏了长剑，聊着天，闯进了伦敦塔，把看
守国王礼服的士兵给绑了。他拿走了王冠、
王球和权杖，却又因不小心被发现而被捕。
布拉德拒绝认罪，只答应私下向国王忏悔。
结果，不仅之前被剥夺的爱尔兰庄园悉数
得到归还，而且他还成了国王的重臣。

布拉德得意扬扬、虚张声势的样子在
布莱克这幅异象中的头像里表现得淋漓
尽致。

图 125 《异象中的头像之在梦中教布莱克先生画油画的男性肖像》（26 厘米 ×20.6 厘米，约 1819 年，巴特林第 755 项）

此图是复制品，很可能是林内尔的作品。林内尔模仿了布莱克的原件（巴特林第 753 项），甚至每根头发都一模一样。对头骨形状的细致刻画，可能是受到当时刚刚流行起来的颅相学研究的影响。这幅肖像与十六年前布莱克的自画像（见图 88）很相似，让人感到有些不解。

图 126 《异象中的头像之跳蚤幽灵》（17.9 厘米 ×15.3 厘米，约 1819，巴特林第 692 98 项）

布莱克还在《布莱克—瓦利小型素描本》（巴特林第 692 94 项）和《布莱克—瓦利大型素描本》＊（已遗失）中画过跳蚤的全身素描图，也曾使用蛋彩画法（巴特林第 750 项）画过。他可能在罗伯特·胡克的《显微图谱，或借助放大镜观察到的微小生物之生理描述》（1665）的插图版画中见到过放大的跳蚤头部。20 年前，布莱克在伦敦兰贝斯的宅子里下楼梯的时候，突然见到一个幽灵——"一个恐怖阴森的人形，'身上有鳞、带着斑点，很可怕'"。这幅画有可能是对这一经历的回忆。

＊ 是布莱克与他的朋友、画家兼占星家约翰·瓦利合作创作和共同使用的 2 个素描本。布莱克声称自己能看见历史人物、文学家、先知和一些生物的灵魂，在瓦利的鼓励下，他尝试在素描本上将这些形象画出来。"小型素描本"尺寸更小，更偏向即兴速写，内容也更私人化。"大型素描本"尺寸更大，包含更多完整的构图。

两本素描均展示了布莱克卓越的绘画技巧和丰富的想象力，其独特的艺术风格和表现手法对后来的艺术家产生了深远的影响，为浪漫主义绘画、象征主义绘画等艺术流派的发展提供了重要的启示和借鉴。——编注

图 127　为维吉尔的《牧歌》(桑顿版，1821) 制作的一套凸版蚀刻风景画
(15.0 厘米 ×7.4 厘米)

　　共四幅，由布莱克创作并版刻。年轻的牧羊人都穿着几乎透明的紧身衣。这些插图在制作成木雕时，人物的衣服换成了袍子 (见插图 30、31、32)。

ILLUSTRATIONS OF IMITATION OF ECLOGUE I.

First Comparison.

Second Comparison.

Third Comparison.

图 128　为维吉尔的《牧歌》(桑顿版，1821) 制作的一套木刻画 (15.0 厘米 ×7.4 厘米）

共三幅，由布莱克设计插图，匿名版刻师加以复制，用以展示"应该"如何制作布莱克发明的反传统方块画。这些版画轻快明了，但是画风有些呆板，不太像布莱克的风格。而且，图中 18 世纪的船只，也不像是为维吉尔的诗集创作的插图主题。

布莱克的方块画本应由四幅图构成。但是，为了插入排版的文字（譬如，这里版刻的 "First Comparison" 字样），不得不将这些画分隔开来。

21

图129 《这样，耶和华后来赐福给约伯比先前更多》（线雕版画，约21.9厘米×17.1厘米，1826）

　　布莱克的《〈约伯记〉插图集》的图版"21"。画中的约伯重新兴旺起来，女儿们手拿乐器围绕在他身边。这幅图与该系列的第一幅图非常相似，不同之处是乐器挂在了树上。（手持竖琴的约伯颇像《古代吟游诗人的声音》[《天真与经验歌》，图版54]中的竖琴演奏者。）吉尔克里斯特回忆，"如果朋友们还记得喷泉苑的布莱克，那么在看到画中所表现的约伯与妻子的沉静家长形象时，就肯定会回忆起布莱克夫妇，因为他们就是这样沉静地坐在那间简陋的房间里"。

图 130 《雅各的梦》（水彩画，39.8 厘米 ×30.6 厘米，约 1805，巴特林第 438 项）
布莱克曾在皇家美术学院（1808）和自己的个人画展（1809）上展出过。

图131 《但丁崇拜基督》（水彩画，52.7厘米×37.2厘米，约1824—1827，巴特林，第812 90项）

塞缪尔·帕尔默称之为"他（布莱克）的但丁插图系列中最为崇高瑰丽的一幅"，为《神曲·天堂》第14首设计的插图。注意：但丁做礼拜时，旁边没有贝雅特丽齐（代指教会）的介入。

《耶路撒冷》（约1804—1820）的图版77有类似的信徒礼拜耶稣的插图。此外，在他的多幅班扬插图（约1824）以及《失乐园》第12篇"大天使米迦勒预言耶稣受难"（1807；1808；1822）插图（巴特林第829 14、529 11；536 11；537 3项）中也出现过类似的构图。

图 132 《情侣（或者情欲）的圆界》（线雕作品，35.4 厘米 ×27.9 厘米，约 1824—1827）

布莱克为但丁的《神曲·地狱》版刻的七幅插图（未完工）中的第一幅："像一具尸体 / 倒向地面"（长诗第五篇，第 137 行）。

图 133 《拉奥孔》(线雕版刻作品，27.6 厘米 ×22.8 厘米，约 1826)

　　弗拉克斯曼曾为亚伯拉罕·里斯主编的《百科全书》(1816 年 7 月) 撰写过一篇关于"雕塑"的论文，布莱克为其版刻插图。布莱克参考了他在皇家美术学院所见的雕像 (原作在梵蒂冈) 的铸模，并进行版刻 (1815 年 10 月 1 日)。后来在此基础上稍作改动，制成版刻作品《拉奥孔》。雕像最初刻画的是特洛伊牧师拉奥孔和他的两个儿子因为在特洛伊之战中触犯了神灵阿波罗 (或者雅典娜)，被两条巨蟒攻击。在布莱克看来，他们代表的是耶和华和他的两个儿子撒旦和亚当。这一思想是基于"普里阿摩斯 (特洛伊) 的众神是摩西的小天使"，以及毒蛇代表着"罪恶"和"良善"这一假说。在这幅版画中，布莱克将原铸模毁损的手、前臂和毒蛇的头予以填补。

　　布莱克和皇家美术学院的学生一起临摹塑像时，坐在离铸模很近的一张矮凳子上，倒戴着眼镜。这一怪异的行为让这些学生以为布莱克是个疯子。后来，西摩·柯卡普问他这样戴眼镜的原因，布莱克解释说这样一来就不必把头伸到老远，在倒戴的眼镜里就能看到雕像的顶部，他们"嘲笑了那些年轻的批评者"。

图 134 《人类的女儿夹在两个守望天使中间》(铅笔画，52.6 厘米 ×37 厘米，约 1826，巴特林第 827 1 项）

这是《以诺书》的插图，译者是理查德·劳伦斯。两个守望天使的"阳具如马形"，"发出光芒"。人类的女儿的手宛如利爪，抓向一只阳具，眼睛则色眯眯地盯着另一只。

守望天使是上帝的儿子，天堂的天使，"心甘情愿……被引入邪途"。他们告诉人类的女儿天国的秘密，还与人类的女儿生下身高约 152 米的妖怪后代。上帝惩罚他们，将这些守望天使和他们的邪恶后代深埋地下。

图 135　凯瑟琳·布莱克的肖像素描（铅笔素描，28.6 厘米 ×22.1 厘米，约 1805，巴特林第 683 项）

　　布莱克画在为海利的《系列民谣设计》创作插图的其中一页纸上——注意反面的字都透过来了。布莱克的友人们说凯瑟琳虽然生活贫困，但仍有几分美人的风骨，这幅素描可见一斑。

图 136　弗雷德里克·泰瑟姆的肖像（铅笔加棕色墨水，10.2 厘米 ×8.9 厘米，1829年 3 月）

乔治·里士满根据自己的回忆绘制而成，题签是"巴黎—1829 年—3 月"，"回忆弗雷德里克·泰瑟姆"。里士满和泰瑟姆都自称是"古人"（Ancients）的一员。里士满后来成为非常成功的肖像画家，而泰瑟姆则负责照顾布莱克的遗孀。不过，最后也是泰瑟姆焚烧了布莱克的手稿。

卷首图列表

插图列表

扉页插图列表

扉页 1 插图 布莱克,《亚美利加：一个预言》(M 本)图版 9。凸版蚀刻,16.8 厘米 ×23.5 厘米,1793,仅为设计效果图。耶鲁艺术中心,保罗·梅隆收藏馆。

扉页 3 插图 布莱克,《神的形象》。《天真之歌》(《天真与经验之歌》[I 本])图版 18。凸版蚀刻,7.0 厘米 ×11.2 厘米,1789,仅为设计效果图。帕特里克·德莱斯代尔 的收藏。

正文插图列表

插图 1 布莱克,《耶路撒冷》(H 本)图版 41。凸版蚀刻,16.2 厘米 ×22.4 厘米,约 1804—1820,仅为设计效果图。剑桥菲茨威廉博物馆。

插图 2 布莱克,《亚美利加：一个预言》(P 本)图版 5。凸版蚀刻,16.7 厘米 ×23.7 厘米,1793,仅以文本互参的小号手图案出现。剑桥菲茨威廉博物馆。

插图 3 布莱克,《阿尔比恩的女儿们的异象》(I 本)图版 3。凸版蚀刻,11.2 厘米 ×14.2 厘米,1793。耶鲁英国艺术中心,保罗·梅隆收藏馆。

插图 4 布莱克,《婴儿的喜悦》。取自《天真与经验之歌》(c 本)中的《天真之歌》 图版 25。凸版蚀刻,6.8 厘米 ×11.1 厘米,1789。帕特里克·德莱斯代尔的收藏。

插图 5 F. A. 埃文斯,商店两层楼面效果图(位于布罗德大街 28 号)。取自《伦敦概 况 第 31 卷：威斯敏斯特圣詹姆斯教区 第 2 部分：皮卡迪利大街北大街》(伦敦：阿 斯隆出版社,1963),第 204 页。

插图 6 布莱克,《小学生》。取自《天真与经验之歌》(c 本)中的《天真之歌》图版 53。凸版蚀刻,6.9 厘米 ×11.1 厘米,1789。帕特里克·德莱斯代尔的收藏。

插图 7 布莱克,《天真之歌》的书名页。取自《天真与经验之歌》(c 本)中的图版 2。凸版蚀刻,7.0 厘米 ×11.0 厘米,1789。帕特里克·德莱斯代尔的收藏。

插图 8　布莱克，《给孩童：天堂之门》（E 本）图版 8。线雕作品，5.0 厘米 ×6.1 厘米，1793。耶鲁英国艺术中心，保罗·梅隆收藏馆。

插图 9　布莱克，《由理生之书》（A 本）图版 2。彩色着色的凸版蚀刻，10.3 厘米 ×16.8 厘米，1794。纽约皮尔庞特·摩根图书馆。

插图 10　布莱克，威廉·厄普科特的《题词纪念册：留下同代人的印记》一书 1826 年 1 月 16 日的对应条目。1833 年，21.0 厘米 ×28.0 厘米。纽约公共图书馆，阿斯特·雷诺克斯与蒂尔登基金会。

插图 11　巴特西（伦敦西北区）。J. 罗克编，《萨里郡地图》的局部，图中标明了所有的道路、巷道、教堂、贵族和绅士的住处等，由彼得·安德鲁编撰并雕刻（伦敦：M. A. 罗克，[1768]），57.3 厘米 ×53.3 厘米。小 G.E. 本特利的收藏。

插图 12　布莱克，《飘荡着回声的草地》。取自《天真与经验之歌》（c 本）中的《天真之歌》图版 6。凸版蚀刻，7.0 厘米 ×11.0 厘米，1789，仅为顶部插图。帕特里克·德莱斯代尔的收藏。

插图 13　布莱克，《保姆之歌》。取自《天真与经验之歌》（c 本）中的《天真之歌》图版 24。凸版蚀刻，7.8 厘米 ×11.5 厘米，1789，仅为底部插图。帕特里克·德莱斯代尔的收藏。

插图 14　布莱克，《我要! 我要! 》。取自《给孩童：天堂之门》（E 本）图版 11。线雕作品，4.8 厘米 ×7.1 厘米，1793。耶鲁英国艺术中心，保罗·梅隆收藏馆。

插图 15　布莱克，《给孩童：天堂之门》（E 本）书名页（图版 2）。线雕作品，4.2 厘米 ×6.8 厘米，1793。© 大英博物馆。

插图 16　布莱克，《没有自然的宗教》（L^1 本）图版 a2。凸版蚀刻，4.3 厘米 ×5.2 厘米，1788。纽约皮尔庞特·摩根图书馆。

插图 17　布莱克，《所有的宗教同出一源》（A 本）书名页（图版 2）。凸版蚀刻，3.7 厘米 ×4.6 厘米，1788。经加利福尼亚圣马利诺亨廷顿图书馆许可复制。

插图 18　布莱克，《火》。取自《给两性：天堂之门》（C 本）图版 7。线雕作品，7.3 厘米 ×9.1 厘米，约 1826。© 大英博物馆。

插图 19　布莱克，《经验之歌》的书名页。取自《天真与经验之歌》（c 本）中的图版 29。凸版蚀刻，7.2 厘米 ×12.4 厘米，1794。帕特里克·德莱斯代尔的收藏。

插图 20　布莱克，《伦敦》。取自《天真与经验之歌》（c 本）的《经验之歌》图版 46。凸版蚀刻，6.9 厘米 ×11.1 厘米，1794。帕特里克·德莱斯代尔的收藏。

插图 21　布莱克，《老虎》。取自《天真与经验之歌》（c 本）的《经验之歌》图版 42。凸版蚀刻，6.3 厘米 ×11.0 厘米，1794。帕特里克·德莱斯代尔的收藏。

插图 22　布莱克，爱德华·扬的《夜思》（1797）第 16 页。线雕作品，32.6 厘米 ×41.0 厘米。小 G.E. 本特利的收藏。

插图 23　布莱克，《布莱克夫妇在费尔珀姆的农舍》。取自《弥尔顿：诗一首》（C 本）图版 36。凸版蚀刻，10.2 厘米 ×14.1 厘米，约 1804—1811。美国国会图书馆友情提供。

上述列表提到的小 G.E. 本特利的收藏品均由 Adrian Oosterman Oostudio 图片社翻拍。

缩 写

BB	G.E. Bentley, Jr, *Blake Books* (Oxford: Clarendon Press, 1977)
BBS	G.E. Bentley, Jr, *Blake Books Supplement* (Oxford: Clarendon Press, 1995)
Blake	*Blake: An Illustrated Quarterly*
BR	G.E. Bentley, Jr, *Blake Records* (Oxford: Clarendon Press, 1969), the source of all dated biographical references to Blake unless otherwise identified
BR (2)	*Blake Records*, second edition. (New Haven and London: Yale University Press, 2004) which incorporates *Blake Records* (1969), *Blake Records Supplement* (1988) and extensive contemporary references to Blake discovered after 1987. *BR*(2) is cited here only for references which do not appear in *BR* or *BRS*
BRS	G.E. Bentley, Jr, *Blake Records Supplement* (Oxford: Clarendon Press, 1988)
Butlin 巴特林	Martin Butlin, *The Paintings and Drawings of William Blake* (New Haven & London: Yale University Press, 1981)
Cunningham 坎宁安	Allan Cunningham, "William Blake", *The Lives of the Most Eminent British Painters, Sculptors and Architects*, Second Edition (London: John Murray, 1830) (*BR* 476-507)
Gilchrist 吉尔克里斯特	Alexander Gilchrist, *Life of William Blake*, "*Pictor Ignotus*" (London: Macmillan, 1863), Vol. I
Malkin 马尔金	B.H. Malkin, *A Father's Memoirs of His Child* (London: Longman, Hurst, Rees, & Orme, 1806), xvii-xli (*BR* 421-431)
Robinson 鲁宾逊	[Henry Crabb Robinson], "William Blake, Künstler, Dichter, und Religiöser Schwärmer", *Vaterländisches Museum*, I (January 1811) (*BR* 432-455, in German and English)
Smith 史密斯	John Thomas Smith, "Blake", *Nollekens and His Times* (London: Henry Colburn, 1828), II (*BR* 455-476)
Tatham 泰瑟姆	Frederick Tatham, MS "Life of Blake" (*c.* 1832) (*BR* 507-535)

Visions (C)　　*Visions of the Daughters of Albion* Copy C; the copy identifications derive from *BB*.

WBW　　*William Blake's Writings*, ed. G.E. Bentley, Jr (Oxford: Clarendon Press, 1978), the source of all references to Blake's writings unless otherwise identified

　　正文中的数字注码为尾注，指明信息来源，可以在书末找到。正文中的符号注码为页下脚注，指明补充的信息，可在页面底部找到。没有注明作者的论文均为小 G. E. 本特利所著。相关传记的详情，请参见文后的"附录 1：布莱克的主要传记一览"。

致　谢

插图 1　布莱克,《耶路撒冷》(Ｈ本) 图版 41

近半个世纪以来，我一直致力于研究布莱克的精神世界，厘清对他的种种看法，探寻他生命中真实的先知拉奥孔。我自乐于此，不知疲倦。倘若这部传记能配得上布莱克的一生，我也算是蒙了他的福泽。

《威廉·布莱克传：来自天堂的异乡人》的准备工作主要是在多伦多和渥太华进行的。除此之外，也包括以下各地：米尔斯、纽约、圣力马诺、牛津、伦敦、奇切斯特、达勒姆、爱丁堡、约克、费尔珀姆、蒂斯河谷米德尔顿、北京、奥克兰、堪培拉。本书的撰写得到了加拿大社会科学与人文研究委员会（1995—1998）的科研资助以及杜伦大学的哈特菲尔德学院（1996）的研究津贴支持。如果此书有任何价值，应该主要归功于上述机构的慷慨资助。

布莱克研究界的同仁一直给予我慷慨的帮助，令我感念至深。我要特别感谢罗伯特·艾斯克教授和约瑟夫·维斯科米教授给予我不倦的指引和不渝的友谊。

我还要感谢萨拉·本特利、马丁·巴特林先生、克里·戴维斯先生、金博尔·希格斯先生、希瑟·豪厄尔夫人、杰弗里斯·巴克利·梅茨先生、特里·梅耶尔斯教授、保罗·迈纳先生、丹尼斯·里德教授、鲁塞尔·萨金特教授、玛格丽特·沙蒙和赫拉尔德·沃恩博士等对我的特别厚爱。

我最要感谢的是 E. B. 本特利博士，她对此书的价值及其作者给予了无条件的信任。在我查阅研究资料的每一间图书馆和每一个研究室，都有她的身影。思想和事实的世界，充满着生机，我徜徉其间，轻松自在。但是，电子科技如同野蛮人，硬生生地闯进来，让我不知所措。在密歇根的一间小屋以及北京的一所公寓里，我的电脑系统两次崩溃。在牛津郡的一间村舍以及意大利的一座豪宅里，打印机两次罢工。在杜伦和堪培拉，我又用错了打印纸。所有这些问题，全都托 E. B. 本特利博士的福，得到了妥善的处理。她用耐心、毅力和爱心，完成了这些在我看来不可能完成的任务。我这人，既看不懂方向指示牌，还会问些傻里傻气的问题。解决电子科技难题的过程，就像某种狂兽懒洋洋地倒向圣

地来投生 *，我把这些都交给了贝斯，连同我的爱。

荷兰小子阁楼（Dutch Boys Landing）

米尔斯，密歇根

1999 年 8 月 23 日

---

* 这句话来自叶芝的诗歌《基督重临》中最后一句，原句英文是：And what rough beast, its hour come round at last, Slouches towards Bethlehem to be born。——译注

家族谱系图

诗人的家（布莱克家族），诗人的岳父家（鲍彻－布彻家族），诗人母亲的第一任丈夫家（阿米蒂苟家族）等几个家族的信息均来自《布莱克兄档案》第 2 版（2004）

布莱克家族

詹姆斯·布莱克

托马斯·阿米蒂苟 == = *二人于1746年12月14日结婚 == 凯瑟琳·莱特 == *二人于1752年10月15日结婚 == *詹姆斯
缝纫用品经销商[d]　　　　　　　　　　　　　　　　　　1723年9月28日–1792年　　　　　　　　　缝纫用品经销商[d]
1751年11月27日遗嘱认证　　　　　　　　　　　　　　7月4日,葬于§　　　　　　　　　　　　　约1723年–1784年7月
　　4日,葬于§

约翰(?)
(fl. 1780)

詹姆斯[d]　　约翰（夭折）　　威廉 ==　　二人于　　== 凯瑟琳　　约翰　　　　罗伯特（又名理查德）[d]　　凯瑟琳·伊丽莎白
*1753年7月10日　*1755年　*1757年11月28日　1782年8月18日　索菲亚·鲍彻　*1760年3月　*1762年6月19日　　　　*1764年1月7日–1841年3月9日,
–1827年3月22日–　5月12日–　–1827年8月12日,　在巴特西结婚　1762–1831　20日–?　–1787年2月11日,　　　　葬于玛丽尔波恩的"全思园"
葬于§　　　　　　1759年　　葬于§　　　　　　　　　　　　　　　　　　　　　　葬于§

信息来源
[d] 黄金广场布罗德大街28号
* 婚礼举办地：梅菲尔区圣乔治小教堂。此信息主要来自克里·戴维斯，《威廉·布莱克之母：一个新的身份确证》，《布莱克》，第XXXIII期（1999年），第28页、第39页、第41页。
+ 受洗地：威斯敏斯特市圣詹姆斯教堂
§ 墓地：本思园

鲍彻—布彻家族

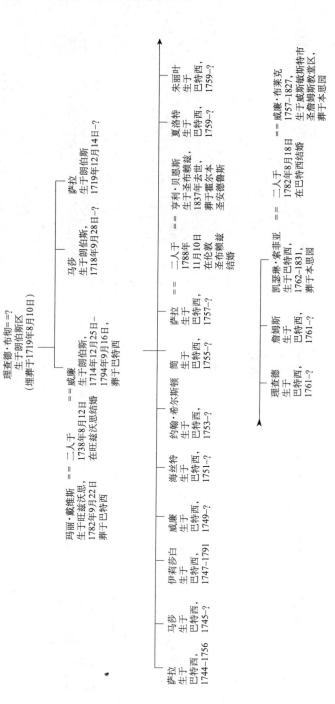

理查德·布彻＝？
生于1719年8月10日
（埋葬于1719年8月10日）

玛丽·戴维斯 ＝ ＝ 威廉
生于旺兹沃思，   1714年12月25日—
1782年9月22日   1794年9月16日，
葬于巴特西   葬于朗伯斯

二人于
1738年8月12日
在旺兹沃思结婚

马莎   萨拉
生于朗伯斯，   生于朗伯斯
1718年9月28日—？   1719年12月14日—？

萨拉   伊莉莎白   威廉   海丝特   约翰·希尔斯顿   简   萨拉   二人于   亨利·贝恩斯   夏洛特   朱丽叶
生于   生于   生于   生于   生于   生于   生于   1788年   生于圣布朗兹，   生于   生于
巴特西，   巴特西，   巴特西，   巴特西，   巴特西，   巴特西，   巴特西，   11月10日   1837年去世，   巴特西，   巴特西，
1744—1756   1747—1791   1749—？   1751—？   1753—？   1755—？   1757—？   在伦敦   葬于霍尔本   1759—？   1759—？
                                圣布朗兹   圣安德鲁斯
                                结婚

理查德   詹姆斯   凯瑟琳·索菲亚 ＝ ＝ 威廉·布莱克
生于   生于   生于巴特西，   1757—1827，
巴特西，   巴特西，   1762—1831，   生于圣威斯敏斯特市
1761—？   1761—？   葬于本思园   圣詹姆斯教堂区，
                    葬于本思园

二人于
1782年8月18日
在巴特西结婚

阿米蒂奇家族

理查德·阿米蒂奇
约克郡卡德沃斯的农民

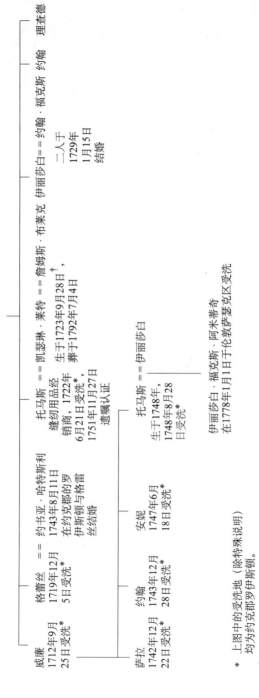

威廉
1712年9月
25日受洗*

格蕾丝 ＝＝ 约书亚·哈特斯利
1719年12月
5日受洗*
1743年8月11日
在约克郡的罗
伊斯顿与格雷
丝结婚

萨拉
1742年12月
22日受洗*

约翰
1743年12月
28日受洗*

安妮
1747年6月
18日受洗*

托马斯 ＝＝ 凯瑟琳·莱特 ＝＝ 詹姆斯·布莱克
缝纫用品经 生于1723年9月28日†,
销商,1722年 葬于1792年7月4日
6月21日受洗*,
1751年11月27日
遗嘱认证

托马斯 ＝＝ 伊丽莎白
生于1748年,
1748年8月28
日受洗*

伊丽莎白·福克斯·阿米蒂奇
在1778年1月1日于伦敦萨克区受洗

伊丽莎白·布莱克 ＝ 约翰·福克斯 = 约翰
二人于 理查德
1729年
1月15日
结婚

* 上图中的受洗地（除特殊说明）
  均为约克郡的罗伊斯顿。

† 上图中的出生地均为伦敦。

前　言　写作目的和特点

插图2　布莱克，《亚美利加：一个预言》（P本）图版5

哦，历史学家，告诉我发生的一幕幕事件就行了，让我随着自己的心意去琢磨吧；不需要你的一大通道理，也不想听你的废话……那些看不见灵魂世界的人，写出来的东西不读也罢……

《叙录》，第77段

　　我写《威廉·布莱克传：来自天堂的异乡人》，是想以一种叙事的方法，将现有的有关威廉·布莱克生平的所有重要资料进行一个汇总。这些证据材料绝大多数可以在《布莱克档案》（1969）、《布莱克档案补编》（1988）和《布莱克档案》（第 2 版，2004）中找到。《布莱克档案》（第 2 版）提供了一些新的证据材料，令人耳目一新，内容涉及布莱克夫妇双方的家庭、布莱克的朋友和赞助人、他的职业生涯以及各种异象。我把 1806—1998 年有关布莱克的主要传记都列在本书文后的“附录 1”中，并做了简要的评述。

　　过去的 30 年间发现了大量新的证据，涉及布莱克的多位亲密友人，包括画家、半路转行版刻事业的乔治·坎伯兰[1]，雕刻家约翰·弗拉克斯曼[2]，画家亨利·菲尤泽利[3]，书籍插图画家托马斯·斯托瑟德[4]，布莱克的赞助人——政府公务员托马斯·巴茨[5]，鼓励自由思潮的出版商约瑟夫·约翰逊[6]，以及画家约翰·林内尔[7]。这些新近发现的证据很大程度上改变了我们对于威廉·布莱克的生平的理解。

　　当然，没有哪项证据材料能够保证绝对的中立客观。所有的证据都带有亲历者的偏见，无论它记录的是一张纳税单还是一个异象。后世的读者需要有鉴别能力，能够从证据中还原事实的真相。本书提供了大量的证据材料，读者也不妨判断一下我做出的结论是否站得住脚。

　　我尽量让有关布莱克生平的证据自己说话。布莱克的生平和作品似乎被一代又一代的学者和爱好者津津“阐释”，这种研究的方法怕是连他本人都要大吃一惊。布莱克被标上了各种标签：爱尔兰人兼伦敦东区人，马克思主义者兼神秘主义者，共济会成员兼新柏拉图主义者和诺斯替教徒，甚至还被称作传统的英格兰教会信徒。自从 1863 年亚历山大·吉尔克里斯特重新发现了布莱克的作品和他的惊世禀赋，并著成《“不为人知的画界巨星”：威廉·布莱克的生平》一书以来，有关布莱克的各类言说层出不穷。*是时候让布莱克生平的一手证据自己说话，拨开重重迷雾，还原事实真相。

---

* 根据 *BB* 第 25 页记载：

> 本书引起了读者的强烈反响。去世后在文学界声名鹊起，并得到广泛的认可，布莱克可谓一首例……吉尔克里斯特选用"不为人知的画界巨星"作为标题，并非为博人眼球。布莱克生前的确寂寂无闻，是吉尔克里斯特的传记让他声名大振。1863 年以后，布莱克被公认为浪漫主义运动的重要人物，并最终在文学艺术史上赢得一席之地。

> 布莱克之前的传记信息，请参见文后的"附录 1"。

目　录

第四章　1787—1795：黑暗的逐利岁月

第五章　1795—1800：商海

第六章　1800—1804：甜美的费尔珀姆与国王诉布莱克案

第七章　1804—1810："沉醉于心灵的异象"

后　记　布莱克的快乐之影落单了：
1827—1831 年的凯瑟琳·布莱克

导　论　天堂与兽*

插图 3　布莱克,《阿尔比恩的女儿们的异象》(I 本) 图版 3

---

*　兽（the Beast），指敌基督者，即冒牌的基督，在末世要上演一幕虚假的复活（《启示录》，13 : 14）。——译注

本书的书名页上有一句引言，一语中的："布莱克先生很少与我为伴；他总是待在天堂里。"*

这是激进的宗教异见人士之言，虔诚的教会长老斥之为宗教狂热。兽与大淫妇†来自《圣经·启示录》。大淫妇是约翰在异象中看见的，正"骑在朱红色的兽上"的妇人，"在她额上有名写着说：'奥秘哉！大巴比伦，作世上的淫妇和一切可憎之物的母。'"（《启示录》17：3，5）（见图 5《大红龙与海上来的兽》‡与图 75《巴比伦的大淫妇》）。

布莱克写道，"隐藏在战争中的宗教，是一条红色的龙，一个隐蔽的娼妓"[1]，他还写道，"巴比伦……被称为自然的宗教"[2]，"巴比伦，理性的道德"[3]。大淫妇与兽代表无处不在的国家教会与俗世的权力。"在伦敦的大街上，巴比伦随处可见。"[4] 所有"假借神的命令而颁布的"法律和规则是"那行毁坏可憎的，即国教"的代表。[5]

很可能尚在年幼，布莱克就已经在异教徒父母的身边学会了这种表达方式。

宗教异见人士在布莱克的时代并不少见。当然，进入 21 世纪，这类人群更不稀缺，门派也更加纷繁芜杂。根据不同的政治愿景，他们调整表达的内容和方式，以达到改变政府形式的目的，但绝非蓄意破坏或者无视一切的政府形式。倘若布莱克只是一味痴狂宗教，横眉冷对"商业的恶魔"[6] 和他喻为"黑暗之子"的"大法官"[7]，抑或是像托马斯·潘恩§和托马斯·斯宾斯¶这样的政治激进人物，定睛于俗世的罪恶而无视天堂的荣光，他断不会像如今这般为后人所铭记，至多也不过是历史记

---

* 凯瑟琳·布莱克写给西摩·柯卡普的评语（约 1810 年）（*BR*，第 221 页）。布莱克是这样描写他自己的："该艺术家是那个幸福国度里的居民。""幸福国度"即伊甸园（《叙录》，第 74 段）。

† 大淫妇（the Whore），即"巴比伦大淫妇"，是《新约圣经·启示录》中提及的寓言式人物，代表早期的罗马帝国及其诱人坠落的政治体系。——译注

‡ 此画全称为《大红龙与海上来的兽："也把权柄赐给它，制伏各族、各民、各方、各国"》，本书统一简称为《大红龙与海上来的兽》。——编注

§ 托马斯·潘恩（1737—1809），英裔美国思想家、作家，社会活动家和革命家。1776 年因发表《常识》一书而声名大噪。——编注

¶ 托马斯·斯宾斯（1750—1814）。英国民主党政治家、书商。他反对圈占公地，主张土地国有；主张实现男子普选权，废除土地贵族阶层，提倡对丧失劳动能力者提供社会保障。——编注

载中的一个脚注。

然而，布莱克却将自然的宗教狂热的语言转化成艺术的语言。他还将与生俱来能够看见的具有颠覆意义的基督教异象与青年时代浸淫其间的英国文学异象，以及成年后的新古典主义艺术异象三者糅合在一起。他将这种神秘晦涩的宗教狂热转化为一种新的艺术形式的福音，一种关于彼岸世界的，植根于精神表达的福音。基督与《圣经》仍是布莱克异象的重心，但其表达方式之迥乎寻常，既不为其他的宗教狂人，也不为英格兰教会的会众所识。

> 你们所见到的基督异象
> 是我的异象的头号敌人。
>
> （《永恒的福音》，选自笔记本，第33页）

本着这样的艺术表现精神，布莱克制作了一幅关于拉奥孔的版画，并加以题词。在题词中，特洛伊的牧师拉奥孔与他两个正在与复仇的毒蛇厮打的儿子被描绘成耶和华和他的两个儿子亚当和撒旦——正经受着善与恶两条毒蛇的攻击。在这幅画的四周，他写下一系列警句，表现出他对于基督教的成熟见解：

> 耶稣和他的使徒与门徒们都是艺术家……
> 诗人、画家、音乐家和建筑师：一个男人或者女人，倘若不从事这些行业，都算不得是基督徒。

在布莱克看来，天堂就是人类的想象力。他的大部分时间都倘徉在想象的天堂。他对此深信不疑，并且毫不犹豫地、从不间断地践行着这一信念。他在诗歌和绘画方面最伟大的成就就是把我们带入这个想象的世界。

布莱克值得我们铭记，最主要的原因并非他以不俗的形式表现了基督教，而是他以迥异的形式表现了艺术。从早期的《天真之歌》（1789）到晚期的《〈约伯记〉插图集》（1826），他用文字、意象、声音以及各

种各样的形状向我们展现了如何

> 从一粒沙子看见一个世界，
>
> 从一朵野花看到一座天堂，
>
> 把无限握于你的掌心，
>
> 将永恒凝入一个时辰。

xxvi

（《天真的预言》，选自皮克林民谣手稿*）

正是在这些所见所闻的荣光里，在困境中仍然坚守的神圣异象里，我们看到了一个最为真实的布莱克。

　　布莱克的生命比他自己创作的诗歌和设计的插图更为闪耀。他本人就是一种伟大的艺术存在形式。他年轻时希冀在油画、版画、诗歌和音乐创作中一展宏图；待到中年，他也明白如何与命运女神逢场作戏；及至晚年，他又重拾少年的异象与自信，回归喜乐。布莱克以他的一生向我们展现了何为高贵的自我牺牲和明智的自我理解。他不仅为同时代的人所赞叹，也让今天的我们敬仰。许多人爱戴他，不仅仅是因为他创作出了具有出色表现力的绘画和精美的诗歌。事实上，就算他没有这些作品——尚无证据显示他的年轻门徒们能够理解或是读过他的诗歌——他们都已将"晓谕者之家"视为圣地。画家塞缪尔·帕尔默来到布莱克那"充满魔力的房间"时，常会亲吻拉铃把手。[8]

　　从某种意义上来说，年轻的门徒们所敬拜的是那里的宁静，因为布莱克一生都生活在金子般珍贵的异象的世界里。布莱克在乎的不是"当下所居的""一隅"，而是"上帝……在别处为我准备的""美丽宅院"。[9]一次晚间的聚会上，一个打扮得漂漂亮亮，平日里娇生惯养的小女孩被

---

* 皮克林民谣手稿共16页，钢笔手写，含少量修改痕迹，无插图。与布莱克其他雕版印刷作品不同，此手稿以"纯文本"形式存在，展现其诗歌的原始面貌。其中的一些诗作被诺斯洛普·弗莱等理论家视为理解布莱克思想的关键文本。
　　收录13首未出版的诗歌，多为抒情民谣，部分可能为布莱克自创或改编的传统歌谣。写于布莱克艺术生涯后期（1807年前后），与《弥尔顿》《耶路撒冷》等长篇史诗同期，但风格更简朴、口语化。这种民谣风格影响了叶芝等后世诗人。——编注

带到了他（"一个穷老头儿，穿得很寒酸"）的面前，"布莱克和蔼地看着她，良久不语，然后，摸了摸她的脑袋和垂下的长长的卷发，说道：'我的孩子，愿上帝让这个世界在你的眼中如同在我的眼中一样美丽。'"。[10]

布莱克把全部的生命都献给了"我的异象研究"，为的是能"与我的朋友们在永恒中交流，看见异象，进入梦境，梦见预言，讲出寓言"。[11]他完全沉浸在自己的灵感之中。他在 1804 年 10 月 23 日的信件中写道："亲爱的先生，请饶恕我的狂热或者干脆叫做疯癫吧，只要我一拿起铅笔或者刻刀，我就真真完全地陶醉在心灵的异象里……" 23 年后，1827 年 4 月 12 日，他卧病在床，在给老友乔治·坎伯兰的信中写道："死亡之门近在咫尺，我已垂垂老矣，虚弱乏力，步履蹒跚。但是，我的精神，我的生命，我的想象力的永恒的居所并未老去。随着这具必败躯体的腐朽，我将变得愈发强壮。"必朽的躯体终为精神意志所取代，二者的存在都是为了服侍上帝。他说："死亡只不过是从一个房间搬到另一个房间。"[12]布莱克的死亡是一首喜乐之歌，正如年轻的乔治·里士满在 1827 年 8 月 15 日所写："临死之前，他的面容柔和许多——他的眼睛放着光，他高唱自己在天堂看到的景象。真的，他像圣人一般离世……"

布莱克生活在不敬虔的年代，但是他挣脱羁绊，忘我地沉醉于上帝的国度，在想象中将伦敦"肮脏的街道和边上肮脏的泰晤士河"[13]变成了天堂。他展示了人类精神对抗兽统治的俗世的胜利。

布莱克用诗歌和艺术感动了我们，他的一生更是令人震撼。正是这种力量激发着我为这位寄居在"兽和大淫妇"主宰的尘世，来自天堂的异乡人写下传记。

第一章
1720—1772：上帝驻足窗边

上帝……从窗边探出头来[1]

插图 4　布莱克，《婴儿的喜悦》

威廉·布莱克作为基督徒的一生在荣耀和庄严中拉开了序幕。他的洗礼在威斯敏斯特的圣詹姆斯教堂举行。彼时这间教堂刚刚竣工，气势恢宏，内设精美壮观的大理石洗礼池。

1757 年 11 月 28 日傍晚 7 点 45 分 [2] 布莱克出生在圣詹姆斯教区。这是英国当时最繁荣、时髦，最具民主精神和热衷公益的教区之一。该地区于 1660 年查理二世复辟和 1667 年伦敦大火之后得到发展，布局更加合理有序，随处可见笔直的大道和雅致的广场。布莱克一家的住所附近就有伯克利广场、圣詹姆斯广场和黄金广场。

克里斯托弗·雷恩*设计的这个教堂辉煌绚丽（见图 1），高大的科林斯式圆柱支起宏伟的拱形大厅和廊台，可容纳 2000 名信徒在此礼拜。巨大的管风琴架和精美的椴木屏风以及美轮美奂的大理石洗礼池都是由格林林·吉本斯一手雕刻。洗礼池的基架上雕刻着生命树和夏娃递给亚当苹果的图案，池内刻有方舟（the Ark）和基督受洗的画面（见图 2）。教堂于 1684 年完工并成为圣址，这正是布莱克的祖父母生活的年代。教堂的修建极尽品位与金钱之能事，这里也成为人们主要的礼拜场所。

教堂和教区像磁石一样吸引着贵族、艺术家、政治家和诗人。书信作家、赞助人切斯特菲尔德伯爵†1696 年在这里受洗。1708 年威廉·皮特也在此受洗，他后来成为英国最年轻的首相。当然，受洗的还有詹姆斯·布莱克和凯瑟琳·布莱克家的孩子们。

---

* 克里斯托弗·雷恩（1632—1723），英国天文学家、建筑师。伦敦大火后大举修护毁损文物，重建了 51 座教堂，其中包括最著名的圣保罗大教堂。他参加的建筑工程有皇家的肯辛顿宫、汉普顿宫、纪念碑、皇家交易所、格林尼治天文台等。——译注
† 切斯特菲尔德伯爵（1694—1773），英国政治家和文学家。因写给私生子菲利普·斯坦霍普的书信而闻名。——译注

受 洗

詹姆斯和凯瑟琳*带着出生仅两周的小威廉在 1757 年 12 月 11 日周日受洗。当时在场的大概还有他们刚满四岁的长子詹姆斯、两岁半的次子约翰、从河对岸罗瑟希德赶过来的孩子们的祖父老詹姆斯·布莱克、外祖父母莱特夫妇以及孩子的教父和教母。教堂里除了周日集会上常能见到的人们——穿着白袍、戴着假发的牧师，围着花边领、佩剑的绅士，头发扑粉的妇人，头发梳得整整齐齐的孩子和穿着白色小袍子的婴儿†，还有布莱克家的朋友、熟人和主顾——布莱克夫妇在教堂北面开了一家小型缝纫用品商店，距离教堂只有几分钟的路程。教区的六名执事手持崭新精美的银头权杖走在最前，后面跟着牧师和唱诗班。[3]

教堂内陈设庄严，歌声嘹亮，景象蔚为壮观。"让小孩子到我这里来……因为在神国的，正是这样的人。"[4]（见图 3）但是，这些并没有给聚集在此的小布莱克的亲友们留下多少印象。威廉·布莱克本人几乎再也没有参加过如此隆重的典礼，也没有再被那么多人众星捧月般地拥簇着。不过，他对教堂和教区所发生的事并不陌生，‡他的父兄和圣詹姆斯教区的济贫院和感化院都有广泛的业务往来。但是，除了这次受洗，没有证据显示布莱克一家再到过圣詹姆斯教堂。

---

* 尚不确定凯瑟琳·布莱克是否出现在受洗仪式现场。正常情况下，在英格兰教会，女性在生产后过两周才能由专门的神职人员带去教堂，参加公开的礼拜。然而，像布莱克家族这样的异教徒经常反对并且无视英格兰教会中残留的犹太教和天主教仪式。有些牧师就会因为产妇没有经由神职人员的带领进入教会，而拒绝为她们做礼拜。

† 当天在圣詹姆斯教堂受洗的还有另外 7 个婴儿。

‡ 杰拉德·安德鲁斯曾长期担任圣詹姆斯大教堂的教区牧师，1825 年 6 月，他去世时，布莱克表达了自己的悲伤，并坚信"死亡对逝者而言就是进入一种更高的境界"。

从阴影中走向光明：布莱克的家庭

3

没有任何祥兆预示会有一位文学巨匠诞生在这样一个普通的家庭。布莱克的父母寂寂无闻，除了去市政厅登记当学徒、在教堂举行婚礼、选举投票、纳税和给孩子受洗之外，没有在时间的沙滩上留下任何的足迹。我们甚至不知道他们出生的日期和地点、双方母亲的姓名，*或是他们是否还有兄弟姐妹。

有关布莱克家族的资料最早可以追溯到他的祖父老詹姆斯·布莱克，罗瑟希德的一位"绅士"。他的家境在 1737 年应该是相当的殷实——能够支付 60 英镑†的巨额学徒费供儿子詹姆斯·布莱克跟着弗朗西斯·史密斯学做纺织品生意。当时做学徒的年龄是 14 岁，如此推算，詹姆斯·布莱克大约出生于 1723 年。

年轻的詹姆斯·布莱克于 1744 年结束了 7 年的学徒生涯，从约翰·布莱克（可能是他的弟弟）手中接过位于威斯敏斯特牛津街附近的格拉斯豪斯街 5 号的一幢大房子（见图 8）。这幢房子兼作住宅和出售袜类和缝纫用品的商店。这家商店最初是詹姆斯·布莱克与约翰·布莱克合开的（1743），后来他又与布奇先生（可能是他表弟）合开过（1751）。

詹姆斯·布莱克是一个温和亲切的人，"性子随和……知足常乐，欢乐有度……根据他儿子的描述，是一个宽容慈爱的父亲，总是鼓励孩子，不轻易责骂"。‡他是一个"敬虔的人"5，一个异教徒，而且和许多其他的异教徒一样，在政治上比较开明。1749 年的大选，"格拉斯豪斯街的袜商詹姆斯·布莱克"和他的同行——住在布罗德大街 28 号的托

---

* 彼得·阿克罗伊德在《布莱克》（1995）第 20 页写道，布莱克的外公是位"袜商"，但是他把布莱克的母亲称作"凯瑟琳·赫米蒂奇"而不是"凯瑟琳·莱特"（她婚前的姓名）或者"凯瑟琳·阿米蒂奇"（她初婚时的姓名），可见他有关凯瑟琳父亲的信息来源不明，因而准确性也堪忧。

† 本书涉及英镑、先令、便士处应采用旧英镑货币进位制，即 1 英镑 =20 先令 =12 便士。——编注

‡ 泰瑟姆（*BR*，第 508 页）。据吉尔克里斯特称，布莱克后来很少提及父亲或者母亲（*BR*，第 48 页）。

马斯·阿米蒂奇[6]都投票支持反对皇室的候选人珀西伯爵和克林顿勋爵。[*]
两人在当时可能已经是熟人了。

托马斯·阿米蒂奇于 1746 年 12 月 14 日与凯瑟琳·莱特在汉诺威广
场的圣乔治教堂举行婚礼。这里虽然并非正式的婚礼场地，但是有很多
异教徒光顾，[†]新郎和新娘可能都是异教徒。1748 年，这对夫妇迁入黄金
广场布罗德大街 28 号。1751 年 7 月 20 日，托马斯立下遗嘱，称自己
是威斯敏斯特圣詹姆斯教区的一个"服饰鞋袜经销商"。阿米蒂奇夫妇
没有子嗣，托马斯立下遗嘱后不久就去世了，将"我余下的所有产业"，
主要包括房子和生意都交给"我的妻子凯瑟琳·阿米蒂奇"。这份遗嘱
在 1751 年 11 月 27 日生效。[7]

托马斯·阿米蒂奇的离世使年轻的遗孀陷入困境。凯瑟琳·阿米蒂
奇的主要财产是房子和袜店，而她在生意方面顶多只是打个下手。她对
纺织商同业公会和男人统治的这个金融城市几乎一无所知，既不知道谁
能提供可靠的货源，也不知道怎样去开价。虽然看过丈夫生前如何打理
生意，但是她一个女人家，要想在一个男性主宰的商业圈里与人杀价，
维持业务的运转，实在是困难重重。

很自然地，她向丈夫生前的同行友人寻求帮助。詹姆斯·布莱克就
是其中的一位，他的袜类和缝纫用品商店就开在黄金广场另一侧的格拉
斯豪斯街。1751 年下半年，托马斯·阿米蒂奇去世后不久他就开始帮助
凯瑟琳。

凯瑟琳·阿米蒂奇在丈夫遗嘱生效的 11 个月后，于 1752 年 10 月 15
日嫁给了詹姆斯·布莱克。婚礼在汉诺威广场的圣乔治教堂举行，过程很
紧凑，因为当天上午有 15 对新人在这个教堂举行婚礼。两人结婚的时候，
凯瑟琳 30 岁，詹姆斯 29 岁，按照当时的标准，他俩都刚刚迈入中年。

---

[*] *BR*，第 551 页。在 1780 年和 1784 年的两次选举中，詹姆斯·布莱克都选了辉格党的
詹姆斯·福克斯，而废弃了自己的第 2 次投票。作为异教徒，威廉·布莱克在政治上
更为极端。他的父亲和兄弟都还参加了选举，而他虽然有资格投票，却连去都没去。

[†] 见 *BR*（2）。异教徒避免在教堂举行婚礼（"那种牧师专属的侵吞行为"）。部分原因可
见约翰·林内尔信函（见本书第 490 页）。林内尔在信中说明了自己在 1817 年的婚礼
没有请牧师的原因。

詹姆斯·布莱克接手了布罗德大街 28 号的袜类和缝纫用品商店。他和凯瑟琳一起销售手套和袜子，"生意做得红红火火"*——至少在贤明的圣詹姆斯教区主管看来是如此。他们负责监护教区的穷人，经常让詹姆斯·布莱克供货给教区的济贫院和感化院。[8]

凯瑟琳·阿米蒂奇和詹姆斯·布莱克结婚的时候，小店的钱已所剩无几。按照先夫的遗嘱，凯瑟琳如果再婚的话，要从继承的财产里付给先夫的长兄威廉 20 英镑，先夫的兄弟姐妹——理查德、约翰、伊丽莎白·福克斯和格蕾丝·哈特斯利每人各 10 英镑，威廉的儿子托马斯·阿米蒂奇（先夫的侄子与先夫同名）20 英镑。[9]凯瑟琳和詹姆斯·布莱克刚刚结婚就要承担 80 英镑的债务，夫妇二人可谓勇气可嘉。

1764 年，凯瑟琳 42 岁，已经是 6 个孩子的母亲了。按照当时的标准，这个家的规模还不算大。这些孩子中只有一个在幼年时夭折，其余的都活下来了，这在当时是非常了不起的成就。从 1753 年第一个孩子出生到 1790 年最小的孩子长大成人，凯瑟琳·布莱克的主要工作和快乐的源泉就是照顾这些孩子。孩子们难过的时候，她去抚慰；孩子们快乐的时候，她更快乐。整整 12 年，凯瑟琳身边总穿着小长袍的婴孩。虽然也有仆人和丈夫的帮忙，但是在那个阶段，她的生活基本上是在家里围着孩子转的。

凯瑟琳性格温柔、善解人意，[10]孩子们若是犯了小错，她也不追究惩罚，对她可爱又任性的儿子约翰更是如此。但是，如果孩子们犯了很严重的错误，比如故意撒谎，她也不会手下留情。[11]而对于她那个性情有些古怪的儿子威廉，凯瑟琳总是"私底下鼓励他"进行创作，他经常"一个人待在房间画画、配诗，然后，把这些挂到母亲的卧房里"。[12]

威廉·布莱克儿时的玩伴自然就是他的三个兄弟和一个妹妹。长兄

---

* 泰瑟姆（*BR*，第 508 页）。詹姆斯·布莱克不太可能像泰瑟姆所说的，"殷实""家底厚"，可能只是出于礼节才这么说。詹姆斯·布莱克去世时泰瑟姆还未出生，泰瑟姆关于他的信息很可能来自威廉·布莱克的遗孀凯瑟琳。凯瑟琳儿时生活拮据，小康生活在她眼里可能就是"家底厚"。

詹姆斯·布莱克比他大四岁；大弟弟约翰·布莱克比他小两岁；* 二弟罗伯特·布莱克比他小四岁；最小的妹妹凯瑟琳·伊丽莎白·布莱克比他小六岁。

　　威廉·布莱克的长兄詹姆斯出生于 1753 年 7 月 10 日，9 个月前他的父母才刚刚结婚。1768 年 10 月 19 日，15 岁的詹姆斯开始在制针行会†的基齐·布图尔特的身边当学徒。布图尔特是萨瑟克一个纺织工的儿子，可能是胡格诺派‡教徒。[13] 学徒期满，詹姆斯成为"布莱克父子袜类和缝纫用品"商店的一员。[14] 成年后的詹姆斯是一个"谦和务实的人"，"憨厚老实，传统守旧，不善心计，在针织品行业或者其他行业里难有大作为……一直都在卖及膝马裤、毛线袜和搭扣"。[15] 詹姆斯一直保留着童年时代的圣痕，即使是到了中年"还常常谈论斯韦登堡§，说自己看见了亚伯拉罕和摩西"。¶ 他与威廉·布莱克多年来都相处融洽。1800 年 9 月詹姆斯还与威廉·布莱克一道去他的赞助人托马斯·巴茨的家中喝茶。威廉·布莱克还在 1803 年 1 月 30 日给詹姆斯写了一封很长的信，详细告诉长兄自己与赞助人费尔珀姆的威廉·海利之间的矛盾。1803 年 9 月，威廉·布莱克从费尔珀姆回到伦敦。在布罗德大街 28 号，[16] 威

---

* 更早出生但天折的"约翰·布莱克（威廉·布莱克的二哥），约翰（原文如此）和凯瑟琳的儿子"，生于 1755 年 5 月 12 日，并于 6 月 1 日在威斯敏斯特圣詹姆斯大教堂受洗。如果这里说的确实是詹姆斯·布莱克和凯瑟琳的孩子，那么他应该是在 1760 年 3 月 31 日"詹姆斯和凯瑟琳之子约翰·布莱克（威廉·布莱克的大弟弟）"的受洗日之前去世的。给孩子们起这样的名字可能也有点向叔叔约翰·布莱克致敬的意思，这位叔叔在 1743 年与布莱克的父亲一起住在格拉斯豪斯街 5 号，不过，有证据明显表明，他在 1778—1788 年搬到了霍格巷（*BR*，第 551、556—557 页）。

† 制针行会主要负责规范针具生产。在威廉·布莱克生活的时代，针具是缝纫、制作航海和科学仪器的重要工具。英国的行会起源于 12—14 世纪，最初由手工业者和商人组营，主要负责制定行业标准、管理学徒制度、确保产品质量，并垄断特定行业的经营权。——编注

‡ 胡格诺派是 16 世纪欧洲宗教改革运动中兴起于法国的新教教派。新教教徒因为拒绝改信天主教而惨遭迫害，大量教徒逃离法国，其中很多教徒移民到英国，尤其是伦敦。——译注

§ 埃马努埃尔·斯韦登堡（1688—1772），瑞典科学家，哲学家，基督教神秘主义者和神学家，在科学、数学、发明方面有很大成就。50 多岁后，斯韦登堡放弃一切，开始了他自称为"天启"的灵界沟通的生涯，著有《灵界记闻》。——译注

¶ 吉尔克里斯特（*BR*，第 2 页）。第一座新耶路撒冷（斯韦登堡式）教堂建于 1789 年，在此之前他不太可能会"谈及斯韦登堡"。

　　吉尔克里斯特此前显然与一些女士谈过话，她们都是"布莱克尚在世时的朋友，还记得去詹姆斯·布莱克的店里买一点儿手套和缝纫用品"，此店于 1812 年关张歇业。

廉·布莱克夫妇还与大哥詹姆斯、小妹凯瑟琳·伊丽莎白一起住了一段时间。1809 年至 1810 年，詹姆斯还把店铺和家腾出来给布莱克做私人画展用，展出的画作中包括布莱克在 1810 年雕刻的版画《坎特伯雷的朝圣者》。[17]

但是，接下来的几年里两人的分歧越来越大。威廉·布莱克的"心思在……云端，沉浸在耀眼的异象里"，而詹姆斯的心思"在世间，琢磨着怎样才能赚到下一个铜板"。[18] 詹姆斯总在他的艺术家弟弟面前唠叨着让人泄气的图谋生计的话。[19] 1812 年詹姆斯退休，领了一笔微薄的养老金，搬去赛伦塞斯特。打那以后，"两人再没说过话"。*

威廉·布莱克的大弟弟约翰生于 1760 年 3 月 20 日，很是招人喜爱，像是大有出息的样子。显然，他是父母的"掌上明珠"。不过，他的"名声不好，风流成性"，还常常自怨自艾。虽然威廉·布莱克多次"抗议"父母太宠溺约翰，得到的答复却是"不要多嘴，早晚有一天你要到约翰的家门口讨饭吃"。[20] 看得出来，布莱克家的孩子们为了赢得父母的宠爱也会争风吃醋，对父母尤为钟爱的约翰更是格外厌恶。

威廉·布莱克的小弟弟罗伯特生于 1762 年 6 月 19 日，是布莱克最疼爱的弟弟。† 他是一个"温顺友善"[21] 的孩子，"跟他在一起的人没有不喜欢他的"，这其中就有 J. T. 史密斯。[22] 威廉·布莱克视罗伯特为精神上的伙伴，甚至是精神向导，多年以后，在《弥尔顿》中布莱克塑造了"威廉"和"罗伯特"两个互为镜像的形象，一起接受弥尔顿的灵感。（见图 4A、4B）

---

* 吉尔克里斯特（*BR*，第 3 页）。1827 年 3 月 22 日，詹姆斯·布莱克安葬在本思园，但在布莱克当时的信函中没有找到任何哀悼哥哥的痕迹。

† 罗伯特很可能是詹姆斯·布莱克和凯瑟琳夫妇的儿子，生于 1762 年 6 月 19 日，在威斯敏斯特圣詹姆斯教堂受洗，得教名"理查德"。

　　极为凑巧的是，一个名叫罗伯特·布莱克的人，生于 1767 年 8 月 4 日，在 1782 年 4 月 2 日加入皇家美术学院学习雕刻，而 *BR*（第 20 页及各处）把他认作布莱克的哥哥。然而，弗雷德里克·泰瑟姆说，罗伯特在 1787 年 2 月 11 日安葬时"享年 24 岁"（*BR*，第 510 页），这正好与 1762 年 6 月受洗的叫理查德·布莱克的男孩的年龄对得上，而不是出生于 1767 年 4 月，在皇家美术学院学习雕刻的罗伯特·布莱克。见艾琳·沃德，《谁是罗伯特·布莱克？》，《布莱克》，第 28 期（1995），第 84—89 页。

　　凯瑟琳·伊丽莎白生于 1764 年 1 月 7 日，是家中最小的孩子，也是唯一的女孩，比布莱克小六岁。布莱克离家当学徒的时候她才八岁。她在家里帮母亲干活。父母于 1784 年和 1792 年分别去世后，她就开始帮尚未成家的大哥詹姆斯管理家务。詹姆斯一直"供养着他这个唯一的妹妹"[23]。1800 年威廉·布莱克搬到费尔珀姆，凯瑟琳·伊丽莎白经常过去帮忙。布莱克的朋友托马斯·巴茨称年轻时候的凯瑟琳·伊丽莎白是个"迷人的姑娘"，[24] 但是随着年龄增大，凯瑟琳·伊丽莎白执意不肯嫁人，人也变得"有些腼腆、冷傲，典型的老姑娘性格"，"举手投足，都是淑女做派"。[25]

　　布莱克的家族中还有其他的成员，逢年过节的时候大家会聚在一起。天气若是晴好，布莱克一家也会去拜访他们。威廉·布莱克的祖父母住在泰晤士河对岸的罗瑟希德，靠近大码头。他的外祖父母姓莱特，可能住在汉诺威广场的圣乔治教区。1746 年凯瑟琳·莱特嫁给托马斯·阿米蒂奇的时候就住在那里。凯瑟琳·莱特可能还有兄弟姐妹、外甥、侄女之类的亲戚。布莱克有一个表亲住在汉普斯特德，[26] 一个姨母葬于本思园。[27] 他还有个叔叔约翰·布莱克，1743 年住在威斯敏斯特的格拉斯豪斯街，1778—1788 年迁至伦敦苏豪区的霍格巷。*另有堂兄史蒂芬·布莱克，也是针织品商人，1783—1784 年住在布罗德大街 28 号。威廉·布莱克有可能还认识他母亲先夫的兄弟姐妹：威廉·阿米蒂奇和他的儿子托马斯·阿米蒂奇、理查德·阿米蒂奇、约翰·阿米蒂奇、伊丽莎白·阿米蒂奇·福克斯和格蕾丝·阿米蒂奇·哈特斯利。

异教徒的传统和布莱克的家庭

> 日日夜夜我们都在读圣经，
> 你读的是黑，我读的是白。[28]

---

* 日火保险公司第 477751 号保险单显示，霍格巷 32 号的约翰·布莱克是一位马裤裁缝。

　　布莱克夫妇按照异教徒的传统来教育孩子*，注重私下的读经灵修而不是公开的听道礼拜。我们并不清楚他们的教会和教义。像大多数的异教徒一样，他们相信所有的真理都在《圣经》里，真理的感知不是靠牧师或是教会而是靠每个人的良心。18 世纪的人们称那些极端的异教徒为"宗教狂人"（Enthusiasm）。布莱克就称自己是一个"狂热的，被希望哺育的异象预言家"。†

　　这些人相信基督会将人们从律法的枷锁中解放出来，从"牧师和国王的手中解放出来，他们以我们的苦难建造了天堂"[29]。因此，"每个人都可以与上帝交谈，在每个人的家里自己就是国王，就是牧师"。‡他们认为以教会和国家为首的所有机构的建立都是企图残暴地把基督已经解放的灵魂禁锢在撒旦的国度里。因为"基督已赎出我们脱离律法的诅咒"（《加拉太书》，3：13）。布莱克写道，"一条束缚狮子和公牛的律法叫做压迫"§，而基督

　　　　他派出七十门徒
　　　　为要反抗宗教和政府¶[30]

---

* 据克拉布·鲁宾逊于《国家博物馆》（1811）的记载："布莱克不属于任何正统教会，从出生起，就一直参加异教教会。"（*BR*，第 440、452 页）布莱克安葬在本思国的异教墓园区（1827 年 8 月）。这是一块家族墓园，他的父亲詹姆斯（1784）、弟弟罗伯特（1787）、母亲凯瑟琳（1792）、哥哥詹姆斯（1827 年 3 月）、姑姑、他的妻子凯瑟琳·索菲亚（1831）先后安葬于此。

　　之前的传记作家都没有明确布莱克家族属于哪个教会。E. P. 汤姆森在《控诉兽的人证》（1993）中做过一个有关马格莱顿派信徒的案例研究，很有意思，不过作者未做任何定断。

† 1800 年 11 月 26 日信函。1806 年，马尔金提到布莱克"谈到宗教话题时，狂热而崇高的思想"（*BR*，第 424 页）；1800 年 8 月 11 日威廉·海利写道："我写下'宗教狂人'一词时，总是忍不住想起那位可敬的宗教狂人——特立独行的布莱克。"

‡ 为沃森的《为〈圣经〉辩护》（1797）第 9 页所作的注解（1798）。在 1827 年 4 月 12 日信函中，布莱克写道："在这个心境中，每个人在自己的家里就是国王，就是牧师。"

§ 《天堂与地狱的婚姻》，图版 24，第 90 段（注意：在第 10 行中，以西结见到的动物有四张脸，其中的两张脸代表一只狮子和一头公牛）。布莱克写过"那行毁坏可憎的，即国家宗教，是全部残酷之源"（为主教沃森的《为〈圣经〉辩护》第 25 页所作的注解）。他在培根的《论说文集》（1798）的书名页上作注（1798）时将这个世界称为"撒旦的王国"。

¶ 中译版所引用的诗歌，除已注明的翻译版本外，均为本书译者所译。——译注

马格莱顿派 * 信徒认为，"魔鬼的理性""总在亵渎和反抗上帝"[31]，布莱克在《伟大的撒旦还是理性》(《拉奥孔》) 中写道：

> 毒蛇用理性诱惑我们分辨
> 正与邪，善与恶

> (《给两性》，图版 19，第 7—8 行)

许多宗教狂人的感受正如《月亮上的岛屿》中"易燃盖斯"(Inflammable Gas) 所描述的那样："我看见牧师，都已经被绞死；一大堆躺在那里——"† 布莱克还写道："所有的刑法……都是残暴和谋杀。"[32]

这种信仰是布莱克人生信念的根本。他不去皮卡迪利大街的圣詹姆斯教堂做公开的礼拜，在余生的 40 年间也没去过任何其他教堂。‡ 从 1787 年到 1827 年，"我一直追求诚实地敬拜上帝——在我自己的家里，不让任何人看见"。[33] "他最大的快乐来自《圣经》——身边总会带上一本"，§ 他"激动地说他所知道的一切都能在《圣经》里找到"。[34] 像许多宗教狂人一样，"布莱克把很大一部分时间花在研究《启示录》上"。¶ "他说《圣经》就是一本通向自由的书。"[35] 他读经绝不仅仅是为了探求教义和真理，即使人到暮年，《圣经》中的字句仍然深深地感动着他。"有一次，他读到浪子回头，沉浸于寓言的精妙，不禁反复吟

---

* 马格莱顿派是英国宗教史上一个边缘且小众的教派。由洛多威克·马格莱顿和约翰·里夫于 1652 年创立。该教派鼎盛时期的成员也不过数百人，且主要集中在英国东南部。他们声称受到上帝的启示，其使命是纠正当时宗教的"错误"。——编注

† 《月亮上的岛屿》，第 4 章。在笔记本第 103 页，布莱克写道：

> 回答牧师
> "为何你不学习羊的平静？"
> "因我不愿被你剪去毛层"

‡ 史密斯 (BR，第 458 页)。克拉布·鲁宾逊在 1811 年写道："我们认为他并没有定期去过任何基督堂。"(BR，第 452 页)

§ 史密斯 (BR，第 467 页)。海利称布莱克"极其热爱《圣经》"，而 J. T. 史密斯也坚持认为"《圣经》就是他的一切"。(BR，第 106、458 页)

¶ 史密斯 (BR，第 426 页)。布莱克根据《启示录》画过很多幅画，其中包括"大淫妇和兽"中的惊骇场景 (见图 5)。

读。读到'相离还远，他父亲看见'时，布莱克停下来，老泪纵横，泣不成声。"[36]

当然，与所有较为极端的异教徒，譬如约翰·班扬一样，布莱克读经不是拘泥于字句表意或是寻求所谓正统的阐释，而是"像伏尔泰受上帝之托揭示自然之意，他靠读《圣经》领悟圣灵之意"。[37]和斯韦登堡一样，布莱克认为真正的《圣经》，"是记录上帝话语的书"，不应该包括《约伯记》《箴言》《所罗门诗篇》《次经》和圣徒保罗的书信以及四分之一的新教正典。[38]

布莱克读经的某些感悟在当时任何一个教会看来都是异端邪说。*他认为赎罪是"一条可怕的教义"[39]，基督"将自己献做活祭，钉死在十字架上是错误的"[40]。他声称自己"不相信上帝是无所不在的"[41]，他认为基督"是唯一的上帝……就像这世上只有一个我，只有一个你"[42]。

宗教狂人与英国国教教徒以及其他异教徒之间的分歧不仅仅体现在他们只认可《圣经》，蔑视教会。他们排斥的不仅是这个世界的浮华虚荣，还有整个世界的一切。在他们和布莱克看来，这个世界正被"兽和大淫妇"所主宰，神迹的时代并未过去，天启就在现在。

布莱克称自己是"天使的同伴"，"我每日每时在圣灵里"与天使和他死去的弟弟罗伯特"交谈"。†神迹于他并不陌生，他写道："我是靠着神迹而活。"‡对布莱克而言，"撒旦……是这个世界的父和主，是控告者"，[43]"黑暗王子不是普通人，他是绅士；是大法官"，像弗朗西斯·培根一样的大法官，[44]在"兽和大淫妇肆虐"的国度里掌权。布莱克认为，长着角、戴着王冠的兽和大红龙是世俗宗教庞大可怖的权力的象征（见图5）。

10

---

* 克拉布·鲁宾逊（*BR*，第439、452页）说道："布莱克的许多宗教意见看起来像是正统基督徒的。"然而，他那时还不认识布莱克，他的结论似乎主要是依据《叙录》（1809）得出的，与他提供的其他证据相悖。
† 1800年5月6日信函。他在1800年9月12日写道："众天使在我的圣灵周围站立。"他在1803年10月7日说道："在世间我只是一介草民，在天国我却是王子中的王子。"
‡ 1799年8月26日信函。"如果你没有发现自己已经创造了神迹，并且靠着这些神迹而活，那么你并非如我一般能够看见……我能这样做，并且的确如此行，让我自己和家人都感到惊喜而惬意。"（沃森，《为〈圣经〉辩护》，第13页的旁注）

更为极端的异教徒，比如马格莱顿派教徒不仅摒弃国家和国教，也反对所有的教会和宗教仪式。在他们和布莱克看来，"外在的仪式都是反基督的"。*《经验之歌》中那个天真得不能再天真的小流浪儿抱怨说：

> 教堂里真冷，
> 酒吧里却惬意暖和又益身……
>
> 但若在礼拜堂能给我们点啤酒，
> 给一盆好火烤起我们的精神，
> 我们愿长长一整天地祷告歌唱，
> 一次也不想跑出去漂泊流浪。†

不过，在像马格莱顿派教徒这样的异教徒看来，这些小流浪儿的境遇还不算太糟。根据当时的《秘密宗教集会法》，他们如果在自己的教堂里集会就会受到社会的甚至是法律的干涉，因此他们不得不在酒馆的私人房间里做礼拜。他们围坐在温暖的炉火旁，畅谈有关上帝的话题，把时下流行的曲子拿来填词，变成自己的赞美歌，这样即使有人听见了，也以为只是些在酒吧里常哼的歌曲而不是教堂的赞美诗。‡不是教堂让这些异教徒的集会变得圣洁了，而是这些敬虔的集会让教堂变得圣洁了——虽然这个教堂只是一个小酒馆。虽然无法考证布莱克一家是否

---

* 《拉奥孔》。在《耶路撒冷》图版91，第12—14行，洛斯力促众人

> 掀翻他们的酒杯，
> 他们的面包、他们的祭桌，他们的所得和他们的誓言：
> 他们的婚姻和他们的浸礼，他们的葬礼和他们的献祭。

† 引自张炽恒译，《布莱克诗集》，上海：上海三联书店，2007年。第72页。——译注
‡ 见E. P. 汤普森，《控诉兽的人证》（1993），第58页。18世纪中叶，马格莱顿派信徒常在蓝野猪酒吧聚会，聚会点还有位于奥德斯门街的老马头酒吧、伊斯灵顿的老枪酒吧、高斯威尔街外的汉普郡猪酒吧等地（E. P. 汤普森，《控诉兽的人证》，第67页），另外在巴纳比街和老街街口都有"马格莱顿派信徒集会点"（据亨利·张伯伦，《新编伦敦与威斯敏斯特市全史与调查》[伦敦：J. 库克，1770]，第615页）。新耶路撒冷教会的首次大会于1789年4月13日在一家小酒馆举行，威廉·布莱克夫妇一同参加了此次会议。

也这样做礼拜，但是无疑布莱克确曾听闻过此事，而且对此感到由衷的敬佩。

异教徒中信仰最为离经叛道者当数马格莱顿派。在一百年前的克伦威尔统治时期，他们第一次表达了自己的信仰。虽然越来越多的异教徒放弃了当初的信仰，马格莱顿派却仍然坚守初衷。和布莱克一样，他们认为耶稣"是唯一的上帝"，[45]因此在耶稣被钉死和复活之间的这段时间上帝是不存在的。他们"认为那个被驱逐的毒蛇—天使……确实钻进了夏娃的子宫"，布莱克在彩印版《撒旦因夏娃而狂喜》（见图6）和为《失乐园》所配的插图水彩画《夏娃的诱惑与堕落》（见图106），表现了毒蛇撒旦缠绕夏娃的场景，仿佛是在交媾。在交媾中，撒旦"死去然后在夏娃的子宫里复活……夏娃生出她的头生子，魔鬼的儿子"该隐——他是现世权势的嫡系祖先。亚当则是亚伯的父亲，是受到圣灵引导的坚信上帝的人们的祖先。[46]在布莱克的《耶路撒冷》（图版73，第35—40行）中，喇合和得撒（"你，我肉身的母亲"）创造了现世权势的支派，像"撒旦、该隐、土巴、宁录、法老、皮安姆"这样的君王。"洛斯创造了亚当、诺亚、亚伯拉罕、摩西、塞缪尔、大卫和以西结"这支属灵的支派。在《拉奥孔》中布莱克写道，耶和华有"两个儿子撒旦和亚当"。

在布莱克的作品里我们总能看到"披着鳞甲，嘶嘶作响的牧师"，"满口谎言，滥用权术"[47]。譬如，他将俗不可耐的主教沃森*描写成"一个国家的骗子"，"一个异端审问的裁判人"[48]：

> 定要将国王和牧师拴于一处
> 直待两个处子终能相聚†

11

---

* 主教沃森指理查德·沃森（1737—1816），英国圣公会牧师，兰达夫地区主教，写过一些著名的政治小册子。——编注

† 笔记本，第106页。他在培根的《论说文集》（1798）第38页上作注（1798）时写道："每个人都憎恨国王。"

在这些愤世嫉俗的异教徒看来，教堂是这样的地方：

> 这座小教堂大门紧闭，
> 门上写着"不准"的字样……
> 穿黑袍的神父来回转悠，
> 用刺蔷薇捆我的情欲和欢乐。*

> （《爱的花园》，选自《经验之歌》[图版44]）

显然，布莱克是透过家人了解到了宗教狂人的信念核心。

在布莱克看来，尘世是一个陌生的环境，是"兽和大淫妇"主宰的国度。自然界的一切因果都是幻象："我们靠着自己，在这尘世，终归一事无成，万物运转乃是圣灵的工作。"（《耶路撒冷》，图版3）。我们"不是靠着自然的力量，乃是单靠圣灵的力量"活着，因为"每一个自然的果都有一个圣灵的因"（《弥尔顿》，图版26，第40、44行）。布莱克一家人：

> 我们吃得很少，我们喝得不多；
> 这个世界没有我们想要的快活。[49]

12　　布莱克不断地从"美妙思想的饼和愉悦的酒"[50]中得到滋养，即使在穷困潦倒的时候，他仍写道：我"为从灵魂深处源源涌出的狂喜而欢畅"[51]。正如《弥尔顿》中的不朽之人，布莱克有时"热烈地甚至是痴狂地""沉醉在圣灵里"，[52]"因为我真的醉心于心灵的异象"。†

他写道：

> 掌管出生的天使对我说

---

* 引自张炽恒译，《布莱克诗集》，第71页。——译注

† 1804年10月23日信函。威廉·凯里把他描述成一个"着了魔的宗教狂"（*BR*，第246页），布莱克也在1803年4月25日的信函中写道："我见到了天父的脸；他把手放在我的头上并且祝福我所有的作品……原谅我对宗教或许太过痴狂。"

"快乐和喜悦创造了我

无须再靠这凡世过活"

（笔记本，第 32 页）

布莱克这样写当然不是说父母不管他或者他在这世上没有朋友，而是说"这个世界贫瘠得连一粒种子都结不出来"[53]。快乐和喜悦只能源自我们自己，源自我们的内心而不是外部的世界。布莱克的父母疼爱孩子，尽其所能满足孩子们的需求，但是他们不能带给布莱克天堂的美好和内心的平静，因为这些只能在我们的内心，在基督（布莱克称之为"衪"），在人类的想象中找到。

住在布罗德大街的布莱克一家

布莱克成长的黄金广场一带因为居住着艺术家和行事低调的名人而小有名气。让·艾蒂安·李欧塔曾住在黄金广场"两盏黄色灯"招牌的地方（1754）；斯摩莱特的小说《汉弗莱·克林克历险记》（1760）中的马修·布兰博就曾带着家眷租住在黄金广场诺顿夫人的家中；著名的解剖学家约翰·亨特也曾在黄金广场住过（1763）。除此之外，流行画家安吉利卡·考夫曼（1767 年前后）和大卫·哈特利（David Hartley，1797）也曾居住于此。大卫·哈特利曾编辑过他父亲的《人的观察》（1791）一书，布莱克还为此书制作了插图。

单单在布罗德大街，1768—1774 年就住过当时如日中天的意大利点刻大师弗朗西斯科·巴尔托洛齐＊和他的徒弟。1777—1781 年，瑞士画家亨利·菲尤泽利住在布罗德大街的拐角处以及波兰大街。雕刻家弗

＊　弗朗西斯科·巴尔托洛齐（1727—1815），意大利版画家。后来受英国王室邀请，成为乔治三世的宫廷版画家。他定居伦敦后成立了自己的版画工作室，培养了包括路易吉·夏芳尼缇在内的一众学徒。——编注

朗西斯·切舍姆 1777 年租住在布罗德大街 37 号，1778 年他又搬到这条街的 33 号。1780 年崭露头角的年轻雕刻师詹姆斯·希思住到了布罗德大街的卡纳比市场。*1784 年 R. 普雷耶在布罗德大街 37 号出版了他的漫画书。1805 年前后，热情奔放的画家兼占星家约翰·瓦利与他的学生威廉·马尔雷迪也一起住到了布罗德大街。

13　　1749 年，威尼斯著名的画家安东尼奥·卡纳莱托与家具细木匠维根先生合租在布罗德大街南面的银街。[54] 1781 年，雕刻大师菲利普·达维的儿子画家乔治·达维出生在附近的布鲁尔大街。雕塑大师约翰·弗拉克斯曼的学生以撒·波柯克也曾租住在布鲁尔大街。

　　生活在这样的社区里，詹姆斯会很自然地认为自己颇有艺术天赋的儿子布莱克也能在艺术的世界里获得声望和体面的生活。

　　和大多数商人一样，詹姆斯·布莱克一家住在店铺的上层。布罗德大街 28 号的这所房子（见图 7）共有四层，带一个地下室，位于布罗德大街和马歇尔大街交会的拐角处，东面和北面的墙与旁边的房子相接。因为在拐角处，这所房子不能像别的房子一样在屋后有块空地（见图 8）。

　　当时这里才刚刚得到开发，詹姆斯·布莱克还记得这儿曾是一片飞着云雀的田野。布罗德大街北面的一排房子始建于 1733 年至 1734 年，[55] 恢宏大气但不张扬，房间都镶有墙裙，有扶手栏杆和佣人房。这一带的住户和建筑都属于典型的中产阶级风格。

　　詹姆斯·布莱克的商店入口有一个木头圆柱支起的装饰门廊，看起来像是"小教堂的大门"。†商店正面靠布罗德大街的这一边以及楼上的

---

*　詹姆斯·希思的地址是在爱德华·金普顿编辑的《新编圣经通史》（约 1781）的订购单上找到的。希思根据弗朗西斯·惠特利的绘画所版刻的《布罗德大街上的骚乱》（1780）是以城里的布罗德大街（见图 8）为背景，而并非如彼得·阿克伊德认为的那样（《布莱克》[1995]，第 74 页），以黄金广场的布罗德大街做背景。

†　M. 罗克特在《英格兰艺术现况》（伦敦，1755）第 120 页，描述了伦敦"这几年兴起的""各种商店，特别是布匹商店"的装修风格。1790 年，詹姆斯·布莱克获得假期，回到布罗德大街 28 号，把"他们家门前目前支着的木柱换成石柱"。

三层有三扇很大的玻璃，*靠马歇尔大街的这一边有两扇玻璃。后来，威廉·皮特的窗户税法案†让窗户变成了昂贵的奢侈品，詹姆斯不得不在每层楼都封闭一扇窗户。不过，底层的窗户仍然开着，展示着这家小型袜店最吸引顾客眼球的商品。1809 年，布莱克著名的版画《坎特伯雷的朝圣者》也展示在这个橱窗里。[56] 入内有一间大房，长宽均约 6 米，房内墙面采用早期乔治亚风格*的镶板装饰。§靠马歇尔大街的这边，每层都有两个壁炉，旁边放着一个盒子，装着从纽卡斯尔运来的煤。商店底层北面和东面的墙大概是用来摆放货架的，至少有一边还有一个柜台，詹姆斯·布莱克就站在这个柜台的后面招呼客人。

　　楼上的三层住着布莱克一家，面积和店铺一样大，不过，屋顶要低一些，每层都隔成了两到三个房间。二楼可能用作厨房和客厅，三楼和四楼是卧房，有五到六间。1760 年上帝探出头的那扇窗户（如插图 5 所示）大概就在顶层的一间儿童房里。

14

---

* 布莱克家底下几层的房间窗户装饰有弧形拱，与邻居家的窗户图案不同。布罗德大街 28 号，与

　　　　19 世纪早期和中期的大多数房屋一样，都将一楼的前半间改建成商店或者小酒馆（见图 7）……布罗德大街的大多数房屋的内部结构都有标准的规划：每一层前面都有一个宽敞的单间，后面是一个小间加一个转角楼梯，有些壁橱都突到后屋的外头去了……头三层的房间……最初，都贴了简易的企口墙裙，有两种高度，以锁边的镶木条和折角檐口收边……楼梯都有锁边的闭合木方嵌进立柱，首尾的立柱都做成大方头的，上有锁边的柱头，车削出的花栏柱支撑着锁边的扶手。

　　　　《伦敦概况第 31 卷：威斯敏斯特圣詹姆斯教区第 2 部分：皮卡迪利大街北大街》

　　　　　　　　　　　　　　（伦敦：阿斯隆出版社，1963 年，第 204—205 页）

† 皮特窗户税（Pitt's window tax）是指英国在 18 世纪末至 19 世纪中期实施的一项税收政策，由时任首相小威廉·皮特于 1784 年提出并推行。房屋所有者需根据窗户数量缴税，窗户越多，税率越高。为了避税，许多房主选择封堵窗户。如今的英国仍能见到一些"砖封窗户"的老建筑。——编注

* 乔治亚风格是 1714—1830 年流行于英国及其殖民地的建筑与室内设计风格，以四位英国君主（乔治一世至四世）命名。其核心在于对古典主义、对称性与理性秩序的追求，反映了启蒙时代对科学与美学的融合。其典型风格是镶板墙面，通常由橡木或松木制成，早期为简单矩形分格，晚期增加雕花线脚。——编注

§ 不管怎么说，前屋够大，放得下布莱克的画作《古英国人》，尺寸约为 4.3 米 ×3 米，1809—1810 年该作品在此展出。

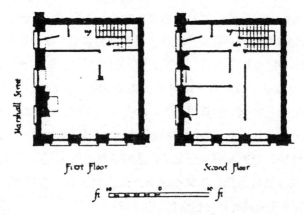

插图5　F.A.埃文斯，商店两层楼面效果图（位于布罗德大街28号）

　　詹姆斯和凯瑟琳刚结婚的时候，房子闲置的房间还很多，可供店员和女仆在顶层卧房就寝，还能提供客房给临时投宿的客人。等到孩子们一个接一个地降生了，就没有多少地方给仆人和房客住了，货物摆放的空间也越来越小。

　　从一个孩子的角度来看，住在一个首层是商铺的房子里有一个最大的好处，就是无论什么时候父母总是在家。孩子们若是想要吃东西或者是想让父母过来陪陪他们，喊一声就行。顾客不多的时候，孩子们还经常在店里玩耍，把柜台当作画板，透过大大的橱窗就可以看到熙熙攘攘的街道全景，太太小姐们坐着轿子来买手套，高大健硕的夏尔马*拉着老式的草料车，毛发修剪整齐的小马驹迈着高高的步子拉着贵族老爷的新式两轮马车，慈善学校的孩子们穿着他们格外珍惜的校服，排着队精神抖擞地走过，还有戴着高高的帽子，浑身脏兮兮的扫烟囱的工人。到了夏天，窗户打开了，还能听到钉了铁掌的马蹄走在鹅卵石路面上的噔噔声，小贩沿街的叫卖声，教堂里传出来的报时和礼拜的钟声，还有不远处黄金广场的鸽子低沉婉转的叫声。

---

*　夏尔马是一种常用来拉车、拖重物的强健大型马。——编注

婴幼儿时期和童年时代

布莱克家的孩子刚出生的时候大概都睡在像《天真之歌》（见图9）中所描绘的那种摇篮里。他们的母亲为孩子们哼唱着传统的歌谣：

> 母猪进来带着马鞍，
> 小猪拼命晃着摇篮，
> 碟子跳到桌子上头
> 想看铜罐吞下长钩。
> 旧罐躲在房门后面
> 把那水壶唤作黑脸。
> "一群傻瓜"烤架说道，"难道你们还不明白？
> 我是警长，赶快给我把他们带来。"[57]

有些歌谣在成人看来几乎没有什么意义，但在小小的婴孩听来却是无比的有趣：

> 这只青蛙要去求婚
> 　只有基蒂，只有基蒂
> 这只青蛙要去求婚
> 　只有基蒂和我
> 唱歌的公鸡我只带着基蒂
> 　只有基蒂，只有基蒂
> 公鸡我只带着基蒂
> 　只有基蒂和我
>
> （《月亮上的岛屿》，第9章）

孩子们大一点的时候，就不用再穿长袍了，父母也不会看得很紧。

他们在附近的街道上玩或者在黄金广场的一块"很小但很整洁的"围场里玩。"围场铺着草坪和碎石小径，四周是一圈精致的铁栏杆。"[58] 小一点的孩子玩捉迷藏[59]，在铺着鹅卵石的地上滚铁环，在土路上打陀螺或是跪在地上玩弹珠。大点的孩子爬到树上掏鸟窝，放风筝或者在街上滚板球。[60]《月亮上的岛屿》中就有乔在"粪便"[61] 上滚板球的描述，看来这种游戏布莱克小时候也曾玩过。当时的伦敦，到处都是马车，马粪应该是随处可见的。

小时候的布莱克，个子不高，但是长得很结实，最显眼的就是那头桀骜不驯的头发和一双炯炯有神的灰色眼睛*。对于一个小伙子，或是一个男孩子来说，他的"个头并不高，但是长得很匀称"，"大脑袋，宽肩膀……高额头。他的眼睛非常大而澄澈，似乎在看着另一个世界"。他黄褐色的头发"竖立着，像一团卷曲的火焰，远远望去像是在发光"。†

布莱克小时候可能是在家里跟着母亲接受教育的（正如《天真之歌》的封面插图所表现的），因为大多数的异教徒不信任非本教的教育。布莱克对教育予以彻底的否定——"这（指教育）是极大的罪恶。这是在吞噬分辨善恶的知识树"[62] 他为自己能够逃离传统学校的道德监工而庆幸：

> 感谢上帝，我从未上过学堂
> 不然要被鞭打着，学那傻瓜的样

（笔记本，第 42 页）

在《天真之歌》中他表达了对那些"小学生"的深切同情：

> 但要在夏天的清晨上学，

---

* 关于布莱克眼睛的颜色，塞缪尔·帕尔默有提到过（*BR*，第 291 页注 2）。T. F. 迪布丁在 1816 年写道："他有着一双蓝色的大眼睛，柔和而光亮。"（*BR*，第 242 页）。尖酸刻薄的骚塞在 1830 年 5 月 8 日写道："他的眼睛里有一种神情，只有在中了邪的人身上才看得到。"

† 泰瑟姆（*BR*，第 529、518 页）。想知道泰瑟姆如何想象年轻时布莱克的样子，参见杰弗里斯·凯恩斯，《威廉·布莱克夫妇肖像画全编》（伦敦：威廉·布莱克信托基金会，1977）。

唉！这把兴致都扫尽；

在那严厉昏花的眼底，

小学生们垂头丧气地

把一天苦熬过去。*

　　布莱克家的孩子再大点的时候就去野地里闲逛，这样可以像大人一样看到更广阔的世界，找到更多的乐趣。牛羊从伦敦的街上赶到史密斯菲尔德的集市，这个如今的国际大都市也曾是阡陌交通、鸡犬相闻。养鸽人小心看护着屋顶刚孵出来的一窝幼雏，男孩和男人们围成一圈兴奋地观看斗鸡。脏兮兮的送煤工人额头绑着带子，背着一百多斤的麻袋，小贩推着车叫卖苹果和土豆。渡船、渔船和货船行驶在美丽的泰晤士河，岸边是歇息的渔夫。退潮的时候，一艘艘小船乘着浪尖穿过伦敦桥的桥墩，引得岸边人们一阵兴奋的欢呼。比林斯门渔妇粗声粗气的吆喝声、科芬园菜贩的叫卖声和史密斯菲尔德肉铺的喧嚣声不绝于耳。随处

插图 6　布莱克，《小学生》

插图 7　布莱克，《天真之歌》的书名页

---

* 引自张炽恒译，《布莱克诗集》，第 80 页。——译注

可见马匹、料草和私人的马厩。高大的邮政马车每周二、四、六轰隆隆地驶往乡下。到了晚上，教区巡夜的老更夫提着铜锣，顺着铺满鹅卵石的街道高喊："入夜十点，平安无事。"在大一点的街区，还会有手持火把的引路人帮助夜归的行人穿过漆黑的街道，警告行人有劫匪出没，熊熊的火光也起到了威慑的作用。木偶艺人从背上的袋子里取出道具搭建舞台，玩杂耍的则舞弄着明晃晃的尖刀来吸引观众，在沃克斯豪尔和拉内拉赫的大型商业区还有绚丽的烟火表演。到了节假日，譬如五朔节*，人们会跳起莫里斯舞，扫烟囱的工人们会穿着戏服游行。在一些盛大的场合，譬如国会开幕大典，国王会坐着带玻璃窗的镀金马车穿过街市，周围是一群身穿银质铠甲，光亮夺目的骑兵护卫。

可能大多数的伦敦人都不会想去了解本地的景点，比如伦敦塔（1671年珍藏其中的御宝险被布拉德上校偷走）、乔治二世居住的白金汉宫，以及1667年伦敦大火后由克里斯托弗·雷恩修建的精美的圣保罗大教堂。但是，他们肯定都知道罗马城墙内的伦敦金融城，这是当时不断扩张的大英帝国的商业中心。除此之外还有泰晤士河两边的大道、时髦的牛津街和帕尔马尔街，以及作为出版界核心地带的圣保罗大教堂墓地。法律帝国则以伦敦律师学院为中心，狭窄拥挤的街道上林立着古老的律师事务所。身穿长袍，头戴假发的律师们在这里大展俗世的伎俩。位于特拉法尔加广场和雷根街的纳尔逊将军圆柱和国家美术馆以及贝德福德广场的大英博物馆都是后来乔治三世的伟大杰作。在少年布莱克的眼中，这个城市虽然到处肮脏不堪，却也充满了生机与活力。

公共娱乐多姿多彩，有科芬园和特鲁里街的戏剧表演，意大利歌剧和芭蕾舞，市集和街边的吞剑、走钢丝和滑稽木偶表演。偶尔还能看到具有某种特异功能的人，或是从某个南太平洋岛国来的强壮的男人、肥胖的女人或者男孩，或是长着两个脑袋的小牛犊。偶尔还能看到古老的戏法，比如立在鼓上跳舞的兔子，或是一头学识渊博的猪，

可以拼出任何报给它的单词，还能猜出围观的人群里任何一位女士此刻的想法。[63]

虽然公共娱乐很少，但是民间的娱乐层出不穷。

喜欢野性的人们可以观看赤手拳击比赛和纵狗斗熊比赛，酒馆里还打出广告："一便士包你喝饱，两便士包你喝倒，外加一晚垫草睡觉。"[64]晚上有出来拉客的妓女，站在河堤上的女孩，还有去精神病院探望贫民和疯子的访客。精神病人们都被关起来，戴着锁链，睡在铺着干草的地上。有时，还会看到威震四方的骑兵部队从王座法院高大阴森的监狱、纽盖特监狱以及泰晤士河对岸的萨瑟克区的监狱里冲出来，押着已被定罪的男人、女人和男孩，捆绑着穿过熙熙攘攘的街道，到达牛津街和海德公园交会的泰伯恩刑场执行公开绞刑。布莱克一家就住在这附近。鸣鼓过后，小贩们挤在学徒、扒手和嗜血的绅士中间，兜售刚被绞死的犯人的"临终遗言"，尸体示众架下还悬荡着犯人阴森可怖的身体。

布莱克居住的城市和街区进入了他的想象世界。在耶路撒冷新城中可以看到黄金广场及其带门的小花园的影子。* 有一次，小布莱克听一位游客描述外国的城市如何美妙，他打断说："你觉得那也称得上是壮观吗？……我认为一个壮观的城市要有金子做成的房子，银子铺成的道路和宝石装饰的大门。"† 在最早的诗歌中，布莱克写道，"金色的伦敦，银色的泰晤士河"[65]，步入中年后，又称，"天堂敞开了……她四面八方的金色大门"[66]。

> 伟大的时刻今又来临：
> 我们的灵魂无比欢欣，

---

*　一项 1754 年黄金广场的设计规划显示，这是一个没有树木和灌木丛的八角形广场，正中间立着一尊雕像，广场四周有砂石路环绕。（《伦敦概况第 31 卷：威斯敏斯特圣詹姆斯教区第 2 部分：皮卡迪利大街北大街》[伦敦：阿斯隆出版社，1963]，第 145 页和图 120b）。

†　吉尔克里斯特（*BR*，第 7 页）。很明显这是一座天国之城。参见《耶路撒冷》，图版 85，第 22—23 行，在此，耶路撒冷说："我看到宝石做的大门；金子和银子做成的墙。"

高高的伦敦塔躬身亲迎

上帝的羔羊前来居住

在英格兰的绿地和树荫。

（《耶路撒冷》，图版 77）

布莱克早年看到的天堂之门极有可能就是黄金广场花园的大门。

"想象和异象的……世界" [67]

布莱克在年幼时便看到了异象。四岁的时候，上帝从窗边探出头来，吓得布莱克大叫。[68] 还有一次"母亲打了他，因为他到处乱跑而且声称自己在农田的一棵大树下看到了先知以西结"。* 后来，长到八九岁的时候，有一天走在萨里农村靠近道维奇山的碧根莱，距离祖父在罗瑟希德的住处不远的地方（见图 10），布莱克看见"一棵满是天使的树，明亮的天使的翅膀缀满每一条树枝，仿佛一颗颗星星"。布莱克回到家讲述自己的奇异经历，结果"要不是他的母亲百般求情，他肯定要被老实巴交的父亲当作是撒谎而痛打一顿"。还有一次，在一个夏天的早晨，布莱克看见"草料工人在工作，他们中间行走着天使的身影"。†

很明显，布莱克看到异象的事情让父母深感忧虑 [69]，虽然他们并不认为能看见异象是件坏事，但是把看见的异象说出来就不妥当了。布莱克谈起异象好似家常便饭一般，事实上，他也是这么认为的。"他谈到'我的异象'（my visions）时，语气很平淡，就像我们平时谈到某

---

* 泰瑟姆（*BR*，第 519 页）。"农田"暗示布莱克是在离家很远的地方看到以西结的。布莱克在《天堂与地狱的婚姻》图版 12 中记录了与以西结的谈话："先知以塞亚和以西结与我进餐，我于是就问他们……"

† 吉尔克里斯特（*BR*，第 7 页）认为这些在碧根莱看见的天使是"他的首次异象"。吉尔克里斯特称这一信息的来源是布莱克本人（"多年以后他也是这么说的"），但这一说法很可能来自凯瑟琳·布莱克和泰瑟姆。不过，不管怎么说，布莱克看见上帝从窗边探出头的异象应该是更早一些的。另见文后"补记"。

件稀松平常的琐事一样……像在幼儿时期能够看见上帝的异象的这种
能力，布莱克认为所有人或多或少都有，只是这一潜质不经培养便会
丧失。"[70]

布莱克的异象不是模糊不清的无物，相反这些异象组织缜密，像是
从先知的口中说出来的一样：

> 先知称他们运用非肉体的，想象力的感官看到了异象，异象里
> 的人都是活生生的，真实存在着的。门徒的经历也一样，这种感官
> 愈是敏锐，看到的异象愈是清晰。现代哲学家推测圣灵和异象并非
> 像云雾缭绕般混沌不清，也不是空穴来风，而是有着清晰的条理和
> 缜密的联系。这不是肉体的、必朽的世界所能产生的。那些只用肉
> 眼来看，不去运用更为敏锐和强大的感官来想象的人根本就没有想
> 象的能力。本画作者认为用想象力的眼睛看到的世界远比用肉眼看
> 到的更为完美，更为缜密。
>
> （《叙录》，第 68 段）

布莱克看到了最后的审判的异象，写道：

> 我为自己辩护，我对外面的世界视而不见，对我而言，那是羁
> 绊不是动力。那是我脚上的尘土，不是我的一个部分。
>
> 可能有人要问："当太阳升起时，难道你没有看见一个圆圆的
> 像金币一样的火盘吗？"
>
> 哦，不，不，我只看见无数的人拥簇着天堂的主人，在欢呼
> "圣洁圣洁圣洁，是我主全能真神"。[71]

1800 年 5 月 6 日，布莱克写信安慰饱受丧子之痛的威廉·海利：

> 我知道我们逝去的朋友现在就在我们的身边，这种真切的感觉
> 比以往他们活着的时候我们肉身所能感受到的更为强烈。十三年前

我的弟弟去世了。但是我每时每刻都在灵里和他的灵魂对话，想念他的时候就能在我想象的国度里看见他。我听他提出建议，甚至现在正照着他说的来写信……我虽身处尘世，却是与天使为伴。*唯愿你能听我的劝说，相信必朽之躯的消亡意味着不朽之灵的获得。在时间的废墟上要建起永恒的大厦。

这就是宗教狂人的话语。

拿画笔的男孩

还在年幼时，布莱克就表现出对艺术的热爱和才华。三岁的时候，小布莱克连话都说不清，路也走不稳，却已经开始展露艺术的天分。[72]他的父亲希望他能"学做服饰生意"，懂点算术，练手好字，会写账簿，能算得出螺栓的长度、每码布的单价和赚了多少钱。但是，小布莱克"根本不去理会那些数字"，"在所有账单的背面都画上画，还在柜台上画草图"。[73]

虽然说不上是一意孤行，小时候的布莱克和成年以后一样，胆子很大，做事冲动。不管是爬树、拒绝去传统的学校，还是执意在店里和野地里画画，他要做什么事，一定是全身心地投入，毫不动摇。

长到十岁的时候，他就能在父亲的小店里打打下手了。比如，帮忙拿包裹，捎个口信什么的，父亲很忙的时候，他甚至还帮忙向顾客展示商品。这其中有件差事可能是到圣詹姆斯教堂的小礼拜堂拿鱼油。在没有月光的晚上，鱼油可以用来点燃店外的灯。[74]

布莱克对学做服装生意一点都不感兴趣，这个行业要求：

---

* "我日日夜夜都得到天国信使的指引。"（1802 年 1 月 10 日信函）

> 熟练灵巧地量出一米的长度，用我的指尖整齐地卷好皮尺，包
> 裹东西的纸和绳子的用量要恰到好处；……站在柜台后得体地向顾
> 客低头打招呼，用手指提起秤杆时要保持不经意的神情，退货的盒
> 子，即使包装的缎带都给剪断了，也要热情不减，活泼轻快地把它
> 放回原位。[75]

这些杂事在布莱克看来都索然无味，他想做的就是画画。

布莱克的父亲非常疼爱儿子，看他对经商没什么兴趣，便同意让他
上亨利·帕尔斯绘画学校。*学校靠近泰晤士河边的蒲福大楼，距离布罗
德大街约有 1.6 千米。一个做小本生意的父亲，为了年仅 10 岁的儿子，
放弃了让他在店里帮忙的念头，反而支付一大笔学费让孩子学习绘画，
的确是舐犊情深。

但是，更大的牺牲还在后头。像詹姆斯·布莱克这样的异教徒，学
习《圣经》如饥似渴，辩论起来也是唇枪舌剑。他们高唱赞美诗，有时
还创作赞美诗；他们私下批评"兽"的作品并印刷传播批评的文章；他
们只和彼此交往，只和本教的教徒做生意。他们不买世俗的图画和雕
像，也不去公共的剧场和音乐会，也不在公开的场合为"大淫妇和兽"
的追随者绘画或是进行舞台表演。作为异教徒，詹姆斯·布莱克有很多
顾虑和限制，但他仍然决定支付一大笔费用让任性倔强的儿子去上艺术
学校，后来又去学习版刻技术。想必做出这样的决定，詹姆斯也是顾虑
重重吧。

在亨利·帕尔斯绘画学校，男孩子们接受训练，临摹名画的版画和
经典雕像的铸模。起初他们"模仿着画耳朵、眼睛、嘴巴和鼻子"[76]，

22

---

* 马尔金（*BR*，第 422 页）。"此间学校由威廉·希普利创建于 1755 年"，培养在绘画
方面"有天赋的年轻人"，并将他们引荐给"艺术大师和制造大师，要求学生掌握
正确的绘画技法并且养成高雅的艺术品位"。这些男孩们得到了"艺术、制造和商
业促进会设立的多项津贴补助"（［托马斯·莫蒂默］，《艺术通览》，第一部分［1763
年］，第 21 页）。（译者按：本书全称为 *The Universal Director; Or, the Nobleman and
Gentleman's True Guide to the Masters and Professors of the Liberal and Polite Arts and
Sciences; ... in Three Parts*）

然后是头部，最后是整个人的形态——古希腊人和新古典主义者认为人物形象是衡量所有艺术最根本的标准，这一点布莱克也深信不疑。临摹是教学的主要手段，很明显布莱克做起来得心应手。"精准地临摹……是通往艺术语言的唯一学校。"[77]布莱克毕生都保留着14岁时的素描本，后来大概还用它来教自己的弟弟罗伯特作画。许多年以后，布莱克教他的赞助人约翰·林内尔的妻子作画时，用的也是这个素描本。[*]

当时最受推崇的是古希腊和古罗马的艺术。亨利·帕尔斯绘画学校的学生有着得天独厚的资源，能够学习和欣赏到这种艺术作品。亨利的弟弟威廉当时正在意大利和希腊画画，将许多有关经典雕塑和建筑的新信息带给了欧洲渴望新知的人们。渐渐地，有些信息就传到了亨利·帕尔斯绘画学校的男孩子们这里，让他们兴奋不已。

孩子们也会学习透视画法的原理、油画颜料的特性、如何选择合适的题材以及风景画的技巧等，但是这些对于10岁的小布莱克并没有多少吸引力。当然，这些知识在布莱克长大以后都得到了应用。他一生中几乎从不画没有人物的风景画，而且也不大喜欢用油性颜料。

当然，亨利·帕尔斯绘画学校只能提供复制品给学生临摹，因此，能够让孩子们亲眼看到精美的原作也非常重要。最好的办法就是用版刻将某种表现形式（比如油画）中的图案用一种新的方法再现出来，不使用颜料，而是用平行线条和交叉排线再现立体的阴影。在1769年皇家美术学院成立以前以及50年后国家美术馆建立以前，除了在威斯敏斯特大教堂、圣保罗大教堂和圣詹姆斯大教堂这样雄伟的教堂，普通民众几乎没有办法欣赏到艺术作品。

不过，有些收藏家相当慷慨，愿意将私人收藏的画作和雕像展示给公众。这些展览大多要求参观者只能是上流绅士和贵妇，不仅要穿着讲究，而且通常需要提前预约参观，此外，还要打点给开门迎客的管家一

---

[*] 1825年10月20日，布莱克给在汉普斯特德的林内尔夫人带来了"一个素描本，内有版画的底稿，是他14岁时作的"（*BRS*，第113页），是1771年的事情。这个素描本如今已失传，可能是后来被泰瑟姆销毁了。布莱克的许多文稿都遭此厄运。

笔合适的赏钱。*

　　对于绘画学校的孩子们来说，这些条件都没法满足。不过，里士满公爵允许亨利·帕尔斯绘画学校的孩子们在他的画廊里作画。[78]这意味着"布莱克在很小的时候，就经常能够欣赏到贵族绅士家中甚至是王宫里的绘画作品"[79]。

　　但是亨利·帕尔斯绘画学校的铸模和贵族家中的名画也只能享用一时。认真求学的布莱克需要的是能够常常接触到优秀的作品。因此，"他的父亲给他买了《垂死的角斗士》《休憩的赫拉克勒斯》《梅第奇的维纳斯》（的铸模），还有各种形态的头、手和脚的模型"。[80]

　　这些经典雕塑的铸模可能是从科芬园新街的铸模师约翰·弗拉克斯曼的手中买到的。威廉可能还在那里见到了铸模师早慧的儿子约翰。†约翰比布莱克年长两岁，早已立志要成为雕塑师。两人长大后成了挚友。这段友谊可能在他们孩提时代就开始了，他们彼此欣赏，都看好对方将来必有所成。

　　这些铸模不仅包括《垂死的角斗士》《休憩的赫拉克勒斯》和《梅第奇的维纳斯》，可能还包括《望楼上的阿波罗》和《跳舞的牧神》，因为数年之后，布莱克在绘画《古英国人》时，朋友建议他"以阿波罗为原型塑造英俊的男性，以赫拉克勒斯为原型塑造强壮的男性，以牧神为原型塑造丑陋的男性"。[81]1815年布莱克为亚伯拉罕·里斯的《百科全书》临摹《休憩的赫拉克勒斯》《梅第奇的维纳斯》和《望楼上的阿波罗》

24

————————

* 根据阿农的《英国鉴赏家》（1766），第一卷，第 viii 页："许多伟大的藏品，只要公众想看，就会对外开放……而有些藏品若不费上九牛二虎之力，穷尽满腔热情，根本就难得一见，实在是可悲得很。"1764 年的一份报道称："有些人握着一点跟藏品开放有关的权力，就指望在你身上大捞一把。对着这种人还得点头哈腰，求他放行，真是觉得憋屈。"（W. T. 惠特利，《英格兰的艺术家及其友人，1700—1799》，1928，第一卷，第 167 页）

† 泰瑟姆说，布莱克和弗拉克斯曼"从孩提时代就认识"（BR，第 521 页），尽管 J. T. 史密斯说布莱克"在 1779 年离开师父巴西尔之后""才认识的弗拉克斯曼"（BR，第 456 页）。

　　或许早在 18 世纪 70 年代，石膏像制作商和制模商就已经开始出租塑像。30 年后，黄金广场玛丽乐邦街 16 号的 B. 帕培拉就是这么做生意的。1804 年莎拉·哈丽雅特·伯尼写道："我每周向石膏像商帕拉拉支付一先令，就可以随便拿走任何一座半身像或者全身像。"（《莎拉·哈丽雅特·伯尼书信集》，洛娜·J. 克拉克编［雅典与伦敦：乔治亚大学出版社，1997］，第 56、58 页）

时，大概已经开始在家里用自己的模型来作画了。*

这位少年艺术家购买的不止有铸模。

> 不久，爱子心切的父亲就出钱让布莱克自己去买版画。布莱克马上就开始了自己的收藏，频频光顾版画商的店铺，还经常参加拍卖会。亚伯拉罕·兰福德†称他是自己的小伯乐，常常以很低的友情价把东西卖给布莱克。布莱克购买并且临摹了拉斐尔、米开朗琪罗、马尔滕·范·海姆斯凯克、阿尔布雷希特·丢勒、朱利奥·罗马诺的作品以及其他历史题材的画作。至于其他的作品，不管众人如何推崇也入不了他的法眼。他的艺术品位常常被年轻的同伴们贬责为呆板机械。[82]

可以想象这个顶着一团火焰似的头发的男孩带着怎样火热的激情狂扫威廉·温·赖兰和约翰·博伊德尔的版画店，并且频繁出入克利斯蒂拍卖行和兰福德拍卖行。一个十二三岁的孩子‡挤在一群老于世故的商人和举止文雅的鉴赏家之间该是多么引人注目。

布罗德大街的房子的上层有七八间房，供两个大人和五个孩子居25 住，腾不出太多的地方来放这些藏品。而且，针织品买卖是小本生意，除了供给一家人的吃穿用度，也不可能有很多钱花在这些奢侈的藏品上。布莱克购买的版画和塑像，想必是花掉了家中很大一部分的收入，也额外占据了家里不少的空间。

---

* 这个《望楼上的阿波罗》显然是《大卫与扫罗》（1780—1785，巴特林第 118 项）中大卫的原型，也是《推翻阿波罗和异教诸神》（1815 年，为弥尔顿的《耶诞晨颂》［巴特林第 542 4 项］而作）中阿波罗的原型，而《洛特与女儿们》（蛋彩画，1799—1800，巴特林第 381 项）中洛特就是以《休憩的赫拉克勒斯》为基础来创作的。《天路历程》（1824—1827，巴特林第 829 26 项）的插图《基督与希望从怀疑城堡中逃脱》中的绝望巨人也是以《休憩的赫拉克勒斯》为基础创作的。

霍格思的《美的分析》（1753 年）图 1 表现了一堆杂乱的雕像，包括《休憩的赫拉克勒斯》《梅第奇的维纳斯》《望楼上的阿波罗》，还有《拉奥孔》，等等。

† 亚伯拉罕·兰福德（1711—1774），英国著名的拍卖商和剧作家。——译注

‡ 兰福德去世时布莱克才 16 岁，因此布莱克一定是在 1774 年之前就已经为这些版画商人所熟知。布莱克一生搬家数次，但是这些版画他一直保留着，直到 1821 年才卖出。

布莱克很小就痴迷于文艺复兴时期的艺术作品。他对于皇家美术学院乔舒亚·雷诺兹爵士*的传统授课非常反感，写道："我很庆幸从孩提时代我就知道了拉斐尔。我一眼就能分辨出拉斐尔和鲁本斯†的画作。"‡

直到布莱克生活的年代，米开朗琪罗才被公认为最杰出的勤奋与才华兼备的艺术家的典范。但是，早在少年时代，布莱克就已经将米开朗琪罗和拉斐尔视为艺术品位的标杆。他在《叙录》的第3段中写道："在色彩运用方面，那些喜爱提香和鲁本斯胜过米开朗琪罗和拉斐尔的人，眼光肯定不高，而且对自己的鉴赏力也信心不足。"布莱克非常钦佩米开朗琪罗的全心奉献和旷世奇才。他的学生塞缪尔·帕尔默回忆："他喜欢谈论米开朗琪罗度过的那些岁月，不求任何世俗的回报，仅仅凭着对上帝的热爱，在圣彼得大教堂进行创作……"[83] 布莱克对米开朗琪罗的喜爱直白热烈，毫不掩饰，以至于数年后，至少有一位友人（C. H. 泰瑟姆）戏称他为"米开朗琪罗·布莱克"。[84]

慈爱的父亲给布莱克的钱不是都花在了版画和铸模上，因为他还有相当数量的藏书。一个如此年幼的孩子，阅读如此之广博深远，实属罕见。对于一般异教徒的家庭而言，布莱克的爱好颇为特别，那么是谁在支持着他？他又是在哪里得到了这些藏书呢？天才是天生的，但也需要后天的栽培，否则长大后也只能泯然众人矣。布莱克没有接受学校教育，也没有得到正规的知识传授和品位的培养。

也许是他的母亲培养了"古怪的"儿子对于诗歌的热情，就像她和他都喜欢绘画一样。显然，我们从布莱克精打细算的父亲身上找不到任何证据来表明他是一个喜爱文学的人。布莱克研读的乔叟、莎士比亚和弥尔顿的著作大概是母亲从她的娘家带来的。布莱克对于同时代的伯

---

* 乔舒亚·雷诺兹（1723—1792），英国肖像画家，皇家美术学院的首任校长。——译注

† 彼得·保罗·鲁本斯（1577—1640），17世纪巴洛克绘画风格的代表画家，被认为是弗兰德斯最伟大的画家，擅长宗教人物画。——编注

‡ 雷诺兹，《雷诺兹爵士作品集》，第xiv页的旁注。布莱克十分仰慕这位16世纪意大利的文艺大师，这与当时的流行风尚格格不入。约翰·林内尔在他的自传（第26页）中讲过一个故事："一日，我对一位版画商人说我坚信细腻的颜色只有在米开朗琪罗的壁画中才能找到。他对此颇不以为然，毫不客气地说道：'我跟你说，他妈的米开朗琪罗就是一个粉色杂种。'"

克、托马斯·查特顿和詹姆斯·麦克弗森的了解大概是从当时流行的书中得来的。不过，伊丽莎白时代的书卷，比如，弗朗西斯·培根的《论说文集》和本·琼森的《假面剧——庆祝哈丁顿公爵大婚》却不是18世纪70年代流行的读物。布莱克在浩瀚的书海中广泛地汲取知识，这种自学方式可能是得到了母亲的保护和鼓励。

一般人会以为异教徒家庭里的孩子就只会读有关宗教的书。事实上，布莱克的阅读相当广泛。当然，他有完全沉浸在《圣经》里的时候，但是他也会读同时代的作家，比如琼森、查特顿和托马斯·格雷的作品以及麦克弗森的《莪相诗集》。他也阅读乔叟、斯宾塞、弥尔顿、约翰·多恩以及其他玄学派诗人的作品。这些阅读经历在他早期的诗歌中都有所体现。莎士比亚的《维纳斯和阿多尼斯》、《鲁克丽丝受辱记》以及十四行诗在当时"读的人并不多，却是少年布莱克的最爱。除此之外，他还喜欢读琼森的《灌木丛和其他》"[85]。布莱克可能很早就拥有了爱德华·比希的《英国诗歌的艺术》[86]和托马斯·珀西主教的《英诗辑古》（1765）。他谙熟珀西主教和雅各布·伯梅*的作品，并由衷地钦佩。布莱克也购买了艺术方面的书，比如，带有75张漫画的《1756年至1757年政治史》（约1757），布莱克在上面写下日期"1773年5月"，还有拉斐尔的《旧约史记》（1698），书上有署名"威廉·布莱克，1773年"。[87]

布莱克也熟读18世纪哲学的奠基之作，譬如：培根的两卷本《论学习的能力和进步》、约翰·洛克的《人类理解论》、牛顿的著作以及埃德蒙·伯克的《论崇高与美观念之根源的哲学探究》。†

他不仅阅读了这些书，还在上面做了批注，看得出布莱克的父母有多宠爱这个孩子，居然让他在这么昂贵的书上面涂涂写写：

---

* 雅各布·伯梅（1575—1624），德国神秘主义者。——编注
† 在《月亮上的岛屿》第8、9章中，布莱克引用了约瑟夫·艾迪生的《卡托》（1713）、詹姆斯·赫尔维的《塞伦与阿斯巴西奥》（1755）、亨利·伍顿的《伊顿遗著》（1685），他还引用了詹姆斯·赫尔维的《沉思录》（1746—1747）、荷马、蒲林尼（带有一个伪引）、威廉·夏洛克的《死亡实用论》（1689）、罗伯特·骚塞，以及爱德华·扬的《夜思》（1742—1747）。

　　我很小的时候就开始阅读伯克的美学原则，我还读了洛克的
《人类理解论》和培根的《论学习的能力和进步》，在我读过的每本
书上我都写下了自己的感想……有鄙视也有厌恶。他们不把灵感和
异象当回事。从过去到现在，希望将来也一样，灵感和异象于我是
如鱼得水，是我的灵魂永恒的居所。

（雷诺兹，《艺术演讲录》第 244 页的旁注 *）

虽然年少，布莱克却已博览群书，满腹经纶。

　　布莱克一面在亨利·帕尔斯绘画学校学习，购买并钻研版画、铸
模和书籍，一面创作诗歌。现存最早的布莱克的诗集是他在 11 岁时
创作的，[88] 不过，他应该是在更早的时候就已经开始写诗了，只不过
在当时可能没有保留下来。我们能够确认的最早的诗作是他在"14 岁
之前写的"，以"我快乐地游荡"开篇。他的朋友本杰明·希思·马尔
金认为这首诗可与本·琼森《假面剧——庆祝哈丁顿公爵大婚》中的
《丘比特的抗议》媲美。† 这首诗带有明显的伊丽莎白统治时期诗歌的
特点：

　　　　我快乐地游荡在田野里，
　　　　　遍尝到夏日的一切骄矜；
　　　　直到我看见爱情之王
　　　　　随着太阳的光线而飘行。

　　　　他把百合花插到我的发间，
　　　　　鲜红的玫瑰接在我的前额；

---

* 约书亚·雷诺兹（1723–1792）是 18 世纪英国著名肖像画家，皇家艺术学院创始人之
　一。他的《艺术演讲录》被视为西方艺术理论的经典，强调对古典传统的模仿与理想
　美的追求。布莱克在阅读雷诺兹的著作时会在书页的空白处写下大量批判性、哲学性
　的注解。——编注

† 马尔金（*BR*，第 428 页）。《我快乐地游荡在田野里》这一诗作被马尔金和 J. T. 史
　密斯在版画中引用，被克拉布·鲁宾逊和弗雷德里克·泰瑟姆在手稿中引用（*BR*，第
　224 页注 3 以及第 428—429、457、513 页）。

他领我走过他的花园，
　　那儿长满他金色的欢乐。

他的翅膀沾着五月的露，
　　菲伯燃起了我的歌喉；
他用丝网突然将我网住，
　　就把我在他的金笼拘留。

他喜欢坐下同我歌唱，
　　唱完了，又和我笑闹不休；
他会拉开我金色的翅膀，
　　嘲弄我何以失去自由。*

（《诗的素描》，第10页）

婚姻是牢笼，爱情是诱惑和背叛，对于一个十二三岁的男孩而言，这些都是很老到的见解。

从10岁到14岁，布莱克在亨利·帕尔斯绘画学校度过的岁月让他坚信自己的快乐和天赋都来自创造美丽的线条。他的老师们一眼就看出他日后必成大器，他们和布莱克一道劝说他的父亲让他继续学习艺术。然而，最棘手的问题是如何平衡孩子绘画的欲望和日后的生计问题。

在萨里闲逛

布莱克从小就喜欢到处闲逛，只要父母一放松看管，就去四处探

---

* 引自查良铮译，《布莱克诗选》，外语教学与研究出版社，2011年，第23页。——译注

险。从自家住处周围的大街小巷开始，然后是附近的广场和市场，最后到了乡村，其实这在当时也不算很远，跨过银色的泰晤士河就到萨里了。有时候，他闲逛可能是去走亲戚，比如拜访住在罗瑟希德的祖父母和巴特西的亲戚们。*

布莱克最美好的回忆总是与伦敦的萨里分不开。"他年轻的时候总是和妻子一大早就出门，步行约30公里，到某个雅致幽静的小酒馆就餐，当天再返回家中，要走大约60公里的路……大家都知道布莱克一天大约要走80公里……"[89]他步行穿过伦敦南面的乡村（见图10），"到达布莱克希思，或者往西南方走，翻过达利奇和诺伍德的小山丘†，穿过古老淳朴的克罗伊登小镇……来到泰晤士河畔的沃顿；很多时候都是穿行于小巷和小径"。[90]

晚年的时候，布莱克经常去拜访住在伦敦北面的年轻朋友和住在汉普斯特德的赞助人约翰·林内尔，但是北部郊区对他来说没有多少吸引力。1826年1月31日，他写道："我年轻的时候只要去汉普斯特德、海格特、霍恩西、马斯韦尔山，甚至是伊斯灵顿，以及所有伦敦北部的地方，第二天就会感到不舒服，即使再过个两三天，这种不舒服的感觉还是不能消去。"只有在萨里的村庄和乡间，布莱克才会感到无比的自在。他后期的诗歌有不少是关于"萨里的山谷"和"另一片舒适的萨里林荫"的美好回忆。[91]

> 萨里群山熠熠发光，犹如熔炉中的煤渣
>
> （《弥尔顿》，图版4，第14行）
>
> 洛斯和伊尼萨摩恩起身越过萨里的群山
>
> （《弥尔顿》，图版44，第31行）

---

* 吉尔克里斯特（BR，第21页）说布莱克在巴特西（伦敦西北区）有亲戚。弗雷德里克·泰瑟姆称巴特西的凯瑟琳·鲍彻就"住在他父亲家的附近"（BR，第481页）。布莱克与她结婚时，登记信息是"属于巴特西教区"（BR，第21—22页）。这表明他曾在那里住过最少四周以上的时间。欲了解布莱克家族当时在巴特西区居住的人名表（不过，尚且不知这些人与布莱克有何交集），参见BR，第22页注1。

† 见文后"补记"。

　　　　米德尔塞克斯和萨里的小村庄让人渴慕

　　　　　　　　　　　　　　　（《耶路撒冷》，图版30，第25行）

29　　　　萨里和苏塞克斯是伊尼萨摩恩的卧室

　　　　我要为她安放一张休憩的长椅……

　　　　　　　　　　　　　（《耶路撒冷》，图版83，第25—26行）

　　1772年，布莱克15岁，到了该考虑未来发展方向的年龄。悠哉闲逛的童年时代就此结束。

插图8　布莱克，《给孩童：天堂之门》（E本）图版8

第二章
1772—1779：看见异象的学徒

版刻是我通过当学徒掌握的职业[1]

插图 9　布莱克，《由理生之书》（A 本）图版 2

误入歧途的师傅

"父亲，我不喜欢那个人的脸：看着就是一副要被绞死的样子。"[2]

这是布莱克在一次面试后得出的奇怪结论。更稀奇的是，说这话时他才 14 岁。

詹姆斯·布莱克和儿子去拜见赖兰先生，看看能否让他收这孩子做学徒。

威廉·温·赖兰是一个儒雅的画家、版刻师和版画商人，曾赴法国拜弗朗索瓦·鲍彻为师，学成归国后，在英格兰创立了运用滑石粉或点刻进行版刻的方法。赖兰取得了巨大的成功，成为国王的御用版刻师，收费也相当惊人——8 年前收一个学徒就要价 100 英镑。[3]

但是，峰回路转，就在几个月前，1771 年 11 月，赖兰的版画生意失利，此事在业界无人不晓。待到 1772 年春，赖兰的手头已是相当拮据。

10 年以后，赖兰愈发窘迫，居然将一手炉火纯青的书法技艺用来伪造文书。一般人都不会认为国王钦定的版刻师会去造假。的确，他们中有一部分人还是遵纪守法的。但是，陪审团相信有足够的证据显示赖兰伪造了东印度公司的账单，金额高达 7114 英镑，因此宣判他死刑。1783 年 8 月 29 日，赖兰在泰伯恩刑场被绞死。*这件事给布莱克留下了深刻的印象，后来，他常常提到"泰伯恩刑场的绞刑架"，"在哀号遍野的泰伯恩河上"。[4]

詹姆斯·布莱克起先以为如果儿子能在这位显赫的风尚大师的门下

31

---

* 见文后"补记"。

当学徒，将来的生活一定不成问题。至于学费，他会想办法。*现在，仅仅因为儿子不喜欢大师的那张脸（见图11），这件事就没了下文，真是有些稀奇。

布莱克的父亲不可能知道赖兰后来还真是被绞死了，但是他听取了儿子认为赖兰脸上有凶兆的意见，并带他去了别的师傅那里。幸亏当时做了这个决定。随后数年，布莱克对风靡一时的点刻版画技巧非常反感，认为点刻使图案本身清晰明了的轮廓变得模糊不清。这种偏见大概从他遇见那位让人捉摸不透的赖兰先生就开始了吧。

选择一位好师傅比找到一个好老师要重要得多，因为师傅就是像父亲一样的角色。整整7年，每一天，学徒都和师傅待在一起，一起工作，吃师傅供给的食物，睡在师傅的家里（经常是和师傅的儿子挤在一张床上）。师傅的人品和他的专业技术、能力以及传授技能的意愿一样重要。学徒的青少年时代过得如何，很大程度上取决于他的师傅和师傅的家人。因此，不管出于什么原因，布莱克对赖兰直觉地感到厌恶，这种感觉在选择师傅时是一个不可轻视的因素。

选对师傅

詹姆斯·布莱克带着儿子去拜访詹姆斯·巴西尔，他住在科芬园附近的伟大女王街31号，"门上刻着'Basire'，很容易就能找到"。[5] 詹姆

---

* 泰瑟姆（*BR*，第510—511页）说道（坎宁安［*BR*，第478页］也有同样的说法）：

> 已经做好打算，请一位知名画家做师傅，相关的手续也都办了，但是他天性仁厚，一想到自己要花掉家里一大笔钱，就觉得对不住兄弟姐妹，于是请求父亲无论如何也不能在他身上花费过多。因此，他提出学习版刻，一来不那么昂贵，二来将来做个副业也足够了。

泰瑟姆提到的这位索要巨额学费的"知名画家"，与吉尔克里斯特提到的一位狮子大开口的著名点刻版师兼画家可能是同一个人。

斯·巴西尔是伦敦人，经营文具，同时也是一名杰出的地貌和古文物版刻师，正处在事业发展的中期。1745 年的时候，他还是一名学徒。到了 1765 年，他就开始招收自己的学徒了。他是伦敦古文物协会和英国皇家协会的首席版刻师。这两家协会出版的作品颇丰，因此巴西尔的手头总有干不完的活，足够让他在 1765—1799 年带上 13 个学徒。就在布莱克父子登门拜访之后不久，1771 年巴西尔为本杰明·韦斯特的《皮拉得斯与俄瑞斯忒斯》所刻的版画引起了不小的轰动。巴西尔为人温和谦逊，做事一丝不苟，少年布莱克肯定一眼就能看出来，至少他是不会落得被绞死的下场的（见图 12）。

詹姆斯·巴西尔和詹姆斯·布莱克就有关拜师学艺的条款达成一致，这次小布莱克没有提出异议。1772 年 8 月 4 日，周二，出版同业公会的助理们在举行每月的例行大会。当日上午 9 点 30 分，"林肯律师学院广场伟大女王街的版刻师詹姆斯·巴西尔"、"卡尔纳比市场袜商，布罗德大街的詹姆斯·布莱克"以及威廉·布莱克一起聚集在圣保罗大教堂附近的出版同业公会大厅。在场的还有其他的师傅、学徒、学徒们的父亲和监护人。人们一起来到身穿长袍的公会大会官员面前。在这里，威廉·布莱克正式成为詹姆斯·巴西尔的学徒，"学习版刻，为期 7 年，由学徒父亲支付 52 英镑 10 先令的学费"给巴西尔，外加大厅使用费 9 先令 6 便士以及印花税 2 英镑 12 先令 6 便士。

合同以严谨的法律语言书就，规定在 7 年学徒期间：

　　该学徒应效忠于该师傅，保守师傅的秘密，执行师傅的任何合法的指令……学徒不得浪费师傅的物品，或者以任何不正当的手段将物品借给他人。学徒不得通奸或在合同有效期内结婚。学徒不得进行桥牌、赌博或其他任何违法的娱乐活动，致使师傅蒙受任何损失。在合同的有效期内，未经师傅的允许，学徒本人的物品不得进行买卖。学徒不得出入酒肆或剧院，或无故缺席师傅白天和夜晚的工作……师傅……应尽其所能以最佳方法教授和指导学徒，使其掌握师傅使用的技能和秘诀。在合同有效期内，师傅应按照伦敦城的习俗，供给学徒肉类、饮料、服装、住宿以及其他生活必需品。为确保本合同条款得到确实履行，合同双方皆因本合同受到对方的约束。本合同上述当事人各方皆已于 1772 年我大英帝国国王乔治三世十三年八月四日交换互按手印和印章。特此为证。

合同一式两份，师傅和学徒的父亲或监护人各持一份。

大概就在签署合同的当日，1772 年 8 月 4 日，布莱克的母亲把他的衣服、书籍、版画和塑像从黄金广场的布罗姆大街 28 号搬到了他和新"养父"的家里——科芬园伟大女王街 31 号。

巴西尔的宅院建于 17 世纪，宽敞气派，外墙粉刷成绿色，具有典型的乔治亚王朝时期的风格。街对面就是弗雷梅森酒馆。著名画家戈弗雷·内勒、托马斯·哈德逊和乔舒亚·雷诺兹以及剧作家理查德·布林斯利·谢里丹都曾在这条街上住过。旁边是庄严肃穆的林肯律师学院。律师们戴着假发，穿着长长的袍子。附近还有科芬园的菜市场和剧院。

如果师傅允许布莱克把画册和书籍搬到新家的话，那真是给了他天大的关照，因为学徒生活的空间一般都不大。不过，有迹象表明布莱克的确受到了这样的恩待。他购买了阿贝·约翰·约阿希姆·温克尔曼*的《对古希腊绘画与雕刻的反思》（1765），并在上面写下了年少轻狂的几个大字："威廉·布莱克，于林肯律师学院。"这架势好像他是律师学院里尊贵的一员似的。

巴西尔和伦敦古文物协会是天造地设的一对搭档。巴西尔的风格是旧式的线条版刻法，颇有丢勒和马肯托尼欧之风，不似那些俗艳时髦的点刻技法、铜版雕刻抑或是后来的平版印刷。他最擅长将古老的建筑物和纪念碑精准地予以再现。如果有人挖掘出一块古罗马的镶嵌地板或者发现了教堂的白色石灰墙下某张 14 世纪的壁画，伦敦古文物协会就会把巴西尔叫来，让他把这些古物临摹版刻下来。巴西尔雕刻的都是与过去

有关的内容，大部分是英国的历史。谁要是想给《大不列颠墓碑》《古代神话分析》《威斯敏斯特教堂的古代墓碑》或是《雅典古物》这类书配上精准的插图的话，第一个想到的人就是巴西尔。

很自然的，巴西尔的徒弟们也学会了他的技法并继承了他的优点。布莱克一生的版刻风格都被形容为老式、刻板和乏味，他称之为"阿尔布雷特·丢勒的历史版刻风格，老雕工的套路"。[6]这是布莱克在学徒时代学到的风格，在晚年的线雕《〈约伯记〉插图集》（1826）中得到了完美的体现。这部作品明显地反映出巴西尔对布莱克版刻风格的影响。

版刻工作室

巴西尔的工作室看起来乱糟糟的，到处堆放着新奇的工具，散发着奇怪的味道。架子上满是各种刻刀、蚀刻用的刻针、打磨铜版用的磨棒、修改错误用的锤子（从铜版的背面敲击）。旁边有用来磨尖刻刀和刻针的油石、打蜡用的蜡和羽毛、用来烟熏刻版的蜡烛、清漆和放大镜。橱柜里有昂贵的薄铜片和装在罐子里的硝镪水。工作台上有用来加热蜡的炉子、刻版和清漆（见图13）。每个版刻工匠都配有一个小小的圆形沙包，用来放置铜版，这样他们不仅可以调整铜版的角度，还可以挡住抛光的铜版反射过来的耀眼阳光。

除此之外，还有用来校样和检查版刻进度的一整套工具。房间里有一个庞然大物——一台沉重的木制滚筒印刷机。印刷机巨大的操纵杆来回拉动滚筒下面的刻版，印刷机的毛毡则用来对压力进行微调。摆放固体油墨的架子下面是一块大理石面板的台面，用来将多余的黑色油墨滚压出去。面板上放着用来上墨的皮垫和擦去多余油墨的脏兮兮的抹布。还有一个柜子盛放着用来打样的昂贵的手工精制纸。靠近天花板的地方有几根绳子，用来钉住需要干燥的版画（见图14）。

油墨随处可见，大理石面板、铜版、抹布上，学徒们的手[*]、鼻子、

---

[*] 泰瑟姆提到他从布莱克处获得的书被"他那双版刻的手弄得脏兮兮的"（*BR*，第41页注4），但现存的书中并没有这些弄脏的痕迹。

眉毛、工作服、耳朵上通通都是。这些孩子看起来就像是从印刷厂里跑出来的小魔鬼。孩子们手能碰到的地方都变成了黑色。这样的胡闹，直到孩子们当中年纪最小的那个挨了一记响亮的耳光才全部都停止。这个可怜的孩子被责令用松节油和强碱性的肥皂清洗干净双手，然后再去干别的活儿。

腐蚀铜版时，整个工作室的上空就弥漫着一股令人窒息的刺鼻硝酸味儿。

总而言之，工作室杂而不乱。布莱克的余生都与杂为伍，并在杂中创造了美。成年以后，布莱克以版刻谋生，"他的房间整洁干净；东西都各归其位。工作区的工具摆放井然有序，让人赏心悦目，忍不住要一试身手。布莱克充满魔力的房间，就连百万富翁的家装顾问看了都要叹为观止"[7]。

这个喜欢幻想，有些冲动的学徒在这里学到的第一课就是要有耐心和毅力。布莱克后来写道："版刻是一项需要持之以恒的工作。"[8]

版刻师的技艺

有将近一年的时间，布莱克是巴西尔唯一的学徒。他学习如何打磨刻刀、压平刻版、研磨油墨和浸润打样的纸张。这些是学习版刻必备的基本功，都是些琐碎的苦差事。不过，布莱克干得很认真。在巴西尔的悉心指导下，布莱克认真学习，并为自己在版刻的各个方面取得的成绩感到骄傲。后来，他遇到了一位很成功的版刻家威廉·伍利特。此人虽然受过专业训练，但在细节方面却差强人意。布莱克不无鄙夷地写道："我都没办法给他磨刻刀……他嘲笑巴西尔的刀具，挖苦巴西尔和其他的版刻师，显得非常无知。巴西尔很是受挫，自信心备受打击……"（《公开致辞》，笔记本，第46—47页）。布莱克的诗歌（譬如《老虎》）中常有铁匠铺的意象，这大概与他当学徒时在版刻工作室里敲打铜版不无关系。

后来，布莱克得到师傅的允许开始版刻。他手握刀柄，食指压住刀背，学习如何将刀沿着直线推出去，如何调整沙袋上铜版的角度来改变切割的方向。通过改变刀的角度，布莱克可以做出或宽或窄的切口。他还学习在铜版上运用单纯平行线影法和交叉平行线影法或者一种新的打点菱网线技法（dot-and-lozenge）来表现阴影。与交叉阴影线比较起来，打点菱网线技法能够使图像看起来不那么规则呆板。这些技法当中最复杂的当数扭曲虫形线技法（twisting worm-lines），是巴西尔工作室的独门绝技。

布莱克对自己师从巴西尔学习到的技艺十分自豪。这倒不是自夸。他曾写道："谁版刻的线条都没有我的干净利落，当然，只要我乐意，我也可以刻得比谁都粗糙。"[9]

布莱克还学习用酸液来蚀刻铜版。首先用蜡平整地覆盖铜版，这样刻针就能够划开蜡面，将要被酸液蚀刻的金属表面露出来。多年以后，布莱克和业余版刻师乔治·坎伯兰一同工作时，将这些学徒的知识传授给他：

铺蜡的过程如下：

取出一块维珍斯牌蜡块……将其均匀地打在温热的铜版表面（铜版必须温热，这样蜡才能融化铺开），然后立即用羽毛轻拂表面，这样就能够做出一块平整的表面，等到冷却的时候就可以进行压印了。

注意：切忌将蜡覆盖整块铜版。……

用来滚平线条所需的压力和印刷的压力相当，或者更轻一些。

（1795 年 12 月 6 日信函）

1772 年 8 月 4 日，布莱克成为伟大女王街巴西尔家的一员。在此之前，巴西尔已经收了两个学徒。第一个叫托马斯·瑞德，还有两周就学徒期满。第二个叫约翰·沃德，已经做了两年的学徒，"经各方同意，于 1772 年 4 月 7 日转到白十字街的塞缪尔·桑斯比的门下当学徒，学做细木工"。[10]

36

　　布莱克早年的习作之一是临摹萨尔维亚蒂所画米开朗琪罗的湿壁画
《圣徒彼得受钉刑》中的百夫长。画作表现的是一个身材魁梧、满脸络
腮、神情忧郁的男子，双臂交叉，眉毛低垂。布莱克 15 岁时，已经跟
着巴西尔掌握了如何使用工具，于是将这幅画版刻出来，后来还补刻上
题词："巴西尔学徒的早期作品"。

　　对于一个初学者而言，这件习作是非常了得的成就。波峰的强光部
分，岩石、天空和服装所表现出来的质感的多样性，以及手臂和腿部的
刻画都展现了布莱克娴熟灵活的技艺和成竹在胸的信心，远超一般初学
者的水平，表现出布莱克极大的天赋和潜力。

　　但是，布莱克改变了作品的主题，这是他一贯的特点。他对这位罗
马百夫长的形象进行了修改，使之更像是亚利马太的约瑟，就是在墓穴
埋葬耶稣的那个门徒。布莱克糅合了马洛礼的《阿瑟王之死》（1485）
和斯宾塞的《仙后》（1596）中的传说——约瑟带着盛有耶稣宝血的圣
杯来到英格兰，并将它埋在格拉斯顿伯里他亲手建立起来的土墙教堂。
后来，布莱克称约瑟是基督教艺术家和那些饱受苦难的预言家的原型，
他们"披着绵羊山羊的皮各处奔跑……（本是世界不配有的人）"（《希
伯来书》，11 ：37—38）。1810 年布莱克在定稿的版画上刻下字句（见
图 15）：

亚利马太的约瑟在阿尔比恩*的岩石间

　　1773 年威廉·布莱克根据一幅古老的意大利画版刻而成。在我
们所称的黑暗世纪，这位哥特风格的艺术家，披着绵羊和山羊的皮
四处流浪，修建了多座世人不配拥有的大教堂。这是世世代代基督
徒的写照。

米开朗琪罗画

---

* 阿尔比恩（Albion）是指英格兰或不列颠的古代诗歌别称，源出古希腊罗马人。布莱
　克反复以拟人化的手法，用阿尔比恩代指英格兰。——编注

因此，布莱克在对其留存下来的版刻作品（约 1773）所做的修改（约 1810）中，表现了基督教异端的异质性。杂糅的古代神话深深地吸引着布莱克，他把目光聚向英格兰（或称阿尔比恩岛），将其视为灵魂力量的中心。布莱克在这些作品中所表现的非一般的独创性也是他后来最伟大的诗歌和绘画作品的特征。这幅版画是他一生坚守自己的思想，不断丰富，经年沉淀，逐渐深化的写照。他在笔记本中写道：

> 版刻复版刻，
> 常颂青春歌
> 终不改本色

　　　　　　　　　　　　　　　　　　（第 87 页）

由于铜版在印刷的时候是逆向的，因此，要想让印在纸上的图像看起来是正的，刻在铜版的图像就必须是反着的。学徒们最难学的一个技巧就是反着（或者镜像）刻写标题和签名。当时也有专门刻字的版刻师，负责以美术字体刻写书籍书名页上的题目，以及完善版刻师之前粗略刻在铜版上的文字。不过，反着刻字毕竟也是版刻师必须掌握的基本技能之一。布莱克下了很大功夫学习这项技能，在《月亮上的岛屿》的空白页以及其他能找到的地方进行练习。他在版刻自己创作的"彩色版画"系列时，所有的文字都是反向刻写，刚开始难免有些小的笔误。*后来，布莱克将这一技艺练得炉火纯青，在他为《〈约伯记〉插图集》（见图 20）刻写的题词中可见一斑。布莱克有时候也给读者出难题。《耶路撒冷》中有些不大重要的诗句印出来就是反着的（见插图 1）。布莱克有时还把字母延展为树形和人形，比如《天真之歌》的书名页就是如此（1789）（见插图 7）。约翰·林内尔称"布莱克最拿手的技艺就是反向刻字"[11]，布莱克的朋友乔治·坎伯兰更是对其大加赞扬："天生一

37

---

* 譬如，在《没有自然的宗教》中，卷首插画的版刻就是反的。后来，布莱克在考虑该在字母"g"的哪一边的上方版刻衬线时，改变了之前的想法。

个布莱克，反刻技艺无人敌。"*

在巴西尔的工作室，布莱克结识了不少艺术家、版刻家和作者，他们开创了英国图书插画的黄金时期。大概在布莱克住进巴西尔家一年后的某一天，诗人、小说家、文学杂家兼新近成立的皇家美术学院古代史教授奥利弗·戈德史密斯"走进了巴西尔的工作室……成年后的布莱克仍对这次会面津津乐道——小布莱克抬头仔细端详着他那美丽的与众不同的脑袋，心想等我长大了，我也要有个像他那样的脑袋"。[12]

戈德史密斯塑造了众多脍炙人口的文学形象，不难想象小布莱克对他是何等的喜爱。不过，布莱克对其外貌的喜爱倒是有些出人意料。戈德史密斯的脸上（见图16）有小时候得天花留下的麻点，浓黑的眉毛，紧张的眼神，上唇外突，下颌内缩。按照当时的审美观，他的长相，用博斯韦尔的话来说，颇有些"粗俗猥琐"，[13]更像个低等的匠人，比如老裁缝之流的，一点也不"美丽、与众不同"。布莱克对面相的判断，与他在其他方面的判断一样，常常令同时代的人感到费解。

小布莱克应该见过不少皇家古文物学会的作家，譬如，杰出的古代建筑研究者理查德·高夫、雄心勃勃的古代语言研究者雅各·布莱恩特以及活力四射的改革家托马斯·霍利斯。巴西尔都曾为他们的作品版刻并签名，其中有些是他的学徒布莱克绘画或者版刻的。小布莱克肯定还见过当时有名的版刻师，因为巴西尔和他们中的许多人都有交情。通过巴西尔，布莱克也偷学到这些大师的本领和绝活，还探知了不少秘密。他对这些人的看法与巴西尔的不尽相同。

> 我非常了解这些人——威廉·伍利特和罗伯特·斯特兰奇，他们是我师傅巴西尔的熟人。†我早看出来这俩人是十足的奸猾傲慢之徒，从他们的作品中即可窥见一斑……伍利特最好的作品

---

* 乔治·坎伯兰，"亲笔签名的各种版刻模式诀窍"，《自然哲学、化学与艺术期刊》，第28期（1811年1月）（*BRS*，第65页）。布莱克曾经帮助坎伯兰完成《关于草图、雕塑以及指导古代艺术家创作个体与群体人物的方法的思考》一书的版刻题词。

† 伍利特大概是理查德·伍利特·巴西尔的教父。理查德·伍利特·巴西尔受洗时，布莱克正跟着老巴西尔做学徒。

是他的徒弟杰克·布朗恩雕刻的。他本人的技术难登大雅之堂。
斯特兰奇的版画，据我所知，都是阿利亚梅和他的法国弟子所
作……托马斯·库克喜欢模仿霍格思的版刻，他的事情，我也略
知一二……

（《公开致辞》，笔记本，第55、57、60页）

巴西尔和他的学徒认为绘画是版刻和所有线条艺术的基础，这一观
点得到了巴西尔某些同行友人的认同，让布莱克很是高兴。"有一次，
格拉沃洛对我师傅说：'英国人很聪明，有自己的想法。但是他们不愿
意在绘画上下功夫。'"[14] 布莱克曾说："版刻无非就是在铜版上作画，仅
此而已。"[15]

在威斯敏斯特教堂作画

与其他许多学徒不同的是，布莱克跟着巴西尔开始学习之前就已经
接受过专门的训练，而且在绘画方面小有成就。因此，巴西尔也就放心
让他绘制精准临摹图。学徒期刚开始的时候，他就让布莱克按照实际比
例大小临摹受委托版刻的版画或实物。

有将近一年的时间，巴西尔只带布莱克一个学徒。布莱克乐得独享
师资。1773年8月3日，巴西尔收了一个新徒弟詹姆斯·帕克。他的父
亲保罗·帕克是个粮商，住在滨河圣母教堂教区。帕克比巴西尔其他的
徒弟都要年长，住进巴西尔家的时候都已经是一个24岁的大小伙子了。
帕克很想成为一名版刻师，当然，他不大可能像那些十三四岁的孩子那
样听话。那些孩子年龄虽然比他小，但是技术却比他娴熟多了，这让他
颇为难堪。不过，帕克为人谨慎，做事有条不紊（见图17），后来还和
布莱克结为挚友，两人一起开了家版画店。

不过，刚开始的时候，学徒之间还是有些摩擦，版刻工作室也失去
了往日的和谐宁静。

39

　　布莱克不想和师傅一起对付那些学徒，于是就被叫去绘画。*
对此，布莱克心怀感激。巴西尔曾说，布莱克太厚道了，而那些学
徒又太滑头。

　　布莱克的工作就是把古代建筑和纪念像临摹到纸上。偶尔，特
别是在冬天的时候，还要照着临摹图进行版刻。这使他有机会得以
了解哥特式纪念像……并且找到了通往他所追求的艺术风格的康庄
大道，从而跳出当时错综复杂的流行画风。在威斯敏斯特教堂里，
围绕着忏悔者爱德华小教堂有许多国王和王后的纪念像。这些纪念
像是布莱克最早研究的对象，其中亨利三世、埃莉诺王后、菲利帕
王后、爱德华三世、理查二世及其王后的精美雕像引起了他特别的
关注。†布莱克极力捕捉每一个细节并在绘画中表现出来。他时常
站在纪念像上，从顶部向下俯视人物。在他哥特式的幻象中，人物
的头部形成了肖像画，所有的饰物看起来都像是奇妙的艺术品。后
来，布莱克临摹艾梅·德·瓦朗斯的纪念像。这幅画的上方是风度
翩翩的瓦朗斯（见图18），他周围的人物也画得十分精致。虽然时
至今日画面早已破损不堪，但是仍被奉为研究古代服饰的范本……
若要详述布莱克所有的画作，我得把威斯敏斯特教堂所有的古老纪
念像以及伦敦城里城外的教堂都跑上一遍。[16]

　　巴西尔受伦敦古文物学会的委托，为理查德·高夫的《大不列颠墓
碑》制作版画。于是，他派布莱克到威斯敏斯特教堂和其他一些地方绘
制草图。这对一个16岁的男孩来说是个不小的挑战。因为是权威机构派

---

*　马尔金的记载（布莱克的其他传记中也有这样的记载）："刚开始的两年倒是平静
　（1772—1774），后来进来两个新学徒，彻底打破了这里的平静。"
　　　不过，布莱克的学徒期（1772年8月—1779年8月），除去开头的两周和结束的
　两周，另外只有一个学徒詹姆斯·帕克。他搬进来的时候，布莱克学艺刚好满一年。
　有关马尔金的信息似乎来自布莱克本人。不把这些说法当回事，或者对其进行更正，
　都有失偏颇。不过，马尔金称巴西尔店里"两个新来的学徒"闹事是在布莱克做了
　"两年"学徒之后发生的事，这一记载与其他可证实的事实相悖。
†　这些头像与它们在高夫的《大不列颠墓碑》的第一卷，第一部分（1786）中出现的顺
　序是一致的。

来的，布莱克就得了特许，可以站在教堂的脚手架上进行绘画。教堂不做礼拜的时候，布莱克大多时间都是孤零零的一个人待在冰冷的穹顶之下："有一天……他看到……走廊和楼座里……突然挤满了浩浩荡荡的修士、牧师、唱诗班和香炉师的队伍，他的耳朵像是被施了魔法一般，竟然听见了单圣歌和众赞歌的吟唱，连穹顶都被管风琴的乐声震得发颤。"* 圣歌缭绕，直至唱诗团走到圣坛，才渐渐消逝。此情此景，无论是真抑幻，都是奇妙之至。

如果布莱克的精神因为见到此番景象而大为振奋的话，他的肉体一定是在经受着严峻的考验。正值寒冬腊月，布莱克身处凋敝破败的雕像之间，即使是站在有利的观察点，也很难看到高高在上的棺木上盖。就在布莱克非常努力地去理解和欣赏这些艺术珍品时，附近威斯敏斯特小学的男孩子们总是吵得他无法专心。小学把大教堂用作自己礼拜的小教堂，这些孩子们就有了特权，能够自由进出。很自然地，这位刻苦勤奋、高踞纪念像之上的年轻艺术家引起了孩子们的好奇心。他们很想弄明白他到底在干什么，于是忍不住——

> 他们中的一个孩子……一直在烦他……还爬上了脚手架，想再去烦他。布莱克大为光火，再也受不了这些孩子的搅扰，一怒之下把这个孩子打倒跌落到地上。这一拳出得够凶够狠。布莱克向校长投诉，校长是个通情达理的和善人，叫人把教堂的门关上，再不让孩子们进入内堂。†

---

* 见奥斯瓦德·克劳福德的解释，《威廉·布莱克：画家、诗人和神秘主义者》，《新季刊杂志》，1874 年第 2 期（*BR*，第 13 页）。文章开篇写道，异象是布莱克"事后记录下来"的。不过，有关布莱克记下此事的说法，未有传闻。吉尔克里斯特（*BR*，第 13 页）曾记载过与之相似的一件事，可能是克劳福德故事的原型："与这些有着几百年历史的庄严雕像共锁一室——在礼拜期间以及陌生人来访的间隙，教堂司事会把他锁在室内，逝去的魂灵成为他熟识的伙伴。有时候，他的眼中，如梦幻般，显现出鲜活的逝者的模样：有一次还看到了'基督和众使徒'的异象，正如他以前常常所说的……"

† 泰瑟姆（*BR*，第 513 页）。威斯敏斯特小学的男孩子除了礼拜之外是不许进入大教堂的，不过，越是不让做的事情，孩子们越是喜欢做。威斯敏斯特小学并没有这件事的记录，之前也未曾发生过这样的事情。

41 1774 年 5 月 2 日，约瑟夫·爱洛夫爵士得到许可，打开了安放在威斯敏斯特教堂的爱德华一世的十四世纪墓穴。开放时间是一个小时。爱洛夫建议巴西尔记录下这一景象，巴西尔把这个重任交给了布莱克，嘱咐他把看到的一切都画下来。任务艰巨，机会难得，布莱克是唯一一位记录下"首次开棺时的爱德华遗骸"以及"褪去祭衣后的爱德华遗骸"的画家。[17] 这样的机会不会再有第二次，因为遗骸一经开封，马上就碎成了粉末。*

在威斯敏斯特教堂以及伦敦各处的哥特式教堂里绘画的经历给勤学的布莱克留下了深刻的印象，给他以后的人生带来了深远的影响，奠定了他的艺术风格、主题和思想情感。多年以后，布莱克的徒弟塞缪尔·帕尔默写道："威斯敏斯特教堂留下了他最初最神圣的回忆。有次我问他，想不想在大西窗的玻璃上画上他为《约伯记》创作的插图《上帝的儿子们在欢呼》。这个念头让他热血沸腾，他顿了顿，说道：'我可以试试！'"†

布莱克的威斯敏斯特教堂纪念像临摹画堪称精准与精美的杰作，获得了当时人们的赞誉。这其中就有版刻家、画家托马斯·斯托瑟德。‡ 照着这些临摹图刻成的版画大概也是出自布莱克之手。不过当然，最后还得巴西尔签名，以证明版画的确是出自大师的工作室。

布莱克独自在威斯敏斯特教堂作画，置身于哥特式纪念像之中，这些体验使他坚定了一个信念："哥特式风格是一种鲜活的艺术形式……具有永恒的魅力"，而"古希腊风格是一种精准的艺术形式……存在于

---

* 肉身的腐臭在《蒂瑞尔》（约 1789）一诗中得到表现，蒂瑞尔"是朽木与尸骨的国王"，他还诅咒他的儿子们，"你们的尸体让人畜不得安宁，直至岁月将你们的白骨漂净"（第 76、46—47 行）。

但是，布莱克在《爱德华与埃莉诺》（1793）中以及为格雷的《吟游诗人》（1797）所设计的插图中，都将爱德华一世描绘成一位充满活力但误入歧途的英雄，而不是一具尸体。

† 吉尔克里斯特（*BR*，第 13—14 页）。在 19 世纪 90 年代，布莱克的徒弟乔治·里士满的儿子威廉·布莱克·里士满，临摹布莱克的《上帝的儿子们在欢呼》的图画，用于圣保罗大教堂穹顶的镶嵌图案（A. M. W. 斯特林编，《里士满文件汇编》[伦敦，1926]，第 378 页）。

‡ J. T. 史密斯（*BR*，第 466 页）。1775 年在玫瑰酒馆发现了一幅围攻某港口的画卷，长约 7.6 米，只是没有画坦普尔栅门（旧时伦敦城的入口），布莱克或许帮着记录了这幅油画："这幅画由巴西尔承接，由高夫先生出资，于 1776 年 5 月 9 日在古玩协会展出。"（*BR*，第 423 页注 1）

理性的记忆之中"。[18]哥特式建筑中常见的火焰状柱子和高高的拱顶经常出现在他的绘画作品中，在为罗伯特·布莱尔的名诗《坟墓》[*]（1808）所配的插图《一家人相聚在天堂》（1805）以及《〈约伯记〉插图集》等作品中均可看到。坟墓上方伸展的人形图案也反复出现在他的绘画作品中，譬如《经验之歌》的书名页（见插图 19）、为布莱尔的《坟墓》所配的插图《坟墓里的国王、大臣、武士、母亲和孩子》（1805）以及《约伯的罪恶之梦》（1826）等。布莱克并非热衷于死亡的主题，而是力图表现最高的艺术形式。

42

为了完成巴西尔交给他的任务，布莱克可能每周工作 6 天，每天12 个小时。不过，他是一个打定了主意就不轻言放弃的人。工作之余，布莱克总能挤出一点时间来干些自己喜欢的事。布莱克利用"学徒期放假的时间"，进行了"大量的历史题材的创作"（包括《游街示众的简·肖恩》，1779 年以前的作品[†]）。"他一有空暇，就开始制作两幅有关英格兰历史的版画。"[19]在他公开的首批作品中就有《英格兰历史（版刻小册）》[‡]，以及更为宏大的"有关英格兰历史的……系列主题"作品。[20]布莱克费尽心力创作的线条版画《爱德华和埃莉诺（历史版刻）》（30 厘米 ×47 厘米，1793）极有可能出自该系列。

布莱克对中世纪文学情有独钟，对但丁、乔叟、斯宾塞以及珀西的《英诗辑古》（他本人拥有 1765 年的版本），甚至是同时代的查特顿

---

* 此诗原名全称为《坟墓：一首诗》（*The Grave: A Poem*），本书统一简称为《坟墓》。罗伯特·布莱尔被称为"墓园派诗人"，他创作的《坟墓》也被视为英国文学中"墓园派诗歌"的代表作之一。全诗以死亡为核心主题，探讨了肉体腐朽、灵魂不朽、生命易逝以及坟墓的阴森景象，影响了后来哥特文学和浪漫主义诗歌的发展。布莱克为《坟墓》创作的插图，进一步扩大了这首诗的视觉冲击力，使其成为诗画结合的经典之作。——编注

† 《叙录》第 112 段写道，这是"30 多年前的作品"。

布莱克标示的日期有时似乎指的是该部作品的构思或者是初稿（例如《游街示众的简·肖恩》）日期，而不是指完工或者付印的日期。例如，《弥尔顿》和《耶路撒冷》在书名页上都标明"1804年"，但印刷《弥尔顿》的纸上有"1808 年及以后"的水印，很可能第一次完整印刷是在 1811 年，而印刷《耶路撒冷》时采用的则全部都是 1820 年及以后的纸张。同样，布莱克的某些标明日期是 1795 年的著名彩色版画则印在 1805 年的纸张上（见马丁·巴特林，《威廉·布莱克的物质性："1795 年"的大幅彩色版画》，《亨廷顿图书馆季刊》，第 52 期［1989］，第 1—17 页）。

‡ 虽然布莱克称这些小型系列版画"已经出版"，但是现今并未发现任何印刷版本。

的仿哥特式"罗利诗篇"（他本人拥有 1778 年的版本）都相当着迷。除此之外，他也喜爱麦克弗森的《莪相诗集》。虽然当时人们普遍对麦克弗森"发现"的《莪相诗集》的真实性表示怀疑，布莱克却力挺这位诗人："我相信麦克弗森，我也相信查特顿，他们说那些诗篇是古代的手稿，我就相信那是古代的手稿。"[21] 布莱克写下了《仿斯宾塞诗》（原文如此），收录出版在《诗的素描》中。他在《叙录》中发表的有关《坎特伯雷的朝圣者》画作的评论不仅被威廉·黑兹利特悄悄地转引，[22] 还被查尔斯·兰姆称赞"相当犀利"。[23]

古代国王和王后的形象常常出现在布莱克的幻象中。他与菲利帕王后、爱德华一世以及他的仇敌威廉·华莱士对话，他照着他们"活着"的样子来绘画。他画爱德华三世和爱德华六世时也是如此。这些逝去的伟大人物鲜活生动地存在于布莱克的想象之中。

不过，布莱克在学徒期间感兴趣的不只是作古的英国君主：

> 我在天堂的生活是这样的；还是孩子的时候，弥尔顿就喜爱我，向我显现；
>
> 以斯拉和先知以赛亚一同来访，年迈的莎士比亚也要助我一臂之力。
>
> 43 帕拉塞尔苏斯和贝赫曼向我显灵，天堂上空翻腾起恐怖的阴云
>
> 底下是地狱，巨大可怕的改变威胁着人间
>
> 美国独立战争的枪声响起。到处是黑暗的惊恐，在我的眼前浮现……

（1800 年 9 月 12 日信函）

布莱克说"弥尔顿……向我显现"，"以斯拉和先知以赛亚一同来访"，这不仅是单纯打比方，也是他真切的想法。他曾对克拉布·鲁宾逊说："我看见了垂暮的弥尔顿也看到了年轻的弥尔顿。"[24] 在《天堂与地狱的婚姻》中，布莱克带着戏谑的口吻描述了一个难忘的幻象，"先知以赛亚和以西结与我一起用餐"。炼金术士帕拉塞尔苏斯和贝赫曼向他"显

灵"时，他还不满 18 岁，正值 1776 年"美国独立战争"爆发。现实世界"地狱底下的……恐怖"正是精神世界"天堂上空的恐怖"的写照。一个 18 岁的少年很容易受到爱国主义的鼓动，想要保家卫国，血洒疆场。同时，看到抓丁队到处抓人，也会感到害怕。几年后，布莱克的弟弟约翰应征入伍，最后客死异乡。[25]

这是一个了不起的自我教育的过程，虽然才只是刚刚起步。异教徒的家庭都喜爱阅读，但是像布莱克这般博览群书、纵深观察的并不多见。

学徒诗人

绘画和版刻给布莱克孤独的学徒假期带来了慰藉。此外，他也从写诗中得到不少乐趣。布莱克从 11 岁起开始写诗。[26] 这些诗竟不像是出自少年之手，有些甚至到了炉火纯青的程度。可以想象，这些诗中少不了少年人的热血和怒吼：

> 旗帜下，像黑色的风暴，
> 无数的热血儿郎，
> 滚滚向前；如幼狮，遍地吼着，
> 寻找夜食一样。*
>
> （《奎恩，挪威王》，第 17—20 行，《诗的素描》，第 19 页）

当然也不乏哥特式的恐怖气氛：

> 钟敲一点，震动了寂静的城楼；

---

* 引自张炽恒译，《布莱克诗选》，第 20 页。——译注

坟墓放出死者：美丽的埃莉诺

经过城堡的大门旁，向里张望，

一阵阴沉的呻吟从墓穴中传过。*

（《美丽的埃莉诺》，第1—4行，《诗的素描》，第7页）

国家长期处于战事，诗人难免会有强烈的爱国尚武的民族主义倾向：

战士们，准备着！我们的事业是天国的事业 [27]

自由将屹立在阿尔比恩的悬崖上，

她将蓝色的双眸投向碧绿的大海；

抑或是，高耸着，立于咆哮的波涛之上，

她举起有力的长矛掷向远方的大地；

又用雄鹰一般的翅膀，庇护住

美丽的阿尔比恩海岸，和她所有的家人。

（《爱德华三世》，第55—60行，《诗的素描》，第55页）

甚至偶尔还出现奥古斯都时代（也称蒲柏时代）诗歌中常见的简单说教：

好似在古昔，

人们群居而没有法律，

这使得暴乱和自由开始

蔓延，以致一国人民彼此

妨害和欺凌，于是有了法律，

就为大家办事都公平合理。†

（《捉迷藏》，第65—70行，《诗的素描》，第28页）

---

* 引自张炽恒译，《布莱克诗选》，第7页。——译注

† 引自查良铮译，《布莱克诗选》，第55页。——译注

　　这首诗出自一个学徒之手，本属罕见，但更让人惊诧的是诗人还是一个异教徒的后代。异教徒中的宗教狂热派认为任何与世俗权力有关联的行为都是罪恶的。他们绝不会认为"法律就是为大家办事的，都是公平合理的"，相反，他们坚信基督是来摧毁一切世俗的律法的，祂派出使徒"反对宗教和政府"。[28]世俗权力的一个特点就是战争，因此，战争是信徒深恶痛绝的。可能布莱克在巴西尔家生活的这段时间对他从小就接受的信仰产生了一定的影响。

　　不过，有些诗歌还是带有明显的宗教狂热派的特点，对教堂和国家机构充满敌视：

> 当灵魂被撕碎了丢进烧不尽的火焰，
> 地狱的魔鬼在庆贺屠杀，
> 谁能巍然不动啊，谁造成了这一切？！
> 啊，谁能够对着上帝的御座回答？
> 是地上的贵族和国王造成的！
> 听见吗，上帝，是你的代理人造成的！＊
>
> 　　　　　（《歌剧〈爱德华四世〉之序曲》，第 11—16 行，
> 　　　　　　　　　　　　　　《诗的素描》，第 56 页）

> 啊，国王拿什么来回答，　　　　　　　　　　　　　45
> 　　在威严的宝座之前；
> 死者无数喊着要报仇，
> 　　鬼魂在叹息诅咒！†
>
> 　　　（《奎恩，挪威王》，第 97—100 行，《诗的素描》，第 23 页）

在周日暖和的酒馆里，大家围坐在熊熊燃烧的炉火旁，大概也曾一起吟

＊　引自张炽恒译，《布莱克诗选》，第 31 页。——译注
†　引自张炽恒译，《布莱克诗选》，第 24 页。——译注

唱过这首诗吧。

少年人写情诗是稀松平常的事，但是布莱克在《诗的素描》中探讨的是爱情本身而不是抒发爱慕之情。他的诗带有性的暗示。在一个回避描写女性身体和直抒热恋之情的时代，这显得有些惊世骇俗。"春天"被唤醒了：

> 走过东方的山峦，让我们的风
> 吻着你的香衣；让我们尝到
> 你的晨昏的呼吸；把你的珠玉
> 铺撒在这苦恋你的土地。
>
> 哦，用你的柔指将她装扮起来；
> 轻轻吻着她的胸脯，把金冠
> 戴上她软垂的头，因为呵，
> 她处女的发辫已为你而束起！ *
>
> （《咏春》，第 13—16 行，《诗的素描》，第 1—2 页）

而"夏天"受到邀请

> 把你的
> 丝衫投在河岸，跳到碧波里！
> 我们的河谷太爱盛装的夏天。†
>
> （《咏夏》，第 11—13 行，《诗的素描》，第 2 页）

除了大胆的性欲描写，布莱克诗歌中不拘一格的韵律也让 18 世纪的读者有些吃不消。不过，正如 A. S. 马修在前言中所述，这些大胆的诗作倒是激起了读者的同情，不去计较一个"未受正规教育的年轻人"

---

* 引自查良铮译，《布莱克诗选》，第 3 页。——译注
† 引自查良铮译，《布莱克诗选》，第 5 页。——译注

的无心之作。在布莱克的时代，蒲柏均衡整齐的英雄双韵体和弥尔顿气势磅礴的长诗备受推崇。因此，像布莱克这种既没有结尾休止也没有结尾停顿的诗句肯定大大出乎读者的意料，阅读起来也相当别扭。将动词与所搭配的宾语断开（譬如，"尝到 / 你的晨昏的呼吸"；"倾注 / 你的柔吻"；"戴上 / 你的金冠"）*并不十分碍事，但是将形容词与所修饰的名词断开（譬如，"扔下你的 / 丝衫"）就另当别论了。最令人不解的是，有些诗如果能够去掉某些段落的话，就堪称完美了。譬如，在《晚星之咏》中：

> 你金发的黄昏之使啊，
> 此刻，太阳已安息在群山，请点燃
> 你辉煌的爱之火炬；戴上
> 你绚丽的花冠，向我们的卧床微笑！
> 请向我们的爱人微笑，当你拉开
> 天空那蓝色的窗帘，请把银露
> 洒遍每一朵花，它们在适时的梦中
> 已将甜美的眼睛合上。让你的西风沉睡
> 在湖上；以闪烁的眼睛说出寂静，
> 给暮色镀上银光……†

46

（《晚星之咏》，第 1—10 行，《诗的素描》，第 5 页）

如果布莱克就此打住，不再继续写下去，这颗"晚星"就会凝固成我们脑海里挥之不去的意象，"以闪烁的眼睛说出寂静，给暮色镀上银光"。

---

* 原诗汉译时，译者查良铮已经考虑到汉语的表达特点，做了句式的调整。此处为了说明布莱克诗歌写作断句的特点，特保留原诗的断句，故此处翻译与原译文略有不同。以下同。——译注
† 引自张炽恒译，《布莱克诗选》，第 7 页。——译注

掌握版刻技艺

学徒期满的时候，布莱克已经掌握了全部版刻技艺，完全能够胜任专业的工作。他对自己的技艺信心满满，不仅要展现各种版刻风格，还要教徒学艺。譬如，他给自己做了一系列有关如何"在白镴上版刻"、"在白镴上木刻"以及"在铜版上木刻"的备忘录。譬如：

在锡版上木刻：首先在板面上平铺一层底料，用烟熏以便蚀刻。然后，顺着图画的轮廓，用椭圆形针头的刻针刮掉底板的白镴，画出每一样物体的点线……

在铜版上木刻：首先平铺一层底料以便蚀刻，然后顺着图案……不是蚀刻掉黑色的部分，而是蚀刻掉白色的部分。

（笔记本，第 10 页）

后来，布莱克帮乔治·坎伯兰版刻《关于草图、雕塑以及指导古代艺术家创作个体与群体人物的方法的思考》（1796）的插图。坎伯兰记录了如下的操作方法：

布莱克关于铜版印刷的操作方法

将铜版稍稍预热，表面轻刷一层油墨，重复轻刷两三次，使油墨覆盖整个版面。抹掉多余的油墨，使铜版表面光滑干净。然后，将手握成拳头，只伸出小手指，抹上一点油墨轻拭铜版，并用白垩粉球打磨光滑。擦拭铜版表面，使之光亮无死角。接着，在铜版上铺三张毛毡，下面垫硬纸板（也可以用纸来替代），再下面是木条板，将铜版滚过印刷机。[29]

47

1779 年 8 月，布莱克结束了师从巴西尔的学徒生涯，这对于布莱克一家甚至英国的艺术界来说都是个值得庆贺的日子。羽翼丰满的布莱克不仅要振臂高飞，大展版刻技艺，还要收徒学艺。*巴西尔很有可能按照当时的行规送给出师的徒弟一笔资金或者是两套工作服和干活的工具。有了这些基本的条件，年轻的布莱克已经做好准备，要在商海中一试身手。

　　布莱克度过了 7 年无忧无虑的学徒时光。1779 年 8 月 26 日，他收拾好衣服、书籍、版画、雕像、自己的画和版刻的工具，搬离了巴西尔位于伟大女王街 31 号的家，回到了布罗德街 28 号的家。[30] 又一层尘世的泥土退去了，[31] 布莱克离天堂更近了一步。

---

* 布莱克和同期学徒詹姆斯·帕克都没有获得"城市自由"（Freedom of the City）。这是学徒期满时自动获得的权利。有了这一权利，他们可以自己带徒弟，还可以在伦敦城大约 2.5 平方公里的范围内设立自己的商号。不过，因为他们都在威斯敏斯特工作，而不是在伦敦城，领受这一权利似乎也没有多大意义。

　　J. T. 史密斯说，1780 年之前，"版刻师特罗特……曾接受过布莱克的指导"（*BR*，第 466 页），但这些指导应该只是普通的提提建议，而不是正式的师徒授艺。

48

第三章
1779—1787："良友佳偶，幸甚至哉"

插图 10　布莱克，威廉·厄普科特的《题词纪念册：留下同代人的印记》一书 1826
年 1 月 16 日的对应条目

威廉·布莱克

一个有良友为伴，就快乐非常的人。

1757 年生于伦敦

自此便死过数回。[1]

"布莱克，你要成为艺术家"

"一个在心灵和思想上都未曾到过天国的人根本就称不上是艺术家。"[2]

称不上是艺术家？布莱克接受专业的培养，以成为合格的版刻师。虽然他学习的是俗世的谋生技能，那些异象却从未消失过，跟随着他来到巴西尔平凡的工作室，指引着他前进的脚步。"圣灵对他说：'布莱克，你要成为艺术家，不可从事其他。你将在艺术里得到幸福。'"[*]

布莱克越来越清楚地意识到天国才是他的艺术源泉，人类的想象力是上帝赐下的灵。凭着想象中上帝的灵进行艺术创造，才是在尘世获得幸福的途径。诗歌、绘画、版刻、音乐、雕塑和建筑：幸福就存在于这一切的创造之中。

49　　不过，布莱克要在这世上谋生，还是得做版刻师，不仅如此，他还要奠定自己的艺术地位和声望。

布莱克在亨利·帕尔斯学校受过绘画训练，又在巴西尔的门下学习版刻和绘画，但这些还不够。为了增加资历，布莱克于7月向位于萨默塞特宫的英国皇家美术学院递交了学习申请。根据规定，布莱克要交给学院一张自己的绘画作品，譬如，他临摹的威斯敏斯特教堂的名人雕像（见图18）或者是亚利马太的约瑟（见图15），以及某位有名望的艺术家（譬如，布莱克在亨利·帕尔斯学校的老师或者学徒时期的师傅詹姆斯·巴西尔）的推荐信。布莱克的申请很快得到批准，因为他一直都在学习绘画，之后又从事了12年的专业版刻工作，而且还在皇家古文物协会做过一段时间的实习生。

皇家美术学院成立于1768年，由皇室出资建立，而后迅速成为英国艺术界人士获得名望与财富的主要途径。学院的目标是培养学生创作

---

* 1826年12月10日克拉布·鲁宾逊在日记中写道："他要把自己完全奉献给神圣的艺术，他说起这份快乐时，眼睛里闪着熠熠的光。""神圣的艺术"包括1826年的但丁系列版刻，以及1779年的版刻作品。

适合鉴赏家挂在家中墙壁或放在陈列柜中的，具有古希腊和古罗马遗风的理想作品；而不是机械的，仅仅适用于装饰墙纸、陶器和家具的艺术品。学院的会员和赞助人都是上层社会的绅士和贵妇。学院的名称也很讲究——自称时会很谨慎地加上一个后缀“R. A.”。学院成立之初的两任院长——乔舒亚·雷诺兹和托马斯·劳伦斯都蒙国王的厚爱而受封爵士。虽然学院也鼓励版刻师的工作，毕竟要通过版刻才能使会员的作品到达最广泛的，有时也是最有钱的买家手里，但是他们认为版刻师并不是真正的艺术家，而只是能派上用场的技师罢了。版刻师也只能成为学院的准会员，而不是正式会员。

皇家美术学院每年春季的展览都吸引了收藏界和时尚界的目光。学院的图书馆和铸件陈列室备受古典主义艺术和新古典主义艺术爱好者的追捧。学院不仅不收学费，还为成绩优异的学习绘画、雕塑、建筑和版刻的学生提供奖学金。这些都深深吸引着年轻的艺术家们。成为皇家美术学院的学生是任何一个想要成为艺术家的伦敦年轻人的必由之路。

1779 年 10 月，布莱克和另一个皇家美术学院的实习生向学院德高望重的乔治·莫泽展示了他们精心绘制高约 0.6 米的人体解剖图，图上还标注了人体肌肉和肌腱组织的名称。*这件实习期间的作品得到了认可，布莱克和其他六名面试过关的候选人（年龄从 14 岁至 22 岁不等）于 10 月 8 日得到了象牙制的出入证。有了这个证件，在接下来的六年里，他们可以在学院的石膏陈列室作画，听讲座以及参观展览。布莱克得到允许，继续学习版刻。想想这些学生应该是得了院长乔舒亚·雷诺兹的关照，有了他的担保，学生们才能得到这些证件。

学院的教学安排很有条理。学生们从素描石膏模型开始。布莱克“在这里仔细地对照着全部（或者绝大部分）的古代名人塑像，从各个角度进行素描”。[3]学院要求学生上交一张个体或集体人物图以及一份手或者脚的实物图。

---

* 布莱克的朋友约翰·弗拉克斯曼，也曾在皇家美术学院学习。他的绘画作品在他去世后收录在《供艺术家使用之骨骼与肌肉解剖研究》一书当中，由亨利·兰西尔雕版、威廉·罗伯逊编辑（伦敦：M. A. 纳塔利，1833）。

　　然后，在允许的条件下，年满 21 岁的学生可以去写生院学习裸体人物素描（见图 21）。写生院的模特展示夏天从下午 4 点开始，冬天从下午 6 点开始，学期时间从 5 月 26 日至 8 月 31 日，9 月 29 日（米迦勒节）至次年 4 月 9 日，圣诞平安夜至次年的主显节 * 期间放假。[4]

　　　　除了日常在石膏陈列室和写生院的学习，皇家美术学院还提供四个方向的教授教学，即绘画、解剖、建筑和透视法，要求教授们每年要上六节课……不过学院并不提供版刻方面的教学……[†]

　　这些课程布莱克大概每门都上过一些。对于任何一个希望通过绘画或者诗歌来讴歌人体之神圣的艺术工作者而言，威廉·亨特的解剖课尤为重要。亨特有时还叫上他当外科医生的兄弟约翰（布莱克后来以他为原型创作了《月亮上的岛屿》中的人物开膛杰克）用死者的尸体来演示肌肉和内脏的纹理层次和组织构造。后来，布莱克写道："现代人，褪去了层层衣服……像一具死去的尸体。"[5] 他如此形容，也是有感而发。

　　布莱克刚到石膏陈列室工作的时候，雕像都仿照原作在古希腊和古罗马时代的样子，只是没有上色。不过，后来有人投诉称男性雕像裸露得太明目张胆，于是在 1781 年的春天"对每件铸模都进行了奇怪的切断术……每具石膏像都添上了一片无花果的叶子，我猜，大概是懊悔的象征吧"。1781 年 5 月 5 日的《纪事晨报》的某位记者（可能是布莱克的朋友乔治·坎伯兰）后来发现那些雕像"都穿上了亚麻内裤"。[‡]

　　和所有的学生一样，年轻的布莱克无忧无虑，"喜欢玩跳山羊、敲断米开朗琪罗的精美雕像弗恩的手、喷水、掰断阿波罗雕像的手指、和伙伴们互相扔制模的陶土和面包屑、在烤炉里烤土豆、学猫叫戏弄学

51

监……”⁶布莱克并非目无尊长，只是对学监最为珍视的艺术思想并不赞同。他的挑战让学监有些耐不住性子了。

皇家美术学院带有明显的新古典主义倾向，布莱克认为这种风格狭隘呆板。他最辉煌的艺术体验就是在威斯敏斯特教堂临摹哥特式的纪念像，而在皇家美术学院的雕塑大厅里，在学院的教学中根本就看不到哥特式风格的存在。布莱克喜欢粗犷豪迈的风格，而他的老师青睐优雅恬淡的风格。布莱克对教堂的古代湿壁画和中世纪的彩绘大理石推崇不已，而他的老师看重油画丰富饱满的感官效果。

不过，学院也有几位教授颇得布莱克欣赏，其中包括古代史教授奥利弗·戈德史密斯（逝于 1774 年，当时布莱克还没有成为学院的学生）和绘画教授詹姆斯·巴里（1782 年当选）。但是，学院不少非常有影响力的领导，布莱克打一开始就看不惯：

> 有一次，我正在学院图书馆里看拉斐尔和米开朗琪罗的版画。图书管理员乔治·莫泽走过来对我说：“你不该看这些老掉牙的坚硬呆板又乏味的艺术半成品——你待在这儿别走，我给你看看你该学习的东西。”然后他就去拿来勒布伦*和鲁本斯的画册。我心里恨得咬牙切齿。不仅如此，我还把我的想法说出来了……
>
> 我对莫泽说：“你所谓的成品压根儿连个雏形都没有，怎么能说是成品呢？不懂得艺术之开端的人根本就不懂艺术之完成。”
>
> （《雷诺兹爵士作品集》，第一卷，第 xlvii 页批注）

这些强硬的观点传到学院领导的耳朵里，被当成是大逆不道的言论。于是乔舒亚·雷诺兹对布莱克说：

52

> “嗯，布莱克先生，我听说你瞧不起我们的油画艺术。”

---

* 夏尔·勒布伦（1619—1690），是 17 世纪法国最杰出的画家、装饰艺术家和艺术理论家，被誉为“路易十四时代艺术的主宰者”。——编注

　　"不是的，乔舒亚爵士，我不是瞧不起油画，只是更喜欢湿壁画罢了。"[7]

　　还有一次，布莱克拿了几幅绘画作品向雷诺兹请教，雷诺兹"建议他不要画得太夸张，线条要简洁，而且要多作修改。布莱克似乎把这些话当作奇耻大辱，终身不忘。后来，每每谈及此事，总是积愤难平"。[8]

　　雷诺兹的批评当然没有恶意，只是想告诉自己的学生如何才能让作品更加符合传统的审美观，更能打开市场。在以后的人生中，布莱克从朋友和评论家那里得到的批评大都也是如此。不过，布莱克追求的不是客户的青睐而是天使的喜爱。之后不久，布莱克便把雷诺兹的建议看成是一个阴谋，旨在压制他神圣的想象力和充满灵感的艺术创作，称自己"在雷诺兹爵士和他雇佣的那帮狡猾无赖的压迫下，白白浪费了青春和天赋，不仅没有工作，甚至可能连饭都没得吃"。[9]

　　他愈发相信："英格兰所要求的不是有才华和禀赋的人，而是一个顺从、恭谦、高尚的蠢货——匍匐在贵族的艺术科学思想脚下的人。如果符合他们的要求，他就是一个好人，否则就只能饿死。"（《雷诺兹爵士作品集》*，第一卷，第5页批注）

　　乔舒亚·雷诺兹每年都给学生授课，布莱克对这些课程深恶痛绝。乔舒亚为达官贵人所作的画像毫无生气，都像是照着一个模子印出来的。在布莱克看来，这些作品与雷诺兹所倡导的英雄艺术观完全是背道而驰的。数年之后，《雷诺兹爵士作品集》（1798）出版，布莱克在上面做了许多批注，记录下他在想象中和雷诺兹的对话：

　　　　布莱克：这个人是雇来压迫艺术的。
　　　　雷诺兹：我发现我的作品与我所主张的艺术原则相悖。我为自

---

* 此书原名全称为《皇家美术学院院长乔舒亚·雷诺兹爵士作品集》（ *The Works of Sir Joshua Reynolds, Knight, President of the Royal Academy* ），本书统一简称为《雷诺兹爵士作品集》。——编注

己的无知感到羞愧。

布莱克：撒谎！他一生都没有过羞愧之心，也从未认识到自己
　　　　的无知。

雷诺兹：这是一种华丽的风格，能够立马打动人，吸引住人们
　　　　的视线……

布莱克：骗人！华丽的风格，威尼斯画派、弗莱芒画派，都没
　　　　能立马打动我，也妄想打动我。

雷诺兹：我很善于概括……这种能够进行抽象、归纳、分类的
　　　　能力是人类思想中最光辉的部分……

布莱克：概括是白痴才做的事。个性化才是真正的优秀。泛泛
　　　　的知识连白痴都知道。

雷诺兹：学生……应该学会画出最纯净、最正确的轮廓。

布莱克：这话不假。

雷诺兹：……单凭一腔热情，你会偏离……

布莱克：热情是一切的一切！

雷诺兹：……热爱并不能让你获得知识。

布莱克：热爱是知识的第一要素也是最终的要素。

雷诺兹：长时间辛苦的对比是画家要学的第一课……自然最完
　　　　美的状态，艺术家称之为理想之美，是创造天才之作
　　　　最重要的指导性原则。

布莱克：理想之美的知识不是学来的。而是与生俱来的。这种
　　　　与生俱来的思想是每一个人内在固有的，是他最真实
　　　　的自己。那些说我们没有天生的思想的人一定是个傻
　　　　子、无赖，既没良心又没常识……

　　　　　　每个人都是带着他天生的能力或者某种潜力来到
　　　　这个世界的，就像一个已经播种培土的花园。可惜，
　　　　这个世界太贫瘠，结不出一粒种子。

雷诺兹：要理解这些用诗意的语言表达的隐喻和思想，是同样
　　　　的荒诞不经……

53

> 布莱克：古人宣称他们相信意象和启示，并不是做给人看的。柏拉图是认真的，弥尔顿也是认真的。他们真真切切地相信上帝曾经造访过人类。不像雷诺兹，口是心非。
>
> （《雷诺兹爵士作品集》，第一卷，书名页，第 vx、xvii、xcviii、16、35、55、58、157、195 页批注 [约 1801—1802、约 1808—1809]）

这个"宣称相信意象和启示，真真切切地相信上帝曾经造访过人类"的布莱克让雷诺兹和皇家美术学院确实有些不知所措。

1780 年 5 月皇家美术学院举行画展，刚刚入学的布莱克向学院提交了一幅画作，展现了他非同一般的超出年龄的成熟。画作表现了因触怒上帝而当场毙命的"古德温伯爵之死"。布莱克在画中表现了他对哥特式风格的喜爱以及对上帝造访人类的信念（见图 22）。这幅画不仅被学院认可并展出，而且还吸引了布莱克后来的朋友，年轻的博学家乔治·坎伯兰（见图 23）的注意。坎伯兰用笔名"堪迪德"（Candid）在 1780 年 5 月 27 日周六的《纪事晨报和伦敦每日广告》中写道："虽然用色方面尚有欠缺，但是作品构思不错，而且很有个性。"*布莱克初登艺术舞台，构思和个性就得到了肯定，这给了他莫大的鼓励。

布莱克认为油彩颜料太过时髦和矫揉，打小就不喜欢这项发明。他找到了一种方法，能够让柔美的水彩画持久保存，而且不会被阳光晒褪色：

> 他用自己的一套方法，在一块雕塑用的大理石上研磨混合水彩颜料，将一般木工使用的胶水进行稀释，制成黏合剂。后来，布莱

---

* 乔治·坎伯兰在 1780 年 5 月 6 日的一封信中告诉他的兄弟理查德（《大英图书馆：补充手稿》，第 36、492 页及第 338—341 页之后的部分），在那些标明了"坦诚"字样的文章当中，他还专门赞扬了这些朋友。

克发现古代的意大利人也曾使用过这样的方法。*而他之所以知道这个配方是因为木工约瑟†曾经在异象中向他显现，并向他透露了这个秘诀。布莱克使用的颜料比较简单，种类也不多：靛蓝、钴蓝、橙黄、朱红、大量使用的法兰克福黑和偶尔使用的佛青色，鲜黄色则基本不用。他不喜欢貂毛，上色用的是驼毛刷。[10]

　　布莱克的艺术建立在一个坚定而明确的框架之上。这个框架植根于经典的古希腊阿佩利斯画派和意大利文艺复兴时期的拉斐尔和米开朗琪罗的画派，当然还包括他自己所从事的版刻职业。布莱克对颜色的运用也颇有研究，某些用色让人称奇，得到艺术圈朋友的赞叹，称其"缤纷美丽"，带有"一种无与伦比的柔和的光辉"。[11]甚至圈外人也称布莱克在"华彩插图印刷"（Illuminated Printing）系列中对自己的作品进行最后的修饰时，"上色技术一流"[12]。

　　据他的徒弟弗雷德里克·泰瑟姆回忆，"布莱克在作画的嵌板或者画布上平铺三四层的白垩粉和木工胶水；……一层一层地上色以形成色彩的深度感……像涂油漆一样用胶水把整个画面涂匀，用以固定住颜色，最后用他自制的白晃晃的油漆再涂一遍"。[13]

　　布莱克的朋友 J. T. 史密斯写道："在艺术的这一领域里，布莱克常常称阿佩利斯为他的导师，他说阿佩利斯对他的风格非常欣赏，有一次……（还对布莱克说：）'你确实是得了我用色技术的真传……'"*

　　布莱克的秘诀之一就是"打造纯净洁白的底板"，使之"更加明亮，

55

---

* J. T. 史密斯称（BR，第472页）布莱克把颜料进行加热，"布莱克准备底板，将这些颜料平铺在画板上进行混合，他认为自己的做法与早期的壁画-油画家们采用的做法是一脉相承的……他自己磨颜料，并且用相同的胶水进行黏合，只是配得稀一些"。此外，林内尔也写道（BR，第33页注3）布莱克高兴地发现他的作画步骤在朱塞佩·坦伯恩编著的琴尼诺·琴尼尼的《论绘画》（1821）中有详细记述。这本书布莱克还做过注解。

† 这里是指《圣经》中耶稣在世上的父亲约瑟。——译注

* 史密斯（BR，第468页）。这段话的后文是："我如今希望你为我画像，之前画得都不真切。"布莱克在自己的文章中提到过"阿佩利斯的线条"，但是并没有提到他的用色技巧。（详见笔记本第32页《佛罗伦萨画派的忘恩负义》[第21行]中对马尔金儿子的评价，以及《叙录》第110段）。

黏性也比普通白垩粉的底板更强；能够立刻营造出一种艳丽而不俗的效果"。[14] 多年以后，布莱克把他的"布氏亮白法"传授给了徒弟塞缪尔·帕尔默：

> 准备上好的白垩粉，充分研磨。
>
> 将粉末与水充分混合搅匀，直至膏状。
>
> 用双层平纹细布过滤后，平铺在金属板的背面，如果有白色瓷砖的话更好。保持水盆恒温，直至混合物变得十分坚硬。
>
> 用非常干净的胶水罐准备上等的木工胶水或者家具胶水，趁热与颜料相混合：——秘诀在于向胶水里加入适量的颜料。检验量的多少的方法是：如果一沾在大拇指的指甲盖或者陶制的调色板立马就干了的话，量就正好，不要再多加胶水了。这样，即使以后用指甲刮也不会被划掉。
>
> 量的把握以及材料的纯净程度是唯一的难点。[*]

戈登暴乱[†]

当布莱克的作品安静地展示在皇家美术学院的时候，伦敦城正在沸腾，民主热情如火山喷发，威胁着整个社会的基本结构。国会在 1778 年通过法案，巩固岌岌可危的罗马天主教地位。1780 年，新教徒协会会长乔治·戈登勋爵煽动了一群狂热的暴徒举行示威游行，威胁议会成员强行废除法案。戈登的追随者有序地奔赴伦敦、威斯敏斯特、萨瑟克和苏格兰分区。他们统一佩戴蓝色帽徽，有恃无恐，整个行动组织之严密令人瞠目。

---

[*] *BRS*，第 8—9 页。A. H. 帕尔默说，"布莱克把这一配方传授给了我父亲"。在《叙录》第 9 段中，布莱克称在凡·戴克之前，"所有真正的绘画都是在石膏或者白色底板上进行的，之后就不再如此了"。

[†] 戈登暴乱（Gordon Riots）的导火索是 1778 年出台的《教皇党人法案》。为了增加兵源，该法案减轻对天主教徒的压迫。反对者示威，随后演变为暴动和抢掠。该暴动以领导人戈登勋爵（Duck of Gordon）命名。——编注

恶魔般的暴徒，一旦被召集起来，任由发展，就远非乔治·戈登勋爵所能掌控，而且就算他想管也管不了了。在将近一周的时间，这些暴徒涌入伦敦，烧毁天主教教堂和房屋，到处掠夺，冲进存放烈酒的仓库、银行和监狱，放走犯人，"公开宣称要摧毁英格兰银行、格雷律师学院、教堂、林肯律师学院、伍利奇的皇家兵工厂以及皇宫"。*暴徒公然反抗当局，即使是到最后军队被召集过来，他们仍在负隅顽抗。士兵们不愿意向自己的同胞开火。整整六天，暴徒如脱缰野马，完全失控，市民们"根本没有办法睡觉或者小憩"，"每个人都开始担心，不仅担心这座城市的安危，而且也担心政府机构、国家、财产、自由、生活以及一切英国社会和每个英国人所珍视的东西"。[15]

布莱克的朋友乔治·坎伯兰虽然是政治激进分子，但是目睹了暴徒的暴行后，深感恐慌。他

> 站在穆尔菲尔德天主教堂旁的墙上，我目睹了当晚（1780 年 6 月 4 日，周日）最残暴的场景。一幕幕的惨景，我的心在流血，我无法阻止这一切的发生——这是世间最罕见最不幸的一幕——受到地方执法官怂恿的暴徒在军队的保护下，井然有序、肆无忌惮地破坏无辜民众的财产——戈登勋爵罪该万死，地方执法官也难辞其咎，被卑鄙地抛弃的民众要向他们复仇[†]……人们的姑息忍耐使暴徒更加有恃无恐。昨天，他们焚烧了 G. 萨维利爵士的家、一家船具店（据说里面扣押了他们的一个人）、两所学校以及许多私人做弥撒的教堂——今天（6 月 7 日）他们又焚烧了皮特斯勋爵和海德思先生的家，据我所知，现在大概有 5000 人正挥舞着大棒奔向里

---

* 威廉·文森特（即托马斯·霍尔克罗夫特），《伦敦与威斯敏斯特两市近期暴动与骚乱概述》……中记载过乔治·戈登勋爵在伦敦塔（皇家监狱）的认罪（伦敦：菲尔丁与沃克，1780，第 31 页）。这篇记载谨慎地综合了当时报纸的各种报道（有一些记载与《威斯敏斯特杂志》[1780 年 6 月号，第 295—305 页] 的两篇匿名文章：《乔治·戈登勋爵生平逸事》《暴乱与骚乱札记》相吻合），狄更斯在小说《巴纳比·拉奇》（1841）中极其谨慎地提到了这些暴乱。
† 据詹姆斯·埃尔姆斯记载，《19 世纪的伦敦及其环境》（伦敦：琼斯公司，1829），第 36 页，"这位市长大人，高级市政官肯尼特，因为在这些不雅场合，行为不当而受审，被判有罪"。

士满的谢尔本勋爵的家。他们已经冲破了纽盖特监狱，放跑了监狱
里所有的犯人，现在监狱里已经是一片火海……据说，士兵们虽然收
到命令向暴徒开火，但是他们并没有拿起武器……[16]

纽盖特监狱是"英格兰最坚固的监狱，刚刚动工，尚未建成"就受到攻
击，部分原因是其中关押着一些因为暴乱而入狱的犯人。*

暴乱中人人自危，甚至连犹太人都不得不用粉笔在房门上写着，
"这所房子的主人是真正的新教徒"†，希望以此逃过肆虐街头的可怕暴力
袭击。居住在伦敦市中心和威斯敏斯特的人们，有的跟着暴徒一起四处
奔跑，有的躲在家里足不出户，有的则伸长了脖子观望。

布莱克也目睹了这些暴行，深感震惊。

57　　　　　第三天，6月6日，周二，许多私人住宅和"多所做弥撒的房屋"
被夷为平地——其中之一是位于布莱克家附近的黄金广场沃里克大
街的巴伐利亚大使教堂。暴徒借着酒劲，带着胜利的兴奋，准备进
行更大规模的破坏。当天夜晚，布莱克碰巧走在暴徒选择行动的一
条街上。这条街位于莱斯特广场附近的海德法官官邸的东面。不到
一个小时，这所房子就被暴徒付之一炬。然后，他们穿过长亩街，
经过伟大女王街布莱克的师傅巴西尔的家、林肯律师学院广场和霍
尔本，直奔纽盖特监狱（见图8，R.霍伍德绘制的伦敦城地图）。突
然，布莱克迎面遭遇了这群乘胜追击的乌合之众，汹涌的人潮（让
他无从躲避），被推向了队伍的最前排，接着他目睹了暴徒如何攻下
并烧毁了固若金汤的监狱，放走了300名犯人。[17]

这一幕给布莱克留下了痛苦的回忆。事后暴徒受到了法律的严厉制裁，

---

* 威廉·文森特，《伦敦与威斯敏斯特两市近期暴动与骚乱概述》，第26、28页。激进
派的霍克罗夫特称这些暴乱分子是群"疯子和无赖"，他还说，许多暴徒"死的时
候，酒还没醒"。譬如，他们在纽盖特监狱放火，结果把自己给烧死了，"犯事的这些
人看起来大多还是些孩子"（第29、36、37页）。

† 同上，第37—38页。这位信仰不坚定的戈登勋爵后来转信犹太教了。

被绞死在泰伯恩刑场的就有好几十人，其中大多数是尚未成年的男孩。"兽"的报复是何等沉重。

布莱克在诗歌和画作《火》（1805）（见图24）中所呈现的"燃烧""火""火焰"和"愤怒"的意象可能与他在戈登暴乱中亲眼见到的景象有关。根据这些意象，人们可以在脑海中重构当时的情景："夜晚，所有人聚集到一起，带着不可遏制的怒火"，"怒气冲天"，"燃烧着红色的愤怒之焰"；"阿尔比恩的高山在流血，到处是战争和喧嚣的哭喊"，"威斯敏斯特在号叫，叫声越来越大"，"圣詹姆斯教堂的周围火光熊熊"；威斯敏斯特的"东面、南面和北面都被烈焰包围"，"浓烟团团、火光幽幽、号哭、愤怒、鲜血"；"在被无边大火包围的地牢里"，"一切都是混乱，一切都是喧嚣"。[18]布莱克关于末世的异象有一部分即是来自他的亲身体验。

阿普诺城堡蒙冤叛乱罪

布莱克不仅与在巴西尔版刻工作室期间共事的工匠保持着友谊，而且在皇家美术学院学习期间还结交了各种新朋友。这些朋友是一群志向高远的艺术工作者、画家和雕刻家，他们的理想和激进的宗教观、政治观与异教徒的布莱克不谋而合。这其中有比布莱克年长两岁的雕刻家约翰·弗拉克斯曼（见图25），他后来成为皇家美术学院的雕刻教授，是英格兰最杰出的纪念像雕刻家；乔治·坎伯兰（见图23），当时还是保险公司的职员，后来成为一名画家、作家和发明家，比布莱克年长三岁；托马斯·斯托瑟德（见图26），跟着师傅学习提花丝绸图案制作，刚刚出师，后来成为英格兰最多产的图书插画设计师，比布莱克年长两岁*；威廉·夏普，探求激进的宗教和政治真理，后来成为英格

58

---

* "版刻师特罗特……把他的朋友斯托瑟德介绍给了布莱克。"（J. T. 史密斯［BR，第466页］）

兰著名的线条版刻师，比布莱克年长八岁。[19] 在随后的几年里，弗拉克斯曼成为布莱克"最亲密的朋友"[20]，不遗余力地向赞助人举荐布莱克；坎伯兰经常在报纸上写文章赞扬布莱克，并师从布莱克学习版刻，为他的著作和版画寻找买家，两人一直保持通信，直至布莱克逝世；斯托瑟德推荐布莱克为他创作的图书插图制作版刻，使布莱克的才华得以发展进步。

斯托瑟德有时会组织去伦敦东南面的梅德韦河远足，邀上二三好友，合租一艘小船，悠然泛舟数日，将沿途如画美景绘于纸上。大概是在 1780 年 9 月皇家美术学院放假期间，斯托瑟德、布莱克和他学徒时期的同门詹姆斯·帕克 * 一道兴高采烈地从梅德韦河河口乘着一艘小船，满载着调色板、画笔、写生板、食物、饮水、做饭的锅、盘子、杯子和其他厨房用具以及野餐用的打火机和换洗的衣服出发。耳畔还回响着父母的叮咛和同伴可笑的馊主意。

皇家美术学院思想比较新潮的老师曾向学生们介绍过乡村风景画，梅德韦河附近古老的森林和牛群遍野的草地正好提供了这种素材。而且，梅德韦河本身也让从未坐过船的年轻人兴奋不已。梅德韦河是感潮河，河口有来来往往的渔船、运煤船、驳船和内河船，逆流而上还会穿过集合在河道的战舰。这些威武的战舰是用来镇压争取独立的美洲殖民地人民及其法国盟友的，既有轻快的小炮艇、独桅纵帆船，也有帅气的七十四炮护卫舰和笨重的一百炮战列舰，随时准备作战。返航的船只和水兵正驶向位于查塔姆的世界最大的海军军火库，准备进行整修。军火库由一座建在阿普诺梅德韦河急转弯道上的城堡掩护着。城堡建于 16 世纪，风景宜人，但是已经基本废弃不用。这些城里来的年轻人看到如此庞大的军舰、陡直的船身、甲板上忙碌的水兵和头顶 30 米处高耸的

---

* 关于这件事情的两种说法是间接从凯瑟琳·布莱克处得知的（见下文）。这第三位画家确认是"帕克斯"，可能是指詹姆斯·帕克。不过，根据托马斯·斯托瑟德处的说法，这人叫"欧格勒比"（Ogleby）。还有一种可能，这人是乔治·坎伯兰，因为以探险为题材的版画目前传世的有三幅，其中一幅就是他收藏的（菲茨威廉博物馆，剑桥）。1781 年左右，斯托瑟德还专门写信给他，"咨询咱们淡水之旅"，随行的有科林斯、亨尼曼及另外一个人（《大英图书馆：补充手稿》，第 36、198 页及第 88 页之后的部分）。

桅杆，肯定是惊叹不已。可能还有些不当班的水兵，看到下面远远的几个笨手笨脚的年轻人划着一艘小船，载着些稀奇古怪的玩意儿，觉得很是滑稽。

一天，三个年轻的画家将船停靠在阿普诺城堡附近宽阔的弯道上。河的对岸是查塔姆码头，偶尔停泊在这里的军舰会多达 40 艘。三个人都沉醉在迷人的风景之中，埋头写生，突然

> 他们吓了一大跳，一群士兵出现在眼前，不容分说就把他们关了起来，理由是怀疑他们是法国政府派出的间谍，因为当时英国正与法国交战。他们解释说在那里写生只是供自己消遣，但是无论怎么辩白，都无济于事。军方坚持认为他们的行为就是在打探情报，旨在破坏英格兰的安全。他们的补给品都被拿到岸上，船帆搭成了一个帐篷，由竖直插到地上的撑篙和船桨支撑着。[21]（见图 27）

他们被粗暴地推到一个长官面前接受问话。他们解释说自己是皇家美术学院的学生，在老师的建议下出门画一些无伤大雅的风景素描——可能其中有一幅把战船也画进去了，但那只是出于画面比例的考虑，为画面增添特色风情。但是，长官不由分说，断定他们的话是胡诌。或者，可能其中有幅画泄露了军情——阿普诺城堡上一门大炮都没有 [*]——要是法国人得到了这个情报，说不定会效仿查理二世统治时期荷兰人的例子，直接将战舰开进梅德韦河，攻下查塔姆海军造船厂。[22]

这些不谙世事的年轻人也没多长个心眼，居然对着战时世界最大的海军基地的军事防御工事进行仔细的临摹（就像斯托瑟德在版刻中所表现的那样），这简直让人匪夷所思。至少，在海军情报部门看来，他们

---

[*] 塞缪尔·爱尔兰在《麦德威河沿岸风光：从诺尔河口至河源附近地区》（伦敦：T. & J. 埃格顿，1793）第 36—37 页也记述了这次事件。当时，一艘军舰停靠在阿普诺城堡附近，从军舰后面吹来的风呼呼作响，爱尔兰就在一艘小船中避风，并且继续素描描画，他就在作画的时候被捕了（1791）。爱尔兰没费多大劲，就向查塔姆造船厂的普罗宾厂长证明了自己的清白。

的言行是自相矛盾的。

由于三人一致要求接受威严的皇家美术学院（至少名字听起来比较能镇得住场面）的处分，所以他们并没有立刻被带到地方执法官的面前，而是被关了起来，"由一个哨兵看守着"；同时，寄出一封信给"皇家美术学院的几位成员，三人请求学院证明他们确实是乔治国王陛下顺服的良民，而不是法国的间谍"。

就在三人被关押看守等待指控撤销的时候，斯托瑟德还画了搁浅的船只、由船帆临时改成的帐篷和其中一名同伴。不过这次他学乖了，没有把哨兵画进去。由于先前缺乏考虑，将军事目标作为素描的对象，他们已经尝够了苦头。

接到消息的皇家美术学院会员（可能是学监乔治·迈克尔·莫泽）大为惊讶，随后传出话来称这些被关押的年轻人的确是学院的学生。他们被无罪释放了，"和指挥官一起狂欢了一个小时，斯托瑟德对长官说这次经历给了他一个难得的机会，从未想过居然可以画到这样的风景；……帕克则表示被当成犯人给关起来，这样的经历有一次就够了，再也不想冒这个险了"。

在布莱克看来，这件事印证了他长久以来的一个观点——公民和军方的权力本质是专横和武断的，很容易被滥用——而且这些权力本身就是一种滥权。"兽"在世上的官员居然还能得到大家的喜爱，布莱克不禁心生忧虑。

"爱情与和谐拉手" [23]

布莱克早期的诗歌充满了乡村的快乐，透过天真的眼睛，看到"高大的橡树下，所有的村民围聚一团"：

> 我爱欢乐的舞蹈，

　　和轻轻吟唱的歌曲，

　　纯洁的目光在闪射，

　　少女咬着舌头低语。[*]

（《歌》，第 1—4 行，《诗的素描》，第 13 页）

　　有好几首诗的背景都是在"恬静的村野，那里有我的黑色眼眸的姑娘"，"如初现的晨曦"。这个姑娘名叫"凯蒂"。[†]诗中描绘的是布莱克少年时代见到的萨里群山和村庄的景色。

　　有一次，布莱克和一个活泼的姑娘在一起，忍不住抱怨她还和别的男孩子一起散步，结果这姑娘猛一转身，勃然大怒，对着布莱克喊道："你傻了吧你！"

　　"这一骂倒是浇灭了我的嫉妒之火。"布莱克[24]后来回忆这段经历时说道，脸上还装出一副懊悔莫及的神情。

　　不过，他的诗却不乏嫉妒的烈焰：

　　噢，要是她负心，我就要把他

　　碎尸万段，把温情踩在脚下！

　　我要为我的坎坷诅咒人的福气，

　　然后静静死去，然后被人忘记。[‡]

（《歌》，第 17—20 行，《诗的素描》，第 17 页）

　　这个不愿受到爱情束缚的姑娘可能是波莉·伍德。1781 年夏天，她拒绝了布莱克，伤透了这个 23 岁年轻人的心。布莱克备受打击，一病不起，于是，他被父母送到泰晤士河对面的萨里郡巴特西的一个美丽村庄去

---

* 引自查良铮译，《布莱克诗选》，第 33 页。——译注

† "凌晨在清醒的灰色中走来"（第 7 行），"刚从带露的小山中来"（第 6 行），"我爱欢乐的舞蹈"（第 18 行）。艾伦·坎宁安认为"他在好几首抒情诗当中提到的黑眼睛的凯特"是指凯瑟琳·鲍彻（BR，第 481 页）。从时间上来看，这一说法并不准确。因为这些诗都是布莱克 20 岁之前写的，而他到 23 岁才认识凯瑟琳。

‡ 引自查良铮译，《布莱克诗选》，第 45 页。——译注

疗养，*大概是因为他的父亲在那里有个亲戚。[25] 这不是一个普通的小村子，这里有蒲柏的朋友博林布鲁克子爵亨利·圣约翰的祖宅，还有遍布霍吉森、维勒和奥勒为的高约 40 米、翼板长约 25 米的巨型风车。[26]

插图 11 巴特西（伦敦西北区）

在巴特西，布莱克"寄宿在一个姓鲍彻的菜农家中"[27]。他的出现让这家人很是兴奋，至少对鲍彻 19 岁的女儿凯瑟琳·索菲亚来说是如此。她是一个漂亮的姑娘，有着一双黑色的眼睛。多年以后，和布莱克初次见面的情景仍然让她津津乐道："她第一次走进布莱克的房间，他正坐在那儿，就在那一瞬间，他正坐在那儿，只一眼，她便认定他就是……她未来的伴侣，她激动得几乎要昏厥过去，于是匆匆离开，让自己的心情得到平复。"[28] 显然，姑娘对布莱克一见钟情，布莱克对她也

62

---

* 泰瑟姆（*BR*，第 517 页）。泰瑟姆把地方弄错了（他说的是"里士满附近的邱园"，而不是巴特西），"Boucher"这个拼写也不对，但其余的可能都是对的。此外，J. T. 史密斯（*BR*，第 459 页）和坎宁安（*BR*，第 481 页）提到的两个内容相似的故事也是从泰瑟姆这里听到的。

是一见倾心。

　　玛丽和威廉·鲍彻育有 14 名子女，凯瑟琳是最小的孩子，上头有九个姐姐和四个哥哥。[29]威廉·鲍彻的家族来自泰晤士河对岸的兰贝斯区，那里后来变成了坎特伯雷大主教的官邸所在地。玛丽的家族也来自泰晤士河对岸，在兰贝斯区西面几公里的地方（见兰贝斯区地图，图 48）。1738 年，这对夫妇结婚的时候，威廉将姓氏布彻（Butcher）改为"鲍彻"（Boucher），大概是想改回到先前的拼写。鲍彻和妻子玛丽搬到位于旺兹沃思区和兰贝斯区中间的巴特西。威廉经营果蔬种植，艰难地养活着一大家子人。

　　很明显，"鲍彻"的读音更接近于"布彻"，*而不是"布歇"（Boushay）。"鲍彻"的拼写表明这有可能是一个法国姓氏。果真如此的话，他们的祖先有可能是在 1628 年法国天主教势力占领拉罗谢尔和 1685 年《南特敕令》废除时，大举逃亡到伦敦的法国胡格诺派教徒。

　　胡格诺派教徒中很多人都姓鲍彻。[30]伦敦有些社区居住着清一色的胡格诺派教徒，他们有自己的法国教堂。长久以来，胡格诺派教徒一直保持着法国传统：穿木制的鞋子，吃大蒜，在家和教堂讲法语，在大街上以及做生意时讲奇怪的英语。有记录显示，1702 年雅克·鲍彻"住在皮卡迪利我的主人斯宾塞勋爵家"[31]。18 世纪初期，一个名为"法国预言家"的团体在 1706—1714 年的伦敦引起了不小的骚动，他们说着未知的语言†，混迹于简·里德和雅各布·伯梅的追随者、费城社和马格莱顿派教徒之中。[32]

　　这些逃难的法国人大多是工匠，常常聚居在一起。譬如，丝绸纺织工和染色工住在圣吉尔斯的斯皮塔佛德和苏荷区，"胡格诺派教派的毛毡和帽子制造业在泰晤士河对岸的巴特西（凯瑟琳的出生地）、普特尼、

---

* 威廉过世之后，泰瑟姆与凯瑟琳·布莱克生活在一起，他把名字拼写成"Boutcher"（*BR*，第 517 页）。虽然她的妹妹莎拉 1788 年结婚时在婚姻登记处签的是"Boucher"，教会给出的结婚通告中还是拼写成"Boutcher"（参见 *BR*[2]）。

† 这里指在基督教礼拜中圣灵所赐的口才和语言。——译注

兰贝斯（凯瑟琳父亲的出生地）以及旺兹沃思区特别红火"[33]。凯瑟琳的父母就是在旺兹沃思举行的婚礼。这些逃到英格兰的手艺人在某种程度上对国际贸易产生了惊人的影响：

> 在诺曼底的柯德北科，用细羊驼毛和兔毛混纺制造柔软的防水毡帽的行业几乎消失了，因为制造帽子的工匠都搬迁到了荷兰和英格兰。法国变成了这种帽子的进口国而不是出口国……罗马红衣主教头顶上的红帽子都还是这些逃到旺兹沃思的胡格诺派教徒制作的。[34]

1688 年，胡格诺派教徒在霍格巷建立了一所礼拜堂。[35]1778—1788年，约翰·布莱克（可能是布莱克的叔叔）曾居住于此。[36]查尔斯·兰姆写道："这些勇敢的教徒，因为坚守信仰而遭受迫害，他们逃离暴怒的路易十四和他凶残的爪牙，来到这个国家，让纯净的宗教之火在大隐于市的霍格巷继续燃烧。"[37]威廉·荷加斯在 1738 年画了幅霍格巷的法国教堂（见图 28），画中胡格诺派教徒的举止打扮，云状手杖以及夸张的步伐，都与周围的英国人形成鲜明的对比。

到了 18 世纪中叶，这些宗教难民的后人在伦敦的艺术和手工业领域开始占据重要地位。譬如，著名的演员、剧作家兼剧院经理大卫·盖瑞克的祖父就是胡格诺派教徒，还有好几位姓巴西尔（Basire）和巴杂尔（Bazire）的，祖先也是胡格诺派教徒。[38]可能布莱克的师傅詹姆斯·巴西尔也是其中一员。1762 年，胡格诺派教徒五旬·巴克写道："真是时过境迁啊！""我记得……他们是 1685—1686 年从法国逃亡到英格兰的……（他们的后人）现在更像是英国人而不是法国人，他们去的也是英国人的教堂，不过，也有一些仍然来我们的教堂。"[39]胡格诺派教徒的礼拜形式不再保有鲜明的特色，像"Guillaume"和"Boucher"这样的法国名字也变成了更具英国特色的"William"和"Butcher"，传统的法国生活模式也逐渐被英国模式所取代。

胡格诺派教徒的后人渐渐融入到英国的社会中去，但是仍然坚守着为宗教而活的信念和为上帝而牺牲的决心，铭记“兽”的国家和国家的教会对信仰自由的迫害。

威廉·鲍彻是个勤勉的菜农[40]，不仅种植当地特产的芦笋等蔬菜[41]，还养花。因为胡格诺派教徒先是逃亡荷兰，在那里掌握了养花的技术，而后又带着这些技术回到了英格兰。曾有一段时间，威廉·鲍彻还拥有7公顷左右的土地，足够养活一大家子人。但是，到了1763年，他连交教区土地税的钱都拿不出来，[42]一家人眼看着就要陷入贫穷。

像鲍彻这样有十多个孩子的贫困家庭，教育是奢侈的开销，悠闲的生活更是想都不敢想。家里的孩子和大人可能都没有上过学或者读过书、写过字。*不仅如此，孩子们满了十岁就要帮忙养家，譬如，到田间除除草或者是在家附近找点活干。†他们能做的也不过是些体力活，男孩子跑腿送信，女孩子帮忙家务。凯瑟琳·鲍彻初遇布莱克的时候，正在一户人家里当佣人[43]，可能还包食宿（和别人挤一张床），周日下午休息。

1781年初夏，一个周日的下午，布莱克觉得鲍彻家的几个姑娘都挺善解人意，于是很自然地讲起了狠心肠的波莉·伍德的故事。凯瑟琳刚刚平静的心海又掀起了波澜。她紧张得喘不过气来，对布莱克说她打心底里同情他。

“你同情我吗？”布莱克问。

“是的，我真心地同情你。”

“那么因为你的同情，我爱你。”

---

* 凯瑟琳的妹妹莎拉和伊丽莎白至少学会了如何签名，因为莎拉1788年结婚时，婚姻登记簿上的名字是她自己签的，而伊丽莎白·鲍彻作为见证人也签名了（参见 *BR*[2]）。
　　要注意的是，布莱克在生命最后的日子里，写信给朋友和赞助人，为自己令人担忧的病情和屏弱的病体让他们担心而致歉。这些信都是布莱克自己写的，而不是凯瑟琳代笔的。
† 旺兹沃斯方志馆收藏有1602—1900年巴特西学徒档案，其中并没有鲍彻-布歇（Boucher-Butcher）的记录（据威斯敏斯特市档案馆微缩胶片显示）。

"嗯，我也爱你！"*

布莱克立刻意识到凯瑟琳是"这世间与他天造地设的一对"[44]，"唯一能带给他幸福的女人"[45]。布莱克冲动的性子又上来了，他向凯瑟琳求婚，同样冲动的凯瑟琳一口答应了。

凯瑟琳拥有布莱克需要的所有美德。她一头棕发，有一双美丽的"忽闪的黑眼睛"[46]，对他"怀有深深的敬仰之情"[47]。凯瑟琳身体健壮，性格温柔，慷慨大度，主动热情，还"做得一手好菜"，"如果有需要，还能做拼盘"[48]；她"不仅包揽了所有的家务活，而且丈夫的许多衣服都是她亲手缝制"[49]。凯瑟琳勤俭节约，即使穿着"最朴素的衣服"也心满意足。[50]她还善于理财——这样布莱克就可以不受打扰，安心地工作。

布莱克喜爱歌曲，尤其是那些关于爱情和死亡的曲调简单、饱含深情的民谣。他从少年时代就开始写歌，《诗的素描》中有七首诗的题目都叫《歌》，由他和他的朋友来吟唱。凯瑟琳也"喜欢唱歌，歌声悦耳动听"[51]。音乐可能是让两人走到一起的原因之一。

最重要的是，"她相信他所看到的一切异象"[52]，对他的天赋深信不疑。

65　　她似乎和约翰·瓦利一样对布莱克看到的异象深信不疑；当他……告诉朋友阿尔弗雷德大帝或者某个伟大的历史人物向他发话时，布莱克夫人顿生敬畏地看着丈夫，再看看旁边的人，想要确认这些话都是真的。她回应他说的每一句话，在宗教和其他事情上也

---

* J. T. 史密斯记于 1828 年（*BR*，第 459 页），段落分行为笔者所加。显然，这个故事是透过史密斯的"一位朋友"从凯瑟琳那里得知的（尽管史密斯说是"从布莱克那里听说的"），而且几乎可以肯定这位朋友就是泰瑟姆。后来坎宁安在 1830 年（*BR*，第 481 页）又把这个故事添枝加叶地讲述了一遍。之后，泰瑟姆（1831）简化并重新讲述（*BR*，第 517—518 页）了这个故事。

　　在坎宁安笔下，一个简单的故事增添了许多的细节：布莱克注意到了凯瑟琳，"白皙的双手、明亮的双眸，身段苗条，端庄大方，与他心目中风神和水神的形象很是契合……他把她的美丽画下来，还把她的魅力写进了诗歌。他还发现她是个善于持家的贤良女子，于是就娶了她"。

都夫唱妇随——虽然这可能是因为布莱克教育了她，但是她自己也在学习看到异象——在一个大白天，（她）看到一队人朝着小河走去，然后消失在水里，给吓了一大跳。*

如果布莱克和周遭的世界发生冲突，她总能找到布莱克的好——换句话说，她知道布莱克是出淤泥而不染："你看，布莱克先生的皮肤连一点灰都不沾呢！"[53]

凯瑟琳肯定是不识字的，她说的英语有语法错误，对艺术、思想、诗歌、哲学和历史也是一窍不通，甚至可能连几公里开外的伦敦城都没有去过。但是，这些不足都能得到弥补。他们一结婚，布莱克就开始全力以赴地帮助她弥补不足。

一个一贫如洗，唯有爱情的姑娘要嫁给一个寂寂无闻、尚在奋斗的年轻工匠，这并不是一个深思熟虑的决定。虽然布莱克认为"'审慎'是一个被'无能'追求的又老又丑的富婆子"[54]，但是，他也明白需要时间去说服自己的家人——可能还有她的家人——他有能力找到居住的地方，也有能力养活妻子。也许，凯瑟琳或者她的父亲坚持要他这么做，做父母的在这些事上没有不谨慎的："这次会面之后，布莱克……回到布罗德大街的住处，一刻不歇地工作，希冀有所建树。同时也下定决心，不成功就不回去见她。这一别就是一整年，她觉得像有一世那么久……"[55]

布莱克的家人见到这个曾经忧郁乖戾的年轻人打从治疗情伤的小村子里回来之后，整个人就变了一个样，不禁感到稀奇。现在的布莱克就像他笔下的《快乐的日子》（见图29）一般，心中充满爱情，快乐无比，脑子里计划一个接着一个，全然没有发现"他的婚事……会遭到父亲的反对"。†

---

* 吉尔克里斯特（*BR*，第 237 页）。1796 年 6 月 24 日，菲尤泽利告诉约瑟夫·法灵顿，凯瑟琳"已经染上了他的某些怪僻"。1812 年 4 月，他们的朋友乔治·坎伯兰对此写得更为直接："夫妻二人当中，她是最疯狂的那个。"

† 坎宁安（*BR*，第 482 页）。他在此处的消息来源不是泰瑟姆，因为泰瑟姆说过布莱克获得了"他父母的批准和同意"（*BR*，第 518 页）。

成功的版刻师

　　布莱克还是学徒的时候就已经开始商业版刻制作了，只不过署名是他的师傅巴西尔。这些作品大概包括：1774—1776 年为托马斯·潘恩等出版的雅各·拜伦的《古代神话的新体系》制作的部分 4 开本插图；1780 年为伦敦古文物协会出版的约瑟夫·爱洛夫爵士所著的《威斯敏斯特教堂若干古代纪念像详述》制作的 7 幅对开本插图，由布莱克本人设计插图；为理查德·高夫所著的《大不列颠墓碑》的第一卷制作的 16 幅对开本插图，这些插图直到 1786 年才得以由潘恩出版。这些版画的主题都是古文物研究，甚合布莱克的心意。

　　1779 年 8 月布莱克学徒期满，对版刻行业有了大致的了解，结识了不少版刻师、印刷商和书商，而且可能已经承接了一些版刻工作。他知晓一个刚刚出道的版刻师可以拿到多少报酬。雕刻 4 开本的插图略图可以拿到 5 英镑 5 先令——这是他在 1805 年为弗拉克斯曼的《伊利亚特》版刻插图所得的酬金。如果是制作 8 开本更加精细的插图，譬如在 1782—1783 年为斯托瑟德绘画的《小说家杂志》所作的版刻，也可以拿到相同的报酬。酬金的多少取决于版刻的工作量、技术水平和版刻师的知名度，可能也和与委托人的交情以及市场的需求有关。譬如，1796 年，布莱克为友人乔治·坎伯兰所著的《关于草图、雕塑以及指导古代艺术家创作个人与群体人物的方法的思考》雕刻的 4 开本插图略图，每幅收入 2 英镑 2 先令。为友人弗拉克斯曼的《就修建海军纪念碑致委员会函》版刻的 3 幅插图，收入 9 英镑 8 便士。布莱克和朋友帕克曾在 1804 年为海利的《乔治·罗姆尼传》的 4 开本插图（约18 厘米 ×13 厘米）估价，"做工精致的成品要 30 基尼，粗糙点的也要一半的价钱"。[56] 如果工程浩大，精细程度要求高，譬如布莱克根据斯托瑟德所绘的《罗莎蒙德的堕落》插图所制作的版画（见图 30），著名的版画出版商托马斯·麦克林在 1783 年支付给他的酬劳是 80 英镑。[57] 在英国图书插图鼎盛的年代，像威廉·夏普那样技艺纯熟的版刻师能得到一幅版画 500 英镑的酬劳，有时甚至高达 1000 英镑。

同一幅插图，版刻师的收入一般都要远超画家。虽然画家享有更高的威望，但是描绘一幅插图的时间远没有版刻所需的时间久。小型插图，譬如《小说家杂志》插图，斯托瑟德画一次，能得到 1 基尼的酬劳；而布莱克将这些插图版刻出来，可以得到 5 英镑的酬劳。一幅极其精致的 4 开本插图大概需要数月才能完工，赶工的话会很冒险。1804 年布莱克询问帕克为《乔治·罗姆尼传》版刻插图的事，帕克说："11 月就要交货了，我觉得就算现在能雇上 8 名版刻师，到时候也完成不了 8 幅插图。"* 刚出师的工匠每周能赚一到两英镑，因此，承接两三个较大的工程就足够忙上一整年的了。

1782—1783 年商业版刻项目

作者	题目	设计者 （插图数目）	出版商	年份
	12 开本			
邦尼卡斯尔	《测量法导论》	斯托瑟德（1）	约翰逊	1782
匿名	《优雅新女性》（口袋书）	斯托瑟德（2）	约翰逊	1782
尼科尔森	《自然哲学导论》	斯托瑟德（1）	约翰逊	1782
里特森	《英诗选集》	斯托瑟德（8）	约翰逊	1783
乔叟	《诗作集》	斯托瑟德（1）	贝尔	1783
	8 开本			
《小说家杂志》 卷八（塞万提斯的《堂吉诃德》）、 卷九（斯特恩的《多情客游记》； 萨拉·菲尔丁的《大卫·辛普》； 斯摩莱特的《朗斯莱特·格瑞夫历 险记》）		斯托瑟德（5）	哈里森	1782

---

* 1804 年 6 月 22 日布莱克信函。要拖这么长的时间，部分原因是优秀的版刻师手头都还接有别的活儿："说到我自己（注意此处是帕克在说话），我今天回绝了一个活儿，开价 400 金币一幅版刻。我手头的工作实在是太多了，没办法再揽新的活儿。我知道所有优秀的版刻师都很忙，给的期限这么紧，连接下一张插图版刻的工夫都腾不出来。"

续表

作者	题目	设计者 （插图数目）	出版商	年份
司各特	《诗作集》	斯托瑟德（4）	巴克兰	1782
奥利奥斯托	《疯狂奥兰多》	斯托瑟德（1）	联合出版	1783
	《小说家杂志》 第十、十一卷（查尔斯·格兰迪森 爵士的历史）	斯托瑟德（3）	哈里森	1783
亨利	《阿尔伯特·德·哈勒回忆录》	东克尔（3）	约翰逊	1783
4 开本				
	《清晨的欢乐》	瓦托（2）	麦克林	1782
	《傍晚的欢乐》			
	《罗莎蒙德的堕落》	斯托瑟德（1）	麦克林	1783
	《罗宾汉和克罗林娜》	梅厄（1）	麦克林	1783
对开本				
金普顿	《圣经历史》	斯托瑟德（1）	库克	1782
		梅茨（2）		

68　　　照这样看来，布莱克在商海遨游的头几年一直都没闲着，从各类书商那里承接了不少工作，为恩菲尔德热销的《演讲者》（约翰逊出版，1780）制作了一张小型的 12 开插图，为奥利弗的《击剑高手》（约翰·贝尔出版，1780）制作了一张 8 开本插图，为《新教徒家庭圣经》（哈里逊出版，1780—1781）制作了 5 幅 4 开本插图，为《皇家通用家庭圣经》（菲尔丁和沃克出版，1782）制作了 5 幅 4 开本插图，还为亨利·埃姆林的《关于建立建筑新秩序的提议》（1781）制作了一幅对开本插图。[58]

为了能够迎娶凯瑟琳，1781 年夏天，布莱克又赶紧承接了更多的版刻任务。大部分的工作是来自圣保罗教堂广场的著名自由派书商约瑟夫·约翰逊的委托。约翰逊曾经为内向的诗人威廉·考珀、激进的政治哲学家威廉·戈德温 *、女权主义作家玛丽·沃斯通克拉夫特、激进的托马斯·潘恩和科学诗人伊拉斯谟斯·达尔文出版过作品。大部分的插图（35 幅中的 29 幅）布莱克是按照友人斯托瑟德画好的图来版刻的。这些插图由 7 家不同的出版社出版，说明斯托瑟德曾向这些出版社大力推荐布莱克来版刻他的绘画作品。

　　1782—1783 年，布莱克得到 7 家书商和印刷商的委托，版刻了 34 幅插图，主题涉及诗歌、科学以及圣经。其范围之广、数量之多表明布莱克已经成为行内公认的技术过硬的版刻师。为麦克林专门版刻的 4 开本插图给了布莱克莫大的鼓励，因为麦克林当时势头正劲，生意非常红火。麦克林曾为布莱克版刻的一幅插图付给他 80 英镑的酬金，这足够当时一名普通工匠整年都衣食无忧。有了手头的这些工作，外加以后可能更多的版刻委托，布莱克信心满满，他有能力养活自己的妻子。

婚　姻

　　1782 年 7 月中旬，布莱克回到巴特西准备迎娶凯瑟琳。8 月 13 日周二，他出现在婚姻登记所，“宣誓在过去四周的常住地址是巴特西教区”，“愿意和同教区 21 岁的未婚女子凯瑟琳·鲍彻结为夫妇……地点在巴特西教区教堂”。实际上，凯瑟琳几个月前才刚满 20 岁，可能在上报的时候，布莱克把待在巴特西的时间说久了些，凯瑟琳的年龄也是虚岁。不过，也有可能，布莱克或者凯瑟琳本人都不知道她确切的出生日期。

　　当天，“于我大英帝国国王乔治三世二十年八月十三日，承蒙庇佑大不列颠、法国及爱尔兰之上帝、国教护卫者我王陛下之恩典”，布

---

* 威廉·戈德温（1756—1836），国内也译作葛德文。18 世纪末至 19 世纪初英国最具影响力的哲学家、小说家和社会改革家，被视为无政府主义思想之父和浪漫主义运动的精神先驱。他是玛丽·沃斯通克拉夫特的丈夫，玛丽·雪莱的父亲。——编注

莱克做出结婚宣誓："萨里郡巴特西教区的绅士布莱克和约翰·托马斯"（可能是商业担保人）向"蒙神眷顾的坎特伯雷大主教、全英格兰的牧首弗雷德里克神父"递交 200 英镑保证金，保证"无论是未婚男子布莱克还是未婚女子凯瑟琳（除了他们宣誓效忠的教区外）都不得属于任何其他的教区"，没有任何"合法的障碍"阻挡他们的结合，"婚礼应在基督教教规所规定的许可时间内，得到批准并依照《公祷书》（现如今是依照法律条文）在教堂公开举行"。这些条文赤裸裸地表现了"兽"在世间的语言和权势。* 布莱克所属的教区本来是皮卡迪利的圣詹姆斯教区，而不是巴特西；他平日里也从未被人尊称过"绅士"；凯瑟琳也尚未满 21 岁。就这样，这对年轻的夫妇把自己置于法律和担保人、我大英帝国国王乔治三世和坎特伯雷大主教弗雷德里克神父的险恶权势之下。

5 天之后，1782 年 8 月 18 日周日，一个凄风冷雨的上午，在教堂规定的时间[59]，"巴特西教区的未婚男子威廉·布莱克与同教区的未婚女子凯瑟琳·鲍彻"在牧师 J. 戈登诺的主持下于巴特西的圣玛丽教堂举行婚礼。教堂建在泰晤士河的弯道旁，五年前在原来诺曼人建造的地基上进行了重建。教堂内部的装修是简单的乔治亚风格，周围环绕着阳台，有一面精美的 17 世纪的东窗。婚礼的正式证人有托马斯·蒙戈、詹姆斯·布莱克[†]、罗伯特·芒迪和教区执事。到教区登记后婚姻关系才能得到承认。两人登记时的签名分别是"威廉·布莱克"和"以'x'来代替的凯瑟琳·布歇"。凯瑟琳看不大懂文件，自然也不知道她的名字被拼成了"布歇"（Butcher）而不是"鲍彻"（Boucher）。她连自己的名字都不会写，这在当时她所生活的教区是很普遍的现象。1782 年共有 34 人在巴特西的圣玛丽教堂结婚，其中有 14 个签名都是

---

* 这个强制手续在 1754 年婚姻法案中规定了下来，旨在遏制随便的、不正式的结婚形式。布莱克的母亲先后于 1746 年和 1752 年嫁给托马斯·阿米蒂奇和詹姆斯·布莱克，就是这种不正式的婚姻的例子。

† 这里的詹姆斯·布莱克很可能是指诗人（布莱克）的父亲而不是他的哥哥，因为如果是指他哥哥的话，应该会在名字后面加个"Jun."（小）的标注。布莱克的父亲在世时，他的朋友约翰·弗拉克斯曼习惯性地这么做。

用符号来代替的。

自此，这对夫妇开始了 45 年同甘共苦的婚姻生活："我的妻子是珍宝，是一团五彩的火焰。"[60]1802 年 7 月 15 日，在他们婚后的第 20 个年头，威廉·海利写道："他俩……如胶似漆，好像还在蜜月里一样……他们受到同一个圣灵的感动，都带着一颗不知疲倦的勤劳仁爱之心。"他俩的名字总是被朋友们一起提及。从 1782 年结婚到 1827 年布莱克去世，他们分开的时间只有 5 周。[61]布莱克去世的那天离结婚 45 周年庆只差 6 天。

婚后，夫妇俩随即搬至莱斯特广场格林大街 23 号托马斯·泰勒[*]的一套公寓里[62]，"雇了一个工钱很低的住家佣人"[63]。他们的家虽然简陋，周围的邻居却不简单。著名的版刻师威廉·伍利特就住在格林大街，布莱克以前跟着巴西尔学艺的时候曾见过他，对他并无多大好感。此外，还有解剖学家约翰·亨特和画家乔舒亚·雷诺兹，住在莱斯特广场的拐角处。1771 年，雷诺兹年轻的学徒詹姆斯·诺思科特愉快地写道："我常听见公鸡打鸣，还看见一只母鸡带着一群小鸡趾高气扬地穿街而过，那架势好像把这儿当成了普利茅斯。"[64]11 年之后，布莱克夫妇搬迁至此，可能还能听到这些鸡的后代在清晨快乐地打鸣，大摇大摆地在街上游荡。

贤内助凯瑟琳

凯瑟琳很快就学会了如何在工作中成为丈夫的"得力助手"[65]。有时候她的帮助是心理上或者是精神上的：

> 他喜欢她安静地坐在……身边，什么都不做，只是看着他工作，他那颗狂躁不安的心就得了抚慰，就有了一种强烈的愿望要克

---

[*] 这里所指的不是柏拉图主义者托马斯·泰勒（1758—1835）。1778—1830 年，他住在沃尔沃思马诺尔街 9 号。

服在版刻和绘画中遇到的一切困难，……有时半夜里他会突然爬起来，叫醒她，让她坐在他的身边，而她也欣然同意。*

71 布莱克把自己的手艺传授给凯瑟琳，这样"她（也能够）绘画†和雕刻"[66]，"她为他调色"[67]，她印刷他的版刻，"这些工作她干起来都饶有兴致"[68]，偶尔，"她还给版刻上色，手法轻盈利落"‡，她甚至还帮他的销售赞助商拉印版来赚钱。1803 年 1 月 30 日布莱克自豪地写信给哥哥詹姆斯："我妻子已经答应把考珀作品里所有的插图都印刷出来。她的印刷水平令人佩服，我眼前的这些版画精美细致，丝毫不输法国版画，真是人见人爱……出版商还欠着我妻子 20 基尼的酬金没有给呢……"

他们合作印刷的时候，凯瑟琳就不用把手弄得脏兮兮的了，她将湿润的印纸铺在刷了油墨的印版上，然后拉着印版压过印刷机，与此同时，布莱克给下两块印版刷上油墨。

布莱克还教她读书写字，但是没有证据显示凯瑟琳能读善写。布莱克在笔记本第 88 页的记录可以提供一点关于凯瑟琳能够阅读的线索：

南莫尔顿街

1807 年 8 月的一个周日，圣灵告诉我的妻子，拿起她手中正在看的那本书，随便翻到一页，她的运数就写在这一页里。她的手

---

* 泰瑟姆（*BR*，第 526 页）。史密斯也记载了这一逸事，内容相仿。故事的来源可能是泰瑟姆，"他很勤奋，孜孜不倦。有时候想问题会想很久，即使是半夜三更，也会从床上跳起来，写上两个小时，甚至更久"（*BR*，第 475 页）。

† J. T. 史密斯说他的"画作同样具有原创性，而且从某种角度来看，还很有趣味"。不过，林内尔质疑她的画作"同样具有原创性"。他手头就有一幅凯瑟琳的作品，不过，他认为这幅画"显然与布莱克自己的作品非常相似，很难相信这来自另外一个人的构思"（*BR*，第 459 页及注 1）。巴特林在对比同期多幅题词的基础上，将三幅画作归于凯瑟琳·布莱克的名下（C1—3［约 1800 年、约 1827—1831 年、约 1830 年］，蚀板第 348、1191—1192 号）。不过，就目前所知，这三幅作品都不曾为林内尔所收藏。

‡ 坎宁安（*BR*，第 482 页；另见 J. T. 史密斯，第 459—460 页）。泰瑟姆认为"她甚至还帮他画了一些作品，……她关于上色的某些理念，非常不错，在他的大部头作品中得到了广泛的应用。她所做的贡献，比人们通常认为的要多得多"（*BR*，第 534 页）。

有关她如何上色（照着布莱克给她做好的版画样本，在每幅版画上依着简单的图案，涂上几种颜色），参见约瑟夫·威斯康米著，《布莱克与书的观念》（普林斯顿：普林斯顿大学出版社，1993），第 133—134 页。

中正拿着比希的《英国诗歌的艺术》。她翻到了如下的一段：

> 我看见欲火在他们胸中燃烧，
>
> 温柔地叹息吹动渴望的火苗，
>
> 我看见他们的快乐逐渐高涨，
>
> 他更加热烈她不再害羞惊慌。

真高兴她有如此好运，我也要试试我的运气……

凯瑟琳当时看的可能是爱德华·比希的《英国诗歌的艺术》（1702 年首次出版），想找点押韵词之类的东西，圣灵突然出现打断了她。唯一一幅能确定是出自凯瑟琳之手的画作表现了马修·格雷戈里·路易斯的小说《修道士》中的人物安格尼斯的形象。这表明凯瑟琳曾经读过这部惊心动魄的哥特式小说——当然，也有可能别人读的时候她听到了，或者是听说过这个故事而已。

　　关于凯瑟琳能够书写的证据更是凤毛麟角。有几封信上出现了她的签名：1800 年 9 月 14 日（“凯瑟琳·布莱克”），1803 年 10 月 26 日（“W. 布莱克和 C. 布莱克”[*]），1805 年 12 月 11 日（“威廉·布莱克和他的妻子凯瑟琳·布莱克”），1829 年 8 月 1 日（“威廉·布莱克的遗孀”）。在一张 1808 年 1 月 14 日的收据上也有她的签名（“威廉·布莱克、凯瑟琳·布莱克收”[†]）。1803 年和 1805 年的信是以单数第一人称来写的，不过，笔迹却是威廉·布莱克的。[‡]1800 年的那封也是威廉·布莱克的笔

72

---

[*]　“W. 布莱克”和“C. 布莱克”这两个签名是 1789 年 4 月 13 日在新耶路撒冷教会第一次大会上表明同意斯韦登堡的著作观点时留下的。目前我们所知道的是，这些签名只有抄本，收录于《伦敦东市场路新耶路撒冷教堂推广神圣教义协会的会议记录本（1787 年 5 月 7 日—1791 年 11 月 7 日）》（新教会学院，伍德福德·格林，埃塞克斯——见 *BR*，第 35 页注 2）。

[†]　该收据收在威斯敏斯特档案馆普雷斯顿·布莱克藏品集当中，出自托马斯·巴茨之手，字迹工整，是职员常用的风格。不过，显然“Catherine Blake”的签名是出自另一人之手，字体不成形，特别是“Blake”这几个字母写得东扭西歪。

[‡]　1805 年的签名落款是：“你依然挚爱的威尔·布莱克，携妻子凯瑟琳·布莱克敬上。”

迹，可能他把凯瑟琳的话记录下来，并进行了文字加工。1829 年 8 月
1 日的信是以第三人称来写的，可能是写给凯瑟琳的，而不是凯瑟琳写
的。1829 年 8 月 4 日的信署名虽是"C.布莱克"，笔迹和信的正文却并
非一致。只有 1808 年收据上的签名才是唯一确认无疑的凯瑟琳的亲笔
签名。*

也许，能够证明凯瑟琳能读会写的最有力的证据是她在布莱克为罗
伯特·霍克（1820 年 5 月 1 日）版刻的印本上题写的赠言：

> 赠 C.泰瑟姆先生：
>> 养成谦卑是为了爱；
>> 以永恒之爱去爱人。
>> C.布莱克

赠言的笔迹像是凯瑟琳的，内容是从拉瓦特尔†的《人生格言》（1788）
中第 69 段摘抄的，旁边还有布莱克的注释。这表明凯瑟琳已经熟读拉
瓦特尔的书。

布莱克去世后的 1827—1828 年，凯瑟琳在约翰·林内尔家住了一
段时间。林内尔在 1831 年 3 月 16 日写给弗雷德里克·泰瑟姆（林内尔
很少与他讲话，也不想与之有任何书信往来）的信中写道："我想……
收到她（布莱克夫人）的亲笔信，哪怕是一封都好。"虽然泰瑟姆有时
候帮凯瑟琳代笔，但是林内尔的这封信清楚地表明，他认为凯瑟琳如果
愿意的话，是有能力写信的。

73　　　这些难得的证据表明凯瑟琳学过认字和书写，但并不见得她读写能

---

* 有人认为，布莱克为巴茨绘制的圣经系列版刻插图的精美花体题词，凯瑟琳也有参与
  制作。不过，凯瑟琳本人的书写能力非常一般，这些题词所表现出的高超技艺，绝非
  她所能及。详见约瑟夫·威斯康米，《1852 年商场中的布莱克：小托马斯·巴茨，以
  及其他 19 世纪未知的布莱克收藏家》，《布莱克》，第 29 卷（1995），第 40—68 页。
† 约翰·卡什帕·拉瓦特尔（1744—1801）是瑞典神学家和哲学家，歌德的好友。新教
  牧师和观相术创立者，认为从人的面部结构能识别人的性格。——编注

力很强。

她真正擅长的是理财。布莱克“说自己对钱很恐惧，手里一接过别人给的钱，脸就会吓得煞白”[69]，他还说“我兜里很少揣钱”[70]。“如果我热爱金钱，就会丧失独创的能力；对物质的渴望会扼杀人的天赋。我要是个守财奴，早就守得金山银山了。我所做的不是积聚世间的财富，而是创造光辉的形象，表现上帝般的情怀。”*他的徒弟塞缪尔·帕尔默说道：“哪怕家里只剩下一个先令了，他也能心平气定地继续工作。有一次，（他告诉我）他从仅有的几个先令里拿了点出来买了把驼毛刷。”[71]

若是日子挨不下去了，凯瑟琳就不得不跟布莱克说：

> “快没钱用了，布莱克先生。”
>
> “噢，他妈——钱！”他大吼道，“又是钱！”

为了不惹得布莱克大动肝火，凯瑟琳想出了个法子：

> 吃饭的时候，她把家里仅有的东西都拿出来摆在桌上。她一言不发，最后端上来一个空空如也的盘子：残酷的现实摆在了眼前。这方法很奏效，布莱克知道要暂停绘画，先做一会版刻了。只要全身心地投入版刻，布莱克的不快就抛之脑后了。工作是他的天性。[72]

不过，凯瑟琳知道家里并非真的空空如也，“她总会存上一基尼或者一英镑以备急用。这些布莱克至死都不知情。她这样偷偷地做了好多年……”[73]总能想出办法搞定布莱克的人也只有他的妻子凯瑟琳了。

---

* 坎宁安（*BR*，第481页）。即使坎宁安无意凭空捏造这些说辞，这些文字也可能是经过一番渲染了的。不过，看得出来抒发的情怀还是布莱克式的。1830年4月30日，林内尔写道，布莱克“最惧怕拥有世俗的财富，唯恐这样会失了精神上的财富”。

布莱克和马修的艺术圈

74

　　大约在刚结婚的时候，布莱克经人介绍认识了"夏洛特街珀西教堂的"A. S. 马修神父 *（见图 31A），"整个教堂就是为他而建的"。神父下午还在圣马丁教堂讲道。† 他的妻子哈丽雅特·马修（见图 31B）为年轻的艺术家提供赞助。其中就有菲利普·德·卢戴尔布格的助手、画家爱德华·奥朗以及约翰·弗拉克斯曼。1784 年，弗拉克斯曼又向他们介绍了 18 岁的画家 J. T. 史密斯。英国作家霍勒斯·沃波尔将"草莓坡"改建成哥特式的"草莓山庄"，并在这个小古堡里创作了《奥特兰托城堡》(1764)，从而掀起了一股新哥特式的风潮。马修夫人对哥特之风十分着迷。于是，

> 　　为了回报马修一家的知遇之恩，弗拉克斯曼先生（用油灰和沙）雕塑了哥特式的壁龛人物模型，装饰在马修家的后厅堂，即书房里；奥朗将窗户绘成哥特式花窗玻璃的样式；书柜、桌子和椅子也都进行了仿古处理，以达到风格上的统一。[74]

有了在皇家美术学院多次展览的经验，布莱克也逐渐意识到赞助人的重要性。现在就出现了一个可能给布莱克人生"初恋"的哥特式艺术提供赞助的人。

---

* 他是英格兰教会的牧师，这点毫无疑问，但他有可能同情过某些异教徒。因为曾有一份面向威斯敏斯特诊所（夏洛特大街的马修小教堂内）负责人的布道宣传单，就印在伊曼纽尔·斯韦登堡所著的《天使的智慧：关于神圣的爱与神圣的智慧》(1788) 一书上，布莱克还在里面做了批注。

† J. T. 史密斯，《雨天读书》(1845)（*BR*，第 26 页）。史密斯几乎提供了有关马修朋友圈的所有一手信息。他与时年 15 岁的马修之子亨利结为密友，"在他年少的日子里，闹了不少无心的笑话"。1784 年，布莱克在马修的朋友圈里认识了 J. T. 史密斯。布莱克当时已经是圈子里的一名成员。

　　更多细节，特别是史密斯错把父亲（A. S. 马修）叫成了儿子（亨利·马修），参见 A. S. 马修，《布莱克与弗拉克斯曼的共同赞助人》一文，《注解与质疑》，第 203 期（1958 年）；以及《约翰·弗拉克斯曼与马修家族》一文，《纽约公立图书馆公报》，第 67 期（1963 年），第 443—454 页。

结识马修夫妇给布莱克带来的不仅仅是机遇。哈丽雅特·马修在位于拉斯伯恩 27 号的家中开设文化沙龙，"当时的博学多才之士常常聚集于此"*，布莱克"有良友为伴，快乐非常"[75]。在这个沙龙里，J. T. 史密斯"常常听到他朗读并吟唱自己写的诗。参加聚会的人们凝神倾听，现场鸦雀无声，许多人都认为他的诗歌新颖独特"。[76]

布莱克在哈丽雅特的沙龙唱歌真是选对了地方，因为，哈丽雅特"非常鼓励音乐创作"，她的聚会常常吸引着大批音乐爱好者。† 布莱克不仅在她的沙龙唱歌，"而且就在这段时间，布莱克创作了大量其他的诗歌，并亲自谱曲，还偶尔唱给朋友们听。虽然他自认音乐修养不高，他的耳朵却极为敏感，有些曲调非常的动听，现场的音乐人士听到后随即记录了下来"。[77]

显然，布莱克创作这些歌曲就是为了能够以音乐的形式表现出来。大约 20 年后，1802 年 2 月 21 日，他的年轻朋友爱德华·加勒德·马什说道："我好想听到布莱克先生充满深情的歌声……虽然他对音乐小节和四分音符不太精通，但我坚信他能够发挥聪明才智找到某种方法将他的音乐创作以书写的方式保存下来。"[78]

《诗的素描》

布莱克的歌给哈丽雅特·马修沙龙里的这群人留下了深刻的印象：
哈丽雅特

---

* 史密斯（*BR*，第 456 页）。根据弗拉克斯曼的《雕刻数讲》（伦敦：约翰·默里，1829 年）中一位匿名作者（可能是弗拉克斯曼的姻亲玛丽亚·登曼）写的回忆录，他的女赞助人"是当时极有天赋、极其优雅的女性之一；她是蒙塔古夫人、巴鲍德夫人、沙蓬夫人和布鲁克夫人等的亲密副手"。这些说明可能是确有其事，但是未能在其他地方找到确证（吉尔克里斯特也有相同的记述，并添加了一些细节）。

† 在这些聚会场合，布莱克可能并不是唯一的业余歌手，因为弗拉克斯曼也"唱得很动听，有一副美妙的歌喉"（泰瑟姆［*BR*，第 521 页］）。塞缪尔·帕尔默写道，"威廉·布莱克告诉我，他之前就听他（弗拉克斯曼）唱过一些古代的旋律，非常美妙"（*BR*，第 521 页注 3）。

非常热切地想要帮助布莱克打响名声。她听了布莱克朗读的早期创作的诗歌，大为赞赏，于是，恳请丈夫亨利·马修神父，也就是 A. S. 马修加入弗拉克斯曼的提议，帮助布莱克出版诗集，并由他们来承担印刷费用。神父不仅欣然同意，而且秉持他一贯的绅士做派，为诗集作了……广告。[79]

诗集为 8 开本，共 70 页，装帧简朴。印制 50 本的成本价格是 5 英镑*，几乎没有做什么校对。书名页上只简单印着"Poetical Sketches, By W. B."（见图 32）——诗人的身份被低调地隐藏在姓名的缩写字母中。马修神父在序言中对诗集的评价颇为含蓄，几近贬低：

此诗集出自未曾上过学堂的少年之手，始作于 12 岁，其间偶有新赋，直至 20 岁（1768—1777）完稿。此后，倾其才思，奋力职场，以臻卓越，故无暇校正原稿。今诗集出版，恐登不得大雅之堂。

每页音韵不全、错漏之处百出。然友人谓其诗作新颖独特，若埋于平庸，不免可惜。其友之言，忠实转录，还请读者以宽容之心指正。

马修神父谨慎地以模糊措辞"奋力职场，以臻卓越"来指称布莱克所从事的工作，使人产生错觉，以为布莱克是要成为一名牧师或者是律师，而不是一个工匠。

当然，说布莱克在 1777—1783 年"奋力职场，以臻卓越"，忙得无暇校正原稿或者改正像"green"、"phlosophic"和"beds of dawn"（应该是"birds of dawn"）这样的打印错误，未免有些牵强。事实是布莱克对这些卖弄学识、故作高深的事毫无兴致。

---

* 已知现今仅存 20 本。彼得·阿克罗伊德在《布莱克》（1995）第 86 页声称，《诗的素描》由"他师傅巴西尔的一位朋友印刷，并由弗拉克斯曼的姨母负责仓储，她自己在斯特兰德大街开着一家版画店"。阿克罗伊德的这些说法找不到任何证据支持，但就事情本身而言，也不是没有可能发生。

其实，他本人对《诗的素描》并不十分感冒。“诗集小册印刷出来后……都交给了布莱克，供他卖给朋友或者出版，看他自己觉得怎样妥当。”[80] 但是，布莱克既没有卖掉也没有出版这些诗集。弗拉克斯曼等一帮朋友曾以他的名义将诗集作为礼物馈赠，布莱克也只是敷衍了事，随便在诗集上用笔修改错误。随后的几年里，布莱克又送了一些印本给朋友*，其余的则自己保留着。直到他逝世的时候，身边还有一些印本，既没有整理也没有校对，跟44年前弗拉克斯曼和马修神父交到他手里时一模一样。

但是，旁人对《诗的素描》却大为欣赏。弗拉克斯曼赠送了几本诗集给那些有可能为布莱克的艺术发展提供赞助的绅士们。其中一本送给了“威廉·隆先生”，还有一本由“弗拉克斯曼夫人于1784年5月15日赠予”《莎士比亚全集》的编辑艾萨克·瑞德。1784年4月26日，弗拉克斯曼写信给他新结识的朋友，人气很高的谐趣诗人威廉·海利。在谈到布莱克的诗集时，弗拉克斯曼的措辞与马修神父在序言中所写的极为相似：

> 我在隆先生那里放了一本诗册，托他转交给您。诗册的作者是我早前向您提到的布莱克先生。布莱克未曾上过学堂，诗中错漏百出，先生开明大度，还请多多包涵。诗作无甚出众之处，恐入不得您的法眼。日前曾向您提到，罗姆尼先生称布莱克所绘的历史题材作品堪与米开朗琪罗媲美。† 布莱克目前从事版刻工作，知音伯乐甚少。但是，康沃尔郡的一位绅士霍金斯先生对他的作品非常欣

77

---

* 《诗的素描》初印时，布莱克可能送给他的朋友乔治·坎伯兰一本（D本），但很有可能或者可以肯定，多年以后，有几本印本“从威廉·布莱克手上转到了查尔斯·塔尔克先生手上”（C本），有的转到了塞缪尔·帕尔默（G–H本、R本、U本）、克拉布·鲁宾逊（O本）和约翰·林内尔（T本）等先生手里。很明显，出版《诗的素描》并非为了销售。

† 很可能罗姆尼美慕的是布莱克学做学徒时雕刻的某幅画，临摹的是米开朗琪罗的《亚利马太的约瑟在阿尔比恩的岩石间》（见图15）。

赏，慷慨地委托布莱克为他绘制多幅图画。*霍金斯先生对布莱克的出众才华深信不疑，正设法筹集资金送他去罗马深造。此事若能成行，将在明年 5 月 10 日霍金斯先生出国之前定下来。霍金斯先生慷慨解囊，愿意支付布莱克此行的全部费用——但是，他非家中长子，只能承担大部分的费用。

这封信给布莱克带来了绝佳的机遇。海利的密友乔治·罗姆尼是英国当时乃至历史上都赫赫有名的肖像画家。他盛赞布莱克的历史画能与米开朗琪罗的画相媲美。对布莱克而言，能够与敬仰的米开朗琪罗相提并论就已经是无上的光荣了。直到 1784 年，布莱克只展出了一幅历史题材的画作——1780 年的《古德温伯爵之死》。所以，毋庸置疑，罗姆尼的评价表明他对布莱克本人及其作品相当熟悉。大师级人物的盛赞在当时应该是相当有影响力的。

对于任何一个严肃的欧洲艺术家而言，能够在罗马学习都是梦寐以求的事情。罗马不仅是经典文化的中心，也是文艺复兴艺术的中心。皇家美术学院讲授的有关历史题材绘画的知识都是围绕着罗马来展开的。布莱克的密友乔治·坎伯兰正准备动身去罗马（1785 年 10 月），他的朋友约翰·弗拉克斯曼也已经做好了赴罗马深造的打算（1787—1794），而乔治·罗姆尼 1772 年就已经在罗马开始学习了，布莱克后来认识的朋友亨利·菲斯利在 1770—1778 年间也在罗马学习。一个艺术家如果未曾去过罗马有可能会被认为是眼界不够开阔。

如同布莱克在《诗的素描》序言中所描述的，资助有艺术天赋的"未曾上过学堂的少年"是当时的一种风尚。如果没有上流人士的资助，18 世纪 50 年代的打谷诗人史蒂芬·德克、布里斯托尔的挤奶女工安·伊尔斯利以

---

* 1783 年 6 月 18 日，弗拉克斯曼在给妻子南希信函中写道，霍金斯先生"依照我的愿望已经雇了布莱克为他自己画一幅主图。这于布莱克也是件好事，他是极有天赋的人，似乎也很想好好发挥自己的才能"。我们并不知晓霍金斯先生到底收藏了布莱克的哪些画作。巴特林（第 152 项）曾经暗示，"J. 弗拉克斯曼看过布莱克在 1792 年 6 月所作的三幅铅笔画，并且凭着记忆"画出了草图（*BR*，第 47 页有复制图；并见巴特林，图版 170）。这些草图大概就是以布莱克为霍金斯所作的图画为蓝本的。

78

及 18 世纪 80 年代的田间诗人罗伯特·彭斯就不可能取得后来的成就和名望。

约翰·霍金斯与布莱克同年。显然，他想让布莱克和他一起去罗马，为布莱克在那里学习艺术提供赞助。他所需的只是一小笔由威廉·海利或者马修神父这样的绅士提供的资金。

布莱克肯定赞同了这个提议并且积极促成。倘若成功，他的人生就要重新书写了。像布莱克这样一个极度鄙视律法、拥护共和政体的人要带着自己目不识丁的妻子，靠着上流人士的接济，在一个教皇、兽和巴比伦大淫妇聚集的地方生活，身边还晃悠着慵懒闲散之徒——很难想象这会是怎样的情景。但这一切只是停留在布莱克的想象之中，或者，弗拉克斯曼根本就没写过那封信。

最终，这笔赞助落空了，布莱克从未到过远离伦敦 100 公里以外的地方。但是，他一直都心怀感念，记得这位“我们好心的朋友霍金斯”[81]。

这封信可以看作是布莱克早期诗歌创作和绘画成就达到高潮的标志。在 1783—1784 年的一段时间里，布莱克看起来似乎即将敲开社会影响力和艺术造诣的成功之门：附庸风雅的太太小姐们屏气凝神地听他朗读诗歌；绅士们竞相在诗词绘画中提到他的名字。

《诗的素描》并未公开印刷，当然也找不到相关的评论，不过当时的传记作家倒是常常引用这些诗句。[82] 从他们的评论可以看出，人们已经清楚意识到序言中所谓的“音韵不全、错漏之处”，不过，他们的注意力更多是集中在《沉思》和《参孙》之类的散文诗以及诗剧《爱德华三世》的某些片段上，与后世评论家关注的方面有所不同。布莱克的朋友 B. H. 马尔金在 1806 年写道：

> 他的无韵体诗……运用了大胆的拟人手法，思想独特，风格结构如史诗般宏伟。诗的格律自由不羁，但是，……他常常置音韵和谐于不顾，一味地追求新奇的思想，把评论家规定的条条框框抛之脑后，醉心于想象的世界。[83]

1811 年，克拉布·鲁宾逊写道：“诗剧的某些片段充满了作者崇高而丰富的想象力，表现了真正的诗的情感。"[84] 1830 年艾伦·坎宁安称赞《爱德华三世》中"有很多扣人心弦的诗句和通篇都精彩纷呈的段落。诗的结构是败笔，组织也欠协调。虽然诗句缺乏韵律，刺耳难听，但是某些极富音乐性的片段和诗性的思想会冲淡这种不悦"。[85]

除了诗剧以外，布莱克的诗歌引起了更为强烈的反响。坎宁安称这些诗"有时粗糙不堪，毫无乐感，但又充满了美好的思想和深沉独特的情感"，"对那些追求诗歌美妙乐感的读者而言"，他的诗是"刺耳难听"的。[86] 1831 年布莱克的弟子弗雷德里克·泰瑟姆在记述布莱克生平的手稿中写道，他的诗"简洁明了、新颖独特，充满激情，但是……粗糙拙劣，不够细腻精致"[87]。当时大多数读者的反映可能可以用坎宁安的评论来概括："有些诗句生动精彩，多数地方差强人意，相当部分狂乱不羁，纵观全集，各种莫名纠缠一处，让人不知所云。"[88]

读者产生费解的原因之一是诗的形式和主题非常广泛，包括抒情诗、季节诗、诗剧、独创神话以及和无韵诗很相似的散文诗。布莱克的一生都在进行神话创新的实验，他的大部分诗作，譬如《参孙》和《沉思》，都有一个独创的神话主题，因此不为读者所理解。但是，有些诗已经清楚地表现了布莱克的神话体系中"由理生"（Urizen）的雏形——一个强大、冷酷、压抑的理性之神。譬如，在《致冬天》中：

> 冬啊！闩上你所有铁石的门：
> 北方才是你；你在那里筑有
> 幽暗而深藏的住所。别摇动
> 你的屋顶吧，别放出你的铁车。
>
> 但是他不理我，却从无底的深渊
> 驾车而来；他的风暴原锁在
> 钢筋上，出笼了；我不敢抬眼，
> 因为他在全世界掌握了权柄。*

---

* 引自查良铮译，《布莱克诗选》，第 39 页。——译注

透过诗中生动刻画的冬的意象，读者可以看到一个所向披靡、横扫冰封大地的冬的形象。

有一些诗写得相当优美，丝毫不逊于任何 18 世纪后半叶的文学作品。在《狂歌》中，诗的形式杂乱扭曲，一如叙述者饱受折磨，连见到光都会痛苦恐惧的心灵，与莎士比亚的《李尔王》中"疯癫的汤姆"如出一辙。

> 狂暴的风在哭喊，
> 　黑夜冷得抖索；
> 到这儿来吧，睡眠，
> 　把我的悲哀掩没！
> 可是呵，一转眼，
> 　曙光已窥视东山，
> 晨鸟正振起双翼
> 　轻蔑地离开大地。
>
> 噢！但我的歌声
> 　却充满了忧伤，
> 一直升抵天穹；
> 　它在夜的耳腔
> 流过，振荡，又使得
> 　白日的眼睛哭泣；
> 它激起了狂吼的风，
> 　又和风暴嬉戏。
>
> 像云端的魔鬼，
> 　我凄然发出哀音
> 只把黑夜追随；
> 　夜去了，我也消隐。

80

> 我要背向东方，
>> 喜悦在那儿滋长；
> 因为呵，我最怕光明，
>> 他刺痛我的脑筋。*

诗的叙述者并非布莱克，但是布莱克却能走进人类疯癫的精神世界，在诗中予以真实的再现，令人惊叹。

可能诗集中最优美的一首当数《致缪斯》。布莱克巧妙地为音乐之死献上了一首短小而又充满诗意的挽歌。但是，这首悦耳动听的诗歌本身似乎又在表明音乐并未死去：

> 无论是在艾达荫翳的山顶，
>> 或是在那东方的宫殿——
> 呵，太阳的宫殿，到如今
>> 古代的乐音已不再听见；

> 无论是在你们漫游的天庭，
>> 或是在大地青绿的一隅，
> 或是蔚蓝的磅礴气层——
>> 吟唱的风就在那儿凝聚；

> 无论是在晶体的山石，
>> 或是在海心底里漫游，
> 九位女神呵，遗弃了诗，
>> 尽自在珊瑚林中行走；
> 何以舍弃了古老的爱情？
>> 古歌者爱你们正为了它！

---

* 引自查良铮译，《布莱克诗选》，第39页。——译注

> 那脆弱的琴弦难于动人，
>
> 　调子不但艰涩，而且贫乏！*

诗人四处找寻缪斯女神，"在太阳的宫殿"，"在大地青绿的一隅"，在"蔚蓝的磅礴气层"，"在海心底里"，找遍了整个世界，才发现她们早已遗弃了"古老的爱情"。《致缪斯》借用传统的缪斯女神形象，运用人们熟悉的比喻为音乐之死唱一曲挽歌，最后几句更是哀婉幽怨，堪称 18 世纪诗歌的典型代表，只不过，诗作技巧运用之娴熟，语言之清新自然，迥异于同时代其他的作品。难怪 85 年后，英国诗人斯温伯恩†写道，在《致缪斯》中，"18 世纪在音乐中死去"[89]。

《月亮上的岛屿》

马修的沙龙犹如茫茫商海中一个汇聚才智的小岛。年轻的音乐家、画家、诗人和雕刻家聚集在拉斯伯恩，用宗教剧、历史画和纪念雕像表达他们对艺术最高形式的热切追求。在工匠布莱克眼里，这群人倒是有些奇怪，他们虽胸怀远志，却又在私下暗暗较劲、相互嫉妒。这是一个他看不懂的圈子——显然圈子里的人都谙熟流行之道，乍一看光彩夺目，再细想，却不免可怜又可笑。

布莱克把这些感悟写成零散的手稿，取名为《月亮上的岛屿》（约1784）。这部作品以诙谐、讽刺、滑稽的笔触刻画了一个以自我为中心的社会。每个人都在表达，但没有一个人在聆听："他们的舌头吐出问题和答案，大脑却在盘算着别的事情。"（第 1 章）《月亮上的岛屿》似乎与即兴戏剧，譬如塞缪尔·富特的《干草市场的茶》[90]有些渊源。即兴戏剧刻意摒弃形式，不准备脚本，以便能够在许可演出的剧场之外上

---

* 引自查良铮译，《布莱克诗选》，第 49 页。——译注
† 阿尔杰农·查尔斯·斯温伯恩（1837—1909）是英国维多利亚时代重要的诗人、剧作家和文学评论家。他写作的《威廉·布莱克研究》（*William Blake: A Critical Essay*，1868）是 19 世纪对威廉·布莱克最具影响力的学术评论之一，不仅重新发掘了布莱克被长期忽视的价值，还奠定了后世对布莱克研究的基础。——编注

演。布莱克称之为"小品"（piece）（第 2 章），或者称之为闹剧也无妨，"这里杂乱无章、混乱不堪"（第 9 章）。

《月亮上的岛屿》讽刺了追逐潮流、自命不凡的知识分子。显然，布莱克是有感于马修的沙龙而创作了这部作品，但也不尽然是这些人的写照。几乎任何一种让知识分子自鸣得意的事情，无论是查特顿*还是费波斯，化学实验还是风靡一时的气球帽子（灵感来源于 1783 年第一个载人热气球的升空），都是布莱克讽刺的对象。作品的主题包括阿尔多波所谓的"枪支学（Pistinology）、干旱学（Aridology）、空气学（Arography）、面相地理学（Phizography）、猪姻学（Hogamy）、帽剖学（Hatomy）云云"（第 5 章）。†布莱克给这些人物取的名字也是脑洞大开，天马行空，有"锱世嫉俗的奎德"（Quid the Cynic），"开膛杰克"（Jack Tearguts），"古卷遗老伊特鲁里亚柱"（Etruscan Column the Antiquarian）和"风向标易燃盖斯"（Inflammable Gass, the Wind-finder）。‡不过，他们的行为并不怪诞，让人立刻"想到自己的身边就有着这样的朋友……虚荣都是共通的"（第 1 章）。

82

---

* 比较"查特顿从没写过那些诗。一箩筐的笨蛋，滚去布里斯托尔"（第 7 章）和"我相信麦克弗森和查特顿，他们所说的是古代的事情，既如此……我承认自己仰慕莪相，一如我仰慕其他的诗人，罗利和查特顿"（见华兹华斯的《诗集》[1815]第 364—365 页上布莱克所做的旁注 [1826]）。

† 这些学科的名称都是布莱克用仿拟的修辞手法创造出来的，旨在讽刺那些追求学科细分，脱离实际需要的科学研究。譬如，"Phizography"的仿拟原型可能是"Physiography"（自然地理学）或"Physiognomy"（面相学），故此处译为面相地理学；"Hogamy"中的"-gamy"源自希腊语"gamos"（婚姻），常见于婚姻形态术语，如"ploygamy"。此处与"hog"（猪）合并成词，隐含布莱克对婚姻研究的过度分类的讽刺，故译为"猪姻学"；"Hatomy"可能仿拟自"Anatomy"（解剖学），布莱克可能在这里通过词根荒诞化，即"解剖帽子"，讽刺解剖学陷入技术细节而忽视整体生命意义，故此处译为"帽剖学"。——译注

‡ 这些人物的名称都是布莱克用谐音双关的修辞手法创造出来的，旨在讽刺马修沙龙里形形色色的知识分子。譬如，在"Quid the Cynic"一名中，"Quid"本意指英国货币单位英镑，而"Cynic"源自古希腊犬儒学派（Cynic School），主张摒弃世俗功利和极端的自我约束。布莱克通过这二者的谐音双关结合命名，讽刺那些一面标榜道德楷模，一面追逐金钱物欲的伪君子，故此处译为"锱世嫉俗的奎德"。同理，在"Etruscan Column the Antiquarian"一名中，"Etruscan Column"指伊特鲁里亚文明的柱式建筑，而"Column"也有"专栏"的意思，布莱克通过双关命名讽刺"古物研究者"（Antiquarian）沉迷历史文献，思想如石柱般固执陈旧，故译为"古卷遗老伊特鲁里亚柱"。——译注

　　岛上的居民形形色色，有常去教堂的虔诚教徒希思塔格提斯特夫人，有异教徒南妮坎提波特夫人，她认为“一个人待在家里不去”教堂也没什么不好（第4章），有希望“看到所有的牧师都给通通绞死”的易燃盖斯，还有斯提尔亚德*，他认为“国会的行为不受限制，实在太不像话”（第1章）。

　　这些角色当中最容易找到原型的是“开膛杰克”，一名在慈善医院工作的外科医生，“精通解剖学”。因为这个角色原先的名字是“杰克·亨特”（Jack Hunter），即约翰·亨特（John Hunter），当时著名的外科医生和解剖学家。另一个角色是西普索普（Sipsop），“开膛杰克”的徒弟，因为目睹“一名妇女切除肿瘤”时尖声惨叫而狂呕不止。角色的原型可能是 A. S. 马修的儿子亨利，“约翰·亨特的得意门生”。†

　　亨利·马修的母亲哈丽雅特在作品中的角色可能是吉姆布勒特夫人，因为在弗拉克斯曼为她所作的肖像画中（见图31B）可以看到“她的嘴角似乎——我也说不清，有些奇怪，好像不希望你对她有什么不好的印象。当然了，我们都是些可怜人”（第1章）。作品中最时髦奢侈的小个子杰寇拥有一栋26个房间的别墅，外带一个黑仆。他的原型可能是皇家袖珍人像画家（和通灵师）理查德·科斯韦。他在斯金堡楼有一套很大的公寓，并且雇有一个黑仆。其他的角色，譬如萨克森，打算“在来年的画展中把他们都打败”，还要“用你所有的激情……绞死哲学”，可能是以约翰·弗拉克斯曼‡和 J. T. 史密斯这类艺术家为原型来创造的。

　　布莱克认识的人当中，还有一位也是《月亮上的岛屿》中人物的原型。他就是托马斯·泰勒，银行职员，比布莱克小一岁，是当时小有名气的数学家，喜欢哲学考问，热衷于古代智慧、柏拉图、普罗提诺和哲

---

* 斯提尔亚德（Steelyard）在英语中有秤杆的意思。——译注

† J. T. 史密斯，《雨天读书》（*BR*，第 26 页）。有关亨利·马修可能故意刺激约翰·亨特致其中风并毙命的证据，详见 A. S. 马修，《布莱克与弗拉克斯曼共同的赞助人》，《注解与质疑》，第 203 期（1958），第 168—178 页。

‡ 第 7 章。可能弗拉克斯曼就是易燃盖斯的原型。他谋了个“油水多的差事，逼着我去教堂”（第 4 章）。1782 年 5 月，弗拉克斯曼负责征收国王广场那块儿的钟表税（《威斯敏斯特税簿》，A2281/106）。

学炼金术士。他对古希腊人推崇备至，在自家的后院摆放了古代雕像，顶礼膜拜，人称"异教徒泰勒"（见图33）。

1783年，泰勒在弗拉克斯曼位于沃德街的家中举办了一系列共12场关于柏拉图的讲座。1784年，他又在伟大女王街詹姆斯·巴西尔家对面的弗雷梅森酒馆举办了系列讲座。1784年10月18日乔治·坎伯兰在报道中写道：

83

> 泰勒先生在弗雷梅森酒馆举办讲座……主题是光的性质和属性……他……给我们看了灯的样品，由某种玻璃制成，银质底座，里面放了一盎司 * 的磷，碎成一块块的，油乎乎的样子，整体构成了一个发光体——灯发出微弱的像月亮一样的光……他向我们保证说这盏灯已经发光长达8个月之久。接着，他又向我们展示了他的不灭灯，外形与普通酒壶无异，底部放了一些磷的碎块……因为房间里太热，磷燃烧起来，我们奋力救火，结果打碎了他的第一盏灯。[91]

这件事可能在《月亮上的岛屿》中也有所回应：易燃盖斯正在用显微镜和真空泵演示实验，突然

> "哐当"，玻璃倒了……"瘟疫"跑出来了。他冲出房间的时候，看见"瘟疫"正从瓶底飞出来，大声叫嚷：
>
> "出来，出来！我们是洁净的！我们是腐败的！我们的肺被燃素毁坏了。" †……
>
> 就这样，它们蜂拥而出。
>
> （《月亮上的岛屿》，第10章）

---

* 盎司（ounce）是英制重量单位，此处指专用于贵金属（如黄金、白银）和宝石的药衡盎司计量，1盎司约合31克。——编注

† 燃素在当时刚刚被认定为是氧气的构成成分，也是火的主要成分。没有燃素，火就不能燃烧。

布莱克可能早在 1783 年就已经认识了泰勒，事实上

> T. 泰勒曾给画家布莱克上过几节数学课，讲到了第五命题（5.ᵗʰ proposition），要证明等腰三角形底边的两个角的度数是一样的。泰勒正准备演示过程，布莱克打断了他，"哎，干吗？费那些劲——证明这些有什么用？我用自个儿的眼睛都能看得明白，哪还用得着什么证明"。[92]

布莱克使用数学术语，譬如"错综复杂的四次幂、不规则四边形、菱形、平行四边形、三倍和四倍"时[93]，可能是在影射异教徒托马斯·泰勒的数学课。

两个人的另一次对话更加离奇：

> "祷告吧，泰勒先生，"布莱克有一天说道，"你从未发现自己看起来像是紧挨着一个巨大而光亮的月球站着的吗？"
>
> "我不记得了，布莱克先生：你有过这样的感觉吗？"
>
> "是的，常有这样的感觉；我觉得内心有种无法遏制的欲望，想要一头栽进月亮里。"
>
> "在我看来，布莱克先生，你最好别这么做，不然，你就再也出不来了。"[94]

这要么是布莱克的希冀，要么是《天堂与地狱的婚姻》中某个段落里叙述者的回忆："我发现自己坐在宜人的洒满月光的河畔"，"一头扑进……太阳的怀抱"。

《月亮上的岛屿》与哈丽雅特·马修的沙龙之间最明显的联系可能是月亮岛上的居民都热爱唱歌，而马修夫人"非常鼓励音乐创作，尤其是意大利语的音乐创作"。岛民们常常放声歌唱，有情歌、荒诞歌谣，还有些低俗的歌曲：

"噢，"约翰逊医生对

西普罗·阿夫里坎纳斯说：

"你要是不承认我是个哲学家，

我就把你的罗马屁眼踢开花。"

（第9章）

岛民们热爱音乐——"让您慷慨的馈赠降临到我们的耳边，赏给我们一首动听的歌吧！"（第9章）不过，这里也有不满。奎德忍不住破口大骂："绞死意大利歌曲。我们要一个英国的……永远的英国的天才！看我的！"（第9章）。他唱了一首《迷路的小男孩》，南妮坎提波特夫人唱了一首《保姆之歌》，奥布图斯·安格*唱了一首《升天节》，这三首歌后来都被收录到《天真之歌》中。演唱《升天节》时，"他们坐着，静静地聆听了一刻钟"（第11章），这可能是马修沙龙里的宾客聆听布莱克唱歌时的写照吧："人们凝神倾听，现场鸦雀无声。"

布莱克已经开始考虑制作配有精美插图的书籍：

"这样吧，"他说，"这些手稿不拿去印了，我自己把它们都版刻出来。每隔一页做一张精美的版画，都做成对开本的三卷，†每件作品卖 100 英镑。他们可以印上个 2000 本。"

85

"是啊，"她说，"那些不买的人都是十足的傻瓜，这辈子算是白活了。"

（最后一页）

布莱克这么说可能是因为想到了朋友乔治·坎伯兰。坎伯兰当时正在进行印刷版刻文字的实验。1784 年 1 月 2 日，坎伯兰给他的兄弟理

---

* 奥布图斯·安格（Obtuse Angle）在英文中有钝角的意思。——译注
† 这一想法与布莱克后来为扬的《夜思》制作插图版画时的计划（1797）极为相似。布莱克计划完成 150 幅插图的绘画，并且亲自版刻成薄的对开本大小（*BR*，第 59 页）。然而，为扬设计的插图都只是粗略的图案，文字部分也没有要求版刻。第一部分（也是唯一的一个部分）得以出版，售价 1 英镑 1 先令（*BRS*，第 15 页），而非计划中的 100 英镑。

查德送去了一个

> 最新的印刷样品——是他花了一个晚上的时间琢磨出来的，能印上 2000 本……不过，目前还只能印刷蚀刻的文字，印不了图画。别人都还没想到它有这个作用呢——如果不将所花费的时间计算在内的话，这一页印刷的成本是 1 先令 6 便士，对作者来说根本算不上什么，切碎的铜版只要原价的六分之一。

当然，"这样印刷出来的作品读起来还有些难度的——要借助镜子才行，因为字都是反着的"。不过，用翻转打样，即用第一遍印刷的"未干复白纸"*再印刷一遍，就可以弥补不足。当然，对于专业版刻师而言，反向刻字毫无困难，只是坎伯兰不知道罢了。

几年之后涌现出不少这种配有精美插图的对开本版本：约翰·博伊德尔的莎士比亚系列，9 卷的对开本，100 幅插图，售价 105 英镑（1791—1802）；麦克林的《诗人画册》（1788—1799）；配有 65 幅插图的 6 卷对开本《圣经》（1793—1806）；以及罗伯特·鲍耶所编的休谟之 5 卷对开本《英国史》（1793—1806）。不过，这些作品都没有版刻的文字，更别说要印上 2000 本——博伊德尔和麦克林倒是这么做了，不过

---

* 见《大英图书馆：补充手稿》，第 36、494 页以及第 231—232 页。关于他的诗《致夜莺》的反转打样稿复印图——方便读者能直接看样（而不是以镜像反写的形式呈现出来），可参见小 G. E. 本特利，《乔治·坎伯兰传》（1754—1848）（纽约与伦敦：加兰出版公司，1975），第 50 页。

　　1819 年 1 月 22 日，乔治·坎伯兰给儿子乔治写信，"告诉布莱克：爱丁堡的一位西夫莱特先生刚刚在上个月的某哲学期刊上将布莱克的印刷方法说成是自己的发明创造——还冠之以铜块法的名称"（*BRS*，第 72—73 页）。如果读者想了解约翰·西夫莱特的发现是多么难以让人信服，以及 1820 年威廉·霍恩·利扎斯和查尔斯·派伊所描述的相似印刷流程，请参见 *BRS*，第 73 页注 1。

都破产了。^{*}

布莱克和韦奇伍德

86

就在布莱克将马修沙龙里形形色色的人物写进《月亮上的岛屿》时，出现了一位极其有望成为他的赞助商的人物。弗拉克斯曼多年以来一直为著名的陶瓷制造商乔赛亚·韦奇伍德设计图案——事实上，韦奇伍德可能是当时弗拉克斯曼最主要的赞助人。1784 年，弗拉克斯曼为韦奇伍德在斯塔福德郡新建的豪宅伊特拉里亚庄园设计了一系列的"天花板图案"，得到 4 英镑 6 便士 6 先令的报酬。图案的中心表现了一个精美的寓言故事，"像古代意大利伊伊特鲁里亚装饰瓶上的图案"，周边

---

* 布莱克当然期待获利后，能够拿到分成，也就不用为以下这些项目支付现金：

150 幅画，每幅 20 英镑	计 3000 英镑
150 幅"精制"版画，每幅 80 英镑（与他 1783 年为麦克林版刻的四开本插图的价钱一样）	计 12000 英镑
300 幅版画，带文字部分，每幅 5 英镑	计 1500 英镑
450 幅版画，每幅印刷 2000 份（包括 150 幅插图版画和 300 幅文字版画，共计 90 万幅），每幅印刷版画 2 便士（1826 年法国纸印刷的《约伯记》每张 2.7 便士，绘画纸印刷的每张是 2.3 便士。——参见 *BR*，第 603 页）	计 7500 英镑
付给书商 2000 套的分销费（每 100 英镑抽成 10%）	计 20000 英镑
付给作者的版税（销售额的 10%）	计 20000 英镑
	总计 64000 英镑
固定成本（不计油墨和小费）：3 卷对开本，每卷 100 页，带有 50 幅精工版刻插画和 100 页版刻文字，需要 450 张铜版，每张 7 先令 6 便士	计 168.15 英镑
625 令纸（300 张对开纸＝每套 150 张，共 2000 套，每令 480 张），每令 5 英镑	计 3125.00 英镑
装订每卷 2 先令 6 便士（1826 年装订《约伯记》时的成本）	计 750.00 英镑
	总计 4043.15 英镑

对于一年才挣 50 英镑至 100 英镑的手艺人来说，这是一笔不小的筹款数目。

是诸神的头像。显然，弗拉克斯曼也为他的朋友布莱克争取到了"给天花板作画"的工作。布莱克按照弗拉克斯曼设计的图案，大概先是在画布上完成了绘画，然后将画布送到斯坦福德郡——因为，弗拉克斯曼在纸上设计的草图也是这样送到斯坦福德郡的。布莱克的工钱是 3 英镑17 先令，由韦奇伍德托弗拉克斯曼转交给布莱克。[95]

　　韦奇伍德为人慷慨，思想开明。布莱克如果能够得到他的赞助，定是如虎添翼。韦奇伍德不仅委托给弗拉克斯曼很多工作，还给了诗人柯勒律治一笔年金，使他不必为了生计而在教堂里服侍，或是混迹于落魄文人之间。布莱克可能还为伊特拉里亚庄园作了一幅画，韦奇伍德曾托弗拉克斯曼转交给布莱克 5 英镑 5 先令，称是给"他自己的作品"[96]的报酬。可惜，好景不长，布莱克再未得到韦奇伍德的任何委托。直到30 年后，布莱克才得到另外一份差事，不过，也只是为韦奇伍德产品目录中的便盆和茶杯图案做版刻而已。

布莱克家的针织品店和圣詹姆斯教区

　　1768 年 10 月 19 日，布莱克 15 岁的哥哥詹姆斯给制针行会的基甸·布图尔特当学徒。[97]布图尔特是伦敦南部萨瑟克区一个纺织工的儿子，可能也是胡格诺派教徒。

　　在布罗德大街的针织品小店里，詹姆斯·布莱克和他的儿子詹姆斯将帽子和袜子卖给先生、太太和小姐们，每次所得不过几先令或者几便士，生活偶尔还会陷入困顿。为了确保生计，他们需要更大的顾客群，而周围最大、最有影响力的机构就是圣詹姆斯教区了。圣詹姆斯教区的济贫院、医院、坟场和感化院都在布罗德大街 28 号的附近，这条街的后面就是医院和坟场。

　　英国 18 世纪所有的教区都面临着一个严峻的问题——如何妥善安置穷苦人家的孩子。贫穷家庭出生的婴儿死亡率非常高，在伦敦尤其如此。有些穷人没有能力养活孩子，或者是不愿意抚养孩子，因此，每个教区都有"在教堂里发现"或者"在巷子里发现"弃婴的记录。

这可能就是《天真之歌》中《升天节》创作的背景。这首诗以"这难道是件神圣的事情"开头，配图表现了一个妇人看见躺在冰冷地上的死婴时的惊恐之态。

即使这些弃婴受洗并且得到教区的照顾，他们能活下去享受幸福的机会也十分渺茫。伦敦济贫院儿童的死亡率每年高达50%至100%[98]，即使是圣詹姆斯教区也不例外。

教区做了一个非常英明的决定，从18世纪60年代开始把济贫院的弃婴送到萨里温布尔登教区的奶妈或者临时养母的身边。这一举措取得了巨大的成功。弃婴们苗壮成长，死亡率大幅下降，照顾他们的

保姆也因此获得奖赏。孩子们在乡村可以享受到新鲜的空气和宁静优美的环境，在大自然的怀抱里无忧无虑地生活。布莱克可能亲眼见到过这些孩子们在温布尔登公地玩耍，因此创作了《我母亲的歌》（即《保姆之歌》）：

插图12　布莱克，《飘荡着回声的草地》

88

插图13　布莱克，《保姆之歌》

青青的草地上听到孩子们的声音，
山头上他们的欢笑可闻，

我胸中的心灵安宁，

四周的一切也都寂静。

“孩子们，回家吧，太阳已经西下，

夜晚的露珠也已出现；

来，来，别玩啦，我们走吧，

且等明日曙光照亮天边。”

“不，不，让我们玩吧，天还亮，

我们还不想上床；

而且天上小鸟还在飞翔，

满山满谷绵羊游荡。”*†

“他们在温布尔登一直待到六七岁”[99]，然后就要回到波兰街（布罗德大街的拐角处）的教区济贫院。

不幸的是，“他们所见尽是各种道德败坏、肆意挥霍的劣行，根本不能指望这些孩子们能学到什么好的”[100]。于是，1782 年 9 月，在黄金广场的国王大街开设了一家独立的“教区感化院”，培训 7 岁到 14 岁的孩子成为女仆或者学徒。这样，这些孩子的人生定位就比其他教区里的孩子要高得多。

这就是《升天节》创作的背景。1782 年 5 月 2 日的耶稣升天节，在圣保罗大教堂里，几千名慈善学校的孩子们，身着心爱的校服‡，自豪地走进教堂，为他们得到的慈善救助向公众表达谢意：

89

---

* 《月亮上的岛屿》，第 11 章。全部加注了标点。值得注意的是，这首诗收入《天真之歌》并得以印刷，题目也改为《保姆之歌》而不是《我母亲的歌》。要注意的是，英格兰夏季的黑夜可能只有六七个小时。到了夜晚，“小鸟还在飞翔”，因此，才让孩子们玩到很晚。

† 引自查良铮译，《布莱克诗选》，第 33 页。——译注

‡ 不过，圣詹姆斯工业学校的孩子们并没有穿制服（威廉·库姆，《伦敦缩影》，第三卷 [1809]，第 242 页）。

这是升天节，孩子们一对对走着，

天真的脸儿干净，穿上红蓝绿各色衣着，

白头教士拿着雪白的拐杖前行，

像泰晤士的河水流进圣保罗的圆顶大厅。*[101]

1782年8月，布莱克结婚成家。最晚从这时起，詹姆斯·布莱克开始向威斯敏斯特圣詹姆斯教区的附属机构大量供货。从1782年8月至1784年6月，"服装商人布莱克先生"向圣詹姆斯的济贫院和校舍总共售出了价值95英镑9先令10便士的商品，每两周从教区拿到货款，每次1英镑到4英镑6先令1便士不等。[102]可能，布莱克的父亲与圣詹姆斯教区主管穷人事物的负责人，即穷人监护人达成了协议，向济贫院和校舍独家供应内衣和服饰。

但是，布莱克的父亲于1784年6月底去世，协议大概也随之失效了，因为不久，济贫院和校舍的供货商就变成了琼斯先生服饰公司。仅1784年10月14日，该公司就供应了价值7英镑17先令7便士的商品。

布莱克的父亲去世后，布罗德大街28号"布莱克父子"的生意就由母亲凯瑟琳和兄长詹姆斯来打理。为了重新获得教区的业务，詹姆斯给主管穷人事物的负责人写了一封信，请求他们考虑在1785年4月1日安排一次会面：

尊敬的先生们：

你们委派的几位采购人员同意由我向你们提供服饰用品。我自认为供给医院和感化院的每一样商品，价格之低，伦敦城里找不出第二家。我和家人都是教区的老住户，希望能得到你们的关照和厚爱。如果能够继续为你们供货，我将一如既往地向你们提供能够经受最严格的检验的商品。如果你们对商品不喜欢或者觉得不合适，

---

* 引自查良铮译，《布莱克诗选》，第33页。——译注

我保证将尽一切办法满足你们的要求。如果仍不能令你们满意，你们也可以换货。

我以我母亲和我自己的名义担保，我会恪守绅士的德行。

黄金广场布罗德大街：　　　　　　　　　　　您最卑微的仆人

詹姆斯·布莱克敬上

显然，詹姆斯·布莱克的申请原则上得到了批准，从 1785 年 4 月 15 日至 7 月 8 日，他向校舍供应了价值 17 英镑 16 先令 1 便士的货物，是父亲在世时双周平均交易量的四倍。但是，此后再无记录显示他和教区有任何的合作。也许，那些精明的穷人监护人发现货物有瑕疵，或者账单有误，抑或是他们找到了更便宜的供货商。

一开始，圣詹姆斯教区主管穷人事务的负责人对所购进货物的要求很严。而且，由于济贫院和感化院常常发生物资盗窃和挪用的事件，主管们还精心制定了各种规章制度以防此类事件的发生，避免内部人员产生内讧。主管们“禁止从任何合同或者供给穷人的商品、材料、食品以及其他必需品的使用中获益”[103]。

不过后来，他们的主张在权力利益的驱动下发生了变化，令人不禁怀疑这些主张的妥当性。起初，孩子们学习如何为自己制作鞋子之类的服饰，后来感化院发现这些鞋子不仅能派上用场，还能大大减少感化院的开销。于是，马上有人放出话来，既然孩子们有能力为自己制作合脚的鞋子，这些鞋子就可以拿出去售卖，赚来的钱还可以抵消部分感化院的开销。1786 年，感化院撕下教育儿童学习技能的伪装，引入工厂制度。感化院在某种程度上已经沦为压榨童工的工厂。

这一变化可能在布莱克的《亚美利加：一个预言》（图版 13，第 124—125 行）中有所反映，“怜悯变成交易，慷慨变成学问，人们靠这发家致富”。在《天真之歌》中的《升天节》中也有表现，“婴儿瘦得惨不忍睹，喂养他的是冰冷放贷的手”。教区慈善的冷酷僵化，布罗德大街服装店的人也深有体会。或许他们终于能够明白布莱克眼中的“兽”

是如何在人类的孩子中肆意妄为，甚至还可能是披着慈善的外衣。

约翰·布莱克，姜饼面包师和士兵

91

　　1774 年，布莱克 14 岁的时候，父母最疼爱的大弟弟约翰"跟着一个姜饼面包师学艺"*，不过没有正式拜师。师傅可能是面包师罗伯特·布莱克或者彼得·布莱克。1774—1788 年，他们在黄金广场附近的鲁拔街靠着自己的小手艺经营面包糕点。[104] 约翰"很不情愿地跟着面包师傅学"[105] 了几年之后，于 1781 年左右返回布罗德大街 28 号的家中，与疼爱他的父母一起又待了几年。

　　1784 年，父亲去世后不久，约翰·布莱克就租下了自家（租金 21 英镑）对面布罗德大街 29 号与马歇尔大街交会的拐角处的一处小房子（租金 9 英镑），开了一家面包店。[†][106]1784 年大选，"马歇尔大街的面包师约翰·布莱克"和父亲一起去投票站投票，1788 年再次以同样的身份参加投票。[107] 约翰虽然很招父母喜爱，他的姜饼却并不太受顾客的喜爱。渐渐地，"没人愿意光顾他的面包店，他的境遇越来越凄惨，最后反倒是要……在威廉的门口讨饭吃了"。[108] 约翰花光了所有的钱，生意也做不下去了，甚至连房租都付不起。1792 年 9 月母亲去世后不久，约翰便离开家[‡]参加英国的反法同盟军。"他颠沛流离了一段时间，然后参军入伍，后来就死了。"[§] 他一点也不招哥哥布莱克的喜爱，布莱克在 1802 年 11 月 22 日的信中提到他时，称他是"我的弟弟约翰，一个邪

---

*　泰瑟姆（*BR*，第 509 页）。约翰·布莱克没有正式交费给任何伦敦市的同业公会做学徒。不过，伦敦市同业公会的法令效力仅限于伦敦市约三平方千米的范围内。

†　根据匿名作者的《各行业通览》（1747）第 10 页的记载，以及 J. 科利尔所著的《父母与监护人指南》（1761）的第 57、146 页，100 英镑够开面包店。约翰可能从去世的父亲那里继承了一笔遗产，然后用这笔钱开始创业。

‡　布罗德大街 29 号接下来的两任租客也相继参军入伍（*BR*，第 558 页）。另见文后"补记"。

§　泰瑟姆（*BR*，第 509 页）。他可能是在国外去世的；反正，他没有与父母和兄弟姐妹一起葬在本思园。

恶的人"。

版画商人帕克和布莱克

1784 年 4 月，布莱克将他创作的两幅战争题材的画作《城市的裂口，战斗翌日的清晨》（见图 34）和《天使释放的战争，接踵而至的大火、瘟疫和饥荒》（下文简称《天使释放的战争》）从位于格林大街的狭小住处带到皇家美术学院参加展览。布莱克的父亲可能生前还亲眼见过这些展品。两个月之后，他便去世了。

《天使释放的战争》受到 5 月 27 日《纪事晨报》的恶评："布莱克的《天使释放的战争》极尽乖张怪诞之能事，印象中鲜有人能出其右……如同亨利·菲尤泽利的画一般……要'撕裂我们的耳朵'。"[109] 布莱克的朋友乔治·坎伯兰当时已不再为《纪事晨报》撰写评论。

布莱克的独特之处在于他以原型为基础创造意象。他毕生都在不断改编原型并赋予其新的意义。或许《城市的裂口，战斗翌日的清晨》反映的是 1780 年 6 月布莱克在"戈登暴乱"中目睹的暴徒摧毁纽盖特监狱的情景。画作中的残垣断壁还作为插图出现在《亚美利加：一个预言》的卷首（见图 35），断壁的左方是被锁链缚住的天使，头深深地埋进身体。画作中伏在尸体上悲恸万分的妇人也作为插图出现在《亚美利加：一个预言》的书名页（见图 36）。值得一提的是，"战争"是被"天使"释放出来的，它代表着世间的专制统治。可见，布莱克已经将世间的专权与天国的专权相提并论。

老詹姆斯·布莱克于 1784 年夏天去世，享年 61 岁。7 月 4 日周日葬于异教徒墓地本思园。

老詹姆斯去世时并未立下遗嘱，遗产由遗孀凯瑟琳和 5 名子女继承。长子詹姆斯接手布罗德大街 28 号的针织品小店，并负责照顾年迈的母亲和时年 20 岁，尚未出嫁的小妹凯瑟琳·伊丽莎白。[110] 威廉·布莱克可能继承了一笔可观的遗产，因为他买了"一台很好的……（用于版刻印刷的印刷机），花费 40 英镑"[111]。他还负责照顾时年 22 岁的弟弟罗伯特。风流不羁的约翰最受父母宠爱，可能继承了最多的遗产。* 这次分家弄得彼此都很不愉快。后来，布莱克在读到拉瓦特尔的《人生格言》"想要看透一个人，就等到和他一起分家产的那天"（第 157 段）时，感同身受，在旁边标注了两个感叹号。

父亲去世后，布莱克和老友詹姆斯·帕克（见图 17）合开了一家版画店。他们租下了布罗德大街 27 号的一所大房子†，隔壁就是布莱克土生土长的 28 号大宅，里面还住着哥哥詹姆斯、母亲凯瑟琳以及妹妹凯瑟琳·伊丽莎白。街对面是弟弟约翰开的面包房。布莱克的新家，租金 18 英镑，面积应该与租金 21 英镑的 28 号差不多。只不过，28 号位于街角，两面临街，而 27 号只有一半临街的铺面。

帕克比布莱克年长 7 岁，二人曾一起在巴西尔门下学艺。他们的朋友弗拉克斯曼形容帕克"是一个脚踏实地、锲而不舍的人，不断进取，力臻完美。同时，他也非常敬虔、温和而勤勉"，是一个"守时、本分、品德高尚的版刻师"。[112] 帕克"沉着淡定，举止稳重，为人正直"[113]，在同行中享有威望，在 1803 年的版刻师大罢工中被推举为发言人。1804 年帕克当选为版刻师行业协会的主席。1805 年帕克突然辞世时，家道并不殷实，只有三栋房子、一个仆人和一名学徒。[114]

帕克在 1782 年 8 月 17 日与安妮·赛让森结婚，[115] 第二天，威廉·布莱克和凯瑟琳·鲍彻在巴特西结婚。大概在 1784 年 10 月‡，这两对夫妇

---

* 泰瑟姆（*BR*，第 509 页）说约翰"交了一笔不菲的学徒费"。不过，相比威廉·布莱克一年 52 英镑 10 便士的版刻学徒费，约翰的面包师学徒费（5 英镑至 20 英镑）根本就不算多。可能，泰瑟姆在这里提到的不菲费用是指约翰从父亲那里继承来的遗产，或者是从兄弟们那里借来的钱，而不是学徒费。

† 坎宁安称之为"一楼外加店面"（*BR*，第 482 页）。

‡ 在 1804 年 10 月 23 日的一封信中，布莱克说他"就是在 20 年前的今天"开始投身商海。

从 1784 年底至 1785 年圣诞节，"詹姆斯·帕克与威廉·布莱克"共同支付了布罗德大街 27 号的租金。之后布莱克搬离了住所，帕克一直住到了 1794 年（见 *BR*，第 557 页注 1）。或许是因为房子的租期是 10 年。帕克在 1788 年和 1790 年的两次选举都是投了辉格党的票（*BR*，第 558 页注 1）。

一起搬到了布罗德大街 27 号，同住的还有布莱克的弟弟罗伯特。[116]

小时候，布莱克只要想到什么，就会去版画店里逛一逛。其实，1784 年以前，版画店并非很常见。他在 1800 年 7 月 2 日的信中写道：“记得那时伦敦的版画店还是个稀罕玩意。”

要开设一家版画店，所需不过是一定存货的版画和能开展业务的场地。许多版画商，譬如麦卡林和阿克曼还亲手制作版画。不过，这得要求有大量的资金做后盾，用以支付画家、版刻师和铜版印刷工人的酬劳。

如果版画商本人兼任版刻师的话，那么还可以省下一笔费用。这在当时也很普遍。譬如，差一点就成为布莱克师傅的威廉·温·赖兰，就是从版刻师起家，后来成了版画商。帕克和布莱克对版刻行业非常熟悉，两人都是训练有素的版刻师，共同开店的优势之一便是不用求人，自己就可以版刻作品，省却了要支付现金给版刻师的麻烦。

还有一个开店省钱的方法，就是自己动手操作滚筒印刷机来完成印刷工作。这是版刻师的独门绝活。* 这些机器庞大笨重，价格不菲，印刷技术的好坏直接关系到精细印刷品的质量。拉印版是项耗时费钱的工作。在 1826 年，拉一张图画纸印刷的铜版版刻《约伯记》需要花费 2.25 便士；如果是法国纸，要花费 2.25 便士，如果用印度纸，则要花费 4 便士。[117] 布莱克和帕克在巴西尔的门下接受过印刷技术的训练，因此，如果自己来印的话，又可以省下一笔开销，只是要多花些时间。

可能早在 1784 年，布莱克与帕克合伙做版画生意时，就买了一台印刷机。1800 年，布莱克用这台机器印刷了海利的《小水手汤姆》。这是版画店的主要资产，帕克则为版画店提供版画存货。[118] 布莱克后来的版画清

94

---

* 凹雕版画是在辊式印刷机上印刷的。版刻师用刻刀和酸性腐蚀液在铜版上凹刻出图案。然后，在这些凹下去的地方灌满油墨，当辊筒带着极大的压力滚过纸张时，图案就印出来了。而手工排版的文字部分则是在平版印刷机上印刷的。油墨刷在铅字版的表面，所用的压力也要小得多。所有同时包括凹雕版画和手工排版文字的书（即 1790 年以前那些最讲究的插图书）都是在两种不同的印刷机上分别印刷完成的。

不过，布莱克的木刻版画和浮雕版画都不是在雕版凹进去的区域，而是在雕版的表面上印制而成的。因而，在一台普通的平版印刷机上，图画就能够很容易地与排版文字一起印出来。

样以及"华彩插图印刷"系列中的所有版画都是在这台机器上拉出来的。

布罗德大街 27 号的房子大概分为陈列室和生活区两个空间。陈列室摆放着版画供顾客选购，同时也是布莱克和帕克的工作室。印刷机也摆放在这里。男人们大多数时间都在工作室里忙碌，凯瑟琳就在店里"打理生意"。[119]"她很会推销，绝不会一次给客人看太多的东西。"[120]

1785 年 4 月，布莱克将他的作品从版画店拿到皇家美术学院参展。这是一个宏伟的设计系列，包括《约瑟在弟兄中扬名》、《约瑟的哥哥们向他下拜》（见图 37）、《约瑟命人缚住西门》以及《游吟诗人》。画作都取材于历史事件，表现的主题是伟大的先知得不到俗世权势的承认，饱受屈辱，但是被上帝和后人所纪念。

作品引起的反响正好说明了先知不仅在圣经时代的埃及或是 13 世纪的威尔士不受待见，在乔治王时期的伦敦也一样。4 月 28 日的《纪事晨报和每日广告》仅将布莱克作为参展作者之一提了一下姓名。5 月 23 日的《世鉴日报》评论措辞相当激烈，"威廉·布莱克版刻的托马斯·格雷的《游吟诗人》，看起来就像是刚从精神病院里跑出来的疯子。我们也看过该作者其他的作品，认为有必要让他明白优雅不是靠伸开的胳膊和腿表现出来的"。[121]

在版刻和销售版画的空当，布莱克还抽出时间来教弟弟罗伯特[122]绘画和版刻。布莱克使用的方法大概与巴西尔和皇家美术学院老师的教学方法一样：学习如何打磨刻刀和抛光刻版，如何划出轮廓，从背景粗略的细节处理开始逐渐过渡到手和脸的精细雕刻。

罗伯特画了一幅画，名为《末日之路》（见图 38）。图中一群吓得魂不附体的人们惊恐万分地盯着某样我们看不见的东西。这一没有在画面中出现的物体可能是 1783 年 8 月 18 日观察记录到的一颗巨大的流星，看起来和月亮一般大小，但是要明亮得多。*布莱克对罗伯特的画非常

95

---

* 玛丽莲·奥尔森、唐纳德·奥尔森，《威廉·布莱克与八月燃烧的流星》,《天文运算》（1989 年 8 月），第 192—194 页。威廉·布莱克夫妇结婚一周年纪念日当天见到了大型流星雨，当时，罗伯特 21 岁。在 1779、1781、1784 和 1789 年，先后有多场流星雨，非常壮观，有"圣劳伦斯的眼泪"的美名。

欣赏，将其用作"华彩插图印刷"系列中首个试验的对象。

这是布莱克生命中一段快乐的时光，身边围绕的都是他所爱的人。其间发生了一件不愉快的事情，破坏了家里幸福和谐的气氛。这件事罗伯特和凯瑟琳都有责任。

一天，罗伯特和布莱克夫人起了争执。两人吵得不可开交，她说了他几句，他的哥哥（虽然也是她的丈夫）认为很不应该。起先，他还只是待在一旁没吭声，现在，他忍不住了，他那一生气就鲁莽行事的脾气又上来了。他霍地站起来，对她说："跪下，马上请求罗伯特的原谅，否则休想再见到我！"这是一个严厉的警告，布莱克的语气不容置疑。

可怜的女人！"我很认真地想了想，"她后来回忆道，就算自己没错，也要去求得小叔的原谅！虽然她不是一个天性驯服、没有脾气的人，但是她清楚做妻子的本分，也敬爱自己的丈夫，于是，她真的就跪下了，低声下气地说："罗伯特，请你原谅我。是我错了。"

"年轻的女人，你撒谎！"他突然反驳道："我才是做错事的人！"[123]

大型版画店什么都卖，既有严肃的肖像画、风景画和战争场景画，也有讽刺画和有关谋杀和绞刑的新闻版画。小型版画店则专注于某一类型的版画。帕克和布莱克的版画店主要经营精细版画，大概还包括他们为其他出版商版刻的20幅版刻清样，这是当时职业版刻师赚取外快的普遍做法。[124]

当然，帕克和布莱克除了经营自己的版画店，还继续为其他的版画出版商做事。布莱克在1784—1785年共制作了11幅版画，帕克也制作了至少4幅版画。[125]

帕克和布莱克想要的不止于此。他们还从友人托马斯·斯托瑟德处承接了两项绘画任务。斯托瑟德是当时最多产的图书插画家，对帕克和布莱克的版刻技艺十分钦佩。帕克"十分感激斯托瑟德，因他'时常向杜·罗伟瑞先生举荐帕克先生'担任版刻师"。[126]1780—1784 年布莱克从 7 家不同的书商处承接了 32 项版刻任务，内容都是斯托瑟德的插图。由此可见，斯托瑟德在其中做了不少牵线搭桥的工作。

斯托瑟德设计了精美的椭圆形的《卡利斯托》和《西风之神与花神》（见图 39）插图，由布莱克以点刻法雕刻而成，"于 1784 年 12 月 17 日由黄金广场布罗德大街 27 号的帕克和布莱克版画店作为艺术指导类版画出版"。帕克和布莱克不仅选择了当时最流行的画家的作品，布莱克还使用了当时新受追捧的打点法（点刻法）。这种技法能使原本鲜明硬朗的轮廓变得较为柔和，布莱克后来几乎弃之不用。为了迎合斯托瑟德和公众的品位，勉强使用自己不喜欢的技法，可能在布莱克看来是很大的让步和牺牲。

这两幅画不仅在构思和主题两方面紧跟时代潮流，制成的版画也是异常精美。帕克和布莱克精心为《卡利斯托》和《西风之神与花神》上色，作品呈现出优雅精致的整体效果。*

可能是看在友情的份上，斯托瑟德没有收取绘画的费用，而是同意按照销售收入来提成。果真如此的话，他肯定会大失所望，因为这些版画并不畅销。我们今天能够找到的每幅图的版画也不过 6 张而已。这件事可能也导致了布莱克和斯托瑟德的决裂。1784 年以后，布莱克再也没有版刻过任何斯托瑟德的图书插图。他后来还抱怨道："斯托瑟德……是个十足的笨蛋，还以为有哪个版刻师能像我这样把他的破烂模糊画雕刻得那么好……他倒是靠着我的一刀一刻得了画家的美名。"[127]

帕克和布莱克的版画店虽然倾注了二人的天资才干，盈利却并不理想，很快就陷入了资金不足的状况。好在布莱克和马修沙龙的小圈子尚有往来，能够"得到马修夫人的慷慨相助……得以继续和同门师兄帕克一起经营版画店"[128]。

不过，由于布莱克"性格倔强，或者用欣赏他的人的话来说，就是

---

* 1807 年 2 月 18—19 日，托马斯·多德举办了帕克身后作品售卖会，其中就包括"布莱克绘画并上色的彩色版画《六个圆圈》"（巴特林第 159 项）。

敢于坚持自己的意见，因此，并不总是招人喜爱。他去马修沙龙的次数也越来越少了”[129]。不久，帕克和布莱克的版画店也解散了。解散的原因很多：可能是布莱克夫妇很难再与帕克夫妇同在一个屋檐下生活，一起经营店铺；也可能是布莱克“和帕克起了争执”[130]；也可能是安妮·帕克生病了*；或者可能只是因为空间不够，资金不足，光顾的客人不多罢了。

97

波兰街的房子

1785 年秋，布莱克夫妇和罗伯特·布莱克搬离位于布罗德大街 27 号的住宅和商店，迁入位于波兰街 28 号的新家。波兰街位于布罗德大街的北面，中间隔了三条街道。新家和旧家的大小差不多，租金也是 18 英镑，不过好在不用与外人合住。

布莱克可能还继续从事版画的生意。因为，他为菲尤泽利的《泰门和亚西比德》所刻的版画上印有“1790 年 7 月 28 日波兰街威廉·布莱克出版”的字样。

波兰街人才济济，画家、诗人和风尚人士云集于此，其中有音乐理论家查尔斯·伯尼博士、画家托马斯·罗兰森、钱多斯公爵和诗人珀西·比希·雪莱。†沿着波兰街向北，穿过牛津街，是一片像是“农田、菜地或者荒郊”的地方。[131]

---

* 帕克在 1805 年的遗嘱中没有提及他的妻子，他的姐（妹）此前一直与他生活在一起，为他打理家务长达 18 年之久。由此可见，安妮·帕克在 1787 年之前已经去世。

† 先后在波兰街住过的住户有：建筑师威廉·钱伯斯爵士（1755—1766），音乐理论家查尔斯·伯尼博士（1760—1770），版刻师和出版商大卫·马丁（1765—1766），油画家保罗·桑德比（1767—1772），建筑绘图家托马斯·莫顿（1772—1780），油画家加文·汉弥尔顿（1779），伟大的歌唱家、美丽的伊丽莎白·比林顿（1783），作曲家兼《分析评论》撰稿人托马斯·巴斯比（1786 年及其后数年），漫画家托马斯·罗兰森（1788—1790），文具商兼报刊经售人约翰·米尔斯（1790—1800），法国难民、杰出的书籍装帧家科蒙伯爵（1797—1800），诗人珀西·比希·雪莱（1811）。另外，据范妮·伯尼《查尔斯·伯尼回忆录》（1832）一书第一卷第 134 页的记载，还有“钱多斯公爵、奥古斯塔·布里奇斯夫人、尊敬的约翰·史密斯大人、巴利斯小姐一家、威洛比爵士和阿斯顿小姐一家”。

这一带有个热闹的去处——位于波兰街 22 号的酒吧。布莱克可能还在这里喝过黑啤。画家大卫·威尔基回忆道：

> 两点钟的时候，大约有十一二位先生聚集在此用餐，人均开销仅 13 便士。这样的饭菜，这样的价格，我相信在英国是找不到第二家的。这里还有一个好处就是可以见到流利地操着欧洲各国语言的客人，有科西嘉人、意大利人、法国人、德国人、威尔士人和苏格兰人。说实话，能在这里见到英格兰人都是件稀罕事。[132]

墙上至今还挂着一副牌匾："1781 年 11 月 28 日，在这个古老的国王徽章酒馆里，古代德鲁伊教复兴了。"这一天正好是布莱克的生日，可能他曾在这里和宗教狂热派的信徒聚会，他们以这种方式记下了他的思想、神话体系以及德鲁伊的传说。德鲁伊的传说后来也出现在布莱克的《弥尔顿》和《耶路撒冷》中。

布莱克从 1785—1790 年，一直生活在这个各色人等云集的街区。

罗伯特·布莱克之死

1785—1786 年的冬天，罗伯特·布莱克已经表现出痨病，即肺结核晚期的典型症状——体形消瘦、咳嗽起来撕心裂肺。[133] 罗伯特的身体情况日益恶化，布莱克感到越来越揪心。*1787 年初，罗伯特病情加重，卧床不起，时常咳血。"在罗伯特病重的最后一段时间，布莱克整整两周不眠不休地照顾着弟弟。"[134] 罗伯特去世时，布莱克看见他的"灵魂从身体里抽出来，穿过房顶，升向天堂，'拍着双手欢呼'"。[135] 时年罗伯特 25 岁。

---

* 约翰·济慈曾在 1818 年照料他处于肺痨晚期的弟弟汤姆。济慈和布莱克，两个不同的人物却有着极为相似的经历。济慈本人在 1821 年 2 月也死于肺痨。

弟弟去世后，布莱克睡了三天三夜。[136]

看到布莱克睡眠严重不足，凯瑟琳可能也不敢去叫醒（或者根本就叫不醒）他去参加罗伯特的葬礼。因此，布莱克没能和家人一起在1787年2月11日将罗伯特葬于本思园。就在两年半前，他的父亲刚刚在此下葬。

罗伯特之死给布莱克带来了深远的影响。15年后，他在描述最后的丰收之景时写道："由理生从座椅上跃身而起 / 展开十倍欢乐的翅膀，拍着双手。"[137]罗伯特的灵魂陪伴了布莱克的后半生，就像是他的另一个自己（见图4A和4B）。每每提及兄弟或者手足之情，布莱克总是流露出对弟弟英年早逝的酸楚哀痛，也夹杂着对快乐时光和异象的回忆："人们不是独自一人活着，而是当着兄弟的面活着。"[138]在天堂

> ……
>
> 我的弟弟在那里，你我的朋友也在那里
> 他们拿着饼和酒，升腾和下降 [139]
>
> 天使被种在山楂树下
> 上帝在流逝的岁月间，
> ……
> 我的天父在风上盘旋
> 吾弟罗伯特在祂身边。[140]

罗伯特之死给时年29岁的布莱克带来了巨大的改变，标志着布莱克学习知识技能的学徒期的结束。如果在1787年去世的不是罗伯特而是布莱克的话，我们如今纪念的不过是一个不起眼的古怪诗人，一个能干的版刻师，一个志向高远但无甚建树的画家。布莱克的成就都是在此后获得的。他最伟大的成就离不开罗伯特的灵感启发。

经历了罗伯特之死，布莱克又摆脱了一层尘世的束缚。他离天堂更近了一步。

第四章
1787—1795：黑暗的逐利岁月[1]

插图 14　布莱克,《我要! 我要!》

十三年前，我的弟弟去世了。我每日每夜都在灵里与他的灵魂对话……我听他提出建议，甚至现在正照着他说的来写信。原谅我这么说……我希望所有人都能体验到我狂热的信念。这是不朽快乐的源泉。我虽身处尘世，却是与天使为伴。

（1800 年 5 月 6 日信函）

布莱克一生都在与灵魂沟通，这种交流是他最大的快乐，使他的灵魂得以升入天堂，与天使为伴，并且改变了他的生活和主要的实践活动。

彩色版刻之路

与乔治·坎伯兰以及其他同行一样，布莱克多年来一直在研究如何才能在印书和卖书的时候摆脱对传统的排字工人和书商的依赖。对于追求荣光和美胜过金钱与名声的作家和艺术家而言，那些满身铜臭的排版员和出版商不仅恼人，还经常妨碍他们的创作。

布莱克写诗，但是没有人帮忙出版；绘画，但是没有人出资赞助。而且，与坎伯兰不同的是，布莱克没有个人收入用以雇佣排字工人，也没钱自己出书。1784 年，布莱克记录下他"给原稿上色"的方法：将"所有的作品版刻出来而非排版印刷出来，每隔一页制作一张高度精细的版画"。[2]乔治·坎伯兰还发表了一篇文章介绍他的"新式印刷法"，即将文稿蚀刻而不是排版出来。[3]通过这种方法，布莱克不仅能够增加作品的印刷数量，而且还可以避免受到排字工人和出版商的无聊搅扰。

将版刻的文本与绘画相结合的方法并非布莱克首创。以前也有不少人实践过，譬如，约翰·斯特尔特在《正统圣餐礼》（1721）中不仅版刻了文本，而且还配以花饰，每页还雕上精美的小天使图案边框（见图 40）。

不过，斯特尔特的书，无论是版刻还是印刷，投入都相当惊人。如果作品每年都能印刷，并且有稳定的市场的话，这些辛苦倒不枉费。斯特尔特的《公祷书》（1717），拉·封丹的《寓言诗》（六卷本，巴黎，1765—1775）以及威廉·米尔恩的《写作宝库》（1787）便是如此。但是，尚未获得公众认可的新作很少以这种方法来印刷，因为利润无法得到保障。这无疑是一项昂贵奢侈的技术。*

布莱克的方法，其主要问题是凹版版刻和印刷"高度精细的版画"耗时相当之久，而坎伯兰的主要问题是用"新式印刷法"印出来的作品"必须依靠镜子的辅助才能阅读，因为那些字母都是反向的"。4

有两个方法可以简化这些问题。传统版刻的方法是凹版版刻，即利用酸液腐蚀铜版，从而形成图案的线条。印刷滚筒必须大力碾压刻版，才能使纸吸附蚀刻凹处的油墨。不过，也可以用凸版来代替凹版版刻，即将不需要显示出来的空白部分用酸液腐蚀掉，从而使图案凸显出来。这种凸版版刻的图案可以很轻松地在平板印刷机上印出来。版刻师都谙熟铜版凸版版刻的技巧5，印刷的方法也与木版印刷相似。

凸版版刻的另一个优点是印刷快速，价格低廉，既可以在排版好的页面上印刷也可以在印压机上印刷。缺点就是印刷的图案不够"高度精细"，因为凸起的线条经不起多次的印压。但是，如果不追求较高的精细程度，或者利用上色或者其他手动操作就能使相对粗糙的图案看起来更加精致，或者压印次数不多的话，这一缺点倒是可以忽略。

普通蚀刻的方法是：（1）按照印刷所需的大小将图案（反向）临摹到纸上；（2）依照图纸在一块铺满蜡的铜版上用刻针切割出图案；（3）将酸液倒在铜版上，被刻针切割裸露出来的部分会被腐蚀掉；（4）将蜡从铜版上移除，制作清样，检查图案的清晰程度；（5）进一步蚀刻、版刻和校样，使图案更加精致。

这种方法普遍应用在临摹版刻中。对于有艺术追求的版刻师而言，这并不是进行原创设计的最佳方法。在布莱克看来，要捕捉灵感设计

102

---

* 乐谱全都是先版刻或蚀刻在铜版上，然后再印刷出来。在乐谱排版发明之前，这是唯一可以用来印刷音乐作品的方法。大部分的乐谱都比较简单，譬如康明斯的《配乐挽歌》只有5页。布莱克为其设计并版刻了封面插图（1786）。

中充满张力和活力的线条，更好的方法是免去临摹的环节，直接在蜡上进行绘画——最好是能直接在铜版上作画。这些都是版刻师熟知的技法。

但是，用尖利的器具在铜版上雕刻，与普通艺术创作很不一样，非常之烦琐耗时，即使是像布莱克这样技艺娴熟的版刻师也会有手握刻刀、踟蹰不决的时候。最理想的情形当然是在铜版上绘画也能像在纸和画布上一样自由，不过，这在 18 世纪的英格兰不太现实。*

早在 1784 年，布莱克就在思考如何解决这些问题。1784—1787 年，布莱克教授弟弟罗伯特学习绘画和版刻，其间就和他探讨过这些问题。布莱克给罗伯特布置了一些任务，譬如，在纸上临摹头像或者是在铜版上临摹风景画，然后指导他如何进行提高，所以此时期的作品很多是由二人合作完成的。

这一技法的关键是直接在铜版上书写或绘画，既不同于铜版雕刻，也不同于先用铅笔或者毛刷在铜版或覆盖铜版的蜡上勾勒线条，然后用刻刀或者酸液割开的技法。这种技法是在铜版上绘画，后期复制简易直接，不需要借助其他的工匠或者技艺。布莱克坚持认为，"版刻就是在铜版上绘画，仅此而已"[6]。

他一直在琢磨这个问题，并将想法告诉了罗伯特和朋友们，但是讨论之后发现"说来说去都只是在谈可能性和可行性"[7]。大概是在罗伯特去世后不久的某天夜晚，罗伯特向布莱克托梦，告诉他一个简便的方法，能够解决直接在铜版上创作的问题。[8]

翌日清晨，欣喜若狂的布莱克直奔工作室，为试验做准备。等到商店一开门，凯瑟琳就拿着"他们全部的家当——半个英镑，花了 1 先令10 便士买了些简单的试验必需的材料"。[9]

秘密就是一种不溶于酸液的快干液体，有可能是版刻师使用的普通

---

* 　1798 年发明的平版印刷倒是可以让这一想法成为现实。不过，平版印刷直到 1803 年才传到英格兰。

103 防蚀漆的一种变体，主要成分是"经松节油稀释过的柏油"*，可以用来直接在铜版上写画。作品完成后，不需要的部分可以用硝酸腐蚀掉，这样文字和图画就凸现出来了。

凯瑟琳购买的材料大概是柏油、松节油和用来涂抹这种黏性液体的刷子†——这些花费都不过几个先令。

这一技法对当时已有的技术和材料（凸版版刻、防蚀漆）进行改良，使之适用于新的目的。首要目的是使在铜版上直接绘画成为可能，这只需要多次涂抹酸液，使图案形成凸版即可，印刷起来也简单直接。

凸版版刻的优点在于印刷时比凹版版刻要快速简单得多。烦琐的开店准备工作就绪后，制作油墨、浸润纸张、用毛毡调整好滚筒的压力，就可以快速地进行印刷了。布莱克挑选两块铜版并涂上油墨，凯瑟琳则负责印刷之前准备好的两块版刻。有时候还可以拉出两份版画后再上油墨。如果一整本书只印成一种颜色的话（布莱克早期实践大多如此），夫妇俩可以一周轻松印刷 500 页，一次印刷 16 本《天真之歌》也就不在话下。[10]

新技法首次试验的对象是罗伯特·布莱克的画作《末日之路》（见图 38）。[11] 这是一个适宜的选择。布莱克在版刻中展现了各种阴影技法和白线蚀刻技法。显然，他在不断探索新溶剂的各种性能。用同种溶剂试验的画作还包括《亚利马太的约瑟在讲道》（1789）、《慈善》（1789）以及一个被小天使拥簇着向上抬起的赤裸的男人（1789）（《天真与经验之歌》，图版 a）。这些版刻都没有配上文字。使用这种防蚀液体的初衷是为了能够直接在铜版上绘画，而不是刻字或者刻书。这种方法也不需要事先准备草图——根本不会用到纸质的草稿。

---

* 林内尔（*BR*，460 注 1）。J. T. 史密斯写道（*BR*，第 472—473 页）：

> 他蚀刻铜版，并将文字和绘画的线条制成印版的方法，在我看来完全是一种创新。布莱克夫人掌握了这一秘方。她应该得到一笔可观的费用用以转授秘方。我深信，这将为画家和文人带来极大的便利。

† 林内尔写道："布莱克似乎掌握了一种非常特别的反向版刻的技能……使用的是一种蘸有黏性液体的刷子。"（*BR*，第 460 页注 1）。

与菲尤泽利的友谊

1787 年，布莱克的挚友约翰·弗拉克斯曼与夫人南希远赴罗马，研究学习古罗马的优秀雕刻作品，譬如《拉奥孔》《望楼上的阿波罗》《美迪奇的维纳斯》《垂死的牧神费恩》《休憩的赫拉克勒斯》等。弗拉克斯曼夫妇一去就是七年，布莱克的生活中突然出现了空白。

104

一直以来，布莱克都从弗拉克斯曼那里得到专业的意见和精神的慰藉。

> ……天堂上空翻腾起恐怖的阴云
> 底下是地狱，巨大可怕的改变威胁着人间
> 美国独立战争的枪声响起。到处是黑暗的惊恐，在我的眼前
> 浮现……
> 天使告诉我，看到此番景况，亦即我难长留于世
> 但有知己弗拉克斯曼相伴，我就不再担惊受怕。
>
> （1800 年 9 月 12 日信函"致我最亲爱的朋友约翰·弗拉
> 克斯曼"，标点是后加的）

可能布莱克夫妇和弗拉克斯曼夫妇曾相互允诺要常常通信，但是两地相隔甚远，书信往来耗时耗钱，所以相互通了寥寥几封信后，便中断了往来。1791 年 11 月 21 日，南希·弗拉克斯曼曾拜托嫂子玛丽亚·登曼让布莱克夫妇给尚在罗马的他们写信，但是，两年后的 1793 年 11 月 20 日，她还在打听布莱克夫妇的消息。

弗拉克斯曼不在身边，对布莱克而言也并非完全是坏事。"送走了弗拉克斯曼，迎来了菲尤泽利。"[12]

弗拉克斯曼和菲尤泽利（见图 41）是风格迥异的两个人。弗拉克斯曼温和内敛、传统典雅；菲尤泽利不拘礼节、浪漫热情。弗拉克斯曼的雕刻和绘画作品多采用素净的黑白两色，表现女性的优雅和哀婉。

菲尤泽利的油画则多采用鲜艳的色彩，表现愤怒和疯狂。两人都是各自风格画派的领军人物。弗拉克斯曼后来成为皇家美术学院的雕刻教授，菲尤泽利则是学院的学监。两人代表了布莱克艺术精神的两个极端。

约翰·海因里克·菲斯利1741年出生于瑞士苏黎世，早年曾与挚友约翰·卡斯帕·拉瓦特尔一起担任神职。他锐意改革，与时局格格不入，不得不离开苏黎世来到英格兰，并把名字改为英国味的亨利·菲尤泽利。菲尤泽利是著名的学者、诗人和艺术家，他个子不高、脾气急躁、言谈风趣。布莱克可能早在做学徒的时候就知晓他的大名，因为他买过菲尤泽利翻译的温克尔曼的一本很有影响力的书《古希腊绘画与雕刻随想》(1765)。布莱克还可能以前就见过菲尤泽利，因为菲尤泽利在1777—1781年曾住在布罗德大街，离布莱克家几步之遥。

菲尤泽利是有名的坏脾气，不过，这是他刻意营造出来的形象。布莱克曾对他做出如此评价，"他不是个天生好脾气的人，但是他的坏脾气却是故意演给人看的"[13]。布莱克对菲尤泽利的个性和艺术思想都很钦佩：

105

> 我所识人众
> 令我青睐者
> 唯有菲尤泽利；
> 奔放又聪颖
> 敬虔基督徒
> 亲密我挚友，
> 近来可安好？

（笔记本，第50页）

布莱克的徒弟弗雷德里克·泰瑟姆认为"这世上的人当中，布莱克最爱菲尤泽利"[14]。当时也有些人认为布莱克是"菲尤泽利的弟子"，但是这弟子做得"比师父更出格"[15]。布莱克认为菲尤泽利是艺术与文学领域的旷世奇才，其作品"遒劲有力，一看就有菲尤泽利、米开朗琪罗、莎士比亚和弥尔顿之风"。[16] 他还常常把自己和菲尤泽利相提并论：那些了不起的傻瓜们"永远都别想学会拉斐尔，学会菲尤泽利，学会布莱克"。[17]

二人在一起交流，自然不会斯文到哪里去。菲尤泽利言辞粗鲁是有名的，而且还"吹嘘能用九种语言骂人"。[18] 布莱克的朋友乔治·里士满曾谈到布莱克和弗拉克斯曼一段对话：

> 弗拉克斯曼："你怎么和菲尤泽利这样的人还谈得来？他满口脏话，真让人受不了。他和你说话时也这样吗？"
> 布莱克："是的。"
> 弗拉克斯曼："那你怎么办？"
> 布莱克："我怎么办？我也说脏话呗！这时，他就很诧异地说：'哎，布莱克，你说脏话了！'他自己说就没事！"[19]

有一次，布莱克给菲尤泽利看他的作品，菲尤泽利说道：

> "有人跟你说过这幅画很好。"——
> "是的"，布莱克回答，"圣母玛利亚向我显现，告诉我说这幅画很好：你觉得呢？"——
> "我觉得呀！"菲尤泽利大声说道，"也没什么——就是圣母的品位好像不怎么圣洁。"[20]

布莱克不仅在私下赞美菲尤泽利，而且还公开发表文章表达对他的崇敬之情。* 二人的艺术风格惊人的相似。斯托瑟德在 1797 年 1 月 12 日说道，布莱克"让菲尤泽利给带坏了，染上了浮华之风"。菲尤泽利

---

* 塞缪尔·帕尔墨写道："布莱克在 1825 年告诉我，100 年后我们才能读懂菲尤泽利。"（*BRS*，第 80 页）。布莱克在《月刊杂志》（1806 年 7 月 1 日）上为菲尤泽利辩护："真相是，他比现在的世代超前了 100 年。"

106

把布莱克当作榜样教育一名版刻学徒，"给他看看《植物园》第一部中布莱克版刻的死神阿努比斯，他就能摸着点门道了"，知道要怎样"雕刻才对得起我的画作"。[21] 弗拉克斯曼和菲尤泽利都曾说过："今天人们狂热地推崇米开朗琪罗，明天他们要狂热地追捧布莱克，竞相珍藏他的佳作。"[22] 二人都采用过布莱克的绘画构思。菲尤泽利常把"布莱克值得抄袭"[23] 的话挂在嘴边。弗拉克斯曼在罗马的时候画过一张素描，署名"J. 弗拉克斯曼作，参考自布莱克 1792 年 6 月所作的 3 幅图"。* 他最后一次看到这 3 幅图最少是在 5 年前。弗拉克斯曼还保留了布莱克的几部文学作品。[24] 而菲尤泽利只拥有一部布莱克的作品，即《给孩童：天堂之门》（E 本），他在 1806 年把这本书送给了时年 5 岁的哈丽雅特·简·莫尔。

菲尤泽利可能还向好友约瑟夫·约翰逊力荐布莱克，请他委托布莱克来版刻他为拉瓦特尔的《人生格言》所作的插图（1788 年 1 幅），为达尔文的《植物园》所作的插图（1791 年 1 幅，1795 年又 1 幅），为艾伦的《英格兰历史》所作的插图（1797 年 4 幅），为艾伦的《罗马历史》所作的插图（1798 年 4 幅）以及为菲尤泽利本人的《绘画讲稿》所作的插图（1801 年 1 幅）。约翰逊此前也曾多次委托布莱克进行版刻。此外，布莱克还版刻了菲尤泽利为《弥尔顿》所配的插图之一《撒旦从混沌中升腾》。这些插图原计划由约瑟夫·约翰逊和詹姆士·爱德华兹出版，† 但是后来因故取消了。这些作品当中，最引人注目的是布莱

---

* *BR*，第 47 页上有该素描图的复制图。后来，布莱克对弗拉克斯曼借鉴他的绘画构思一事感到愤愤不平，"弗拉克斯曼不能否认最初的几幅纪念像（约 1782）中有一幅是我白白为他构思的"（笔记本，第 53 页）。

> 致南希·弗拉克斯曼——
> 要我如何助你夫君抄袭？
> 这岂不是要混淆我和你？

（笔记本，第 27 页）

† *BR*，第 44、46—47 页。布莱克还根据菲尤泽利为《莎士比亚戏剧集》（1805 年集合出版）设计的插图版刻了 2 幅版画，注明的日期是 1804 年。菲尤泽利可能还帮布莱克揽到了为友人拉瓦特尔的《论相面术》（1789—1798）版刻 4 幅插图的工作。菲尤泽利负责把关，约翰逊也帮了不少忙。不过，这些在书名页中都没有说明——详情可参见《布莱克》，第 30 期（1997），第 130—131 页的文章《布莱克和他的圈子》。

克根据菲尤泽利设计的插图单独版刻的三幅作品：《假天堂》（约 1790）、《撒旦》（约 1790）以及《泰门和亚西比德》（1790 年 7 月 28 日）。很显然，这些插图并未出版，因为上面根本就没有出版社的盖印。在当时，没有得到出版商的委托而能直接接触到菲尤泽利的作品，说明两人关系非同一般。可能在 1790 年的某段时间里布莱克专职为菲尤泽利版刻插图。

相较于其他的版刻师，菲尤泽利给了布莱克更多的自由来诠释自己的作品。而且，菲尤泽利似乎还和布莱克有约在先，即布莱克可以在版刻中对菲尤泽利的草图进行发挥。菲尤泽利在为拉瓦特尔的《人生格言》设计的草图中只写下了"认识你自己"（Know Thyself）的希腊文首字母，剩下的则留给布莱克自己去补充完整，或者是再找他补全。他为达尔文的《植物园》所设计的插图《埃及的受孕》轰动一时，其中白发苍髯的雨神是布莱克后来加上的。很显然，两人对彼此的艺术品位和能力都深信不疑。

1788 年，布莱克通过菲尤泽利或者是约翰逊得到了菲尤泽利翻译的拉瓦特尔的《人生格言》的散页。他如获至宝，仔细研读书中字句，反复批注，偶尔还修改菲尤泽利犯的英语表达错误。布莱克在书名页"拉瓦特尔"的名字下面写下"威廉·布莱克"，并画上一个心形把这两个名字圈起来。《人生格言》第 643 段指导读者："如果你想了解自己，那么阅读此书时，请在让你感动的地方画上横线，在让你不安的地方做一个记号……"布莱克画了几十条横线，还在不少地方批注："佩服！""金句""太棒了""不安"，甚至是"虚伪"。长一点的批注则表现了他对自己的认识："我爱笑"（第 54 段），"我认为我的敌人还不算多"（第 151 段）。不过，更有意义的是，某些批注反映了布莱克对哲学问题的思考。从这些批注里，我们可以看到布莱克正在形成自己的思想体系。这些思想在他后来的文学作品中，特别是《天堂和地狱的婚姻》中得到了体现。

　　　被物质的欲望所困，就是身处地狱。欲望会耗尽人的生命，而

生命是属神的 *

（第 309 节）

爱就是生命

（第 376 段）

被动为善还不如主动作恶。†

（第 409 段）

每一个天才，每一位英雄，都是预言家。

（拉瓦特尔，《人生格言》，第 413 段，布莱克在此画线）

美是绚丽夺目 ‡

（第 532 段）

世间万物皆上帝之语，万物之本质乃上帝

（第 630 段）

所有的行为都是美善。妨碍他人就不是行善；而是作恶……负面的行为就是恶行

（书的空白页）

布莱克偶尔还在批注中引用《圣经》中的句子（第 487、489、533、630 段）。有些引用来源的章节鲜有人知，譬如，所多玛或者乌撒和上帝的约柜。不难想象，像布莱克这样从小就浸淫在《圣经》研读中的异教徒，早已对《圣经》的内容烂熟于心。

布莱克将他做了批注的《人生格言》给"菲尤泽利看。菲尤泽利说这些批注深得作者之意"。[25] 布莱克能将最隐秘的思想告诉菲尤泽利，说明二人关系很亲密，彼此深信不疑。

这些简练的，或者说有些自命不凡的格言布莱克并未忘却，在后来

---

* 参见布莱克的诗句："每一样活物都是圣洁的"（《天堂与地狱的婚姻》，第 92 段；《阿尔比恩的女儿们的异象》，第 215 行）。

† 参见布莱克在《天堂与地狱的婚姻》第 3 段中的诗句："遵从理智而行的善是被动的。恶是能量的主动迸发。"

‡ 参见布莱克在《天堂与地狱的婚姻》图版 10 中的诗句："绚丽夺目即是美。"

创作《天堂与地狱的婚姻》中粗糙的"地狱的格言"时，亦有所反映。

布莱克和约瑟夫·约翰逊的圈子

　　1779 年布莱克开始了学徒生涯，自此一直为著名的书商约瑟夫·约翰逊版刻插图。约翰逊对布莱克的雕刻技艺十分赞赏，"称他可以胜任任何的版刻工作"，[26]"布莱克能够将韦奇伍德瓷瓶上的图案临摹得惟妙惟肖，我认为更胜巴尔托洛齐一筹"[27]。弗朗切斯科·巴尔托洛齐是当时备受追捧的版刻师，名气之大，远非布莱克所及。

　　从 1779 年到 1786 年，约翰逊是布莱克的主要雇主之一，曾委托他版刻了 7 本书中的 16 幅插图，大多制成了 12 开本。大部分版画较为普通，譬如为邦尼卡斯尔的《测量法导论》（1782）和尼科尔森的《自然哲学导论》（1782）制作的版画。也有一些颇具美感，譬如临摹并版刻斯托瑟德为约瑟夫·里特森的《英诗选集》（1783）所作的插图。1787 年初，布莱克结识了菲尤泽利，他受约翰逊委托版刻的作品也随之上了档次。

　　从 1786 年到 1801 年，约翰逊委托布莱克版刻了 90 幅插图，包括：临摹霍多维茨基设计的插图；为玛丽·沃斯通克拉夫特翻译的扎尔茨曼的《道德的要素》（1790—1795 年）版刻的 44 幅未署名的插图；临摹菲尤泽利设计的图案，为达尔文的《植物园》（1791，1795）版刻的 4 开本插图；为约翰·加布里埃尔·斯特德曼的《五年远征苏里南起义黑奴纪事》版刻的多幅 4 开本插图（1796）（见图 44、图 45），特别是他为菲尤泽利设计的《弥尔顿》（1791）插图所作的版刻以及他为玛丽·沃斯通克拉夫特的《真实生活的原创故事》*（1791）独创设计并版刻

---

* 此书原名全称为《真实生活的原创故事：通过对话有意识地调节情感，从而形成对真理和美德的思考》（ *Original Stories from Real Life; with Conversations, Calculated to Regulate the Affections, and Form the Mind to Truth and Goodness* ），本书统一简称为《真实生活的原创故事》。——编注

的 6 幅插图。约翰逊在 1802 年 1 月 4 日写给威廉·海利的信中说道："从我认识威廉·布莱克先生的那天起，我就一直希望能助他一臂之力，而且只要有机会，我都会倾力相助。我希望能为他的工作开出合理的或者是更高的报酬……"[28]

约瑟夫·约翰逊（1738—1809）比布莱克年长 20 岁，生于一个浸信会的家庭，但是后来逐渐转向了一神论，对许多社会和政治事件抱有与异教徒相近的态度和观点。他做事有条不紊，下定决心就不回头，为人和善慷慨。布莱克认识他的时候，约翰逊已在业内站稳脚跟，后来的发展更是如日中天。他是很多新派作家和诗人的主要出版商，曾出版过威廉·考珀的质朴诗歌、约瑟夫·普里斯特利博士的科学设想、伊拉斯谟斯·达尔文的植物主题诗集以及玛丽·沃斯通克拉夫特的各类著作。玛丽还在约翰逊家住过一段时间。1799 年他因出版吉尔伯特·韦克菲尔德的政治激进的小册子而被指控犯有煽动叛乱罪。即使在狱中，约翰逊仍保持乐观态度，坚忍从容，不失绅士体面。

可惜，约翰逊给予布莱克最为慷慨有力的帮助，却是无疾而终。约翰逊曾答应出版布莱克的诗集《法国大革命》，甚至都已经完成了第一卷的排版（见图 42）。但是，最终只有第一卷的清样得以存留，其他六卷已无处可觅。诗歌描写了精神的战争——自由之精神与特权之精神的战斗。诗中不乏捍卫古代文明的精彩比喻：

> 大理石的天堂变成泥砌的农舍，大地变成橡木的板凳，而那些割草机
> 从大西洋的群山，一路割倒六千年伟大光辉的丰收？
> ……
> 直到权力和统治要寻租地极，刀剑和节杖要借自日月
> 律法和福音要寻租烈焰和空气，永恒的理性和科学要借自深邃和坚固
> 人类凋谢的头颅低垂在永恒的岩石之上……[29]

　　《法国大革命》为何无缘出版，我们不得而知。可能，布莱克未能 110
最终完成诗稿，或是英国政府对海峡两岸如火如荼的人民革命的疯狂镇
压迫使约翰逊不得不放弃出版这部同情革命的诗集。事实上，1791 年
以后，法国发生的变革也并非如布莱克和其他英国激进人士所愿。目睹
法国从一个民众即将当家做主的国家又陷入君主统治的国家，布莱克在
诗中愤然写道：

> 法国要摆脱欧洲的枷锁，那些愚人和无赖
> 先是野蛮地反抗，现在又安心做它的奴隶*

　　约翰逊对布莱克更为有力的帮助是答应出版他的小书《给孩童：
天堂之门》。书的书名页上注明 1793 年由"兰贝斯区赫拉克勒斯大楼
13 号的威廉·布莱克与圣保罗教堂广场的约瑟夫·约翰逊出版"。理查
德·特威斯在 1794 年写道，顾客可以看到《给孩童：天堂之门》《天真
之歌》以及"好几本布莱克写的书陈列在圣保罗教堂广场的出版社"。[30]
不过，这些宣传并不十分奏效，如今也只能找到 5 本，大概当时卖出去
的数目也不会多到哪里去。†

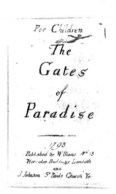

插图 15　布莱克，《给孩童：天堂之门》（E 本）书名页（图版 2）

---

*　雷诺兹，《雷诺兹爵士作品集》批注，第 103 页。1827 年 4 月 12 日，布莱克写道：
　　"法国大革命，让英国人看清了彼此，大家都心照不宣。我对此十分反感。是非曲直，
　　唯有上帝知晓。我们并不明白。对与错是耶稣的判断。"
†　根据我们了解的资料，约翰逊并未拥有任何布莱克的作品。

约翰逊吸引了一批机智风趣、思想解放的朋友在身边。他为其中不少友人出版过作品，而且"每逢周三还在位于圣保罗教堂广场 72 号的家中设宴款待朋友。菜式虽然简单，但是主人家殷勤好客，大家也乐在其中。宴席设在楼上一间形状别致的房间里，房间的墙壁并不与地面垂直"，[31] 墙上还装饰着菲尤泽利的名画原作《梦魇》[32]。这些客人包括亨利·菲尤泽利、理查德·普赖斯博士、约瑟夫·普里斯特利博士、托马斯·克里斯蒂（约翰逊出版的《分析评论》杂志主编）、霍恩·图克、托马斯·霍尔克罗夫特、威廉·戈德温、托马斯·潘恩以及玛丽·沃斯通克拉夫特。

虽然布莱克在政治上对这群严肃的自由主义者表示认同*，但是工匠出身的他似乎并未融入这些上流人士的圈子。吉尔克里斯特曾听人提到：

> 在此之前，布莱克常常公开宣告他是一个"自由男孩"，是忠诚的"自由之子"……他还大胆地戴上……红色的帽子——出现在公共场所，堂而皇之地穿街过巷。据说，还真找不出第二个像他这样有勇气公开表明自己信仰的人。……但是，当他听闻……1792年 9 月巴黎大屠杀，他扯下了帽子的白色徽章，明确表示再也不戴那顶帽子了。[33]

111

布莱克和约翰逊的几位朋友保持着重要的往来。托马斯·霍尔克罗夫特曾委托布莱克为《智趣杂志》（1784）制作插图。托马斯·克里斯蒂的妻子的祖父还在 1797—1798 年资助布莱克为莫尔公司地毯和织袜工厂制作精美的广告。约翰逊还委托布莱克为玛丽·沃斯通克拉夫特的《真实生活的原创故事》独创设计并版刻 6 幅插图（见图 43）。虽然

---

* 佩斯·吉尔克里斯特在 1791 年说，"布莱克……已经习惯了与这一小群精英人物"每周在约翰逊家聚餐（*BR*，第 40 页）。戈德温的日记中与这些聚会唯一吻合的记载中并未指明聚会的人当中有诗人威廉·布莱克。不过，倒是记载了其他几位也姓布莱克的聚会人员（D. V. 厄德曼，《戈德温日记中的"布莱克"》，《笔记与质疑》，第 198 期 [1953 年]，第 354—356 页）。另见文后"补记"。

没有任何传记考证，但是布莱克肯定从约翰逊的朋友圈里听过玛丽的大名，可能还见过她本人。*

布莱克还认识圈子里其他的人，譬如，霍恩·图克、威廉·戈德温和托马斯·潘恩。³⁴1798 年乔治·坎伯兰还写信给图克向他"推荐一个被埋没的天才，真正的自由之子，威廉·布莱克先生，来版刻你的"新版《普雷的皈依》。³⁵

1793 年威廉·戈德温出版了一部影响深远的著作《政治正义论》(1793)。不过，布莱克"与他关系不大融洽，更谈不上有什么好感"。³⁶泰瑟姆讲述的布莱克逸事中有个人物可能就是影射戈德温：

> 此人是自由思潮的投机主义者，撰写过不少大部头的哲学著作。有一次，他说他的孩子们都在饿肚子，布莱克立即倾囊相助，借给他 40 英镑。没想到这之后的周日，布莱克发现此人的妻子，一位衣着光鲜的漂亮女人，竟在拿到钱的第二天就用它买了……一件非常奢华的裙子。†

泰瑟姆此言是否暗指借钱者就是戈德温，我们不得而知，但是从这番话里可以看出，布莱克在当时与自由思潮的投机主义者过从甚密。而且，可能在 18 世纪 90 年代的某段时间，布莱克手头比较宽裕，能够拿出一大笔钱来接济朋友。不过，他看投机主义者的眼光就不如他少年时看威廉·温·赖兰时那样准了。

布莱克和托马斯·潘恩的关系明显要融洽得多。布莱克在诗歌《亚美利加：一个预言》中称颂潘恩是坚定的政治自由的捍卫者，还在沃森

112

---

* 人们常将布莱克的《阿尔比恩的女儿们的异象》(1793)以及《玛丽》(皮克林民谣手稿)与玛丽·沃斯通克拉夫特联系起来，并非因为二人真有往来，而是因为他们都具有批判创新精神。

† 泰瑟姆（*BR*，第 522 页）。如 *BR* 的评论（第 523 页注 1）所述，"1800 年以前，戈德温并未成家，也没有'子女'"。1800 年至 1803 年布莱克住在费尔珀姆。根据克罗梅克的记载，到 1805 年的时候，布莱克已经潦倒到每周只靠半个基尼过活，所以他后来也不大可能会借给别人 40 英镑。

主教所著的《为〈圣经〉辩护》*（1798）一书的批注中力挺潘恩。潘恩所著《人的权利》（1790）引起了英国政府的极大恐慌，他们忙不迭地要将之妖魔化。这与后世许多政府妖魔化拿破仑、希特勒和卡斯特罗的举动如出一辙。潘恩的朋友开玩笑称他是"魔王"。[37]

　　对潘恩这位捍卫自由，抨击伪善的斗士，布莱克怀有深深的景仰。潘恩在《常识》（1776）中写道："一本小册子就能对抗整个欧洲的军队，但是这样的奇迹又怎比得上基督用五个饼喂饱五千人呢？"[38] 对于潘恩和政治主教——"国家骗子"——理查德·沃森之间的争论，布莱克的观点是：

> 潘恩抨击的是那些歪曲基督的话语行为和《圣经》内容的观点……他并不是抨击基督教。沃森是在为伪基督辩护……潘恩既不是魔鬼也不是被魔鬼附身的人……在我看来潘恩比主教要更像个基督徒。我仔细研读了主教的书，发现主教对潘恩的抨击是隔靴搔痒，而潘恩对主教的抨击是正中要害。
>
> （沃森《为〈圣经〉辩护》一书中的批注，
> 书名页反面，第 i、3、120 页）

　　布莱克的批注表明他非常认真地阅读了潘恩的著作。主教几乎拿不出什么"勇气来批判""潘恩的观点……譬如，他认为……《圣经》不过是国家的工具，目的是使世世代代的人民都相信自己是没有力量来推翻政府的。潘恩还着重指出另一个观点，即所有试图解释《圣经》的人都是工于心计的无耻之徒，只因为自己想要过上好日子，就皈依了国教……"（沃森《为〈圣经〉辩护》，第 10 页）。

---

* 此书原名全称为《为〈圣经〉辩护：致托马斯·潘恩的一系列信件》（An Apology for the Bible, in a Series of Letters Addressed to Thomas Paine），全书统一简称为《为〈圣经〉辩护》。此书是 18 世纪末英国宗教与思想论战中的重要作品。全书以"致潘恩的公开信"形式展开，当时的主教沃森针对托马斯·潘恩在《理性时代》（The Age of Reason）中对基督教和《圣经》的猛烈批判，进行了系统性反驳，旨在维护《圣经》的权威性和基督教的合理性。——编注

布莱克力挺潘恩，反对理查德·沃森在政治上"打着宗教的幌子，干着厚颜无耻的勾当"。[39]不过，针对沃森书中貌似主要的宗教议题，布莱克对二人都予以毫不留情的抨击："主教和托马斯·潘恩一样都没有看到永久的福音。"[40]布莱克的朋友塞缪尔·帕尔默称，布莱克曾"斥责潘恩对上帝不敬"[41]，他的徒弟泰瑟姆写道："在一次谈话中，潘恩说宗教是律法，束缚了自由的思想。布莱克回答道，他一直坚信耶稣的道路才是通往自由的正途。"[42]

虽然布莱克并不认可潘恩的自然神论，但是他欣赏潘恩作为政治激进者的胆量和诚实，所以并没有在潘恩面前表现出对其宗教观点的不满。布莱克把自己归入"潘恩一伙"*，他的朋友们也认为就在英国政府企图迫害潘恩之时，布莱克帮助他在1792年9月12日逃离了英格兰。"布莱克建议他马上离开，说：'就算你现在没有被追捕，我相信不久你就会被逮捕了。'潘恩立刻会意，后来也庆幸自己逃亡及时。"[†]在布莱克和其他朋友的催促下，潘恩得以离开英国，并于1792年的9月在法国议会取得一席之位。

潘恩的出逃惹怒了英国政府，当局的报复行动差点殃及布莱克。反革命团体——"忠诚英国人协会"发动了全国范围内的表忠诚运动。1793年10月10日，该团体在街头高歌游行，恐吓甚至攻击不愿公开支持他们主张的市民，还烧毁了潘恩的塑像。布莱克可能还在赫拉克勒斯寓所（见图49）附近的芒特罗遭遇了这群暴徒。[43]与潘恩的交往使不少人陷入危险之中。

布莱克通过约翰逊的人际圈还结识了约翰·加布里埃尔·斯特德曼上尉，不过和他还算不上是同道中人。斯特德曼是一位画家、诗人和版刻师，他希望通过学习"使自己与众不同，有时甚至到了极端的程度"，

113

---

* 吉尔克里斯特称，1804年受审后，布莱克"常说政府，或者是某位要员，知道他与潘恩是一伙的，就'派士兵去诱捕他'"（*BR*，第146页）。

[†] 泰瑟姆（*BR*，第531页）。吉尔克里斯特对这件事的记载有些夸张渲染（"布莱克双手搭在这位演说家的肩膀上，说道，'你一定不要回家，否则死路一条'"[*BR*，第530页注2]）。不过，我们并不清楚吉尔克里斯特对此事的了解是否比泰瑟姆更多。事实上，潘恩从容不迫地离开了英格兰，中间并无任何波折，这与吉尔克里斯特的记载有冲突（*BR*，第530页注2）。

以至于常被别人看成是疯子。[44] 他的身上奇怪地糅合了各种相反的特质，他有着极度的善感和悲悯，娶了一个有着八分之一黑人血统的混血女奴做妻子。他在南美洲服役，为荷兰殖民者卖力——但是，等到终于要向反抗的黑奴开枪时，他又闭上眼睛不忍直视。他钦佩黑人的勇敢和诚实，但是自己却圈养黑奴，还把名字的首字母刺青在他们的胸口（见图 44）。他是狂热的自然主义者，但是只要发现了新的物种，第一反应就是杀死它，并且摆上餐桌。

斯特德曼在苏里南的时候写了一本日志，还手绘了一些他所见到的奇异之事。后来，他将这些编入《五年远征苏里南起义黑奴纪事》一书中。书中详述了各种吸引眼球的事件，譬如，荷兰殖民者的性爱风俗（将与女奴的临时婚姻变成一种制度），如何剥掉一条 50 厘米长的大蟒的皮（将蟒蛇悬于树上，用刀从下往上敲打）以及荷兰奴隶主如何残忍地对待奴隶（用钩子勾住奴隶的肋骨，把他们活生生地挂起来［见图 45]）。

1791 年，斯特德曼把书稿交给约翰逊，约翰逊同意出版，并且答应付给斯特德曼一半的图书预订费。[45]

但是，约翰逊马上就发现斯特德曼的个性和文笔都颇为乖张。斯特德曼的单词拼写捉摸不定，把"quarrel"拼成"quarl"，"Bartolozzi"拼成"Bartholoz"*——因果逻辑关系也很混乱，整个书稿怪诞莫名，一如作者其人。[46] 任何明智的出版商都能马上做出判断，这本书急需一名编辑帮助改稿。于是，约翰逊找来文学多面手威廉·汤姆森帮助校稿。但是，约翰逊忘记把对书稿所做的改动告知脾气暴躁的斯特德曼。此所以生悲也。

斯特德曼的书配有大量的 4 开本插图，布莱克承担了其中至少 13 幅插图的版刻工作。早在 1791 年 12 月 1 日，斯特德曼就写道："这次我收到伦敦寄过来的 40 幅版刻，有的雕刻得不错，有的差强人意……我写信给版刻师布莱克，再次感谢他的精工雕刻，但是一直没有收到他的回信。"有意思的是，斯特德曼居然直接与版刻自己作品插图的工

---

* 布莱克在笔记本第 65 页的《公开致辞》中把这个词拼写成"Bartelloze"，为的是与"Prose"一词押韵。

114

匠联系，这在当时并不常见，因为版刻师通常只与委托版刻的书商保持
联系。

　　布莱克版刻的插图标注的日期分别是 1792 年 12 月 1 日、1793 年
12 月 2 日和 1794 年 12 月 1 日（虽然直到 1796 年年中此书才得以出版）。
因着版刻，布莱克和斯特德曼有了密切的联系。斯特德曼频频写信给布
莱克[47]，但是布莱克却很少回复。斯特德曼不远千里从德文郡的蒂弗顿
北上伦敦，还在布莱克的家中小住了一段。1794 年 6 月 21 日，斯特德
曼写道，"叫上约翰逊和布莱克"；1795 年 6 月 2 日又写道，"我去布莱
克夫妇家"。

　　等到斯特德曼终于得知自己的书稿被人做了修改，不禁勃然大怒。
他在 6 月 5 日写道："我逼着巴萨罗兹归还我的插图——让混蛋格雷戈
里走人——我把改得一塌糊涂的手稿拿回家，修复所有的插图。"几天
之后，斯特德曼"送给布莱克夫人一个蓝色的糖杯……和帕尔默、布莱
克、约翰逊、里戈以及巴萨罗兹一起聚餐"。这类聚会有些可能与图书
预订有关，因为"伦敦的威廉·布莱克"、托马斯·帕尔默、威廉·帕尔
默以及皇家美术学院的约翰·弗朗西斯·里戈都预订了斯特德曼的书。

　　1795 年 6 月斯特德曼

115

　　　　送给了布莱克一张油画肖像画……在布莱克家吃饭……我的书
全给毁了，费事又费钱，把我折腾得够呛……我向约翰逊让步，同
意删掉第一卷中最精华的部分……

　　　　1795 年 8 月，我在布莱克家待了三天，我不在伦敦的时候，
让他帮忙打点生意——我把东西都放他那儿了……还有巴萨罗
兹……艾伯肖因为在 1795 年 8 月 3 日拦路抢劫被判绞刑，——看
到了一个美人鱼……在布莱克家待了两天……

　　　　9 月——这些流氓无赖蠢货——残暴至极——居然抢劫布
莱克……

　　　　12 月 18 日，我回到家……送了只鹅给约翰逊，还送了只给
布莱克……约翰逊给了我一个模糊的暗示——像是说我的书一无

是处⋯⋯

1796 年 1 月和 2 月，我把所有的初稿和索引寄给伦敦的汉萨德（印刷商）⋯⋯我嘱咐汉萨德不要把这些材料交给约翰逊，这个家伙对我太刻薄了，就算是把他绞死，也难平我愤——他要是不买我的账，我就要向世人公开他的无赖本性⋯⋯

1796 年 5 月，约翰逊，大魔头，又来折磨我，把献给威尔士亲王的致辞都给改了，你他妈的就是个雅各宾无赖。

看得出异象诗人布莱克与这位脾气暴躁的上尉交情匪浅，虽然表面看来，圈养奴隶的军人和憎恶奴隶制的版刻师好像并无多少交集。[48]

威廉·汤姆森对斯特德曼前言不搭后语的手稿进行了修改，惹得他勃然大怒。布莱克在版刻中也对斯特德曼的原画进行了大幅的改动，将嗜血的黑奴 * 塑造成逆境中的英雄形象。不过，斯特德曼对他的改动却是赞赏有加。而当同样的情形发生在另一名版刻师巴萨罗兹的身上时，"我逼着巴萨罗兹归还我的插图⋯⋯修复所有的插图"。这么看来，斯特德曼虽然不很通情达理，却是个性情中人，布莱克喜欢他大概也是看中他的这些优点。

在我们所收集到的文献中还找不到第二桩像布莱克和斯特德曼这般的友谊。斯特德曼曾多次留宿布莱克家，这在布莱克其他的朋友那里是从来没有过的。我们也没有发现还有谁能让布莱克在"我（斯特德曼）不在伦敦的时候帮忙打点生意"。布莱克不喜欢管"生意上的烦心事"，因为"那些头脑空空的蠢货总是把我的思绪从崇山幽谷之中⋯⋯拉到空空乏味之地"。[49] 他的这一个性在朋友圈是人所共知的。那么，肯定是因着真挚的友谊，布莱克才愿意帮助斯特德曼打理他的作品，他那本出

116

---

* 斯特德曼为他的《五年远征苏里南起义黑奴纪事》一书创作的插图原稿并未保留下来。不过，他用文字描述的上述场景远比布莱克版刻出来的更为恐怖血腥。斯特德曼其他作品的原图有些得以保存至今（详见理查德·普赖斯和萨利·普赖斯编著的《五年远征苏里南起义黑奴纪事》[巴尔的摩及伦敦，1988]）。布莱克根据这些原图所作的版画插图表现了画家精湛的技艺。而在斯特德曼的原图中根本就看不到任何画家应有的素质。

版时被改得面目全非的宝贝书稿也应该在其中。

不仅如此，斯特德曼上尉当时的主要任务好像是与约瑟夫·约翰逊对战。而约翰逊又是布莱克的朋友和主顾，与斯特德曼交好无疑使布莱克陷入两难的境地。

布莱克不可能在两边都当好人，他最终似乎选择了站在斯特德曼这边。大概是因为布莱克的态度，"约翰逊先生有时给我写信，但是这些信更像是阿伽门农的责杖，而不是奥德修斯的巧舌"。*事实上，布莱克发现 1797 年以后"就连约翰逊和菲尤泽利都抛弃了我的刻刀"。[50]"物质上的朋友是精神上的敌人。"[51]显然，布莱克视斯特德曼为"精神生活的朋友，但是他似乎是我物质生活的敌人"[52]。

斯特德曼称"布莱克遭遇了抢劫"，这话让人一头雾水，不过，可能与泰瑟姆讲述的一桩布莱克的逸事有关："有一天，布莱克夫妇出门拜访朋友，家里没人，一群窃贼……进屋偷走了价值 60 英镑的插图和40 多英镑的衣物。"†[53]100 英镑在当时是不小的数目，几乎是布莱克七年学徒费的两倍。

如果泰瑟姆所言属实（斯特德曼的日记似乎也证明如此），那么布莱克夫妇在 18 世纪 90 年代是相当殷实的。他们后来的贫困生活让人想象不到他们还有过如此富足的时候。奇怪的是，这位拥有 100 英镑财产的诗人竟会写下：

> 我们吃得很少，我们喝得不多；
> 这个世界没有我们想要的快活。[54]

不管怎么说，布莱克夫妇的物质生活应该是上了一定的档次，否则，斯特德曼赠送油画和蓝色糖杯就显得不合时宜了。他们离开伦敦前往费尔珀姆时，随身带了"16 个又大又沉的箱子和一些作品册"[55]。看

---

* 1804 年 5 月 28 日信函："在与自己利益攸关的事上，约翰逊也能做到非常之诚实大度；不过，我得要指出来，他做事太绝太狠，我觉得有失公允。"
† 另见文后"补记"。

117　来即使遭遇被盗，布莱克夫妇仍有不少的财产。显然，斯特德曼是在布莱克大富之时认识他的。但是，尘世的财宝既是可以盗走的，繁华也只存于须臾之间。

专业版刻任务

　　从 18 世纪 80 年代中期开始，布莱克主要从事版刻和写作工作，除了为玛丽·沃斯通克拉夫特的《真实生活的原创故事》和爱德华·扬的《夜思》*设计并版刻插图外，很少自己作画。从 1785 年到 1799 年他没有在皇家美术学院展出过任何作品。

　　布莱克最伟大的版刻作品即是诞生于这一时期。他第一次获得委托，设计并版刻托马斯·康明斯的《配乐挽歌》(J. 芬腾出版，1786) 一书的封面。但是，这次作品并未引起人们的关注，目前能找到的也不过区区三本。他为玛丽·沃斯通克拉夫特的《真实生活的原创故事》绘画并版刻了 6 幅插图 (J. 约翰逊出版，1791、1796；1799 年被巴黎的登图出版社盗版，更名为《玛丽和卡罗琳》)。这些作品广为传阅，但是仍未能引起业内的评论。

　　布莱克为 J. T. 斯坦利翻译的德国诗人戈特弗里德·比尔格的畅销哥特传奇故事《莱诺勒》†（威廉·米勒出版，1796 年）设计了三幅插图并由佩里版刻。这些插图招来了评论界一片骂声。1796 年 9 月的《英国评论》发出了强烈的抗议：

　　　　斯坦利先生最后一个译本的卷首插图（见图 46）充满了各种

---

* 此书原名全称为《哀怨，或关于生命、死亡和永生的夜思》(*The Complaint or Night Thoughts on Life, Death, and Immortality*)，本书统一简称为《夜思》。——编注
† 《莱诺勒》是德国诗人戈特弗里德·奥古斯图斯·毕尔格（1747—1794）创作的一首叙事诗。——编注

扭曲变形、荒诞莫名的怪物。该画出自某位天才之人的邪恶灵感，以为畸形和重口味就是气魄和表现力，画中男女如被剥去皮肤，关节肌肉支离错位，完全不似现实中人，不能亦不该存于画界，此等恶俗品位，人人得而唾之。

约翰逊 1796 年 11 月出版的《分析评论》称，虽然画家试图"向读者展现诗人天马行空的思想，可惜事与愿违，非但美感全无，反而荒唐可笑"。

难怪 15 年后，布莱克写道："我知道那些和我在画界一争高下的人，不是去想方设法超越我，而是绞尽脑汁通过诽谤和各种伎俩置我于死地。"[56]

不难想象，差评之下，布莱克此后自己设计并版刻插图的书大多是受挚友委托而作（譬如，海利的《小水手汤姆》[1800] 以及马尔金的《慈父忆儿录》[1806]）*或由自己出版的。

不过，到了 18 世纪 80 年代后期，布莱克的商业版刻事业就逐渐兴旺发达起来。当时炙手可热的袖珍人像画家理查德·科斯韦力劝岳父哈德菲尔德出版布莱克为自己画的《维纳斯劝阻阿多尼斯》（1787）版刻的大幅版画。布莱克还为拉瓦特尔的《论相面术》（约翰·默里等出版，1789—1798）版刻了 4 幅插图（1788 年 5 月及以后），得到了 39 英镑 19 先令 6 便士的酬劳。[57]拉瓦特尔的《论相面术》成为英国图书插图黄金时代的插图图书的代表之作。1786 年，约翰·博伊德尔宣布启动一项浩大的工程，汇聚全国精英制作一部插图版的《莎士比亚全集》。博伊德尔曾委托布莱克按照霍格思为约翰·盖伊的《乞丐的歌剧》†所画的插

----

* 有两个主要的例外：一是理查德·爱德华兹（约 1794）委托布莱克为扬的《夜思》（1797）创作插图；二是 R. H. 克罗梅克（1805）委托布莱克创作并版刻布莱尔的《坟墓》插图。克罗梅克看起来与布莱克交情不错，但是后来他把版刻布莱克的插图的任务交给了路易斯·施亚沃内提。

† 《乞丐的歌剧》是英国诗人和剧作家约翰·盖伊（1685—1732）的代表作，于 1728 年在伦敦首次上演。该剧写小偷和拦路强盗的活动，反映社会道德的堕落，并嘲弄当时的首相及其政府。——编注

118

图制作了一幅对开本的版刻（1788 年 10 月），然后将其制成版画，收入他后来的鸿篇巨制《威廉·霍格思原创作品集》（约 1790 年及以后）中。这是布莱克最为精美的临摹版刻插图之一，不过，由于尺寸过大，如果不是制成全开本的话，根本就无法复制。

布莱克与理查德·科斯韦的交往很有意思。科斯韦是当时备受追捧的袖珍人像画家，时常出入上流社会。他同时亦对炼金术，占星术，帕拉塞尔苏斯、伯梅以及斯韦登堡的学说十分着迷，还拥有一个私人图书馆专门收藏他们的作品。科斯韦对布莱克颇有好感。1795 年 12 月 27 日，他热情洋溢地谈到坎伯兰的

> 莱昂纳多画像……的草图，毋庸多言，是迄今为止我见到的这位伟人最瑰丽的画作……何不请布莱克把这幅画版刻出来呢？我相信他一定不会推辞的。如果由他来版刻这幅画，他所倾注的心血和时间一定不会白费。莱昂纳多的作品，版刻得精美的少之又少。更何况这幅画如此雅致，如此赏心悦目。我相信如果由布莱克来版刻的话，无论开价多少，一定都会大卖的。

不巧的是，布莱克并没有版刻坎伯兰的莱昂纳多画像，可能因为当时他不再出版他人的临摹版刻作品，而且当时他正埋首于一项大工程——为理查德·爱德华兹版刻爱德华·扬的《夜思》。不过，科斯韦对布莱克的亲善之意可见一斑。虽然没有直接的证据显示，但是科斯韦的友谊和他的藏书应该对布莱克产生了重要的影响。

布莱克从干劲十足的版画出版商约翰·拉斐尔·史密斯处得到了两个更赚钱的版刻工作，将乔治·莫兰的画制成 4 开本的版画。莫兰是个乐天派，好酒贪杯，画的多是简单的乡野风土人情。布莱克版刻了他的《慵懒的洗衣女工》和《勤劳的农夫》，并于 1788 年 5 月 12 日出版，每幅版画酬金 6 先令。这些明显都带有说教的意味，不是布莱克喜爱的题材。但是，这两幅版画"比莫兰的其他作品都要畅销"[58]。照着这样的势头发展，若不是后来得到约翰·林内尔的慷慨资助，"布莱克的后半

生可能就在……版刻莫兰的猪和农家少年中度过了"。[*]

相比之下，威利·雷弗利的委托更对布莱克的胃口。他在 1791 年
10 月 18 日写道："雷弗利先生致布莱克先生：如您愿意版刻帕尔斯先生
的雅典古物画，且能于一月底之前完工，我将很乐意把这些画给您送过
去。"这项委托大概是得了布莱克的老友乔治·坎伯兰牵线搭桥，因为
他曾经写道，"请到了布莱克来版刻雅典古物"⁵⁹，当然，也有可能是得
到他以前的老师亨利·帕尔斯的举荐，因为这些雅典古物的图画是由亨
利的哥哥威廉·帕尔斯临摹带回国的。

布莱克也以生意人的口吻回信道："布莱克先生致雷弗利先生：承蒙
委托版刻如此精美之物，不胜荣幸。必将竭尽全力，于一月底之前完工。"

但是，布莱克未能在一月底之前完工，他在 4 幅版刻的忒修斯神庙
的《半人半马族与拉庇泰人的战斗图》上签署的日期是 1792 年 4 月 3
日。詹姆斯·斯图尔特和尼科尔斯·雷韦特合著的《雅典古物》堪称英
国插图图书出版的黄金时代的巅峰之作之一，其中第三卷（威利·雷弗
利主编，约翰·尼科尔斯出版，1794）的大幅对开本版画更是备受推崇。
约翰·弗拉克斯曼还特别写到布莱克的版画"颇有大师风范"⁶⁰。

1792 年 1 月罗伯特·鲍耶宣布一项企划，汇聚全英最杰出的画家为
大卫·休谟的《英国史》设计插图，将此书制成配有 60 幅大型版刻插
图和大量花饰的精装版本。这些插图将"交给最杰出的版刻师"进行雕
刻，其中包括"威廉·布莱克"。1792 年 2 月鲍耶又宣布这些"先生们
正在埋首于"休谟的工作，1793 年 5 月，历史美术馆《画展》的目录中，
"威廉·布莱克"的名字仍然出现在休谟插图的版刻师之列。⁶¹

鲍耶出版的《英国史》（五卷对开本，1793—1806）、博伊德尔的
《莎士比亚全集》（九卷对开本，1791—1805）以及麦克林的《圣经》（六
卷对开本，1791—1800），内里的插图都是出自英国当时最优秀的画家
之手，并由伦敦最杰出的版刻师进行版刻，被尊为英国图书插图黄金时

120

---

[*] W. M. 罗塞蒂根据亚历山大·蒙罗的话所做的笔记（1863 年 11 月），"好像他的消息
来源很可靠"（*BR*，第 274 页）。莫兰在费尔珀姆根据福克斯旅馆墙上的一幅瘟疫图画
了一幅大型湿壁画。布莱克后来居住于此。旅馆之前曾两次遭遇大火。

代的巅峰之作。

弗拉克斯曼曾告诉海利，他"能在鲍耶出版的《英国史》中，找到当代最优秀的版刻界的代表人物"[62]。布莱克能得到赏识，为鲍耶、麦克林或者博伊德尔制作版画，足以证明他在当时是相当成功的。

但是，最终布莱克无缘鲍耶的《英国史》，也未能在麦克林的《圣经》中一试身手，仅仅为博伊德尔的《莎士比亚全集》制作了一幅印版（1799）。这种轻视让布莱克备感屈辱。1805年12月11日，他写道："我一个大活人，好手好脚，天赋不输他人，有的是时间来版刻鲍耶、麦克林、博伊德尔和其他的优秀作品。他们又不是不知道我，但是却如此看轻我，以为我胜任不了那些工作……"失望之余，布莱克在笔记本（第23页）中写下几行诗，假装不会

> 因为他们没有说"哦，你是多么美丽"
> 就去生麦克林、博伊德尔或鲍耶的气

但是，布莱克被排除在名匠之外，无疑也使他明白了虽然自己"嘲笑命运，但是我现在明白了命运才是世间财富的主宰"。[63]是命运而不是价值在左右世间的财富和成功。

布莱克更喜欢的工作还是和老朋友乔治·坎伯兰一起合作。坎伯兰曾在意大利游历数年，刚与事实婚姻的妻子以及孩子回到英国，并带回来大批版画和艺术理论。坎伯兰将他的理论写入一本题为《关于草图、雕塑以及指导古代艺术家创作个体与群体人物的方法的思考》*的书中。

---

* 此书原名全称为《关于草图、雕塑以及指导古代艺术家创作个体与群体人物的方法的思考：附带现代艺术实践的自由评论及大量技巧提高秘诀，并配有24幅经典主题插图用以讲解乔治·坎伯兰倡导的艺术原则》（*Thoughts On Outline, Sculpture, And The System That Guided The Ancient Artists In Composing Their Figures And Groups: Accompanied With Free Remarks On The Practice Of The Moderns, And Liberal Hints Cordially Intended For Their Advantage. To Which Are Annexed Twenty-four Designs Of Classical Subjects Invented On The Principles Recommended In The Essay By George Cumberland*），本书统一简称为《关于草图、雕塑以及指导古代艺术家创作个体与群体人物的方法的思考》。——编注

坎伯兰亲自版刻了书中 24 幅插图中的 16 幅，其他的 8 幅则由布莱克完成（签署的日期分别是 1794 年 11 月 5 日和 1795 年 1 月 1 日）。坎伯兰为布莱克提供了版刻的铜版，并支付了 16 英镑 16 便士的酬劳。[64]坎伯兰毕竟不是科班出身，尚未掌握反向刻写的技法，所以全部的刻写都由布莱克来完成。这些刻写中的字母"g"都带有他当时惯用的标志性的左向衬线。布莱克还在 1795 年 12 月 6 日的信中向坎伯兰传授如何在铜版上铺蜡，坎伯兰还记下了布莱克告诉他的印刷方法。坎伯兰对布莱克临摹自己的图画版刻的作品非常满意。他在 1824 年 6 月 17 日写道："布莱克……深知我意，临摹得形神兼备、洒脱自如。"在这本书中，坎伯兰也写道：

> 承蒙布莱克先生相助，不辞辛苦，为本书版刻插图。版刻之图与我的原作不差毫厘：得此才华横溢之天才，实乃毕生最大之幸事。布莱克先生不吝赐教，将版刻之秘诀慷慨传授于我，使我得以亲手完成大部分插图的版刻……

（第 47—48 页）

《关于草图、雕塑以及指导古代艺术家创作个体与群体人物的方法的思考》于 1796 年 8 月出版，坎伯兰向包括布莱克在内的很多朋友赠送了这本书。[65]但是，直到 12 月 23 日，布莱克才写信回复坎伯兰：

> 最近心中常感不安，因为未能在收到你的精美图书的第一时间向你表达谢意……
>
> 加油加油！你的不少佳作，譬如《自然与上帝，永恒的父母》也在呼唤出版呢。极少有作品能达到如此完美之境。自然向它们微笑，上帝给它们颁奖。你的弟兄也在说："从他的隐秘的森林里传出悠扬的琴笛声，一扫我们生活劳作的疲乏，我们耕种、收割，忘记了辛劳。"

3 年后，布莱克又写道："我像研究先人留下的古卷一样时常研究你的《关于草图、雕塑以及指导古代艺术家创作个体与群体人物的方法的思考》。"[66]

虽然这本书并不畅销[67]，但是坎伯兰对自己的艺术思想仍笃信不疑。1829 年，他重印了书中的部分插图（包括布莱克制作的 4 幅），编入《古代绘画草图》中。没有人比坎伯兰更懂得欣赏布莱克的版刻才华。

122　　从对后世的影响来看，布莱克当时单独出版的最重要的无色版画应该是他自己出版的几部作品：《控诉者》（1793 年 6 月 5 日）、《爱德华与埃莉诺》、《约伯记》（均为 1793 年 8 月 18 日）、《以西结：我要将你眼目所喜爱的忽然取去，〈以西结书〉24 章 16 节》（见图 47）、《亚利马太的约瑟向不列颠的百姓讲道》（约 1794），以及《打扫晓谕者客厅的人》（约 1794）。这些作品的印册数目很小，譬如，《爱德华与埃莉诺》只有两本保存至今。有些出版的作品的确精美异常，难怪当那些大书商表示出对布莱克才华的轻视时，他会感到那么的震惊。

"在兰贝斯的杨树下"[68]

1790 年秋，布莱克夫妇离开居住了五年的波兰街，搬到了萨里郡兰贝斯区的荒郊。威斯敏斯特大桥横贯泰晤士河，将兰贝斯区与对岸连接起来（见图 48）。虽然对岸就是国会大厦和威斯敏斯特教堂，兰贝斯区仍是一片乡村景象，因为这里的大部分土地属于坎特伯雷大主教。北面沿河有几家贮木场，其余大部分的地方还是菜地和荒地。

当时，这片土地刚刚得到开发。*1770 年左右，在威斯敏斯特大桥路的一条不知名的巷子里，一排坚固的砖房拔地而起，取名赫拉克

---

* "本世纪（18 世纪）初，兰贝斯区有 1400 幢房屋。目前的房屋数是 4250 幢，包括已有的房屋以及新近竣工尚未居住的房屋（大约 500 幢）"（《旅行者：伦敦漫游口袋书》，第九版，［伦敦：J. 斯卡切尔德，1800］，第 145 页）。

勒斯公寓。大楼的旁边是孤女皇家收容救济所，不远处还有伯利恒精神病院、阿斯特利马戏团和剧院、兰贝斯宫以及坎特伯雷大主教的官邸。

布莱克夫妇租住在"威斯敏斯特大桥靠萨里这边的收容所旁边的赫拉克勒斯公寓 13 号房"。*寓所有三层楼，八到十个房间[69]，外加一个地下室（见图 49）。这不是那种转不开身的小公寓，也不是那种商铺上盖的只有几个房间的屋子。寓所的一楼有两间房，面积不大，四方四正，长宽合适，楼上的几间房大抵也如此。

赫拉克勒斯公寓的房间不仅宽敞，而且雅致，带给布莱克夫妇不一样的感受。房间里有许多大橱柜，凯瑟琳可以用它们来存放积攒起来的银器和瓷器。木板镶饰的墙面高约一米，还有乔治亚王朝时代风格的带搁架的壁炉膛和大理石壁炉台。[70]他们把油画挂在墙上，用银质餐具和斯特德曼上尉赠送的蓝色糖罐来款待日益增多的文人雅士朋友，譬如，托马斯·巴茨和斯特德曼。

房子的北面冬天很阴暗，向前穿过巷子，就是荒地和泰晤士河。楼梯井的下端通向后门，打开门是一个南向的花园。花园是狭长形的，尽头有一个掩映在杨树下的茅房。布莱克的工作室在后厅，房间朝着南向花园，阳光充足。在这里，他创作了兰贝斯书集——《塞尔之书》《欧罗巴：一个预言》《由理生之书》："我来到客厅，坐下，提起笔，写下……《欧罗巴：一个预言》。"[71]

这房子和花园还闹过鬼。在这里"布莱克，生平第一次也是唯一一次，见到了鬼……一天夜晚，布莱克正站在兰贝斯寓所的花园里，无意间一抬头，看见一个阴森可怖的人形，'长着鳞片和斑点，十分骇人'，正顺着楼梯扑向他。布莱克这辈子都没这样害怕过，拔腿就跑，逃到房

123

---

* 弗拉克斯曼 1800 年 3 月 26 日信函。寓所照片的复制图可见托马斯·莱特著《威廉·布莱克的一生》（奥尔尼：托马斯·莱特，1929），第 1 章，第 4 页。布莱克在兰贝斯的一个近邻可能是版刻师亚伯拉罕·库柏。根据弗拉克斯曼在 1804 年 10 月写给海利的信函，库柏居住在兰贝斯的精神病院对面的约克大楼 4 号（皮尔庞特·摩根图书馆藏手稿）。

子外面去了"。 *

　　布莱克在兰贝斯看到的可怖景象听起来很像他在 1819 年所绘的《异象中的头像之跳蚤幽灵》（见图 126）。画中的跳蚤也是一个可怖的人形，长着鳞片和斑点，十分骇人。

　　布莱克夫妇第一次拥有了自己的花园，像所有喜欢宅在家里的城里人一样，他们尽情享受着花园的各种美好。夫妇俩种了一棵无花果树，还搭了一个葡萄架。 † 他们的朋友，譬如，弗拉克斯曼，就常常与他们一起在葡萄树的浓荫下饮茶。 ‡ 在搬到"兰贝斯的赫拉克勒斯公寓"后的第三年的冬天，一棵"两季桃树"和一株"玫瑰树""竞相开放，花团锦簇"。[72] 《我美丽的玫瑰树》（草图绘于笔记本第 115 页，并于 1793 年版刻，收入《经验之歌》）、《五月从未开过的俊美之花》，以及《我叫小偷给我摘个桃子》（笔记本，第 114 页，约 1793）大概都是这似锦繁

---

* 吉尔克里斯特（*BR*，第 54 页）。吉尔克里斯特也称布莱克"常常挂在嘴边的话是，它们（幽灵）并不常向富有想象力的人显现，而只向那些和它们一样，品位不高的人显现。粗俗的肉眼看到的是幽灵，心灵的眼睛看到的才是异象"。另见文后"补记"。

　　J. T. 史密斯写道，布莱克在异象中看到兰贝斯寓所"楼梯的最顶层上"的"亘古常在者"（*BR*，第 470 页）。

† 泰瑟姆是在布莱克离开兰贝斯之后出生的。他说这些葡萄藤结出了"大串大串……成熟的果子"（*BR*，第 521 页）。这与玛丽亚·登登的说法很不一样。登登曾与姐夫约翰·弗拉克斯曼一起去布莱克在赫拉克勒斯的寓所喝茶。当时，她还是一个小姑娘。按照她的说法，"布莱克才不会去打理这些葡萄藤。他认为人为干预葡萄藤的生长根本就不对：结果，这些葡萄藤长得枝繁叶茂，还结了好多极细小的果子，但就是成熟不了"（*BR*，第 521 页注 1）。

　　理查德·杰克逊（1851—1923）说，当他"还是一个孩子的时候"（约 1860），他的父亲（1810 年出生）因为与布莱克的弟子"有些交情"，常带他去布莱克在赫拉克勒斯的寓所喝茶。在那里，他们看到了布莱克的无花果树以及"繁茂的葡萄藤……缠绕着窗扉"。他的父亲告诉他，那棵葡萄树和无花果树是乔治·罗姆尼送给布莱克的礼物。葡萄树还是从"凡尔赛宫或是枫丹白露的大葡萄藤上移植过来的"（R. C. 杰克逊，《威廉·布莱克，意外的发现》，《伦敦南部观察》[1912 年 6 月 22 日]）。鉴于布莱克去世时，杰克逊的父亲才 17 岁，他不可能在赫拉克勒斯寓所见过布莱克。而且，R. C. 杰克逊本人极不可靠，他的这些言论很难让人信服。

‡ 泰瑟姆（*BR*，第 521 页）。布莱克的工作室在镶了木板的后厅，这一说法来自 R. C. 杰克逊的父亲（R. C. 杰克逊，《威廉·布莱克，意外的发现》，《伦敦南部观察》[1912 年 6 月 22、29 日]）。1912 年，这间镶了木板的房间和"一棵很老的葡萄树和一棵很老的无花果树"仍能在赫拉克勒斯公寓楼见到（托马斯·莱特，《布莱克的家，兰贝斯》，《D. Na. L》[1912 年 6 月 4 日]）。

　　吉尔克里斯特还讲了个荒唐的故事，说布莱克在兰贝斯寓所的院子里赤身坐着，招呼友人进屋（*BR*，第 53—54 页）。早在 1816 年的时候人们就发现这是一个学生杜撰出来的故事。详见西摩·柯卡普在 *BR*(2)，1809—1810 年中的相关记载。

花激发的灵感。

能在兰贝斯拥有宽敞的房屋，过上殷实的生活，夫妇俩都满心欢喜。他们有一段时间还雇了一个仆人，但是很快就发现，"布莱克夫人说……越帮越忙"，所以，就把仆人辞退了。[73]

在赫拉克勒斯公寓居住的这段时间里，布莱克心情很好，在那间洒满阳光的书房里，他创作了许多伟大的作品。这些作品的书名页上都印有某种形式的"兰贝斯 / 威廉·布莱克印刷"的字样：《给孩童：天堂之门》（1793 年 5 月 17 日）、《控诉者》（1793 年 6 月 5 日）、《致公众》（1793 年 10 月 10 日）、《亚美利加：一个预言》（1793）、《欧罗巴：一个预言》（1794），《由理生之书》（1794）、《阿哈尼亚之书》（1795）、《洛斯之书》（1795）以及《洛斯之歌》（1795）。*这些作品都是在赫拉克勒斯公寓里构思、创作、印刷、上色、装订、推广和销售的。"我有一整套的房子可以让我用来踱步思考。"[74]布莱克真是像大力士赫拉克勒斯般辛苦地工作。

此前的任何一处居所都没有像"美丽的兰贝斯"[75]这样反复地出现在布莱克的诗中。在"兰贝斯的山谷，耶路撒冷开始奠基"[76]，"有一粒兰贝斯的沙子，就是撒旦也找寻不着"[77]。

有些诗句还隐晦地提到了寓所附近的区域：

> 耶路撒冷的内院，兰贝斯被毁了，交给了
> 普里阿摩斯可憎的诸神，交给了阿波罗：在济贫院
> 交给了在特扎斯为生计而劳作的赫拉克勒斯……
> 兰贝斯在哀伤，呼唤耶路撒冷……
>
> （《弥尔顿》，图版 25，第 48—50、54 行）

阿波罗大楼和阿波罗公园（最近已废弃）就在赫拉克勒斯公寓的旁边，　　125

---

* 《阿尔比恩的女儿们的异象》（1793）、《经验之歌》（1794）以及《天堂与地狱的婚姻》（约 1790）大概都是在兰贝斯居住期间创作并印刷出来的。不过，这些作品都没有在书名页上标明地点。

而皇家孤女收容所就是在赫拉克勒斯公寓的旧址上建起来的。[78]

布莱克自创的神话体系中的巨人形象也是在兰贝斯构思出来的："洛斯从天而降……我浑身战栗……在兰贝斯的山谷；他轻吻我并祝我健康。"[79]兰贝斯是布莱克艺术创作的福地。

这里也发生过不同寻常的事情。隔着寓所的两户人家，住着菲利普·阿斯特利，一家很有名气的马戏团的老板。一天

> 布莱克正站在窗前，眺望阿斯特利的宅院……他看见一个男孩，脚上绑着一根原木，一瘸一拐地向前走着。那木头像是经常压在马和驴子身上的那种，主人怕它们走丢了，就想出这样的办法来。布莱克把妻子喊过来，问她木头怎么会绑在一个孩子的脚上。妻子回答说，应该是孩子犯了什么错，在接受惩罚吧。布莱克的血一下子沸腾了，他怒不可遏地冲过去，毫不客气地要求给男孩松绑，称没有哪个英国人应该遭受这样的折磨，就算是对待一个奴隶，这样的行为也是不可宽恕的。他说服那些人放了男孩，自己才回家。后来，阿斯特利知道是布莱克插手了他的家事务，怒气冲冲地过来兴师问罪，质问布莱克有何权力干涉他执行家法。布莱克也恼了，俩人差点打起来。争论持续了很久，不过……最终俩人以互谅互敬的方式结束了不快。阿斯特利意识到自己的惩罚太辱人格，对布莱克的人道主义情怀表示钦佩，阿斯特利的怨气消解了，布莱克的怒火也平息了……*

布莱克的激情不仅恣意在诗中，偶尔也会用行动毫不掩饰地表现出来。

大概也是在这段时期，一位路人在圣吉尔斯附近看见

---

* 泰瑟姆（*BR*，第 521 页）。显然，泰瑟姆是从凯瑟琳·布莱克处得知这一逸事的。可以推测这个男孩是亚伯拉罕·库柏（1787—1868）。他在 1800 年受雇于阿斯特利（*DNB*）。库柏后来成为战争和动物主题画家。1822 年，他还参与帮助布莱克申请皇家美术学院的善款。1830 年，他从林内尔处得到了一张布莱克的素描图和一封信，并放入自己的签名集中（*BR*，第 276、378—379 页）。巴特林未记载库柏收集的任何布莱克的绘画作品。

一个女人在大街上，被像是丈夫模样的人或是某个暴徒殴打……接着看见一个矮小矫健的身影倏地扑上前，朝着恶棍狠狠打了一拳，还把他骂了个狗血淋头。恶棍后退几步，跌倒在地，无力反抗，这才缓过神来，知道来人是要保护那女人。咒骂和斥责从女人的捍卫者口中奔涌而出。布莱克的三寸之舌就连这恶棍也要惧怕几分……[80]

126

无论是在创作还是生活中，布莱克的愤怒都是威力无穷的武器。

新的天堂，新的大地，新的教会

与许多严肃的异教徒一样，布莱克从未停止对精神真理的追求。他认为在国家宗教里是找不到真理的，而在别处，真理却无所不在，不仅存在于神学思考的巨著中，也存在于哲学、文学、圣歌和伟大的艺术作品中。布莱克购买了小约瑟夫·霍尔格特的充满激进投机思想的《对备受推崇的〈圣经〉的自由公正的研究》（1729，1732，1736）、乔治·伯克利的《西瑞斯：哲学反思集》（1744）、雅各布·杜谢的宗教著作《杂论》（1779）、约翰·卫斯理和查尔斯·卫斯理的著作以及《国家的圣歌》（1782）。这些作品的共同特点是追求精神的至高境界。

同时，布莱克也在阅读哲学派炼金术士，如雅各布·伯梅、帕拉塞尔苏斯和康涅里·阿格里帕的著作。[81] 他可能还有一本威廉·劳编著的《雅各布·伯梅作品集》（1764，1772，1781）。布莱克认为书的作者"受到了神启……劳译本中的人物……都无比美丽。'就是米开朗琪罗也不过如此'"。[82] 布莱克在每本书中探寻宇宙的本质——灵魂真实存在于现世的证据。

另一个探寻者是布莱克的朋友约翰·弗拉克斯曼。弗拉克斯曼参加了一个读书俱乐部，研究伊曼纽·斯韦登堡的作品。*斯韦登堡认为"最后的审判"已经在 1757 年发生了（正好是布莱克出生的那年）。天使已将真理晓谕给他，使他第一次了解到灵性的创造是可能的。这些思想让布莱克大开眼界，大概在 1788 年，他购买了几本斯韦登堡的书：《论天堂与地狱及其奇妙诸事，博学可敬的伊曼纽·斯韦登堡之亲见亲闻》（R. 欣德马什出版，1784）以及《天使的智慧，关于神的爱与神的智慧》（R. 欣德马什出版，1788）。布莱克在书中标记出重要的段落，并做注提醒自己："注意这里"（第 204 页），"见注 239"（第 196 页），"新的教会应该活在生命里，而不是存在于仪式中"（第 181 页）。他还常常批判那些对斯韦登堡一无所知却胡乱诽谤的人：斯韦登堡自己说的和"外界以为的"根本就不是一回事（第 429 页）。

这个小圈子里比较活跃的人物之一是罗伯特·欣德马什。他和其他四名斯韦登堡的忠实读者一起于 1787 年 7 月 21 日 "在伦敦的家禽街莱特先生的家中"受洗[83]，因为当时还没有成立斯韦登堡教会，没有牧师来为他们施洗。欣德马什是专业的印刷商。1788 年 12 月 7 日，经由他的印刷厂印刷并派发了 500 份传单，"诚邀所有抵制并与旧教会、现今的国教教会及其教徒决裂的伊曼纽·斯韦登堡大人之神学著作的读者，一起进入基督教的国度，全然领受新耶路撒冷的神谕……"[84]。布莱克正是收到传单并接受邀请的斯韦登堡读者中的一员。

邀请发出后，1789 年 4 月 3 日，有六七十名斯韦登堡的读者在一家酒吧里集会。集会严肃有序。按照要求，与会者在参加前都要签署一份声明，表明自己的神学宗旨："我等（如下签名所示）皆认同伊曼纽·斯韦登堡神学著作之观点，相信其中教义乃天谕之确实真理，应当建立迥异乎旧教会之崭新耶路撒冷教会。"声明的签名中就有"威廉·布莱克"和"凯瑟琳·布莱克"。

在一个信奉国教的国家，人们的思想因为卫斯理的宗教主张和美国

---

* 另一位可能是布莱克的哥哥詹姆斯。根据吉尔克里斯特的记载，詹姆斯"有时会谈到斯韦登堡，还说自己看到过亚伯拉罕和摩西"（*BR*，第 2 页）。

独立战争正在悄然发生着改变。在这样的背景下，会议提出的 32 条主张依然获得了与会者的一致通过。组织者的铁纪可见一斑。这些主张对后世产生了深远的影响。在布莱克夫妇赞同的主张中，有些相当醒目：

4　旧教会已死。

7　应当放弃旧教会的信仰。

13　斯韦登堡信徒不应与其他教会有任何关联。

17　《圣经》包括《创世记》《出埃及记》《利未记》《民数记》《申命记》《乔赛亚记》《士师记》《撒母耳记上》《撒母耳记下》《列王纪上》《列王纪下》《诗篇》《以赛亚书》《耶利米书》《耶利米哀歌》《以西结书》《但以理书》《何西阿书》《约珥书》《阿摩司书》《俄巴底亚书》《约拿书》《弥迦书》《那鸿书》《哈巴谷书》《西番雅书》《哈该书》《撒迦利亚书》《玛拉基书》《马太福音》《马可福音》《路加福音》《约翰福音》《启示录》。"其他经卷缺乏内在的合理性，非上帝之语"。

18　死亡是生命的延续，作用之一是升入天国。

25　基督再临已经开始。

26　真正的基督教只存于新教会。[85]

斯韦登堡的思想对布莱克产生了深远的影响。他后来写道："斯韦登堡！人中力士，被教会剪去头发的参孙。"（此处将"教会"比作参孙奸诈的情妇大利拉*）。布莱克谴责那些"在以色列和地狱歪曲斯韦登堡思想的人，其目的就是要摧毁耶路撒冷"。[86]斯韦登堡信徒认为《圣经》不应包括《约伯记》《箴言》《雅歌》以及四分之一的《新约》书卷，这

---

*　大利拉是《圣经·旧约》所载以色列人领袖参孙的最后一位情人。她哄骗参孙说出自己力大无穷的秘密，导致他被菲利士捕获。——编注

一观点在布莱克的诗集《耶路撒冷》的《神圣的上帝》中得到重申。[87] 布莱克的另一首带有明显斯韦登堡倾向的诗《神的形象》是在一个斯韦登堡信徒集会的场所写成的，后收入《天真之歌》。[88] 布莱克的绘画《精神的导师》也是以斯韦登堡的《真正的基督教信仰》（1781）一书为蓝本创作的。[89]

虽然会议规定了铁的纪律，但是很快新耶路撒冷教会的内部就出现了巨大的分歧，部分原因是信徒们对婚姻之意义的理解产生了争议。在深入阅读更多的著作后，布莱克对斯韦登堡的思想彻底地失望。他买了一本斯韦登堡的《天使有关天意的智慧》（罗伯特·欣德马什出版，1790），上面满是愤怒的批注："愚蠢的思想""谎言和祭司的伎俩""斯韦登堡是……一个精神的宿命论者"（第 277 段，第 xix 页）。《天堂与地狱的婚姻》大概也是在这个时候开始创作的。诗中，布莱克这样描述新教会的信徒们

> 由于一个新天国的开始，……永恒的地狱复兴了。看！坐在坟墓上的天使是斯韦登堡；他的作品是折叠起来的亚麻衣服……
>
> 现在听到了一个明白的事实：斯韦登堡没有写下一句真话；现在又听到了另一个事实：斯韦登堡写下的都是老掉牙的谎言……
>
> 任何智力平平的人，只要读过帕拉塞尔苏斯或是雅各布·伯梅的著作，都能写出万卷书来，内容都不输斯韦登堡。
>
> （《天堂与地狱的婚姻》，第 2、77、80 段）

不过，以魔鬼的口吻来嘲讽斯韦登堡并非布莱克对斯韦登堡所下的最后结论。他对斯韦登堡最终的态度不是敌对而是褒贬参半。1825 年 12 月 10 日，他告诉克拉布·鲁宾逊，斯韦登堡

> "是一位神启的老师——他行了许多善事，而且还要行更多的善事。他纠正了教皇主义的错误，也纠正了马丁·路德和约翰·加尔文的错误"——不过，他同时也指出斯韦登堡试图向理性的读者

解释非理性的事物，并非明智之举；他应该就这么放着不管……他的思想体系中有些观点是害人的。他提出的性宗教很危险。

大约在 1797 年，布莱克"接到邀请加入约瑟夫·普劳德领导的斯韦登堡信徒组织。虽然他对斯韦登堡评价很高，但还是婉言拒绝了"[90]。布莱克的朋友弗拉克斯曼是普劳德的哈顿花园教徒成员。他还以为布莱克十分认同斯韦登堡的思想，一定不会拒绝这样的邀请。

布莱克不仅拒绝加入哈顿花园新耶路撒冷教会，而且在余生也未加入过任何的教会。[91] 与狂热的斯韦登堡新耶路撒冷教会信徒在一起的这段经历，似乎让布莱克明白了即使是最具有启蒙精神的教会也会沦为"谎言和祭司伎俩"的工具。

华彩插图书

思想的雷电，欲望的烈焰[92]

一个有力的灵魂从阿尔比恩之地跃起
……他抓起号角，发出振聋发聩的巨响！[93]

布莱克在研究新耶路撒冷教会主张的同时，也在发展自己日益蓬勃的专业版刻事业。他笔耕不辍，并不断试验新的蚀刻和印刷方法。布莱克应用凸版版刻的首批作品仅限于视觉艺术，譬如，大约完成于 1788 年的《末日之路》（见图 38）和《慈善》。但是，这项技术不仅能应用于图画，也适用于文字。布莱克心里的声音正以"思想的雷电，欲望的烈焰"催促他将二者结合起来。他较早期的作品，如《那时她有了苍白的愿望》（约 1783）、《缪斯的哀恸》（约 1783）、《月亮上的岛屿》（约 1784）都没有配图。但是采用凸版版刻后，几乎所有的诗都配上了插图。

130

刚开始，布莱克对书的版式并没有明确的规划。譬如，《提瑞尔》（约1789）的手稿有15页的文字和12幅单独列出的异常精美的图画，但是这些图画并不是像文字稿那样地纵排，而是横着排在侧边。[94] 图画和文字是分开完成的，要把它们一起印刷出来应该不是件易事，因为有些图画需要从不同的方向观看，而且也不清楚这些图画是要插到文字中的哪个位置。此外，虽然采用凸版版刻来复刻文字较为容易，但图画中细致的阴影和柔美的线条（见图50）还需倚赖凹版线雕才能得以丰满再现。布莱克似乎想把《提瑞尔》做成一本传统意义上的印刷书，或者至少是一本凸版版刻文字与凹版版刻图画相结合的书，而不是像他所有的凸版版刻作品一样，将文字和图画混合雕刻在同一面印版上。

《提瑞尔》是布莱克创作的神话叙事诗中的第一首。这些叙事诗后被归入预言诗系列，取名《亚美利加：一个预言》（1793）和《欧罗巴：一个预言》（1794）——这是仅有的布莱克自己命名的作品。

此处的"预言"（Prophecy）当然不是指那种低级的对未来之事的占卜。"按照这个词现代的意义来理解，预言家根本就不存在。按照现代的标准，约拿根本就不是预言家，因为他对尼尼微城毁灭的预言并未实现。每个诚实的人都是预言家……预言家是先知，不是武断的独裁者。"（沃森《为〈圣经〉辩护》，第14页批注）。布莱克的预言是先知的诗歌或异象。

提瑞尔是一个年老的国王，双目失明，因为儿女违逆他的律法，他就诅咒他们。他要求备受折磨的女儿赫拉带着他在荒野游荡。他最后来到父亲哈尔所在的山中花园。

> 他说，"噢，目无法纪的种族，软弱的犯错的父亲，
> 你的律法，噢，哈尔和提瑞尔的智慧都以诅咒告终。
> 为何一条律法给了狮子和忍耐的公牛
> 为何人们如爬行之兽匍匐于天堂之下，
> 一条经历了六十个冬天的虫子在黝黑的地面蠕动？

智慧能放入银棒，爱能放入金碗中吗？

被逼着向憎恶祷告，不朽的灵魂也低声下气

直到我像天堂的蛇一样狡诈

吃鲜花和水果，昆虫和鸣鸟

现在，我的天堂坍塌了，一片死寂的沙地

我饥渴的舌头回来诅咒你，噢，哈尔

目无法纪的种族，犯错的父亲，我的声音已是过去”。

（《提瑞尔》，

第 357—358、360、362—363、370、387—393 行 [见图 50] ）

　　思想的雷电确实瑰丽，但是布莱克还没有找到一个向公众充分展现 131
它的途径。

　　布莱克发现拉瓦特尔的格言比较适合用来试验凸版版刻的新形式。
他的试验对象是两个短小的哲学警句系列：《所有的宗教同出一源》和
《没有自然的宗教》。*这两个系列由带编号的警句构成，旨在指明诗人

插图 16　布莱克，《没有自然的宗教》　插图 17　布莱克，《所有的宗教同出一源》（A
（L¹ 本）图版 a2　　　　　　　　　　　本）书名页（图版 2）

的天赋、灵魂的世界以及所有宗教的特征都围绕着一个核心："这样，

---

* 这是布莱克早期创作的插图书，它们在表现风格、写作主题和技法表现上极为相似，
共同展现了布莱克的早期哲学思想和艺术观念。《所有的宗教同出一源》共 10 页，由
10 个 "原则"（Principles）组成，每个原则都配有一幅小插图。《没有自然的宗教》一
书的篇幅更长，共有 20 幅小型版画，部分图案采用了白线技法。目前只有 19 幅版画
的印本尚存于世。——译注

上帝道成肉身，我们就可以效仿祂。"[95]

这两个作品都带有明显的试验性的特点：印版很小，图案也只是粗略的寥寥几笔，几乎没有进行任何的修饰。而且，在《所有的宗教同出一源》的卷首插图中，布莱克还忘记了要反刻"布莱克创作并印刷"，结果印出来的字是反着的。这两部作品都没有出版，直到1993年，这些印版的顺序才得以厘清。[96] 布莱克可能在1788年就用这两个小册子开始了第一次试验*，但是直到1794年进行彩色印刷试验的时候才把它们印出来。所以，当时这些版刻作品以及《提瑞尔》的手稿都不太为人所知。

《天真之歌》

从少年时代起，布莱克就一直在创作歌曲，有些收录于《诗的素描》和《月亮上的岛屿》。在一本《诗的素描》中，布莱克加入了一个名为"牧人之歌"的手稿系列。这可能就是后来《天真之歌》的雏形，因为《年轻牧人之歌》就是《天真之歌》中《欢笑的歌》的早期版本。《月亮上的岛屿》中的某些诗也用来创作后期的《保姆之歌》、《迷路的小男孩》和《升天节》。1789年，布莱克将这些诗以及其他的诗汇成一部《天真之歌》，并且制作了一张壮丽的书名页（见插图7），字母绽放成火焰和枝叶，上面是欢乐的天使和吹笛人。在《天真之歌》中"一切都是圣洁的"[97]。

《天真之歌》的叙事者有婴儿、儿童、成人、黑人、白人、鸟儿、昆虫和动物，唯独没有布莱克。这些叙事者表达了在有序的世界里万物各安其所，得到保护和照料。每一个生命的存在，无论是孩童、成人还是蚂蚁都能得到指引……来自"巡夜人"[98]萤火虫，来自"即将到来的上帝"[99]，来自"倾泻满满祝福的……看不见的光亮的天使"[100]，

---

* 印刷的时间是在《亚伯的幽灵》（1822）中的一份笔记中获知的，"威廉·布莱克的初版是在1788年"。1788年印刷的《没有自然的宗教》小册子未能存留至今。

来自"给天堂和人间带来平安的……你的创造者"[101]。每个生命都受到自身之外的某种东西的保护。正是这种被保护的感觉，而不是保护本身，带来平安和喜乐。这些天真之物并不知道根本就没有什么外界的东西来保护他们。给予他们力量的不是现实，而是想象。在《扫烟囱的男孩》中，浑身脏兮兮、孤苦伶仃的小男孩梦见了"带着亮钥匙的天使"。因着幻想，现实世界的残酷不再残酷："早晨虽冷，汤姆却又暖和又愉快。"[102]世界仍是寒冷凄惨的，但是因着幻想，"汤姆却又暖和又愉快"。

这些诗歌都以儿童为主题，以儿童的视角进行创作，方便儿童诵读。有些诗歌，譬如《羔羊》和《婴儿的快乐》，用词多为单音节或双音节，配图简单直观，美丽醒目。*

布莱克的作品中，《天真之歌》和《经验之歌》最为当时以及后世的读者所熟知。布莱克后来多次印刷《天真之歌》，印册远超其他任何一部"华彩插图印刷"系列作品。[103]诗集中的单首诗歌也被多次印刷，尤其是《序诗》《神的形象》《扫烟囱的男孩》《羔羊》等。[104]《天真之歌》1793年的售价是 5 先令，1818 年涨至 3 英镑 3 先令，1827 年则又涨至 5 英镑 5 先令。[105]售价一路上扬，部分原因是后期印刷的版本色彩运用更加精致明艳，富有个性，而早期的版本色彩黯淡，仅用蜡笔反复上色而成。

这些诗歌得到人们广泛的赞赏，其中不乏某些极为挑剔的读者。加思·威尔金森认为虽然"这些诗充满了田园生活的甜美"，但是"很多句子……没有注意到语法规范"。[106]爱德华·菲茨杰拉德对自己购买的那本《天真之歌》的评价是，布莱克"确实有几分疯癫，不过是伟大的天才特有的那种疯癫，也就是我们常说的少根筋的天才"[107]。1811 年 3 月 10 日，克拉布·鲁宾逊把布莱克的诗读给威廉·黑兹利特听，

> 他被深深地打动了……"这些诗真美，"他说，"鄙俗之人是断然欣赏不了的；布莱克全然不知荒唐可笑为何物，正如在上帝的眼

133

---

* 详见本书的扉页 3（书名页）和图 9，以及插图 6、7 和 13。

中，地上爬行的小虫与任何其他的受造一样珍贵。对他而言，万物并无区别。扫烟囱的小孩同样珍贵。他试图摆脱但又无法摆脱那些压在心头的东西，内心备受煎熬——他在做一件不可能的事情。"

查尔斯·兰姆称布莱克是"疯癫的华兹华斯"[108]，而华兹华斯则"认为布莱克很有诗性——比拜伦和司各特强千倍"[109]。华兹华斯读了马尔金有关布莱克的记述（1806），从中摘抄了一些诗歌。[110] 后来，他告诉一位友人："'那天去你家，碰巧你不在，我从你的书房里偷偷拿了本书——布莱克的《天真之歌》'。他一首接一首地读，回到家后，又一遍一遍地诵读。"[111]

《天真之歌》的拥趸中最著名的可能要数塞缪尔·泰勒·柯勒律治。他不仅研读诗歌，还费心写下不少评论。[112] 他认为布莱克是"一个天才"，"而且，我认为，他还是斯韦登堡信徒——当然也是一位神秘主义者……与布莱克相比，我真是思想平庸的泛泛之辈。他是天启的诗人和画家！"[113] 克拉布·鲁宾逊记载"柯勒律治曾经拜访过布莱克，他对布莱克赞不绝口"[114]。当时还有人记载，称"布莱克和柯勒律治共处之时，情投意合，二人都仿佛来自另一星球，而我们的地球只是他们暂时歇脚的场所"[115]。布莱克和柯勒律治，天才与天才，碰撞而出的思想火花该是何等的耀眼珍贵。

《塞尔之书》*

布莱克在印刷《天真之歌》之际，也在创作《塞尔之书》。在书的书名页（见图 51），牧羊女塞尔冷眼旁观植物的繁殖，在诗中她哀叹生命没有意义：

---

* 这是布莱克创作的第一本手工上色的插图书，也是他早期创作的一部重要的预言诗。这首长诗讲述了一位名叫塞尔的牧羊女苦闷于人生之短暂，她为了探寻生命的意义，开始了一场与睡莲、云朵、蚯蚓等这类象征生命短暂的对象的寓言式交谈之旅。——译注

> 啊！塞尔就像淡淡的彩虹，就像飘散的云，
>
> 就像镜中的幻象，就像水中的倒影，
>
> 就像婴儿的梦……

（《塞尔之书》，图版3，第8—10行）

睡莲（第一部分）、云朵（第二部分）和"像裹在百合叶里的婴儿"的蚯蚓（第三部分）回应了塞尔的问题，"活着的万物，都不是孤独地活着，也不是为了自己而活着"。[116] 最后，在第四部分，塞尔来到"她自己的墓旁"，听到"从空空的洞穴中传来的哀鸣"，夹着一连串可怕的悖论：

> "为何耳朵不能对自己的毁灭掩而不闻？
>
> 为何温柔的缰绳要勒住热血的少年！
>
> 为何一幅小小的肉帘罩住我们的欲望之床？"
>
> 那处女一声尖叫，慌忙起身
>
> 一路狂奔，飞也似的逃回哈尔山谷。

（《塞尔之书》，图版8，第112、113、121—124行）

在塞尔听来，用质疑的理性分析 *，洞穴中传来的声音是阴森可怖的——然而书的最后却呈现出一幅温馨的图画，三个赤身的婴孩正骑着一条温顺服帖的大蟒（见插图29）。虽然塞尔惊恐万分，这些婴孩却毫无惧怕。塞尔用理性的头脑来穷究世界，虽然亲眼看见了灵魂环绕身边的这个世界，却只愿相信那个转瞬即逝、正在消亡的世界。诗句以惊恐结束，插图却和谐温馨。

布莱克后来印刷销售了数本《塞尔之书》。1793年，配有8幅淡彩

---

* 《给两性：天堂之门》中有相似的进程，历经了火、土和气（"疑云和理性的忧虑"）之后，"陷入无休止的冲突之火"（图版4—7）。

134

插图的《塞尔之书》售价仅 3 先令，但是到了 1818 年，就提价到 2 英镑 2 先令，1827 年更是涨至 3 英镑 3 先令一本。[117] 保存至今的仅有 16 本。直到布莱克去世三年以后，这本书才得以重印。*

《天堂与地狱的婚姻》†

正当布莱克与"斯韦登堡！最有力量的人"做精神的斗争时，一个新的诗歌与绘画创作的灵感、斯韦登堡预定论的"克星"——法国大革命爆发了。与华兹华斯、潘恩以及许多英国人一样，布莱克将法国巴士底狱暴动视为天启，一个全新的、更好的欧洲秩序的开始。布莱克还专门版刻了一本两页纸的政治小诗册来庆祝法国革命，取名为《自由之歌》。他在诗中宣告"帝国不复存在！现在狮子和狼都要灭亡"[118]。他还附上一首充满宗教色彩的副歌："不再让神父这黎明的渡鸦……诅咒欢乐之子……因为每样活物都是圣洁的。"[119] 可能正是这首副歌使他的思想再次回到宗教和斯韦登堡的主题上。

布莱克将另一篇两页纸的小品文编入《自由之歌》。小品文嘲讽了斯韦登堡，并戏谑了他的《论天堂与地狱耳闻目见之奇妙诸事》。"斯韦登堡的著作是对所有肤浅观点的总结"，因为他"和天使交谈，这些天使都是修士。他又和魔鬼交谈，魔鬼都是憎恶宗教的"。[120]

之后，布莱克又创作了部分诗节，一并归入《天堂与地狱的婚姻》（见图 52）。在书中，读者能听到魔鬼对力量的赞美之声："力是永恒的

---

* 匿名作者，《威廉·布莱克的发明创造》，《伦敦大学杂志》，第 2 期（1830 年 3 月）（BR，第 385—386 页）。该作者评论"这个迷宫般的梦境的书名页表现了他在绘画上的至精至雅"（见图 51）。1839 年 7 月 17 日，加思·威尔金森评论《塞尔之书》："我能看到一点意义的微光，感受到些许宗教和美善的温暖；但是……我想说的是，虽然大部分内容都还说得通，整部作品给人的印象仍是荒诞不经。"（C. J. 威尔金森，《詹姆斯·约翰·威尔金森》[伦敦，1911]，第 30—31 页。）

† 这本插图书创作于法国大革命时期，是布莱克最激进、最具现代性的作品。波德莱尔的《恶之花》、尼采的"酒神精神"都受其启发。现存的上色副本多用红、橙、金等颜色，象征能量与革命。布莱克娴熟调用各种体裁，融诗歌、散文、箴言与版画等于一体，辅以离经叛道的视角，使得《天堂与地狱的婚姻》成为布莱克众多经典当中的一个独特存在。——译注

135

欢乐"；"激情是美"；"无度之路通向智慧的宫殿"。[121] 与魔鬼对立的是代表着理性的天使和天堂。在《约伯记》中他们"被称为撒旦"。弥尔顿的弥赛亚代表着理性，"身处魔鬼的盛宴却不自知"。[122]

魔鬼的智慧集中体现在《地狱的箴言》中。这是叙述者"在地狱之火中漫游"时，大着胆子听到的。[123] 有些地狱箴言明显带有拉瓦特尔的《人生格言》的影子："忍受过你的威逼的人，了解你"；"愤怒的老虎比听话的马要聪明"；"美妙怡人的灵魂，是不会被玷污的"。[124]

《天堂与地狱的婚姻》的大部分内容都是魔鬼的人本位思想："没有对立，就没有进步"；"所有的神都居住于人的心中"；"上帝只在……人的身上动工，并且就住在人的肉身之中"；"耶稣的……行为是出自内心的感动，而不是为了遵守规则"，他来是要打破十诫。[125] 天使在诗中的笔墨不多，在魔鬼的叙述中，天使总是处于下风。这部作品就是一场关于想象力的战斗——充满想象力的魔鬼与缺乏想象力的天使之间的博弈。在一段诗文中，天使向"我"显示"我"的命运。身边是"巨大的蜘蛛"，"从腐物中跳出来的动物"，"偏东三度（这是巴黎距离伦敦的方位）的地方的一条可怖的大蛇"，"正带着一个精神实体的全部愤怒扑向我们"。但是，当天使离开后，"那影像蓦然间消失无踪了；我发现自己正舒服地坐在岸边，在月光下聆听竖琴的弹奏"。[126] 叙述者总结道："我们都在强迫对方接受自己的思想。"[127]

《天堂与地狱的婚姻》中引人注目的特点之一是其对性解放的大胆讴歌。诗集的书名页描绘了一对赤裸的相互拥抱的情侣，诗集中的插图3 则表现了妇女赤裸身体分娩的画面。布莱克在诗中写道："山羊的淫欲是上帝慷慨的赏赐……女人的裸体是上帝的杰作。"[128]

136

《天堂与地狱的婚姻》对当时的道德观念和英格兰教会的正统信仰造成了很大的冲击。难怪 70 年后，布莱克的爱徒塞缪尔·帕尔默仍然认为该书中的某些部分"会使这本书马上从英格兰任何一户人家的书桌上消失"。[129]1863 年，麦克米伦出版社拒绝了吉尔克里斯特提出的印刷此书的请求。1868 年，诗人斯温伯恩看到该书后，却是如获至宝，还制作了一份摹本。

《天堂与地狱的婚姻》配有丰富的插图，内含许多线雕画。1793 年，布莱克《致公众》的简介中，预计 27 幅插图的售价是 7 先令 6 便士。但是，在 1818 年 6 月 9 日和 1827 年 4 月 12 日的信中，布莱克并没有将这部诗集列入销售清单。这部诗集只对小众顾客开放，留存至今的也不过 9 本。林内尔在 1821 年 4 月 30 日以 2 英镑 2 先令购得一本。[130] 还有一本，1827 年布莱克卖给了当时的一名纨绔子弟托马斯·格里菲斯·温赖特。[131] 虽然 J. T. 史密斯曾提及这部诗集，但是，大多数布莱克的早期传记作家对此要么讳莫如深，要么浑然未知。看来，序诗中林特拉 * 的怒吼已经让当时能够接触此书的读者大为惊惧了。

1792 年 9 月初，布莱克接到母亲的死讯（享年 70 岁），到兰贝斯对岸参加葬礼。送葬的队伍规模不大——布莱克和他的妻子、哥哥詹姆斯和弟弟约翰以及妹妹凯瑟琳。他们穿过伦敦城，将母亲的遗体埋葬在异教徒的墓地本思园，与 1784 年去世的父亲和 1787 年去世的弟弟罗伯特葬在一起。1792 年 9 月 9 日周日下午 4 点 30 分，凯瑟琳·莱特·阿米蒂奇·布莱克安葬于此，没有墓碑，可能也没有举行任何的葬礼。[132]

在《天真之歌》中，布莱克讴歌了儿童充满平安的欢乐，在《天堂与地狱的婚姻》中，布莱克借由魔鬼僭妄的智慧向教会和国家的正统思想提出了挑战。但是，在母亲去世后的 10 年间，虽然布莱克一直希冀挣脱思想的牢笼，他的诗歌和异象却一直停留在俗世悲叹。

1790 年以后的数年，布莱克将主要精力转到纯视觉的艺术创作。他制作了一本小型版画书，名为《英格兰历史》，于 1793 年 10 月完成并"出版"。† 但是，目前尚无有关此书的任何记录。布莱克还着手开始了一项规模宏大的"《圣经》主题系列"。第一部"《约伯记》，历史版画。尺寸约 53 厘米 ×37 厘米；售价 12 先令。"[133] 这部作品完成的日期是 1793

---

* 林特拉（Rintrah）是布莱克在《天堂与地狱的婚姻》里创作的一个人物角色，是一位愤怒的先知。他代表了布莱克对制度性宗教和国家权力的批判。——编注

† 我们主要是从布莱克《致公众》的简介（1793 年 10 月 10 日）中了解到《英格兰历史》的。根据简介的说明，这是（"一本小型版画书。售价 3 先令"）。这一说明与《给孩童：天堂之门》（1793）一样。《给孩童：天堂之门》是小的 8 开本版画书，共收录 18 幅版画。

年 8 月 18 日，并刻有"约伯，人算什么，你竟每时每刻试炼他"的字
样。其后是《以西结书》，版画的尺寸与《约伯记》一样，1793 年 10 月
的时候，就已经"完成得差不多了"。但是，直到1794年10月27日（见
图 47）仍未能得到出版。显然，《圣经》主题系列夭折了。

　　同样善始但未能善终的工程还有布莱克的英国历史版画系列。这个
系列中唯一为人所知的版画是"《爱德华与埃莉诺》，历史版画。尺寸是
约 50 厘米 ×30 厘米。售价 10 先令 6 便士"[134]，而且与《约伯记》完成
的日期一样，是 1793 年 8 月 18 日。版画的草图早在布莱克还是学徒的
时候就已经完成了，他一出师就开始版刻这部作品。[135] 所以，算起来应
该用了 14 年的时间来完成。《爱德华与埃莉诺》较之《约伯记》和《以
西结书》更不为大众所知。我们只知道有一个微瑕的版本，布莱克曾用
它来作稿纸，创作诗稿《瓦拉》（第 87—90 页）。

　　线雕画《约伯记》和《爱德华与埃莉诺》的尺寸都很大，十分耗时
费力。显然，完成这些作品难度相当大，更不用说要完成《圣经》主题
系列和《英格兰历史》这样的鸿篇巨制。但是，布莱克自己构思绘图并
凸版版刻的作品完成起来要容易很多，也快很多，而且，很奇怪的是，
销路也要好很多。

《阿尔比恩的女儿们的异象》《亚美利加：一个预言》*《给孩童：天堂之门》

　　布莱克曾在《天堂与地狱的婚姻》中对性政治有过简单的提及。后
来，他又用整本《阿尔比恩的女儿们的异象》（见图 53）来深入探讨这
一主题。奥松，"亚美利加温柔的灵魂"（第 3 行），被布罗明强暴。布
罗明用酷刑统治奴隶，在他们的身上"打上了我的印记"（第 21 行），
一如斯特德曼在奴隶身上纹刻自己姓氏的首字母（见图 44）。奥松的施

---

* 这是布莱克创作的"大陆预言诗"（Continental Prophecies）系列的第一部。这一系列
　由《亚美利加：一个预言》《欧罗巴：一个预言》《洛斯之歌》三部作品构成。——
　编注

暴者布罗明和她的恋人塞奥托蒙都羞辱她，称她为妓女。在诗中，奥松
向他们苦苦辩解，试图让他们相信自己就像刚刚摘下的花儿，一朵光彩
的万寿菊一样纯洁（见插图3）——花的比喻来自伊拉斯谟·达尔文的
《植物园》，布莱克曾为他版刻过插图。

奥松的枷锁，不仅有律法和社会的偏见（玛丽·沃斯通克拉夫特在
《女权辩护》中对此予以了抨击），还有精神上的镣铐——她被灌输的有
关这个世界的一切知识，她用以体验世界的方法以及约翰·洛克的哲学
思想：

> 他们告诉我，我有五个感官可以把自己关起来，
>
> 他们把我无限的大脑关进了一个狭小的圈子……
>
> 直到把我从生活中彻底抹去……
>
> （第54—55、57行）

138　但是五官解释不了她所见的世界，因为"目之所及，远甚心之所知"
（图版2）：

> 鸡雏凭什么感官来逃避贪婪的鹰隼？
>
> 驯鸽凭什么感官来丈量广阔的天空？
>
> 蜜蜂凭什么感官来建造蜂房？……
>
> （第63—65行）

奥松用处女的纯洁之心反抗男性的折磨：

> "我呐喊：爱！爱！幸福幸福的爱！自由如山风！"
>
> ……
>
> 展开你小小的侧飞的翅膀，歌唱你婴孩的欢乐！
>
> 起来，畅饮你的狂喜，每样活物都是圣洁的！
>
> （第191、214—215行）

奥松对肉欲之爱的信念听起来很像《天堂与地狱的婚姻》中魔鬼所说的智慧。而且，与魔鬼一样，她发现压迫的根源来自宗教：

> 禁欲是自我的享受。你为何寻求宗教？
> 正因为行为不美好，你才去寻求独处，
> 在可怕的黑暗之中，烙上欲望的印迹？

（第 184—186 行）

但是唯理性是从的压迫者并不理睬奥松，她那欢欣鼓舞的异象也不能使任何人得到心灵的解放。诗的结尾与开头一样，"阿尔比恩的女儿们听到了她的不幸，回应了她的叹息"（第 43、113、218 行）。奥松的纯洁之心和爱的信念并不能改变她和阿尔比恩的女儿一起被奴役的命运。既然如此瑰丽的异象也不能解放被压迫的灵魂，他们还能到哪里寻找希望呢？

《阿尔比恩的女儿们的异象》配有 18 幅插图，只上淡彩，1793 年的售价是 7 先令 6 便士，1818 年涨至 3 英镑 3 先令，1827 年至 5 英镑 5 先令。[136] 只有 17 幅插图保存至今。这些插图在当时并未引起评论界的任何关注。

奥松的爱情宣言是带有强烈的政治寓意的社会信念。在《亚美利加：一个预言》（见图 35、36）中这些政治寓意得到了鲜明的阐述："英格兰国王望向西方，异象让他战栗"（第 29 行）——红色的奥克*吹着火焰的号角（见插图 2），不仅要摧毁美洲的殖民地，而且要动摇整个社会的基础。在阿尔比恩天使的眼中，奥克"张着双颚，吐着信子"，是一个"亵渎上帝的魔鬼，敌基督，仇视尊严"（第 56、98 行）。而在奥克自己看来，他只不过是在春天的树下睡着的男孩，身边有一只山羊，头顶有一群鸟儿（见扉页 1）。在奥克的眼中，阿尔比恩愤怒的王

139

---

* 奥克（Orc）是布莱克在《亚美利加：一个预言》中引入的一个新角色，奥克似乎像个魔怪，因为他是反叛的青年精神，挣扎着要崩开自己的镣铐。奥克在《亚美利加：一个预言》中首次出现时是一个四肢伸开被铐在岩石上的裸体青年。——编注

子像"一条大龙，狂暴地撞着鳞甲"（第 15 行）。

在奥克的异象中，世界末日来临：

清晨到来，夜晚消逝，守夜人离开了岗位；
坟墓裂开，抹香流淌，裹尸布缠绕开来
……
让磨坊里劳作的奴隶，奔向田野吧；
让他抬头望向天堂，在明亮的空气中欢笑
……
……他的锁链松了，地牢的门开了
他的妻子儿女回来了，逃离了压迫者的魔爪；
他们一步一回头，以为是在梦中，
高唱，"太阳已将黑暗抛弃，迎来了一个更加清新的早晨
……
帝国已不复存在，现在狮子和豺狼也要住手。"
……
因为每样活物都是圣洁的……

（第 37—38、42—43、46—51、71 行）

奥克抨击的是宗教与社会的根基。波士顿的天使得到召唤，大声质问：

"是怎样一个上帝，写下和平的律法，却又裹上风暴的外衣？
是怎样一个垂怜的天使，贪恋人的眼泪，煽起阵阵叹息？
是怎样一个卑鄙的恶棍，满口节制的谎言，满腹羔羊的肥腻？
我再也不会去追随，我再也不会去顺服。"

（第 126—129 行）

美利坚人民革命的热情高涨，"抖掉精神的锁链"（第 144 行），奥

克的火焰

> 将律法建造的天堂的五个大门
>
> ······
>
> ······吞噬了，插销和铰链熔化了
>
> 烈焰包围了天堂，和人们的居所
>
> （第 222、225—226 行）

精神的革命似乎即将完成，但是，这一页的插图表现的并不是欢欣与胜利。贫瘠的树木、低头哀悼的人们、蓟草和蛇构成了这本书的末页插图。与《阿尔比恩的女儿们的异象》一样，自由光辉的异象再次以哀怨和叹息结束。异象并不能带来真正的自由——至少目前是如此。

布莱克制作了 17 本《亚美利加：一个预言》，在目前能找到的版本中，只有四本是上了色的。1793 年，布莱克开始出售这 18 幅插图，开价 10 先令 6 便士，到 1818 年，售价涨至 5 英镑 5 先令，1827 年更至 6 英镑 6 先令。[137]

布莱克同时代的评论家对《亚美利加：一个预言》似乎有些不知所措，不知该做何评价。坎宁安谨慎地评价说"诗句很有意思"，克拉布·鲁宾逊称其晦涩难懂。[138] 布莱克的朋友 J. T. 史密斯显然根本理解不了这部作品，称其"表达得相当神秘"。不过，对于书中的插图，史密斯倒是愿意说上两句，认为有些"非常的精美"。[139]

布莱克的插图小书《给孩童：天堂之门》更加令人费解。这本书很容易让人想起文艺复兴时期的寓意画册，其特点是每页的内容由一个谜一样的标题、一幅神秘的插图和用以解释插图意义的几行充满道德说教的诗句组成。

《给孩童：天堂之门》由 18 幅很小的插图组成，大都配有一个字的题目（譬如《水》《土》《气》《火》）。插图都印上了数字，显然，前后顺序在作者看来至关重要。但是，这些插图彼此之间的关系却令人费解，儿童读者不大可能明白这些插图暗指的内容。譬如，书中的插图

140

14——《你的上帝，噢，牧师是这样进行报复吗？》——暗指但丁的
《神曲》中比萨伯爵乌戈利诺（Ugolino）及其子孙被主教围困饥饿致死
的故事。再如，书中卷首插图的配文"人算什么！"（What is Man！）
来自《约伯记》第 7 章第 17 节："人算什么，你竟看他为大"（What is
Man that thou shouldest Magnify him）*。这些都不是儿童读者所能领悟的。

插图 18　布莱克，《火》

141　　　在《给孩童：天堂之门》中的图版 7 中《火》一图（见插图 18）
中的形象很显然是指撒旦。图中从天堂堕落的撒旦正挥舞着盾牌和长
矛，煽动反叛的天使。在《给两性：天堂之门》的修订版中，这幅插图
加上了说明文字，更加清楚地表明它的背景，"疑云以无休止的冲突而
告终"。在第二版中，撒旦的眼睛是闭上的（他是盲眼的），腹部也加上
了蛇鳞（他是雌雄同体的），还加上了两个尚未完全长出来的角。《给两
性：天堂之门》增加了"大门之匙"的诗节，布莱克的思想在这里得到
了更加清楚的表达：

　　　　　怀疑自己嫉妒，水样的蠢物
　　　　　挣扎着穿过土地的忧郁，

---

* 这句话引自《约伯记》，在布莱克的笔记本第 68 页的插图草图的下面，以及《约伯
　记》版画（1793 年 8 月 18 日）中都出现过。

赤裸在空气中，羞赧害怕

带着盾与矛，被火灼瞎，

长着两只角的理性劈开的想象

怀疑着，自我否定，

我们站立，一个黑暗的雌雄双体

理性的真理，恶与善的根基

《给孩童：天堂之门》中单单一个"火"字似乎就蕴含了无比丰富的意义。

显然，这本诗集喻指人从出生（见插图8）到死（图版18：《我告诉小虫，你是我的母亲，我的姊妹》）的旅程（图版16：《旅人在夜晚加快了脚步》）。不过，与其他寓意画册不同，这本书中没有道德的说教，只有一小段难得的图画说明文字。后来，布莱克修订了《给孩童：天堂之门》，在正文部分增加了"大门之匙"的部分，并将题名改为《给两性：天堂之门》。《给孩童：天堂之门》是一本引人入胜却又艰涩难懂的小书。

显然，布莱克很想把这本书卖出去。他说服约瑟夫·约翰逊允许他将出版社的名号印在书名页上：

1793 年

由兰贝斯赫拉克勒斯公寓 13 号 W. 布莱克

与圣保罗教堂广场 J. 约翰逊联合出版

这是布莱克与商业出版商联合出版的唯一一部彩色印刷品。显然，约翰逊只是同意让这本书陈列在他位于圣保罗教堂广场的商店里，除此之外，并未花费心思来推销这本书。所有的投入和风险都是由布莱克来承担的。

显然，布莱克的确找到了买家。1794 年 9 月 13 日，理查德·特威斯在埃德蒙顿（位于伦敦北面）写信给弗朗西斯·杜丝："这里有位女士拿给我看……兰贝斯区赫拉克勒斯公寓 13 号布莱克的两本古怪的小书。一本是《天堂之门》，配有 16 幅蚀刻画（外加卷首插图和书名页）。另一本是彩色印刷的《天真之歌》。我看这人八成是个疯子；不过他的画倒是不错。"*

不过，《给孩童:天堂之门》并不十分畅销†，留存至今的不过区区 5 本。依据布莱克 1793 年的作品简介，这本书售价 3 先令。当时家境殷实的父母，倒是可以"给孩童"买上一本。不过，我们所知道的儿童读者只有一位：布莱克的朋友亨利·菲尤泽利曾在 1806 年送了一本给他五岁的朋友哈丽雅特·简·莫尔。显然，布莱克不想花费太多的精力来推销这本书，他在 1818 年 6 月 9 日和 1827 年 4 月 12 日的信中，都没有把这本书列入销售名单。

布莱克作品的评论家们根本没有注意到这本书。当时对此评论最多的是坎宁安，他认为这本书"不是一般的难懂"[140]。

布莱克的笔记本‡、《经验之歌》、《致公众》

> 经验价值几何？人们买它是为了一首歌
>
> 还是学习如何当街起舞？不，经验要耗费
>
> 一个人的全部，他的房屋，他的妻子，他的儿女。
>
> 智慧在萧条的市场售卖，无人问津
>
> （《瓦拉》，第 35 页，第 11—14 行）

---

* 见 BR（2）。这里所谓的"女士"可能是指碧丽斯夫人。这是有关《给孩童：天堂之门》和《天真之歌》的最早的记载。

† 坎宁安称，并没有证据显示这本书"受到版画收藏家的青睐"（BR，第 486 页）。

‡ 布莱克的笔记本，也称为罗塞蒂手稿。在约 1787 年（或 1793 年）至 1818 年一直被布莱克使用。目前学界认为，这个笔记本最开始是布莱克的弟弟罗伯特的，他还在笔记本上画过一些草图。1787 年罗伯特去世以后，笔记本就由布莱克代为保管并使用。

这个笔记本一共有 58 页，包含布莱克的诗歌和散文亲笔签名草稿，还有一些草图和设计构思，大部分都是用铅笔画的。布莱克把笔记本先从前到后写满，又开始反方向从后往前写。

布莱克去世后，这个笔记本传到威廉·帕尔默手里，后来又从帕尔默手中传到但丁·罗塞蒂手中，后来在吉尔克里斯特和其他人的帮助下，这个笔记本上的内容得以重见天日。——编注

截至 1793 年，布莱克已经连续三年都在印刷、上色和销售《天真之歌》。与此同时，他还在弟弟罗伯特的笔记本中创作了风格迥异的其他诗歌。*其中有些表达了魔鬼关于能量（尤其是性能量）与永恒以及满足的欲望之间的关系的智慧思想：

143

> 屈服于自我的快乐
> 会毁掉带翼的生活
> 他若是轻吻疾飞的快乐
> 就在永恒的日出里生活 [141]

> 节制将沙子撒遍
> 红润的肢体和茂密的毛发
> 但是满足的欲望
> 在那里种下生命和美的果实

（笔记本，第 105 页）

> 女人在男人里渴求什么？
> 欲望满足的模样。
> 男人在女人里渴求什么？
> 欲望满足的模样

（《得到回答的问题》，笔记本，第 103 页）

布莱克还在旁边画了一幅小小的草图，可能是他自己生活的写照。

---

* 笔记本中有罗伯特·布莱克（卒于 1787 年）的素描画以及威廉·布莱克在约 1790—1794、1801—1803、1807、1809—1812 以及 1818 年的素描和文字作品。其中，1790—1793 年的素描作品用于《天堂与地狱的婚姻》《亚美利加：一个预言》《给孩童：天堂之门》《阿尔比恩的女儿们的异象》《约伯记》《欧罗巴：一个预言》《由理生之书》《经验之歌》《洛斯之歌》《上帝创造亚当》以及《撒旦因夏娃而狂喜》。有些还配有引文，摘自《约伯记》《以西结书》、乔叟的作品（译自德莱顿）、约翰·多恩的《灵命的成长》、弥尔顿的《酒神之假面舞会》《死于咳嗽的美丽婴孩》《十四行诗之十七》《失乐园》、莎士比亚的《哈姆雷特》《十四行诗之十五》以及斯宾塞的《仙后》。

一个男人和一个女人坐在床边脱去袜子：

> 男人娶了妻子就会明白
> 她的膝盖和胳膊是否粘连在一起

（笔记本，第4页）

布莱克的作品中不乏对自由性欲的赞美。在《天堂与地狱的婚姻》中，他赞美山羊的淫欲是上帝慷慨的赏赐。在《阿尔比恩的女儿们的异象》中，奥松歌唱"甜蜜的交媾，极乐的幸福"（第201行）。《瓦拉》中有些插图也表现了交欢的画面（譬如第40—41页），而且布莱克还着重细致描绘了生殖器官（譬如第35、44页）。对繁衍之乐的重视一直延续到布莱克的老年。他为真实性有待考证的《以诺书》所配的插图中，表现了人类的女儿们赤裸着身体，争相让上帝有着巨大阴茎的儿子们临幸于己的画面。

我们对布莱克的性观念知之甚多，然而对他的性生活却知之甚少，对凯瑟琳的则更少。布莱克在诗中表达了爱的欢愉："幸福幸福的爱！自由如山风。"他还告诉克拉布·鲁宾逊"女人都是一个样的"。[142] 不过，布莱克的性生活似乎并不像他说的那么自由自在。

根据吉尔里斯特的记载："两个人年轻时……也发生过激烈的冲突；闹得天翻地覆……不过，都是事出有因（虽然凯瑟琳爱吃醋，但也不会无缘无故地闹），后来这样的冲突就少了。"[143] 至于醋坛子是如何打翻的，出于谨慎，作者并未说明。

布莱克的嫉妒论与他的爱情观相符。他曾对朋友说："'如果我回到家，发现妻子不忠，大为光火，……你觉得我这样做很不明智吗？'……'不过，'布莱克的朋友说道，'我倒觉得（虽然有自夸大度之嫌）那对苟合的男女会大为光火才对吧。'"* 布莱克的诗中常常充满了"爱和嫉妒的折磨"与烦恼（如《瓦拉》的副标题所示），他曾满含怨愤地写到一

144

---

* 见文后"补记"。

位朋友

> ……他自己找不着法子对我妻子下手
>
> 就雇了个混蛋要取了我的性命[*†]

不过，后来发生了什么就不得而知了。

布莱克在笔记本中创作了《经验之歌》的诗句和插图，精心构思，使之与《天真之歌》形成对照呼应。两本诗集中都有《升天节》、《扫烟囱的男孩》和《保姆之歌》。《婴儿的欢乐》与《婴儿的悲哀》相呼应，《神的形象》与《人的抽象观念》相呼应，《羔羊》与《老虎》相呼应。这两部诗集表现了"人类灵魂对立的两种状态"。[144]

插图 19　布莱克，《经验之歌》的书名页

---

* 吉尔克里斯特（*BR*，第 238 页）。这篇记述还提到："布莱克夫人是典型的贤妻。她对丈夫的所思所言笃信不疑。这件事的爆料者还称，如果布莱克夫人当时在场的话，她一定会不假思索地拒绝道：'坚决不行！'"

† 笔记本，第 35 页《论 H 的友谊》。这里的第二句话曾出现在布莱克少年时代写的一首哥特式小诗《美丽的埃莉诺》（第 67—68 行）中。该诗后收入《诗的素描》（1783）。诗中埃莉诺的丈夫被人谋杀，他提醒妻子要提防卑鄙的公爵：

> 他妄求你的爱；卑鄙的懦夫，在夜里，
> 雇了个混蛋来取我的性命。

《经验之歌》是那些得不到保护、遭受背叛或是感到遭受背叛的人们的歌，是受到伤害的人们的哀诗。这是诚实人愤怒的呐喊，社会的反抗，苦难的自我沉迷。吟游诗人邀请被尘世所缚的堕落灵魂"从沾满露水的草地起身"，"抓住闪光的杆"，可是灵魂"被灰色的绝望罩住"，悲叹自己被"繁星的嫉妒"——"人类自私的父亲""锁在夜里"。[145] 他们满怀热诚地"在天堂里建造一个地狱"。[146]

《天真之歌》的插图华丽优雅，讴歌了万物的美好。《经验之歌》的插图则荒凉黯淡，了无生气。书名页插图中的两个年轻人正低头哭泣，下方是横卧在棺木架上的一对亡者的塑像，很像布莱克曾经临摹过的威斯敏斯特教堂的纪念像（见图18、图19）。这些诗表现了人类对想象和异象的放弃。哀伤的年轻人只看到冰冷的石像下僵硬的尸体，全然没有发现就在他们的头顶，围绕着"SONGS"，舞者欢歌，藤蔓繁茂。他们只知道低头看大地，却不知要抬头望天堂。他们为尘世所缚，崇拜死亡。

社会的不公造成了民众的苦难，这些在《伦敦》中得到表达，使人印象深刻。

> 我漫步走过每一条特辖的 *街道，
> 附近有那特辖的泰晤士河流过
> 在我所遇到的每一张脸上，我看到
> 哀弱的痕迹与悲痛的痕迹交错。
>
> 每一个成人的每一声呼喊，
> 每一个幼儿恐惧的惊叫，
> 在每一个声音，每一道禁令里面
> 我都听到心灵铸成的镣铐。

---

* 特辖的（charter'd）这个词特指某事是由宪章授权或监管的。布莱克在《伦敦》这首诗中，用这个词来批判这座城市的管理，比如泰晤士河就受到政府权力的控制和限制，通过对此类事情的批判，反映了城市居民对自由生存空间的追求。——编注

145

那扫烟囱的孩子怎样地哭喊
震骇了每一座变黑了的教堂，
还有那倒运的兵士们的悲叹
带着鲜血顺着宫墙往下流淌。

但更多的是在午夜的街道上我听见
那年轻的娼妓是怎样地诅咒
摧残了新生婴儿的眼泪
用疫疠把新婚的柩车摧毁。*

插图20　布莱克，《伦敦》

　　《伦敦》的插图表现了一位双目失明的长髯老者，由一个孩子牵着穿过伦敦荒凉的街道。数年之后，这幅插图又出现在《耶路撒冷》中，并配上说明文字："伦敦的盲眼老人，在街头佝背行乞"。[147] 老人"在我所遇见的每一张脸上"，"看到了弱小与苦痛的印记"。这些印记应该是他的想象，因为老人的双眼并不能见。他所经历和表现出来的社会苦难是真实而普遍存在的，但并不是现实的全部。老人并非能真正地看见，这也暗示了他用隐喻的眼睛所看到的事物有其局限性。

146

* 引自杨苡译，《天真与经验之歌》，译林出版社，2012年，第107页。——译注

在《天真之歌》的《羔羊》一诗中，小男孩为羔羊做了教理问答：

你可知道是谁创造了你？……

他也称自己是羔羊：

他又温顺又和蔼
他变成了一个小小孩，
我是个小孩你是羔羊
咱俩的名字跟他一样。*

在这首诗中，造物主的特质是透过祂的受造表现出来的。羔羊是温顺柔和的，孩子自然认为它们的造物主也是如此。这是典型的三段论，但是与《天真之歌》中的很多诗歌一样，这种推断不够令人信服。

同理运用三段论，从受造中推断造物主的特质，那么从《经验之歌》的《老虎》一诗中就会推导出可怕的结论：

老虎，老虎，你炽热地发光，
照得夜晚的森林灿烂辉煌；
是什么样不朽的手或眼睛
能把你一身惊人的匀称造成？

147

在什么样遥远的海底或天边，
燃烧起你眼睛中的火焰？
凭借什么样的翅膀他敢于凌空？
什么样的手竟敢携取这个火种？

---

* 引自杨苡译，《天真与经验之歌》，第31页。——译注

什么样的技巧，什么样的肩肘
竟能拧成你心胸的肌肉？
而当你的心开始了蹦跳，
什么样惊人的手，惊人的脚？

什么样的铁锤？什么样的铁链？
什么样的熔炉将你的头脑熔炼？
什么样的铁砧？什么样惊人的握力，
竟敢死死地抓住这些可怕的东西？

插图 21　布莱克，《老虎》

当星星射下它们的万道光辉
又在天空洒遍点点珠泪；
看见他的杰作他可曾微笑？
不正是他造了你一如他曾造过羊羔？

老虎，老虎，你炽热地发光，
照得夜晚的森林灿烂辉煌；
是什么样的不朽的手或眼睛
敢把你一身惊人的匀称造成？ *

（《老虎》，《经验之歌》，图版 42）

　　这首诗的文法和它的逻辑一样错综复杂，造物主的形象与祂可怖嗜
血的受造物的形象交织在一起。诗从身体的力量（"能把你一身惊人的
匀称造成？"）过渡到精神的胆量（"敢把你一身惊人的匀称造成？"）。
无论哪种答案，都让人惊恐：是，上帝创造了羔羊的温顺，也创造了老
虎的可怖；抑或是，不，应有两个造物主，一个创造了无助的羔羊，一
个创造了捕掠的老虎。

---

* 引自杨苡译，《天真与经验之歌》，第 98—99 页。略有改动。——译注

在我们慑服于老虎及其造物主的威严之前，还是先来看看《老虎》的插图。在这幅图中，老虎并非以一个庞然可畏的捕食者形象出现。注意看它背后的大树，相比之下，老虎倒显得有些矮小。而且，它的步伐是从容淡定的。我们所见到的并不是一个炽热发光，阴森可怖的老虎形象，有着拧紧的肌腱和惊人的大脚；而更像是一个被遗忘在树下的毛绒玩具虎。布莱克非常善于在绘画中表现恐怖，他的《大红龙与海上来的兽》《火》《城市的裂口，战斗翌日的清晨》《异象中的头像之跳蚤幽灵》（见图5、24、34、126）都是极好的例证。插图中老虎的形象与该诗所表达的恐怖气氛形成了反差，表达了诗人的心境，即"人类灵魂对立的两种状态"，而不是宇宙及其造物主的特性。

148

《经验之歌》是对《天真之歌》的补充，而非回应。"天真"的诗人感受到来自自身之外的某种强大力量的保护，而"经验"的诗人则感受到某种自己无法控制或平息的强大力量的威胁。两组诗的作者都没有明白神性的力量并不在身外，而在于我们的内心。

布莱克的后半生都在印制《经验之歌》，但是几乎所有的印本都是与《天真之歌》用同一个封面一起出版的，或者是卖给那些已经持有一本《天真之歌》的收藏者，供他们集合成套。几乎没有哪一本《经验之歌》不是与《天真之歌》一起出版。已知现存的《经验之歌》有28本，售价从1793年的5先令，涨至1818年的3英镑3先令，后至1827年的5英镑5先令。[148]

《经验之歌》远不如《天真之歌》那样受到当时人们的喜爱。1818年，柯勒律治给予《天真之歌》中的三首诗非常高的评价。但是《经验之歌》中没有一首诗得到过如此殊荣。[149]《经验之歌》也没有《天真之歌》重印得那么频繁。1839年以前，《经验之歌》中仅有5首诗出现在印本中，而且只有《爱的花园》和《老虎》得到了重印。[150]1811年，克拉布·鲁宾逊评论道，《经验之歌》是"玄幻的谜语，神秘的寓言"，有着"诗意的图画，异常精美，无比高尚"，"诗歌所表现的奇幻之境，可能连诗人自己都无法明了"。[151]

只有《老虎》一诗得到了所有人的赞赏。1806年，马尔金引用此诗，称它身着"华服"。克拉布·鲁宾逊认为它"的确振奋人心"。[152]
1824 年，查尔斯·兰姆听闻此诗，评价它"恢宏大气"。1826 年，约
翰·林内尔听到"克拉布·鲁宾逊在阿德斯先生家的贵宾面前背诵……
《老虎》"。[153]1830 年，坎宁安评价《老虎》"以其思想的力量和气势得
到大诗人的赞赏……很少有人能刻画出如此鲜活的形象"。[154]时至今日，
《老虎》可能是布莱克的诗歌中最为人所熟知的一首。

到 1793 年底，布莱克已经完成了 7 本插图书的制作和两幅规模宏
大的线雕画：《天真之歌》、《塞尔之书》、《天堂与地狱的婚姻》、《阿尔
比恩的女儿们的异象》、《亚美利加：一个预言》、《给孩童：天堂之门》
和《经验之歌》*，以及版画《约伯记》和《爱德华与埃莉诺》。1793 年
10 月 10 日，布莱克出版了一本版刻的作品简介《致公众》，旨在推销
这些作品。这是他生平唯一一次打广告。这件事只在某个记载中被提了
一下，1863 年以后，这本简介就从公众的视线中消失了。

这本简介宣称作者发明了

一种既可以印刷文字，又可以印刷版画的方法，较之以往任何
一种方法都更具有观赏性、更加整齐恢宏，而成本不过原来的四分
之一……

华彩插图书（Illuminated Books）均以彩色印刷，所用布纹纸
为市售顶级品质。

现有作品本非应邀而为，故尚无预订。作者倾情制作，愿以合
理价格出售。

线雕画的售价在 10 先令 6 便士到 12 先令之间，价格虽然不菲，但
是相对于作品的巨大尺寸（约 36 厘米×48 厘米），这根本就是个小数目。
插图书籍的售价在 3 先令到 10 先令 6 便士之间，虽然看起来不便宜，

149

---

* 《经验之歌》书名页上注明的日期是"1794 年"。但是，在早期的印本（A—B 本、D
本）中，透过水彩颜料，并没有看到任何的日期（如果这些印本果真标有日期的话）。
所以，有可能日期是在 1793 年 10 月 10 日简介写好之后，再加上去的。

但是这些书每本至少都有 8 幅插图，多的甚至高达 27 幅，而且这一时期的插图都是在同一页正反两面印刷，所以这样的售价并不算高。值得注意的是，这些插图书都是预备批量生产的，而不是针对个别的订单。*当然，这里所谓的批量并不是什么惊人的大数目——布莱克的图书印数一般都不超过 12。

布莱克是怎样定义华彩插图书（Illuminated Books）的呢？

"illuminated" 一词指用明亮华丽的颜色来装饰，仅在布莱克的简介中出现过一次，[155] 而且只有在介绍《亚美利加：一个预言》《阿尔比恩的女儿们的异象》《塞尔之书》《天堂与地狱的婚姻》《天真之歌》《经验之歌》时，布莱克才称之为"配有华丽的装饰性插图的印刷作品"（in illuminated printing）。"华彩插图书是指彩色印刷的书籍"，譬如绿色、褐色和红色，而《给孩童：天堂之门》中的插图是以黑色印刷而成，因而只被称为"一本版刻的小书"。显然，布莱克所谓的"华彩插图印刷"是指作品的文字和插图出现在同一页上，而且还是"彩色的"（黑色不算）。†简介并没有提及这些插图是否手工上色。虽然《阿尔比恩的女儿们的异象》《塞尔之书》和《天堂与地狱的婚姻》一直都是手工上色，《亚美利加：一个预言》、《天真之歌》和《经验之歌》也通常是手工上色，但这些并不意味着"华彩插图印刷"就一定非得手工上色。《给孩童：天堂之门》就一直都是黑白的。

150

《致公众》表明布莱克对自己作品的销售预期非常看好，这些装饰

---

* 约瑟夫·威斯康米在其著作《布莱克及书籍的概念》（普林斯顿：普林斯顿大学出版社，1993）中对此有精彩的论证。布莱克直到去世前 10 年左右才开始接受个别订单。他在 1818 年 6 月 9 日信函中写道："任何人希望购买我的部分或全部的作品，都要先向我下订单，然后我再印出来。"

† "华彩插图印刷"（Illuminated Printing）和"以彩色印刷"（Printing in Colours）并不一定就是指"彩印"（colour-printing），即在印刷前将所有的颜料都涂抹在铜版上。因为《简介》中所列出的 6 部"华彩插图书"当中，保存至今的《亚美利加：一个预言》、《塞尔之书》以及《天真之歌》都不是彩印的。

彩印而成的《经验之歌》（C 本、F—H 本、T 本）、《天堂与地狱的婚姻》（E—F 本）以及《阿尔比恩的女儿们的异象》（F 本）可能都是在更晚一些的时候印刷的。简介发出之后创作的大部分作品是以彩色印刷而成，譬如：《欧罗巴：一个预言》（1794）、《由理生之书》（1794）、《阿哈尼亚之书》（1795）、《洛斯之书》（1795）以及《洛斯之歌》（1795）。

图书是他在文学界最为人所知的代表作。与此同时，布莱克一直在印刷制作书籍，印册虽然不多，但还是能赚到钱，他仍然希望这些作品最后能卖出大价钱。9 年前，布莱克曾在《月亮上的岛屿》中声称要"印刷2000 本"，以"每本 100 英镑的价格"出售一个三卷对开本的套装。[156]现在，这样的话，他是绝口不提了。布莱克其他的彩色插图作品的印册要比简介中推广的那些作品的印册少一些。

《欧罗巴：一个预言》《由理生之书》[*]《洛斯之歌》[†]《阿哈尼亚之书》《洛斯之书》

布莱克在 1794—1795 年所写的预言诗带有强烈的政治气息和愈加浓厚的神秘色彩。他笔下的世界充满了无望的痛苦和折磨，即使明白了罪恶的根源和思想禁锢的原因，也无法带来心灵的解放。在布莱克的眼中，18 世纪 90 年代是灾难深重的 10 年。

《欧罗巴：一个预言》的书名页插图表现了布莱克最著名的异象之一——《亘古常在者》（见图 54）：上帝从太阳中探出身体，俯向大地，张开的手指射出光芒，将黑暗与光明分开。乔治·坎伯兰将《失乐园》第 7 章第 230—236 行的诗节摘抄在这本书上，真是再合适不过了：

> 他的手中握着金色的圆规，准备
>
> 在上帝永恒的存在里，画出
>
> 这个宇宙与受造万物
>
> 他定好一只脚做圆心，另一只脚，
>
> 在浩瀚无垠的混沌中画圈，

---

[*]　最初于 1794 年以《由理生第一书》（*The First Book of Urizen*）的书名印刷出版，但是，在后来的版本中，布莱克去掉了"First"一词，使用《由理生之书》（*The Book of Urizen*）一名。这本插图书的印刷出版主要集中 1794—1818 年，因为印刷出版时间不同，使用的书名也不一样。本书在写作中，作者同时使用了这两种书名，中文版则统一译为《由理生之书》。——编注

[†]　布莱克创作的"大陆预言诗"系列的最后一部。《洛斯之歌》为《由理生之书》《阿哈尼亚之书》《洛斯之书》的创作提供了相关叙事和历史背景。——编注

然后说，就这么远吧，这就是你的界限

这就是你正好的圆周，哦，世界！ [157]

　　根据布莱克的朋友 J. T. 史密斯的记载："他在异象中看见了寓所楼梯最顶层的"亘古常在者"。这个异象一直盘踞在他的头顶上方。布莱克因而得了灵感，创作出如此雄浑壮观的形象。常听他说，以往的任何一个异象都没有这个这般鲜明地出现在脑海里。" [158]

　　但是，这个如上帝创世般的手势创造出来的却不是远古的伊甸园，而是欧罗巴的毒蛇。我们在与这幅卷首插图相对的书名页上即可看到（见图 55）。在《欧罗巴：一个预言》中看不到"亘古常在者"的恩慈。

思想将无限变成一条毒蛇，发出怜悯：

化成吞噬的火焰；人从它的面前逃离……

然后建起毒蛇的神殿，无限的形象

被关进有限的革命，人变成天使；

天堂一个旋转的巨环；上帝一个冠冕的暴君。

（图版 13，第 143—144、148—150 行）

　　这首诗是布莱克待在兰贝斯寓所的客厅时，一位仙子念给他听的。这位仙子

让你看到世间一切的活物，

每一粒灰尘都呼出欢乐的气息。

（图版 13，第 18—19 行）

　　这首诗是关于"伊尼萨摩恩*的欢乐之夜"（图版 8，第 90 行）。伊尼

---

　　* 伊尼萨摩恩（Enitharmon）是布莱克神话体系中的一个重要女性角色，象征精神之美和诗意的灵感，但也代表女性统治和性压制，她是洛斯的化身，并与洛斯生下来各种孩子，包括兽人。在他创作的预言诗中扮演主要角色。有些评论家认为这一女性角色的原型为布莱克的妻子凯瑟琳。——编注

151

萨摩恩给儿子们送来"那个女人，可爱的女人！能拥有统治的力量"（图版8，第92行）。她的属天的密使吹响奇妙的号角，响彻整个天庭（见图56），但是这光辉的号角传递的不是复活的喜讯，而是瘟疫和死亡。

去！告诉人类，女人的爱情是罪恶；
永恒的生命等待着历经六十个严冬的蠕虫
在一间存在未至的寓言之宅

（图版8，第94—96行）

伊尼萨摩恩睡去了，
一千八百年：人类是一个梦！
自然的夜晚……

（图版12，第111—113行）

不要在房门之上：烟囱之上写下恐惧：
他们的颈脖套着铁箍，被门到墙上
居民们……

（图版15，第191—193行）

但是，可怖的奥克，当他看到东方的黎明，
从伊尼萨摩恩的峭壁跃起，
红色法国的葡萄园里现出他愤怒的光亮
……

然后洛斯起身；如蛇般抬起头颅，雷声大作：

152

他一声呐喊，将一切自然震到地极，
号召他所有的儿子们加入血的战斗。

终

（《欧罗巴：一个预言》，图版17、18，第254—256、263—265行）

诗的结尾是对暴力革命的呼唤，与"红色法国的葡萄园"中胜利的革命交相呼应。但是，最后画面展现的却不是洛斯英勇的儿子们攻打暴君的堡垒，而是一个赤身的男人背起晕倒的女人和惊恐的女孩，逃离燃烧的城市。诗在结尾处所能提供的最佳出路是逃离恐惧，而不是摧毁恐惧和奴役。

《欧罗巴：一个预言》常与《亚美利加：一个预言》相提并论。两者大小一样，售价也相当；1793 年是 10 先令 6 便士，1818 年是 5 英镑5 先令，1827 年是 6 英镑 6 先令。[159] 现存的只有 1794 年至 1821 年印刷的 9 本《欧罗巴：一个预言》，大多是彩色的。

购买了《欧罗巴：一个预言》的读者大概都会觉得这首诗正如 J. T. 史密斯所言，"神秘晦涩，充满热情的狂想……莫名其妙"。[160] 坎宁安认为，《欧罗巴：一个预言》的插图与《亚美利加：一个预言》一样，"密密麻麻散落在诗句之间"。[161] 大多数读者认为，《欧罗巴：一个预言》的亮点在插图。史密斯评价卷首插图《亘古常在者》（见图 54）"异常的精美……近乎达到拉斐尔或米开朗琪罗的高度"，第 12 段中天使放出瘟疫（见图 56）"构思精彩"，"令人惊叹不已"。[162]

《提瑞尔》、《塞尔之书》以及《阿尔比恩的女儿们的异象》是人类与自身的命运抗争的神话；《亚美利加：一个预言》和《欧罗巴：一个预言》是国家努力改变命运的神话。而《由理生之书》则是有关神性和永恒思想的争战，为的是要明确自我和宇宙的定义。这是一部关于创造的神话，或者更确切地说，是像"摩西五经"中的第一卷《创世记》这样的关于创造的神话系列。

诗的开篇描述了在时间、宇宙和万物都还没有形成之前的景象：

> 地球尚不存在：也不存在万有引力的球体
> 不朽的意志时而伸展
> 时而收缩他所有灵活的感官。
> 死亡尚不存在，只有永恒的生命涌动

（图版 3，第 36—39 行）

由理生是一个盲眼的立法者，一位受限的创造者（见图57），被驱逐离开永生之地。他在万物中寻求或者强行赋予万物理性的统一解释。

> 我找寻一种没有痛苦的欢乐，
> 一种没有波动的平实

153

（图版4，第54—55行）

他用无穷的力量创造自己的福音：

> 和平、爱、统一的律法；
> 怜悯、同情、饶恕的律法。
> 让每一种律法择一处而居：
> 他的古老无限的大屋：
> 同一个命令，同一个欢乐，同一个欲望，
> 同一个诅咒，同一个衡量，同一个标准，
> 同一个国王，同一个上帝，同一个律法。

（图版4，第78—84行）

由理生离开了"永恒的存在之流"，屡次遭受失败。他被永恒的先知洛斯关押起来：

> 思想戴着镣铐被关起来，
> 像冰冻的锁链缩成一团，
> 杂乱无章，永恒的裂口。
> 洛斯抽打他铁的锁链……

（图版10，第190—193行）

> 现在他永恒的生命
> 像一场梦，被抹去了

（图版 13，第 268—269 行）

由理生的

灵魂生病了！他诅咒

他的儿子和女儿们：因为他看到

肉体和精神都无法遵守

哪怕一刻，他的铁的律法。

（图版 23，第 443—446 行）

由理生像一只蜘蛛，从悲痛的灵魂里结出一张网来：

如此交织的线，如此纵横的结

这网：交织得就像是人的脑

所有人都称它作宗教的网

（图版 25，第 467—468 行）

154　　　《由理生之书》的插图众多，其中不乏布莱克创造的某些极具震撼力的形象（见图 58）。但这都是身陷囹圄、备受折磨的形象。理性的专制就是精神的枷锁。理性束缚了别人，也束缚了自己，没了自由。诗的最后一幅插图表现了由理生——还有人类——都被束缚在锁链中。

　　《由理生之书》的篇幅、插图和上色的版画都比《亚美利加：一个预言》多，因此在 1793 年，它的售价可能比《亚美利加：一个预言》（10 先令 6 便士）要高一些。但是到了 1818 年和 1827 年，《由理生之书》的售价就和《亚美利加：一个预言》（分别是 5 英镑 5 先令和 6 英镑 6 先令）一样了。[163] 从 1794 年到 1815 年，布莱克都在印刷《由理生之书》，但是保存至今的只有 8 本，而且每一本书的插图顺序都不一样，甚至连插图的数目都不尽相同。

布莱克同时代的读者中，只有坎宁安留下了对《由理生之书》的评价。这首"狂野的诗"有"一个优点或者说是缺点，它超越了人类的理解力……他要表达的意思，就连他的妻子都说不上来，虽然她确信这些诗确有其意，而且是很美好的意义……"。

对于诗的插图，诗人出身的坎宁安不愿深究其义；他对画面表现出来的力量和狂暴更感兴趣："这些画看起来相当可怕；留给读者一种强烈的阴森可怖、说不清道不明的感觉——这种感觉久久挥之不去……"[164]

在当代读者的眼中，《由理生之书》是布莱克神话系列中最简短有力的作品之一，也是后来发展壮大的神话体系的基础。显然，他同时代的读者，甚至他的妻子都无法读懂这本书。

《由理生之书》的创新之处在于，除了最后一本（约1818）以外，所有的印本都是彩色印刷，即将各种颜料直接涂到铜版上印刷而成，给人一种被压抑的大地之力的感觉，犹如闷燃的火山，非常震撼，尤其适合表现《由理生之书》的主题。

《洛斯之歌》与《亚美利加：一个预言》和《欧罗巴：一个预言》的大小一样，都是对开本，有时也与这两本书装订在一起出售。三者之间的相似并非巧合，《洛斯之歌》包括"非洲卷"和"亚洲卷"，为《亚美利加：一个预言》和《欧罗巴：一个预言》的创作提供了框架。非洲卷的结尾是"守护者阿尔比恩的王子在夜晚的帐中发怒"（图版4，第32行），而《亚美利加：一个预言》的开篇也是这样的诗句（图版5，第1行）。在《欧罗巴：一个预言》的结尾，洛斯号召"他所有的儿子们加入血的战斗"（图版18，第265行），这似乎也与亚洲卷相呼应："亚洲的国王听到了 / 欧罗巴发出的怒号！"（图版6，第1—2行）。如此看来，《洛斯之歌》是对《亚美利加：一个预言》和《欧罗巴：一个预言》的历史和社会主题的回归。

《洛斯之歌》的书名页（见图59）宣告了一个荒凉贫瘠的世界。一位老人，手搭在骷髅头骨上，仰望着上方优美的标题字母。

在非洲卷里，永恒的先知洛斯，吟唱着"摩西在西奈山目睹各色虚妄幽暗之形"，亚当和诺亚"看见由理生授给万国他的律法，通过洛

155 斯儿女之手"：这律法于毕达哥拉斯、苏格拉底与柏拉图，是"抽象定律"；于耶稣，是"福音"；于穆罕默德，是"一部未定本的圣经"；于北欧主神奥丁是"战争秘籍"（图版3，第17、8—9、18—19、24、29、30行）。"人类开始衰老"，"直到像一场梦，永恒被遗忘，被抹去了"（图版3，第25行；图版4，第35行）。

这些律法不是行为的准则，而是精神的枷锁，是对自然因果关系和看似唯一正确的世俗智慧的理性解释：

> 就这样可怕的洛斯和伊尼萨摩恩家族
> 授给哈尔的儿子们律法和宗教，使他们
> 同大地捆绑得愈来愈紧：严严实实，无法动弹：
> 直到五官的哲学得以完成。
>
> 由理生哭泣着，把它交到牛顿和洛克的手中
>
> （图版4，第44—48行）

在亚洲卷里，国王们被"奥克的思想创造之火"吓得魂飞魄散，愤恨地喊叫。

> "国王不该从荒原召回饥荒？
> 牧师不该从沼泽唤回瘟疫？
> 去阻止！去惊吓！去驱散！
> 高山和平原的居民……"
>
> 奥克在欧罗巴的黑暗中发怒
> 站起来如熊熊火柱
>
> （图版4，第6、9—12行；图版7，第50—51行）

诗人的回应是一幅充满情欲的末日画面：

坟墓快乐地尖叫，颤抖着

她空荡的子宫，夹紧坚硬的柱

她的乳房因着狂野的欲望而肿胀

温和的从身体涌出的美酒

化作河流奔腾、欢呼、舞蹈，

在高山、幽谷和平原。

　　洛斯之歌完

（图版 7，第 6、59—64 行）

但是，这并不是诗人想要表达的全部，因为诗的结尾："由理生哭了。"

虽然诗中英雄振臂呼战，末了却是以失望和泪水结束，这又一次表现了人类灵魂对立的状态。

保存至今的 6 本《洛斯之歌》都是 1795 年左右的彩色印刷本，不过布莱克并未将此书列入 1818 年和 1827 年的销售目录。当时的评论界也没有人注意到这本书，即使是吉尔克里斯特在 1863 的评论中似乎也对此书全然不知。

《阿哈尼亚之书》（见图 60）和《洛斯之书》（见图 61）看起来像是布莱克在技术革新和神话创作方面所做的试验。两者采用的都是传统的凹版印刷，而其他的彩色插图作品采用的都是凸版印刷。有可能《洛斯之书》是在制作《阿哈尼亚之书》的五块铜版的反面版刻而成的，因为二者的大小完全一样。两本书都是在 1795 年左右完成的彩色印刷品，书名页上刻有日期。

这两首诗都是在《由理生之书》的基础上进行的创作，看起来好像是《由理生之书》的第二版和第三版。《阿哈尼亚之书》的开篇描写了弗宗*反抗他的父亲由理生：

------

* 弗宗（Fuzon）在布莱克的神话体系中是由理生的第四个孩子，也是最后一个儿子，与经典的火元素有关。在《阿哈尼亚之书》中，他与由理生争夺世界的控制权。——编注

"我们该崇拜这烟雾的魔鬼，"

弗宗说道，"这抽象的非实体，

这端坐在大洋之上的云般的上帝

时而现身，时而隐没；悲哀的国王吗？"

（《阿哈尼亚之书》，第 10—14 行）

弗宗用火柱刺伤了父亲后，欢呼："'我是上帝，'他说道，'万物之最长！'"（第 86 行）

由理生无意间创造了一棵神秘树：

由理生不禁惊讶！当

他发现四周树木环绕

头顶也被枝叶覆盖

他想起身，无奈树干浓密

他艰难地，费尽周身气力

拿出他的书，就是那本

铁律之书，从阴沉的树荫下

（第 116—122 行）

"由理生把弗宗的尸体钉在了"神秘树"最高的树干"上（第 128—129 行）。

这首诗的大部分内容是阿哈尼亚抒发与由理生分开后的悲哀：

残忍的嫉妒！自私的恐惧！

自我毁灭：快乐如何能够

在这黑暗的枷锁中重生……*

---

* 第 233—235 行。这与《经验之歌》中《大地的回答》很相似："残忍嫉妒又自私的恐惧／你用黑夜／锁住欢愉／青春的处子和清晨怎能忍受"（《经验之歌》，图版 31，第 12—15 行）。

在《洛斯之书》中，洛斯先是化为人形，然后将人形交给由理生：

> 洛斯又惊又怕，搭起了
> 熔炉；他做了一副铁砧，
> 一把坚定的铁锤；然后开始
> 捆绑由理生，日日夜夜
>
> ……直到一个人形
> 完成了，一个人的幻象
> 在黑暗和深深的云层之中。

（第 139—142、174—176 行）

布莱克似乎无意重复《阿哈尼亚之书》和《洛斯之书》的试验。这两本书保存至今的完整版本各只有一个。他在 1818 年和 1827 年的信中也未将这两本书纳入销售之列。

目前尚无当时有关这两首诗的任何评论。1861 年之前，甚至还没有《阿哈尼亚之书》的任何记载，《洛斯之书》也是 1866 年以后才为人所知。

了不起的彩色版画

在 1794 年至 1795 年，布莱克在印刷预言诗系列的同时，也在进行上色方法的试验。图案的轮廓先以棕色、褐色和绿色调和的颜料印刷而成，然后凯瑟琳按照布莱克事先做好的模板，在每张版画上简单地刷上几层颜料。*

---

* 30 年后，布莱克对这些版画逐个重新上色，较之先前更为细致精美。有些画整幅都用水彩再涂了一遍。

大约在 1794 年，布莱克尝试直接将颜料上到铜版上，以便所有的颜色可以一次印刷完成。这一过程技术较为复杂，颜料不能干得太快，在上完最后一种颜料时，最先上的颜料还得保持湿润。而且，最后上的颜料也不能太湿润，否则会比先上的颜料铺展得快一些。

这种彩色印刷使画面颜色比 18 世纪 90 年代盛行的淡水彩画要深得多，色彩也更为鲜艳醒目，还会呈现一种有趣的三维立体效果。铜版和纸张分开的时候，黏稠的油墨会被稍稍拉起来，使得版画表面粗糙起伏，犹如覆上一层地衣。这种效果可以非常完美地表现岩石和苔藓的质地。泰瑟姆评论道，画面给人"一种不经意的视觉印象……耐人寻味"[165]。用其他的印刷方法来重现这种类似蛋彩画的效果是极其困难的。几乎所有布莱克彩印作品的复制品都差强人意。

布莱克的某些插图书，譬如《由理生之书》《阿哈尼亚之书》《洛斯之书》《洛斯之歌》，大部分或者整本都是彩色印刷而成。这一彩印方法也用于《所有的宗教同出一源》、《塞尔之书》（一个片段）《欧罗巴：一个预言》、《天真与经验之歌》*、《没有自然的宗教》以及《阿尔比恩的女儿们的异象》的某些印本中。

这一彩印技术受到不少人的追捧。布莱克的朋友袖珍肖像画家奥扎尼斯·汉弗莱请他为自己的文学作品印刷插图，装饰文字。不过，这次新技术的表现并不理想，布莱克为此懊恼不已，"最好的那部分没有了"。[166] 这些插图收集在两个册子里，取名为《大版画书》和《小版画书》†。[167] 布莱克的朋友 J. T. 史密斯对他"上色的功底"深感钦佩，认为这种方法产生的效果"无比美丽，色彩斑斓"。理查德·汤姆森告诉史

---

* 《天真与经验之歌》的印刷历史较为复杂，因为在印刷合本的同时，布莱克仍在印刷《天真之歌》和《经验之歌》的独立版本。——译注

† 《小版画书》和《大版画书》是姊妹篇。前者尺寸约 12 厘米 ×8 厘米，创作于 18 世纪中期。后者尺寸更大，而且包含更多细节，约 23 厘米 ×16 厘米，创作于 18 世纪末。《大版画书》包含更多原创构图，包含了一系列象征性极强的图像，涉及布莱克个人神话体系中的形象。《小版画书》多为已有作品的提炼或变体，布莱克尝试以极小的尺寸展现复杂构图，挑战版画技术极限。两者均未附文字，纯粹以图像传达布莱克的哲学思想。——编注

密斯，汉弗莱的书表现了"上色的魔幻效果"，"与油画非常相似"。*约瑟夫·法林顿在 1796 年 2 月 19 日的日记中写道："韦斯特、科斯韦和汉弗莱对布莱克的插图交口称赞，认为作品表现了版刻师非凡的天才和想象力。"†此处评论大概也是指汉弗莱的这本书。

1795 年布莱克完成了另一个大型彩色版画系列（画面尺寸大概是 43 厘米 ×53 厘米）[168]。这一系列包括：(1)《基督向门徒显现》；(2)《上帝创造亚当》（见图 62）；(3)《上帝审判亚当》；(4)《善与恶之天使》；(5)《赫卡特》‡；(6)《死亡之屋》；(7)《拉麦和他的两位妻子》；(8)《拿俄米请路得和俄珥巴回到摩押》；(9)《尼布甲尼撒王》§；(10)《牛顿》；(11)《怜悯》；(12)《撒旦因夏娃而狂喜》。[169]这一系列是布莱克彩色印刷的巅峰之作。他将每幅版画都印刷了三份，并和凯瑟琳一起用水彩进行润色。

159

这些作品的主题并无新意，但是呈现出来的效果却相当怪诞，也极富表现力。譬如《牛顿》——这位伟大的数学家和严肃的神学家赤裸着身体，蹲在海底，在沙石间追寻数字。《上帝创造亚当》中的造物主，伸展着巨大的铜翅，痛苦地盘旋在被毒蛇缠绕的亚当之上。显然，作者对耶和华和牛顿的理解与他同时代的人——或者当今的我们都有着天壤之别。

这些彩色印刷作品虽然效果惊艳，制作起来却是相当耗时。在铜版上上色要比在版画上上色麻烦得多。每上一次色也只能拉出两到三幅版画。即便如此，复制的版画还要进行大范围的润饰。布莱克的彩色印刷

---

* *BR*，第 468、469、472 页。汤姆森还谈到了汉弗莱拥有的其他彩色印刷书：《亚美利加：一个预言》（H 本）、《欧罗巴：一个预言》（D 本，装订在《大版画书》[A 本]的前面）、《经验之歌》（H 本）以及《小版画书》（A 本）。这些可能都是在 1796 年左右购入的。

† 紧接着这句话："斯莫克看过之后，对他们的评价表示异议。我和斯莫克的看法一样。"

‡ 《赫卡特》也被称作《伊尼萨摩恩的欢乐之夜》（"the night of Enitharmon's joy"）。——编注

§ 塞缪尔·帕尔默在 1862 年称，《天堂与地狱的婚姻》中的图版 24 "给了布莱克创作荒野中的尼布甲尼撒王的灵感。我有西塞罗和彼特拉克等人的著作，是很古旧的德语译本，……里面有非常相似的形象。布莱克完成这幅画的草图设计之后，又过了许多年，才看到这幅木雕插图"（*BRS*，第 84 页）。见文后"补记"。

方法并不适用于批量生产。1795 年只有一套《大版画书》和《小版画书》（共 30 幅版画）得以完成，外加一些复制画（共 20 幅）。大型彩色版画（共 29 幅版画）的印刷数量就更少了。[170]

大型彩色版画的销路并不好，此后的十年间大概一幅画都没有卖出去。我们所知道的第一个买家是托马斯·巴茨。1805 年 7 月 5 日和 9 月 7 日，布莱克以每幅 1 英镑 1 先令的价格将大型彩色版画中的 8 幅卖给了他。[171] 这其中只有一幅日期注明是"1795 年"。《尼布甲尼撒王》和《牛顿》上刻有水印"J WHATMAN | 1804"的字样，大概是 1805 年专为巴茨印制的。[172]《死亡之屋》、《善与恶之天使》、《尼布甲尼撒王》、《上帝创造亚当》以及另一幅《牛顿》大概都是在 1805 年完成的。[173]

13 年后，1818 年 6 月 9 日布莱克在写给道森·特纳的信中以每张 5 英镑 5 先令的价格出售"12 张大幅……彩色版画"，可见当时他手上还留有好几份印本。不过，特纳并未购买这些版画。此后，布莱克大概再也没有出售过这些大幅版画。

布莱克去世时，手头至少还有 9 幅这类主题的版画和 5 份复制画，有些还尚未完工。[174] 这些遗稿都留给了凯瑟琳·布莱克，后来又到了弗雷德里克·泰瑟姆的手中。泰瑟姆称他在 1831 年将其中的 7 幅卖给了一位名为詹姆斯·弗格森的云游画家。[175] 但是，除了巴茨以外，并未听闻 1843 年以前还有谁（包括弗格森）购买过布莱克的彩色版画。[176]

从 1787 年弟弟罗伯特·布莱克去世到 1795 年完成伟大的彩色版画系列，布莱克的收入是相当可观的。他的事业蓬勃发展，不断从出版商处承接大型版刻任务，自己也在进行绘画创作和版刻。他有足够的财力搬去郊区带花园的大宅，不仅有女仆侍候，还有银质餐碟可以借给朋友（虽然后来被盗了）。他与亨利·菲尤泽利结为好友，与约瑟夫·约翰逊的自由思潮的知识分子圈也能沾上关系。布莱克发明了华彩插图书，制作了饰有精美图案的《天真与经验之歌》《天堂与地狱的婚姻》《塞尔之书》《亚美利加：一个预言》《欧罗巴：一个预言》。他还发明了新的彩色印刷方法，不仅用来印刷插图书，还以此创作了不俗的大型彩色版画系列，主题从《牛顿》到《上帝创造亚当》，不一而足。这些都是非凡

160

的成就。

但是，与此同时，这几年也是黑暗的日子。布莱克的弟弟和母亲相继离世，法国大革命的发展也与最初的诉求渐行渐远。人们满怀信心建立新耶路撒冷教会，希冀迎来一个摆脱宗教仪式和国家干预的新时代。但是，教会沦为人们争吵斗嘴的地方，充斥着"谎言和祭司的伎俩"。布莱克似乎不再致力于创造纯视觉的艺术作品——这几年他没有在皇家美术学院展出过一幅作品。俗世的生存之道似乎束缚了他的手脚，就像束缚由理生一样。

布莱克在华彩插图书和大型版画中表现出来的异象强大有力但阴沉黑暗。《塞尔之书》和《阿尔比恩的女儿们的异象》均以女人的哀恸结尾；《亚美利加：一个预言》和《欧罗巴：一个预言》也以洛斯的战争结束。《经验之歌》充满了生命易逝、光阴虚度的感叹，表现了一个由残暴、嫉妒、恐怖和隐秘主宰的世界。世道之所以如此，原因很简单——对理性的歪曲和灵感的无视。但是，解决之道既非肉眼可见，也非凭空臆想。上帝就存在于痛苦与折磨之中，不论祂是以由理生还是耶和华的模样示人。

显然，布莱克在这些年里取得了不少成就，但是正如他在 1804 年 10 月 23 日的信中所言，这些年虽然收入可观，但是精神黑暗。他按照俗世的道来赚取名利，但是又在何处丢失了精神？奥松和魔鬼的禀赋为何不能带来快乐？奥克和洛斯为了自由，闹得天崩地裂，但是为何

《洛斯之歌》结束了
由理生哭了。

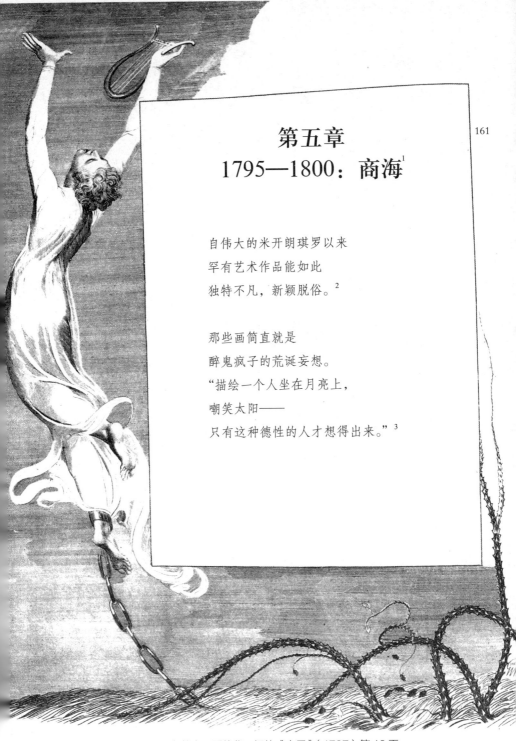

第五章
1795—1800：商海[1]

自伟大的米开朗琪罗以来
罕有艺术作品能如此
独特不凡，新颖脱俗。[2]

那些画简直就是
醉鬼疯子的荒诞妄想。
"描绘一个人坐在月亮上，
嘲笑太阳——
只有这种德性的人才想得出来。"[3]

插图22　布莱克，爱德华·扬的《夜思》（1797）第16页

为爱德华·扬的《夜思》设计插图

"唯有幸运女神才是世间财富的主宰"[4]，美德和勤奋都与此无关。　162

这是生活教会给布莱克的，幸运女神是尘世的王、魔鬼撒旦的盟友，这是他在 1799 年发出的感慨。

1795 年，天才和勤奋似乎真的吸引住了"打扮成绅士模样的黑暗之子"[5]。

布莱克与詹姆斯·爱德华兹合作多年。詹姆斯是精品插图图书出版商，算得上是当时欧洲首屈一指的古籍出版商。他来自哈利法克斯一个颇有声望的书商世家。该家族发明了各式图书装帧风格，被誉为"哈利法克斯封皮装帧界的爱德华兹"，特别擅长制作绘图羊皮纸封皮和书口画。[*]1784 年，28 岁的詹姆斯从哈利法克斯来到伦敦，与弟弟约翰一起在蓓尔美尔街 102 号开设了一家书店，店内陈设富丽堂皇，詹姆斯为此得了"美第奇书商"的雅号。

1791 年 9 月詹姆斯·爱德华兹和约瑟夫·约翰逊委托布莱克为菲尤泽利的《弥尔顿》雕刻巨幅版画，1792 年 6 月詹姆斯·爱德华兹、罗伯特·鲍耶和约翰·默里委托布莱克为休谟的《英国史》雕刻规模相似的版画。1795 年，爱德华兹和约翰逊又委托他版刻斯特德曼的《五年远征苏里南起义黑奴纪事》，为此布莱克从 1791 年一直工作到 1795年。截至 1795 年，布莱克已经与詹姆斯·爱德华兹建立了广泛的业务往来。[†]

1789 年秋，詹姆斯最小的弟弟，21 岁的理查德从哈利法克斯来到伦敦。他最初在蓓尔美尔街 102 号给哥哥打下手，学习如何在伦敦做图书生意。不过，到了 1791 年底，他就在同样新潮的新邦德街 142 号站

---

[*] 书口画（painted fore-edges）是书籍装帧艺术中的一种装饰技法，指在书的边缘或书侧画图，分成两种形式，一种是要把书推开才能看得到图案的，另一种是直接可以看得到图案的。——译注

[†] 在 1803 年 10 月 26 日和 1804 年 1 月 27 日、2 月 23 日和 5 月 28 日信函中布莱克都谈到了拜访詹姆斯·爱德华兹。

稳了脚跟，成为一名书商。理查德不仅制作印刷教会和国王的传单，还出售图书。不过，这些书所涉的领域有限，有些还是与擅长制作典雅图书封皮的兄长詹姆斯联合出版的。[6]

理查德出版的书籍种类不多，少有独创，思想非常保守。譬如，他出版的阿农所著的《1784年的国会……评论》认为"大不列颠的贵族阶层……不仅出身高贵，而且才智非凡"。C. E. 德·科埃特洛贡在《给英格兰人民的建议》中总结道，我们拥有"最英明的君王，和世界上最好的体制"。阿农在另一本书《十分钟警示》（1792）中告诫国民，如果托马斯·潘恩提出的建议得以实施的话，"第二天，所有的富人将变得一无所有……而且，过不了多久，所有的穷人也将饿死"。理查德印刷的书籍，版面设计无甚特色，也很少采用插图。[*]

但是，到了1794年，理查德·爱德华兹突然感受到了身边正在发生的翻天巨变。英国的印刷排版、图书设计和装帧在前30年里取得了巨大的进步，水平堪与法国、荷兰和意大利媲美。特别是奥尔德曼·博伊德尔出版的《莎士比亚画册》（1786—1805），他的劲敌麦克林出版的《诗人画册》（1788年及以后）和《圣经》（1791—1800），以及鲍耶出版的《休谟的〈英国史〉插图历史画册》（1792—1806），使图书插图的面貌焕然一新。这些伟大的作品，每部花费达数万英镑，云集了英国当时最顶尖的画家，单幅插图的酬金高达1000英镑。英格兰境内杰出的版刻师都投入到这项事业中来，单幅对开本刻版的酬金也有800英镑。活字印刷、油墨和印刷厂应运而生。每位出版商都开设了时髦的私人画廊，每年展出的巨幅特制绘画吸引了大批的观众。不过，出版商每次只展出作品的局部，整个作品全部展出需要十多年的时间。这种模式有助于维持公众对作品的兴趣，不过，出版商也因此要付给作品认购者高达105英镑（博伊德尔的《莎士比亚画册》）的费用。

在这些巨著的光环之下，涌现出不少优秀的对开本插图图书。譬

---

[*] 有一个例外：J. 梅里戈1791年所著《罗马及其邻近地区风光遗迹精选集（附实景手绘图）》（第一部分）（从1796年3月至1797年10月分15期出版，配有62张精美插图）。不过，添加插图的建议是身为版刻师的梅里戈提出来的，出版的风险也由他来承担。

163

如，博伊德尔出版的《弥尔顿》（三卷本，1794—1797）和他印刷的法林顿的《泰晤士河史》（1794，1796），以及桑顿出版的《植物》（1797—1807）。唯一能与这些作品一争高下的是另一部英国文学作品——爱德华·扬的《夜思》，由26岁的理查德·爱德华兹出版。理查德保守谨慎，这部作品的问世也只是昙花一现。

论名气以及之前出版过的书籍，理查德与这些出版界泰斗简直是天壤之别。不仅如此，他还将所有的绘画和版刻任务委托给一位寂寂无闻的天才版刻师威廉·布莱克。而鲍耶出版的《休谟》、博伊德尔出版的《莎士比亚画册》和马尔金出版的《圣经》则是由数十位皇家美术学院的著名画师和版刻师受聘完成的。

威廉·布莱克得到像理查德·爱德华兹这样的教会国王拥护派的青睐倒是有些出人意料。一则，布莱克是靠临摹他人的图画版刻为生，并无多大名气——他不是而且（由于版刻师的身份限制）也不可能是皇家美术学院成员。在1797年《夜思》出版以前，布莱克只在三本商业出版书中的十幅插图上签署过自己的名字。

二则，布莱克是政治和宗教激进分子，曾在伦敦的大街上公然戴上白色帽子以示自己的自由派立场。他抨击毫无新意的新主张——"同一个国王，同一个上帝，同一个律法"，* 还在1804年因煽动叛乱罪受审。很难想象布莱克和理查德能在政治、宗教和社会经验上有何共通之处。

此外，虽然1794年的布莱克已经37岁，线雕画的技艺几近个人能力之极致，但是作为版刻师，他尚名不见经传，并未受到广泛的认可。虽然1794年以前，布莱克曾为6位出版商出版的约30本商业书制作过版画（其中的11幅由约瑟夫·约翰逊出版），但是，这其中很少是对开本。而且，他从未得到委托为博伊德尔、马尔金和鲍耶的伟大画册制作版画，更不用说设计插图。作为版刻师，他的名字也从未出现在任何褒扬的评论中。其实，虽然布莱克在自己的作品中大量使用插图，但是，

164

他从未为任何一部重要的文学作品设计过大量的插图系列。因此，很难看出来到底是什么使布莱克和理查德·爱德华兹走到了一起。

不过，两个人还是有不少共同之处。布莱克和理查德·爱德华兹都是画家和工匠，擅长临摹他人的作品来装饰图书。布莱克多次得到约瑟夫·约翰逊的委托制作版画，也曾为詹姆斯·爱德华兹工作过，他们三人都是亨利·菲尤泽利的朋友。可能，理查德·爱德华兹通过他的兄长詹姆斯以及兄长的两位朋友约翰逊和菲尤泽利间接了解到了布莱克。

《夜思》版刻任务的发起人很有可能是亨利·菲尤泽利，他曾于1791年委托布莱克版刻他的巨幅《弥尔顿》插图。他也是最早提到《夜思》版刻的人之一，他对《夜思》的高度评价出现在托马斯·爱德华兹1826年的目录中。皇家美术学院的成员常常把布莱克的插图设计与菲尤泽利汪洋恣肆的画风相提并论。

布莱克与理查德·爱德华兹合作，创造了最宏伟的商业巨作。我们大概能够猜到为何《夜思》会成为二人合作的对象。虽然理查德·爱德华兹在宣传中陈明了出版初衷，不过，我们注意到科埃特洛贡（理查德·爱德华兹曾在1792—1793年为其出版了8本书）也出版了一本插图版的《夜思》（伦敦：查普曼出版，1793）。很有可能理查德·爱德华兹注意到了这个版本，而且科埃特洛贡本人亲自负责插图，这对他的触动很大。

另一个原因可能是理查德·爱德华兹弄到了一套九卷的《夜思》最早版本（1742—1745）。这是"作者本人保留的版本"[7]，"空白页处"还有"作者的签名"[8]。合作的初衷可能只是想为第一版的九卷本《夜思》制作精美的附加插图 *，理查德·爱德华兹还在这套书上留下了自己的签名。不久，詹姆斯·爱德华兹的老主顾理查德·布尔在麦克林出版的《圣经》（1792—1800）里为女儿伊丽莎白增加了数千幅插图。[9]约翰·格

---

* 如果是一开始就有出版版刻插图版《夜思》的打算的话，就不大可能将如此宝贵的作者本人的珍藏本拿来做配图的文本。因为版刻师沾满油墨的手很有可能把书给弄坏了。此外，创作数百幅插图的意义并不大，因为印刷能力有限，也无法精细地上色。但是，如果把它做成附加插图书（extra-illustrated）的话，这样精细地上色倒也是恰如其分。

雷·贝尔也为此版《圣经》增加了大约10000幅插图。[10]布莱克本人也曾在1797年为好友约翰·弗拉克斯曼制作了《格雷诗集》（1790）中的116幅水彩画插图。布莱克在版刻格雷的插图时，将文字部分嵌入大的插图里。这一做法与理查德·爱德华兹出版的《夜思》中的插图方法一致。直到《夜思》的水彩画插图已经开始制作了，理查德·爱德华兹才动了出版这些插图的念头。

这一合作于1794年年底展开。[11]在带有"1794 | J WHATMAN"水印字样的高级绘图纸上切开一个窗口（约40厘米×30厘米），将扬的总共260多页的文字稿一一嵌入其中。之后，将完成的水彩画嵌入一个更大的窗口（约50厘米×40厘米）中，画的四周配有装饰边框。文稿以棕色的油墨逐页编号，在需要插图的地方，理查德·爱德华兹（或布莱克）就用铅笔在页面的空白处打上钩（有时，每页还会有两个钩）。

布莱克全身心地投入工作中，在两年多的时间里，平均每周完成五幅插图。"听布莱克夫人说，除了交谈和读书，还真见不着他手里闲着的时候。"[12]不过，这项工作也并非一帆风顺："当时，他正在版刻拉瓦特尔的巨幅肖像，没办法得到想要的东西，一气之下把铜版从屋子的这头扔到那头去了。后来说起这件事，别人问他是否把铜版给摔坏了，他用一贯打趣的口吻说，'哦，我还是很爱惜它的'。"*[13]

布莱克进行诗歌和绘画创作的时候，一直都有神灵同他说话。大概是他在苦思冥想扬的诗句"天使应该画正派人的灵柩"[14]时，异象出现了。1807年，托马斯·菲利普斯正在为布莱克画肖像画（见图63），布莱克说道，

166

　　一天，我正在看扬的《夜思》，读到诗节"谁能画出天使"，我合上书慨叹道："唉！谁能画出天使啊？"

　　这时，房间里响起一个声音，回答道："米开朗琪罗。"

　　"你怎么知道呢？"我问道，不禁环顾四周，但是什么也没看到，只是发觉屋子比平时要亮堂许多。

---

* 见文后"补记"。

"我当然知道，"这个声音继续说，"因为我就坐在他的身边；我是天使长加百列。"

"哎呀！"我说道，"真是你吗？这声音虚无缥缈的，我可不信；你大概是个邪灵吧——这世间倒是有邪灵的。"

"你大可放心，"这声音说道，"邪灵能做到这个吗？"

我循着声音的方向望去，发现有一个发光的人形，带着闪亮的翅膀，发出强烈的光芒。就在我看的空当儿，人形愈来愈大：他挥着手；我书房的屋顶打开了，他升入了天空；他站在太阳里，向我示意，宇宙也跟着转动。邪灵是断然做不到这些的——他真的是天使长加百列。*

布莱克完成了 537 幅巨型水彩插图，每幅图都内嵌有诗句[15]，另有两幅壮丽的水彩画被用作卷首插图（见图 64）。爱德华兹把这些插图交给本尼迪克特进行豪华装帧，以红色的摩洛哥羊皮做封面，页边还镀有金箔。

167　　之后版刻的许多（虽然不是全部的）水彩画都注有"版刻"或"反

---

* 艾伦·坎宁安在《名画陈列室》（伦敦：1833）（*BR*，第 183 页）中，用了整整一段来记录此事。故事是这样开始的：

"很多人说，"菲利普斯说道，"米开朗琪罗的画气势恢宏。不过，单是看那些版画，我觉得有些言过其实了。他可能还没有拉斐尔画得好呢。"

"先生，并非言过其实，"布莱克说道，"他画的天使就比拉斐尔画的好。"

"嗯，不过，"菲利普斯接着说，"你从未见过米开朗琪罗的画。也许你的看法是受了朋友的影响吧。他们可能是唬你的呢。"

"我是没有见过米开朗琪罗的画，"布莱克说道，"但是我的这位朋友不会弄错。"

"一个真正难得的朋友吧，"菲利普斯问道，"我斗胆问问他是何方神圣？"

"天使长加百列。"布莱克答道。

"加百列当然确实可靠。不过，你知道，邪灵爱伪装成好人的模样，说不定是你被误导了呢。"

"那么，好吧，先生，"布莱克说道，"这事真的很奇妙。我原先也以为是邪灵，不过很快就明白不是这么回事了——我跟你说说吧。"

向版刻”的字样[*]，其中有两幅没有版刻的，也都做了如此标注。1797年采用的纸张比初版大许多，这样，文字部分所需的纸张就减少了，很多插图也就弃之不用。早期的版本每页都配有一幅水彩插图，而1797年只留有不到一半的插图。

诚然，布莱克对待扬的诗集的态度是认真的。但是，他将自己的思想融入创作之中，赋予了扬的作品新的意义。《夜思》是一部沉思录，不是叙事诗。布莱克在插图中表现的常常是诗中的隐喻而不是情节。譬如，在为诗句“常常我的歌迸发而出，越过生活的边界”所配的插图中，布莱克表现了一个脚踝被铁链拴在灌木丛中，奋力飞向天空的竖琴师形象（见插图22）。《夜思》各卷标题的插图也是令人过目难忘。譬如，在《夜思》中《第三夜》的书名页（见图65），纳西莎[†]头戴群星皇冠，立于新月之上，四周环绕着一条巨蟒——口衔其尾，象征轮回不朽的衔尾蛇。在扬的诗篇中，基督是答案，而在布莱克的插图中，基督则是一个引人瞩目的存在。与之形成鲜明对比的是，在此之前，基督的形象从未出现在布莱克自身作品的插图之中。在为基督伤口的“可怕的祝福”所绘制的插图（见图66），布莱克表现了基督双手和双脚被巨大的钉子刺穿的画面。

所有的插图都带有明显的布莱克的风格，有些可能还曾在他自己的作品里出现过。[16]譬如，《恐怖之王就是和平之子》的插图塑造了一个苍髯老者的形象，不禁让人联想起他之前创作的受苦的约伯或是专横跋扈、手持律法羊皮卷的由理生。

这项工作最早的记录出现在南希·弗拉克斯曼1796年3月16日的

---

[*] 布莱克在绘画时并不能确定这些画在以后的版刻中是以正面还是反面出现。这不是件小事，因为大部分的插图都是出现在页面的底部和页边空白处。如果正面的水彩画要印在反面的话，原图就得是反画的。（反之亦然。）
　　需要印刷的诗句都打上了星号，表明版刻的主题。偶尔（例如，1797年，第24页）诗句出现在前一页，而插图在后一页。至少有一幅插图所配的原文段落在1797年的版本中被删除掉了。1797年中好几处打了星号的诗句与水彩画插图所配的打了钩的诗句并不吻合。

[†] 纳西莎（Narcissa）是爱德华·扬在《夜思》中创造的一个虚构的哀悼对象，象征诗人对逝去之人的追思。她的名字可能源于拉丁语 narcissus（水仙花），水仙花常被视为冥界之花，在西方文化中常与“自恋”或“死亡与重生”的意象关联。——编注

信件草稿中：

> 爱德华兹家的一个儿子把扬的《夜思》文字印刷出来剪切后，嵌入大的对开本的方框中，由我们的一位朋友用非常精美的水彩画进行装饰。这位朋友本人就是位天生的诗人，常常吟唱自己创作的诗歌，天资过人，不拘一格。这本书是幽谷的一朵百合，一朵绒毛绣线菊……我对这本书的出版抱有希望，但愿不要让我等太久……[*]

可能南希或者是她的丈夫在诗集出版前就已经看过一些素描图和版画了，因为这些插图中有 22 幅注明的日期是 1796 年 6 月 27 日。

大约在 1796 年暮春，理查德·爱德华兹推出简介，宣传：

爱德华兹的
精装豪华版
扬之《夜思》

将于 6 月初出版，敬请预定。这部作品广受欢迎[†]，现推出豪华版卷一，精美印制，并配有布莱克先生原创的 40 幅热烈奔放的版画插图。

版画展现全新装饰风格，文字四周以插图环绕，以阐明其意。

此版为 4 开本，与地图册尺寸相当，预定全部的四卷诗集和 150 幅版画，需付 5 个基尼金币——预定时付 1 基尼，每卷送货时再付 1 基尼。如未预定而购买，价格将大幅上涨。

---

[*] 这部分引用没有顾及信件原稿的某些插入和删除部分。信件全文可参见 *BRS*，第 11 页。在这里，南希是在阐释弥尔顿的《欢乐颂》中第 133—134 行的诗句："最温柔的莎士比亚喜爱贵族公子／自由歌唱天生的林中乐调"。

　　这封信后来弄丢了，南希在 1797 年 11 月初给"B 夫人"信函中，根据回忆复述道："布莱克是艺术家的名字，'天生的诗人'，自由歌唱林中的乐调——他有着独特而强大的想象力；用最诗意的方法表现诗人。"（*BRS*，第 14 页）

[†] 布莱克当然非常熟悉《夜思》。他在《月亮上的岛屿》第 8 章第 25 段中提到了这部作品。还在为比尔格的《莱诺勒》设计的插图中摘抄了《夜思》的诗句。他自己也收藏了一本 1796 年的《夜思》（*BB*，第 754 页）。

168

参观样品可前往新邦德街 142 号理查德·爱德华兹书店、蓓尔美尔街 102 号詹姆斯·爱德华兹书店以及蓓尔美尔街罗伯特·鲍耶历史画廊，以上地方均接受预定。[17]

简介推出的时候，作品还尚未完工。卷一出版时所配的插图总数实际是 43 幅，而不是宣传中的“40 幅”。150 幅版画的售价是 5 英镑 5 先令，相比罗伯特·鲍耶出版的售价为 63 英镑的休谟的《英国史》，简直是天壤之别。《英国史》在蓓尔美尔街历史画廊销售，配有 60 幅巨型插图（加上花饰），制作费“不下 4 万英镑”。[18]

《夜思》售价低的原因之一是所附的插图版画仅有线条勾勒，不似鲍耶出版的《英国史》、博伊德尔出版的《莎士比亚画册》或麦克林出版的《圣经》那般精雕细刻。更重要的原因是布莱克作为画家和版刻师的酬金非常的低廉。

陈列在理查德·爱德华兹、詹姆斯·爱德华兹和罗伯特·鲍耶的书店中的样本大概与《人生之旅》（一个拄杖的赤身男子）的精美羊皮纸水彩画很像。[19]

名不见经传的出版商与思想大胆、风格怪诞的画家的联袂之作，自然成为皇家美术学院的谈资。“长舌夫”约瑟夫·法林顿在 1796 年 6 月 24 日的日记中写道，他从亨利·菲尤泽利那里听说：

布莱克已经答应为扬的《夜思》设计插图，每页均以图画围绕文字而成。邦德街的出版商爱德华兹是他的委托人。他用大的对开本纸来印刷文字部分。全书共约 900 页。*——布莱克为全部的工作开价 100 基尼金币。爱德华兹说他顶多只能付给布莱克 20 基尼金币，布莱克也答应了。——菲尤泽利认为爱德华兹会从全部的插图中选出 200 幅来进行版刻，用以装饰新的版本。

169

---

* 布莱克的 543 幅插图占用了 269 页纸。

菲尤泽利似乎认为有两项委托工作。第一项是为爱德华兹手头的《夜思》版本"设计插图，每页均以图画围绕文字而成"。第二项是从中选出 200 幅来进行版刻，用以制成一个"新的版本"。21 英镑的售价，正如 J. T. 史密斯所言，"少得让人心寒"[20]，算下来，一张画还不到 10 便士。不过，这个价格可能并不包括版权，版权的事情要另作商议。价格也不包括版刻的费用，布莱克希望爱德华兹能付给他每幅版刻至少 5 英镑 5 先令的酬金[21]，也就是说，43 幅版画的酬金是 225 英镑 15 先令，150 幅版画的酬金是 787 英镑 10 先令。即使布莱克更希望获得赞誉而非金钱，这些酬金，对他这种物质欲望不高的人而言，大概也算是不小的数目吧。*

可能布莱克和爱德华兹共同投资了这个项目。布莱克设计插图并雕刻铜版，爱德华兹出资进行文字排版、购买纸张、在同一张纸上先印刷文字后印刷插图、标注、校勘、将散页放入封套、装订、入库以及宣传†——虽然几乎没有做什么宣传。这样的合作在当时以及后来都很常见。事实上，爱德华兹与另一位版刻师 J. 梅里戈合作制作《罗马及其邻近地区风光遗迹精选集》（1796—1798）时亦是如此。梅里戈设计插图并制作版画，爱德华兹负担其他的费用。如果《夜思》项目也是如此操作，那么投资风险更大的一方就是布莱克。他所要承担的金钱和名声方面的损失比理查德·爱德华兹大得多。

版刻工作的进度缓慢，布莱克曾说过"版刻是一项恒久的工作"。[22] 1796 年底，爱德华兹认为《夜思》卷一（九个部分中的四个部分），"几日之内"便可付梓[23]，为此，还写了一篇有点文不对题的广告。

广告

观当今文学风尚，艺术创作普遍得到赞助人资助，臻至前所未

---

* 布莱克似乎没有对理查德·爱德华兹怀有积怨。他的书信和笔记本倒是记录下他对约瑟夫·约翰逊、威廉·海利、托马斯·斯托瑟德和 R. H. 克洛梅克的诸多怨言。

† 可能还曾计划出版一部无插图版（书名页上既无配图也无布莱克的名字）。最后出了一本无插图版（*BBS*，第 271 页）。

有的繁荣，为公众奉上英国经典著作的精装新版亦在情理之中。近日推出新版莎士比亚和弥尔顿作品，传世巨制，美轮美奂，其装帧修饰之技艺在扬的杰作中亦可窥见一斑。*

　　然出版此书，并非单为英国出版界增光添彩，抑或为富商巨贾的藏书贡献一部美卷。他（布莱克）虽然受到专业熏陶，但是，选择为《夜思》版刻插图乃是出于更为高尚的动机——希望艺术创作能以其崇高的表现形式服务于宗教目的；以其魅力引起位高权重者的关注，加强宗教道德真理的宣扬。真理若不为人所知，便发挥不出功效。

　　这部诗集自问世以来，获得评论家一致好评……

　　而对诗集的批评主要集中在插图上，色彩阴暗抑郁，寓意有时也较晦涩，让读者望而却步……

　　话说这部珍贵诗集当前的新版，编辑本人只能说是不计成本，尽心准备；孜孜以求面面俱到，不负大众所望。编辑此书，不为牟利，只为倾心——钟爱之至，亦无暇斤斤于利益得失。因此，本版《夜思》若有任何不足，必不是我等编辑吝啬疏忽所致。

　　布莱克先生不仅为本书设计装饰图案，还为诗集版刻插图，其技艺之精湛，毋庸多言，读者懂行，自会分辨。虽然时下绘画艺术之流行风尚仍将大行其道，该艺术家的独到见解和娴熟大胆的技艺不可小觑，必将为世人所瞩目。

1796 年 12 月 22 日 [24]

　　这可真是一篇奇怪的广告，说来说去都是在为自己开脱责任。这本书是身兼出版商和编辑的爱德华兹的"倾心"之作：他"不为牟利"，"亦无暇斤斤于利益得失"，而且任何缺陷都不是他的"吝啬疏忽所致"。而谈到新版的最大亮点，布莱克的版刻插图时，他却只有一句"毋庸多言"，甚至都不愿明确指出这些插图"不可小觑，必将为世人所瞩目"。最后的这几个形容词都像是极不情愿给出来的。他推出新版主要是为了

---

* 布莱克为扬的《夜思》所作的版刻插图仍然是该书唯一重要的插图系列。

证明扬的诗歌传扬了宗教和道德的真理，以及身为出版商的他是多么的大公无私。

从这则广告里不难看出布莱克的插图不是新版的主要目的。爱德华兹宣称自己"不计成本"出版诗集，而他付给布莱克的却是"少得令人心寒"的酬金。

新版出版声明一出，各种议论纷至沓来。约瑟夫·法林顿在1797年1月12日的日记中记录下皇家美术学院委员会的法林顿、霍普纳、斯托瑟德、里戈、奥佩在莱特的咖啡馆里聚会的情景：

> 我们一起聚餐，席间谈话甚是有趣。提到了布莱克风格古怪的插图。斯托瑟德坚持认为布莱克是个天才，不过受了那个谁（可能指菲尤泽利）的影响，误入歧途，绘画风格太过张扬。霍普纳嘲讽布莱克的插图荒唐可笑，随便什么人都比他画得好。——那些画简直就是醉鬼疯子的荒诞妄想。"描绘一个人坐在月亮上，嘲笑太阳——只有这种德性的人才想得出来。"霍普纳的话引得众人大笑。斯托瑟德听了，很是不悦。

布莱克希望以恢宏的视角表现精神的力量，却常常被误解为荒诞不经，肆意张扬，有如癫狂。

布莱克为《夜思》设计版刻插图，已无暇顾及其他的工作。1790年至1793年，布莱克每年为书商制作23块插图版刻，而在1794年至1796年，他每年只制作5块版刻。虽然也能勉强维持生计，但是，凯瑟琳·布莱克清楚一家人随时都有可能饿肚子。

在1795年到1804年，布莱克没有出版任何自己的作品。

完成《夜思》的版刻工作似乎遥遥无期。最后一批版刻标注的日期是1797年1月1日、1月4日、3月22日和6月1日。可能书就是在这一年的秋天出版的。[25]

这之后就寂然无声，没了下文。理查德·爱德华兹不再为这本书刊登广告，也没有把书送出去请专家评论，甚至也没有出版任何有关布莱克插图版《夜思》（1797）的评论。这本书堪称英格兰历史上恢宏壮丽的插图图书之一，却被完全遗忘，好像从来就不曾出现过。

还有一种可能是书压根就没有被出版。布莱克还在为《夜思》辛苦版刻最后一批插图的时候，爱德华兹已经在为关门歇业做打算了。[*]他根本就没把心思放在《夜思》的销售上。[26]这本书曾经列在詹姆斯·罗布森的书单上长达 6 个月之久。[27]罗布森曾与爱德华兹的哥哥詹姆斯·爱德华兹有过合作。1799 年 4 月 1 日，理查德·爱德华兹受命担任梅诺卡岛副海事法庭的司法常务长。[28]这个岛是 1798 年英国从西班牙人手中抢来的。到 1798 年 6 月的时候，爱德华兹大概已经处理完库存图书，离开了邦德街的书店。

理查德·爱德华兹处理库存的时候，大概还给了布莱克几本《夜思》，可能是之前的出版协议中有此规定，或者是爱德华兹想以此来抵付部分版刻酬金。布莱克完成了 26 本《夜思》的插图上色[†]，其中有些可能还是凯瑟琳·布莱克的临摹作品，亦不乏精彩之处。Q 本上写有"本书由布莱克先生所赠并亲自上色 / W. E."（"W. E."可能是指理查德的父亲威廉·爱德华兹 [William Edwards]）；R 本上写有"本书由威廉·布莱克上色"；C 本上写有"威廉·布莱克"和"图案"。[29]还有一本上了色的插图书（A 本）到了布莱克最重要的赞助人托马斯·巴茨的手上，另有一本（O 本）到了斯宾塞伯爵手中，就是他给爱德华兹弄了个梅诺卡岛的闲差。

布莱克全身心投入《夜思》的版刻中，之前的复印版画工作也搁置

173

---

[*]　1797 年 2 月以后，爱德华兹放弃了斯特拉特的《英格兰……服饰》，1797 年 1 月他暂停了梅里戈的《罗马及其邻近地区风光遗迹精选集》，1798 年 6 月以后就完全不再过问，1798 年 5 月他退出了温哥华的《航程》，在图书出版界销声匿迹。

[†]　见 *BB*，第 642—646 页以及 *BBS*，第 271—273 页。约翰·格兰特、爱德华·洛斯和迈克尔·托里在《威廉·布莱克的〈夜思〉插图》（大卫·厄德曼主编，牛津：克拉伦登出版社，1980），第一章，第 53—62 页中指出布莱克的插图上色有三种风格，体现在第二卷中 8 幅未编号的褪色的彩图中，分别是：风格一，《夜思》卷一书名页上的死神，身着白袍，以水彩绘成；风格二，死神身着绿袍（共 6 本）；风格三（1 本）。不过，这样分类，可能有些太过简单草率了。罗伯特·埃塞克在他的 AA 本中分辨出了三种不同的上色风格：1800 年风格（似风格一），1833 年风格（不似风格二）以及 1880 年风格（《市场中的布莱克，1999》，《布莱克》，第 33 期 [2000]，第 103—104 页）。

一边。《夜思》的失败对他的打击很大。布莱克在 1799 年 8 月 26 日给乔治·坎伯兰的信中写道："我靠着奇迹活下去……说到版刻，我问心无愧，我的技艺毫无疏漏。但是，现在的我却被遗忘在角落里，好像世间就从没有过我这么个人似的。自从《夜思》出版以来，就连约翰逊和菲尤泽利都看不上我的版刻了。"

布莱克同时代的克拉布·鲁宾逊认为这些版画：

> 水平相当参差；有时候画家的想象力足以媲美诗人，然而可惜的是，由于布莱克特有的古怪想法，更多的时候表现出来的是荒诞不经的画面。无论灵魂的眼睛能够看到何种美妙，肉体的眼睛也应该能够看得懂才行。扬的诗歌确实是得到了一种阐释，把思想变成了图画。[30]

1811 年 3 月 10 日，鲁宾逊把他的那本《夜思》拿给威廉·黑兹利特看。黑兹利特"认为这些插图乏善可陈"。托马斯·弗罗格纳尔·迪布丁在 1816 年写道："没有几本书能够像扬的《夜思》这样令我爱不释手，废寝忘食，所配的插图真是新颖脱俗。"[31]1824 年他又赞赏道：

> 有时，这位画家的笔下能展现出诗歌般崇高的境界：天寒地冻的冬日，北风肆虐，呼啸着敲打着塔楼的每一个角落，窗户虽然紧闭，漫天的雪花还是从窗户缝里钻进来——就是在这样的时候，我会翻开扬的诗集，找到配有布莱克所绘插图的部分。[32]

理查德·爱德华兹的哥哥托马斯（1821）在书店的目录中介绍"布莱克先生的插图，充满激情，颇有米开朗琪罗之风"。[33] 在 1826 年的拍卖目录中，他热烈地赞扬道：

> 我们这位画家独特高远的构思……需要将画家精湛的画技与原作者的诗意结合起来……不妨这么说，自伟大的米开朗琪罗以来，

鲜有艺术作品能如此新颖独特，令人赞叹。其雄浑庄严，颇有米开朗琪罗之风。即使布莱克其他的作品乏善可陈，单凭这些插图，布莱克就足以名垂青史，并像那些最有名望的画家一样，发达亨通。这是已故的菲尤泽利的评价。[34]

可惜，书商的赞美之词并不能帮助布莱克将 537 幅大型水彩插图卖出 300 英镑的价格（1821），甚至连 50 英镑（1826）都卖不出去。

坎宁安曾记录道："有些插图……使那些过分关注细节的人们感到不安：这些正经敬虔的读者从未料想到围绕在严肃神圣的诗歌周围的竟是裸体的人形。虽然扬的插图生机勃勃，亦不乏上乘之作；但插图毕竟是用来表现诗歌的，应该在艺术手法上多下功夫。"[35]

不过，还是有些正经敬虔的读者愿意接受布莱克的宗教主题插图。他为《夜思》第 27 页所作的插图被印在《六翼天使撒拉弗：适用于公众或私人祈祷的圣乐集锦》*的书名页上，并且配上了新标题"良知：负责记录的天使，蒙着面纱，正在记下（光着身子的）酒神的放浪罪行"。这幅插图还被用来搭配该书中一首名为《扬的〈夜思〉之良知》的赞美诗。

针对《夜思》版画插图的评论中最广为人知的是 1830 年出版的爱德华·布尔沃·利顿的对话：

A 先生：在所有宗教狂热派的人士当中，布莱克是最引人注目的那位。他有着多么执着的信念，坚信自己能够看见灵魂，并与亡者对话！他的这股子疯劲儿着实让人喜爱——激起了他为精美诗句配图的灵感。

利顿：这都是些什么版画！几天前我刚看了本《夜思》。他的插图一会儿奇思怪想，寓意高远；一会儿又平淡无奇，过于写实；

175

---

* 这幅插图据称是"已故的皇家美术学院成员威廉·布莱克先生所绘"，不过，其时布莱克并未身故，而且也不是皇家美术学院的成员。《六翼天使撒拉弗：适用于公众或私人祈祷的圣乐集锦》相当受欢迎，引用了布莱克的 3 幅插图。

一连串自创的意象也是模糊不清，前言不搭后语。整体给人的印象是震撼之余有些怪诞，介于天才的构想与疯子的谵语之间。我记得有两三幅插图，不是最好的那种，用以搭配两句美文——

> "与我们的往昔对话是极大的智慧，
> 询问岁月带给天堂怎样的报告；"

布莱克在插图中表现了一个坐着的人，正认真地同他膝上的一个小小的模糊的人形对话。旁边还有许多相似形状的人形，正飞向天堂，每人手里都拿着卷宗（见图68）。插图给人非常神圣的印象。但是，在这句——

> "直到死亡，强大的猎人，将他们全部埋入地下，"

中，布莱克又勾画了一个手持巨矛，面目可怖的人，赶着一群凶残的猎狗。其中一只已经抓到了一个不幸的逃亡者，紧紧咬住了他的咽喉：猎狗的脸呈现一种难以名状的死亡之态。[*]

诗句——

> "我们责备自然只给了这么短的寿命"

中的插图写实得近乎怪诞。一个体形硕大、满脸络腮胡子的男人正用手掌丈量婴儿的寿命（见图69）。而另一幅插图，同样写实，给人印象却更为深刻，表现的是诗句：

> "感官疯跑，挣脱了理智的锁链，
> 高唱虚假的和平，直到被棺罩蒙住！"

---

[*] 在《美学入门》（1804，1813，1815，1827，1836……）中，让·保罗·里克特谈到了"布莱克创作的奇妙插图"（《夜思》，第4页）中的某个人形，"很吓人的样子，瞪着眼睛，俯下身子，猛地冲向灌木丛；这一画面对我来说简直就是一种异象"（BRS，第28—29页）。

插图中的女人，看似尚未开化，披着长长的头发，独自游荡，欢喜若狂——但是，就在她的上方，有两只手（看不见身体）伸出来，抓起一张巨大的棺罩，似乎马上就要罩住这个毫不知情的快乐的人儿（见图70）。

> 　　A先生：扬是幸运的。几乎没有哪位诗人能像他这样使作品中的隐喻得到有血有肉的表现。[36]

即使是最热烈拥护布莱克的评论家也认为他"能够看见灵魂，并与亡者对话"的能力来自那股子"让人喜爱的疯劲儿"。更别说那些毫不留情的评论家，譬如黑兹利特和霍普纳。在他们看来，这股子疯劲儿一点都不"让人喜爱"。他们之中并没有人真正地想过布莱克有可能真的具有这种特殊的能力，正如浸信会牧师约翰·马丁所言，如果布莱克是个疯子，"他的疯就是一条缝，透进来天堂的光"。[37]

为《格雷诗集》[*]设计水彩插图

早在1796年3月，约翰·弗拉克斯曼与妻子南希就见过布莱克为《夜思》所作的水彩插图。南希认为这些画"非常精美"，大概是因为这样的评价，约翰决定请布莱克创作一套与《夜思》风格相似的水彩插图，内容取材于托马斯·格雷的诗集，预备完成后送给南希当作生日贺礼。约翰经常将绘画作品当作生日礼物送给南希，有些出自他本人之手，譬如，《燃烧十字架的骑士》（1796）和《骨灰盒》（1812）[38]，有些则是

---

[*] 出版商约翰·默里为迎合当时贵族和富裕中产阶级对精美书籍的需求，在1790年，推出了一本豪华插图版的《格雷诗集》。并邀请多位艺术家参与，包括威廉·布莱克（负责部分插图的雕刻）、托马斯·斯托瑟德（设计师之一）、约翰·弗拉克斯曼（设计师之一）等。这本《格雷诗集》是格雷诗歌最著名的插图版之一，代表了18世纪末英国出版业的工艺水平。——译注

176

他人的作品。*

布莱克为扬的诗集所配的插图版画于 1797 年夏完工。1797 年 11 月上旬，南希在写给"我的挚友"B 夫人的信中谈到了布莱克为扬所作的插图，并称"弗拉克斯曼先生已经请来布莱克为格雷的诗集制作插图，要送给我当作收藏"。[39] 可见，当时版画制作已在进行之中了。[40]

版画的总酬金是 10 英镑 10 先令 [41]，平均每幅画 1 先令 10 便士，已是相当低价。不过，相比布莱克为《夜思》所作的版刻插图平均每幅才 9 便士的酬金，这个价格还算说得过去。

这项版刻工作正合布莱克的心意。一则他对弗拉克斯曼夫妇心怀感激，再则他一直仰慕格雷并曾为其诗作画过插图。早在 1785 年，布莱克就在皇家美术学院展示过一幅《格雷的吟游诗人》的水彩画。1809 年，布莱克在自己的画展中用蛋彩画再次表现了这一主题，并且记录在《叙录》（第 65—71 段）中。

工作的第一步是将《格雷诗集》（伦敦：约翰·默里出版，1790）的文字部分嵌入在"1794｜J WHATMAN"高级绘图纸（这种纸也曾用于《夜思》插图的绘画和版刻）上开出的方窗内。然后，布莱克画上红色的边线，将水彩画加上去，用油墨标上页码，要配图的诗句就标上 X 的记号，最后装订成册。泰瑟姆说，书名页和书中其他地方的棕色指纹说明"他（布莱克）制作版画时把这些书弄得到处都是指纹印儿，脏兮兮的"。[42] 布莱克常常摘录引文，为每一幅插图配上标题。书名页的反面还有两行诗句，以激发读者的兴致：

> 格雷的泪泪清泉边，我野性的根在蔓延；
> 游子也要驻足停歇，在我的枝叶间入眠。
>
> ——威廉·布莱克 [43]

---

* 弗拉克斯曼可能在 1795 年的年初为"布莱克的书"支付了 10 先令 6 便士的酬金，后又在同年 10 月（*BR*，第 569 页）为"布莱克的版画"支付了 4 便士。这些画作都是送给南希的生日礼物。弗拉克斯曼夫妇收藏有《诗的素描》（F 本，1784 年题词），《天真之歌》（D 本，约 1790 年）以及《天真与经验之歌》（O 本，《天真之歌》所署的日期是"1817 年 4 月"，《经验之歌》大概购于 1800 年）。

最后一页是一首"献给安·弗拉克斯曼夫人"的诗。在这首诗里，布莱克非常得体地向弗拉克斯曼夫妇表示了敬意：

> 一朵小花长在幽谷；
>
> 体态盈动，肤白似乳。
>
> 是谁站在阳光长廊
>
> 洒下正午万丈光芒
>
> 跃下火的阶梯，溅到草上，
>
> 点亮小花所在的地方。
>
> 他用圣洁的双手拨开草长
>
> 捧起小花，连带扎根的土壤。
>
> 把它移到山脊，种下希望：
>
> 你若还不开放，可别怪我没帮忙。

——威廉·布莱克

南希曾称布莱克的《夜思》插图系列是"幽谷百合，大山雏菊，绿茵皇后"[44]。布莱克在此回敬了对她的赞美。

布莱克为《格雷诗集》所作的插图版画与《夜思》的风格迥异。诗集的风格更加轻松明快，某些地方甚至带点戏谑的味道。*不过，这些插图都表达了布莱克对这部严肃诗歌作品的崇高敬意。在书名页的配图（见图71）中，一个赤身的男子，举起竖琴，乘坐巨大的天鹅飞向天空。很明显，男子代表着诗人。振翅高飞的天鹅，脖颈上还松松地拴着一条绳子，画家大概是想以此来隐喻自己。这幅插图与《夜思》中的一幅非常相似（见插图22）。只不过，《夜思》中的游吟诗人虽然也想高飞，却被锁链束缚住，离不了地面。布莱克为《格雷诗集》设计的这

---

* 格雷《墓畔哀歌》的图8中，一位女子正顺着手指阅读墓志铭"汝本尘土"，手指下方还有一句"威廉·布莱克安息于此，享年10岁"（*WBW*，第1331页注）。"10岁"或作"103岁"。

幅插图的题目是《接受里拉琴的品达诗人》[*]，表现了《诗歌的发展，品达式颂歌》和《格雷的吟游诗人》的部分内容。这两首诗的副标题都是"品达颂歌"。

178

有些插图还反映了布莱克在《天堂与地狱的婚姻》（第25段）中的思想："古代诗人认为万物皆有灵性，神灵居于其间，起名称谓，并赋予森林、河流、高山……以及他们巨大而繁多的感官所能感受之物的特性。"因此，在《格雷的吟游诗人》中，诗句"每棵巨大的橡树，每个沙漠的洞穴，都在叹息，底下是河流奔腾的可怕声音"的插图表现了橡树、洞穴和河流的巨大的拟人化形象。而在《伊顿公学远景颂》一句的插图（见图72）中泰晤士河以巨大的父亲的形象表现出来，向下俯视着一群浑然不觉、游泳嬉戏的男孩子。

布莱克的作品最常表现的主题是崇高精神。格雷插图中最能表现这一主题的大概是为《诗歌的发展，品达式颂歌》所配的插图（见图73）。在这幅图中布莱克表现了"手持发光弓箭"的许珀里翁[†]。强悍的许珀里翁在太阳里加冕，表情平静漠然，正将弦搭在巨弓之上。他的下方是燃烧的箭矢，正落向失败者的头顶。虽然格雷的诗对经典神话的回应不多，这幅插图的意象却是鲜活生动，令人叹为观止。

南希非常珍惜这份生日礼物，偶尔也只与几位挚友共赏，未曾有过转赠他人的念头。1805年9月，她写道，有位名叫约瑟夫·托马斯的朋友，是萨里郡埃普瑟姆的神父，得了场大病，正在康复，

> 想让我把布莱克插图版的《格雷诗集》借给他看看，让他高兴高兴。不过，他得答应我不把这本书带出家门或是让哪个不安好心的人给瞧见才行。他希望能复印几本——和《夜思》以及他收藏的布莱克的其他作品放在一起。他希望收集到布莱克所有的作品。他

---

[*] 品达（约公元前518—公元前438），希腊诗人。品达的诗风格庄重，辞藻华丽，形式完美，对后世欧洲文学有很大影响，在17世纪古典主义时期被认为是"崇高的颂歌"的典范。——译注

[†] 许珀里翁（Hyperion）是希腊神话中的泰坦神之一，他是天空之神乌拉诺斯和大地之母盖亚所生的孩子之一，象征太阳与光明。——编注

要是能好好保管这本书，我倒愿意考虑借给他看看。

不过，并没有证据显示南希把这本书借给了托马斯神父，或者是其他任何人，甚至在帮助布莱克扩大知名度，招徕版刻业务的过程中，也没有将这本书公之于众。或许如果当时托马斯神父提议让布莱克复印几本诗集的话，布莱克可能会更成功一些。

虽然布莱克为《格雷诗集》所作的插图在当时并不为人所知，这些插图却是他创作巅峰的十年里最震撼人心的成就。

赞助的危害

在 1794—1798 年，布莱克虽然为扬和格雷的作品所作的插图成就非凡，但是这些作品并未给他带来任何名利。在他熟悉并且熟练的版刻行业里，也揽不到多少活计。布莱克曾为比尔格的《莱诺勒》（威廉·米勒出版，1796）设计插图并制作了 3 块 4 开本刻版。他还可能帮助好友乔治·坎伯兰为他的《哈福德及周边地区风光》制作了一块 4 开本的刻版。他还按照菲尤泽利的插图设计制作了 8 块 8 开本刻版，内容包括查尔斯·艾伦的《新版英国史》《新版罗马史》（J. 约翰逊出版，1797），莱昂哈德·欧拉的《代数基础》（J. 约翰逊出版，1797），以及《月刊杂志》中的一幅肖像画（R. 菲利普斯及 J. 约翰逊出版，1797）。令人称奇的是，布莱克耗时最多的商业版刻之一竟是一幅为莫尔公司的地毯设计的对开本广告插图。插图表现了富丽堂皇的地毯工厂以及点缀其间的皇家标志。细节之逼真让人不禁想到布莱克可能实地考察过这家工厂。工厂位于茨斯威尔街，老板是托马斯·霍尔克罗夫特妻子的（外）祖父。

1799—1800 年，布莱克接到的版刻工作就更少了，不过收入并没有太大幅度减少。虽然布莱克按照弗拉克斯曼设计的插图为弗拉克斯曼

179

所著的《建立海军纪念碑致委员会函》（T. 卡德尔等出版，1799）制作
的 3 块 8 开本版刻只收入了 8 英镑 8 先令（外加 12 先令 8 便士的铜版
费），[45] 但是，他根据弗拉克斯曼设计的图案为弗拉克斯曼和托马斯·海
利所著的《论雕塑》（T. 卡德尔及 W. 戴维斯出版，1800）制作的 3 块 4
开本版刻收入了至少 15 英镑 15 先令。此外，他为"约翰·卡斯帕·拉
瓦特尔神父"（约翰逊出版，1800）制作的对开本版刻的酬劳也应该是
个不小的数目。

在这些工作中，收入最为丰厚的是临摹版刻约翰·奥佩为《莎士比
亚戏剧作品集》（伦敦：约翰·博伊德尔和乔赛亚·博伊德尔出版，版画
于 1799 年 3 月 25 日出版）之《罗密欧与朱丽叶》所绘的插图。奥尔德
曼·博伊德尔是 18 世纪 80、90 年代书籍插图发展鼎盛时期的领军人物。
博伊德尔为单幅版刻开出的价格有时高达 500 英镑，甚至 1000 英镑。
布莱克拿到 80 英镑的酬劳应该不成问题。*

能揽到的版刻工作不多，布莱克就想办法寻找能欣赏自己原创艺术
的客户。布莱克的朋友奥扎厄斯·汉弗莱也是位画家，曾向朋友展示过
布莱克的《大版画书》和《小版画书》。看到作品的人无不赞叹，其中
至少有一位甚为感动，委托布莱克又各创作了一套。詹姆斯·柯里是北
安普敦附近凯特林的一位年轻医生，他在 1797 年 8 月 15 日给汉弗莱的
信中写道："可怜的布莱克先生手头一定不宽裕，恳请您帮我把酬金付
给他。麻烦您回城的时候叫人做个装版画的盒子，搭乘从克勒肯维尔的
圣约翰街白鹿巷出发到凯特林的马车。"[46] 布莱克生活如此窘迫，大概
也是因为没有得到出版商的赏识。

布莱克有可能还卖掉了一些彩色版刻作品以补贴家用，不过具体价

---

* 关于布莱克的版刻，有些细节尚不明确。博伊德尔委托了两个系列的莎士比亚作品版
刻任务。一个是用于图书出版的大的对开本版刻（布莱克的刻版尺寸是 43 厘米 ×31
厘米），另一个是为《莎士比亚戏剧插图版画集锦》所作的最大开本（68 厘米 ×51 厘
米）版刻。奥佩所绘的《罗密欧与朱丽叶》插图有两个版本。精绘版用来制成最大开
本，简化版由西蒙版刻成对开本，收入《莎士比亚戏剧作品集》。巧的是，布莱克版
刻了精绘版的插图，尺寸比最大开本小一些，也收录在《莎士比亚戏剧作品集》中，
就在西蒙的插图的下一页，还附了个标注"另一版本"，但未做任何说明。从这一不
明朗的细节处理来看，可能是此后布莱克再未得到博伊德尔的委托进行版刻。

格无从考证。虽然我们能找到有关布莱克蚀刻、印刷、上色的具体信息[47]，但是这些作品何时出售，买家是谁，我们都无从得知。*版画的成本——铜版、纸张、蚀刻、印刷以及上色在以前制作的时候都已经花费过了。现在把存货拿去卖，得到的都是净收入。

还有些作品被作为礼物赠送给他人。《亚美利加：一个预言》（B本）上写有："作者于 1799 年 10 月赠予 C. H. 泰瑟姆"的字样。查尔斯·希思科特·泰瑟姆是布莱克很欣赏的一位青年建筑师。"威廉·布莱克先生"的名字还曾出现在泰瑟姆的《蚀刻：再现古代装饰建筑杰作》（1799）的订阅名单中。此后的 25 年间两个人一直都有往来。泰瑟姆的儿子弗雷德里克于 1805 年出生，后来成为布莱克的学徒。布莱克去世后，又成为他的遗孀凯瑟琳的继承人。

布莱克还有一群时常关照他的朋友。乔治·坎伯兰在 1798 年 2 月 19 日写信给友人霍恩·图克，并附上一张墨丘利†脱下带着翅膀的凉鞋的图画，以及一句莎士比亚名言，以便收入图克的新版哲学著作《珀利的转向》（1786 年首次出版）的第一部分中。他在信中写道：

> 如果您对插图和名言都还满意的话，那就按您说的，将它们收入第二卷。本人深感荣幸，并斗胆向您推荐一位被埋没的天才，真正的自由之子布莱克先生，担任您的版刻师。能够版刻带有您的画像的作品，于布莱克先生是一大幸事。而且，布莱克先生的收费也很适中。[48]

布莱克钦佩霍恩·图克，图克也对布莱克有所耳闻，这说明二人在政见上志同道合。不过，坎伯兰的名言最终并未收入书中，他对布莱克的赞美之词也收效甚微。

---

* 作品的售价和日期有着紧密的联系。布莱克的作品价格从 1793 年到 1818 年有了 1000% 到 1400% 的涨幅。（譬如：《天真与经验之歌》在 1793 年的售价是每幅 5 先令，到了 1818 就涨到了 3 英镑 3 先令）。原因可能是早期的作品由布莱克的妻子做简单的上色处理，而在 1805 年后，则是由布莱克进行精美独特的上色处理。

† 墨丘利是希腊神话中的信使神。—编注

还有一个更大的机会，来自一位著名的希腊罗马古物收藏家查尔斯·汤利。根据汤利收藏的雕像制成的版画有很多，其中一幅就是出自布莱克之手，并收入海利的《论雕塑》（1800）。汤利还帮朋友寻找合适的版刻师。他在 1799 年 5 月 23 日写道："亨利·布伦德尔先生来吃早餐，并把他的大理石雕像的绘画集子存放在我这儿。以便从中挑选出合适的作品版刻出来。我带他去看版刻的进度，还拜访了兰贝斯区赫拉克勒斯公寓 13 号的布莱克先生。"[49] 不过，在《亨利·布伦德尔先生收藏之重要雕像、半身雕像、浅浮雕、墓碑、骨灰瓮的版刻画和蚀刻画》（1809）收录的近 300 幅插图中，却找不到布莱克的署名。

乔治·坎伯兰还向约翰·特拉斯勒神父推荐了布莱克。特拉斯勒神父著作颇丰，有些一看书名就知道是成功励志类型，譬如，《奢华不是政治性的罪恶》（约 1780）以及《如何成为一个富有而高尚的人》（第七版，1796）等。1796 年，特拉斯勒提议出版 150 条训诫，并印刷成手写体。这样布道的时候，这些训诫看起来像是出自牧师本人之手。训诫出版后，特拉斯勒被批评为"披着神父外衣的强盗……一肚子的诡计和伪善"。[50]

1799 年 8 月，布莱克"尽其所能"[51] 为特拉斯勒创作了一幅名为《怨恨》的画，"父亲正在向妻儿道别，两个魔鬼的化身在一旁伺机而动，准备在父亲一转身的当口，杀死妻子和婴孩"。为了构思这幅图画，布莱克"遵照您（特斯拉勒）的意思，连着两周，每天上午都在努力地画"，但是他"感到必须循着我的天赋或是我的天使指引的方向"。"我恳请您告诉我您的想法，保证按照你的想法来构图；现在不是我做主的时候。"

> 这些虽说是我的，但我知道他们根本就不属于我。正如弥尔顿所言，缪斯女神在睡梦中造访，唤醒他，告诉他诗句，直到东方泛白。[52] 我也和他一样左右为难，我不能违背上帝的诫命去论断善恶。[53]

如果特拉斯勒满意这幅《怨恨》，布莱克希望能继续进行《仁慈》、《骄傲》和《谦卑》的创作，并且将这些画版刻出来。布莱克反对以律法来论断人，现在却要版刻这些具有道德说教的插图，肯定是不得不委屈自己的想法。

虽然布莱克竭尽全力以表现传统道德说教的方式进行创作，画还是让神父给"退回来了，还附了封信，满是指责，称这幅画不切实际，有悖他的原意"。"在这幅画里，我看到了你的幻想，在坎伯兰先生的家里我也看到了你的种种幻想。这些奇怪的念头像是来自另一个世界，一个灵魂的世界。这不是我想要的，既然是活在这个世界里，就得要按照这个世界的样子来画。"布莱克对此"不禁哑然，特拉斯勒的教义和基督的教义真是天壤之别"。[54]

1799 年 8 月 23 日布莱克回信讥讽特拉斯勒，言辞犀利、掷地有声：

神父大人：

　　您与灵魂的世界格格不入，对此我深表遗憾。可我还不得不专门写这封信给您说明何为灵魂的世界。……您应该知道伟大的事物渺小的人是看不到的。连傻瓜都看得懂的东西是不值得我去创造的。……我创作的人物……是米开朗琪罗式的，拉斐尔式的，古典的，以及现世最美好的事物。……我认为这个世界就是幻想与异象的世界。我笔下的世界就是我现在看见的这个世界，但并非每个人都能像我这般看见。在守财奴的眼中，一枚金币比太阳更加耀眼，一只用旧了的钱袋比结满葡萄的藤蔓更加诱人。让一些人流出喜悦泪水的大树，在另一些人眼中只不过是棵挡在路上的绿东西。……对我而言，这个世界就是源源不断地涌现幻象和异象的世界。

　　我很欣慰，还是有很多人能用肉眼看懂我画中的异象。特别是孩子们，他们看到我的画，是那么的喜爱，真是出乎我的意料。

特拉斯勒神父当然明白信中所说的渺小的人、和天堂格格不入的傻瓜是谁。大概是受了这样的羞辱，他索性不回信，也没有再委托给布莱克任何的工作。天才布莱克，到底做不来世故圆滑。

"教会这些灵魂飞翔"

183　　布莱克天生就是当老师的料。*他把版刻的技艺传授给妻子凯瑟琳（1782 年及之后）、弟弟罗伯特（1784—1787）和汤米·巴茨（1806—1809）。他还教授他们和其他人绘画。

他通过实例而不是准则来教学，尤其注重帮助学生用心去感受灵魂。

> 我不休不止，从事这伟大的工作！
> 打开永恒世界之门，打开人类不朽之眼
> 向内进入思想的世界；进入永恒
>
> （《耶路撒冷》，图版 5，第 17—19 行）

布莱克教学的重点不是透视法和解剖学，而是和谐与灵感。他希望能"教会这些灵魂飞翔"。[55]"我发现他们都看不见，我教他们如何去看见。"[56] 至少是在去世之前，布莱克认为，"祷告就是艺术的学习"。[57] 有一次，年轻的弟子乔治·里士满

> 谈到……他觉得自己根本就没有创造力。令他吃惊的是，布莱克突然转过身，对妻子说："我们也有过这样的时候。连着好几个礼拜，异象都没有出现。我们后来怎么着了，凯瑟琳？"
>
> "我们跪下来祷告，布莱克先生。"[58]

---

* 布莱克教过的学生中有一个名叫威廉·塞吉埃（1771—1843），曾对乔治·达利说："他'受教于'著名的威廉·布莱克先生——这对师徒真是天壤之别！布莱克一周才赚 18 先令，众所周知，他追求不朽的灵魂世界。而他的学生掌管着几乎所有伟大的美术馆。"（《图书馆》，1843 年 11 月 18 日 [*BR*，第 222 页]）。塞吉埃是皇家美术馆的文物管理员、国家美术馆的首席管理员以及英国美术促进会负责人。

教与学的概念在布莱克的文学作品中常常被批判（譬如，《由理生之书》中"灵魂的教师，强烈反对改变"[《瓦拉》，第 120 页，第 21 行]）。不过，布莱克并不反对学习。

塞缪尔·帕尔默还时常想起早年遇到布莱克后，生命为之改变：

> 他灰色的眼睛注视着我，问道，"你是带着敬畏之心，战战兢
> 兢地工作吗？"
> "的确如此。"我答道。
> "这就得了！"他说道。[59]

布莱克的教学方法就是临摹和表扬。"要学习艺术的语言，我的方
法永远只有一个：临摹。"[60]塞缪尔·帕尔默说他给布莱克看"自己第一
次试着画的几幅画。他对（耶稣祝福小孩子）的画赞叹不已……那天下
午和晚上我画得更带劲了，画得也越来越好"[61]。

布莱克教学生如何去爱，他待学生亦如恩师慈父。有一次，布莱克
发现有个学生：

> 年轻人每日经过他的门前，行色匆匆，胳膊下夹着个包，好
> 像是赶着去哪里学习。看样子是个爱学习的孩子，只不过带些
> 病容。
> 过了段时间，布莱克打发妻子叫那年轻人过来。年轻人告诉
> 布莱克夫妇他正在学习绘画。布莱克听罢，大为欢喜，尽其所
> 能给予指导。但是，唉！……这年轻人不久就卧病在床，一直
> 都不见好转，身体也备受摧残。其间，布莱克夫妇每日都去探
> 望，买药、给钱、买酒，生活所需，无不尽力支持。死神还是带
> 走了年轻人，连同他在世间所受的关爱与病痛。布莱克夫妇的
> 乐善好施，在他们对年轻人的关怀，如父母般的呵护中得到了
> 表现。[62]

184

布莱克授课是出于对艺术的热爱，但也不会经常把这当成是做善
事。在18世纪90年代，

他教授绘画，一些上层人家的子弟也到他的门下求学。*久而久之，他发现这么做有些耽误时间。因为下了课，他便与学生交谈，大家都觉得他既有趣又和善，有那么多新奇古怪的想法，幽默诙谐又和蔼可亲。学生们请求布莱克留下来吃晚餐，好继续这活泼有趣的交谈。这样一来，从早到晚，他都没时间做自己的事儿。不过，他并没有因此就放弃授课。后来，出现了一个难得的赚钱的机会，不过，布莱克再三考量，还是推掉了，也一并终止了这种生动活泼的授课。原来，有人推荐布莱克担任皇室绘画教师，布莱克也差点就得到了这份差事。得知这个消息时，布莱克有些不知所措，倒不是因为他是反对皇室的共和派，也不是因为他对位高权重者有何不满，而是因为他不愿意被拉入这样的一个社会阶层，从而不得不委屈自己的追求和习惯。接受这份工作，虽然不会让他飞黄腾达，但至少是个体面的营生。即便如此，这种生活方式，在布莱克看来，是对他崇尚的简单艺术、简单生活的贬低。

布莱克的朋友们纷纷责备他，弄不懂他到底为什么要拒绝这份工

---

* 吉尔克里斯特曾经提到："布莱克在她（可能指巴瑟斯特夫人）家里教了一段时间，很受大家喜爱。当时有个提议，布莱克可以领取年薪，工作包括日常的教学、帮忙做些与绘画相关的事情，譬如手绘一套彩色屏风，以及为这个贵族家庭担任画师。"（*BR*，第 524 页注 1）。巴瑟斯特夫人可能是指特菲娜（1750—1807），上议院大法官亨利·巴瑟斯特（1714—1794）（巴瑟斯特伯爵二世）的第二任妻子。也有可能是指他的儿媳乔治娜（1841）。

"大法官亨利·巴瑟斯特"的名字出现在约翰·林内尔（1855）拟出的布莱克的朋友和赞助人的名单中（*BR*，第 318 页注 2）。巴瑟斯特的宅邸位于萨塞克斯的巴瑟斯特，靠近战争修道院（A.B. 巴瑟斯特主编《艾普斯里和巴瑟斯特家族史》[赛伦塞斯特：G. H. 哈默印刷，1903]，第 77 页）。书中收录的家族画像，很多出自盖恩斯伯爵、罗姆尼和雷诺兹之手，并未见到布莱克的作品。（《艾普斯里和巴瑟斯特家族史》，第 133—136 页）。

布莱克与这个家族的关联可能是在 1800—1803 年，当时布莱克住在萨塞克斯。奥斯伯特·伯德特在《威廉·布莱克》（伦敦：麦克米伦，1926）的第 115 页中写道，布莱克"在拉文特给巴瑟斯特夫人的六个孩子上美术课"，不过他并未提供证据证明此事。现在的巴瑟斯特伯爵于 1995 年 7 月 10 日写信给我，称他并未听说他的家族与布莱克或拉文特有任何的关联。不过，拉文特的伊丽莎白·博恩尼斯告诉我，巴瑟斯特家族在 1729—1798 年在当地拥有房屋。巴瑟斯特伯爵将西拉文特的房子转给了里士满公爵四世，还娶了里士满公爵的妹妹乔治娜。里士满家族的宅邸位于拉文特附近的古德伍德。在 1804 年对布莱克的煽动叛乱罪的指控中，里士满公爵担任治安法官，主持审判，并未对布莱克表示出任何的怜悯之情。

作。布莱克只得找个借口，解散掉所有的学生，继续他的极简生活。*

与布莱克教学有关的时间和收入方面的信息可能还有很多，只不过我们没有一手的材料可以对此进行更进一步的说明。教学是布莱克的二手艺术。他亟须寻找的是他自己的艺术市场。

完美的赞助人：托马斯·巴茨

1799 年，布莱克的事业陷入低潮，此时出现了一位完美的赞助人：他慷慨大度、无比耐心，对布莱克的天才笃信不疑，而且还是布莱克夫妇的朋友。更为重要的是，他愿意放手让布莱克去创作，并且提前支付酬金。他是最能体现赞助精神的赞助人，他就是托马斯·巴茨。[63] 巴茨非贵非富，在政府部门担任会计，是个并不起眼的公务员，但却是位白领的米西纳斯。[†]

托马斯·巴茨夫妇住在大马尔堡街 9 号的一幢大别墅里，[‡] 就在布莱

---

* 泰瑟姆（*BR*，第 523—524 页）。很可能泰瑟姆是从凯瑟琳·布莱克处了解到这一情况。凯瑟琳可能是在强调布莱克对报酬丰厚的工作并不上心，而不是说布莱克要这么做。为皇室工作一说有可能来自吉尔克里斯特提供的小道消息："有一次，布莱克的画拿给乔治三世看，国王非常不悦，暴跳如雷地命令道：'把这些统统都拿走！把这些统统都拿走！'"（*BR*，第 524 页注 1）

布莱克当然没有完全放弃教学，他在 1806—1809 年还收了汤米·巴茨为学生。

† 米西纳斯（生于公元前 74—前 64 年间）是古罗马政治家，贺拉斯和维吉尔的文学赞助人。后引申为文学（艺术）赞助人。——译注

‡ 巴茨一家搬到了菲茨罗伊广场格拉夫顿街 17 号，在 1790—1808 年，大马尔堡街 9 号归属巴茨夫人的名下（约瑟夫·威斯康米，《巴茨的'绿房子'？关于托马斯·巴茨及其住所和家人的新发现》，《布莱克》，第 30 期 [1996]，第 10—11 页）。此外，巴茨还在哈克尼的沙克维尔区有一幢房子（1786—1793），后来又在哈克尼的达尔斯顿区郊区置了一栋房屋（1793—1808）（出处同前）。可能达尔斯顿的房子用作周末度假，因为布莱克信函件都是寄往"巴茨先生 | 大马尔堡街"。（1800 年 9 月 22 日、10 月 2 日，1801 年 9 月 11 日，1802 年 1 月 10 日、11 月 22 日，1803 年 4 月 25 日、8 月 16 日。没有注明地址信函件除外。）巴茨的发信地址也是大马尔堡街 [1800 年 9 月]。此外，布莱克夫妇常常拜访巴茨夫人，这说明两家住得很近。布莱克夫妇不大可能从兰贝斯穿过伦敦去到达尔斯顿拜访。不过，我们并不清楚，巴茨将布莱克的画保存在大马尔堡街还是达尔斯顿。

克 1785—1790 年曾经居住过的波兰街 28 号的拐角处（见图 7）。这片区域聚集着众多的画家及其代理人。巴茨夫妇的隔壁，大马尔堡街 10 号，是亨利·托马斯·马丁的书画刻印店和自然历史美术院，附近还住着音乐商泰巴尔多·蒙扎尼，版画印刷商汤姆森，文具商沃尔特·鲍，版刻师威廉·布罗姆利和 C. 贝斯特兰，纸品染色师约翰·谢林汉姆，经营收费流动图书馆的查尔斯·吉尔里。[64]

1783 年，26 岁的托马斯·巴茨担任部队后勤部文员，主要负责核实军饷发放的士兵是不是活着的现役军人。1788 年，巴茨担任联合首席文员，月薪 45 英镑 12 先令 6 便士。到了 1806 年他的净收入达到 500 英镑。* 从 1803 年 1 月至 1810 年 12 月，巴茨慷慨地赞助了布莱克超过 400 英镑，花费了他工资收入相当大的一部分。

不过，公务员除了工资以外，有些时候还有一些隐性收入。1810 年，后勤部宣布"首席文员为本部门的财务一支笔"。托马斯·巴茨独揽财务大权，家属也跟着沾光。1799 年 6 月，巴茨年仅 15 岁的儿子约瑟夫·爱德华·巴茨入职后勤部；1806 年 12 月 2 日年仅 18 岁的小托马斯·巴茨也入职该部门。政府部门的工作时间不是很长，但是 1809 年托马斯·巴茨却签发证明"约瑟夫·爱德华·巴茨超工作量 1140 小时（约合每个工作日 5 小时）"，而且小托马斯·巴茨也超工作量 1163 小时。† 此外，约瑟夫·爱德华·巴茨还租用了后勤部办公室的房间。这事儿引起了军籍总监察官的不满，后来让后勤部给帮忙掩饰过去了。

1845 年，托马斯·巴茨去世。当时他已经非常富有，不仅拥有煤矿和铁路公司的股份，还有许多房产。当然有些财产是继承得来的，有些

---

* 有关巴茨职业方面信息主要来自《托马斯·巴茨，白领米西纳斯》,《美国现代语言学协会会刊》（第 71 期）(1956)，第 1052—1066 页。注意这里提到的 1788 年的工资（45 英镑 12 先令 6 便士）并不包括服务费。1806 年的数字（746 英镑 3 先令 1 便士）包括服务费以及巴茨支付给一位患有痛风而退休的同事的 200 多英镑。这位同事虽然退休，但还在领工资。

† 办公室里其他工作人员都没有得到超工作量报酬。起先还有些怨言，1810 年以后就渐渐平息了。注意布莱克寄给巴茨的信函，收件人地址都是大马尔堡街，而不是部队后勤部。这样，巴茨也不用支付邮资。

则是担任政府高官的额外好处。[*]

托马斯·巴茨并不是家族中唯一的资本家。他的妻子贝齐·巴茨在大马尔堡街9号开设了一家女子寄宿学校。[†]这是一家女子神学院，建筑费用是以她的名字来支付的。1801年的时候，这里已经有18名寄宿女学生，[‡]可能还有一些走读的女生。这些女孩子们接受历史、地理、礼仪、道德、书法和缝纫的学习，此外还有法语、舞蹈、绘画，甚至是数学课。

可能布莱克在大马尔堡街9号教过这些女孩子，也可能就是在这所学校里，他结识了巴茨夫妇。果真如此的话，他与巴茨夫妇的渊源就得从伊丽莎白算起，因为她是学校的负责人。布莱克写信给巴茨夫妇，谈到了"寄宿学校的女孩子们能在两周之内掌握的绘画知识"。[65]他所指的大概就是他在巴茨夫人开设的这所学校里教授的内容吧。他在《凤凰：致巴茨夫人》一诗中，描写"巴茨夫人的小鸟"，氛围很像是在学校或者托儿所：

> 小朋友们嬉戏玩耍
> 他们用小手摸摸它
> 它也懂他们的咿呀……[66]

虽然布莱克主要是与托马斯·巴茨进行业务和书信往来，但是他与

---

[*] 大概是通过托马斯·巴茨的关系，布莱克的哥哥詹姆斯·布莱克从自家店里退休以后，1814—1816年又在部队后勤部谋了份差事。

[†] 有关《塞尔之书》的评论中，比较引人注目的石冢久雄发表在《日本英国文学研究》第73期（1997）第245—263页的论文。他指出在女子寄宿学校里，行为规范养成之类的书籍强调女子的谦卑和克己，女孩子容易养成寄宿生特有的"黄萎病"。

[‡] 1801年威斯敏斯特的人口统计显示当时房子里有22名居住者：19名女性和3名男性（托马斯·巴茨[?]和他的两个儿子汤米和约瑟夫·爱德华）（详见《阿尔比恩的女儿们与巴茨一家》，《布莱克》，第18期[1984]，第116页）。在这22人中，有3位"主要从事贸易、生产"，指的应该就是贝齐·巴茨、托马斯·巴茨和约瑟夫·爱德华。

根据威斯康米发表在《布莱克》（第30期[1996]，第11页）的《给巴茨的'绿房子'？》一文，《霍顿三年名录》（1805—1807年，以及1808年补充卷）中的商行名号部分将大马尔堡街9号认定为一所学校。除了巴茨夫人以外的，其他18名女性都未受雇佣，应该指的就是这些女学生。教师、厨师和几个年轻人虽然可能天天都来，但并不住在大马尔堡街9号。

贝齐·巴茨的关系同样亲密牢固。我们了解到布莱克曾多次拜访巴茨夫妇（1800 年 5 月 12 日，9 月 13、16 日）。据巴茨夫妇的儿子汤米回忆，拜访的目的是"与母亲"一起共进早餐或者是下午茶。布莱克夫妇还在费尔珀姆"专门给她留了一间……海景房"。[67] 布莱克还写诗送给她（1800 年 10 月 2 日信中的《凤凰：致巴茨夫人》）。如此看来，贝齐·巴茨至少和她的丈夫一样是布莱克的朋友和赞助人。

在 1801 年布莱克为托马斯·巴茨所绘的微型画像（见图 74A）中，我们可以看到一位瘦削的绅士，40 岁左右，衣着考究，围着白色的领巾，外套的右肩上配有金色肩章，大概是军官制服。他头戴短假发，右手拿着本小书，表情有些古板。且不谈他的优雅仪态，巴茨的形象基本符合人们对会计的固有印象——处事谨小慎微，要求下属在每一笔进账的收据上签名。布莱克对钱不太上心，他的赞助人正好相反。

在布莱克 8 年后为巴茨夫人所绘的微型画像（见图 74B）中，我们可以看到一位体态丰腴的妇人，50 岁左右，表情坚毅，身着时髦的低胸连衣裙，头发高高地盘起来，右手（有点别扭地）拿着一把扇子。从画像里倒看不出到底是怎样的特质激起了布莱克对她的忠诚挚爱，又是怎样的特质使得她倾慕布莱克的艺术。

布莱克夫妇与巴茨夫妇保持着亲密的关系，他们相互拜访，打趣说笑，互赠礼物。巴茨夫妇每周二拜访布莱克夫妇。[68] 布莱克夫妇拜访巴茨夫妇的时候，用的是乔治三世时期的茶壶和壶托，连银杯子也是乔治三世时期的。[69] 在巴茨家的聚会更像是家庭聚会，时年 12 岁的汤米·巴茨也参与其中。* 有可能伊丽莎白还会在一旁做点针线活。她的手工制品一直为巴茨家族所珍藏，至今已保存有 150 年。[70] 凯瑟

---

* 汤米在日记中写道：1800 年 5 月 13 日，周二，"布莱克夫妇和 T. 琼斯先生与妈妈一起喝茶"；9 月 10 日，周三，"布莱克夫妇以及布莱克的哥哥，还有托马斯·博奇先生（圣托马斯医院的外科医生）到家中喝茶"；9 月 13 日，周六，"布莱克先生和妈妈共进早餐"；1800 年 9 月 16 日，周二，"布莱克先生和妈妈共进早餐"。汤米似乎把布莱克夫妇视为叔叔阿姨之类的长辈。1809 年 8 月 14 日，汤米 20 岁，他在给母亲的信函中写道："今天早晨我和乔治一起吃了早餐，之后去了南莫尔顿街。你和父亲都出城去了，你要我做的事儿我都做了。布莱克夫妇俩都挺好的，他们说我晒黑了，话也多起来了。——他们之前答应去埃普瑟姆拜访，不久就会动身。"

琳·布莱克根据 M. G. 刘易斯的小说《修道士》画了一幅名为《阿格尼丝》的画，送给了伊丽莎白。[71] 布莱克可能还送给了巴茨一个精致的红木柜子。巴茨父子俩跟着布莱克学习版刻的时候，就把工具放在这个柜子里。1910 年，柜子的某个秘密抽屉里还收藏着巴茨和布莱克的刻版。[72]

布莱克夫妇搬去费尔珀姆之后，巴茨和布莱克的通信有时候显得与他们的社会身份和神学思想有些不相称。1800 年 9 月 22 日，布莱克写了封信，称呼巴茨"亲爱的我的天使们的朋友"，巴茨回信道：

马尔堡大街

亲爱的先生：

您给我冠了个这样的称谓，我真还有点蒙，这是在抬举我还是贬低我——你不会不知道要我分辨出你的天使们是黑色的、白色的还是灰色的，真是比登天还难。总而言之，我倾向于第一种判断，护庇你的是个黑护卫。话说回来，我得要感谢你，把我引到至圣者的殿堂。就算我进了别的宅院，最少在祂那里，我不是个陌生人。

……您的拉斐尔不会拒绝海神尼普顿的怀抱吧，我希望这对她而言不是件坏事。不过，目前看来，她还分得清他的怀抱和你的怀抱，对前者也不会贸然追求。我想你应该不容许有第三个人的怀抱吧。否则，纵使隔着千山万水，我也要送上我的怀抱。虽然我不想多谈这个有意思的话题，不过还是要就女人的这个弱点发几句感叹

德行高尚的女人为何会抛下
赫拉克勒斯公寓上了尼普顿的床？

……别见怪啊，咱们朋友多年，你是知道我的。不过，有些想法是看书得来的，时常琢磨，逐渐成熟，也在私下交流过。不过这

189

都是些于你无益的想法。我相信，这些想法会像晨间的水雾一样消失得无影无踪的。之后，你还是那个组织的一员……写下来这些是为了表明我也有怀疑动摇的时候，我的思想有时只是个空壳。敏锐的感官能捕捉到的一切，那些让世界和谐、万物缤纷的思想都将在你的手中展现。我相信这一时刻很快就会到来。因为你是最英勇的天启和谦卑的捍卫者，而其他人只是在乱舞圣灵之剑……

……当你逝去

……愿忠诚的圣灵托起

你温柔的魂魄，交与祂

慈爱永远，夜夜相伴

信靠上帝的人们……

信中提到"某种想法""于你无益"，并且希望布莱克以后成为"天启和谦卑的捍卫者"。这么说大概表明了巴茨在政治和宗教上的传统保守立场。*奇怪的是，这样的一个人怎么会欣赏布莱克，而且也被布莱克欣赏呢。

190　　　布莱克在 10 月 2 日的回信中，对巴茨的评价表示心悦诚服：

宗教和制度的朋友：

谢谢你……指出我的愚蠢。希望我能实现你的预言，在不久的将来成为社会两大基石——天启和谦卑的坚定的拥护者。

在这封信里，布莱克还附上了那首非凡的《光的第一异象》（见第六章）。

---

* 很多学者认为巴茨和布莱克是因为对斯韦登堡主义的共同兴趣才走到一起的（玛丽·巴茨，《水晶柜》[伦敦，1937]，第 16 页；J. 布鲁诺斯基，《威廉·布莱克，1757—1827：不戴面具的人》[伦敦，1943]，第 62 页；D. V. 厄德曼，《对抗帝国的先知布莱克》[普林斯顿：普林斯顿大学出版社，1954]，第 268、356 页）。不过，并没有直接的证据能证明这一观点。从托马斯·巴茨遗赠给慈善机构的物品中也看不出有任何斯韦登堡主义的痕迹。巴茨在这封信里提到了"坎特伯雷大主教的观点"，这表明他是国教的传统拥护者。

由此可见，巴茨一定是布莱克非常亲密的朋友，否则也不会和他一起分享这改天换地的异象。

布莱克还写了首诗《致巴茨夫人》：

> 我最景仰之人之妻
>
> 请接受竖琴真诚的赞礼
>
> 继续播撒美德的种子
>
> 在人形植物的模里
>
> 您的成果跃向永恒的生命
>
> 年轻心灵的母亲，怡人的妻

布莱克歌颂贝齐·巴茨既是一位母亲，又是一位导师，总体而言，这种打比方的方法比较常见（"竖琴真诚的赞礼"）。而在献给托马斯·巴茨的诗中，布莱克表达了对能改天换地，以"人之形显现"的"光之珍宝"的狂喜。显然，后者少了"地"气，多了"神"气。不过，即使是在献给贝齐·巴茨的这首诗中，布莱克还是提到了"我最景仰之人"和揭示门徒异象的"人形植物"。

一年后，1801 年 9 月 11 日，布莱克感叹道："您给予我那么多，我却一直在亏欠您，……我所需的慷慨与忍耐，您从不吝惜，真是感激不尽。"在布莱克所有的赞助人中，几乎找不到比巴茨夫妇更有耐心的人。

次年新春，1802 年 1 月 10 日，布莱克写道：

> 您谈到了您的视力，真是让我痛心不已……照顾好上帝给我们的礼物是对上帝也是对我们自己负责。虽然我们不可以自视过高，但是也得照着凡夫俗子该有的眼光看待自己……
>
> 您对我的画作表示赞赏，于我而言，意义重大……您好心地提出来要资助我，我唯有感激，不过，目前钱还够用……耐心！如果伟大的事物还没有出现，那是因为这样的事物要倚赖精神的世界而不是自然的世界……无论我的劳动结出怎样的果实，我都希望能保

191 存在你的温室里（不是你所说的粪堆），而不是陈列在冷冰冰的美术馆里。——这里阳光还能透进来，待到来日，再把它们移到户外。

　　但是，您如此慷慨，如此真诚地希望分担我的忧愁，我也就不藏着掖着，好好地说与您听——……我心之所念，比生活更重要的，或者说没有它，生活可能还要更安逸些的事情，就是对真正的宗教和科学的兴趣。如果有任何事，妨碍了这一兴趣（尤其是如果我没有为基督站好岗），我便坠入痛苦的深渊。每一个白天，每一个夜晚，我的所思所行都是在天堂使者的带领之下。说出该说的话，我不觉羞愧，也不恐惧，更不怕被人嫌弃……如果我们不敢按照天使所说的去行，对摆在面前的任务畏畏缩缩，如果因为自然的恐惧或者是自然的欲望就拒绝做圣灵的工作！这样的时候，这样的痛苦折磨，有谁能体会？——那些威胁恐吓，至今还在耳畔回响！"你要真是上帝派来，能通灵的话，趁早别干了，把你的才能埋进土里吧。你不还是要吃这俗世的面包？悲伤和绝望将伴你终生！就是死了，你也没脸面对永生——永生世界的每一个人都会弃你而去，这么一个背叛弟兄，将事业拱手送给敌人的人，居然还戴上了荣耀的王冠，岂不骇人？人们应该叫你卑鄙的犹大，背叛朋友的败类！"——这样的话，内心再强大的人，也是受不住的。我又怎会听之泰然？不过，我不是在他们的国里，我会无所畏惧，继续我的工作……

　　巴茨夫妇委托布莱克的都是大工程。1799 年 8 月 26 日，布莱克写信给坎伯兰："我正在画一些小型的画，取材于《圣经》。我的雇主很满意我的作品。目前的订单是 50 幅小型图画，每幅 1 基尼金币。这比临摹别的画家的作品要好多了。最重要的是，我很开心，也很知足，就这么下去吧……"*

---

* 注意这封信并没有指明"我的雇主"的性别，所以也有可能是指贝齐·巴茨。布莱克最终为巴茨夫妇完成了 135 幅蛋彩画和水彩画。
　　布莱克的蛋彩画《最后的晚餐：我实在告诉你们，你们中间有一个要出卖我》，于 1799 年 5 月在皇家美术学院展出。这可能是巴茨购买的第一幅布莱克的画作。

这份工作给布莱克带来的喜悦是无以言表的，绘画的主题也是他所热爱的。早在 1795 年，布莱克就创作了《圣经》题材的大型水彩版画（见图 62）。*这是他第一次接受这么大规模的委托，进行独立的绘画创作。

192

这份工作很对布莱克的胃口，他铆足了干劲，着手开始工作。他将传统湿壁画的技艺做了一些改良。友人 J. T. 史密斯回忆道：

> 他将白垩粉和木工胶（不是蛋清）混合打底，薄薄地涂上好几层：他自己研磨颜料，然后用清一点的胶黏合在一起。在绘画的过程中，他还会在整个画面上再涂一层很薄的透明胶水，然后，继续进行润色。†

用这种方法，布莱克创作了 50 幅左右的《圣经》题材画，大部分的尺寸约为 38 厘米 ×27 厘米。绘画的主题大多比较传统，譬如《放在蒲草箱中的摩西》《逃往埃及》。不过，也有一些不常见的主题，譬如《"中保基督"：基督在天父面前为圣抹大拉的马利亚求情》。还有一些绘画的题材并非来源于《圣经》，譬如《十字架上熟睡的圣婴》和《童贞女示意想要靠近熟睡的圣婴的年轻施洗者保持安静》。不过，有些《圣经》中最脍炙人口的题材并未考虑其中，譬如大卫击杀巨人歌利亚。

---

* 根据布莱克 1806 年 3 月的记录（*BR*，第 572—573 页），他在 1805 年 7 月和 9 月寄给巴茨数幅水彩画（每幅 1 英镑 1 先令）：《善良和邪恶的天使》《死亡之屋》《上帝审判亚当》《拉麦和他的两个妻子》《尼布甲尼撒王》《牛顿》《上帝创造亚当》《基督显现》（巴特林第 289、294、297、301、306、320、323、325 项）。巴茨后来又购买了布莱克的几幅水彩画：《撒旦因夏娃而狂喜》《怜悯》以及《冥界女神赫卡特》（巴特林第 291、310、316 项）。

† J. T. 史密斯（*BR*，第 472 页）。史密斯接着写道：

> 这一做法，我也试验过，趁着温热，使用这些混合材料，我发现自己也能创造出像布莱克的作品一样的质感……布莱克喜欢用木工胶而不是树胶来混合颜色，原因是树胶在太阳照射下容易开裂，空气潮湿时，又容易发潮。这种木工胶混合物不怕太阳晒，也不受空气变化的影响。

> 不过，布莱克的蛋彩画容易发黑暗沉。口述记载中提到有些蛋彩画因为损坏太严重，而不得不被销毁。

插图所要表现的文字内容应该是由托马斯·巴茨来决定的。因为在1802 年 11 月 22 日的信中，布莱克询问"您想选择怎样的绘画主题"。不过，如何表现这些主题则是由布莱克说了算。

绘画的主题既有《新约》也有《旧约》，主要来源是《创世记》《出埃及记》《马太福音》《马可福音》《路加福音》《约翰福音》。1799—1800 年的蛋彩画还表现了《以斯帖记》《约伯记》《苏珊娜记》《哥林多书》中的主题。这些主题，譬如"约伯和他的女儿们"都很常见。但是，这些书卷，连同布莱克后来为巴茨创作的水彩插图《路得记》和《使徒行传》并非属于布莱克早年所认可的《圣经》书卷。1789 年 4 月布莱克曾与其他的斯韦登堡派成员首次聚会，商议建立新教会（参见本书第 172-173 页的内容），并就大家认可接受的书卷达成了一致意见。显然，巴茨希望插图的主题不仅来源于整部新教《圣经》，而且还包括《次经》*，譬如《苏珊娜记》。

绘画表现了强烈的新教思想，同时也回避了过激的政治主题，譬如《诗篇》第 9 章第 16 节的"恶人被自己手所作的缠住了"影射了盖伊·福克斯。†但是，影射牧师的绘画就几乎没有。这些绘画还包括《地狱里的巴比伦王》（约 1805），表现了头戴教皇三重冕的国王形象，以及水彩画《撒旦因夏娃而狂欢》（见图 6），似乎表现了撒旦与夏娃交媾。对于大多数的《圣经》读者而言，画面很是震骇。

有些蛋彩画深受巴茨的喜爱，布莱克就为他制作了第二版，譬如，《放在地上的木制十字架上熟睡的圣婴》（约 1799—1800）。[73]这个版本可能是用来装饰巴茨夫人的学校，或是供教授道德和绘画课之用。

布莱克抓住这些难得的《圣经》绘画机会，表现美丽的人类裸体。

---

* 《次经》（Apocrypha）源于希腊文形容词的复数名词，意思是"隐蔽的"或"暧昧不明的"，泛指那些作者身份不明、可疑甚至虚假的著述，特指那些被排除在《圣经》之外的"伪经"。——编注

† 《雕刻作品中的〈旧约〉与〈新约〉历史》（[伦敦]：约翰·威廉姆斯，1671）。版刻作品常常取材于传统《圣经》书卷，例如：《圣经》（伦敦：约翰·比尔和克里斯托弗·巴克，1680）（牛津大学图书馆圣经协会）。注意在为《撒母耳记下》第 22 章第 44 节的"你救我脱离我百姓的争竞"所配的插图中，写有"查理二世回到英国"。

在《罗得和他的女儿们》（约1799）中两个女儿穿着薄如蝉翼的衣服，正拿掉沉醉的父亲身上的遮羞布。在《沐浴中的拔示巴》（约1799）中，不仅拔示巴是裸体的，她的侍女，两个半大的孩子也都以赤身形象出现，大卫则在远处窥看。布莱克的《圣经》蛋彩画有些挂在巴茨夫人的学校里，而那些大胆表现裸体的《罗得和他的女儿们》和《沐浴中的拔示巴》则仅供成人观赏。

在财务安排方面，一般是巴茨先预付酬金，布莱克回报以彩图、草图和版画。一开始，可能还记记账，可是，由于布莱克天性不喜理财，* 到后来，弄得双方都有些糊涂了。从1803年起，巴茨都会认真地开出收据，让布莱克签名。格式一般是："今收到巴茨先生预付款5英镑。威廉·布莱克。"[74]1800年9月，"在我去费尔珀姆之前还有（14英镑10先令8便士的）预付款"，[75]1803年8月16日，布莱克寄出"7张草图"以兑现"我账上的余款"。从保存下来的账目可以看出，1803年1月至1810年12月，巴茨总共支付给布莱克401英镑4先令10便士（包括12英镑19先令的"煤堆边上"）† ，约每年50英镑。这大概就是布莱克这些年的主要收入来源，足够让他衣食无忧，不受打扰地专心创作。

布莱克在1800年去费尔珀姆之前，已经为巴茨创作了29幅图画，包括5月在皇家美术学院展示的重现了"五饼二鱼"神迹的作品。他受巴茨的委托继续完成余下21幅图画的创作。[76]在接下来的5年间，布莱克不仅完成了巴茨1799年委托的《圣经》题材蛋彩画，还开始了更大规模的《圣经》题材水彩画系列创作。有些作品气势磅礴，立意独特（详见《雅各的梦》［见图130］；《基督施洗》［见图3］；《大红龙与海上来

194

---

* 布莱克的确有一个记账本。他在1804年12月28日告诉海利，"这个账本定期记下我从您那里收到的每一笔钱款"。不过记账本并未保存下来，布莱克之所以提到它，只是因为他忘记了"您借给我的12基尼金币"。

† 1806年3月3日的收据（*BR*，第573页）。这些煤大概是丹尼尔·费伦（生于1772年）提供的。费伦是煤炭商人，1802年与戴安娜·巴茨结婚。戴安娜（1769年出生）可能是托马斯·巴茨的姐妹（威斯康米，《巴茨的'绿房子'？》，《布莱克》，第30期［1996］，第7、11页）。约翰·费伦还见证了托马斯·巴茨与寡妇伊丽莎白·德兰尼的再婚（1826年6月15日）（约瑟夫·威斯康米，《威廉·布莱克回归的〈凤凰：致巴茨夫人〉》，《布莱克》，第29期［1995］，第12—15页）。

的兽》［见图 5］）。这些图画大多附有精美的《圣经》经文摘抄，笔迹不详，大概出自巴茨的某个儿子之手，约瑟夫、爱德华或者是汤米。[77]

即使是处理像耶稣受难这样的传统主题，布莱克仍旧专注于表现精神的世界和独创的视角。在《士兵抓阄分基督的衣服》（见图 76）中，画面的主体是一个巨大的十字架，画家从后面的视角来展现场景，观众只能看到耶稣下垂的胳膊。画面的前方是正在掷骰子的罗马士兵。物质世界与精神世界形成了无比鲜明的对比。

这些作品越往后对《圣经》中末世到来的异象的表现就越突出。《以西结的车轮》（见图 77）描绘了先知以西结所看见的四活物的异象（希腊语称之为"Zoon"，布莱克则称之为"Zoas"——"四天神"）。四活物承载着上帝的灵，在后期作品中这一形象被布莱克赋予了更多自创的神话体系的内涵。画作《神赐福给第七日》（见图 78）只表现了上帝而不见上帝所赐福的万物，而且表现的似乎是一个七重身的上帝形象。

大约在 1803 年以后，布莱克的作品中出现了《启示录》中兽与大淫妇的可怖场景。譬如，《大红龙与海上来的兽》（见图 5）、《大红龙和身披日头的女人》（一幅作于 1803—1805 年，一幅作于 1805 年）、《兽的数目是 666》（约 1805）、《巴比伦大淫妇》（见图 75）。在表现《启示录》第 10 章第 1—2 节的《我看见的那位天使托手举向天堂》（见图 79）中，布莱克以裸体英雄的形象表现了以人为中心的宇宙的雄伟庄严。在这里，大地、海洋、世俗的势力和世俗的旁观者都只是精神力量的背景。

巴茨的委托并不限于《圣经》插图绘画。1805 年他还购买了布莱克在 1795 年以自创水彩画技巧完成的大部分作品，以及末世系列《瘟疫》、《火》（见图 24）、《战争》和 1805 年所作的《饥荒》。[78]

布莱克还在他为巴茨所作的水彩画《约伯和他的女儿们》（约 1799—1800）、《约伯就自己的自以为义向上帝认罪，上帝从旋风中回答约伯》（1803—1805）的基础上继续创作，完成了 19 幅《约伯记》水彩画系列（1805—1806）。

之后，布莱克为巴茨创作了多套水彩画，取材于《失乐园》（12幅，约1807）、《酒神之假面舞会》（8幅，约1815）、《耶诞晨颂》（6幅，约1815）、*《欢乐颂》（6幅，1816—1820）以及《沉思颂》（6幅，1816—1820）。直到1826年，巴茨都可能还在购买布莱克的蛋彩画《亚当和夏娃发现亚伯的尸体》。巴茨尽心尽力地赞助布莱克，直至布莱克离世。

巴茨保护并促进了布莱克的艺术才华的发展。除了出钱购买画作，他还在其他方面帮助布莱克。1822年，他让布莱克临摹自己的三幅《失乐园》插图，送给约翰·林内尔。1821年，他又让布莱克临摹自己的《约伯记》插图，收入约翰·林内尔委托的版刻套装系列中。作为回报，布莱克可能还送给巴茨一套版画，但是巴茨坚持自己掏腰包。布莱克曾经评价说："他这人很有个性，说一不二。"[79]

巴茨还购买了布莱克的诗集，包括《塞尔之书》《天真与经验之歌》《弥尔顿》《耶路撒冷》。†巴茨从1799年开始赞助布莱克，几乎购买了此后布莱克版印的所有书。但是，巴茨并未购买布莱克此前的书籍，[80]由此可见，巴茨对布莱克的赞助主要是在绘画创作的部分。

在这些令人尊敬的赞助人当中，没有人能够像托马斯·巴茨这样激发布莱克创作出如此众多而伟大的作品。如果没有巴茨的慷慨宽容与慧眼识珠，布莱克的作品大多数可能根本无法问世，布莱克也极有可能陷入穷困潦倒的境地。

---

* 布莱克的这三幅水彩画——《失乐园》（1808）、《酒神之假面舞会》（1815）和《耶诞晨颂》（约1815）都是临摹自他早前为约瑟夫·托马斯神父所作的插图（1807、1801、1809）。

† 巴茨拥有布莱克的《诗的素描》（B本）、《塞尔之书》（L本）、《亚美利加：一个预言》（F本）、《阿尔比恩的女儿们的异象》（B本）、《欧罗巴：一个预言》（C本加上图版1）、《天真与经验之歌》（E本）、《洛斯之歌》（B本）、扬的《夜思》（彩色版A本）、《叙录》广告（A本）、《叙录》（O本）、《弥尔顿》（A本）、《布莱克的乔叟：独创版刻》（B本）、《耶路撒冷》（I本）、《论荷马史诗与论维吉尔》（A本），以及《亚伯的幽灵》（A本）。

不过，有些作品是在完成之后，过了很长时间才被巴茨购买的。譬如，《天真与经验之歌》购于1806年9月9日；《叙录》及其广告购于1820年，或者更晚的时候；《亚美利加：一个预言》和《欧罗巴：一个预言》则是在布莱克去世后在1835年坎伯兰的拍卖会上购得的。

196

踩到政治边线的布莱克

布莱克支持托马斯·潘恩、乔治·坎伯兰、威廉·华兹华斯，以及所有对皮特的托利党*政府所拥护的教会和国王政治进行猛烈抨击的人。不过，他憎恶皮特的政权，不仅仅是因为这些政治主张根本是错误的，还因为皮特政权党同伐异。在英国激进运动的高潮时期，在臭名昭著的1795年《反叛乱双法案》出台之前，布莱克的身边可能就有不少政治积极分子和当局的告密者。不过，布莱克的斗争是在心里进行的。他从未参与过堆建街垒和示威活动。他积极反对的是整个由政客和执政者所组成的阶级，而这些反对的心声则主要是通过他写在书页空白处的评注表达出来的。

1789年，布莱克入手了一本小巧精致的詹姆斯·爱德华兹出版的培根《随笔》。他在培根的俗世隽语旁边批注，"俗世的智慧是天国的愚昧"。培根反对"不和谐、争论和斗争"，认为这些"表明政府的权威正在消失"。布莱克满腔义愤地写下"黑暗之子……就是大法官"，譬如像培根这样的。他的结论是："培根以为恶龙、兽和淫妇可以进入新耶路撒冷的殿。在这俗世里继续过你的好日子吧，终究会下地狱的。"[81]

在主教沃森所著的《为〈圣经〉辨护》中，布莱克的批注更为直白激烈，不留情面。这本书"1先令1本，2英镑50本"，价格之低，明摆着就是恨不得人手一本。其政治用心可见一斑。

布莱克在这本书上做批注，开篇就做出明确的论断：

> 在1798年，捍卫《圣经》，就得搭上性命
> 兽和淫妇的统治肆无忌惮

---

* 托利党（Tory）是英国的一个政治党派。17世纪80年代，由于在天主教徒詹姆斯二世继位问题上的政见不同，英国的政治精英分裂为托利党和辉格党两大党派，前者支持詹姆斯二世继位，后者则持反对意见。托利党通常更代表土地贵族的利益，立场更为保守。——编注

我从地狱里得了指示，不要将这出版，因为如此一来，正中了
敌人下怀。[82]

布莱克认为沃森是"骗国贼"，"打着宗教的幌子，干着厚颜无耻的
勾当"，是"欺世罔俗的阴险小人"，"长着蹄脚的审判官"。"犹太人的
律法……基督早就做过宣判。'有愤怒倾在那行毁坏的身上'*，指的就是
国教，一切暴行的源头。"布莱克认为"英国对法国宣战……始作俑者
就是国教"。[83]

对于国教的各种欺瞒行径，布莱克用上帝的话进行批判："良知是　197
毫不含糊的，是上帝发出的声音"；"无论是过去还是现在，上帝一直都
在与诚实的人对话"；"圣灵……借着潘恩在基督徒里动工，就如同圣灵
借着基督在犹太人里动工一样"。在布莱克看来，潘恩与主教就《圣经》
的道德教义进行的争辩歪曲了《圣经》，毫无意义。"福音就是罪得赦
免，脱离道德教义的束缚。争辩是柏拉图、塞内加[†]和尼禄[‡]的事。"那些
真正明白国教和神的默示为何物的人，"就会与上帝对话，在自己的家
中，他就是国王，就是牧师"。[84]

布莱克认为政府必会打击报复持异见者。哎呀，这一判断真是准
确！他的友人兼赞助人约瑟夫·约翰逊，曾经出于政治上的考虑，婉
拒了布莱克的《法国大革命》（1791）和托马斯·潘恩的《人的权利》
（1791）的出版要求。后来，因为出售一本公开评论政治的小书，约翰
逊在1799年被逮捕入狱。1799年，本杰明·弗劳尔因为出版批判兰达
夫主教的书而被判入狱6个月。[§]在1798年，要捍卫良知和上帝的声音，
反对打着国教旗号的各种骗子，即使没有性命之虞，也难逃牢狱之灾。

---

*　此处原文"the abomination that maketh desolate"，引自《圣经·但以理书》9：27："有
　　愤怒倾在那行毁坏的身上（或作"倾在那荒凉之地"），直到所定的结局。"——译注
†　塞内加（Seneca）是古罗马政治家、斯多葛派哲学家、悲剧作家。——编注
‡　尼禄（Niro）是罗马皇帝（54—68年在位），他是塞内加的学生，行为荒诞，谋杀了
　　自己的母亲和妻子。——编注
§　本杰明·弗劳尔的女儿莎拉·弗劳尔·亚当斯在《每月博览》（1835）上对布莱克偶有
　　提及。见 BR (2)。

《瓦拉》与破碎的天堂

布莱克在 1795—1800 年创作颇丰，完成了伟大的彩色版画系列，近 800 幅大型绘画，[85] 以及 69 张版画（其中大多是为《夜思》所作的对开本版画）。他在这一时期最杰出的成就是预言诗《瓦拉或永恒之人的死亡和审判：九夜一梦》[*]（见图 80）。

布莱克还在为《夜思》进行插图绘画和版刻的时候，就已经开始创作这首长诗。和扬的《夜思》一样，布莱克的《瓦拉》也分为九夜，清稿使用很大张的"J WHATMAN│1794"高级绘图纸。这原本是委托人给布莱克版刻《夜思》之用的。事实上，大部分的《瓦拉》就是写在《夜思》的版画清样上的。与《夜思》一样，《瓦拉》也以巨幅插图环绕诗句。

《瓦拉》的构思比布莱克此前创作的任何一部预言诗都要恢宏庞大。《欧罗巴：一个预言》有 265 行，《由理生之书》有 517 行，而《瓦拉》有大约 2000 行。《瓦拉》后来修改为《四天神》，篇幅增至 4000 多行。布莱克早期最大型的作品《亚美利加：一个预言》和《欧罗巴：一个预言》所使用的铜版尺寸是 23 厘米 ×17 厘米，而《瓦拉》的页面大小是前者的三倍，约 41 厘米 ×32 厘米。之前的预言诗大概用了 12 个月来完成——布莱克因此认为"任何艺术作品，耗时都不过一年"[†]——而《瓦拉》及其之后的《四天神》从 1796 年开始构思，经过创作、插图、修

---

[*] 这是这首长诗最初的标题。后来，大概是在 1807 年，布莱克更改标题为《四天神：永恒之人阿尔比恩在死亡和审判中的爱恨情仇》。为便于区分，我们将 1796—1802 年的第一版诗称为《瓦拉》，后来的版本（见第六章）称为《四天神》。

现存唯一的完整版长诗复制品可参见小 G. E. 本特利编著的《瓦拉或四天神：手稿摹本，原诗抄本，以及对该诗的变化和意义的研究》（牛津：克拉伦登出版社，1963）。

[†] 《布莱克的〈坎特伯雷的朝圣者〉》（1809）。这句话接下来是："也有可能改来改去，没有尽头，耗费一生。但是，末了，他还是不得不改回到原来的样子，倒还不如在第一年结束的时候就定稿。"布莱克在《公开致辞》（1810—1811）（笔记本，第 44 页）中写道："假设有一个人画了一幅画，然后不断地修改，再修改，直至最终完成。不过，他也可以有更好的选择，画完画就不再管它，免得后来的修改糟蹋了原作。"

改和重抄，至 1807 年完成，历经十余年。

在对《瓦拉》不断充实和修改的过程中，这首长诗也发生了深刻的变化。起先，《瓦拉》关注的是知识的审判和精神的绝望，而后转为歌颂基督教复兴。诗的开篇讲述的是善恶之争、灵魂之战，后面转写俗世，大量地影射德鲁伊教和基督教历史。诗人还自创了很多地名，使人很容易就联想到英国和基督教圣地。

布莱克大概是在一个本子上进行的长诗写作和插图绘画，不过这个本子现在已经找不到了。布莱克完成《夜思》的版刻任务后，就迫不及待地用花体抄下题目，并署上"威廉·布莱克作于 1797 年"的字样（见图 80）。布莱克用精美宽松的铜版体将长诗抄写在大张的高级"WHATMAN"绘画纸上。诗的开篇：

> 这是厄诺的挽歌，愤怒摇撼天庭
>
> 读者诸君可知这便是《瓦拉》的开篇
>
> 试想上述诗句描绘何等可怖场景
>
> 天庭颤抖，地动山摇
>
> 森林、湖泊和山谷：在惊恐中哀号

（《瓦拉》，第一夜，第 1 页）

长诗的神话体系取自《由理生之书》。不过，在《由理生之书》中，由理生和洛斯的二元对立斗争创造了世界并分裂了彼此。而在《瓦拉》中，神话体系发展到最后出现了四个巨人形象，很明显每个形象代表了人类的某种心理。

> 四个巨人居于每人之中：一个完美的整体
>
> 不可能存在，但是从伊甸园普遍的友爱里
>
> 生出普遍的人……
>
> 洛斯是第四个不朽的星宿[86]

199

　　两个巨人萨玛斯和鲁瓦*加入了洛斯和由理生争夺统治权的角斗。在长诗的终稿中，他们被称为"四天神"。[†] 在《耶路撒冷》中，"四天神……是人类的四个永恒的感官"。[87] 四天神联合于"永恒"之中，大概就是以西结在异象中看到的有着四个脑袋和翅膀的活物的样子吧（见图 77）。但是在《瓦拉》的插图中，四天神在堕落的王国中又是以巨人的形象出现的。

　　这些插图中常常出现丰满性感的裸体女性形象，有时候是为了表现色欲的场景。第 26 页绘有两条母龙，画家细致地刻画了其中一条母龙的阴部。第 44 页中裸女的腹部膨大隆起，内里似乎是天主教的哥特式教堂。39—41 页还有交媾的画面，虽然已经被擦去，但还依稀可辨。[‡] 第 27 页中，一个丰满的裸女从一个干瘪老头的腹部起身（见图 81）。这些插图着重表现了女性的力量，而文字则充满了爱和嫉妒之战的热烈气氛。

　　从某种意义上来说，《瓦拉》延续了《欧罗巴：一个预言》中伊尼萨摩恩的魅力，"那个女人，美丽的女人！会来统治"。[88]

> 展开你小小的翅膀，吟唱你婴孩的欢乐！
>
> 起来，喝下你的福分
>
> 因为每一样活物都是圣洁的；因为生命的源头
>
> 降生为一个哭泣的婴孩；
>
> 因为蚯蚓也能改变沙土的湿度
>
> （《瓦拉》，第二夜，第 34 页，第 77—81 行）

---

* 鲁瓦（Luvah）是布莱克创作的神话体系中的神，四天神之一，主管爱、激情和叛逆的能量。——译注

† 在《四天神》中，"天神（Zoas）"这个词只在书名页上出现过，但是在《弥尔顿》和《耶路撒冷》中这个词却反复出现。很显然，"四天神"与先知以西结异象中的"四活物"有关联："他们是四天神，围绕着神的宝座而立"，"阿尔比恩的四天神，四活物，阿尔比恩的天使"（《耶路撒冷》，图版 59，第 13 行；图版 63，第 2、3 行）。

‡ 尚不清楚是谁擦去了草图——是布莱克还是林内尔。1825—1918 年手稿存放在他们家里。也有可能是吉尔克里斯特、W. M. 罗塞蒂、E. J. 埃利斯或者是 W. B. 叶芝，他们都曾看过这份手稿。

但是诗的重点不是受造的自由，而且受造的束缚。

> 愤怒的老虎唤出食槽边的教训之马
> 解开它们，换上金的、银的、象牙的马具
> 它们明显变成了人的模样，站在光之子由理生的周围
> 将所有人类的想象石化，变成岩石和沙砾……
> 阿尔比恩发出巨大的死亡的呻吟，亚特兰大的群山在颤抖
>
> 　　　　　　　　　　（第二夜，第 25 页，第 3—6、9 行）

200

受造的宇宙也不过是一个牢笼，一副束缚人性的枷锁：

> 如此造出天空的星辰，好似一条黄金的锁链
> 将人的身体绑在天空，免得坠入深渊
>
> 　　　　　　　　　　（第二夜，第 33 页，第 16—17 行）

《瓦拉》中最令人震撼的诗句表达了布莱克对经验带来的弊端的悲叹：

> 经验价值几何？人们买它是为了学唱一首歌
> 还是学会如何当街起舞？不，经验要耗费
> 一个人的全部，他的房屋，他的妻子，他的儿女。
> 智慧在萧条的市场售卖，无人问津
> 干枯的田里农夫为了面包徒劳地耕种……
> 嘲笑发怒的自然不是件难事，
> 听见狗在冬天的门外狂吠，牛在屠宰场哀号，
> 看见每一阵风上的神灵，每一股气流上的祝福……
> 这样我就会歌唱，欢喜，但是现在的我并非如此。
>
> （《瓦拉》，第 35 页，第 11—15 行；第 36 页，第 3—5、13 行）

布莱克先用精美的铜版体抄下《瓦拉》，再用另外一种铜版体进行

修改和扩充（即，第1—18、23—42页）。这部分诗与布莱克在1793年创作的《阿尔比恩的女儿们的异象》以及1794年的《欧罗巴：一个预言》一样，认为人类没有希望逃离经验世界的束缚。《瓦拉》深刻剖析了人的局限性，但只字不提如何打破藩篱，也没有指明正是因为将俗世视为牢笼，俗世才成为牢笼。人类的思想才是通向天堂大门的钥匙。

布莱克反复修改并扩充了长诗。每次修改后长诗似乎更加恢宏，同时也变得更加不连贯。最终，布莱克放弃了修改，也不再用铜版体来抄写，取而代之，使用了平时写信时常用的普通书写体。他原本信心满满，以为这部作品有朝一日终会完成。但是，希望渐渐渺茫了。直到后来，布莱克有了新的灵感，《瓦拉》才从爱欲情仇的神话长诗蜕变为对基督的救赎的歌颂（见第六章）。

1800年7月2日，布莱克在给友人坎伯兰的信中写道：

> 我现在开始脱离忧郁的深渊。这无缘无故的忧郁，像是上帝让我生了场病，见不着所有的好人……我在朋友们中间一直都无足轻重，我怕他们会介意，而我又不知道如何……向那些我在恼人的忧郁中，大着胆子拜会的几位朋友，说出抱歉的话来……

18世纪90年代初期，布莱克对新耶路撒冷教会和法国大革命寄予了殷切的希望。他在这一时期的绘画和诗歌也成就斐然。但是，这十年对布莱克而言，却是精神世界陷入绝望的十年，笼罩在"死亡的绝望和挥之不去的忧郁"之中。[89]直到多年以后，布莱克才在《瓦拉》的第七夜中写道：

> 抬起你湛蓝的双眸，瓦拉，穿上你蓝宝石的鞋子；
> 噢，忧郁的抹大拉看那清晨破晓的来临
>
> （第七夜，第93页，第1—2行）

202

第六章
1800—1804：甜美的费尔珀姆与国王*诉布莱克案

插图 23　布莱克，《布莱克夫妇在费尔珀姆的农舍》

啊，上帝，保护我，
　　免受朋友们对我的控制。
你已经赐我力量保护自己，
　　免受最刻薄的敌人的攻击。[1]

---

* 这里的"国王"（Rex）一词常用于英国国王在位时政府诉讼案的案目。——译注

物质上的朋友都是精神上的敌人[2]

布莱克有很多物质上的朋友，如乔治·坎伯兰、约翰·弗拉克斯曼、亨利·菲尤泽利和托马斯·巴茨等。他们帮他寻找各种绘画和版刻的委托工作，留心任何可以帮助他改善生活的机会。他对坎伯兰说，非常"感激你对我事业的善意与热情"，"对你和所有帮过我的人心怀感激"。[3] 他称巴茨为"我的天使的朋友"，称弗拉克斯曼为"永恒的雕刻家""我最亲爱的朋友"。[4]

然而，他在物质上的利益与精神上的追求经常发生冲突。众多为他着想的朋友都劝他应该多关心关心生意，专注于临摹版刻。如有必要，甚至可以忽略他的那些异象，异象启发的绘画与诗歌也可以抛至一旁。这在布莱克看来，是不可想象的。

问题的症结在于，要找到一个赞助人，既能与他在精神上惺惺相惜，也能让他以自己的方式发挥天赋。时间一久，布莱克终于明白，物质上的朋友可能是精神上的敌人。他也认识到，把友谊和命运交付他人，有时太过一厢情愿了。

1874 年，约翰·弗拉克斯曼把布莱克引见给自己的朋友兼赞助人威廉·海利，希望海利资助布莱克，送他去罗马学习。此事虽没有下文，但接下来的几年，布莱克、弗拉克斯曼和海利三人的关系日益亲密。

威廉·海利是一名绅士，拥有自己的土地，是萨塞克斯郡厄萨姆村的乡绅，政治自由派，[*] 还是个小有名气的诗人。他的社会地位远远高于技师威廉·布莱克和艺术匠人约翰·弗拉克斯曼。不过他自己不以为意，在给两位写信时会称呼对方"我亲爱的布莱克""我至爱的弗拉克斯曼"，[5] 而布莱克和弗拉克斯曼在回信时则致以"亲爱的先

203

---

[*] 谨慎的托利党人约瑟夫·法灵顿把他描述成"一个暴力的共和党人"（《约瑟夫·法灵顿日记》，肯尼斯·伽利克和安格斯·麦金太尔主编 [纽黑文与伦敦：耶鲁大学出版社，1978]，第二卷，第 288—289 页 [1796 年 1 月 6 日]）。

生"。* 布莱克与海利之间的社会地位差异是两人都希望忽略但又无法忽略的事实。

威廉·海利的赞助

　　海利的确是个善良慷慨的人，无论是精神失常的诗人威廉·考珀，还是郁郁寡欢的艺术家乔治·罗姆尼，一直都是他在供养着。罗伯特·骚塞说他："这人事事都好，唯独诗作不敢恭维。"[6] 布莱克的朋友约翰·弗拉克斯曼、威廉·考珀的表弟约翰尼·约翰逊、海利朋友的儿子作曲家约翰·马什，还有其他许多人都曾投靠过海利，把海利当作一位有情有义的叔叔。毋庸置疑，海利心地善良、乐善好施，作为长辈，他很清楚怎么做于朋友最有益。对于手头拮据者，如寡妇斯派塞——她的儿子是海员，不幸葬身大海，孤苦无助者，如威廉·考珀，他一般都能处理得妥帖，帮他们筹些钱，或者寻求些道义上的支持。

　　他是个有学问的人，能说流利的法语、西班牙语、意大利语、希伯来语、拉丁语和希腊语，人脉很广，也不攀权附贵。奥尔德曼·博伊德尔为了编撰大部头配插图的弥尔顿诗集，需要一个人物小传，于是找来威廉·海利为他操刀。海利非常认同弥尔顿的思想，他为弥尔顿写的传记在 19 世纪产生了巨大而深远的影响。事实上，博伊德尔和他的印刷工约翰·尼科尔斯觉得海利为弥尔顿的思想唱赞歌，有些冒进，于是，在 1794 年印刷该诗集时，二人要求海利在传记中弱化或者删除有关弥尔顿的鲜明的共和政治主张的部分。这种阉割自己心目中的英雄的

204

---

* 布莱克写给海利的信函绝大多数以"亲爱的先生"开头，弗拉克斯曼在 1784 年写信给海利时提到布莱克，开头也是"先生"（*BR*，第 27 页）。

　　地位相当者写信时彼此以姓相称："亲爱的弗拉克斯曼"（1801 年 10 月 19 日）、"亲爱的坎伯兰"（1796 年 12 月 23 日）、"亲爱的布莱克"（坎伯兰，1808 年 12 月 18 日）或者"我亲爱的布莱克"（弗拉克斯曼，1801 年 7 月 31 日、10 月 7 日）

　　如此说来，布莱克有点语出惊人，他经常以"亲爱的先生"称呼自己的赞助人、艺术家约翰·林内尔，以"亲爱的夫人"来称呼林内尔的妻子。

做法，惹恼了海利，他勃然大怒，使了法子，不需要征得博伊德尔的同意，在 1796 年出版了完整的传记，而且还把自己与弥尔顿惺惺相惜的地方毫无遮掩地、直白地展示出来。海利的独立个性和自由政治主张引起了一些朋友的不安，这其中就有佩特沃思的埃格雷蒙特伯爵和古德伍德的里士满公爵。

海利常常沉迷于一些无伤大雅的小爱好：在村里办诗社[7]、恶劣天气里在"宽阔有遮檐的路"上骑马[8]、自封为萨塞克斯的吟游诗人和伊尔瑟姆的隐士——他 15 岁的儿子称呼他"我至爱的诗人"和"最爱的先知"。[9]

海利的婚姻并不美满。1780 年女佣贝茨小姐为他在伊尔瑟姆生下一个儿子。孩子的诞生给他的生活带来了久违的欢乐。海利让孩子跟自己姓，受洗后取教名托马斯·阿方索·海利（下文简称汤姆）。海利把孩子带回家，无比珍爱，寄予厚望。

汤姆 14 岁时开始跟着约翰·弗拉克斯曼做学徒。[*]弗拉克斯曼把孩子带回家，俨然父亲一般（见图 82）。汤姆给父亲写信谈到这位老师，"我越来越喜爱弗拉克斯曼夫妇。弗拉克斯曼的好，说不完道不尽，夫人对我也很好，她也是一位了不起的画家"[10]。

弗拉克斯曼不仅教汤姆雕刻艺术，还带他去教堂，督促他研读《圣经》，[†]还教他各种古典语言。1795 年 3 月 10，汤姆告诉父亲"我们已经

---

[*] 汤姆跟弗拉克斯曼的学徒期，依据传统是七年，从 1795 年 2 月 1 日起，头三年半的学徒费是每年 40 英镑，之后则是免费的（见弗拉克斯曼写给海利的信函，1796 年 9 月 25 日［藏于剑桥三一学院］）。弗拉克斯曼刚刚从意大利回国，这样安排能保证他有一笔收入，同时他还要在伦敦再创业。

　　汤姆解释道，建立这个师徒关系有其紧迫性，"如果没有我目前负责的民兵预备役提供的花销，我也有钱花"（汤姆写给父亲的信函，1796 年 12 月 19 日［西萨塞克斯档案室，档案编号 50]）。这年冬天的法国来犯恐慌中，"我听说部分海岸线要或者将要戒严，如果防线延至萨塞克斯郡，而我又与你在一起，我理所应当地亲自报效我的国家"（西萨塞克斯档案室，1797 年 2 月 20 日，档案编号 63）。

[†] 弗拉克斯曼于 1823 年 3 月 26 日给约翰尼·约翰逊写信（玛丽·凯瑟琳·巴勒姆·约翰逊的收藏）：

　　关于托马斯·海利的宗教，我认为可以认为是习惯性的，也是实用的，他按时去教堂、读《圣经》、遵守十诫、相信每一个善意的礼物都是上帝的赐予，我们永恒的状态必须依靠肉身所做的好事或者坏事，一句话，他是个备受尊敬的青年。

开始用拉丁文交谈了"，[11] 在 1797 年 5 月他又汇报说，"我已经开始通读
《赫西俄德》给弗拉克斯曼听，开始学习他的作品，了解他的时代"。[12]

205　汤姆弹奏"弗拉克斯曼夫人的钢琴"，[13] 还与老师一起出门会友，"与弗
拉克斯曼先生一起去拜访斯托瑟德先生和罗姆尼先生"。[14]

　　汤姆可能与弗拉克斯曼先生所有的朋友都很熟，包括当时住在河对
岸的兰贝斯区的布莱克一家。1796 年 6 月，他告诉父亲，"我还没有见
过布莱克本人或者他的作品。我给您写信的当儿是周六晚上，如果可
能，我会在明天上午散步去他家……您知道这段路挺远的"。[15] 甚至有
可能布莱克还亲自教过汤姆绘画或者蚀刻。[16]

　　弗拉克斯曼认为汤姆很有潜力，必成大器。这孩子自己对父亲吹嘘
道："我已经开始用黏土做模型啦！弗拉克斯曼先生看到我的作品，说
他在初次尝试过后，整整四年都不敢再伸手呢。"[17] 多年以后弗拉克斯
曼写道，汤姆"能力很强，若非早夭，定会在一方领域里做出惊人的成
绩"。[18] 汤姆的父亲，当然也认为孩子有朝一日会成为"英国的米开朗
琪罗"。[19]

为海利的《论雕刻》版刻

　　海利将写给约翰·弗拉克斯曼的信辑成一篇诗体的《论雕刻》，除
了对弗拉克斯曼表达敬意，也是对汤姆的一种褒扬。布莱克负责版刻该
文的三幅插图，包括汤姆绘画设计的《德摩斯梯尼 * 之死》和弗拉克斯
曼创作的"托马斯·海利，约翰·弗拉克斯曼之徒的半身浮雕像"（见图
83A）。1799 年底，汤姆患上了软骨病，身囿轮椅，虽痛苦不堪，却忍
而不怨。海利心急如焚，迫切地想要把这三幅插图尽快赶制出来。

　　1800 年 2 月 18 日，布莱克给海利看《德摩斯梯尼之死》的清样，
"已经获得弗拉克斯曼先生同意"，海利也对朋友说布莱克"已经完成了

---

* 德摩斯梯尼（公元前 384—公元前 322）是古希腊政治家、演说家、辩论家，曾在雅
　典组织反马其顿运动，失败后自杀。——编注

德摩斯梯尼的轮廓图，我很欣慰"，[20] "想着能够看到这幅画，他（汤姆）那充满温柔爱意的灵魂，就得到了莫大的满足……我也希望我那即将早逝的天使在大限之前能看到自己的画像"。[*]

海利写信给弗拉克斯曼，谈及迟迟未收到清样，弗拉克斯曼与海利一样也是大惑不解：

> 你没有收到有关版刻的进一步消息，这着实令人吃惊，有些不可思议。我记得四周前，霍华德先生根据我的朋友托马斯的圆雕像画了一幅非常精美的画像，从那时起，画就一直在布莱克先生手上，估计现在版刻应该已经完工了呢……[21]

直到4月1日布莱克才"克服万难，给您送来我们都挚爱的那个人的头像清样"。

海利和汤姆发现他们之前切切期盼的肖像画竟"令人大失所望，无地自容"。次日，海利告诉罗斯：

> 跟你说这些，或许会让你很是痛心。你的朋友那年轻而喜悦的面庞完全没有表现出来，取而代之的是一个郁郁寡欢、面带愠色的头像。这么一个人见人爱的形象却被弄成这样，我绝不会公之于众。我觉得必须重新做个轮廓图，只要轮廓图就好了……
>
> 我专门骑马过去，问我跛行不便的爱子，对这幅令人尴尬的头像感想如何，他也认为那画一无是处。

注意：错出在霍华德的画像上，与布莱克的版刻无关。
布莱克按要求重新修整了插图（见图83A），很快又送来一份新的

---

[*] 海利致塞缪尔·罗斯的信函，1800年2月25日。3月14日，海利写信给罗斯道："我至爱的小瘸子各方面都在衰败……雕像还没有任何消息——我希望他能亲眼看到雕刻出来的成品。"

清样。4 月 17 日，海利发给他一份长长的清单，列出所有需要修改的细节：

> 亲爱的布莱克：
>
> 　　感谢你不辞辛苦地为我们家那位行动不便的艺术家制作肖像——你已经修改了第一次的图案，我相信稍微再做些修改，会比第二次的轮廓图更为逼真。能否将鼻子与上唇之间的距离稍稍缩短，这样看起来更年轻……嘴角的那颗痣雕刻得再深一点儿……
>
> 　　我要感谢上天（全心全意地感谢）。这幅画像耗时甚久，屡屡中断，终于完工了。我亲爱的天使在即将离世之前能亲眼看到自己的肖像，定会十分欣慰。他曾极为委婉地催促我尽快完工，只要一想到这是他所希冀的，我那受伤的灵魂就立刻振奋起来，急切地想要促成此事。看着这么一个人见人爱的孩子受到病痛的折磨，气息奄奄，我心痛如绞。他在世的日子也没几天了……

汤姆卒于 1800 年 5 月 2 日星期五。布莱克给海利仓促地送去了《逝去天使之影》修改后的清样，并附了一封无比心酸的思悼函："我知道，我们逝去的朋友并未离去，他还在我们身边，比我们肉眼能见到的更为真切……在时间的废墟上建起永恒的大厦。"[22]

逃离抑郁的深渊

1800 年夏天，布莱克陷入"抑郁的深渊，没有任何原因的抑郁"。[23] 在这忧郁中，伦敦似乎是个漆黑的地牢，被困在禁锢心灵的枷锁里，是个"可怕的反艺术"之都[24]。那些善意的朋友，如约瑟夫·约翰逊和亨利·菲尤泽利，都劝他做生意就要有做生意的样子，要多接活，多赚钱。布莱克悲叹道："我发现所有人都手持反对牌，强烈反对我做任何事情，除了临摹他人的作品版刻赚钱，仿佛不如此这般，我就活不下去。这于我是煎熬、是牢笼。"[25]

这当然是无法忍受的，因为

> 如若不在天国积累财富，我便无法活下去……我拥有的最多的都在心里！比起生命，比起那些似乎能让人过上好日子的东西都要多，这是对真正的宗教和科学的兴趣……但如果我们因为自然的恐惧或者自然的欲望而惧怕天使的指引……拒绝做精神的使徒……谁能描述这种状态的折磨！……我清楚地记得听到的威胁！……"如果上天的美意是让你拥有灵命的交通，你若因为一日三餐而把天分埋入泥土，悲伤和绝望将伴你终生！即便死后，羞耻和困惑仍纠缠着你，使你不得直面永生。永生之人也都弃你而去，因为你的行为使之骇然——得了弟兄们赋予的荣耀和光彩，却又背叛他们的追求，投入敌人的怀抱。"[26]

他被威廉·海利从伦敦的地牢里解救出来。海利欣赏布莱克的简单个性和宗教狂热，也怜悯他的不谙世事和脆弱情绪。海利单纯地希望能够帮到布莱克，让他免受钱财之忧，平抑精神的焦躁，一如他曾经对威廉·考珀施以的援手。考珀也是如此敬虔而脆弱，但曾多次企图自杀。

探访费尔珀姆

7月初，布莱克走了一天的路，离开伦敦去萨塞克斯郡海边的小村庄，与海利一起工作*（见图84）。海利给他分派了不少任务，其中之一就是为汤姆版刻肖像。海利出于一贯的仁慈和礼貌，为版刻师布莱克写了一首诗，以资鼓励：

海边塔楼 7 月 12 日

十四行诗

耐心的刻刀指引着布莱克纯洁的思想

仁慈地倾听热爱的祈祷

让跃跃欲试的技艺带着饱含热爱的细致

带着自然盛放的骄傲来刻画

一位我们无比挚爱的，早逝的天才

他的生命之晨，多么绚丽，

日益增长的才华，丰富而稀有

让一切标榜的完美都黯然失色

勤勉的艺术家，自由的心

原谅灵巧的手犯下的错

没能逼真再现

让我老泪纵横的挚爱容颜

真理女神让他的新雕像

美丽不走样，内敛又辉煌。†

---

* 1800 年 7 月 5 日，弗拉克斯曼给布莱克发了一封信，随信也给海利寄些礼物，7 月 16 日海利给弗拉克斯曼回信道："我们善良热情的朋友布莱克在南部逗留的时间会比我们先前提议的要长一点（他饱含热情地在为我们至爱的学者［汤姆］版刻一幅更加惟妙惟肖的画像）。"

　　这是第一次得知布莱克到伦敦以外的地方旅行，除此，他只在 1780 年在梅德韦河做过航行探险。

　　弗拉克斯曼说出村庄名的发音可以从他拼写的 "Felfham" 看出（1780 年 7 月 31 日给布莱克信函）。

† 见 *BR*，第 68 页，所有标点为后加。

　　注意诸多"熟手的失误"都是该画作的作者亨利·霍华德留下的，并非版刻师布莱克所为。

在海利看来，布莱克有"耐心"，会"仁慈地倾听"，热爱自由、勤勉工作，尽心尽力地表现出小汤姆"日益显露的才华"。饱受丧子之痛的父亲，有此要求，情有可原。但是，站在一个赞助人的角度，这并不是一个好兆头。

海利送给布莱克一本自己著作的《心性的胜利》，是一个特别珍贵的版本，旁边还题了一首诗：

> 请收下吧，我温和而富于异象的布莱克，
> 你的思想幻妙、温和又善良；
> 请收下吧，为了我们的友谊，珍藏
> 这蒙恩的异象，我诗一般的孩子。

209

> 满满的恩典，非一般的幻象，
> 谨以此书，致你柔软的心肠，
> 因它本属于我早夭的爱子；
> 就是从天使那里送来给你。

W. H.

1800 年 7 月 *

布莱克和海利之间的情感纽带应该是非常牢固的，二人的情谊也日渐深厚。

---

* 史密斯（*BR*，第 463 页）。这本《心性的胜利》（1799）布莱克一生收在身边，是凯瑟琳继承得来之物，今已不知所终。1800 年 7 月 5 日，南希·弗拉克斯曼曾问海利"从男童图书馆寻一册口袋版的该书"，7 月 16 日，海利送给她"一册甚合她意的小书……烦托布莱克转交"。

海利是个精力充沛的作家，手边需要画插图的项目不少，*他于是邀请布莱克移居费尔珀姆，这样他们就可以朝夕相处，协同工作。布莱克感觉这个邀请很是诱人——"我的指尖迸发出火花，对未来的工作充满期待"†——但一如往常，情感比利益更能打动他。他接受这份邀请，根本原因是他爱上了费尔珀姆——村口迷人的小茅舍，隔着旷野，面朝大海（见插图23）。他这样向坎伯兰描述自己的幸福搬迁：

> 愉快的变迁……我已经住进费尔珀姆的一个农舍，就在阿仑德尔与奇切斯特之间的萨塞克斯海滩边。诗人海利很快就会搬来与我做邻居。他现在是我的朋友；是他给我这个幸福的启示。上次来拜访他时，我爱上了现在的这间茅舍。我在这里可以大展拳脚。我的那点小愿望很容易就可以实现了；他给我安排了十二个月的活儿，将来还会有更多。我如今也称得上是自食其力了。灵感来的时候，我可以融诗人、画家和音乐家于一身‡……我俩一起躺在宜人的海滩上；离我们漂亮的住处不到两公里，有个叫博格诺的地方。我的小农舍朝南，离海约500米，中间就隔着块玉米地。§……这无疑是地球上最甜美的乡村……

> ……撕破伦敦地牢里黑暗的桎梏

---

* 布莱克"耐心的刻刀"正在雕刻罗姆尼为汤姆所画的"精致的肖像"，就是海利"不忍心送走"，找来另一个版刻师来版刻的那幅（见1800年7月22日海利信函），另外还有"两幅汤姆的画像，雕刻得比《论雕刻》里那幅走样得可怕的浮雕像要更加忠实一些"。按计划，这三幅雕刻作品连同海利纪念儿子的文章一起会在11月印刷出来（布莱克·海利，1800年9月13日）。然而，海利的那篇《回忆年轻的版刻师托马斯·阿方索·海利》直到1823年才夹在海利的自传中一起出版。不过，书里既没有插图，也没有布莱克的版刻。

　　这次访问费尔珀姆，布莱克根据汤姆真人大小的自画像"临摹了一幅小画"（海利，7月22日）。他还"在很大的一张画纸上，对罗姆尼进行了"弥尔顿式的修改"（海利，7月16日），如今已无迹可寻。

† 见1800年9月16日信函。大约在1801年，科勒律治写道，"我曾有一次见到……我的指尖迸发出闪耀的银光"（《塞缪尔·泰勒·科勒律治书信集》，E. L. 格里格斯主编［牛津，1959］，第四卷，第731页）。

‡ 尽管我们都知道布莱克为自己的多首歌词谱曲，但这是他唯一一次提及自己是音乐家。

§ 这片玉米地是公共土地，但旁边的大多数土地归里士满公爵所有。

210

我终于撕破那黑色的网逃了出来。看着我在费尔珀姆的小农
舍，充满欢乐

法国上空的灿烂阳光照射在这一片海上；我在伦敦撒下的那张
网和纱

拒绝每一束阳光；从天空悬到地面的

鲜血淋漓。看！我已经挣脱它了！我已经把它从身上撕掉。

我振动羽翼，准备飞翔！[27]

这一趟的费尔珀姆之旅，布莱克可能是住在福克斯旅馆，* 因为格兰德先生正好是海边这间农舍的业主。布莱克被农舍的一切迷住了，当即从格兰德先生手上租下这个农舍，租金20英镑一年，† 从9月中旬起计租。

他骑马穿过玉米地与海利和"拉旺女士"（哈丽雅特·普尔）‡ 在她家"无与伦比的别墅"里一起喝"咖啡"。§ 拉旺在从伦敦经过米德赫斯特到奇切斯特的驿道上，海利每周二和周五早上[28]会骑马到这里取邮件，

211

---

* 布莱克之后，福克斯旅馆因失火两度重建，第一次火灾烧掉了墙上的一幅主题为船的油画（可能就是福克斯号），由浪荡公子乔治·莫兰（卒于1804年）所绘，用来偿还酒吧的债务（根据墙上的匾牌所述）。

　　福克斯旅馆和海利的塔楼别墅的照片可见于托马斯·莱特所著的《威廉·布莱克的一生》（欧尔尼，1929）。

† 该房租由史密斯交付（*BR*，第461页）。7月22日，海利写道布莱克已经"盘下一间农舍"。

　　房东可能是乔治·格兰德，他是托马斯·哈拉德与伊丽莎白·查林在1793年5月22日结婚时的证婚人（签名时用了一个大写的X）（打字文件《1557—1812年教区内登记的婚姻、浸礼和葬礼全册》[费尔珀姆，圣玛丽教堂]，由W. H. 查林转排 [大英图书馆：09915 t 9]）。

‡ 见1805年11月27日信。海利"抓起一支笔，咖啡还没上桌"就回信给约翰尼·约翰逊，"我在拉旺我们仁慈的宝琳娜的宅子里，你的信刚刚到我的手上"（1801年11月18日）。

　　1800年9月16日，在布莱克离开伦敦的前夜，他在信中写到"围绕在普尔小姐别墅周围的善良精灵"。

§ 见约翰尼·约翰逊信函，1801年3月17日；布莱克称此地为"拉旺别墅，蒙福又施福"（1804年1月27日）。

　　"普尔小姐在拉旺的别墅建于"1797年，但她直到1798年才搬进去住。据约翰·马什日记，第XXII册，第172页（亨廷顿图书馆）。该别墅如今称为"罗布逊果园"，坐落在拉旺到奇切斯特的半途；据标示日期为1870年4月13日的事件摘要（如今的主人是克里斯托夫·布彻先生，承蒙慷慨地寄给我一份），别墅里建有"一个轻型马车房和一所马厩"。

以免落下。很快事情就变样了。海利说，布莱克"养成了陪我一起去宝琳娜家的习惯"[29]。布莱克也很喜欢"我们的好人儿宝琳娜，她待我如此之好，当在耶稣面前得到奖赏"[30]。布莱克心怀感激地记得"她第一次扶我骑上我心爱的布鲁诺"[31] 的情景，那匹马汤姆以前经常骑。他甚至一度想过要搬到"拉旺，就在去伦敦的路边或者附近，图个方便"[32]。哈丽雅特·普尔成了布莱克在萨塞克斯最忠诚的朋友之一。

回到伦敦，他兴奋地向凯瑟琳描述了这家白茅屋顶的农舍：一楼有三个房间和厨房，* 楼上有三间卧室，可以看到"非常漂亮的海景"；† 一个燧石围墙的细长花园，有"八平方米"，[33] 可以种种菜、养养花，还有乡村的闲静和朴实的邻居，都是凯瑟琳在巴特西的田园村落看到的那样。最重要的是，拥有一种独立自由的感觉——没有了伦敦的羁绊与尘土，放心大胆地看异象、做奇梦、说寓言。

凯瑟琳被布莱克描述的"像宝石发出的五彩火光"[34] 的美景迷住了，她用布莱克的语言描述道：

> 到美丽的费尔珀姆去，那里是天堂，
> 天使的阶梯从空中缓缓降下，
> 在塔楼上螺旋阶梯轻轻降下，
> 穿过村庄迎着风，停在我的小屋旁……
>
> 甜美的思想做成的面包，快乐酿成的美酒
> 日日夜夜滋养着费尔珀姆村……[35]

---

* 吉尔克里斯特（1863，第 I 册，第 156—157 页）写道，"房子的前檐朝南，自东向西，搭着一条贯通的木廊，上面盖着草顶"，"几扇格子花窗"。这两项在《布莱克夫妇在费尔珀姆的农舍》（见插图 23）中并没有得到仔细的刻画，1997 年之后也不复存在了。这座宅子很有可能建于 17 世纪。

† 见 1800 年 9 月 22 日信函。吉尔克里斯特说："多年以后，布莱克常常饱含热情地说起海上流动变幻的光，这光就是从这些窗户里看出去的。"（*BR*，第 561—562 页）希瑟·豪厄尔先生是"布莱克农舍"现今的主人，为人慷慨。应他邀请，妻子和我在此做客期间，多次结伴欣赏黄昏时的海景。唉，可惜"布莱克农舍"与大海之间的空地现如今全是二战后修建的平房。

在海利仁慈的保护下，布莱克俗世愿望的实现似乎是指日可待，连他的那帮朋友，譬如"巴茨先生，都在大声地欢呼，以为他……发达了"。*

迁居费尔珀姆

回到伦敦后，布莱克就开始做各种准备，搬出位于兰贝斯区（英格兰大伦敦南部的区）的家，但同时还在为朋友们工作。针对布莱克在 7 月 2 日的信中写到的"抑郁的深渊"，乔治·坎伯兰给他寄去了几本自己写的《胡里奥·博纳索尼的人生逸事》（1793），提出要通过建立国家级的美术馆来实现"提高英格兰艺术创作的计划"，以及一本乌托邦小说《山拿城堡的囚徒》（1798）。这本书坎伯兰一直压着没有出版，担心小说中的激进观点（社会的、性的和政治的）会引起政府的注意，给自己招来不必要的麻烦。坎伯兰很可能还提到为布莱克的书寻找买家未果的事，或许他私人也订购了一些。†他请布莱克帮着宣传自己提出的建立国家级美术馆的提案。

在 9 月 1 日的回信中，布莱克以特有的热情，逐条回应了全部的提议：

> 拥有你的友谊胜过售出一万本书……

---

* 吉尔克里斯特（*BR*，第 71 页）。弗拉克斯曼也是"特别高兴于你（海利）常常施与的善行"，但他警告说，"如果他（布莱克）对创作巨幅作品存了指望——无论是从熟练的程度，还是从研究的深度来讲，布莱克都还不够格——这实在是可怜的错觉，他会输得很惨"（1800 年 8 月 19 日）。

† 坎伯兰拥有《亚美利加：一个预言》（F 本）、《欧罗巴：一个预言》（C 本）、《洛斯之歌》（D 本）、《阿尔比恩的女儿们的异象》（B 本），全都装订在一起，另外还有《塞尔之书》（A 本）、《给孩童：天堂之门》（C 本）和《天真与经验之歌》（F 本），《天真与经验之歌》的 F 本是夹在最近发现的布莱克写的一封感谢信里面的。

你所描绘的幸福苏菲斯＊，我已经迫不及待地读完了。啊，回味无穷，除了嫉妒以外，你还指望能从伦敦这个遭诅咒的城里得到什么呢？我亲爱的朋友，你给我的任务，我一直在努力完成。我把你的提案写了一个摘要寄给《月刊杂志》的编辑†，希望他能发表；希望他能照办。我还把你的《胡里奥·博纳索尼的人生逸事》一书寄给我的朋友霍金斯先生‡看……

或许想着离开伦敦，就再也不回来了，威廉和凯瑟琳夫妇把伦敦城里一圈儿朋友各个都拜访到了，[36]迫不及待地邀请他们去费尔珀姆。他们原本打算16日星期二出发，但是，到了那天，布莱克告诉海利："我那亲爱的、事事小心、高兴过了头的女人，整天忙着搬家的事儿，又是盼望，又是高兴，人都累倒了，恐怕要推迟到星期四才能离开这座——城市。"

213 一行人最终在9月18日周四§，一个清凉晴朗的早晨，离开了伦敦：布莱克、他的妻子凯瑟琳·索菲娅、他的妹妹凯瑟琳·伊丽莎白，以及"16个重箱子和文件包，装满了各种印刷品"。[37]行李包括他们所有的个人物品：布莱克的图书；他的笔记本、素描图、手稿等，譬如散文体讽刺作品《月亮上的岛屿》、诗歌《提瑞尔》、神话作品《瓦拉》、水彩画、《法国革命》的清样以及没有卖完的《诗的素描》（最少15本）；他的铜版及彩色印刷的作品若干；空白纸；几箱的刻刀、蚀刻针、白蜡、清

＊ 苏菲斯是在非洲最偏僻处的一个乌托邦的社区，当地保留了古希腊时期的大多数优良传统，女性是解放的、没有战争和奴隶；如想了解善本详情及未付印的姊妹篇，了解原始的基督教式乌托邦，请参阅小 G.E. 本特利主编，《山拿城堡的囚徒》，蒙特利尔、金斯顿、伦敦、布法罗：麦克吉尔·昆大学出版社，1991。

† 指理查德·菲利普斯。布莱克信函（署名"A. B."）并未刊印在《月刊杂志》1800 年 8 月至 1801 年 1 月各期。

‡ 约翰·霍金斯，康沃尔郡绅士。他在 1784 年努力筹集资金，希望能够送布莱克去罗马学习（*BR*，第 27—28 页）。1800 年 8 月 11 日，海利给霍金斯写信说，布莱克"觉得有件事让他感到很快乐……见到你也在萨塞克斯住下来。"

§ 从伦敦出发到奇切斯特的马车，每周二、四、六三天发车，乘客上车点在宝汀顿、舰队街、金十字街和查令十字街（［亚历山大·海］编，《奇切斯特指南》，约 1804，第 35 页）。布莱克也说，从奇切斯特"每周有三趟马车去伦敦"（见 1801 年 9 月 11 日信函）。

漆、松脂和油墨；用板条箱装好的印刷机；另外还有衣物、炊具和餐具及家具。林林总总装满了七辆马车，累坏了打包运货的工人。

他们"在艳阳高照的那日，走过了极为美丽的乡村"；"一路上欢歌笑语，心情好得不得了"。

然而，直到当天半夜一行人才抵达农舍，"因为行程中一共用了七辆不同的马车和七个不同的车夫，行李也得在不同的马车之间来回搬运"。布莱克和凯瑟琳姑嫂把所有的行李搬进家门，倒到床上*的时候，肯定是累瘫了。

第二天上午，他们把这座带有"暗金色草顶"的农舍仔细查看了一番，发现竟比布莱克此前描述的还要好：

> 我们的农舍……比我之前想象的还要漂亮，而且更加方便，简直就是农舍的完美典范。只消等比例放大，不需改变任何主体结构，也不必添加任何装饰，就可以成为富丽殿堂的典范。简洁实用就是高标准。简洁不繁复，仿若人性的自然流露，所有摆设皆是服务人的所需。没有任何房屋可以让我如此称心如意，我也不会对这农舍进行任何外观或者实用性方面的改造，增一分都嫌多。[38]

凯瑟琳姑嫂二人在费尔珀姆村里转悠时，发现村里住着几十户人家，几百口人，[39]一间旅馆（可能是格兰德先生开的）、一间铁匠铺（威廉·斯通，铁匠）、一间磨坊（可能是科曾斯先生开的）、一间诺曼式的圣玛丽教堂（牧师是库姆·米勒）。这间教堂顶上有用方块燧石建成的尖塔，塔内挂着四个古老的铃铛。起风的时候，清脆的铃声传遍整个村庄。[40]

这是真正的农村，家畜满街跑，酒吧里挤满了农夫。布莱克在的那年秋天，到处堆着从肥沃的田里收割来的庄稼。他家和大海之间的那块

---

* 布莱克和凯瑟琳共睡一张双人床，病中也没分床，因为海利曾经"痛苦地看到两人都卧病在床"（注意此处床是单数）（见1802年7月15日信函）。

田里，"羊群的叫声与海鸟的叫声，相互和鸣"[41]。赶集的日子，他们可能还会听到巷子里牲畜贩子在不高兴地嘟囔着：

> 推也好，拉也好，
> 萨塞克斯的猪他赶不了。[42]

布莱克一家喜欢这里的一切。

费尔珀姆是个做学问的好地方，没有伦敦那么物质。天国在这里打开了她的每一扇金门；她的窗户不再被水汽蒙住。能更清楚地听到天国居民的声音，更清晰地看到他们的形状……

费尔珀姆的村民虽然简单粗犷，却也礼貌而谦卑。[*]肉比伦敦便宜，温润的空气、林间的风声、欢快的鸟鸣以及幸福的大地散发的各种香气，这里是神仙居所。

奇切斯特是个非常美丽的城市，离这有 11 公里远；我们可以在那里买到大部分的生活用品……我们在乡下的所见极美，这里的人也都是纯正的撒克逊后代，比伦敦的人长得更好看。[†]

这里的显贵要人当数里士满公爵[‡]，费尔珀姆及周边的许多土地都是他的产业。他在古德伍德的豪华庄园就坐落在从费尔珀姆到拉旺的路上。从费尔珀姆往奇切斯特方向的路上有影响力的富绅还包括：太平绅

---

[*] "根据我钟爱的这个地方（费尔珀姆）的所有相关法令和描述，这里的人待人友善，天性喜悦，文明好客，为人称道。"（[理查德·达利]，《博格诺、阿伦德尔与利特尔汉普顿指南》[奇切斯特：威廉·梅森印刷，1828]，第 55 页）

[†] 见 1800 年 9 月 21 日、22 日及 10 月 2 日信函。1804 年，奇切斯特（人口 3750 人）仍旧保留其石头城墙，城门开在东边，正对费尔珀姆。周三和周六有两次集市，尤以出售蚝和龙虾闻名［亚历山大·海］编，《奇切斯特指南及名录》[奇切斯特：J. 西格雷夫出版，1804，第 31、34 页]）

[‡] 查尔斯·伦诺克斯将军（1735—1806），K. G. 第三代里士满公爵，萨塞克斯中尉（1763），全权公使（1765），国务大臣（1766—1767），军械总局局长与内阁成员（1782—1795），议会改革与普选权的积极提倡者（1782），后又成为其坚定的反对者。

士威廉·布里尔顿*(其庄园坐落在帕格姆的尼丁博)、朗博尔兹威克和北
伯斯特德的太平绅士约翰·皮奇†以及太平绅士约翰·匡托克‡(其地产位
于米德赫斯特和南蒙德汉姆 [见图84])。这些人物对布莱克后来的生
活产生了重要影响，也出现在他自创的神话体系中。[43]

　　布莱克大概和这些富绅家的雇农和佃农打过交道，很快这一带的人
就都知道他是个好心眼的人。战争与封锁导致农业不景气，布莱克对穷
苦百姓表达了深切的同情：他们"只能就着几块碎面包过活"[44]；农民
"在枯萎的地里劳作，却吃不上面包"[45]。《耶路撒冷》中有两首"乡村
死于饥荒"和"萨塞克斯关闭了她的村庄"。

> 从劳苦人手里榨取的一分钱
> 能买下守财奴的所有良田
>
> (《天真的预言》，第81—82行 [皮克林民谣手稿，第17页])

　　的确，布莱克期盼有一天，"穷人能反击他们的压迫者"，他们醒
着等待收割。§这样的想法，布莱克有可能向这些新朋友表达过。当然，

----

* 威廉·布里尔顿（1757—1820）先后就读于伊顿公学、剑桥大学圣约翰学院、林肯律
师学院（译者按：英国四大律师学院之一，另三个分别是内殿、中殿和格雷律师学
院）。他出身军人家族。祖父曾是皇家骑兵卫队中校；其父，乔姆利·布里尔顿上校，
1760年殁于战争；他的叔叔，弗朗西斯·布里尔顿中尉，皇家卫队成员，1745年殁
于丰特努瓦。
　　有关萨塞克斯乡绅以及太平绅士的信息主要来自我与萨塞克斯郡霍舍姆的鲁塞
尔·萨金特教授在1979年的通信。
† 约翰·皮奇（1752—1830）曾经是牛津大学新学院的学生，也曾是中殿的出庭律师。
‡ 约翰·匡托克（1742—1820）曾是皇后湾第二龙庭骑兵团的队长，1782年左右，他
卖掉了自己的军职。1803年左右，他担任萨塞克斯志愿军少校，萨塞克斯副中尉，
1807年转任奇切斯特市长。其子马休·希慕·匡托克（1783—1812），滑冰时溺亡，
葬在奇切斯特大教堂。墓碑上有约翰·弗拉克斯曼的雕刻，表达约翰·匡托克与妻子
玛丽对儿子的思悼之情，以及威廉·海利写的墓志铭。
§ 见《瓦拉》第117页，

> 阿尔比恩的压迫者，无论城市乡村，
> ……嘲笑雇农的双手！他们嘲笑这些面黄肌瘦的子民；
> 他们买他的女儿，他们也施以手腕卖他的儿子

(《耶路撒冷》，图版30，第27—29行)

他相信"这里的村民非常的温驯，对我们也总是充满善意"。因此，三年后，当布莱克惹上官司时，费尔珀姆的村民都大为震惊。[47]

对布莱克而言，费尔珀姆最好的地方是：

> 工作在这里进展神速。——一个滚筒和两副耙靠在我的窗边。*
> 安顿下来后的第一天早晨，我一出门就看到一具犁。犁田人的儿子对父亲说："父亲，大门开了。"我开始了手头的工作，发现工作起来比以往更加愉悦。
>
> 我的作品会带给我无法想象的天国的声望。
>
> 我的大脑里满是各种研究，房间里堆满了我写在和印在永恒时代的书和画，在我有限的生命结束之前……[48]

216

费尔珀姆的异象

在费尔珀姆，大自然呈现出别样的细腻美好，这是布莱克在以前的诗歌中从未表现过的。"立刻，云雀高声啭鸣着从费尔珀姆山谷直飞云霄"[49]：

> 他领着白昼的合唱！唧唧啾啾，
> 乘着光的翅翼飞进广域，
> 传到亮蓝的穹顶，发出回响：
> 他细小的歌喉因着灵感而啭鸣；每一根羽毛
> 脖子上的、胸前的和翅膀上的，都震颤着神性的光芒
>
> （《弥尔顿》，图版31，第30—34行）

---

* "我的窗子"应该是正对着村边马路的，这也说明布莱克的书房兼印刷室是西边的第一间房。

即便是最卑微的动物都让他心生怜爱：

> 蜘蛛坐在他辛勤织就的网中，切切等着苍蝇的来临；
> 很快飞来一只饿鸟，叨走了蜘蛛；
> 它的网凄凉地留在那里，它那急切的小心脏
> 曾经那般仔细地编织：在叹息与疲倦中伸张
>
> （《瓦拉》，第18页，第4—7行）

费尔珀姆给予布莱克的第一个伟大礼物，是让他看到了大自然不同以往的瑰丽。

新家安顿停当之后的第三天，布莱克写信给巴茨，"妻子和妹妹……在乞求海神的拥抱"[50]，写完这封信，布莱克很可能就跟着她俩走到那条叫"直道"的窄径，一直走到了布满鹅卵石的荒滩。*在那里，他眺望着波涛汹涌的大海，然后就看到了"我第一次光的异像"。后来他把这次经历告诉给了巴茨：

> 满海满地
> 极目望去
> 及至青天
> 了无忧虑
> 及至火域
> 欲望散去
> ……
> 荧光点点
> 光之宝石

217

---

* 费尔珀姆的那段海滩，"海岸线上最偏僻的一处"，即多萝西·塞耶斯在《彼得老爷》中"无脸人的未解之谜"一篇里设定的犯罪现场，詹姆斯·桑多编（纽约：弗莱尔书社，1972），第212—214页。萨塞克斯海岸一直在后移，塞尔西半岛"势必要被海浪吞蚀"，但他的"余脉在海潮中升起，叫作奇切斯特"（《耶路撒冷》，图版40，第48—50行）。1705年，因为海岸不断地被侵蚀，塞尔西的主教官邸迁到了奇切斯特。

晶莹剔透

惊叹且惧

定神细看

又惊又气

一光一点

俱是人形

他们唤我

飞奔追去

远远海上

传来声语：

"每一粒沙每个石头

每块山岩每个山丘

每处喷泉每条溪流

每片草木每棵大树

大山小丘大地大海

浮云流星浩瀚星辰

俱是远处看到之人"

……

我的双目愈来愈

似无滩之海

不断延展

诸天发令

直到光之宝石

天人照亮

现作一人

我自得意

紧抱身体

进入他金亮的光里

……

我的异象

海上显现*

布莱克的工作确实有个不错的开头。

　　这是布莱克一家第一次接触大海、沙地与海滩。他们愉快地追逐海神，在宜人的天气里与之拥抱，在暴风雨中聆听远处的怒涛，依偎在温暖舒适的农舍里。海边的世界对他们来说妙不可言，自然的、精神的世界也都在等着他们去发现："一节海草就是一支晴雨表；天晴它干，下雨它湿。"[51]

　　　　从一粒沙子看见一个世界，

　　　　从一朵野花看到一座天堂，

　　　　把无限握于你的掌心，

　　　　将永恒凝入一个时辰。

　　　　（《天真的预言》，第 1—4 行 [皮克林民谣手稿，第 13 页]）

　　在费尔珀姆，布莱克不仅看到了自然美景的异形，还在费尔珀姆的附近看到"树上田里到处都是精灵"[52]。有一次，他说：

　　　　我独自在花园散步，树枝上、花朵间一片寂静，空气中弥漫着异常的甜香。我听到一声低沉又悦人的声响，不知是从哪里传出来的。终于，我看到了一株花的宽大叶子在颤动，叶子底下有一队小动物在行进，大小如蚂蚱一般，绿色、灰色的都有，正抬着一个安放在玫瑰叶上的尸体。它们用歌声安葬同伴后，就消失不见了。这

218

---

* 见 1800 年 10 月 2 日信函。这个把布莱克的身体包裹在"金亮的光里"的天人异象与他的洛斯异象惊人的相似，"一轮可怕的燃烧的太阳"："于是我和他融为一体"（《弥尔顿》，图版 20，第 6、12 行）。

是一个精灵的葬礼。*

　　这些葬礼上的精灵似乎都来自农村地区的民间传说。[53] 不过，布莱克后来又把这些精灵称之为"基本元素"、"四元素"的灵魂、"植物世界的主宰"，以及"异教徒的神之后，阿尔比恩的精灵"。[54]

　　布莱克的妹妹在费尔珀姆待了一周左右，帮助夫妇俩在新家安顿下来。来年的这个时候，她又在费尔珀姆小住了一阵子。[55] 这一次，布莱克从费尔珀姆出发，经过里士满公爵的古德伍德庄园，步行到拉旺来接她。[56] 她每次待的时间都很短，无疑是跟嫂子有些合不来：

219
　　　　我妻子是否一定要惹恼我妹妹才罢休，
　　　　我妹妹是否一定要看到我爱人痛苦才好过？[57]

　　去拉旺的这段行程是美妙绝伦的，

　　　　天使种在山楂树荫里
　　　　上帝存于时光流逝里

　　布莱克迎着风，看见了父亲、弟弟罗伯特和"恶魔弟弟约翰"，以及可怖的景象。

　　　　……在我的前面，

---

* 坎宁安（*BR*，第489页）。这段记录开始得有点蹊跷："'你有没有见过一个精灵的葬礼，女士？'他曾经问一位正好坐在他旁边的女士。'从来没有，先生！'女士如此回答。'我倒是见过，'布莱克说，'就在昨天晚上。'"布莱克只在兰贝斯（1790—1800）和费尔珀姆（1800—1803）居住时才拥有自己的花园。不过，他靠着这些故事吸引一众追随者却是在19世纪20年代。这个故事很可能是约翰·瓦利讲的，他在1818—1827十分仰慕布莱克，几乎是布莱克说什么，他就信什么。他曾在1829年给坎宁安提供了"不少奇怪的信息"（*BR*，第375页），但是"昨天晚上"这样的表达，应该是坎宁安添油加醋。

　　仙女和精灵偶尔会出现在布莱克的诗歌当中，但不是坎宁安故事里描述的那种传统意义上的仙女精灵。

一株蓟草皱着眉恳求我停步。

于他人看来是小事

却让我盈满笑颜或泪水；

因我的双眼真真看到双重异象，

这双重异象与我形影不离。

内视所见一位白发老者；

外视所见一株拦路蓟草。

老者告诉布莱克

可怕的洛斯发出如下诅咒

"因你退回到过去

贫穷、嫉妒、衰老和恐惧

将你的妻子带至棺木"

……

我用脚踹那蓟草

坚实的根被折断

……

于是洛斯显出神威：

他在太阳里下坠，经过

我面前，带着烈焰；在我的双重视野里

外视所见是太阳；内视所见是发威的洛斯

……

"我们吃得很少，喝得更少；

"地球长不出我们的幸福。

"另一个太阳在哺育我们生命的溪流，

"你的光芒温暖不了我们；

"你的度量不是我的时间

"你的空间不是我所能见；

"你的光芒，我视而不见。

"你的恐怖，我无所畏惧。"

220   因我拒绝服从，

太阳站在天空发抖

······

洛斯燃烧在我的路上，太阳炙热

我心灵的弓和思想的箭——

我的弓因激动的呼吸而拉满，

我的箭在金色的箭袋里发光；

我的父亲和兄弟行进在前；

天空掉下淋淋的人血。

现在我看到一个四重异象

一个四重异象来到我眼前；

四重异象让我极度愉快

三重异象在温润的比乌拉之夜

双重异象常在。

愿上帝保佑

我们远离单重的异象和牛顿的沉睡！ [58]

  布莱克看到的四重异象保护他免受俗世的恐惧——"贫穷、嫉妒、衰老和惧怕"之扰。他与恐惧抗争并力图改变恐惧。

与海利一起工作

  让布莱克高兴的是，他们刚到费尔珀姆，"海利先生用他一贯热情的兄弟之谊接待了我们，我已经开始工作了"[59]。海利让布莱克创作的第一部作品是宽幅民谣《小水手汤姆》。这首民谣海利写于 9 月 22 日，原本是为了帮助福克斯通的寡妇斯派塞，减轻她照顾一大帮小孩的生活压力。布莱克马不停蹄地投入工作。布莱克自己设计了头尾插图（见图 85），然后跟之前做华彩插图印刷一样，浮雕出文字部分并印刷——可能海利希望布莱克也像自己一样，热衷于扶弱济贫、奉献劳动和天赋。标示日期为 10 月 5 日的民谣，零零星星印刷了几份。到 11 月 26 日，凯瑟琳·布莱克还在印刷这些民谣，有些是黑白的，有些是彩色的。*

布莱克把自己的版刻装备——铜版、蜡、刻刀、凿刀、酸蚀剂、纸张、磨具——都搬到海利塔楼别墅的书房里。这座别墅位于费尔珀姆市中心，布莱克每天都要过去，一待就是一整天，为海利的作品创作插图并版刻。海利在多封信件中反复提及"和蔼可亲的艺术家这会儿正在我的身边忙活版刻"。†

221

> 费尔珀姆的海利每天早上
> 与布莱克骑马经过玉米地‡

海利的马叫伊达尔戈，布莱克的马叫布鲁诺。

仁善的海利和热情的布莱克成了亲密无间的朋友，不过，友谊若想

---

* 见 1800 年 11 月 26 日信函。目前有一幅精巧的手工着色的深褐色作品被私人收藏（*BBS*，第 224 页）。

　　布莱克的乡村印刷室可能是从路边拐进来的第一间房改建的。请注意凯瑟琳在村庄里印制时，布莱克自己在海利的塔楼别墅里版刻绘画自己的作品。

† 见 1801 年 7 月 25 日信函。同年 10 月 1 日，海利说道，"热心而不知疲倦的布莱克就在我的身边工作"；11 月 22 日他又说，"画家一直在我的书房里工作"；次年 5 月 16 日，他说道：布莱克"这会儿就在我身边，在铜版上创作"。海利还记得"造访过费尔珀姆的小农舍……发现布莱克正在打磨铜版，手里拿着刻刀"（*BR*[2]，1802 年之后）。

‡ 见《他的腿》，第 21—22 行；笔记本，第 22 页。在这首狂暴的诗中，布莱克称自己为"死神"。布莱克在费尔珀姆时一定经常骑马，因为他与海利定期会去 17 公里之外的拉旺。他的马布鲁诺应该是从海利的马厩里挑出来的。

长长久久，细心经营必不可少。显然，刚开始的时候，二人的相处是极为融洽的。

海利委托布莱克制作椭圆形肖像画来装饰他的书房，人物取材自荷马到考珀的欧洲文学巨匠。[*]这些人物延续了传统肖像画中的模样，不过背景的细节布莱克进行了创新。委托工作进行了一些时日之后，海利把注意力又转到了早夭的爱子身上——有五幅肖像画是布莱克根据汤姆生前的画作临摹而成的；而他临摹的汤姆自画像（见图83B）则被挂在了海利书房的墙上，而且是在最显眼的位置，周围还簇拥着众多文豪的画像。

布莱克以他特有的热情投入这项工作中。1800年11月26日这一天，他说自己一直被"弥尔顿、荷马、卡蒙斯[†]、埃尔西利亚[‡]、阿里奥斯托[§]和斯宾塞这些诗人吸引，研究他们的面相，是一件快乐的事情"。不过，海利为布莱克揽到的工作越来越多，布莱克的负担也愈发沉重，已经无法按之前计划的进度完工。1801年9月11日的时候，他还非常有把握，"海利先生的书房还没有完工，不过，已经在收尾了，看起来还不错"。显然，海利对这些诗人（姑且这么称呼，不完全正确）的肖像画颇为满意。或许正是这些逼真的画像提醒了海利，应该鼓励布莱克专注于肖像绘画。以前，他也鼓励罗姆尼这么做。

---

[*] 这些画像包括：（1）考珀，（2）斯宾塞，（3）乔叟，（4）西塞罗，（5）伏尔泰，（6）莎士比亚，（7）德莱顿，（8）弥尔顿，（9）塔索，（10）卡蒙斯，（11）埃尔西利亚，（12）蒲柏，（13）奥特维，（14）但丁，（15）德摩斯梯尼，（16）荷马，（17）克洛普斯托克，（18）托马斯·海利。早期计划中有考利、莎孚、欧里庇得斯、阿里奥斯托、贺拉斯和吉本，后来决定用乔叟、弥尔顿、奥特维、但丁、克洛普斯托克和汤姆·海利取代之（*BR*，第69—70页）。这些已完成的画像如今收藏于曼彻斯特市艺术画廊，巴特林第436—453页有复制图。

[†] 路易斯·德·卡蒙斯（1525—1580），葡萄牙著名诗人，著有长篇史诗《卢济塔尼亚人之歌》。——编注

[‡] 阿隆索·德·埃尔西利亚·伊·苏尼加（1533—1594），西班牙著名诗人，著有长篇史诗《阿劳加纳》。——编注

[§] 卢多维科·阿里奥斯托（1474—1533），意大利文艺复兴时期著名诗人，著有传奇体长诗《疯狂的罗兰》。——编注

约瑟夫·托马斯牧师委托的工作

除了海利之外，布莱克还接到其他人委托的工作。1801年7月31日，弗拉克斯曼给布莱克写了一封信，经由海利转交：

> 埃普瑟姆的牧师约瑟夫·托马斯希望你有空帮忙画几幅素描……根据弥尔顿的《酒神之假面舞会》创作一幅，尺寸自定，酬金5基尼金币；他还希望你能创作两幅赭黄色或者黑墨色的图画，取材自莎士比亚的《特洛伊罗斯与克瑞西达》和《科里奥兰纳斯》，或者《亨利六世》、《理查三世》和《亨利八世》三选二亦可，每幅图支付1基尼金币的酬金……
>
> 南希与我为诗人之间的惺惺相惜而高兴……*

这都是布莱克极为喜欢的委托任务，特别是为弥尔顿的作品设计插图。"我还是孩子的时候，弥尔顿就喜爱我，向我显现。"[60]海利是研究弥尔顿的权威，书房里收藏了大量的弥尔顿的资料。借着托马斯先生委托他设计《酒神之假面舞会》插图的契机，布莱克重新研读了弥尔顿。这些研究对他产生了巨大的影响，他的长诗《弥尔顿》便是在费尔珀姆的那几年创作的。

不过，布莱克并没有很快接受这些委托的任务。11周后，他才向弗拉克斯曼致谢，"您的朋友托马斯到访了费尔珀姆，还光临了寒舍。

---

* 弗拉克斯曼指定了以莎士比亚作品为主题的作品的尺寸（30厘米×21.5厘米），以便能够放进托马斯先生手头的《莎士比亚戏剧集（第二版）》（1632），如今这册书收藏在大英博物馆版画厅。

　1801年10月7日，弗拉克斯曼写道："我在上封信里代作委托，如今那位朋友因为润笔费微薄而不得以转给他人……完工以后，先给我，我来想办法给你弄到钱。"

　约瑟夫·托马斯（1765—1811）是埃普瑟姆教区的牧师。"威廉·布莱克绅士"是弗拉克斯曼为托马斯的《宗教徽章》（1809）订购的。弗拉克斯曼在1797年曾经为托马斯先生的岳父约翰·帕克赫斯特修建了一座碑。有关约瑟夫·托马斯的事迹都出自莱斯利·帕里斯的《威廉·布莱克的托马斯先生》一文，见《伦敦时报文学（副刊）》，1968年12月5日，第1390期。

我已经答应他，一完成《酒神之假面舞会》的草图就直接寄给您"[61]。

托马斯对布莱克的画赞叹不已——南希·弗拉克斯曼在 1805 年说过"他希望收藏布莱克的所有作品"*——最终布莱克为他的《酒神之假面舞会》（1801）画了 8 幅插图（见图 86），为他的莎士比亚系列作品（《理查三世 [1806]》、《尤利乌斯·恺撒》[1806]、《哈姆雷特》[1806]、《皆大欢喜》[1806]、《亨利八世》[1809] 和《亨利八世》（第一部）[1809]）画了 6 幅，为他的《失乐园》系列作品画了 12 幅，为他的《耶诞晨颂》（1809）（见图 87）画了 6 幅，另外还有《天真与经验之歌》（Q本）。每幅图的设计费 1 基尼金币，外加两份诗集的 10.10 英镑[62]，这些委托共计 44.20 英镑，大概相当于布莱克半年的收入。

这些委托工作要的是布莱克的原创，而不是临摹他人图画进行的版刻，这也正中布莱克的下怀。不过如此一来，精力就分散了，也影响了他如期完成委托的任务——托马斯的部分委托直到 8 年后才完成。他已经把托马斯·巴茨的委托延后了，而海利也对他迟迟未能完成书房的装饰肖像画以及为他撰写的《威廉·考珀传》版刻插图而心生不耐。

> 生命的义务一定要相互冲突？
> 每一份快乐一定要沦为渣滓？
> 只因我给了海利该有的尊敬，
> 我亲爱的巴茨就要遭受冷遇？[63]

海利赞扬布莱克是不知疲倦的工作者[64]，是"我身旁善良而热情的版刻师"[65]，但他从未把布莱克看作是具有原创力的艺术家。为了帮助布莱克增加收入，同时也为了保证自己的《威廉·考珀传》的插图进度，海利希望布莱克专注于临摹版刻以及海利感兴趣的地方。布莱克在接到约瑟夫·托马斯的委托后，又过了几个月，写道："我发现所有人都

---

* 1805 年 9 月信函。"我有一点委托任务代他转交给你"。托马斯还购买了两部诗集，带有布莱克设计的插图：扬的《夜思》（1797）和布莱尔的《坟墓》（1808）。

持反对牌，强烈反对我做任何事情，除了临摹他人的作品版刻赚钱，仿佛不这样，我就活不下去。"*

袖珍肖像画

海利觉得，既然布莱克离开伦敦"为的就是离我近一点……我似乎也责无旁贷，要用一切可能的方法让我的同乡能够关注并且欣赏到他的勤勉态度和创新能力"[66]。于是，海利留心要在萨塞克斯的朋友中为布莱克找些合适的工作，"我已经教他画一些袖珍肖像，实际上在我们这个偏僻的地方，他的各种才华都得到了发展。他随时可以接触到不少出色的艺术品，有我朋友罗姆尼的作品，也有杰出的年轻艺术家，我那早夭的爱子的作品"。†

一开始，布莱克也很热衷袖珍画："我目前的工作就是画袖珍肖像。袖珍肖像画已经成为我眼中的女神。我在萨塞克斯的朋友说，我在这方面的技艺超群。我接到了大量的订单，订单还在不断增加。"[67]

村里的邻居都叫他袖珍肖像画家。[68]肖像画给布莱克带来了名气和金钱，令他颇感欣慰。

布莱克为巴茨的袖珍肖像画辛勤工作了两年。[69]这幅画像（见图74A）完成时，布莱克并没有感到满意，他于1802年11月22日的信

224

---

* 见1802年1月10日信函。1801年9月11日布莱克答应巴茨很快会给他送一批画作，但很明显直到1802年11月22日，他才送了头两幅，1803年7月6日他又送了一幅，并告知还有7幅画"正在收尾"，可直到1803年8月16日，他才送出最后一批画作，"基本上把1799年的账目结清了"。

† 见1801年2月25日海利信函。已知布莱克为以下人士画过袖珍肖像画：托马斯·巴茨（见图74A）、贝齐·巴茨（1809）（见图74B）及他们的儿子汤米（1809）、威廉·海利（1801）（BR[2]，1801年5月9日）、约翰尼·约翰逊（见图90）、海利夫人（BR，第80页）、考珀（仿照罗姆尼的风格）（BR，第79页）。几乎可以肯定他还为海利在萨塞克斯的熟人画过其他作品，不过，这些画像后来大都消失无踪了。譬如，约翰尼·约翰逊的肖像就曾沉寂多年，毫无信息。特别要指出的是，布莱克曾被鼓动着去模仿海利的朋友、袖珍肖像画家耶利米·梅耶尔斯（1735—1789）的绘画风格（BRS，第15页）。

中写道:"如果没有真人在你面前,容你仔细地观察,是很难画好肖像画的。"他决定要让巴茨的肖像画"与他本人极为相似"。1803年7月6日,他自信地写道:"我掌握了肖像人物与真人相似的技巧,我画的人物都栩栩如生。不过,要达到这样的效果,需要真人就坐在你面前,通过细致的观察,一笔一画勾勒出来。相反,凭记忆画出的肖像不得不说是大打折扣的。"

布莱克的研究可能还包括如何创作出逼真的自画像(见图88)——耐心地捕捉并临摹自己在镜中的面部细节。当然由于是镜像,画像中的左右与实际是相反的。这幅自画像展现了一位刚刚步入中年的男子,高高的额头、后移的发际线和摄人心魄的眼睛。的确,这双眼睛是整幅画的重心,是力量的所在。看着这双眼睛,我们就能明白为什么同布莱克打过交道的人都能感觉到他拥有一种力量。这种力量在有些人看来是灵感,而在另一些人看来是癫狂。正是透过这双眼睛,布莱克看到了一个充满异象的世界:

> 是什么样的不朽的手或眼睛
> 敢把你一身惊人的匀称造成?

但袖珍肖像画根本不是异象的艺术。[70] 很快布莱克对袖珍肖像就失去了耐心:

> H——发现你越不擅长干什么
> 就越是要安排什么给你做

(笔记本,第35页)

不过,布莱克并没有完全放弃这种艺术实践。对插图书和湿壁画进行细微的修改和润色是一回事,画袖珍肖像是另一回事。

海利撰写的《威廉·考珀传》

海利对故人怀有不可抑制的思念之情。若有朋友离世，他便立马坐到书桌旁，写下十四行诗或者墓志铭来纪念他们。*汤姆去世时，海利决定为他写本书。挚友威廉·考珀在 1800 年春天去世时，他又决定为他写本合适的传记。

为汤姆写传，所有的文件和事实都在海利的掌握之中；但为考珀立传，情况则有些微妙。考珀的传记当然应该包括他的书信——布莱克称之为"出版史上最优美的书信"[71]。但是，有关考珀的文件以及考珀家族的利害关系都掌握在考珀的堂妹赫斯基思夫人手中。赫斯基思夫人是个厉害的角色，"对她的诗人堂兄有着近乎爱慕的感情，在她看来他是十全十美的完人"[72]。赫斯基思夫人再三要求，出版物中不可让人看出来考珀有疯癫的迹象，部分原因是她担心这会坐实堂兄与循道宗†有牵连的谣言。[73]这让海利陷入两难的境地：没有她的协助，写不出任何有价值的传记，但有她的协助又写不出忠实的传记。

海利提议传记由赫斯基思夫人来执笔，自己则负责传记的版刻插图（1800 年 7 月 22 日）。赫斯基思夫人不愿意以这种方式抛头露面。她认为只要控制了海利能接触到的考珀文献的范围，就可以控制这本传记的写作走向。于是，她同意由海利来写这部传记。如果她觉得海利在某方面的判断可以让她放心，她就把这方面的考珀文件提供给他。

为了完成传记，海利的很大一部分精力都花在向赫斯基思夫人恳求和对她说好话上。幸好，他精通此道。1801 年 2 月 25 日海利致信赫斯基思夫人：

225

---

* "还没等亲爱的朋友们最后合上眼，海利就会忙不迭地写墓志铭——倒像只满腹诗文的食腐乌鸦！"（见卡罗琳·鲍尔斯给罗伯特·骚塞的信函，《罗伯特·骚塞与卡罗琳·鲍尔斯书信集》，爱德华·道登编 [伦敦和都柏林，1881]，第二卷，第 64 页）。海利也说，"在最后一个月，我都成了一个了不起的墓志铭作家"（1801 年 11 月 18 日）。

† 循道宗为英圣公会宗的一派，其雏形为卫斯理组织的"牛津圣社"，主张认真研读《圣经》，遵循道德规范，严格宗教生活。因为该宗实行监督制，故又称为"监理宗"。——编注

拜托您，亲爱的夫人，您有他母亲的画像吗？——我认为这部传记应该收入她的肖像，还有她儿子的肖像。我这里有一位不错的人选，是弗拉克斯曼的朋友，人很热情，就住在我们村里，每天都在我眼皮子底下晃悠。他是专业的版刻师……我有意让这位极其和蔼的先生版刻传记中所有的插图，由我亲自监督。我相信，他版刻的考珀头像定会让您惊喜不已。毋庸置疑，这是一份需要有柔情和挚爱的工作，而这位版刻师对我们的诗人无比景仰，任何铅笔草图，他都能版刻得惟妙惟肖。

为了展现肖像的绘画水平以及版刻师的功底，同时也为试探赫斯基思夫人的心理预期，海利让布莱克临摹罗姆尼为考珀所作的蜡笔肖像画，制作了一幅袖珍肖像画（见图 89），由他亲自送过去请赫斯基思夫人过目。

这是个策略性的失误，赫斯基思夫人回信说，这幅肖像暗示了考珀的疯癫：

> 颇为惊悚，一时半会儿我还缓不过神来！……我觉得这肖像太可怕了！令人震惊！并且……我跪求你不要以如此可怖的形象再现我们那天使般的朋友……我心心念念的作品，不能是这般丑陋的模样……我不能忍受有这样的藏品，更不忍心它在世上流传，把它展示给任何人看……我恳求你发发善心，不要版刻这份肖像，不要把这么可怕的模样传播到别处！[74]

海利写了一封回信，温文尔雅却言不由衷："我向您保证我绝不会再让这个话题伤害到您的感情——这只是我的一个试验，结果证明罗姆尼的画像与您的期待有很大的出入。"[75]

布莱克照着罗姆尼的肖像画，平稳地开始版刻工作。不过，海利觉得还是要为布莱克祷告一下才放心，于是在给去世的儿子的诗中写道：

我在天国的天使艺术家，

你可要启迪并控制

一个没用的兄弟的手和眼

或者管管他古怪的灵魂。

请多多关照善感的布莱克，

为亲爱的考珀所作的版刻

请让他为我们的朋友版刻的肖像

完美逼真，一如你真实无欺。[76]

与约翰尼·约翰逊的友谊

　　海利交友甚广，不遗余力地向朋友们推荐性格细腻而敏感的布莱克，要么直接把他介绍给附近的名流贵族，要么通过大量的书信把他介绍给友人。* 与海利通信的人当中最和善热情的当数考珀的表弟——年轻的神学院学生约翰尼·约翰逊。海利经常就考珀的生平向他咨询。布莱克形容约翰尼，跟他自己一样，是"一个丢三落四的乐天派，他的朋友们都知道这人天真得很，连自己的事情都会忘记"[77]。约翰尼在写给

227

---

* 海利通过写信将布莱克介绍给如下友人：约翰·加尔文（旅行家）、丹尼尔·帕克·寇克（政治家）、夏洛特·科林斯、塞缪尔·格雷特黑德、赫斯基思夫人（考珀的表姐）、约翰尼·约翰逊（考珀的表弟）、塞缪尔·罗斯（律师）、夏洛特·史密斯（诗人、小说家）以及约瑟夫·库柏·沃克（爱尔兰古文物学家）。海利还将布莱克介绍给当地有头有脸的乡绅，如约翰·马什以及他的儿子、诗人爱德华·加勒德·马什（1783 年生），哈丽雅特·普尔；介绍的贵族则包括：巴瑟斯特伯爵（拉旺）、埃格雷蒙特伯爵（佩特沃思）、波塔林顿女伯爵（比特伯爵的姐姐）、里士满公爵（古德伍德庄园）。通过海利，布莱克还见过 R. 达利（律师）、威廉·盖伊（内科医生）、威廉·梅特卡夫（海利的仆人）、威廉·梅耶尔（艺术家）、约瑟夫·西格雷夫（印刷工）和沃勒先生（雕刻工）。

　　夏洛特·科林斯曾经向海利建议，布莱克应该把她的邻居斯皮斯伯里先生画的波因茨夫人的得奖公牛给雕刻出来。不过，这份有意促成"伟大的画家和伟大的版刻师"（见 1802 年 6 月 28 日信函）联合创作的提议没有了下文。

海利的信中，多次向布莱克致以热情而俏皮的问候："请代我向我的公鸭子朋友布莱克及他的母鸭子致以亲切的问候！"*事实上，约翰尼还曾预约去拜访托马斯·巴茨，可能是为了看他收藏的布莱克的画作，但他后来居然忘记了去。[78]

1802 年 1 月，布莱克探访费尔珀姆，为约翰尼画了一幅袖珍肖像画，表现了一位诚挚的牧师形象，而不是"天真得很，连自己的事情都会忘记"的形象（见图 90）。他还为约翰尼创作了考珀的《奥尔尼桥》、《冬天》和《黄昏》三首诗歌的插图。约翰尼虽然不够细心，但不失为布莱克的良友。

与作曲家约翰·马什及其子诗人 爱德华·加勒德·马什之间的友谊

一位更有影响力的朋友是奇切斯特的律师约翰·马什。他的爱好是作曲、演奏以及监管自己的大庄园。他在奇切斯特拥有一座非常大的宅子，[†]他常在此地宴请萨塞克斯的朋友和旅行的音乐家，也经常去拉旺拜访好友普尔小姐。1800 年 10 月 22 日，

---

* 见 1801 年 3 月 17 日信函。约翰尼在多次给海利的信函（1801 年的 3 月 17 日、6 月 17 日、8 月 13 日、10 月 21 日、11 月 2 日，1802 年的 1 月 30 日、2 月 17 日、3 月 23 日和 31 日、4 月 10 日、5 月 20 日、6 月 11 日、7 月 7 日和 22 日、12 月 3 日，1803 年的 4 月 21 日、9 月 22 日，1804 年 1 月 6 日、13 日和 27 日）中都问候了布莱克，在海利给约翰尼的回信（1800 年 11 月 19 日［BR（2）］、9 月 3 日、10 月 1 日和 25 日，1801 年 11 月 18 日，1802 年 1 月 18 日、3 月 11 日、3 月 31 日、5 月 16 日、6 月 28 日和 29 日及 8 月 6 日）中，也都有布莱克给约翰尼的问候。

约翰尼对布莱克的评价比较中肯，称他是"菲尤泽利的弟子，虽然是个了不起的人物，但比他的老师更为古怪"（1822 年 6 月 14 日；参见 BR[2]）。

† 1802 年 1 月，马什被征了 49 扇窗户税，不过，他通过各种努力，最后把窗户税减至 44 扇（约翰·马什期刊［亨廷顿图书馆］，第二十三卷，第 70—71 页）。1802 年，扣除税金后，他的"净收入"是 1058.30 英镑（同前书，第二十二卷，第 148—149 页）。1787 年，他从坎特伯雷搬到了奇切斯特（第二十二卷，第 162 页）。

228

希望把他17岁的儿子爱德华介绍给海利先生，我……坐马车到了费尔珀姆，与海利先生喝过咖啡之后，与他一道……去看了布莱克先生，海利先生从伦敦请的版刻师住在费尔珀姆的一个村庄，为海利先生的作品准备一些装饰性的版刻和小花饰。就在现场，海利先生给我看了一首他自己写的民谣《小水手汤姆》，布莱克先生已经为这首诗作了版刻插图，并且页眉和页脚处用小插图装饰过。我在回家的途中就着手为这首民谣谱曲……*

显然，马什是喜欢布莱克的，可能还听布莱克"说过他为何喜欢猫而不是狗做伴，因为猫在表达对人的亲近时，要安静得多"[79]。18个月后，"我家的白猫生下了四只小白猫"，"我们为费尔珀姆的布莱克先生留了一只，他是海利先生的朋友"[80]。如果这样来描写布莱克，似乎也不错——布莱克一直安静地坐在那里，膝上有一只把玩着自己尾巴的白猫，甚至还可以像《月亮上的岛屿》里的毕达哥拉斯（第1章，第3段）一样，"谈论着众多德行高尚的猫"。

马什的儿子爱德华·加勒德·马什（下文简称爱德华·马什）与海利结为忘年之交，二人经常通信，交流诗歌心得。放假的时候，爱德华·马什会从牛津大学的沃勒姆学院回到奇切斯特的家中。他常常步行到费尔珀姆与海利一起用餐，有时还留宿。他常常看到布莱克与海利一起工作，自然也对布莱克有了进一步的了解，甚至还习得了布莱克的某些特殊的说话方式。1802年2月8日，他写信给海利，谈到自己的创作，"大部分都是我从灵感之地步行回家的途中写成的，或者借用那位诗人

---

* 见 BR（2）。1800年，爱德华·加勒德·马什已经在理查森先生的学校获得了诗歌奖（《约翰·马什期刊》，第21卷，第55页）。约翰·马什发表的众多音乐出版物中都没有发现他为海利的《小水手汤姆》谱的曲子。

雕塑家的话，从'费尔珀姆，和善的村子'出发"。*"灵感之地""费尔珀姆，和善的村子"都是布莱克式的表达，爱德华·马什采用这些措辞，表明他与布莱克的关系相当亲密。

海利、爱德华·马什和布莱克都写歌，两周后爱德华·马什给海利写信："我渴望感受到布莱克先生虔诚的气息，我还试着给他的音乐写谱，真是怪难为情的。尽管他不太熟悉乐谱，但是他天资聪颖，（我毫不怀疑）肯定能发现某种方法帮助他把音乐记在纸上。"[81]可是，唉！布莱克写的乐谱，没有一首流传至今。

229　　布莱克显然也回应了爱德华·马什对他的仰慕。他在 1804 年 1 月 27 日写给海利的信中写道：

　　　　上帝保佑你，眷顾你……与你同在，我仰慕并尊敬的爱德华，牛津的吟游诗人，你的诗句仍然回响在我耳边，如有物自远及近，铿锵有力，蔚为壮观，如日出之前听到的竖琴仙乐，如费尔珀姆海浪的记忆，如灯火辉煌的塔楼，如拉旺的别墅，蒙福又施福……†

这些诗句的魅力可能来自其表现形式，因为如果以 21 世纪的眼光来看，爱德华·马什写在信中的这些诗甚至比海利的更为俗套。‡

---

* 见 BRS，第 18 页。他在 1802 年 2 月 21 日信函中更正了自己的话："我在上一封信中弄错了称谓，把（我们的朋友）富有诗情的版刻师布莱克说成了雕塑家。"
　　多年之后的 1806 年 10 月 14 日，爱德华·马什提到"布莱克的情绪……每一个英格兰人都应该有评判绘画的权利"（BRS，第 44 页）。但是，他在 1810 年 1 月 9 日写给海利的信中说道："你做得最令人满意的事情就是换掉布莱克，改用她（卡罗琳·沃森）"来为新版《威廉·考珀传》制作插图（BRS，第 60 页）。
† 很难相信爱德华·马什也称得上是"不朽的牛津吟游诗人"，说着"上帝的话"，"流利地"评论《耶路撒冷》中的阿尔比恩（图版 46，第 7—8 行）。
‡ 爱德华·马什 1802 年 11 月 6 日致海利信函
　　附笔
　　请代我向梅耶尔夫妇和布莱克先生
　　致以亲切的问候。

与海利一起学习古希腊文和希伯来文

布莱克与海利一起工作，也一起娱乐。海利精通各种语言。他发现布莱克不懂希腊文，但是着急想学，就自己来教他。1801 年 11 月 8 日，海利告诉约翰尼·约翰逊（他当时正在编辑第二版考珀翻译的荷马史诗）："布莱克和我每天晚上都会读《伊利亚特》，就是跟你同名的圣保罗斯（约瑟夫·约翰逊）好心送给我的那本。我们边读边对比第一版和希腊文版。"三个月后，他又写道："这里有现成的书名页给你，还有一句希腊文格言。我和布莱克都快变成了希腊人了，说实在的，学习这门语言是个幸福的遭遇！"[82]

一年之后，布莱克依旧在努力地学习。1803 年 1 月 30 日，他给哥哥写信道：

> 我还在愉快地学习希腊文*和拉丁文；真遗憾，我没能早点开始学习语言，其实也不难。我现在在学习希伯来语。†我能像牛津学者一样流利地阅读希腊文，《圣经》是我的主攻目标；‡让人惊讶的是《圣经》的英文译本，几乎是逐字翻译的；如果希伯来文圣经也是这么翻译的——我相信就是这么翻译的——我们就无须怀疑这既是圣灵书写的，也是圣灵翻译的。

布莱克发现了自己的语言天赋，这可能产生了巨大的影响。他的门

230

---

* 希腊文的格言在布莱克的作品中多次出现：《瓦拉》第 3 页（来自《新约》）、《耶路撒冷》图版 4、《拉奥孔》、他为拉瓦特尔的《人生格言》所作的版画、他为桑顿出版的《主祷文》译本第 1 页所做的旁注。若想知道布莱克对索福克勒斯所做的深奥注释和翻译，学界是褒还是贬，请参见迈克尔·菲利普斯，《威·布莱克与索福克勒斯手稿笔记》和小 G. E. 本特利，《威廉·布莱克与索福克勒斯之谜》，《布莱克》，第 31 期（1997），第 44—71 页。

† 在布莱克的第 438 号画作《夜思》（1796）上有多个希伯来语题词，另见第 63 页插图版刻（1797）、《弥尔顿》图版 15、《以诺书》平面印刷本（1807）、拉奥孔以及《约伯记》图版 1、3。

‡ 他这里所指的牛津学者大约是爱德华·马什。弗拉克斯曼之前教汤米·巴茨就是让用希腊文阅读《新约》。

徒弗雷德里克·泰瑟姆称赞他"对所有语言的伟大作家的作品都拥有完美的理解……我有一些拉丁文、希腊语、希伯来语、法语和意大利语的书，被他那双版刻的手翻过许多遍，弄得脏兮兮的"。*

　　大约就在这段时间，在海利的帮助下，布莱克还学会了法语。多年以后，他"说自己只花了几个星期的时间，就学会了法语，阅读没有任何障碍"[83]。1802年3月26日至27日，海利"给布莱克朗读克洛普施托克†的作品并翻译成英语"，5月9日爱德华·马什给海利写信道："我期待听你朗读它（克洛普施托克的作品），就像好人儿布莱克听你朗读并翻译那些法国作品一样。"‡布莱克在1802年11月22日的信中提到的，有可能就指这种视译：

　　　　忆起海利唱过的诗行
　　　　我的舌根叩击着心房

布莱克作为海利诗歌的批评家

　　海利曾就用于碑文的诗歌咨询过布莱克。他在一封信里写到希望妻子"沉重的精神痛苦"能得到弥补，因为

---

* 见*BR*，第41页注4。在为布莱克写的传记中，泰瑟姆写道："他几乎读遍了所有的书，无论是用哪种语言写成的，他自学了这些语言……在布莱克先生遗赠给我的众多书当中，翻阅得最多的是他的《圣经》以及那些外语书"（*BR*，第526—527页）。塞缪尔·帕尔默认同这一说法，称"威廉·布莱克对各种语言都很痴迷"（1862年9月1日，见*BRS*，第10页）。

† 弗里德利希·戈特利布·克洛普施托克（1724–1803），他是18世纪德国文学史上极具影响力的诗人、剧作家和思想家，被认为是德国启蒙运动和早期浪漫主义之间的过渡人物。——编注

‡ 见*BRS*，第20页。布莱克对克洛普施托克的作品并不待见，这从他笔记本中的诗歌《英格兰抵制克洛普施托克》（笔记本，第5页）可以看出。克洛普施托克也出现在布莱克为海利的书房创作的肖像画中。

底下各种无咎的苦难

人能盼望，天使知晓！ [84]

另一封信是写给考珀最忠心的朋友玛丽·安文的，她　　　　231

遭受了苦难的凄凉之雹

见证过诗人的不幸之谷……

亲爱的约翰尼，希望这诗句能得到你的青睐。从造诣极高的拉旺夫人的掌声里，从我们善良热心的布莱克给出的两三个中肯的批评里，我知道你会喜欢的。我们把这诗句刻出来吧……[85]

海利兴致勃勃地进行诗歌创作的尝试，布莱克则成为他中肯的批评者。

海利在郡里有许多差使，布莱克经常骑着马跟他一起前往各地。1801 年 11 月 4 日，他们刚好去海利的旧宅——"伊尔瑟姆的大房子"，发现海利家"乐天而慈爱"的老仆威廉·梅特卡夫即将离世。海利说这一幕"让人悲痛，但也心怀感恩，因为能在他生命最后的几个小时里守护他"（近 80 岁）；"上帝以最仁慈的方式让他离去，既称了忠诚老仆的心，也如了深情主人的意"。[86]布莱克创作的《慈祥老人之死……确实，好人的最终归宿是寿终正寝！他离开时是多么安宁！》（见图 91），很可能就是基于这一次的经历。

布莱克在为海利的作品版刻以及为海利的书房制作肖像画的空档，偶尔也帮海利画些画，当作礼物送给朋友。海利送给罗姆尼太太的两张她先生的自画像就是由布莱克版刻印刷的。*海利还让布莱克临摹自己修改的考珀墓碑设计图。[87]布莱克肯定时不时地会感到自己从一个常任

---

* 见 1801 年 5 月 19 日（*BRS*，第 15 页）。罗姆尼对布莱克的欣赏，可以从他购买的布莱克的作品看出来（很可能在 1795 年前后从布莱克处购入）：《亚美利加：一个预言》（A 本）、《由理生之书》（B 本）、《阿尔比恩的女儿们的异象》（F 本），还可能包括《欧罗巴：一个预言》（A 本）和《天堂与地狱的婚姻》（D 本）。这些作品作为他儿子的遗产，出现在 1834 年 5 月 9 日的佳士得拍卖会上（*BRS*，第 285—286 页）。

的版刻师沦为海利的私人复制机。布莱克通过专业的服务赚取专门的现金收入，是理所当然的，但更有可能的是，他并没有拿到钱。

布莱克夫妇继续在这座草顶房子里快乐地生活着："坐在我们农舍的柴火旁，我们都很高兴，风在房顶上歌唱，海在远处咆哮。"[88] 在工作之余，他们就玩拼字游戏和猜谜语："他叫她'爱胡诌的姑娘'"，"从伦敦拿走拐棍儿，你就完蛋儿"*。[89]

"但是一旦生病就全无快乐可言。"[90] 布莱克终是"信了，费尔珀姆的空气虽然温暖，但不益于健康"。"我的妻子几乎一搬来这里就染上了疟疾和风湿病"，† 海利也说"可怜的布莱克夫人饱受风湿病的折磨"。[91] 布莱克一见钟情的美丽农庄后来竟成了他蒙冤遭罪的祸端。

与海利生嫌隙

布莱克对朋友海利的态度也发生了改变。夫妇俩刚到村里时，"海利先生用他一贯热情的兄弟之谊接待了我们"。20 个月后他写信给巴茨，请他放心，"海利先生优雅如王子。我是完完全全，自由自在的。……尤其是费尔珀姆，真是地球上最惬意的地方"。[92] 海利也同样认为布莱克在村子里住着是幸福的，[93]1801 年 11 月 22 日，他告诉赫斯基思夫人，"我们双方的工作从未发生冲突"。

虽然布莱克自己的工作与海利委托给他的工作没有冲突，但是，海利的工作，至少是他着急赶工的那部分工作似乎越来越影响到布莱克的

---

* 布莱克夫妇的文字游戏原文是"an Ell taken from London is Undone"，是指把 London 这个单词中的 L 字母去掉，剩下的 ondon 的发音与 undone 相似。这里的文字游戏使用了谐音双关。——译注

† 1803 年 1 月 30 日信函反复提到布莱克夫妇的病，特别是凯瑟琳的病（如 1802 年 1 月 10 日布莱克信函和 1802 年 5 月 16 日海利信函）。
   　　他们一回到伦敦，凯瑟琳的风湿病就被"伯奇先生的电子魔法"（1804 年 12 月 18 日）治愈了。外科医生约翰·伯奇是布莱克家里的一位朋友，布莱克在 1801 年 9 月 11 日曾邀他到访费尔珀姆。

其他工作。布莱克经常"工作缠身，无暇继续民谣的创作"、自己的写作或者绘画。他的脑海里"满是"对海利的"各种各样需要赶工完成的任务的厌烦"。[94]

布莱克逐渐意识到物质上的朋友可能会成为精神上的敌人。海利每天都提醒布莱克不要想东想西，就专门版刻，而布莱克却已厌烦复制的工作，满是创造的渴望，他被这两股力量不断撕扯着。[95]1802 年 1 月 10 日，他对巴茨倾诉道：

> 我的不快是有原因的，但如果太过较真，可能会损害到我目前的经济状况。因为我目前仍要靠版刻为生，特别是手头上为 H 先生作的版刻……
>
> 我们已经决定了，不再继续住在这里，明年冬天之前返回伦敦。
>
> 我听见一个你们不能听见的声音，告诉我不要滞留此处
> 我看见一只你们不能看见的手，向我示意召唤我离开
>
> 我们赤条条地来，空无一物，就当赤条条地回去；但既受了上帝的恩慈，就是穿了精神的华服，其他的一切当坦然承受……

他曾不情愿地说道：

> 我可以一个人待在伦敦，不受任何的打扰，继续我的异象探索。我还可以与永恒的朋友交谈，见到各种异象，在梦中看到预言，讲人们没有注意到的寓言，不再受其他凡人的怀疑——或许怀疑出于善意，但怀疑总是有害的，怀疑朋友尤甚……[96]

他依旧相信海利"最终不会做出让两个人都为难的事情"，但他很快"决定不再忍受他那文雅的无知和礼貌的谴责"。[97]他发现海利是伪

善的法利赛人*，一个马屁精：

> 致 H
>
> 你的友谊常使我心痛；
> 做我的敌人吧，为了友谊
>
> 原谅他的敌人，H 装着倒很像
> 他一生从未原谅过一个朋友

（笔记本，第 37、34 页）

实际上，布莱克的《弥尔顿》诗中撒旦的部分原型就来自海利。虽然海利是出于好心，想帮助布莱克，但是他硬性指派给布莱克的商业工作又让他感到厌烦。在这种境况下，布莱克创造出撒旦的形象：

> ……你知道撒旦是温和的，喜欢把自己的意愿强加于人
> 看起来像是个朋友，实则是个暴君，连他自己都以为自己是，
> 在他谋杀义人的时候……

（《弥尔顿》，图版 5，第 23—25 行）

尽管布莱克在笔记本和信件里表达了他的愤怒，但在与海利打交道时仍然十分谨慎——他一边向哥哥抱怨海利，一边嘱咐他要"保密，烧掉这封信，因为写得太过直白"。† 海利也不似从前那般，在信中会时不时地提到布莱克——四个月后，约翰尼·约翰逊写信给海利，"我们亲爱的布莱克已经去世了吗？你对他绝口不提，仿佛他成了座孤坟"[98]——他也学着用"极为谨慎"[99]的态度来对待布莱克。不过，他仍然想尽力

---

* 常用来形容伪善者或教条主义者。——编注
† 1803 年 1 月 30 日信函。"帕拉马布隆不敢发怒，唯恐撒旦指责他不知感恩。"(《弥尔顿》，图版 5，第 13—14 行）

帮助布莱克。他把布莱克推荐给了波塔灵顿伯爵夫人以及她"有影响力的朋友们"，称他是"拥有了不起的原创力和非凡品质的艺术家，这在他的各种艺术创新中得到了展现，他是英国艺术家群体中一个无与伦比的存在，……布莱克先生……和他的妻子仅靠微薄的收入度日，勉强维持生计"。[100]

约翰尼在 1802 年 7 月 15 日写给赫斯基思夫人的信中说道：

> 我告诉您，他特别像我们钟爱的诗人考珀，心肠一样的柔软，想象力一样的丰富到极致，以至于都无法好好照顾自己——他的禀赋令人赞叹，他的感知力敏锐得要命。真正的天才与世间的俗人打交道，得到的是粗鲁的对待，这不仅伤他更深，还真的会把他弄成一个无能的白痴……他的心会因为苦闷的忧虑而蒙上阴影，这让我想起了考珀，一样的有点精神衰弱。我知道说了这番话，你定会站在他这边，对他本人以及他的灵魂都会产生兴趣。

这段为布莱克情感的脆弱性真诚且善意的辩护，以及担心他可能会因为普通人的粗鲁对待而"沦为一个无能的白痴"。很容易让人对《弥尔顿》中帕拉马布隆*的祈祷产生共鸣：

> 啊，上帝，保护我，免受朋友们对我的控制。
> 你已经赐我力量保护自己，免受最刻薄的敌人的攻击。
>
> （《弥尔顿》，图版 7，第 5—6 行）

布莱克与海利之间的这份微妙、时断时续（站在布莱克的角度）、不稳定的友谊并没有中断，而是换了一种形式。1803 年 7 月，布莱克

---

* 帕拉马布隆（Palamabron）是布莱克创造的神话世界中的一个角色，他是伊尼萨摩恩和洛斯的孩子之一。代表怜悯和对压迫者的同情。——编注

写道："我已经把他从虚伪的高尚神坛拉下来，他开始认为我有些天赋，仿佛天赋与自信于他是同一回事。"但是，哪怕是在最难熬的境况下，海利对布莱克的忠诚都没有改变。而布莱克在离开费尔珀姆，没有了海利的直接赞助的很长一段时间里，依然积极热情地为海利工作。

绘画研究

布莱克回到伦敦后，再次反思自己在费尔珀姆的生活，"回想起我对绘画的各种零星思考，重拾我在实践中摸索出来的简单却富有创造力的绘画和版刻技法。伦敦的喧嚣与混乱让我差点把这些都抛到了九霄云外"。[101]

我花了两年时间，认真仔细地研究了绘画中的光线、阴影和色彩。我认为，要么是我理解力有限，欣赏不来着色之美。否则，我为你画的画，无论从哪个方面来讲，都可以与拉斐尔以来的任何画家的作品相媲美，甚至从某个方面来讲，我的画无人能及。……在绘画方面，我自认没有我不知道的绘画技法。我知道并且可以肯定明了地告诉你，我为你创作的画可以与卡拉奇或者拉斐尔相媲美（我比拉斐尔去世时候的年纪还要长上 7 岁）……要么，我就是一个盲目无知、无才无能的蠢货……*

他的研究方法之一就是阅读乔舒亚·雷诺兹爵士的讲稿。他在 1802 年 11 月 22 日的信中引用雷诺兹的话，并做了大量的批注：

此君的蠢行没完没了。

---

* 见 1802 年 11 月 22 日信函。这些激进的艺术理论，褒扬拉斐尔和米开朗琪罗，嘲笑提香和伦勃朗，在他的《叙录》中有更为详细的讨论，言辞更为犀利。

这是自相矛盾：真假混杂。

如果落笔时无法做到细致而灵巧，就毫无崇高可言！观点的宏伟是建立在观点的精准之上的。

在我看来，鲁本斯的着色是不值一顾的。他的暗光阴影泛着肮脏的棕色，带着几分粪便的颜色；还充斥着各种混乱的黄色和红色的色调。他的亮光都是彩虹的颜色，胡乱糅到一处，互相渗透，没有界限。

品位与天赋不是能教出来的，也不是后天可以学到的，而是与生俱来的；雷诺兹说的正好相反。

（《雷诺兹爵士作品集》，第 63、15、52、135、198 页批注）

海利的《系列民谣设计》*

海利可能看出来布莱克对纯粹的临摹版刻工作感到有些厌烦，于是在 1801 年末，他"正好写了"一系列民谣，都是以动物为主题的故事，希望借此让布莱克放松一下。"我的朋友看到这些民谣，很是高兴，很快就创作出数幅素描"插图。这些插图在私人的小圈子里反响甚好，于是，海利和布莱克决定增加民谣的数量，每首民谣配上三幅版画插图，每月印刷一首，分 15 个月完成，每本售价 2 先令 6 便士，以此来展现布莱克的天赋——"原创的设计和精湛的版刻"。[102]

布莱克要成为出版商了，所有的利润也都归他。他马上联系伦敦的文具商，[103] 直接批发纸张到费尔珀姆，还安排海利的朋友——奇切斯特

236

---

* 这是一部结合诗歌与版画的插图书，由海利撰写民谣，原计划要创作十五首，最终只写了四首，分别是《大象》《鹰》《狮子》和《狗》。布莱克为每首民谣都配了一幅整页版画插图，并负责版刻。该书是布莱克费尔珀姆居住期间（1800—1803）为海利工作的重要成果之一。

该书当时未获广泛关注，部分因海利的诗作被认为平庸，但布莱克的插图备受后世推崇。——编注

的约瑟夫·西格雷夫把民谣的文字部分印刷出来，而他自己则和"他能干的妻子（真正的贤内助）一起，在自家的小农舍里将一块块铜版滚过印刷机"[104]。海利自告奋勇，提议让自己的通信好友向他们的朋友兜售民谣集，*这样可以为布莱克省下约 16.7% 的售书佣金。

海利忙着送书给朋友们，如约翰·弗拉克斯曼、约翰尼·约翰逊和赫斯基思夫人等。有可能他还送了样书给《萨塞克斯纪事》和《欧洲杂志》，希望借此能引起评论界的关注。†

刚开始，反响还不错。弗拉克斯曼订购了 5 份，夏洛特·科林斯卖出了 7 本《大象》（第一首民谣），约翰尼·约翰逊的堂弟认为《大象》"极为新颖有趣"，弗拉克斯曼评价"版画富有生机、饱含深情"。[105]海利欣喜若狂："布莱克和他的《大象》正走在兴旺发达的康庄大道上……太高兴了，能得到弗拉克斯曼的掌声——了不起！"[106]

不过，说取得成功还为时过早。纽波特帕格内尔的塞缪尔·格雷特黑德找不到一个想购买《大象》的人。虽然赫斯基思夫人曾写信给考珀家的亲戚，"我希望（在订单上）看到他们所有人的名字，将他们所有的兴趣都吸引到这部作品上来"，她在巴斯找到的买家也不过寥寥 6 位。[107]

更糟糕的是，赫斯基思夫人说，"这儿有少数几个人，硬要摆出一副很有品位的样子"，"对你朋友的版画指手画脚，挑刺找碴"。这些人包括哈考特勋爵及夫人、斯宾塞勋爵、伍斯特主教和伊丽莎白公主。[108]赫斯基思夫人自己也抱怨道："他版刻的婴儿（见图 92），看起来太老相了，这个我不能接受！"[109]

最糟糕的是，她告诉自己的亲戚——年轻的约翰尼·约翰逊，"有品位的人看到他（布莱克）为这些民谣设计的插图，认为他根本不配为

---

* 注意，赫斯基思夫人很快就婉拒了这个提议。她从第 2 批《系列民谣设计》插图开始，就让自己在巴斯的书商代理进货和销售，将全部的民谣卖给了她介绍的订购者（见 1802 年 7 月 3 日信函）。

† 1802 年 6 月 2 日的《萨塞克斯纪事》记载道，第一批民谣"会为我们的郡和市提高档次，它在诗歌、排版和刀法方面的成就可以与大城市里最引以为豪的某些作品相媲美"。《欧洲杂志》在 1802 年 8 月记载道，该艺术家"圆满完成了工作，实至名归"（*BRS*，第 21、22 页）。

考珀传记版刻插图"[110]。布莱克曾写道："在英格兰，要想打听一个人怎么样，不是看他是否有才华和天赋，而是看他是不是一头听话有礼、品行端正的蠢驴，是否能迎合贵族们对艺术和科学的看法。如果他唯贵族马首是瞻，他就是个好人；否则，他就得活活饿死。"[111]布莱克写下这段话时，脑海里浮现的大概就是赫斯基思夫人的形象吧。

布莱克每月要设计并版刻四幅插图，此外还要印刷、校勘文字以及用糖纸包装印本。这些事情无疑耽误了布莱克答应海利的工作。新印本和新民谣的创作节奏都放慢了。在《大象》（6月1日）、《老鹰》（7月1日）、《狮子》（8月5日）和《狗》（1802年9月9日）面世之后，这项工作中断了很长一段时间。4个月后，布莱克写信告诉哥哥："我一直没有时间继续出版民谣集"，这些书"应该很赚钱，我们之前空暇时印刷的那些，都已经卖完了。普尔摩尔街的书商埃文斯说，这些书非常畅销"。[112]

但是，到了1803年秋天，布莱克在伦敦的主要代理商"埃文斯先生……说民谣集的销售前景渺茫；目前最多只卖了15本，再接着卖，可能就要赔本了"[113]。

第一批的四首民谣，布莱克大概每首印刷了250份，支付西格雷夫印刷费30英镑*。按照每首民谣2先令6便士的售价，布莱克得要卖出240本才能收回印刷成本（忽略邮资和书商经手销售的1/6的佣金）。显然，布莱克根本卖不了这么多本。《系列民谣设计》的冒险投资，显然掏空了布莱克的腰包——甚至还不包括印刷费、校勘版刻、制作封面以及布莱克夫妇搭进去的工夫。当然，作为画家和版刻师的布莱克，是一个子儿都没赚到。

为了弥补缺口，出版商布莱克不得不向海利借款12英镑12先令，

---

* 1804年12月28日，布莱克说，谢谢海利"借给了我12基尼，用以支付部分款项。我要还30英镑给沃西·西格雷夫"。有可能，西格雷夫的"部分款项"是12英镑12先令，而不是30英镑。海利说布莱克已经"支付了30英镑的纸张费用"（1803年4月3日信函），我认为那是付给西格雷夫印刷《系列民谣设计》的纸张费和印刷费的合称。

1805年12月11日布莱克写道，他应该"能够很快结清西格雷夫的账目"，他应该指的是自己做出版商来出版的《系列民谣设计》（1805），而不是《系列民谣设计》（1802）所欠下的债务。因为印刷《系列民谣设计》的出版商理查德·菲利普斯"会与我平摊成本和利润，……西格雷夫会是我们的印刷商"（1805年1月22日信函）。

偿付西格雷夫的印刷费用。[114]

为海利的《威廉·考珀传》版刻

　　海利的主要工作是为威廉·考珀写传记。事实上，这也是他的一个执念。布莱克与海利在工作上的联系大部分也与传记的插图版刻有关。这些版刻中最有争议的是罗姆尼为考珀画的肖像（见图89）。海利与布莱克坚持认为这幅版画应该忠实地再现罗姆尼的蜡笔肖像，而赫斯基思夫人则认为罗姆尼的蜡笔肖像暗示了考珀的疯癫，坚持要求最后的版画不能对此有丝毫的表现。

　　海利把罗姆尼蜡笔肖像的版刻清样寄了一份给弗拉克斯曼，征求他的意见。弗拉克斯曼大为赞赏，回信道："我认为，就考珀的肖像版刻而言，我的朋友布莱克完美地保留了原作的精气神。"[115] 海利为了让赫斯基思夫人相信他在竭尽全力保证版刻的忠实性，特地写了首诗寄给她：

> 善良的天使们引导版刻师的手
> 用完美的技艺捕捉那些神态，
> 让他的心能够把握
> 考珀面庞的光芒
>
> 展现他无人能及的品格！
> 聪颖智慧，又谦逊如孩童
> 待人接物如春日煦阳
> 沁人心脾又润物无声！
>
> 让他的肖像
> 配得上他的诗句；

展现一切，让诗人

成为爱中至爱！[116]

　　他把布莱克与考珀相提并论，希望以此可以唤起赫斯基思夫人对布莱克的认可：

　　如果能保证在较长一段的时间里，他那忧虑疑惧的心灵不受搅扰，他定会创作出优秀而新颖的画作，一如我们亲爱的诗人，笔端倾泻而出美句，……我尽其所能地善待布莱克夫妇……其实，我认为这是对两位离世的天使—考珀和汤姆—表达怀念的方式，因为我相信，如果这两位都还在世，而且身体康健，他们一定会很乐意与布莱克夫妇做朋友。我现在这么做，也算是替他们了却一桩心愿。[117]

　　但赫斯基思夫人坚决反对这样的类比，她在回信中忍不住"表示遗憾，你居然认为你的朋友与他之间存在相似之处，他将永远活在我们的回忆里"[118]。

　　布莱克对考珀也抱有深切的同情。他在诗歌《威廉·考珀先生》中如此结尾：

你看他用灵魂发出预言，

你是否以为这是一个该死的谎言

直到某些书商和公开的声望

证明真理就在他无忌的声音里

这是多么残忍，你挚爱的友人

告诉你他自己都证明不了的东西

在基督的国度里，这是最恶毒的

因为有人在佯装得了圣灵的感动。

239

（笔记本，第52页）

面对施普尔茨海姆 * 暗示的循道宗"很可能会导致精神失常"，布莱克的回应是："考珀走到我身边说，'哦！我是疯癫的，总是疯疯癫癫的……哦！在上帝的怀中，我藏起来了。你看起来好像是正常的，其实你和我们所有人一样疯癫——比我们更甚——和那些不信的人——培根、牛顿、洛克一样，灵魂没有归处'。"（施普尔茨海姆的《对……精神异常的观察》[1817]，第153—154页旁注）

布莱克显然很喜爱考珀这位预言家，他自己在预言上也倾注心血。考珀聪颖机智却不显锋芒，性子也和善，这是很多人喜欢他的地方。但是，布莱克想要成为和考珀一样的预言家，对这些人而言是一个危险的信号。海利告诉赫斯基思夫人：

> 我的朋友，那位热情但性子急躁的版刻师说，所有考珀在世时折磨过他的魔鬼，如今都在极力阻止他的传记的出版。——对此，我的答复是不排除这种可能，但如果确有其事，我坚信我的两位亲爱的天使——诗人考珀和雕刻家汤姆会帮助我们与黑暗的力量作斗争，并帮助我们战胜他们的一切阴谋诡计。[†]

最终，传记在1802年的最后几天面世。海利从与他保持通信往来的友人中，挑了几位软心肠的，寄送了几本过去。赫斯基思夫人写了一封回信，语气是难得的温顺："我一定要跟你说，这里面我顶顶喜欢的就是罗姆尼为考珀画的肖像画了；样子比之前的柔和多了；至于版刻的雕工，我就摆个谱，先不评判了，不过，我真挺喜欢的。"[119]

尽管这封信对插图的版刻技艺不置可否，反馈还是大大超出了布莱克和海利的预期。布莱克欣喜若狂地写信给哥哥：

---

* 约翰·加斯帕尔·施普尔茨海姆（1776—1832），德国医生，颅相学家。——编注

[†] 见海利1802年12月20日信函。显然，海利也写过信给爱德华·马什，谈到相似的内容，因为马什在1802年2月3日的回信中道："很遗憾，我听说"考珀的头两卷诗集到现在还没有出版；"布莱克的想法把我给逗乐了。虽然我希望考珀传记的作家及版刻师能得到双倍的考珀的灵的护佑，但我希望他们不要跟那些魔鬼有任何牵扯"（BRS，第23页）。

　　我为海利的《威廉·考珀传》版刻的头像让他的亲戚们极为满意，特别是赫斯基思夫人和考珀勋爵；要知道，能讨到赫斯基思夫人的欢心，几乎是不可能的事。她对她的诗人堂兄有着近乎爱慕的感情，在她看来他是十全十美的完人。她竟然写信说，对我版刻的肖像十分满意，尤为中意考珀的头像。她之前可是对我用作版刻临摹的原图十分反感的。[120]

240

　　版刻这些插图无疑是名利双收——"我妻子接下了考珀作品全部插图版画的印刷任务，她就在我的眼皮子底下做事，印刷得极好，细腻精美，可以与法国版画相媲美，当真人见人爱……光是我们已经交付的部分，出版商就欠着我妻子 20 个基尼金币……"*

　　凭着《威廉·考珀传》，海利本人和布莱克夫妇都名利双收。

布莱克打算做一名商业出版人

　　海利靠传记写作就赚得盆满钵满，这深深地震撼了布莱克。[†]他相信自己也能如法炮制，取得成功。1803 年 1 月，他给哥哥写信：

　　　　我只是遗憾，数年前，我还不懂得出版的门道。我来这里以后，收获良多。有幸认识了 H，得以了解他强大的关系网，观察他如何运筹帷幄，方才明白出版的真谛。这是我在这里的一个巨大收

---

*　见 1803 年 1 月 30 日信函。布莱克夫妇为《考珀诗集》第三卷一共印刷了 12 套清样，但布莱克当时不得不"把雕版送到约瑟夫·约翰逊处，因为约翰逊想让他们夫妻俩一起排印印刷"，而不是让凯瑟琳·布莱克一个人来印刷（见布莱克 1804 年 3 月 31 日信函）。

†　据传，至少是在 1813 年亚历山大·斯蒂芬斯出版的《约翰·霍恩·图克回忆录》（第一卷，第 498 页注）中提到，"海利先生单靠《威廉·考珀传》就赚到了令人瞠目的 11000 英镑！"

获。如果不趁现在尝试从事出版事业，那我就是十足的傻瓜。

他相信

> 出版业的利润非常丰厚。我手头有不少绝佳的作品，有能力开始自行出版。这些作品都已经完成了，就等着出版了。一本制作成本为 10 英镑的书，每本可以赚到半个基尼金币的利润。出版一本书，几乎可以稳赚 500 基尼金币……我正在给 H 先生的一部作品版刻 6 幅小型插图，每幅插图能赚到 10 个基尼金币。这份工作的利润稳定而丰厚，足以让我实现经济独立。我觉得自己也可以开一间印刷行，我打算多尝试尝试。

241

于是，布莱克决定"开春回伦敦，开间印刷行……我知道公众是我的朋友，喜爱我的作品，一定也会很欢迎这些作品。我唯一的困难是如何快速完成制作"。*

毫无疑问，布莱克对出版行业的利润估计高得离谱。一本制作成本为 10 英镑、单本售价为 10 先令 6 便士的书，要想获得 525 英镑的利润，就必须得要卖出 1019 本才行——而且，按照商业印刷费率†，这本"书"还只能有 5 页 4 开本的大小。

布莱克想做出版商，还得面对其他棘手的问题，譬如资金以及来自其他出版商的忌妒等。9 个月后，布莱克极力说服 R. H. 埃文斯与他合伙出版海利的《系列民谣设计》，是新的 8 开本版本。他懊恼地慨

---

* 海利的《心性的胜利》采用了 6 张布莱克版刻的插图，附上的日期是 1803 年 5 月 1 日，是根据弗拉克斯曼的小姨子玛丽亚·登曼设计的图画来版刻的。

† 1800 年 10 月 10 日，精细印刷商托马斯·本斯利预估印刷 1000 本书，一页 4 开本的成本（包括纸张、印刷和热压）大概是 15 英镑 15 先令（见亨廷顿图书馆馆藏手稿）。一令纸是 500 张的一开本，成本是 5 英镑。如果 1000 本"书"的印刷费是 10 英镑的话，那么这本"书"只能有 8 页，而且还是 4 开本的大小。坎伯兰在 1808 年 12 月 18 日的信函中建议布莱克把他的各种艺术发明写在一本"小书"里，"大约 6 页，售价一基尼金币"。

　　若想了解现实中书本的印刷成本估价，参见 BR（2），1805 年 6 月项下。

叹道："基于我对出版业的性质的判断，外行想要挤进去，简直难于上青天。"[121]

虽然布莱克并未放弃努力，尝试以传统活字印刷的方式出版书籍，他最终还是放弃了想要成为商业出版人的梦想。五年后，他告诉朋友乔治·坎伯兰："我已经着手准备印刷自己的一本书，记录我在美术领域的各种发明创造，我已经找到了出版商。"[122] 在 1809 年展会的广告中，布莱克宣布"一部论美术的著作已经付梓"。这本书记录了他发现失传的湿壁画绘画技巧的"全过程"。这可能就是他在 1809 年的《叙录》（第9 段）中所说的"另一部论绘画的著作"。这本书探究了鲁本斯或者范戴克是不是"把油画带入普通绘画实践和评论"的罪魁祸首。

然而，这部"论艺术的著作"从未面世。布莱克用传统的活版印刷术制作而成的书只有《叙录》——这本书只能说是实现了某种意义上的出版——布莱克在自家的缝纫用品商店里举办了湿壁画画展，他的哥哥把这本书卖给来看展览的人。布莱克从未出版过其他人的作品。他只出版自己的作品，而且只采用华彩插图印刷和凹版版刻的形式。

1803 年，布莱克"手头的活儿很多……我很肯定，这些活儿会源源不断、越来越多的"[123]。这些预期的业务很可能包括：（1）海利新版的《威廉·考珀传》的 4 幅 4 开本的插图；（2）为 8 开本《考珀诗集》版刻新的插图；（3）为考珀翻译的弥尔顿用拉丁文和意大利文创作的诗歌设计和版刻 4 开本的插图；*（4）为海利写的《乔治·罗姆尼传》版刻 12 幅 4 开本的插图；（5）为海利的《系列民谣设计》版刻了 30 多幅 4 开本插图；（6）为海利的《心性的胜利》版刻了 6 幅 8 开本的插图。布莱克知道这些委托的业务是已经答应好给他的，但最终他只为海利的《乔治·罗姆

242

---

* 考珀翻译了弥尔顿用拉丁文和意大利文创作的诗歌，这是 1791 年弥尔顿作品集（*BR* 44）的一部分，计划配以布莱克根据菲尤泽利创作的插图制作而成的版画，不过，这个项目后来被搁置了。海利在 1802 年 8 月 6 日和 1803 年 1 月 15 日的信中提到了布莱克为考珀翻译的诗歌所制作的版刻插图。布莱克写道，"临摹自罗姆尼、弗拉克斯曼或者郡人的画，由郡人来版刻"（1803 年 7 月 6 日）；"这份工作让我赚上一笔"（1803 年 1 月 30 日）。这些由威廉·考珀翻译的诗歌最后集结成弥尔顿的《拉丁文和意大利文诗集》，予以出版，编辑是约翰·约翰逊（约瑟夫·约翰逊，1808）。不过，书中并没有布莱克版刻的插图。

尼传》版刻了一幅插图，[*]为《心性的胜利》版刻了6幅插图。布莱克离开费尔珀姆后，海利对他的支持大幅减少，这对布莱克而言无疑是重创。

大量的诗句

海利和布莱克每天在塔楼别墅的书房里并肩奋斗，沉浸在各自的工作当中，互不打扰，让对方都能探寻自己的奥秘。布莱克把自己的铜版和版刻工具、酸液、白蜡、钢笔和毛刷等都带到了别墅。有时他也忙着创作和版刻自己的诗歌，并不是每时每刻都在为海利做事。他在费尔珀姆所作的版刻都是在海利的书房里完成的，因为他没钱在自己的村舍里再另外置备一套专业工具。

尽管布莱克的手头都是为海利做的世间俗事，他也不忘倾听自己的精神世界，并在其指引下创作了大量的作品：

无人可以知晓我在海边蛰伏的这三年里的精神活动，除非他在灵里看见了我的精神活动或者他读过我写的描述这些精神活动的长诗。我在这三年里，基于一个宏大的主题，创作了大量的诗句。这一主题类似于荷马的《伊利亚特》、弥尔顿的《失乐园》或者《人与机械》，是地球上的居民（某些人除外）闻所未闻的。我的这些诗句是直接听写出来的，一次性写出来12行，有时是20行，甚至30行，没有提前打腹稿，甚至有时候，我都不想写了，但是诗句就这么倾泻而出。因此，可以说我根本就没怎么花时间就写出来一部鸿篇巨制。这就好像是，本来要一辈子才能完成的工作，就这么

243

---

* 布莱克为海利的《乔治·罗姆尼传》中的"沉船"部分制作了插图。他在多封邮件（1803年10月7日和26日、12月13日；1804年1月27日、2月23日、3月16日、5月4日、6月22日、9月28日、10月23日、12月18日和28日）中反复提到他版刻罗姆尼的肖像的进度，但最终并没有出现在海利的这本书中。我们也就无从知晓相关细节。

不耗力气，不费心神地做出来了。我说这些，为的是向你表明我被
带到人间的伟大理由。*

这首诗是

> 一个绝妙的讽寓，已经完美收官，成为一首壮丽的长诗。我要
> 赞美这首诗，因为我的角色只是一个速记员，除此之外，我不敢妄
> 自称大；这首诗真正的作者居于永恒之中。我视之为这世间最壮丽
> 的诗歌。我谓之最崇高的诗歌，乃是对心智的讽喻，肉眼凡胎全然
> 不得所悟，与柏拉图的定义方式有几分相似。这首诗得此神助，将
> 会按部就班地印刷，饰以插图，进入公众的视野。不过，这件事我
> 要小心，尽量不与 H 先生说起，因为他反感我写诗，一如他反感
> 《圣经》中的某一章节。他知道我写了这首诗，因为我曾给他看过。
> 他当时也是因为想要看，所以才读了一部分。他表现出很不屑的样
> 子，更加坚定了我对这首诗的看法。[124]

这些"大量的诗句"写于 1800—1803 年，可能包括《弥尔顿》和《耶
路撒冷》，其书名页上标注的日期是"1804 年"†（见图 93、图 110）。特别是
《弥尔顿》，描写了"我在海边蛰伏的这三年里的精神活动"。

布莱克习惯早起，大概是被"日出之前听到的竖琴声"[125]吵醒。他
在妻子凯瑟琳醒来之前生好火，把水壶架在上面。一个暴风雨大作的早

244

---

* 1803 年 4 月 25 日信函。

> 我植被繁茂的部分从兰贝斯区的绿荫里匆匆长出，
> 他（洛斯）把我安顿在费尔珀姆的山谷为我准备了美丽的
> 村庄，在这三年中我或许写出所有这些异象
> 来展示自然最残酷的虔诚：自然宗教的绚丽
>
> （《弥尔顿》，图版36，第22—25行）

† 也不可能是《瓦拉》，因为其书名页上注明是 1797 年。布莱克在返回伦敦后还对《弥
尔顿》进行了续写，因为诗中提及他的审判（1803 年 10 月和 1804 年 2 月），也提
到了南莫尔顿街（见《弥尔顿》，图版 a，第 21 行），他是 1803 年秋天搬到这里的。
1805 年 12 月 11 日，布莱克写道："不久，我就会把我整个的精神煎熬史呈现给地球
上的居民，还有朋友们为我争取的精神胜利史。"《弥尔顿》很可能完成于 1811 年左
右，而《耶路撒冷》则竣工于 1820 年左右。

晨，天欲破晓之时，海边波涛汹涌，如惊雷滚滚，漫过了玉米地。布莱克正在晨曦朦胧的费尔珀姆的花园里散步，一连串的异象喷涌而出，摄住了他，这些异象成为他的长诗《弥尔顿》的核心内容。

第一个异象是关于欧罗隆*的，"一位 12 岁的少女"，于黎明时分从天而降，遇到一只云雀：

> 如闪电但更快那少女显现在我的花园
> 在我的农舍前站着……
>
> （《弥尔顿》，图版 36，第 17—20 行；见插图 23）

布莱克没有感到一丝惊讶或者害怕，他问她：

> "你给你的朋友传什么信儿：我现在可以做点什么？
> 是否又要陷入更深的苦痛？看见我
> 心愿服从，怜悯你，我快乐的影子。
> 进到我的农舍来吧，给她安慰，她积劳成疾。"
>
> （《弥尔顿》，图版 36，第 29—32 行）

欧罗隆在寻找弥尔顿，因为她是他的"六重流溢"（Sixfold Emanations），代表着他的三位妻子和三个女儿。[126]

第二个异象是关于弥尔顿自己的：

> 弥尔顿的影子掉下来
> 呼啸着倒栽入时空之海。
>
> 于是我看见他从苍穹之顶如流星般
> 垂直坠落，又如燕子般轻快地，轻快地：

---

* 欧罗隆（Ololon）是布莱克《弥尔顿》中的人物，她以 12 岁的处女形象出现，可以被视为弥尔顿的化身。——编注

落到我的左脚上，落到塔尔苏斯，进去了……*（见图4）

弥尔顿落到了一条铺满了各种宝石的路上，

从东方的天空而来；落到我的农舍的

花园里：穿着黑衣，严厉而沉默，他降临了。[127]

我看着弥尔顿，满是惊奇，透过他看见

鬼魅般的以色列教堂，乌尔罗的众神，黑暗……

（《弥尔顿》，图版37，第15—16行）

这个奇幻如宿命般的早晨出现了第三个异象：旭日中的洛斯。我　245
（布莱克）弯腰

系我的凉鞋

向前：走过永恒，洛斯降临到我的身边：

洛斯在我的身后站住；一轮可怕的燃烧的太阳：这么近

就在我背后：我转过身，在惊恐中看到，

洛斯站在熊熊烈焰之中；他也蹲下来

在乌丹阿丹†里为我系上凉鞋；我站在那里，浑身颤抖

……但他吻了我并祝我健康，

于是我和他融为一体，感觉我的力量在增强：

现在退缩为时已晚。洛斯已经进入我的灵魂：

他的恐怖已将我全部占据！‡（见图94）

---

* 《弥尔顿》，图版14，第45—50行。注意在《弥尔顿》中，这些异象都不是按照它们出现的顺序描述的。布莱克的异象清晰地呼应了塔尔苏斯的保罗所拥有的异象（第xxii幕及第6幕）。（译者按：塔尔苏斯是古代土耳其南部的城市，是圣保罗的出生地，如今是个集镇。）

† 乌丹阿丹（Udan-adan）是布莱克在《四天神》里创造出来的浩瀚空间。——译注

‡ 《弥尔顿》，图版20，第4—9、11—14行；奇怪的是，第10—11行特地指明布莱克是"站在兰贝斯的山谷"，而当时的场景是与欧罗隆和弥尔顿出现在费尔珀姆布莱克的花园里。

与此同时，

> 撒旦的权杖立于大海的怒涛之上……
> 壮观而美丽……
>
> 我也立于撒旦的怀中，看到它的疮痍：
> 一个堕落的人：上帝的废墟，未经祂的手而建
>
> > （《弥尔顿》，图版 39，第 9、12、15—16 行）

这些异象以末日启示结束：

> 耶稣哭泣着，走上前
> 从费尔珀姆血云笼罩的山谷走来，走入
> 阿尔比恩的怀抱，死亡的怀抱，四天神环绕着他
> 在费尔珀姆山谷中的火柱里；四天神对着嘴
> 吹起了四支喇叭，响彻四面八方。
>
> 山谷响彻恐惧，我站在不朽的声音里。
> 我的骨头打战。我扑倒在地，四肢瘫软
> 又过了一会儿，我的灵魂返回肉身
> 在麻木的躯壳里等待重生和审判
> 我甜美的快乐的影子站在我的身旁颤抖。
>
> 立刻，云雀高声啭鸣着从费尔珀姆山谷直飞云霄
>
> > （《弥尔顿》，图版 44，第 19—29 行）

246　　振翅高飞的云雀引发了布莱克的三个异象，构成了这首诗的主要内容。《弥尔顿》描写了

> 弥尔顿……在永恒中徜徉
> 一百年，思考着天意的各种错综之道
> 尽管在天国并不快乐——他仍遵守诫命，不发怨声，保持沉默
> 看着自己的六重流溢散在深海
> 陷入苦痛折磨
>
> （《弥尔顿》，图版3，第16—20行）

他决定"去深海解救她，自己毁灭掉"[128]，他"脱掉了应许的外袍，把自己从上帝的誓言中解脱出来。弥尔顿说：'我要去到永恒的死亡那里！'"[129]（见图95）。这是旷世奇举，"成圣了的死人居然想着要回来"[130]。

> 我来就是要毁灭自己。
> 这就是永恒的法则，每一个都相互
> 为了别人的好，毁灭自己，就像我为了你的好。
>
> （《弥尔顿》，图版39，第34—36行）

在《弥尔顿》中，这些相对直接的异象其实都蕴含着复杂的象征意义。这些来自《圣经》和英国地名的象征，如果仅凭肉眼凡心来阅读，定会觉得莫名其妙，雾里看花：

> 喇合和诺亚住在温莎的高岗上
> 耶路撒冷的天使曾到过兰贝斯的山谷
> 密迦之柱的光芒从哈罗一直闪耀到汉普斯特德……
>
> （《弥尔顿》，图版35，第9—11行）

布莱克创作的伟大抒情诗《耶路撒冷》，后来被改编成歌曲，广为传唱，成为最有名且最受人们喜爱的英语歌曲之一。这部分诗歌采用了同样的象征手法，但似乎大家都不觉得晦涩难懂：

是否那些远古的足迹

曾到过英格兰的连绵青山；

是否在英格兰欢快的牧场上，

能见到神圣的上帝的羔羊！

神圣的面庞可曾

照亮我们云蔽的群山？

耶路撒冷是否建在这儿，

这黑暗的撒旦磨坊之间？

247　　　拿给我我燃烧的金弓：

拿给我我欲望的箭矢：

拿给我我的矛枪：哦，云舒云展：

拿给我我的烈焰战车！

我不会停止思想的抗争，

也不会让我的剑在手中沉睡：

直到我们建立起耶路撒冷，

在英格兰青翠又欢乐的大地。

　　　　　　　　　　　　　　　　（《弥尔顿》，图版2）

　　布莱克在费尔珀姆创建耶路撒冷青翠又欢乐的大地时，手中的剑并未沉睡。

　　创作《弥尔顿》的同时，布莱克还修订了《瓦拉》。不过，他不再采用之前优雅的铜版字体来写作《瓦拉》（第1—18、23—42页）。他续写的部分采用的是他平时写信用的普通字体。诗歌的剩余部分直接写在他为扬的《夜思》版刻的几张插图清样上（这个活儿是他从伦敦带来的）。也因为这个原因，他在设计《瓦拉》的插图时只能把图画在清样的背面。《瓦拉》的修订版整体而言远没有初版那么雄心勃勃，引人瞩目。

《瓦拉》的修订大概是在 1802 年春，当时布莱克宣称要摆脱海利的赞助。1802 年 5 月，布莱克在印刷海利的作品《系列民谣设计》时，采用自己的《夜思》版刻清样作为衬板，以使印刷机的压力达到最佳水平。碰巧在这些《夜思》清样其中一张的背面留下了《系列民谣设计》的文字印迹以及版刻的凹痕。后来就在这张清样上，布莱克写下了《瓦拉》的第 48 页。

《瓦拉》的新诗改编自《由理生之书》*的神话体系，主题仍然是第一夜到第三夜的囚禁和无助。

> 他无法解开枷锁，因为这些都长自灵魂
>
> 他也无法熄灭烈焰，因为这火燃自内心
>
> 他也无法平息风雨，因为他自己都要顺服自然
>
> （《瓦拉》，第 71 页，第 1—3 行）

诗中有长篇大论的"社会控制的艺术"：

248

> 如果你想让穷人生活在怨怒中，
>
> 那么施舍每块面包屑的时候，要摆出架势；体面的诡诈
>
> 能放大细小的礼物；先糟践他，让他无比渴望礼物，然后再把这礼物给他，摆出你的气派。
>
> 听到他叹息，你要说他在笑；看到他面容苍白，你要说他红光满面。
>
> 给他灌输节制：说他吃得太多，烈酒把他都灌傻了

---

* 《由理生之书》（图版 10—11、13）中的 40 行内容在《瓦拉》（第 54—55 页）和《弥尔顿》（图版 b）中重现了。布莱克开始把"夜"改成了"书"（第四夜的结尾、第五夜的开头和结尾，第 56、57、66 页），但后来他又把这些更改撤销了。

《瓦拉》的文本写于 1802—1803 年，是为第四夜到第七夜（a）准备的（第 43—84、112 页缝在一起，与第 1—18、23—42 页是分开的），另外还有第一夜到第三夜（第 1—42 页）的修订。

尽管你知道他只有面包和水。要吹捧他的妻子，可怜他的孩子，直至我们能够肆意地糟践他们，就像用技巧驯服西班牙猎犬。

（《瓦拉》，第 80 页，第 14—21 行）

他被无休止的自我压抑和憎恶情绪交替折磨着，几乎透不过气来。

危险临近费尔珀姆

1800 年，布莱克夫妇迁居费尔珀姆。这个小山村宛如和平的避风港，让他们得以远离伦敦的喧闹和战争的威胁。

但是，战争与喧闹并未走远。就在附近的奇切斯特，一个名为"忠诚志愿兵"的团体每个月都要游行一次。海利和他的朋友约翰·马什还写了不少爱国歌曲。

这些志愿兵虽然看起来雄赳赳气昂昂，实际上很多人一看就知道是被迫参军的。

有一个已经传到国外、大肆渲染的观点：一些志愿兵团体是推高物资价格的黑手。他们怂恿店主向顾客漫天要价，说是如果战乱来了，不用怕，有他们护着。[131]

"忠诚志愿兵"团体的官员们也头疼招募不到士兵，有时发出征兵宣传，但无人愿意入伍。

1802 年英法签订《亚眠和约》*后，布莱克欣欣雀跃，使用天启式的语言表达了自己的愉悦之情：

---

* 《亚眠和约》是 1802 年 3 月英法两国在法国北部索姆省省会亚眠签订的条约，两国暂时休战。但是，在和约签署的第二年，英法大战再次上演。——编注

　　和平开启了通向更加伟大的作品的道路。地上万国，都成了上
帝和主基督的国；他要作王，直到永远（《启示录》11 章 15 节）。
文学与艺术将成为主宰。勤勉耕耘在文学、人文和高雅艺术领域里
的有福了。他们的灯长明不灭，灿若星辰……

　　现在我希望能看到伟大的艺术作品，它们离费尔珀姆很近，从
这儿到巴黎跟到伦敦差不多。我希望巴黎和英格兰从此亲如一国，
两国的艺术也亲如一家……[132]

249

　　艺术家们都盼望着一睹卢浮宫里拿破仑南征北战从各国掠夺而来
的珍宝，也想会会像雅克·路易·达维德这样伟大的法国画家。布莱克
有可能希望趁着和平的间隙去巴黎看看——当年皇家美术学院成员约
翰·弗拉克斯曼、亨利·菲尤泽利和约瑟夫·法灵顿都曾留学巴黎。

　　一年的和平期结束，英法两国重新调集军队，再次宣战。志愿兵团
体也纷纷组建起来。1803 年 8 月 16 日，查尔斯·伦诺克斯将军，即里
士满公爵，任命布莱克的邻居宪兵约翰·匡托克担任新志愿兵团的战地
军官；1803 年 9 月 27 日，又任命布莱克的朋友约翰·马什担任第一连
连长。[133]

　　同时，在康沃尔，军事报复行动正在逼近和平的费尔珀姆。拿破仑
沿着法国数不清的海湾和河口部署平底船，等待强劲的东风吹散英国的
封锁舰队，把自己的侵略小舰队送过（英吉利）海峡。英军迅速采取应
对措施，将常规部队集结到萨塞克斯郡和肯特郡这些受到法军威胁的英
格兰沿海地区。

　　1803 年 5 月，皇家龙骑兵第一团（之所以叫这个名字是因为这些
骑兵佩戴着一种称为“龙”的短管大口径毛瑟枪）从康沃尔的首府特
鲁罗行军至德文郡的多切斯特。1803 年初夏，他们又行军至奇切斯特，
并在此驻扎至次年 2 月。[134]

　　　　响起嘹亮的战争的号角，灵魂罩在夺目的盔甲里！
　　　　响起刺耳的横笛，战争的毒蛇！我听到北方的战鼓。

> 醒来，我听到飘舞的旌旗在迎风翻卷。
>
> 北方人的龙枪挂在他们的铠甲上；
>
> 他们迅速驶向东面的大海。
>
> 他们闪闪发光的马饰点染夜的穹苍。
>
> （《瓦拉》，第 91 页，第 24—29 行）

皇家龙骑兵第一团的一支部队（由名誉少校乔治·赫尔顿*指挥）就驻扎在费尔珀姆的福克斯旅馆。

驻扎在费尔珀姆的皇家龙骑兵第一团

250

　　试想一下，一个只有 80 户农舍的小山村里，突然闯入 75 位龙骑兵，他们脚蹬长筒靴、佩带重型龙枪、骑着奔驰的黑色战马（见图 96），这会引起多大的轰动。街上熙熙攘攘，全是骑兵，福克斯旅馆的大厅里也挤满了身穿制服的军人。喂马的饲料和人吃的粮食，因为这突如其来的需求价格暴涨。原本宁静的街道充斥着大声吼出的各种命令。农妇们赶紧把自家养得膘肥的母鸡和妙龄的女孩们都关起来。全副武装的骑兵从身着布衣的农夫和主妇面前疾驰而过，好不威风。突然响起的震天军号把乡道上哞哞叫的牛群吓得四处逃窜。从小酒馆到庄稼地、从大马路到私人的花园，乡村的平静被完全打破了：

> 他们嗅到异象之谷散发的战争恶臭。

---

* 英勇果敢、"办事高效，人缘颇好"的赫尔顿的职业生涯在 C. T. 阿特金森写的《皇家龙骑兵第一团史（1661—1934）》（格拉斯哥：兵团特辑，格拉斯哥大学出版社［约 1935］）第 255、492 页中有简要的记录：短号手（1794）、中尉（1795）、上尉队长（1800 年 4 月 10 日）、队长（1800 年 5 月 10）、荣誉少校（1803 年 3 月）。可能是看到短号手的职位降价了，赫尔顿遂花了 700 英镑，捐了个军衔，为征兵出一份力（第 237 页）。大概就在赫尔顿获得短号手职位时，布莱克已经为扬的《夜思》设计了 537 幅插图，赚得 21 英镑的酬劳。

> 所有的爱都消失了！恐惧和仇恨赢得了胜利，爱输了
>
> 只有对权利和义务的严厉要求，没有对自由的渴望
>
> （《耶路撒冷》，图版22，第9—11行）

　　在赫尔顿少校驻扎在费尔珀姆的部队中有两位朋友突然闯入了布莱克的生活。约翰·斯科菲尔德[*]，原是一名粗布切割工，于1793年3月19日入伍当兵，在威尔特郡的萨勒姆加入皇家龙骑兵第一团，1794年12月18日升为下士，1797年12月3日升为中士。他的中士军衔保持了16个月之久，但是因为醉酒，于1798年12月30日被降为二等兵，直至退伍。[†]

　　他有个伙伴叫约翰·科克，在伯克郡国防军士兵团（一个民兵组织）服役，直到1800年3月21日加入皇家龙骑兵团第一团，是个二等

251

---

[*]　他的名字在陆军部的文件里有"Scholfield""Schofield""Scholffield""Scholefield"等四种拼法（保罗·迈纳，《暗黑空气中的异象：布莱克圣经象征面面观》［编者按：下文简称为"暗黑空气中的异象"］，收录于《威廉·布莱克：献给S.福斯特·达蒙的散文》，阿尔文·罗森菲尔德［布朗大学出版社，1969］，第465页）。当着中尉的面宣誓时，他在审判文书上写下的名字是"Scolfield"（*BR*，第128、129页，第131页注2，第134页及注1），也写作"Scofield"（第124页、第125页注1）和"Scholfield"（第125、144页）。他的名字拼写得五花八门，可能也说明斯科菲尔德并不识字。

　　布莱克采用"scholfield"（《布莱克备忘录》），"Scofield"（《弥尔顿》，图版17，第59行。《耶路撒冷》，图版5，第27行；图版7，第47行；图版11，第21行；图版19，第19行；图版43，第50行；图版60，第14行），"Schofield"（《耶路撒冷》，图版7，第25行），"Scofeld"（《耶路撒冷》，图版43，第51行），"Skofield"（《耶路撒冷》，图版17，第59行；图版22，第3行；图版58，第30行；图版68，第1行），以及"Skofeld"（《耶路撒冷》，图版8，第41行；图版15，第2行；图版32，第11行；图版36，第17行；图版67，第22行；图版71，第38行；图版90，第40行）。

[†]　见迈纳：《暗黑空气中的异象》，第465—466页。斯科菲尔德从1809年9月到1811年11月参加过葡萄牙的半岛战争，1812年在坎特伯雷去世。（或许只是巧合，在《耶路撒冷》［图版17，第19行］，洛斯问道："你去找斯科菲尔德，问他是巴斯人还是坎特伯雷人"。）关于"他说他因为醉酒而降职"的说法来自塞缪尔·罗斯，罗斯的根据是斯科菲尔德的口供（*BR*，第142页），而不是陆军部的记录。二等兵一天只有2先令的收入，其中9便士还得拿来喂马（阿特金森：《团史》，第239页），靠这点收入买醉，他还得动些脑筋。不过，英国士兵臭名在外，从来不缺馊主意。

　　斯科菲尔德生于曼彻斯特（《陆军部手稿》，25/1392，转引自迈纳：《暗黑空气中的异象》，第466页）；叫这个名字的在约克郡特别普遍。

　　该团于1804年4月换防至东英吉利亚（阿特金森：《团史》，第242页）。

兵。*《耶路撒冷》中阿尔比恩的巨人们悲叹道："斯科菲尔德和科克斯被放出来，在我的撒克逊人头上作威作福！"[135]

1803 年夏天，布莱克与赞助人关系闹僵，神经变得十分紧张。海利委婉而客气地表示他并不欣赏布莱克的诗歌和绘画。布莱克不得不拿出无比的忍耐力——"一遍又一遍地遭受伤害，我还仍能保持耐心和克制，任谁看到，都会觉得不可思议"。[136]人们不仅攻击布莱克的个性——"神经衰弱""敏锐得让人觉得可怕"，还批评他的版刻作品，这一切都让布莱克备感受伤。8 月 7 日，海利告诉弗拉克斯曼"几位……夫人都在挑版画的毛病"。这些版画是布莱克临摹弗拉克斯曼的小姨子玛丽亚为海利的《心性的胜利》所设计的插图来版刻的。此外，《威廉·考珀传》的插图版画（也）遭到了恶评"。如此，也就不难理解弗拉克斯曼为何说"布莱克易怒"了。[137]

在这种情况下，招摇过市的士兵出现在村子里，对布莱克而言是一个预表——战争的兽就在身边、在乡道上、在他们的房子里。如果有一天，布莱克在自家院子里发现一个这样的兵痞，那将是压垮他的最后一根稻草。

祸起花园

8 月 12 日星期五，一个寂静无风的日子，布莱克正在草房子里"作诗"[138]，也许就是《天真的预言》：

> 他若想驯马参战

---

* 据迈纳，《暗黑空气中的异象》，第 466 页。他入伍时，名字拼写作"Cook"。他于 1808 年 9 月 24 日在爱尔兰退伍。

布莱克把这个名字拼写成"Kock"（《耶路撒冷》，图版 32，第 11 行）和"Kox"（《耶路撒冷》，图版 5，第 27 行；图版 7，第 23、48 行；图版 8，第 41 行；图版 19，第 19 行；图版 36，第 17 行；图版 43，第 51 行；图版 71，第 42 页）。

定越不过北极线……

士兵们带枪佩剑 *

夏阳都不禁打战

没有什么比钢盔铁甲

更能显出人类的丑陋

（《天真的预言》，第 41—42、77—78、99—100 行 ）

他正全神贯注地琢磨着诗歌，忽然听到小花园里传过来一阵嘈杂声，吓了一跳。† 他知道福克斯旅馆的马夫威廉这会儿正在那里工作，但想不出是谁在跟威廉说话。他突然听到有人说"有些东西我觉得很伤人"[139]，他出来一看，二等兵斯科菲尔德懒散地"靠在花园的围墙"[140] 上，威廉接着干自己的活儿。

斯科菲尔德是来告诉威廉，"他本来打算做的事情，现在做不了了，因为已经接到命令要行军至奇切斯特"，[141] 威廉于是"邀请他到花园来给他打下手"。[142] 然而，布莱克并不知情，

就这样斯科菲尔德得到邀请进了花园。我很客气地要求他离开

----

* 布莱克很少提及"谋财害命的枪"（《耶路撒冷》，图版 9，第 6 行），但他用一种预言的方式让人注意到他自己的《阿尔比恩的玫瑰》（约 1804）与一个年轻人的印刷件之间的多处相似点，这个印刷件在伊齐基尔·贝克的《使用和观察来复枪 33 年》（1813）中被用作讨论对象——参见 BR（2），1813 年项下。

† 有关此次花园事件的官方证据包括：《约翰·斯科菲尔德提供信息和控诉》、布莱克的监禁、二等兵斯菲尔德和科克及赫尔顿中尉之间的联系、1803 年 10 月地方法庭陪审团发现的关于煽动和攻击的多份正式起诉状、1804 年 1 月 11 日第二次审判时的陪审团裁决、《法律顾问罗斯为艺术家布莱克所作的辩护词》、从布莱克、海利和西格雷夫的联系中析出的言论（BR，第 122—134、140—144 页；BRS，第 24—25、28 页）。

非官方的证据主要是：布莱克 1803 年 8 月 16 日信函、《布莱克驳斥约翰·斯科菲尔德提供的信息以及控诉的备忘录》、海利自传（BR，第 144—145 页）、约翰·马什自传中 1804 年 1 月 11 日当天的记述（BR[2]）、1804 年 1 月 16 日《萨塞克斯广告周报》的报道，以及海利 1804 年 2 月 5 日信函。

在记述 1803 年 8 月 12 日费尔珀姆发生的事情时，我引用了布莱克和他的法律顾问的相关资料，权当这些言论如其所言都是真实的，我还假定布莱克当时与煽动行为无涉。毕竟，这是 1804 年陪审团的结论，当时陪审团掌握的事实比我现在掌握的多，在一种政府主导的战争狂热的情况下，可能被鼓励给人定罪。当然，布莱克和他的妻子有可能，实际上很有可能在其他场合有过煽动言行，是有罪的。

我的花园，[143] 他却无礼地回了我一句。我坚持要求他离开我的花园，他拒绝了。我再一次要求他离开，他骂骂咧咧地，一脸的瞧不起，威胁说要把我的眼珠子打爆，这等于是公开侮辱了我那有点傻气的尊严。于是，我抓住他的两只胳膊，把他推出了我的花园。[144]

我敢打包票，不把那士兵逐出我的园子，他肯定还要来胡搅蛮缠，无礼侵扰。[145]

双方发生了激烈的言语冲突，无非是相互责骂、问候对方祖宗、嘲笑彼此的职业并且威胁说将来要如何如何。那位士兵辱骂了布莱克夫妇并威胁要把他们的眼珠子打爆，[146] 而布莱克也骂了对方，连带着把他的战友和当兵这份职业也骂了一通。而马夫威廉，就在这个小花园里，离吵架的两个人很近，可能还曾焦急地在一旁劝架，"没有听到我说……任何煽动叛乱的话"。* 确实，"费尔珀姆的磨坊主科曾斯先生，当时正好从路边经过……说我们肯定不是在吵架"。[147]

布莱克把斯科菲尔德推出花园时，

我正准备不理他，他却转过身，摆出挑衅的架势，威胁我，还朝着我咒骂。且不说当时这么做是不是蠢，我走出了花园，把他的胳膊往旁边一挡，反剪着他的两只胳膊，沿着马路，推着走了约有50米，他一直挣扎着，想转过身来打我，他怒不可遏，破口大骂，惹得好几位邻居走出门来一看究竟。最后，没一会儿的工夫，我就把他推到了部队驻扎的地方（约50米之外）。我们经过福克斯旅馆门口的时候撞见了旅馆的老板格兰德先生（他也是我农舍的业主），在场的还有他的夫人、女儿，那人的战友约翰·科克，还有其他几

---

* 见《布莱克备忘录》，在罗斯的辩护词中也有记载："马夫……会向你证明……他没有听到布莱克先生说过任何煽动叛乱的话。"

可能，斯科菲尔德说过这样的话，"先生，我可是国王的士兵，我在这里执行公务，保护王国不受法国侵略者的攻击"，而布莱克可能会回应："你给我滚，滚你的公务；在我的花园里你执行什么公务。早点出去，不然我把你扔出去。"

个人。*

福克斯旅馆门前的争吵

　　二等兵斯科菲尔德是用武力保卫国家的士兵，是要与无往不胜的拿破仑军队作战的，现在却在这里被布莱克这个小人物推搡着，一路还被惊讶不已的村民们围观，而他除了扯开喉咙嚷嚷几句，竟找不到任何反击的方法。这着实有些颜面扫地。在村子边上的私人花园里被人羞辱是一回事，但在自己的驻地，被战友们指指点点，当作只会比画的傻子，则又是另一回事，况且驻地就在村子的中心地带。

　　那天出现在福克斯旅馆门前街道上的，有磨坊主科曾斯先生、格兰德先生（福克斯的业主）及其妻女、布莱克的邻居海恩斯夫人（磨坊主仆人的太太）及女儿、海利的园丁（霍西尔先生？）、斯科菲尔德的战友二等兵科克，不远处还有威廉（布莱克的园丁和福克斯的马夫），以及一位叫作琼斯的老人，他当时正在福克斯的酒吧里喝酒。所有这些人都认识布莱克，知道布莱克是怎样一位和气的人。如今这些外来的、醉醺醺的士兵弄出来这么大动静，两相对比，他们心里跟明镜似的。

　　斯科菲尔德又羞又恼，怒不可遏，竟有些语无伦次，[†] 看起来像是喝醉了。海利的园丁问二等兵科克："你的战友醉了吗？"[‡] 科克也跟着战友感到愤怒，与斯科菲尔德一起诬蔑布莱克。喧嚣声几乎传遍了部队和村

254

---

*　见 1803 年 8 月 16 日信函。根据罗斯的辩护词，业主的夫人"格兰德夫人将二人扯开"。

†　他的语无伦次在那篇能把人给绕晕过去的《约翰·斯科菲尔德提供信息和控诉》中表现得淋漓尽致。也有可能，他在治安法官面前作证时，人是清醒的。

‡　见《布莱克备忘录》。事情发生在酒馆门前，因此，这个醉酒假设的可信度较高，特别是他还有执勤期间醉酒，被降军阶的前科。
　　布莱克曾在一个名为大酒杯（rummer）的酒器上，雕刻过主题为"邪恶的贪杯"的双行诗（这种情绪只在这里流露过），落款写道，"布莱克于极度痛苦的费尔珀姆，1803 年 8 月"（见 BRS，第 70—71 页上的仿制件和文本）。

庄，"他们对我和妻子的谩骂不堪入耳，直到房东把这两位士兵赶进去，赶到了马厩里"，才算完。[148]

斯科菲尔德的报复

在马厩里，斯科菲尔德与科克紧急商议并认定布莱克所言是煽动叛乱，或者可以被说成具有煽动性的。*斯科菲尔德和科克商量好下一步要干什么之后，两个人"一起走进酒吧，威胁要把马夫威廉的眼珠子打爆……因为威廉拒绝与他们一道去奇切斯特，还接着骂了我。威廉说他不会做伪证，因为他没有听到我说过这样的话（即煽动叛乱）。格兰德夫人当时还骂了那个威胁威廉的士兵……"[149]。

第二天，"霍西尔先生听到他说有人要报复他，如果可能的话，也许会被绞死"[150]。斯科菲尔德告诉"格兰德夫人（福克斯旅馆老板的太太），要对我家进行搜查，他们说我可能曾密谋要把情报送给敌国。我估计他是把袖珍肖像（miniature）画家听成了军方（military）画家，认定我是军方的探子"[151]。

在 8 月 13 日到 14 日的这个周末，斯科菲尔德和科克罗织好证据，呈报给他们的上尉，上尉又转呈给"海利绅士，想听听他（对他的被赞助人）是怎么个说法"[152]。当然，海利当时并不在吵架发生的现场。但是，他强调布莱克是个性子平和的人，[153] 断然不会做出指控所称之事。但是，这两位士兵完全不听劝，8 月 15 日星期一，他们弄了份前言不搭后语的证词，找到了布莱克的邻居—治安法官约翰·匡托克，指控布莱克说过煽动叛乱的话。

指控的主要内容是布莱克在花园里和去福克斯旅馆的路上"诅咒了

---

* 布莱克说"这个报复方法是他俩在马厩里碰头后商量出来的"。（见 1803 年 8 月 16 日信函）

英格兰国王——他的王国和子民——他还说国王的士兵都是亡国奴的命，穷苦的百姓也会沦为奴隶"。为保险起见，斯科菲尔德又给布莱克加上一项罪名，指控他亲口说过，如果拿破仑的部队登陆，"一定会不惜割喉"来帮助法军，而且凯瑟琳还说，"她虽是个妇人，但也会为波旁王朝而战，直到流尽最后一滴血"。*然而事实上，斯科菲尔德并未与凯瑟琳发生吵架，她也没有被控煽动叛乱。

　　这些都是非常严重的指控，英国当时正面临着被法国侵略的威胁，每个人的神经都绷得紧紧的。这些指控无疑将布莱克置于险境。如果布莱克真的被判煽动叛乱罪，虽然不至于像犯叛国罪的人一样被拖往刑场，开膛分尸，但可能会被处以监禁和罚款。

地方法官与军方

　　随后，法官和政府官员都被召集到军方。第二天，8 月 16 日，布莱克的邻居约翰·匡托克，也就是之前记录斯科菲尔德证言的治安法官，被里士满公爵任命为忠诚志愿兵团的战地军官。事实上，"记录庭审的律师私下告诉我（布莱克），他们肯定清楚，整件事摆明了就是胡编乱造的伪证，但是，他们迫于军方的压力，不得不提起诉讼†"。[154]

　　军方既担心拿破仑战船的侵略威胁，也担心民众对当地驻军的恶劣态度，更害怕忠诚志愿兵团军心不稳。两周以后恰恰就发生了这样一桩

---

*　见斯科菲尔德的《案情说明及控诉书》。以我们对布莱克夫妇的了解，他们不是会说出这种血腥味重的话的性子。他们可能会强烈谴责君王和他们的军队——"战争是被奴役了的能量"（《瓦拉》，第 120 页，第 42 行）——但他们从未表达过要去割喉。

†　我的朋友大卫·沃勒尔告诉我，地方法官通常都要求陆军部出资起诉这种可能的煽动案，然后转发相关证据以说明案件的可行性。沃勒尔博士在陆军部相关档案中没有找到类似的证据。不过，显然，至少是奇切斯特的法官找到了布莱克煽动案的可行性证据。不少治安法官过去都是忠诚志愿兵团的军官，有意树立典型，以震慑某些不服管的百姓。

让军方担心的事：

> 下午 4 点，我们所有的志愿兵齐聚在市政厅，与里士满公爵见面，抗议他针对志愿兵做出的一项提案——志愿兵入伍时，大人已经允诺发放民兵警卫装之类的军服，如今却要求大家接受普通二等兵军服。为了能让大家接受他的提案，里士满公爵还提出，每位士兵可额外多领一件帅气的大衣。这个提案传出来，反对声一片，……整个营的士兵都拒绝提案，纷纷离开驻地，只有二三十个人除外……*

256

士兵们的不满传得沸沸扬扬，小镇上到处都贴着传单。镇子里的人算是看了场好戏。

但布莱克一点也乐不起来。

8 月 16 日星期二上午，治安法官约翰·匡托克命令布莱克去到他那里，缴纳 100 英镑的保证金（超过他一年的收入），确保他会在 10 月的季审法庭出庭。此外，他还得另找两个人，每人缴纳 50 英镑，担保他会如期出庭。[155] 布莱克找来了他的赞助人威廉·海利和印刷商约瑟夫·西格雷夫斯。布莱克很可能不得不向海利借钱交保证金，他自己是不可能有 100 英镑的闲钱放在农舍里的。

当天，二等兵斯科菲尔德和科克也各自缴纳了 50 英镑的保证金，以确保他们会如期出庭作证，而不会临时改变主意或者偷偷溜走。乔治·赫尔顿也缴纳了 50 英镑的保证金，确保届时会出庭指控。

---

* 见约翰·马什的自传（亨廷顿图书馆）1803 年 10 月项（具体日期不明）。这一段的后面是："最后看起来的结果就是要结束我们的奇切斯特志愿兵行动，因为公爵只给了一个选择，就是接受你们的改编提案，否则就从军团撤出。"这样一来，志愿军团实际上就是"解散"了。不过，后来还是改编了。
　　根据《萨塞克斯广告周刊》1804 年 1 月 2 日记载（据鲁塞尔·萨金特教授告诉我的信息），给奇切斯特志愿兵团定期捐赠着装费的有：威廉·布里尔顿（52.10 英镑）、约翰·匡托克少校（10 英镑 10 先令）和理查德·达利。布里尔顿和匡托克都是 1804 年审理布莱克案件时的治安法官，而达利那时则是事务律师。

布莱克的辩护

布莱克要为自己辩护，就要抓住问题的关键，煽动叛乱的指控不可能仅仅因为一个目击证人的证言就可以成立。这项指控称布莱克是在花园里说出这些煽动性的言论的，当时在场的有布莱克夫妇、二等兵斯科菲尔德和布莱克的园丁。布莱克和园丁都申明并没有说过或听到过任何煽动叛乱的话——法庭从未要求凯瑟琳提供证据（因为她当时并不在现场），也从未有人引用过她的话——因此，仅凭斯科菲尔德的一面之词，指控是站不住脚的。

为了堵住这个漏洞，二等兵科克（很明显，不是斯科菲尔德）发誓说布莱克在旅馆的马厩前有过煽动性言论。布莱克认真仔细地收集了当时在场的每一个人的证言："我找到了所有当时在马厩门前现场的人……他们都说我没有讲过那样的话。""如果我们证实了那位发誓听见我辱骂了国王的军官是在做伪证的话，我相信这些指控通通都站不住脚。"[156]

费尔珀姆的村民同布莱克一样，都清楚地明白这一点——"如果这样的伪证都能被采信，那以后随便哪个混蛋都可以把我和妻子拖出我们自己的房子，在花园里毒打我们，或者随心所欲地对待我们，之后扬长而去，甚至还放出狠话，要取我们的性命。"[157]

布莱克的邻居们表达了对他的同情和对军方的惧怕：

> 整个村子里的人都是又惊又惧。男人们都不敢与士兵说话，甚至都不敢瞅他们一眼，这里的村民非常温驯，对我们也总是充满善意……这里的每一个人都是邻里和睦的见证，然而，事情居然发展到了这般田地，这么个荒唐的指控竟然还要拿到公众面前审判。[158]

当然，温驯的村民是没有权力来决定一项指控是否有足够的理由以提起诉讼的。做出这一决定的是地方法官席上的绅士们。许多治安法官

257

都力挺军方，因为军方保护着他们的财产安全及其收益。此外，这些人大多曾在军中服役，担任过军中要职。

布莱克因为自己"冒险的举动"而饱受煎熬，他的妻子也"吓得不轻"。但是，他并未因此而失去"信念，因为一切来自精神世界的都是向善的而不是向恶的"。[159]

布莱克仓忙收集信息，为自己辩护。他与冲突发生地点（花园和马厩）的所有目击证人一一谈话，并且写信给托马斯·巴茨，希望他能够利用在部队后勤部当差的便利，帮忙"调查一下这个人"，即斯科菲尔德。[160]

回到伦敦

与此同时，布莱克不得不结束他在费尔珀姆的工作。8月16日，他寄给巴茨7幅画作，"我相信可以结清"布莱克夫妇离开伦敦之前巴茨给他的几笔预付款。9月18日，布莱克夫妇将所有的物品打包好，一路颠簸，回到了伦敦。而这正是三年前他们离开伦敦搬去费尔珀姆的日子。[161]

他一回来就发现伦敦大变样了。"伦敦的艺术界繁荣起来了"[162]，"街上的店铺也改观了，到处都干净整洁、漂亮雅致。狭窄的街道拓宽了，斯诺希尔街也不再是坑坑洼洼的了，圣克莱门特教堂附近的河岸街有段路原来很窄，现在也拓宽了，看起来很是气派"[163]。

258 在米迦勒季审法庭10月份做出裁决之前，布莱克夫妇觉得似乎没必要在伦敦专门找地方住。于是，他们住到"哥哥家，一家内衣针织店——在布罗德大街的卡纳比市场内"[164]。布莱克夫妇俩与詹姆斯·布莱克和凯瑟琳·伊丽莎白·布莱克兄妹俩又住到了同一屋檐下。

佩特沃思的审判

10 月 4 日星期二，米迦勒季审法庭在埃格雷蒙特勋爵的领地佩特沃思开庭。布莱克只身前往佩特沃思——没有任何证据显示凯瑟琳或者律师与他同行，尽管当时海利也在佩特沃思。[165]布莱克肯定乐观地以为，审判最终不过是走个过场，陪审团肯定会看出来"整起诉讼就是有意为之的伪证案"[166]。

国王诉布莱克案的审判请了附近最有影响力的绅士来当地方治安法官，俗称"太平绅士"。他们是里士满公爵查尔斯·伦诺克斯、埃格雷蒙特勋爵乔治·奥布赖恩、约翰·怀特中将、纳撒尼尔·特里德克罗夫特、约翰·皮奇和威廉·布里尔顿。[167]他们多半有点像纳撒尼尔·特里德克罗夫特，是"非常活跃的地方法官"，"萨塞克斯老乡绅的典型代表……头上戴着撒了粉的假发，穿着镀金纽扣的蓝色燕尾服，内衬米黄色的马甲，下身是浅褐色的布裤，脚蹬长筒靴或者扎着高帮鞋套"[168]。士兵当然也还是老样子——上身是红底镶金边的军礼服，下身是白色皮马裤，头戴有羽饰的黑帽，脚穿锃亮的长筒靴。与之形成鲜明对比的是布莱克，穿着普通的黑外套，戴着一顶不起眼的帽子，跟整个法庭显得格格不入。费尔珀姆的朋友们都远在乡下，除了自己的证言之外，布莱克可能也找不到什么可以帮到自己的。

法官和陪审员准备来个杀鸡儆猴，敲打敲打那些胆敢藐视军方的人，因为就在这次的米迦勒季审法庭庭审期间，"发现了一份针对 10 名利特尔汉普顿人的起诉状，诉由是这些人制造骚乱，图谋从抓丁队的监管地救出一名男丁"[169]。

布莱克似乎也觉察到，他的两位邻居约翰·皮奇和威廉·布里尔顿对他偏见颇深。这二人以及提起诉讼的二等兵斯科菲尔德和科克、支持起诉的赫尔顿少校、记录起诉状和保证金的治安官约翰·匡托克等，多次出现在《耶路撒冷》中。阿尔比恩"可怕的儿子们""违背他们的人性"。[170]

"吾王陛下之陪审团兹宣誓并裁定"，布莱克是"邪恶的煽动叛乱者，预谋不轨之徒"，"内心实则效忠吾王陛下之敌人，意欲以暴力和武器恣愿并煽动对我国的侵略"；他也说过"该死的国王和他的王国；他的臣民和你们这些当兵的都要卖去当奴隶"。听到这样的裁决，布莱克的内心一定是无比震惊。更令人不可思议的是，陪审团最终的结论是布莱克"确实殴打了（约翰·斯科菲尔德），不仅把他打伤了，而且还虐待他，使其丧失生活的希望"。这些指控，无论是"使其丧失生活的希望"，还是携带武器故意打伤斯科菲尔德，都未曾出现在最初斯科菲尔德的《案情说明与起诉书》中。关于严重受伤的说辞，只是一种形式主义的做法，因为必须要在印刷好的名为"袭击"的起诉状中填写上述内容。

姑且不论布莱克是否说过"该死的国王"之类的话，就我们所掌握的布莱克的生平资料而言，说他"内心实则效忠吾王陛下之敌人，意欲以暴力和武器恣愿并煽动对我国的侵略"，打伤了二等兵斯科菲尔德，"使其丧失生活的希望"，实在匪夷所思。正式起诉书中的这几部分内容，既不能在斯科菲尔德的起诉书中找到证据，也没有其他任何资料的支持，纯粹就是子虚乌有。

法庭要求布莱克做出指控辩护，布莱克宣称自己无罪。*于是，法庭又问他是准备立即受审还是希望推迟（驳回）该案件到下一个季审法庭审判，即在 1804 年 1 月的奇切斯特开庭。布莱克当然选择推迟判决，但这样一来，他与海利、西格雷夫三人又必须与上次一样交纳同样数额的保证金，以确保布莱克会按时出现在奇切斯特的法庭上。

他一回到伦敦，就给海利写信，感谢他"对你忠诚的叛乱分子的慷慨相助和亲切关怀"，同时也提到"妻子的健康状况堪忧"。不过，布莱克并没有被尘世生活的黯淡前景打倒，依然精神抖擞：

---

* 如果布莱克选择作有罪辩护，该案件会立即被审理。这种情况在 18 世纪的乡村法庭较为罕见。

　　别的版刻师都是超负荷的业务量，想着怎么推掉自己干不了的活，而我是无活可干。只要这一切是上帝允许的，我也就欣然接受……我欢笑、我歌唱，如果在世间我是不被看重的，那么在天国，我就是王子，与众王子在一起；甚至也能被这世间的贤良之人当作一个好人来抬爱……虽然我需要面包，但我不是仅靠面包活着，——没有什么是非要不可的，除了履行我的使命，我的灵里不断涌出满溢的喜乐，我因这喜乐，欢欣鼓舞……[171]

　　这是一封不同寻常的信，布莱克当时刚被同龄人组成的陪审团裁定为"邪恶的煽动叛乱者，预谋不轨之徒"，即将在一帮不怀善意的地方法官面前接受审判。

搬到南莫尔顿街

　　这年的秋天，布莱克夫妇搬到了圣乔治教区的南莫尔顿街17号。*南莫尔顿街不长，向北斜走，就可以拐入牛津街，在布莱克的出生地金色广场的西北面，距离约两公里（参见威斯敏斯特市地图，见图8）。

　　在这里布莱克夫妇租下了一个小套间，需要爬一段楼梯才能上去。[172]他们挤在一个极为狭小的空间里，"这个一居室的公寓里……靠墙摆放着一张床，墙上挂着国王阿尔弗雷德击退丹麦敌寇的画"[173]——他们还想了法子，把庞大的印刷机和所有版刻印刷的工具都塞了进来。[174]夫妇

＊　吉尔克里斯特在他1803年10月26日的信函（该信此后遗失）中说，"布莱克从南莫尔顿街写信来"，弗拉克斯曼则在他1803年12月25日信函中说布莱克"住在南莫尔顿街17号，斯特拉特福德街对面的牛津街"。现存的以南莫尔顿街为地址写出的信，最早的落款日期是1804年1月27日。

　　南莫尔顿街17号的不动产税由马克·马丁缴付，估计是他的房东（*BR*，第563页）。林内尔说"他的房东一退休迁去法国休养"，布莱克就搬到了喷泉苑，尽管马丁还继续缴付了一段时间的不动产税（*BR*，第395、563页）。

二人住在这个小公寓里，不为人知却自得其乐，一住就是 18 年。

新家的环境与他们钟爱的费尔珀姆的茅草屋顶的村舍简直天差地别，既不宽敞也不闲静——这里没有树木，没有花园，没有空旷的田野，也没有小道上的羊群——当然，往东穿过两条街是汉诺威广场，往东北走四条街是卡文迪什广场，往南走差不多的距离是伯克利广场，倒还尚存几分乡村的绿意。南莫尔顿街上人来人往，店铺林立，有着农村生活无法触及的大都市优势：这里有艺术家，有朋友的朋友，还有一家临时印刷店。*

在布莱克看来，这一地区的名气源于其毗邻泰伯恩刑场，那里曾是罪犯行刑之地。"受害者预备牺牲的加略山脚"就在"南莫尔顿街与斯特拉特福德街之间"，靠近"受害者在怒吼哭泣的泰伯恩河"。[175] 布莱克搬到南莫尔顿街，就有一种感觉——自己是预备牺牲的受害者。

在不为人知的南莫尔顿街 17 号，布莱克创作出了部分最伟大的作品，包括他为《约伯记》、布莱尔的《坟墓》、《圣经》、《弥尔顿》和《维吉尔》等所做的插图设计。他还在这里写下了《四天神》、《弥尔顿》和《耶路撒冷》的部分诗节："我在南莫尔顿街写下了我的所见和所闻。"[176]《耶路撒冷》《弥尔顿》以及大部分早期作品的重印本也"由威廉·布莱克在南莫尔顿街印刷"，采用的是他的独门华彩插图印刷术。

整个秋天，布莱克都在忙着海利的传记、版刻菲尤泽利创作的莎士比亚插图。"活儿都来了，要是当兵的那件恼人事了结的话，我就自在了。"[177]

---

* 艺术家爱德华·伯德住在 29 号（1818）；乔治·坎伯兰的两位朋友汤利和德利（布里斯托尔画家约翰·伊格尔斯的表兄）住在 61 号（1813）和 51 号（1814）（*BR*，第 563、232 页）；位于南莫尔顿街 31 号的安·瓦茨与爱德华·布里奇沃特的店铺为布莱克的《叙录》印刷了广告以及《布莱克的乔叟：坎特伯雷朝圣故事》；沃茨公司南莫尔顿街店印刷了布莱克的《湿壁画画展》（1809）——他们要么没有印刷《叙录》，要么没有印刷《布莱克的乔叟：原创版刻》（1810）。

布莱克夫妇搬离后，南莫尔顿街 17 号的租客中，有"年轻又特别和蔼的伊诺克夫人"（见 1804 年 1 月 14 日信函），此外，据吉尔克里斯特，还有一位法国女性（*BR*，第 563 页）。

"当兵的恼人事"

这桩"当兵的恼人事"无疑让一切都蒙上了一层阴影。布莱克的朋友们纷纷过来为他辩护。海利自告奋勇做布莱克的品德见证人，这在乡村事务中是非常重要的考量，他还安排自己的朋友塞缪尔·罗斯做布莱克的辩护律师。约翰尼·约翰逊焦急地送来他的"祝愿罗斯律师成功，阿门"[178]；弗拉克斯曼也祝愿"可怜的布莱克早日从痛苦中得到快乐的解放"：

> 就我所听到的有关该士兵的品行以及该案件的来龙去脉，这项指控最不济是被法庭以查无实据、无理纠缠的缘由给否决——任何低于此种程度的判决都不足以安抚或者有效地排解布莱克的愤怒焦躁和各种心思忧虑，这种判决本就是他这样的人该得的。[179]

而另一拨人却是相反的态度。赫斯基思夫人对海利说："哪怕只听他本人对这件事的陈述，我也觉得……布莱克先生是有过错的一方。如果之前就信了那些传到我耳朵里的闲言碎语，布莱克先生将会遭受更重的责罚……"[180]甚至在审判结束两年之后，她仍在抱怨海利与"那人过从甚密。我这是为你着想呢！我只要一想起来，就会发抖。他的名字我当然不会再提"。她还对约翰尼写道："我一想起海利还像以往一样与布莱克亲密无间，我的汗毛都竖起来了！海利谈起他时，仿佛他是个天使一般！……我毫不怀疑他会在塔楼书房里投毒，或者放把火烧了海利的文件。可怜的海利定会自食其果。"[181]

布莱克磨蹭了一段时间才委托奇切斯特的事务律师理查德·达利代理自己收集相关信息。[182]而他的主要品格见证人这时却差点儿摔成了残废——海利告诉布莱克，"新买了一匹高大壮硕的马，策马慢跑时竟然失蹄，幸亏我戴了一顶结实的新帽子，不然脑袋都要摔碎了"。[183]海利笑呵呵地告诉"他熟识的医生朋友盖伊先生"，"你赶紧帮我缝好伤口，死也好，活也罢，我过几天一定要在我们的朋友布莱克的庭审中公开露面"。[184]

262　　当时紧张的军事形势从布莱克的朋友约瑟夫·约翰逊的一封信中可见一斑："每天都提防着法国士兵大军压境，天气是他们登陆与否的风向标。如果法军登陆，定会掀起可怕的血雨腥风——我们也不是吃素的，40万大军已经全副武装，随时待命。"[185]

　　布莱克返回萨塞克斯，出席奇切斯特的季审法院庭审，当时可能就借住在哈丽雅特·普尔位于拉旺的别墅。这次审判定在1804年1月10日星期二开庭，庭址选在荒凉的旧市政厅，这里曾经是灰衣修士修道院的小教堂。* 有可能就是在这次庭审期间，布莱克写下了《灰衣修士》：

　　　　"煽动叛乱的修士"响起在远方
　　　　"徒然地谴责光荣的战争
　　　　你必须永远待在你的囚室里。
　　　　挑起战争，把他关在囚室里。"
　　　　……

　　　　撒旦第一次拉开黑色的弓
　　　　道德的律法从福音中分裂出来
　　　　他把律法铸成一柄利剑
　　　　溅满仁慈我主的鲜血
　　　　……

　　　　但是剑也徒劳，弓也徒劳

---

* 这座小教堂长约25米，宽约10米，高约13米（理查德·达利，《奇切斯特指南》[奇切斯特：P.宾斯特德，1831]，第19页），但"绝对称不上漂亮"，内部"设有大陪审团席和小陪审团席"（亚历山大·海，《奇切斯特史》[奇切斯特：J.西格雷夫；伦敦：朗文公司，1804]，第389—390页）。

弓剑也无法让战争翻转

唯有隐士的祈祷和寡妇的眼泪

方能消除世人的恐惧

……

因为眼泪是心灵的产物

叹息是天使国王的利剑

殉道者蒙难的痛苦呻吟

是全能我主弯弓射出的箭。[186]

奇切斯特的审判

出席这次审判的人有布莱克、他的辩护律师塞缪尔·罗斯、主要品格见证人威廉·海利，以及朋友约翰·马什夫妇。根据马什的记载，1月10日，

263

> 海利先生过来与我们一起吃早饭。他此行的目的是接受有关他（布莱克）的品格方面的盘问，并为他说几句好话。我们一整天都待在一块儿，大部分时间是在教堂的大厅里度过的，审判迟迟不开始。于是，那天喝过下午茶（罗斯先生也在，他是海利先生为布莱克请的辩护律师）之后，傍晚海利先生就赶回费尔珀姆去了，因为他更喜欢在家里睡觉。第二天早晨他又赶过来，和我一起待在大厅里，一直等到4点，审判终于开始，并持续到5点……[187]

大多数法官，包括里士满公爵、约翰·皮奇和约翰·匡托克等人，[188]在上一年10月的佩特沃思季审法庭上都已经听过布莱克的初审，布莱

克还是认为他们看起来不像是会对他大发善心的样子。

公诉人强调"这是对布莱克的残暴行径和恶意伤害发起的指控"。[189]罗斯在他的辩护词中也称，"如此过犯，罪有应得"。他的任务不是去淡化这种过犯的危害性，而是"表明我的当事人没有说过那些让他获罪的话"。这绝不是一件容易的事情，因为佩特沃思陪审团已经决定正式起诉布莱克。

罗斯强调艺术家大都是性格平和之人，倒是他的控诉者不是什么靠谱之人，甚至"怀揣恶意"，而且控诉的内容本身也是自相矛盾、漏洞百出：

> 我受委托发言，布莱克与法庭里的所有人一样，都是忠诚的子民：——如果有人胆敢蔑视或者伤害本国神圣之人，他与所有人一样会感到极大的愤慨……
>
> 旅馆的马夫一直都在当事人的花园里做事，他可以听到那里发生的一切——他会向你们证明，并没有听到布莱克先生说过这样的话……
>
> 在马厩门口是格兰德太太把他们劝开的，她距离布莱克和科克都很近，她也没有听到这样的话……

罗斯还没来得及传召证人，就"突然发病，他极力稳住，坚持进行结案陈词，不过，此时他已经力不从心"。[190]

布莱克"目光炯炯"地听着证词。[191]他也知道这些地方法官的德性，"庭审的时候，士兵捏造事实为自己辩护，……布莱克情绪激动地大喊'一派胡言！'，他的喊声充满着坚定的信念，震撼着整个法庭"。*

尽管罗斯的辩护差强人意，"经过长时间耐心听证，陪审团宣判布

------

* 吉尔克里斯特（*BR*，第 146 页）说，这是"布莱克夫人事后告诉我的"。但是，因为她本人并没有参加庭审，她的信息应该是来自布莱克。马什谈到"这两名士兵（被分开问讯）彼此的证词对不上，因此未能证实他们的指控"。在布莱克接受审判的年代，嫌疑人尚不允许为自己举证。另见文后"补记"。

264

莱克无罪释放。旁听的老百姓也无比欣慰，顾不上什么礼貌和体面，在法庭上欢呼雀跃"。*

人们欢呼，不仅是因为自由终于归还给了一位温和友善之士，也因为这一判决给了百姓们一颗定心丸，他们也不再生活在军方的恐怖阴影之下了。这些人当中，

> 海利的欢呼更为热烈。他早就注意到季审法庭的主席老里士满公爵对布莱克抱有很深的偏见，这让他又急又气。老公爵在审判过程中发表了一些毫无根据的评论，可能也激起了陪审团的偏见。
>
> 法庭一公布裁决，海利就走到公爵跟前，说道"祝贺大人，两个无赖惹是生非，让您身心俱疲。如您所愿，终于看到老实人沉冤得雪。布莱克先生是一位平和而勤奋的艺术家，理应有此善报"。
>
> 公爵相当不客气地回了一句——"我根本不认识他。"
>
> "没错，大人，"诗人回答道，"大人您不可能认识他。我在这里给您传个话：希望大人您度过一个美好的夜晚。"
>
> 虽然已是深夜，海利还是急着想把刚刚获得解放的艺术家送到他们的朋友——善良的拉旺夫人处，她也为布莱克的庭审捏着把汗……[192]

庭审结束，布莱克如释重负。哈丽雅特·普尔（拉旺夫人）当晚见到布莱克，适时表达了她的喜悦和祝贺。1月12日，布莱克逗留在拉旺夫人处，第二天才返回伦敦，与心急如焚的妻子团聚。†

---

* 见1804年1月16日的《萨塞克斯广告周刊》。布莱克的朋友兼担保人约瑟夫·西格拉夫是该报创始人，也是该杂志的承印人和出版人，很有可能还是这篇新闻报道的编辑和作者。

　　法庭的裁定总结写道，"兹裁定威廉·布莱克的煽动叛乱罪不成立"，且"攻击他人罪亦不成立"（BR，第140页）。

　　据马什自传，布莱克的审判"从4点左右持续至5点后结束"——海利还有时间与里士满公爵闲聊并于"5点半"返回马什家吃晚饭。如果是90分钟"长时间耐心的"的听证会，那留给两个无赖的时间应该是少得可怜。

† 约翰·马什在1月11日星期三说布莱克"坐第二天的马车"回到伦敦。然而，从奇切斯特前往伦敦的马车只在每周一、三、五的上午才发车。因此，下一趟马车要在1月13日星期五才出发。布莱克在1804年1月14日早上的信中称"我刚刚回到伦敦"。不过，在此之前，"我见过弗拉克斯曼"。

265　回到家,布莱克发现

> 可怜的妻子正徘徊在死亡的门口,这是我们好心肠的邻居——
> 年轻又特别和蔼的伊诺克夫人说的。她非常关心我的妻子,竭尽
> 全力地照顾她,就像一个女儿照顾母亲一样。我一回来,她那
> 可怕的病就好了……我满心满脑地都想着你(海利)、费尔珀姆
> 和那里善良的居民……心怀感恩就是身在天堂;没有感恩就没有
> 天堂。[193]

也难怪,布莱克迟迟未归,凯瑟琳肯定是吓坏了。她想着审判是在
10日星期二进行,如果无罪释放,布莱克应该在11日星期三就返回伦
敦。但是,过了星期四都没见个人影,她肯定以为布莱克已经被法庭宣
判有罪了。

这次审判过后,布莱克对海利的感激无以复加。他不仅在多封信中
表达了感激之情,而且也用实际行动予以回报。他为海利的事,在伦敦
不知道跑了多少腿,奔波于画商、书商和各路朋友之间。譬如,审判结
束,布莱克一回到伦敦,就为海利"送给罗斯先生的贵重礼物"铭刻了
题词。罗斯告诉岳父,他因为"给布莱克做辩护",得了"海利一笔不
菲的报酬"。[194]

但是,随着时间的推移,布莱克对海利的感激之井也开始枯竭了。
一开始,他只是在笔记本里写些打油诗讽刺他,譬如

> 论 H 先生——马屁精
> 我给那个无赖写感谢信,直到他和我
> 把感谢和赞美都榨干

　　　　　　　　　　　　　　　　　　　　　(笔记本,第41页)

但是后来,布莱克想着自己无辜蒙冤,不禁忧思重重,思来想去,
竟觉得海利很可能曾与斯科菲尔德、科克和匡托克等人沆瀣一气。在长

诗《耶路撒冷》中，有一个角色名叫"海利"，大概就是在影射海利与斯哥菲尔德（斯科菲尔德）、科克（科克斯）、框托克（匡托克）、皮奇、布里尔顿和哈顿（赫尔顿）等人是一伙的。[195] 布莱克在他的笔记本中写了一首打油诗，名为《论 H 先生的友谊》：

> 他影响不了我的妻子，
>
> 就雇了个恶棍来夺我的性命 *

友谊的羁绊

266

就这样，布莱克在美丽的费尔珀姆"海边蛰伏的三年"[196] 在混乱与痛楚中结束了。那些看上去慷慨有爱的朋友们，结果被发现是精神世界里最恶毒的敌人——但是，当危险降临时，他们又被证明是忠诚而坚定的朋友。这再次证明了物质世界的羁绊与精神世界的使命是水火不容的。布莱克夫妇离开伦敦的广阔天地，来到费尔珀姆的弹丸之地，在一个人及其友人的荫护下工作。布莱克在世间的财富积累与威廉·海利的个人兴趣越来越紧密地捆绑在一起。其代价是，他的精神独立性被削弱了。布莱克想努力摆脱对威廉·海利的依赖，但如此一来，似乎就断了世间的财路。对俗世的忠诚似乎就是对精神的背叛。

在布莱克离开费尔珀姆的前夕，俗世以其最野蛮的方式侵入了他的生活。他在小村舍里写诗，士兵侵入了他的花园；兽就在家门口。布莱克就是"关在磨坊里的奴隶，被众兽包围"。[197]

---

* 笔记本第 35 页，第 5—6 行。在《漂亮的埃莉诺》（选自《诗的素描》，第 10 页）中，埃莉诺恋人的魂魄吩咐她"提防那位可恨的公爵，那个懦夫，雇了个恶棍趁着夜里要夺我的性命"。

　　吉尔克里斯特说，布莱克"曾说政府或者什么高官，想用当年谋害托马斯·潘恩的一套诡计，'派个士兵来陷害他'"（*BR*，第 146 页）。吉尔克里斯特、大多数后来的学者和我本人都认为这是妄想症，不予采信。

布莱克从兽的魔爪里逃脱，迎来法庭的正义，不是凭着自己的诚实和正直，而是靠着费尔珀姆赞助人的耿耿忠心和鼎力支持，可这恰恰是布莱克想要切割的。如果没有律师塞缪尔·罗斯的法庭辩护，没有赞助人威廉·海利的品格见证，布莱克在奇切斯特的二审很有可能跟佩特沃思的一审结果一模一样：煽动叛乱罪成立。对精神使命的忠诚似乎是对俗世的叛乱。

费尔珀姆的弹丸之地最终证明并不是布莱克夫妇希望中的庇护所。而回到伦敦则是退守到一个二人的狭小世界。

第七章
1804—1810：“沉醉于心灵的异象”

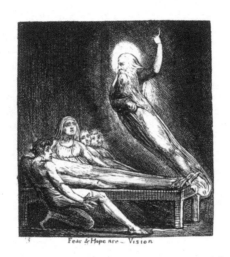

插图 24　布莱克，《担心与希望都是——异象》

“我真真沉醉于心灵的异象，一旦我拿起来铅笔或者刻刀”[1]

"暗杀之城"

与费尔珀姆羊群遍地的巷子不同，伦敦的街道做了各种区域划分：

> 短短几年的时间，伦敦从一个只卖生活必需品的城市，或者说一个低端奢侈品商业中心，发展为颇具规模的典雅之都，的确是成就斐然……我相信，现在书店的数量比得上肉铺的数量，版画店也跟其他行当的店铺一样多。我们还记得，当初伦敦的版画店真是少见……[2]

刚回到伦敦，布莱克发现"没人给自己活干"，因此，"他必须得找找人，说说好话，可是巴结讨好又不是他的长项"。[3]他拖着疲惫的脚步，穿过人头攒动的街道，为海利张罗着做不完的杂事——与书商（如理查德·菲利普斯）和版画商（如威廉·桑德斯）攀谈，落实罗姆尼的画和赞助人，给海利寄新的版画和书，充当海利在出版商那里的代理人*——手头的杂事一件还没办完，海利又安排了更多的事。布莱克的信中充满了努力无果的挫败感和终日为俗事奔波劳碌的空虚感。

当版刻"生意来了"，就在他以为"诸事遂愿，工作多多"的时候，[4]却发现这一行业满是肮脏与龌龊。"我不大相信书商的话"，即便是像约瑟夫·约翰逊和理查德·菲利普斯这样杰出的书商也不例外。的确，他发现"在伦敦，中伤同行，罔顾同业，都被认为是公平竞争。版刻师、画家、塑像家、印刷商以及诗人，无一例外，我们不是在战场上，而是

---

* 说得具体些，布莱克是海利的秘密代理人，因为书商理查德·菲利普斯提议（"我希望您会采纳或者接受"）海利担任"大概名为《文学之辩》的评论杂志的编辑或者顾问"（见1804年4月7日信函）。布莱克充当了海利与理查德·菲利普斯的中间人，商谈出版海利的诗歌事宜。（分别见1805年1月19日和22日、3月22日信函）。具体商谈的细节，特别是海利坚持必须由西格雷夫来印刷诗集的相关信息，请参见 BR，第156—170页。菲利普斯说"可怜的布莱克……被这些麻烦事情折磨得相当痛苦"（1805年3月5日）。

在一个暗杀之城"。*

他在伦敦向往的自由看起来与在费尔珀姆时一样遥不可及。

"哦，荣光！哦，愉悦！"

突然，在1804年10月的某一天，布莱克从"兽与大淫妇"的煎熬中解放出来，挣脱了黑暗魔鬼的控制，

> 就是现在！哦，荣光！哦，愉悦！我把那个恶魔彻底赶回老家了，他的滋扰把我过去二十年的劳动毁坏殆尽……尼布甲尼撒七次躲避他，而我则消磨了二十年。感谢上帝，我不是像他那样的兽，但我是被关在磨坊里的奴隶，被众兽和魔鬼包围。如今，这些兽和魔鬼与我一道，变成了光和自由的孩子，我和妻子的双脚都从镣铐中解脱出来……那天参观完特鲁克泽斯美术馆，†突然，我年轻时曾经领受过的光，再一次给了我启迪。整整二十年，这光在我面前仿佛是被门或者窗叶隔断开来，不得亲见。‡……曾经欺凌我的人已经变成了我的仆人，曾经的敌人成了兄弟。亲爱的先生，原谅我的热情或者就叫疯狂吧，因为我真真沉醉于心灵的异象，一旦我拿起铅笔或者刻刀，就仿佛回到了年轻时代，仿佛从未经历过这黑暗逐利的二十年。[5]

269

---

* 见1804年5月28日信函。海利在他1804年6月18日写给弗拉克斯曼信函中引用了"暗杀之城"一词，弗拉克斯曼在8月2日的回信中说他觉得这个词没什么特别的："这只是个诗意的说法，无意中伤任何人。"弗拉克斯曼说得轻飘飘的，布莱克写下这个词的时候可是身处险境，忧心忡忡。

† 《特鲁克泽斯美术馆目录（目前正在波特兰街对面的新路展出）》（1803）中介绍了大约1000幅画作。相关信息摩顿·佩利在《重访特鲁克泽斯美术馆》一文中探讨过，详见《浪漫主义研究》，第16期（1977），第165—177页。我们不太清楚，特鲁克泽斯美术馆是不是布莱克再次产生异象的起因或者是发生地。

‡ 这"恰好20年"可能从1784年秋天（可能是10月）布莱克与帕克在布罗德大街创立自己的印刷店算起（*BR*，第557—578页）。

布莱克再一次成为光的孩子——当他开始“从抑郁的深渊里往外爬”时，曾幻想灵感迸发会是如何的光芒四射，结果发现并非如此。*在长诗《天堂与地狱的婚姻》众多难忘的场景中有一幕，天使给叙述者展现了“一座燃烧着的城市”，一轮黑色的太阳，以及“从腐败中跳出的奇形怪状的动物”，这些是“魔鬼，是空中掌权者”，†而天使离开的时候，叙述者发现身边已无他物，只有一位在月光下吟唱的竖琴师。[6]“第一次光的异象”出现在费尔珀姆的海边，记录在布莱克 1800 年 10月 2 日的信中。布莱克在阳光下看到的洛斯四重异象记录在 1802 年 11月 22 日的信里。在《弥尔顿》中，欧罗隆如“闪电的光”降临到他在费尔珀姆的花园；而弥尔顿的影子也如流星般落到他农舍的花园里。布莱克成为在太阳底下与洛斯“在一起的那个人”；“耶稣……从费尔珀姆的山谷里走出来”。[7]布莱克的灵感虽然断断续续，却令人称奇，叹为观止。

“我的成员内部的战争”

“没有任何原因的抑郁”是具有毁灭性的精神深渊，“是一种疾病”。[8]抑郁过后，灵感骤至，又会经历精神的荣光与愉悦——这些情绪表现就是后来称作躁郁症的轻微症状。‡布莱克的情绪起伏不定，甚至连最亲近的朋友也摸不准他的脾气。他会突然向为他四处奔走谋福利的挚友发

---

* 见 1800 年 7 月 2 日信函。“那天，在参观完特鲁克泽斯美术馆之后”，这个突然出现的异象，通常被认为是布莱克一生中伟大的转折点。从此，他对基督的信仰有了新的认识，决定献身于创造性艺术（水彩画），放弃复制性艺术（临摹版刻别的画家的作品）。不过，这些改变都没有像他的这封具有启示意义的信一样，来得如此突然。

† “空中掌权者”来自《圣经·以弗所书》第 2 章第 2 节，“顺服空中掌权者的首领”（according to the prince of the power of the air）。这里的“prince of the power of the air”指撒旦。——译注

‡ 弗雷德·多陀特：《异象的辩证：用逆向思维阅读威廉·布莱克的〈耶路撒冷〉》（巴利顿［纽约］：车站山艺术出版社，1998），第 13 页。他认为，《耶路撒冷》一诗中存在“两组截然相反的意义”，可能起因于“布莱克自己的性格中的某种内在冲突……”。

火。这些表现都说明他性格不稳定。也难怪，连海利这样的亲密好友都说布莱克的情绪已经"敏感到近乎危险的地步"，他的"想象力已经完全扰乱了他的生活"，有必要"让他过于忧虑的神经安静下来，保持较长一段时间不受任何搅扰"。[9]

在此之前，布莱克曾写下了自己与"这个抽象的精神"（this Spirit of Abstraction）斗争的经历：

> 我一直在努力，但是成效连我想要的一半都没有，因为我的抽象傻瓜，在我工作的时候，把我赶到了并不存在的山川河谷……我极力想阻止，想用全部的力量捆住双脚，把它们束缚在责任和现实的世界。但一切都无济于事！……我不仅没能绑住自己，反倒带着这个世界飞走了，这个世界比在风中滚动的一团羊毛还要轻……有谁能帮我从抽象的精神里解脱出来，不再虚掷光阴？[10]

在这段话中，布莱克生动地描写了他的想象与理智之间的斗争。

布莱克的写作常常被"绝望"、"孤寂"和"死亡的绝望与挥之不去的忧郁"打断。[11]这些词语的使用，说明布莱克熟悉抑郁症发作时的表现。在《法国大革命》中，巴士底狱的典狱长"突然被接连不断的号叫声、绝望和无边的黑夜攫住"；在《经验之歌》中，爱"在地狱的绝望中建立起天堂"；在《给两性》中，则刻画了一个饱受折磨的人，"挣扎着穿过地球的忧郁"。[12]

对布莱克而言，抑郁与"理性、怀疑、绝望和死亡"有关，与"怀疑、不可名状的恐惧和可恶的抑郁"有关。[13]

> 教导孩子去怀疑的人
> 永远走不出腐烂的坟墓……
>
> 谁要答复怀疑者的发问
> 就是熄灭知识的明灯……

亲眼看见还要怀疑的人

永远不会去相信，随你便吧。

若是太阳月亮也会生疑

它们的光芒就消失无迹……

（《天真的预言》，第 87—88、95—96、107—110 行，

皮克林民谣手稿，第 17—18 页）

理性导致怀疑和绝望，“怀疑总是有害的”[14]。“怀疑……就是自相矛盾”，这一思想在诗句“这个撒旦，这具怀疑的躯体，似是而非”中得以体现。[15]

与质疑和绝望相对的是信仰和希望，这似乎代表了布莱克天赋的两个方面，他的两个灵（daemon）：“恐惧和希望是——异象。”[16] 在《瓦拉》中，萨玛斯*说“我一切绝望与希望之魔”[17]。希望和绝望，就像天真和经验，是“人类灵魂的两个对立状态”，“在这里绝望和希望的感觉永不停止地生长”。[18]

布莱克在 1802 年之前创作的神话体系里所表现的二元对立，譬如，充满想象力的洛斯与理性的由理生之间的权力之争，可能也是布莱克内心斗争的一种写照。这或许是布莱克理解和再现自己的精神世界里二元对立状态的一种方法。[†]

1804 年 10 月，布莱克降伏了曾长期“骑在我头上的”那个“魔鬼”。但是过了很长一段时间，他仍旧在与他的绝望和希望作斗争："1807 年 1 月 20 日，下午 2 点到晚上 7 点——绝望"；"1810 年 5 月 23 日，发现字是金色的"。[19]

271

---

* 萨玛斯（Tharmas）是布莱克创作的神话中的四天神之一。——编注

† 1802 年以后，这种对立就从二元就变成四重——“现在我看到了一个四重的异象”（见 1802 年 11 月 22 日信函）——加入了天神萨玛斯和鲁瓦，最终洛斯与耶稣基督合为一个神。

布莱克相信"每个人的天性应被称之为……他的善良天使"，*即苏格拉底谓之"灵"的。†他曾说自己被"我的神灵或是我的天使驱赶着，不得不跟在他的身后"[20]。

然而，"人有两面性，一半作恶，一半行善"，‡一半可以控制另一半。一会儿，"这个天使……现在变成了魔鬼"——不过，"我的魔鬼……到底还是一个性情温顺的魔鬼"——一会儿，"这魔鬼又变成了光与自由的孩子"。[21]这些都是灵魂内部彼此分离的各个部分。在《瓦拉》中，奥克提到"我分裂的灵魂"，永恒之人也哀叹"我的成员内部的战争"。[22]

布莱克经历着灵魂内部成员的战争。朋友托马斯·巴茨曾提醒他："你总是忍不住去回想以前受过的苦，这样的回忆没完没了，我都分不清你的天使到底是黑色、白色还是灰色的。"[23]布莱克在 1804 年写道："当时处于极度分裂的状态，我终于从恐怖与惊骇的地狱（除了我自己无人知晓）中挣扎出来。这种分裂的状态业已消失，我不再与自己抗争，我必须仰望主的力量继续前行，一如可怜的朝圣者所言。"[24]

布莱克被不同的灵交互控制着，时而信心百倍，时而灰心沮丧，自己也颇感困惑："有时，声望之火熊熊燃起，我在别人的眼中完美而出众，但是很快，这火焰就熄灭了，空留我一人，目瞪口呆。啊！如果我也能像其他人那样，有稳定的工作该多好……"[25]

布莱克跟朋友谈起他的灵，他的灵也对他说话："我还清楚地记得我听到的威胁来自我的天使……'如果你……把自己的天赋埋在土里……悲伤与绝望会追随你一生！'"[26]艺术天赋无法得到施展，布莱克陷入抑郁和绝望。

272

---

* 在拉瓦特尔的《人生格言》书名页上做的批注。有时，布莱克把他的灵称为"天使"，有时又称"恶魔"或者"魔鬼"；巴茨则唤作"守护神"或者"忠实的灵"（1800 年 9 月信函），布莱克自己也提到他的村舍的"守护神"（1800 年 11 月 26 日）。

† 1825 年，克拉布·鲁宾逊写道，布莱克有着"苏格拉底相似的容貌"，并且引用了布莱克的一句话"我就是苏格拉底……或者是某种意义上的兄弟"（*BR*，第 309、310 页）。

‡ 在拉瓦特尔的《人生格言》第 164 页上做的批注。他告诉克拉布·鲁宾逊："每个人的心中都有一个魔鬼"（1826 年 2 月 18 日）。

在朋友们看来，"他说起'我的异象'时，语气平常，不加任何修饰，仿佛我们是在谈论人人都知道的、没什么特别的事情那样稀松平常。他就用这种语气反复说道——'灵魂告诉我'"[27]。朋友们一听这话，就明白他要讲什么了。他把海利称作"我众多天使的领头人"，弗拉克斯曼则是"永恒的雕刻家"，巴茨是"我的天使的朋友"。[28]对于他的狂热，朋友们都报以微笑。

但是，同样的表达，如果在公共场合，用到敌人的身上，公众就大感不解了："提香[*]的灵魂特别热衷于怀疑，怀疑没有模特的情况下作画的可能性。有一次，他又起了疑心，轻易地让异象一次又一次地溜走了……鲁本斯是最可耻的魔鬼……柯勒乔[†]是个软骨头，缺乏男人气概，也是最残酷的魔鬼……"[29]在他的同时代人，甚至是今天的我们看来，布莱克在出版物中公开表达这样的态度，说明他的精神已经不正常了。

对布莱克而言，创作的快乐令人陶醉。他"沉醉在灵魂的烈酒里"、"永恒的酒里"、"洛斯的酒里"。[30]这种充满神性的陶醉产生了诸如写在笔记本上的诗稿和民谣手稿等作品，也渗透在《瓦拉》《弥尔顿》《耶路撒冷》以及绘画中。布莱克在这一时期创作的明显特征是把基督教融入自己的神话体系当中，将代表想象力的洛斯与基督等同，让洛斯—基督成为他的神话体系的掌权者。

为海利工作

1804 年圣诞节前后，回到伦敦的布莱克夫妇都很想念海利。

---

[*] 提香（约 1477—1576）是意大利文艺复兴时期威尼斯画派画家。——译注
[†] 安东尼奥·阿莱格里·达·柯勒乔（1489—1534），意大利文艺复兴时期的画家。——编注

一想起我们在可爱的费尔珀姆度过的快乐的圣诞节，我们的灵魂似乎仍然逗留在甜蜜的村舍，盘旋在美丽的塔楼。我以前好像说过，距离会让人产生幻觉，如今倒是验证了这句话。我们每每坐在炉火旁，耳畔就会响起你在大门口喊我们的声音。[31]

但是，节日的快乐因为"我慷慨的支持者"塞缪尔·罗斯的去世而骤然消失。罗斯在奇切斯特季审法庭上为布莱克辩护时突然发病。10 天后，布莱克写道："再见了，亲爱的罗斯，你比我更早进入了天国。我还要再飞越几座高山才行。我听到连绵的钟声和号角，这里聚集着如考珀这般荣光的被成全之义人的灵魂*，欢迎你来到他们当中……"[32]

布莱克在伦敦为海利跑腿，既赚不到什么现钱，也拉不到版刻的活计。与此同时，海利还在为他的新版 8 开本《威廉·考珀传》和《乔治·罗姆尼传》†寻找其他的版刻师。而这些版刻任务正是布莱克一直以来希冀获得的。弗拉克斯曼拗不过人情，只好就版刻师的人选找海利说好话，‡海利还真"把版刻的任务……委托给布莱克了"[33]。既要照顾到和布莱克的友谊，又要对海利忠心，弗拉克斯曼夹在中间还真不好做人。

海利新赞助了一位名叫卡罗琳·沃森的版刻师，弗拉克斯曼对她的某些作品的评价是"惨不忍睹"。[34] 由于威廉·夏普办事拖拉，弗拉克斯曼向海利推荐了布莱克从前的搭档詹姆斯·帕克和年轻的约克郡版刻师 R. H. 克罗梅克。[35] 然而，赫斯基思夫人告诉海利，她"热切地希望心灵手巧的凯瑟琳（卡罗琳·沃森）能有幸来装饰您的作品"。其实，赫

---

* "被成全之义人的灵魂"，原文是 Spirits of Just Man made Perfect，取自《圣经·希伯来书》12 章 23 节，译文取自和合本中文《圣经》。——译注

† 海利对于布莱克开出的价格、拖延交付雕版和版画感到很为难——见 1804 年 3 月 12 日、16 日、21 日和 31 日的信函。在他 1804 年 4 月 1 日的信中，海利写到自己颇为"震惊"：他本打算寄几本《威廉·考珀传》给几位特别的友人，结果布莱克的版刻清样迟迟未到。

‡ 见 1804 年 5 月 1 日，6 月 8 日、16 日，11 月 7 日和 1805 年 11 月 14 日信函。弗拉克斯曼对布莱克作为版刻师的技艺是十分有信心的，这从他的推荐信中可以看出。他为《伊利亚特》（1805）设计了插图，写信推荐布莱克版刻其中三幅插图的轮廓图。这项版刻任务为布莱克赚取了 15 英镑 15 先令的酬金（据朗文档案［BR，第 571 页］、弗拉克斯曼 1804 年 5 月 1 日和 1808 年 3 月 11 日信函）。1814 年 8 月 19 日，他在信中写道"布莱克先生是最优秀的轮廓画版刻师"。

斯基思夫人早就写信给沃森，答应把这些版刻都包给她。*结果，新版8开本《威廉·考珀传》和新版4开本的《乔治·罗姆尼传》的版刻工作都落到了卡罗琳·沃森的手中。之前布莱克还一直指望着能揽下。

面对这场变故，布莱克选择了坦然接受："请您放心，能一睹经由卡罗琳·沃森之手版刻的考珀画像，绝对是幸事一桩；能欣赏到其他人版刻的不一样的考珀像，是我的福气，不仅令人心悦，而且激人奋进，如此这般更好。"[36]一周之后约翰·卡尔给海利写信道："我昨天拜访了布莱克先生……提到卡罗琳·沃森的版刻，他说自己没觉得委屈，对您的安排也毫无怨言。"[37]但是，布莱克一定有种遭受背叛的感觉，特别是他发现过半的罗姆尼版刻任务都交给了沃森，仅留一幅给他。

274

出版海利的《系列民谣设计》

布莱克没揽到这些可以为他带来丰厚利润的版刻工作，自然很是失望。可能是出于对布莱克的安抚，海利主动提议说，他新找的出版商理查德·菲利普斯要印刷8开本的新版《系列民谣设计》，可以由布莱克来版刻插图。该版的成本和利润将由书商和版刻师均摊。†1805年2月11日，菲利普斯同意了海利的这一"善举"，布莱克告诉海利，自己"打心眼里得意……能够拥有这笔小小的美丽之财"[38]。

然而，布莱克似乎没有考虑到，这次的合作，他自己要承担很大一

---

* 见1804年11月14日信函。爱德华·马什在1810年1月9日给海利写信："卡罗琳·沃森的版刻插图（为你写的传记而作）精美至极；你没用布莱克，选了沃森，真是英明之举"（*BRS*，第60页）。不过，约翰尼·约翰逊说布莱克和沃森"根据罗姆尼画的考珀头像制作的版画，都不尽如人意"（1824年11月13日［*BRS*，第80页］）。他还评价沃森版刻的安·博德汉姆的肖像，"虽然比布莱克的版刻要强一些，但是仍不能表现出原作的神韵"（1822年6月14日，*BR*[2]）。

† 海利一直盼望着出一个由布莱克设计并版刻插图的8开版（见1803年4月3日信函）；不同于以往，他主动提出利润均分。海利还特别说明，"我只期望能拿到30本样书送给朋友，并保留我对作品集进行重印的权利"（1805年2月28日）。6先令1本，30本的市价是9英镑。

笔开销，而且绝大部分不是他能把控的。他得先垫付大量的现金，再设计插图，版刻插图，最后才能期待有所回报。根据成本分担协议的规定，总共有 5 幅插图的工作量，"我全心投入，成品美轮美奂……每幅图 20 基尼金币，一半由菲——来支付"。"我正在把这 5 幅精美的插图，做成版刻需要的大小。"[39] 制作完成的插图版画，标注的日期是 1805 年 6 月 18 日，距离协议签署不过三个月，可见布莱克一直在没日没夜地辛勤工作。

书出版之后，一本送给了布莱克在奇切斯特的朋友"韦勒先生，谨献上威廉·布莱克的感恩与回忆"，另一本由海利送给了赫斯基思夫人，"这是一本饱含敬意的赠书，一位非常勤奋但不是很发达的画家向您表达他的感激——微笑着向您致谢！看到他的作品，您可能会皱眉不悦，尤其是最后一幅——他的得意之作！"[40] 她回信道："老实说，确实如你所言，那幅《马》有些怪诞！更不消说，画中的那位女士也太过镇定了吧。"[41]（见图 97）

这本书出版以来，就没有收到几句积极正面的评价。甚至连稍微客气点的书评都在暗示，"这些插图……突显了布莱克的天分，而不是他的品位"[42]。而有些书评则是火药味儿十足。罗伯特·骚塞是出了名的毒舌，他匿名评论道，海利的这本书

> 荒诞之至，找不到一星半点可嘉之处，了无生气，阅之寡味……这位诗人唯一的幸运，是遇到一位能充分表现他的思想的画家。说实话，……真不知道是该称赞威廉·布莱克先生有天赋，还是威廉·海利先生有才华。[43]

布莱克最后几次提到《系列民谣设计》时，心情非常沮丧。1805 年 11 月 27 日，他告诉海利："我没法向您汇报我们的《系列民谣设计》进行得怎么样了，这段时间，菲利普斯那边音信全无。"12 月 11 日，他悲叹道"我们美丽而深情的《系列民谣设计》"一直遭人"嘲笑、看不起"。

1805 年 6 月，威廉·海利的《系列民谣设计》出版，布莱克承担了一半的出版费用（约 23 英镑）。[44] 他期待着能从书的销售中得到一半的收益，但是进账十分缓慢，很可能最后的所得都不够冲抵他投入的现金及其他成本。

为了偿还菲利普斯的债务，布莱克可能借了好大一笔钱。为此，他可能不得不靠人接济才能生活下去。1805 年 10 月，R. H. 克罗梅克在信中写道：“您和夫人落魄到一周仅靠半个基尼金币度日！”[45]

1807 年 11 月 5 日，距离《系列民谣设计》出版还不到 30 个月，托马斯·本斯利的仓库突然着火。[46]海利的《系列民谣设计》未卖出的成书、未装订的纸芯以及用于印刷的铜版几乎在这场大火中焚毁殆尽。

反观菲利普斯这边，威廉·海利是颇具市场价值的作者，菲利普斯与他合作基本是稳赚不赔，而且他也不必为《系列民谣设计》的插图设计和版刻预支成本。他在自己店里销售的书，每本都有 1 先令 9 便士的利润，且这些收益不必与布莱克均分。

布莱克可能已经觉察到了，自己是被两个强有力的棋手用作小卒，摆了一道。布莱克投资印刷的海利《系列民谣设计》，惨淡收场，书不畅销是一个原因，1807 年本斯利仓库失火更是雪上加霜。1805 年，布莱克酝酿涉足图书出版时，还以为前途繁花似锦，岂料投资失败，梦碎难圆。对于理查德·菲利普斯而言，这项风险投资自有其目的和作用。不过，两位投资人似乎都没有怎么赚到钱。一直等到第 2 版出版的时候，情况才有所改观。布莱克觉得自己不是在跟朋友打交道，而是在与精明算计的商人周旋：

> P——爱我，但非朋友之爱
> 他爱朋友乃为谋利，为其所用。
> 他爱我，完全无利可谋
> 但能幸灾乐祸于我的失败

（笔记本，第 34 页）

为布莱尔的《坟墓》设计插图

1805 年的夏天，能说会道的约克郡版刻师 R. H. 克罗梅克（见图 98）开始了一项新事业——出版绘画作品，他接洽的第一个人就是名不见经传的威廉·布莱克。

克罗梅克住在纽曼街 64 号，在牛津街的正北面，与一群成功的艺术家为邻。*他开明又有见识，很招人喜爱。他的门生艾伦·坎宁安曾评价道："我非常仰慕他，他在诗歌和绘画方面，品位极佳，是个温暖又和善的人：我一直都很想念他。"[47] 弗拉克斯曼称"克罗梅克先生具有独立精神，找他做事的人很多，他的事情也做得好"。[48] 他的同行，版刻师约翰·派伊对他的印象是一位"精明的、头脑清晰的北方乡绅。虽说是个版刻师，但是他的品位和心性都不像是干这一行的……在我看来他非常聪明，一有机会就会写写记记"。[49]

尽管带有明显的约克郡口音，克罗梅克张口闭口不离启蒙艺术。在布莱克的诗里，他把"manoeuvre"说成"Mennywouver"，把"genius"说成"Jenous"，把"je ne sais quoi"[50]说成"Jenny Suck awa"。他曾经给诗人詹姆斯·蒙哥马利写道：

弥尔顿说，他的名气靠的是"寥寥几个不常有的伯乐"的赏识……不是每个时代都能造就伟大的思想家，有些时代甚至连一个都造就不了——伟人屈指可数，所以我认为，天才在这俗世活着，定是不快乐、不幸的，要面对世人的嘲笑与轻蔑。天才与俗世定然

277

---

* 他在纽曼街的邻居包括：托马斯·班克斯，皇家美术学院成员；亨利·霍华德，皇家美术学院成员（排名第 5）；本杰明·韦斯特，皇家美术学院主席（排名第 14）；乔治·达维，皇家美术学院成员（排名第 22）；亨利·詹姆斯·里克特，联合（水彩）艺术家协会主席（排名第 26）；托马斯·斯托哈德，皇家美术学院成员（排名第 28）；科尼利厄斯·瓦利，水彩画协会的创建人（排名第 42）；约翰·培根（卒于1799 年），皇家美术学院成员；约瑟夫·培根（排名第 68）。

纽曼街离波兰街不远，布莱克于 1785—1790 年居住于此（见图 8，可参考 R. 霍伍德绘制的威斯敏斯特平面地图）。

纷争不断，因为世人总在与他作对。但是，就另一个世界而言，天才又是有福的！他是朝圣者，是地球上的异乡人，正在进入一个遥远的国度，被希望牵引着，间或也有失望，但是——有众天使环绕在身边，有无所不在的神在保护，他是这个世界的光。所以要敬重你自己啊，天才！——

　　这个国家有一大群可怕的人，以爱丁堡的评论者为首，他们蔑视诗人和诗歌，不惮以最大的力量把他们对诗人和诗歌的蔑视传播到国外去，对所有充满幻想与想象的作品都毫不留情，否认并中伤理性之外的一切思维能力，并施展各种伎俩，打压真正的艺术和科学，从而建立起他们的伪艺术和伪科学——伪艺术与真艺术就好像是稗子与麦子——天才从俗人那里领受的就是麦子从稗子那里领受的——他们必须一同生长，直到收割季的来临——[51]

　　这些极为感性的表达——赞美被世人蔑视的天才、被天使环绕着的地球上的异乡人和朝圣者、真伪艺术就像麦子与稗子，等待收割季的来临——听起来太像是在形容威廉·布莱克了。人们不禁会想，说这话的人简直就是布莱克的知音伯乐啊。

　　克罗梅克在收集彭斯未发表的诗歌时，曾写下一段话，他的措辞与海利描述考珀的笔触惊人的相似：

　　　　我满腔热情，常常思想，若是彭斯*之灵在我的头顶停留，看到我如此热情忘我地工作，定会感到安慰，……我对他无比崇拜，任何有损他的品行、有碍人们对他产生好感的事情，我都会秘而不宣——[52]

　　但也有一些熟悉克罗梅克的人，对他持有完全不同的看法。1808年，小乔治·坎伯兰与兄弟悉尼一起住在克罗梅克家，他在给父亲的信

---

* 罗伯特·彭斯（1759—1796），苏格兰人，英国浪漫主义时期的诗人。——编注

中写道："住在克罗梅克家极为不悦…… 他们对我很是无礼，我在国内外的休闲和研究也因着他们自私自利的性子，大受影响。他们真是不折不扣的约克郡人。"*

艾伦·坎宁安的儿子评价道"克罗梅克对于你的、我的没什么概念"。克罗梅克给艾伦·坎宁安写信说："我真羡慕你能读到尼斯代尔夫人的亲笔信——拜托，不管用什么法子，把它偷过来，要标注日期，这样好跟印刷版的作个对比。"[53] 坎宁安告诉儿子，有一次，为人大度，颇有绅士之风的

> 沃尔特·斯科特爵士跟他讲在阿伯茨福德碰到的一些蹊跷事——"我曾经——很遗憾是曾经——有本·琼森写给霍桑登的德拉蒙德的一封信的原稿，是本用漂亮的书法字体写成的——据我所知，这样的信，仅此一封。"我父亲说他在伦敦的时候，看到克罗梅克的手上就有一封这样的信。斯科特情绪激动地说了一通，接着说道："那封信我最后就是给克罗梅克看的，打那以后信就不见了。"[54]

新版的布莱尔《坟墓》由布莱克负责插图设计。可是，克罗梅克却在致谢部分漏掉了插图设计者的名字。他在《尼思河谷及加洛韦民歌残稿》（1810）当中，也没有提及这些残篇主要是由他的年轻朋友坎宁安采写并亲自谱曲的。正如沃尔特·斯科特评价的，"克罗梅克是一个十足的吸脑鬼（Brain-sucker），靠着他人的劳动成果过活"。[55]

克罗梅克的人品，从他对詹姆斯·蒙高马利说的一番话中可见一斑："我很欣赏你对彭斯残篇的评论，这些评论太对路了，对我的生意有立竿见影的帮助，真是说到我心坎儿上去了！"[56]

克罗梅克是约翰·弗拉克斯曼、乔治·坎伯兰和托马斯·斯托瑟德

---

* 见 1808 年 12 月 20 日信函（BR，第 209 页注 2）。坎伯兰的两个儿子住在克罗梅克家，帮忙将父亲的画作和口信带给布莱克（1808 年 12 月 1 日）。1808 年，坎伯兰"在克罗梅克夫人家住了两周——2.2.——"（大英图书馆补充手稿，第 36591 项，第 404 页及以后）。1810 年，艾伦·坎宁安在克罗梅克家住了 8 个月。

等人的朋友。布莱克与克罗梅克此前曾一起为几本书版刻过插图。大概也就是在这个时候，布莱克设计并版刻了 B. H. 马尔金的《慈父忆儿录》的卷首插图（见图 99）。这幅插图在 1806 年被克罗梅克重新版刻（见图 100），并收录在出版的《慈父忆儿录》中。克罗梅克的版本比布莱克的要传统许多，被天使引向天国的孩子也刻画得更加可爱，但这好像并不能解释为什么明明是布莱克创作的版画，最后却署上了克罗梅克的名字。

1805 年初秋，布莱克告诉海利，"我的朋友克罗梅克"

> 找到我，想买走我的几幅画。他开了价，希望我为他创作罗伯特·布莱尔的《坟墓》的插图。他放手让我自由发挥，我总共设计了 20 幅插图，他都非常满意。现在，他又安排我来版刻这些插图，允许我自由发挥。他打算通过预定的方式，让插图和诗一起出版……*

这件事，在弗拉克斯曼 10 月 18 日的信中描述得更为具体：

> 克罗梅克先生雇用布莱克为布莱尔的诗歌《坟墓》创作了一套 40 幅的插图。其中的 20 幅，他让创作者自己版刻出来并出版，希望以此来为该画家扩大影响。好几位皇家美术学院成员都对样本表达了高度的赞赏，并有意向要推广这项工作。我见到了其中的几幅，印象最深的有：展现在最后的审判来临之前，幽灵们无比喜悦的《幽灵的嬉戏》《寡妇怀抱着丈夫坟头的草皮》《强壮的恶人之

279

---

* 见 1805 年 11 月 27 日写给海利的信函："整个过程……仅耗费了大约两个月的时间"。克罗梅克在 1805 年 11 月出版的简介中提到了他与布莱克的"私人友谊"。布莱尔的《坟墓》是克罗梅克出版的第一个版本（阿农［或艾伦·坎宁安］，《R. H. 克罗梅克小传》；罗伯特·布莱尔，《坟墓》［伦敦：R. 艾克曼，1813］［BR，第 167 页］）。根据 J. T. 史密斯提供的资料，克罗梅克交给布莱克这项工作，"不只是口头承诺，并且还真的……签了一份明确的协议，雇佣布莱克来版刻这些插图"（BR，第 464 页）。

死》（见图 111）、《天使迎接一个善良的老人的灵魂》。*

　　弗拉克斯曼说克罗梅克委托布莱克创作版画的目的是"希望为该画家扩大影响"，这与克罗梅克自己的说法倒也相吻合。克罗梅克后来写道，他这么做，"是为了给你（布莱克）打造一些名气"。[57] 不过，为艺术家打造名气和为艺术家和赞助者赚钱并不矛盾。毋庸置疑，克罗梅克希望艺术家和出版商通过这次合作都能赚上一笔——对此，他志在必得。

　　显然，布莱克为布莱尔的《坟墓》创作的草图一共有 40 幅，但是，克罗梅克只选用了其中的 20 幅，并支付了每幅"微不足道的 1 基尼"[58] 酬金。单幅草图的价格与巴茨付给布莱克的圣经水彩画的价格是一样的。但是，克罗梅克支付的这 21 英镑，不仅包括 20 幅草图的设计费，还包括出版这些草图的权利。

　　在仅仅两个月的时间里，布莱克就完成了 40 幅草图的设计，而且其中的 20 幅可以直接用来版刻，可想而知，他工作的速度有多快。11 月 14 日，弗拉克斯曼写信给海利：

　　　　说到版刻师，你听到这个消息，一定会很高兴——在未来相当长的一段时间里，布莱克手头的工作会多到做不完。人人都想着把日子过好，不要挨饿。他若是肯稍微屈尊，多考虑一下俗事，现在早就走在富足的康庄大道上了。

　　早在 10 月份的时候，弗拉克斯曼就已经了解到克罗梅克计划让布莱克版刻 20 幅插图。而一直到 11 月 27 日，布莱克才知道他将版刻"大约 20 幅插图"，每幅预期能得到 31.10 英镑的酬金，即便没有完工，也可以收到每幅 15.15 英镑的酬金。之前布莱克为海利版刻的《威廉·考珀传》和《乔治·罗姆尼传》的插图，比这还小一些，都能收到这个

---

* 据《反雅各宾评论》（1808 年 11 月号），有些草图，"只是公开送检到皇家美术学院，并未开始版刻"。

数。[59] 这样算下来，他为布莱尔的《坟墓》版刻 20 幅插图，应该可以拿到 315 英镑到 630 英镑的酬金。也许是考虑到版刻工作可以带来一笔可观的收入，布莱克就没有太介意克罗梅克开出的低廉的插图设计费。

布莱克设计好插图后，克罗梅克做的第一件事就是把草图送到皇家美术学院，寻求学界的支持。相当多的学院成员都愿意公开署名（表示支持），包括学院主席本杰明·韦斯特、布莱克的朋友理查德·科斯韦、约翰·弗拉克斯曼、亨利·菲尤泽利、托马斯·斯托瑟德等。[60] 克罗梅克在多份简介中都着重提到这些名字。这是一个极为利好的开端。

有了这些重量级人物的背书，克罗梅克兴奋不已，于 11 月印刷了一份简介，准备为新版的《坟墓》拉订单。简介的广告词如下：

> 新版布莱尔的《坟墓》，典雅大方，内附 15 幅插图 *，由威廉·布莱克原创设计并亲自版刻。前言部分包括对该画家创作思路的分析以及该诗的评论。
>
> 本书承蒙以下各位绅士的关照和订阅（多位皇家美术学院成员）……
>
> 本书前言将由本杰明·希思·马尔金先生撰写，M. A., F. S. A.[†]
>
> 本书的版权所有人，平日不喜妄下断言，今推出简介，唯恐私人友谊与个人兴趣影响公正判断，不敢仅凭一己之见，广而告之。窃以为，本书插图体现画家的极高造诣和原创天赋。为保证判断不失公允，值得行家里手予以关注，特将全系列画作呈送韦斯特先生和菲尤泽利先生审阅，此二人身居最高艺术殿堂，人品和权威不容置喙。承蒙菲尤泽利先生的厚爱和恩准，将其典雅古朴的观后感公之于众：有文为证，无须多言，摘录如下……

281

---

* 该简介列举了 15 个"提议版刻的主题"，包括《寡妇怀抱着丈夫坟头的草皮》（*BR*，第 166 页重印），《死神通过生的通道追寻灵魂》（见罗伯特·艾斯克的收藏），以及最终没有被版刻出来的《友谊》。

† 克罗梅克版的《坟墓》并没有前言，也没有马尔金的签名。

这里所承诺的马尔金对"对该画家创作思路的分析"，可能最终变成了《坟墓》中的《论设计》一文。

"……诗人的创造力……画家的表现力，彼此映衬，相得益彰，不
时激起我们的好奇；见他游刃于创造与理性的边缘，不禁又惊又惧。狂
野如画，奔放如歌，品位、质朴和典雅可以弥补所有的缺憾。这是怎样
一个幻想的孩子？这是怎样一个让人欲罢不能的画家？画中人物，无论
群体还是个人，各有其独特姿态，不似一般传统构图，亦不拘于画面设
计，时常流露出真诚不做作的态度。信手拈来俱天成，自如成画凭心
声。唯有被上天开启，被心灵唤醒的眼睛才能够发现。* 不论是哪一个
层次的画家，处于成长和成就的哪一个阶段，无论是学徒还是功成名就
的大家，无论是为装饰而画，还是旨在重现历史，都能在这里找到艺术
的素材和精进的灵感！"

……

原始草图以及根据草图版刻的版画样品，可在本书的版权所
有人（克罗梅克先生）处参阅，地址是：伦敦菲茨罗伊广场沃伦街
23 号。如欲订阅，请在此处登记姓名。†

布莱克的朋友菲尤泽利对这一系列插图的赞扬，极为明确而肯定。‡ 不

---

* 这一评价可能促使马尔金在《论设计》一文中发出这样的论断："这些插图，可以从
需要装饰的诗句中独立出来，这些图本身就是兴趣盎然的诗。"不过，请注意，菲尤
泽利赞美的是 1805 年秋在皇家美术学院展出的那 20 幅水彩画作品，而不是 1806 年
根据这些水彩画版刻出来的 12 幅作品。

† *BRS*，第 30—33 页（附上多件复制品）
　　菲尤泽利在这份简介里给出的评价是从 1805 年 11 月的第 2 版布莱尔简介的存
版重印而来，作了一些无关紧要的改动，主要是将布莱尔的《坟墓》（第 xii—xiv 页）
改成了大写字母印刷。可能在 1808 年 7 月的宣传单上重印了这里引用的菲尤泽利对
布莱克的褒扬。《观察家报》1808 年 8 月 7 日发表的没有署名的评论（实为罗伯特·亨
特撰写）以及《反雅各宾评论》1808 年 11 月号上的评论，对菲尤泽利给予布莱克作
品的褒扬都表示了怀疑的态度。
　　菲尤泽利的朋友约翰·诺尔斯在他的《亨利·菲尤泽利的生平与作品》（1831）中
说，布莱克"分发"了 1805 年 11 月的第一版简介（*BR*，第 168 页注 1）。不过，布
莱克应该没有这么做，顶多就是向克罗梅克推荐这项工作的赞助人选。他在 1805 年
11 月 27 日信中曾有过这样的举动。

‡ 为了报答菲尤泽利的这份人情，布莱克加入了一场笔墨官司。菲尤泽利在皇家美术学
院展出作品《乌戈利诺伯爵》，受到《贝尔信使周刊》的恶评。虽然"像菲尤泽利这
样无懈可击的画家，还轮不到我来为他辩护"，布莱克在 1806 年 6 月号的《月刊杂志》
上撰文力挺好友。布莱克在多幅作品（《给孩童：天堂之门》第 14 页，《天堂与地狱
的婚姻》第 16 页，为海利的书房所作的但丁肖像画以及后来的一幅蛋彩画）中都对
但丁的乌戈利诺伯爵有所刻画。

过，布莱克可能还是感到有些惊讶，因为菲尤泽利使用的不是庄重沉稳的语句，而是饱含激情的赞美之词。

11 月 27 日，布莱克写信给海利，提到“我的朋友克罗梅克，精神抖擞、干劲十足”，已经“安排我”为布莱尔的《坟墓》“版刻大约 20 幅插图”。“他有意将插图与原诗一起印刷并接受订购。你可以在他随函寄来的简介中看到。”* 征订式出版有一个优势，投机商可以提前拿到收益的很大一部分，避免被纸张和印刷成本拖垮。

显然，布莱克写这封信时尚未看到第一份简介，因为如果他看到的话，一定会知道简介说的是“由威廉·布莱克版刻……15 幅版画”，他也不会说出要版刻 20 幅插图的话来。

两周之后的 12 月 11 日，布莱克依然对自己的未来充满信心，他写信给海利，感谢他“对自己新工作给予善意的接纳，让自己能克服迄今碰到的各种困难”。†

如果布莱克知道克罗梅克在写给海利的信中，随函附上了自己的信以及出版简介的话，他一定会有种深深的背叛感。克罗梅克在信中说，布莱克的“作品空想太多，实干太少，一般人很难理解”。‡ 对于希望赢得大量读者的出版商克罗梅克而言，布莱克留给他的印象是相当负面的。

克罗梅克有此感言，大概是他本人曾经被布莱克的作品吓到过。在寄给海利的简介中有如下内容：“版刻的样品，可（在克罗梅克处）参阅。”然而，几乎可以肯定的是，克罗梅克在打广告的时候，尚未看到布莱克版刻的样品。事实上，布莱克在给海利寄信之前，可能已经将他

282

---

* 克罗梅克“干劲十足”的表现：“版刻师克罗梅克，带着布莱克为‘布莱尔的《坟墓》’设计的插图，拜访了画家约瑟夫·法灵顿，”（1805 年 11 月 30 日）。

† 此处提及的“善意的接纳”很可能包括答应帮他们去找订户，如海利的朋友威廉·盖伊、哈丽雅特·普尔小姐、W. S. 菠因茨、约瑟夫·西格拉夫和理查德·弗农·萨德利尔等人。在布莱尔诗集征订名单中并没有托马斯·巴茨和乔治·坎伯兰，可能如克罗梅克在 1808 年 8 月 14 日所写，由于“印刷商该死的疏忽”，坎伯兰的名字被漏掉了：“您的名字也有相当的影响力，这种疏忽是极为不幸的。”

‡ 1805 年 11 月 27 日信函（见 BR[2]）。也有可能，送到海利那里的目前已经找不到的那份简介已经是修订后的版本。譬如在那份“克罗梅克先生敬虔地”送给“汤姆林森先生”的简介里，“将由威廉·布莱克版刻”的字样被替换成“将由路易吉·夏芳尼缇版刻”（BRS，第 33 页注 2）。

之前答应给克罗梅克的样品寄出去了。

布莱克寄给克罗梅克的版刻样品可能是《死亡之门》———一幅以黑色为背景的白色线雕作品（见图 101）。作品立意十分大胆，这种反传统的技巧会让一个书商发怵，尤其是他所追求的是作品的受欢迎程度，或者至少是作品的大销量。克罗梅克一直期待着布莱克能版刻一些类似于他之前根据罗姆尼的草图为海利的《威廉·考珀传》版刻的人物肖像（见图 89），又或是他为扬的《夜思》所作的颇具素朴之风的版刻插图（见图 64—70）。见到《死亡之门》样本的克罗梅克肯定会说，"这可万万使不得"。[61] 他立即着手另寻一位顺服听话的版刻师。[*]

他找到的人是路易吉·夏芳尼缇[†]，与彼时风头正劲的弗朗西斯科·巴尔托洛齐是朋友，也是他的追随者。夏芳尼缇旋即同意接受这笔利润可观的版刻委托。就在布莱克 11 月 27 日致信给海利的几日后，克罗梅克为布莱尔的《坟墓》出版了另一份简介。新版简介与前一版几乎一模一样——实际上，克罗梅克用的就是存版，甚至连日期"1805 年11 月"都没有改动——不过，新版确实有几处重大的修改：原定的"15幅版画"减少为"12 幅充满生气的版画"，而且也不是"由威廉·布莱克版刻"，而是换成"由路易吉·夏芳尼缇版刻"，赞助人也不再受邀到克罗梅克处参阅"版刻样品"，[62] 因为克罗梅克手头并没有夏芳尼缇的版画样品，仅有的一张供参阅的版画还是布莱克的作品。

等到布莱克发现，明明之前答应给他的版刻任务，却被转给了夏芳尼缇时，他的愤怒可想而知。他在笔记本中写下了生动而略带刻薄的

---

[*] 托马斯·斯托瑟德的儿子写道，"克罗梅克发现了这个问题，向我父亲解释说，布莱克已经版刻了某个主题（为布莱尔的《坟墓》），实在是太平庸、太粗糙了……他换了施罗芬尼提（即夏芳尼缇）来版刻这些作品"（罗伯特·斯托瑟德，《斯托瑟德与布莱克》，《图书馆杂志》[1886][BR，第 172 页]）。

坎宁安说布莱克为布莱尔的《坟墓》版刻设计做了"一两次实验"（BR，第 490页），但是，他的有关克罗梅克和布莱克《坟墓》设计的其他信息都是来自 J. T. 史密斯。很有可能，这只是坎宁安一贯喜欢对他的信息来源添油加醋的结果。并没有证据显示，布莱克为布莱尔的《坟墓》版刻过第二幅插图。

[†] 路易吉·夏芳尼缇（1765—1810），意大利版画家。于 18 世纪 80 年代移居英国伦敦，很快成为伦敦最受推崇的版画家之一，尤其擅长将绘画作品转化为精细的版画。其中他与布莱克合作为罗伯特·布莱尔的《坟墓》创作的整套版画（布莱克负责绘画，夏芳尼提负责版刻）是 19 世纪早期英国版画的杰作之一。——编注

诗行：

> Cr——爱艺术家，像爱口中肉；
> 他爱艺术，但仅限欺骗的艺术
>
> 这心胸狭隘，惯使阴招的无赖我算认识了
> 哦，Cr 先生——你好啊？

（笔记本，第 29 页）

弗拉克斯曼可能也看过布莱克的白色线雕画《死亡之门》，他在 12 月 1 日给海利的信中写道：

> 布莱克准备大刀阔斧地开始《坟墓》的插图创作，这项工作得到一大批来自皇家美术学院及其他领域的杰出人士的赞助——我之前说过，他不愁没有工作，不过，我还是很担心，他习惯抽象地看问题，与一般人的思维模式大相径庭。虽然目前看起来是利好，但若想事事称心，恐怕不大可能。

弗拉克斯曼很可能还建议布莱克再努把力，配合克罗梅克把他设计的插图卖出去。这一建议让布莱克很是反感。事实上，有可能这就是两位老友产生嫌隙的导火索。12 月 17 日，弗拉克斯曼给海利写信说：

> 您如果有空，麻烦写封信给布莱克先生，问问他能否从目前承接的版刻工作中抽出点时间，帮忙版刻我的两幅画《希洛与利安得》以及《孤儿之家》。如果他没有时间，我就只好另找他人。这个问题，您来问比我来问要妥当些，我不忍坏了他的好脾气，或者占了他的便利来版刻我的画。63

又过了两年半，弗拉克斯曼告诉海利，"现如今，我与布莱克先生

284

已经无话可说了"。*

　　夏芳尼缇一定是以极大的热情来版刻布莱克为布莱尔的《坟墓》所作的插图。版刻的第一幅图很可能就是《死亡之门》。之所以这么认为，是因为最早的一幅版刻作品上标明的日期是 1806 年 2 月 1 日（见图 102），是布莱克原作（见图 101）的镜像图：留黑变成了留白，右边换到了左边，布莱克大胆粗犷、变化多端、富有力量的笔触被改得中规中矩、平滑灵巧（注意这里用于表现暗影的线条的使用手法）。尺寸也比布莱克的原作大许多（29.7 厘米 ×17.5 厘米和 18.6 厘米 ×11.7 厘米）。由此可见，克罗梅克一面放大版画的尺寸，一面减少版画的数量。

　　布莱克版刻的《死亡之门》，有可能已经与公众见面。斯托瑟德的儿子就曾见过，并慨叹道，"版刻得……实在是太平庸、太粗糙了"，克罗梅克压着不用，实乃明智之举。[64] 与之相反，夏芳尼缇的版刻让评论者大为震撼，几近狂喜，盛赞这位"无与伦比的版刻师路易吉·夏芳尼缇"："饱满的半彩点刻线条，落笔准确到位，线条活泼流畅，刀法变化多端，图案充满活力，拿到世界上任何一个国家，都会被认为是最优秀的版刻肖像画之一。"† 因此，克罗梅克认为，至少打广告是这么说的：这些插图都"版刻得异常精美"。[65]

* 见 1808 年 5 月 4 日信函。布莱克从费尔珀姆刚刚回到伦敦，就觉察到了弗拉克斯曼的冷落：1804 年 2 月 23 日，他写信给海利："弗拉克斯曼……忙得很，我觉得，要是我不主动去找他，怕是连他的面都见不上，我回到伦敦这么久，他都腾不出时间或者肯赏脸来见我一回。"弗拉克斯曼与布莱克之间的关系可能有些紧张，但还没有完全破裂。1806 年 11 月 22 日，弗拉克斯曼还给"布莱克的画"付过 1 英镑 1 先令的酬金，估计是"鸿篇巨制《最后的审判的异象》，布莱克所绘"，这幅作品后来出现在 1828 年 7 月 1 日克利斯蒂拍卖行举办的拍卖会上，编号 61（*BR*，第 575 页）。

† 罗伯特·亨特发表在《观察家报》（1808 年 8 月 7 日）上的评论力捧夏芳尼缇，踩低布莱克。评语主要是针对书名页的插图。对布莱克的作品一向充满敌意的《反雅各宾评论》（1808 年 11 月）称夏芳尼缇的"版刻栩栩如生，灵动盎然"，"值得力赞"，里斯主编的《百科全书》也称赞这些版刻作品"情感细腻、风格素朴、自然不做作、与诗歌相得益彰"（*BRS*，第 64 页）。

　　布莱克写道，"现代铜版画鉴赏家和业余爱好者，都喜欢刚出师的学徒的那种风格，放着一大堆颜色不选，光挑黑色和白色来作画"（《公开致辞》，笔记本，第 63 页）。

　　《坟墓》的出版从 1805 年秋推迟到 1808 年夏，部分原因可能是完成这些版刻作品很费时间；1807 年 4 月 17 日，克罗梅克写道，"布莱克创作的插图还只版刻了一半"（*BRS*，第 46 页）。甚至到了 1807 年 7 月 21 日，夏芳尼缇还说尚未"完成《最后的审判的异象》"（*BRS*，第 53 页）。

这些插图，如果是由布莱克来版刻的话，费用可能还会低一些。夏芳尼缇的酬金无疑是相当高的。他版刻了 13 幅插图，可能拿到了 500 多英镑的酬金。单单是《最后的审判的异象》一幅，他就要价 63 英镑，因为“工作量摆在那里”[66]。

马尔金的《慈父忆儿录》

布莱克遭到了克罗梅克的背叛，幸好，他还有其他忠诚公正的朋友可以倚靠。

1805 年秋，布莱克见到了哈克尼的本杰明·希思·马尔金。*二人因布莱克创作的《坟墓》插图而结缘——“本杰明·希思·马尔金先生，M. A.，F. S. A.，哈克尼”是订阅者之一。马尔金欣赏这些插图，也完全赞同菲尤泽利的褒扬之辞，[67] 于是，欣然应允为克罗梅克的新版撰写前言。[68]

马尔金的儿子托马斯·威廉斯·马尔金弱龄早慧，死于 1802 年，时年 6 岁。马尔金沉浸于丧子之痛，经年不能释怀。此前，他曾在《月刊杂志》（1802 年 11 月号）发表了一篇纪念爱子的回忆录。但是，马尔金还不满足，想再做点别的。于是，他扩写了 1802 年的回忆录，并委托布莱克设计并版刻一幅卷首插图，表现死去的孩子被带上天堂的情景（见图 99—100）以及对爱子幼学凤成的赞美。布莱克赞扬了马尔金的儿子在绘画中展现的“利落而果断的轮廓线条”以及“最大的福分——丰富的想象力”。

1806 年 1 月 4 日，马尔金在给托马斯·琼斯的信（即《慈父忆儿录》的前言）中写道：“私底下说说威廉·布莱克的美德，若不是因为他那古怪的思想和个性，这些美德早就得到彰显，叫世人称赞了。”[69]

---

* 布莱克可能通过巴茨认识了马尔金（1769—1842），因为 1786—1808 年巴茨在哈克尼有一栋房子。也有可能是通过乔治·坎伯兰认识的，他与马尔金的朋友托马斯·琼斯是朋友。马尔金后来担任爱德华国王学校（圣埃德蒙兹伯里）的校长（1809—1828），成就斐然，深受学生（即后来的“剑桥使徒”[Cambridge Apsotles]）爱戴。

马尔金曾为布莱克写过一部短小的传记，信息来源可能直接取自布莱克本人的叙述，是他"认为自己有权说出来"的东西，[70]特别是有关青少年时代的内容。这部传记并非只是收录几桩逸事，而是一个系统性的叙事，记载了许多精彩的细节，譬如拍卖师"友情砍价，帮他拍到便宜了许多的版画"。虽然马尔金对布莱克抱有深切的同情，他也觉得布莱克的"想法有些古怪"，特别是他那"狂热又不切实际的宗教观念"，正在变成他事业发展的拦路虎。公众对他的印象是，"如果不发疯的话，他还算得上是个不错的版刻师"。[71]

马尔金非常欣赏布莱克的诗歌，将之与本·琼森、《启示录》、弥尔顿和莎士比亚的作品相提并论。[72]当然，他所指的仅限于抒情诗。布莱克应该给他看过《诗的素描》、《天真之歌》和《经验之歌》。马尔金在1805 年还赠送给托马斯·琼斯一本《天真之歌》。*

这部传记首次对布莱克的生平进行了翔实的记述，之前所有有关布莱克的出版物都不及此。马尔金在传记中转载了《诗的素描》、《天真之歌》和《经验之歌》，布莱克的作品得以进入更为广泛的读者视野。†评论界为马尔金的传记写书评的同时，也对布莱克的诗歌进行了评论。这是布莱克首次以诗人的身份，出现在文学评论（不包括马尔金本人的评论）中。

---

* 《天真之歌》（P 本）上写有"马尔金先生所赠，1805 年"，还盖有托马斯·琼斯的饰
    章（*BB*，第 409 页）。
    埃文斯的《本杰明·希思·马尔金珍藏图书》（1828 年 3 月 22 日、24—28 日）以
    及《本杰明·希思·马尔金版刻藏品集》（1828 年 3 月 31 日）目录中唯一收录的由布莱
    克设计并版刻的作品是布莱尔的《坟墓》，在之前的拍卖中编号 237。虽然马尔金收藏
    了很多配有布莱克版刻插图的书籍，但这些书籍的插图设计都不是出自布莱克之手。
† 马尔金从《诗的素描》中转载了两首诗——《我快乐地游荡在田野里》和《歌谣：我
    喜爱那支欢快的舞蹈》，从《天真之歌》转载三首诗——《欢笑的歌》、《升天节》和
    《神的形象》，从《经验之歌》转载了《老虎》。这其中的好几首又从马尔金处转载，
    发表在《文学杂志》（1806 年 7 月号）、《年度评论》（1807）、普里西拉·韦克菲尔
    德主编（1809，1814）的《漫步伦敦》、简·泰勒和安·泰勒的《城市采凤》（1818—
    1845）和《晨光》（1825 年 4 月）中（*BR*，第 622、623 页；*BBS*，第 156—157 页；
    BRS，第 83 页）。威廉·华兹华斯和多萝西·华兹华斯在 1800—1808 年的一个笔记本
    （*BR*，第 430 页注 1）上摘抄了马尔金转载的全部的布莱克诗歌，除了《我快乐地游
    荡在田野里》和《神的形象》以外。
    马尔金一共印刷了 1000 本（说白了就是自费出版）。马尔金送出去了 47 本——
    他可能也送了布莱克几本，因为布莱克卖了一本给托马斯·巴茨（*BR*，第 574
    页）——1811 年回收了 450 本，制成纸浆（*BB*，第 595 页）。
    注意：显然，布莱克的《诗的素描》不是为了售卖而印刷的。

虽然马尔金对布莱克的诗歌青睐有加，评论家们却在喝倒彩。《文学杂志》（1806 年 7 月号）说布莱克的诗"成功突显了'现代性的荒谬'"；《英国批评季刊》（1806 年 9 月号）的结论是，诗人布莱克似乎"主要是从神性的荒谬里获得灵感"；《月刊评论》（1806 年 10 月号）质问道，"如果按照马尔金的评论，瓦茨顶多算是个不入流的诗人，那么布莱克先生该归入哪个档次？显然他比瓦茨博士要差劲多了"；《月刊杂志》（1807 年 1 月号）的结论是，"布莱克先生的诗歌……平平无奇；他的画倒还有些看头"。只有《年度评论》（1807 年 1 月号）给了几句表扬，用的还是双重否定表达：布莱克的"诗并非乏善可陈"。[73] 马尔金希望把诗人布莱克捧红的努力，再次失败了。

生意场上的失意，并不妨碍布莱克和马尔金固若金汤的友谊。1812 年，马尔金编写了《乔叟的朝圣者之序诗与角色》，[74] 赞扬了布莱克为乔叟朝圣故事集版刻的插图。

马尔金在《慈父忆儿录》中收录了布莱克的生平信息，这可能是克罗梅克背版布莱克的另一个结果，因为克罗梅克最初计划推出新版布莱尔的《坟墓》时采用布莱克设计的插图，这些生平信息原本是用作该版前言的。马尔金欣赏布莱克，他的独创天秉，不禁让他联想起自己六岁早夭的爱子，于是将二者巧妙地联结于回忆录中，公众才得以读到布莱克的生平，虽然这生平的形式寒酸了些。

托马斯·巴茨的鼎力赞助

布莱克最有信心可以仰仗的朋友，当然是慷慨可靠的赞助人托马斯·巴茨。有了巴茨的帮助，布莱克得以安心地工作，*所得的酬金对于

---

* 《雅各的梦》（见图 130）、《基督施洗》（见图 3）、《大红龙与海上来的兽》（见图 5）、《火》（见图 24）、贝齐·巴茨的象牙雕袖珍肖像（见图 74B）《巴比伦的大淫妇》（见图 75）、《以西结的车轮》（见图 77）、《神赐福给第七日》（见图 78）、《最后的审判的异象》（见图 109）。以上这些布莱克的作品都为巴茨所收藏。

生活极为俭朴的夫妇俩而言,大概也是够的:1805 年收入 35 英镑 2 先令、1806 年 49 英镑 8 先令 4 便士、1807 年 87 英镑 12 先令 6 便士、1808 年 56 英镑 15 先令、1809 年 83 英镑、1810 年 94 英镑 10 先令。* 其间,布莱克为巴茨创作的最有分量的作品是《约伯记》中的 19 幅插图(1805—1806)和《失乐园》中的 12 幅插图(1808),这些插图都是根据约瑟夫·托马斯(1807)的小型套装插图改编而来的。

布莱克在 1808 年为托马斯·巴茨创作的《失乐园》系列插图,是他最了不起的艺术成就。最令人叹为观止的有《撒旦召集他的军团》、《叛乱天使的溃败》、《拉斐尔警告亚当和夏娃》以及《夏娃的诱惑与堕落》(见图 103—106)。在每幅作品中,布莱克都展现了超自然的紧张场景中的权力与恩典。他希望通过这种方式,表现对弥尔顿的深刻理解,并以自己独特的方式对弥尔顿进行阐释和延伸。

288　保存至今的收据中,最晚的是到 1810 年。不过,巴茨的委托工作并未就此停止,因为从 1811 年到 1820 年,布莱克又为巴茨创作了至少 33 幅作品,[75] 包括最能表现他的艺术雄心的作品:《人类精神状态的寓言》(约 1811)、《赫维的〈墓丛沉思〉的缩影图》(约 1820),以及为《酒神之假面舞会》(约 1815)、《耶诞晨颂》(约 1815)、《快乐颂》和《沉思颂》(1806)等创作的插图。

还有一件事,同样让布莱克非常喜欢,也是来自巴茨的委托工作,"教巴茨的儿子(汤米),25 基尼金币一年",从 1805 年的圣诞节开始。[76] 汤米的朋友西摩·柯卡普说巴茨"把儿子交给布莱克做学生,学习版刻,希望他能掌握一门手艺,这样,将来万一发生什么不幸,譬如家道中落,也好有个谋生的手段"[77]。保存至今的作品中,有 8 幅版画的作品署名为"T. 巴茨"或者"TB",证明汤米所学就是版刻。这也算是家传,"跟着布莱克学习课程,父亲似乎比儿子收获的还要大"[78]。在

---

* *BR*,第 570—578 页。这些收据大多数只是"为了以后统计方便",没有提到巴茨的以下收藏:《塞尔之书》(L 本)、《耶路撒冷》(I 本)、《弥尔顿》(A 本)、《诗的素描》(B 本)、着色了的《夜思》(A 本)以及为《约伯记》和《失乐园》所做的设计,因此巴茨可能另外给布莱克付费了,除了那些在布莱克去世以后购买的作品以外,譬如:《亚美利加:一个预言》(F 本)、《欧罗巴:一个预言》(C 本)和《洛斯之歌》(B 本)等。

教学中，布莱克不仅传授版刻的技艺和灵感，还提供版刻用的铜版，其中一块出现在《亚美利加：一个预言》的背面。[79]巴茨版刻的作品中，最为恢宏的一幅，名为《基督将撒旦踩在脚下》，细心地临摹自布莱克创作的一幅画。版刻中可能还有几处得到布莱克的修改和润色。

这些课程让布莱克与巴茨一家有了亲密的往来。1809 年 8 月 14 日，汤米给正在埃普瑟姆度假的妈妈写信说："今天早晨，我……去了南莫尔顿街；之前你跟我说希望我趁着你和爸爸不在城里的时候，过去看看他们。布莱克先生和夫人都挺好的，他们说我变黑了，长高了；——他们近期想去埃普瑟姆，之前答应过别人的。"

在布莱克生活困顿的这些年，托马斯·巴茨为他提供的收入比其他所有已知的来源加一起还要多。这些年里，公众似乎忘记了布莱克，是巴茨帮助他保持着情感上的平衡。布莱克的创作得以完成，很大部分得益于这位极有天赋的赞助人——开明大方的白领米西纳斯——托马斯·巴茨。

当然，布莱克也承接一些商业性的版刻工作，包括：1 幅 8 开的版画，根据弗拉克斯曼为普林斯·霍尔的《学术通讯》设计的插图而作（1804）；2 幅 8 开的版画，根据菲尤泽利为《莎士比亚戏剧集》设计的插图而作（1804）；4 幅 4 开的版画，根据弗拉克斯曼为《伊利亚特》设计的插图而作（1805）；1 幅 4 开的版画，根据罗姆尼在 1805 年为海利的《乔治·罗姆尼传》（1809）设计的插图而作；1 幅 8 开的版画，根据乔舒亚·雷诺兹爵士为普林斯·霍尔的《英格兰绘画艺术研究》（1806）设计的插图而作——当然，还包括他根据自己创造的插图，为海利的《系列民谣设计》（1805）版刻的 5 幅 8 开的版画，以及为马尔金的《慈父忆儿录》（1806）版刻的那幅 4 开的插图。大多数的版刻工作，可能都来自朋友们的关照。1806 年之后的八年里，布莱克没有承接任何商业性的图书版刻工作，[*]直到 1814—1817 年，接受朗文公司的委托，临摹

---

[*] 乔叟的《序言》（1811）中收有两幅布莱克自己设计的插图，明显是为了给他的《坎特伯雷的朝圣者》的大幅插图做广告而出版的，并未期待盈利。

弗拉克斯曼为《赫西俄德》创作的插图制作版画。布莱克从小习艺，并以版刻为营生，但是，自从克罗梅克夺走了布莱克根据自己创作的《坟墓》插图进行版刻的任务之后，他就基本上荒废了这门手艺。

克罗梅克吹捧布莱尔的《坟墓》

　　与此同时，克罗梅克对夏芳尼缇许以高额的报酬，让他版刻布莱克设计的插图，而他自己则使出浑身解数为《坟墓》拉订单，收取每单一个基尼金币的定金。布莱克称克罗梅克做的是"昂贵的广告宣传"[80]，他不仅拜托海利和菲尤泽利这些朋友帮忙写推荐信，*还跑了不少城市，到过伯明翰、曼彻斯特、韦克菲尔德和爱丁堡。每到一地，他就在当地报纸上投放广告。[81] 他随时都带着布莱克的作品和表现"版刻风格的样品"供读者鉴赏。† 去各地做宣传，当然所费不赀，但收获颇丰。克罗梅克说："我在不到三周的时间里，为《坟墓》争取到了 72 位订户。"[82] 他总共拿到了 578 位订户的 688 份订单。1808 年，克罗梅克连一本新版的《坟墓》都还没有印刷出来，居然已经收到了超过 700 英镑的预付金。到 1809 年底，根据布莱克的计算，克罗梅克已经"从他（布莱克）设计的插图中赚到了 1400 多基尼金币的利润"。[83]

　　克罗梅克对这项工程的安排变来变去，反复无常。1805 年 11 月，他在广告中称，新版《坟墓》将配有 15 幅由布莱克根据自己的设计版刻的插图，后来又变成了 12 幅由夏芳尼缇版刻的插图。在相同的简介

---

*　克罗梅克处心积虑地把自己付过费的广告，又一字不漏地变成了编辑寄语，发表在《伯明翰报》等报刊上："我们无比欣喜地向读者宣告……（布莱尔插图的）样品……可能……位列当今时代最有活力、最经典的作品"（*BRS*，第 43 页）。

†　见 1806 年 7 月 28 日的《伯明翰报》和《伯明翰商业先驱报》。夏芳尼缇最早签署日期的清样是 1806 年 2 月 1 日（《死亡之门》）和 1806 年 6 月 1 日（《基督降临》）。这些画作在皇家美术学院展出到 1805 年 10 月（见弗拉克斯曼 1805 年 10 月 18 日信函），还先后在伯明翰（见 1806 年 7 月 28 日的《伯明翰报》和《伯明翰商业先驱报》）和曼彻斯特（见 1807 年 7 月 28 日考德雷的《曼彻斯特报》）展出。

中，他反复为前言打广告，结果在最后的成书中并没有出现前言的部分。克罗梅克的确印刷过一份《论插图设计》的说明，但是并未出现在此前的广告中。1806 年，克罗梅克称这项工作将由伦敦大名鼎鼎的印刷商托马斯·本斯利来承印，[84]但是到了 1807 年 5 月，他又说将在爱丁堡由"詹姆斯·巴兰坦以最典雅的风格"来印刷，[85]最后他宣布，这些书"正在由本斯利以最典雅的风格进行印刷"[86]。1807 年，克罗梅克决定加印一张布莱尔的手稿临摹页，[87]但是到了 1808 年，临摹页又换成卷首插图——托马斯·菲利普斯创作的布莱克肖像画。[88]克罗梅克还印刷了布莱克在 1807 年 4 月写给女王的献词，但他拒绝为布莱克为献辞所画的装饰图付费。布莱克设计的 12 幅插图，以 5 种不同的顺序呈现在广告和印刷品中。[89]

克罗梅克极为难得的成就之一，就是请托马斯·菲利普斯来绘制布莱克的肖像并用作卷头插画。这位年轻的画家在 1804 年就已经当上了皇家美术学院的助理。学院的肖像画家云集，菲利普斯脱颖而出，声名渐起，在 1806 年为威尔士王子画了一幅肖像，又在 1814 年为臭名昭著的拜伦勋爵画了两幅非常成功的肖像。

菲利普斯绘画的对象多为王公贵族，他为什么愿意为名不见经传的布莱克绘制肖像，我们不得而知。[*]有可能，他是布莱克的友人，因为布莱克曾赠送过他一本《天真与经验之歌》，[90]而菲利普斯也订购过一本配有布莱克创作的插图的《坟墓》。[†]1813 年，布莱克得到一份委托工

---

[*] 根据威廉·凯里在《〈苍白马背上的死亡〉（由本杰明·韦斯特［皇家美术学院主席］画制）的批判性描述与分析性评论》（1817 年 12 月 31 日）的记载，菲利普斯将布莱克的肖像画"献给克罗梅克"。这也可能是克罗梅克为了新版的《坟墓》（1808）请他画的肖像画。

[†] "T. 菲利普斯，先生，皇家美术学院成员"（菲利普斯在 1808 年成为皇家美术学院的终身会员）曾出现在《坟墓》的订购单上，说明他是订购者之一。不过，他的这本《坟墓》上的献词写着"T. 菲利普斯，先生，皇家美术学院，您感激不尽的仆人 R. H. 克罗梅克敬赠，1808 年 8 月 14 日"（BRS，第 59 页），说明这本书是克罗梅克赠送的。1808 年 8 月 14 日，克罗梅克寄给乔治·坎伯兰一本"您（坎伯兰）好心订购的"《坟墓》，称献上此书，"以表敬意，感谢您和家人在布里斯托尔对我的各种关照"。这样听起来，坎伯兰自己花钱订购的这本书，好像是克罗梅克赠送的一样。所以，很有可能，克罗梅克的献词虽然让人觉得那本书是赠书，但事实上还是菲利普斯自己花钱订购的。

作，版刻菲利普斯为斯宾塞伯爵画的肖像画。这份工作，大概就是菲利普斯从中牵线搭桥的结果。

1807 年 4 月 [91]，布莱克来到菲利普斯位于乔治街 8 号的画室。这里的每一样物件都与布莱克的风格大相径庭。他穿上了平素很少会穿的浆洗过的衬衫、一双长筒袜、一件考究的外套，外带一只金色的怀表，所有这些可能都是菲利普斯的绘画道具，功能就跟布莱克坐的长凳差不多（见图 63）。这里的道具，除了手中的铅笔，都不符合布莱克惯常的风格。唯独他眼中专注的眸光，完美地表现了布莱克独有的精神气魄。

菲利普斯让布莱克讲述天使长加百列的探访，就在布莱克侃侃而谈的时候，菲利普斯捕捉到了他的神情，并倾泻于画纸。布莱克谈到这位到访的天使长，为了证明自己是真实的存在，打开了布莱克书房的屋顶："他升入天空；站在太阳里向我招手示意，宇宙也随之运转。" [92]

菲利普斯捕捉到的这个神情，"使他的这幅肖像画成为英国画派最杰出的代表之一" [93]。这幅肖像画完成之后，又过了几周，于 1807 年 5月在皇家美术学院展出，被公认是大师之作。

许是为了表达对布莱克本人及其在《坟墓》中创作的插画的欣赏，菲利普斯将这幅肖像画赠送给了克罗梅克，* 克罗梅克又委托夏芳尼缇版刻成新版《坟墓》的卷首插图。《坟墓》甫一出版，卷首插图便受到各方的热烈称赞，就连那些以往批评肖像画的主人公是个危险的疯子的那些人，也不例外。《观察家报》（1808 年 8 月 7 日）称，这幅画"拿到世界上任何一个国家，都会被认为是最优秀的版刻肖像画之一"。《反雅各宾评论》（1808 年 11 月）认为，"单凭这幅肖像版画，夏芳尼缇就已经立于不败之地"。《月刊杂志》（1808 年 12 月 1 日）的结论是，"夏芳

---

* 《反雅各宾评论》（1808 年 11 月）报道称，"菲利普斯将肖像画……交给了克罗梅克"。克罗梅克在 1808 年的广告中，专门为这幅肖像画向菲利普斯致谢（*BR*，第 192 页），他也以同样的方式感谢了夏芳尼缇的版刻，不过，他并没有说菲利普斯之前把肖像画交给了自己。

尼缇实至名归"。菲利普斯为布莱克创作的肖像画赢得了广泛的赞誉。最为离奇的例证可能是为庆祝国王乔治三世登基 50 周年纪念而推出的一套五颗镶嵌有布莱克肖像的银纽扣。*对于《坟墓》的评论，褒贬不一，唯独在两个方面，所有人都无异议：菲利普斯完美的画工和夏芳尼缇精湛的雕工。

《坎特伯雷的朝圣者》†

　　布莱克和托马斯·斯托瑟德两人之间关于《坎特伯雷的朝圣者》的插图设计和版刻委托，是一桩扑朔迷离、恩怨纠葛的悬案。事情的来龙去脉大致有三个版本：克罗梅克的版本、布莱克的版本和斯托瑟德的版本。三个版本当然不可能都是真的。是有人存了欺瞒的心，还是有人会错了意？

292

---

* 见 *BR*（2）。虽然菲利普斯为布莱克画的这幅肖像极为出众，但是，卑微如布莱克，与这些显赫的公众人物之间确实找不到任何可能的交集。

　　布莱克的肖像画再次出现在公众的视野里，是在 1809 年 5 月的皇家美术学院展出（*BRS*，第 59 页）上，由 W. 弗雷泽所画。G. 哈洛也画过一幅《威廉·布莱克》的写生肖像画，为菲尤泽利所收藏（*BR*，第 222 页注 3）。

† 布莱克和斯托瑟德的设计灵感到底来自哪里，在他们各自的传记里也是谜一般的存在。近来也有不少试图厘清困惑，去伪存真，从糠中找谷，从稗子中找小麦的努力，特别参见：（1）丹尼斯·里德，《布莱克与克罗梅克的〈坎特伯雷的朝圣者〉之战：地毯中的赫拉克勒斯形象》，《现代语文学》，第 86 期（1988），第 171—190 页："先创作一幅以'乔叟的坎特伯雷的朝圣者'为主题的插图，再将插图做成版刻，这个想法来自克罗梅克，而不是布莱克。"他指出，布莱克设计的《坎特伯雷的朝圣者》插图中的米勒和"永恒的米勒"（《弥尔顿》，图版 b，第 42 行）撒旦，影射的就是克罗梅克。（2）艾琳·沃德，《重访坎特伯雷：布莱克与克罗梅克的纷争》，《布莱克》，第 22 期（1988—1989），第 80—92 页："有关此事的布莱克的说法……很可能是对一系列事件的逐步重构"，说明在 1809 年的时候，"他似乎快被逼疯了"。（3）小 G. E. 本特利，《"他们在胡编乱造"：被克罗梅克和现代批评家重构出来的布莱克——沉默的辩论》，《浪漫主义研究》，第 30 期（1991），第 657—684 页："布莱克应该判一个'证据不足'"。

克罗梅克的版本

1806 年秋天，36 岁的 R. H. 克罗梅克回到老家约克郡的韦克菲尔德市，于 10 月 24 日与表妹伊丽莎白·钱基夫人结婚。克罗梅克的舅舅塞缪尔·哈特利是位富裕的谷物商人，[94] 伊丽莎白是他的独女。

从老家返回伦敦的途中，* 因为要在哈利法克斯市转车，他在那里逗留了几个小时，准备看本书来打发时间，这也是他日常的消遣方式。他在一家书店里随手翻开一本乔叟的书。他仔细阅读着《坎特伯雷故事集》，被书中描绘的朝圣途中的美景深深打动，他突然灵光一现，想把整个朝圣的队伍用一幅画表现出来。一回到镇上，他就将这个设计的思路与斯托瑟德先生作了大致的沟通。斯托瑟德完全明白了他的想法，彻底领悟了他的精神……克罗梅克先生……找来了所有的文献资料，不管是文字的还是图画的，孜孜不倦地研究乔叟所在时代的各种典型特征，然后把研究的结果拿给斯托瑟德先生。†

---

* 见手稿《R. H. 克罗梅克生平杂记》，由其子 T. H. 克罗梅克收集整理，标示的日期是 1865 年 7 月 27 日（如今由威尔弗雷德·沃灵顿先生收藏），平静地引用了《坟墓》（1813）中的讣告，并加入了重要的细节，指出这次旅行发生在"他结婚的那段时间"。关于克罗梅克的这条信息以及其他许多信息都是丹尼斯·里德教授提醒我去挖掘的。

　　《坟墓》（1813）中的讣告明确指出，克罗梅克这次回家成亲，是发生在布莱尔的《坟墓》（1808 年 7 月）出版之后。显然，这与其他许多已知的细节并不吻合。克罗梅克的《坎特伯雷的朝圣者》的出版简介上标示的日期是 1807 年 2 月。因此，克罗梅克之子所言很大程度可能是错误的，更何况父亲去世的时候，他还只是个孩子。有可能，他是从母亲那里听到了这些事，因为他的母亲当时肯定是与罗伯特·克罗梅克一起回到伦敦的。

† 匿名，《R. H. 克罗梅克小传》，收录于罗伯特·布莱尔，《坟墓》（伦敦：R. 阿克曼及公司，1813），第 xlviii 页。该作者很可能是艾伦·坎宁安，此前曾在伦敦与克罗梅克一家居住过一段时间。该讣告反复引用克罗梅克的一位诗人朋友的话，这位诗人朋友的身份在脚注中做了明示："艾伦·坎宁安先生，一位来自苏格兰的农民，虽出身卑微，却志存高远。他以农民为荣，与艰苦的环境抗争，用自己的努力证明，珍珠不会蒙尘，终有一天会发出夺目的光芒"（第 1 页）。该讣告也赞扬了《尼思河谷及加洛韦民歌残稿》（有相当一部分是由坎宁安配曲，作为传统民谣，流传至今）："已经出版的作品中没有一件比它更有趣味、更富深情、更为离奇而又素朴纯朴"（第 1 页）。

　　哈利法克斯市的这家书店可能就是托马斯·爱德华兹开的，他的哥哥理查德·爱德华兹曾委托过布莱克版刻《夜思》。

克罗梅克自己说：

> 　　我一直希望能看到一幅画，再现朝圣途中的场景——乔叟笔下
> 的朝圣者结伴而行，决定通过讲故事的方式，打发路上的时光。我
> 很清楚，完成这样一幅画，需要克服的最大障碍是如何让行进的队
> 伍看起来不那么单调乏味……我相信，在斯托瑟德的手中，这一题
> 材能得到极好的发挥，不会出现令人担心的问题。[95]

　　克罗梅克委托斯托瑟德画一幅以“乔叟的坎特伯雷的朝圣者”为题
材的油画。克罗梅克随后展出了斯托瑟德的作品，结果证明这是斯托瑟
德有生以来最受欢迎的一幅油画。截至 1807 年 5 月，共有 3000 人[96] 观
赏过这幅画。观赏的费用是每人每次 1 先令。

　　1807 年 2 月的时候，克罗梅克已经委托了威廉·布罗姆利来版刻这
幅画[97]。但是，大约在这一年的夏天，他又将版刻师换成了路易吉·夏
芳尼缇。* 不过，等到 1810 年路易吉·夏芳尼缇去世时，这幅版画还没
有完工。† 于是，弗朗西斯·恩格尔哈特和路易吉·夏芳尼缇的弟弟尼
科洛又先后受托继续完成夏芳尼缇的工作。克罗梅克和尼科洛先后于
1812 年 3 月和 1813 年去世，克罗梅克的遗孀又委托詹姆斯·希思和他
的工作室来完成版刻工作。丈夫去世时，伊丽莎白·克罗梅克基本上失
去了生活来源，只能将布莱尔的《坟墓》插图以 120 英镑的价格卖给阿

---

*　截至 1807 年 8 月，克罗梅克依旧在广告中称布罗姆利是斯托瑟德油画作品的版刻
　　者（《艺术家》，1807 年 8 月 1 日）。有可能，路易吉·夏芳尼缇在没有完成为布莱尔
　　的《坟墓》所做的版刻任务之前，无法以充沛的精力开始斯托瑟德版的坎特伯雷朝圣
　　题材插图的版刻工作。最早也要等到 1807 年夏天——夏芳尼缇说，为布莱尔版刻的
　　《最后的审判的异象》“差不多快完成了”。1807 年 4 月 17 日，克罗梅克谈及《坟墓》
　　时，说道，“得要等到来年冬天，才能出版”（BRS，第 45 页）。
†　小乔治·坎伯兰在 1809 年 11 月写道，夏芳尼缇“蚀刻斯托瑟德版朝圣画的工
　　作……已经完成”，罗伯特·艾斯克还收藏有一份蚀刻清样，上面有夏芳尼缇的签名，
　　标注的日期为 1809 年 11 月 20 日（见图 107）。但这只是完成整个版刻工作的第一步
　　（或者，按照布罗姆利的方式，可以算是第二步）。

克曼。有了这些钱，她才能支付斯托瑟德作品的版刻费用。*斯托瑟德版的《坎特伯雷的朝圣者》的版刻工作历时 10 年之久，最终于 1817 年完成（见图 107）并交付到订购者的手中。而这正好是布莱克的同一题材的版画出版 8 年之后。

版画的订购数量惊人——"这几乎是过去 100 年间同类出版物中销量最大的"（1750—1850）。截至 1851 年，"只要是家里有书房的，抑或是一家之主想要附庸风雅，表现自己热爱艺术或者有艺术修养的，就一定会买来这幅版画，框裱起来，挂在最显眼的地方"。†

斯托瑟德的版本

斯托瑟德对这项委托的记述与克罗梅克的有些出入。他清楚地告诉艾伦·坎宁安：

> 克罗梅克先生已经发出了委托，要设计一幅以"乔叟的坎特伯雷的朝圣者"为题材的油画。虽然策划人本人肯定对这一题材有过长时间的思考，但是双方并未就该题材进行过任何的对话沟通。因为，第一次向斯托瑟德先生提及此事时，在他尚未对提议作出回应

---

* 1812 年一封未标注日期的信（*BRS*，第 70 页）。1813 年 2 月 13 日伊丽莎白·克罗梅克的邻居拉尔夫·赖伦斯写道："克罗梅克夫人……已经将《坎特伯雷的朝圣者》的版刻交给了她的父亲，由她的父亲来支付后续的款项，并如伯恩斯所说，他父亲'做的第一件事情'就是把之前女儿女婿欠他的钱给还上"（*BRS*，第 71 页）。大约在 1812 年，斯托瑟德说，为了完成版刻工作，"版刻师要求支付 320 基尼的总酬金……；而且承诺自开工起，15 个月内完成全部版刻工作"（布雷女士，《斯托瑟德》[1815]，第 141—142 页）。

† 布雷女士，《斯托瑟德》，第 140、130—131 页。
　约瑟夫·法灵顿，1818 年 2 月 17 日（《约瑟夫·法灵顿日记》，凯瑟琳·凯夫编，第十五卷［纽黑文和伦敦：耶鲁大学出版社，1984］，第 5169 页）：

> 兰西尔……谈到了根据斯托瑟德设计的《坎特伯雷的朝圣者》图制作的版画。版刻工作从夏芳尼缇开始，在他过世后，又由希思接手完成，制作了 200 张清样，以及大约 500 幅其他印件。这块蚀板之前一直是版刻师沃辛顿在使用，沃辛顿曾师从版刻师布罗姆利。沃辛顿替业主克罗梅克夫人保管着这块雕版。这一版共有 700 位订购者。

之前，他从自己的对开本里拿出草图，表明这一题材的构思他已经深思熟虑过，现在只需要有人答应揽下这份委托，他就可以开工了。*

在这个版本的故事中，克罗梅克对乔叟的朝圣故事早有谋划，他鼓励斯托瑟德加入他的计划，不仅将绘画的工作委托给他，可能还提出了绘画的具体表现形式。

斯托瑟德还在创作这幅画的时候，他的朋友们就已经知道这件事了。约翰·弗拉克斯曼的妻子南希在1807年2月14日写了一封名为“情人节”的信给J.克拉克夫人及其丈夫牧师F.克拉克先生：

> 又有一件新的作品即将问世，是斯托瑟德以古代装饰画的形式创作的一幅油画，取材于乔叟笔下的朝圣者的故事。这些朝圣者从泰巴旅馆出发，前往坎特伯雷的大教堂。客栈老板带领着队伍，磨坊主吹着风笛跟在后面，——他们正在翻过达利奇山——这些朝圣者的形象都处理得极为合理妥当，斯托瑟德非常细致地刻画了他们的服装，赋予每个朝圣者以独特的神态——这幅画极有可能成为大众新宠——画幅长约1米，高约0.3米，适合用来作餐厅雕带，挂在低矮的壁炉架上方——[98]

295

请注意：这里南希·弗拉克斯曼既没有提到克罗梅克也没有提到布莱克。

J.T.史密斯与布莱克和斯托瑟德都是朋友，据他讲，

---

* 匿名（也可能是艾伦·坎宁安），《论斯托瑟德的天赋》，《阿诺德杂志》（1834），第436页。这里提及的“该题材的草图”可能就是斯托瑟德题写“坎特伯雷朝圣故事的第一批草图——为里特森订制”的那份，也就是《英诗选集》中收录的那幅版画，由约瑟夫·里特森（1793—1794）编辑，第三卷，第1页（安德鲁·摩尔1993年10月2日至11月28日在诺威奇城堡博物馆举办了一场名为“威廉·布莱克：《坎特伯雷的朝圣者》”［诺威奇：诺福克博物馆服务处，1993］的展览，这幅画的草图及其版画的复制品被收入展品目录）。

斯托瑟德创作这幅油画的时候，布莱克还专门来看望过他，对正在创作中的作品表达了喜爱之情。斯托瑟德是真心想让老朋友高兴，毕竟俩人是多年的挚友。他总是不吝赞美之词，称布莱克的作品带给他无限的愉悦和启迪，他有一个心愿，要把布莱克的肖像画介绍给他圈子里的人，以此表达对布莱克的敬意。*

可能与约翰·弗拉克斯曼夫妇一样，布莱克也是在 1806 年到 1807年转季的冬天看望过老朋友斯托瑟德。

1813 年的一封信中，斯托瑟德写道：

> 我接下了创作油画《坎特伯雷的朝圣者》的工作，谈妥的价格是 60 英镑：完成的程度由我决定。整个过程中，题材的把握和构图设计是更为重要的方面——需要投入更多的精力，比我们之前预想的要更耗精力。克罗梅克先生主动提议：如果我需要额外再多一个月的时间来完成创作，那么他会在当初约定的价格基础上，把酬金提高到 100 英镑。这追加的 40 英镑，一旦从订购者那里收够钱，就马上支付给我。但他没有兑现，推说他在广告上的成本开销太大，云云。他将这幅画以 300 英镑（或基尼金币）卖给了哈特·戴维斯先生。† 后来他又故技重施，各种推脱之词。他向我保证说，作品一定会大卖，我且不同他计较。这幅画快完工时，他又说等到

296

---

* 见 J. T. 史密斯条目（*BR*，第 465—466 页）。斯托瑟德创作的版画中没有一个人物看起来与布莱克创作的人物相似。即便斯托瑟德的确曾有意推介布莱克的肖像画，后来看到布莱克对他的作品大发雷霆，大概也就断了这样的念头了吧。
　　斯托瑟德不但拥有《塞尔之书》（E 本），而且还有布莱克最喜爱的弟弟罗伯特的笔记本，由此可见，布莱克与斯托瑟德曾是亲密无间的朋友。
† 请注意，截至 1807 年 5 月，克罗梅克应该能从斯托瑟德画展的 3000 名观众那里得到 150 英镑的门票收入，而且收入只会越来越多，源源不断。200 份清样，每份卖 5英镑 5 先令（《坟墓》[1808] 的广告称每份售价 5 英镑 5 先令；1807 年 2 月的广告称每份售价 6 英镑 6 先令），就有 1050 英镑的收入；外加 500 份普通版，每份售价 3 英镑 3 先令，共收入 1575 英镑；外加卖掉这幅画所得的 300 英镑。截至 1818 年，单是这幅油画就为克罗梅克赚了 3075 英镑。除此之外，布莱尔的《坟墓》的销售，也能带来大量的利润。可就是这样，克罗梅克都没有支付给斯托瑟德他之前答应的 40英镑。

出版了，就会兑现承诺。我就是在他声称的各种困难中完成这幅作品的。[99]

显然，斯托瑟德对克罗梅克“声称的（与钱有关）的各种困难”表示怀疑。

布莱克的版本

布莱克的朋友 J. T. 史密斯细心地讲述了涉事双方的故事。根据他的说法，布莱克当时正在为布莱尔的《坟墓》设计插图，

> 克罗梅克问布莱克接下来要做什么，有没有什么想法。这位画家压根儿就没有怀疑提问者的居心，不仅一五一十地告诉他自己的想法，还毫无保留地给他看了设计图——一幅湿壁画的草图，题材是乔叟笔下的“坎特伯雷的朝圣之旅”。*克罗梅克先生大喜过望。不久，布莱克便发现斯托瑟德……得到委托，创作一幅油画，不仅题材相同，连某些细节都与他之前展示给克罗梅克先生的湿壁画草图颇为相似。[100]

为了这幅画的创作，布莱克专程到萨瑟克区实地考察，观察泰巴旅馆——乔叟笔下的朝圣者出发的地方。“这家旅馆现在还在，改名为塔尔博特。老板罗伯特·布里斯托尔先生来自拉姆齐附近的布罗克斯莫尔。大门入口的上方设有一块木板，上书‘杰弗里·乔叟爵士和他的朝圣者由此旅馆出发，前往坎特伯雷’。”[101]他不厌其烦地核实绘画中的每

---

* 布莱克说，把《坎特伯雷的朝圣者》“画出来，是出于自我保护，以免招来傲慢嫉妒的指责，说是有违高雅科学艺术的宗旨。见利忘义的无知小人，极为狡猾地操纵着这些指责，在公众中卖力地宣传”（《叙录》，第48段）。这番感言与1806年的某日发生的事情有关。这一天布莱克得知克罗梅克从他手中拿走了版刻布莱尔《坟墓》插图的委托工作。《乔叟的朝圣者之序诗与角色》（1812）的一位匿名编辑说，“《坎特伯雷的朝圣者》的设计理念得益于布莱克先生的天赋与想象”（*BR*，第230页）。

个细节，确保符合乔叟时代的特征："根据可靠的碑文信息，可以判断这些装束都是正确的。"[102]

克拉布·鲁宾逊是布莱克的同代人，他的证词是，"布莱克在1806年版刻的《坎特伯雷的朝圣者》的订单在朋友圈里流传开了之后，斯托瑟德才搞了一个聚会，说是有个根据他设计的油画进行的版刻"。* 斯托瑟德很可能并不知道布莱克已经就相同的题材和表现形式设计了草图，直到布莱克发飙，他才意识到问题的严重性。

布莱克和斯托瑟德的版画的共同特点之一是形状（见图107和图108）。两幅画的设计初衷都是为了挂在壁炉上方：布莱克的蛋彩画长约137厘米，宽约47厘米，但是他的版画长97厘米，宽37.5厘米。[103] 有趣的是，斯托瑟德的版画在大小上与布莱克的一模一样。[104] 显然，这个形状适合于表现一队骑着马的朝圣者。1807年，埃尔金勋爵将帕台农神庙的大理石骑兵雕带运至伦敦解封。雕带的形状与这两幅版画很相似。† 奇怪的是，这么特殊的题材，这两幅画制成的形状和尺寸几乎一模一样。

1806年，市面上有大量的插图版乔叟作品，其中有不少插图表现的就是马背上的朝圣者。[105] 但是在所有的书中，插图的长度均小于宽度，而且没有一幅画完整地展示了整个朝圣队伍。斯托瑟德和布莱克的插图设计是一项创新，用横幅长卷的画面展示了整个朝圣者队伍。布莱克的朝圣队伍向右边行进，斯托瑟德的则是往左。

---

* 见《克拉布·鲁宾逊回忆录》（1852）（*BR*，第538页），在他的日记中并没有相应的记录。吉尔克里斯特转述了克拉布·鲁宾逊的陈述，并加上了日期："1806年……布莱克版刻的《坎特伯雷的朝圣者》的订购单在朋友圈中流传"（*BR*，第179页）。目前，尚未发现这份1806年的订购单，但是克拉布·鲁宾逊的话，可信度较高。

† 邓肯·麦克米伦认为，布莱克的画"明显参考了……帕台农神庙的骑兵浮雕"（见大卫·宾德曼的评论，《剑桥菲茨威廉博物馆布莱克收藏目录》[1970]，《布莱克通讯》，第五卷[1971—1972]，第205—206页，巴特林第653项的佐证）。不过，斯托瑟德和布莱克的作品在1806年底的时候就已经完成得差不多了，而埃尔金勋爵开箱展示大理石雕像则是在这之后。两人最初的创作思路与帕台农神庙的雕带设计不谋而合，应该是纯属偶然——当然，除非他们都在1806年之后对原作进行了修改，使之与帕台农神庙的雕带相似。1830年左右，巴伦·菲尔德写道，斯托瑟德画中的"这些马都是柏布马，常见于埃尔金大理石雕忒修斯像"（收录于*BR*[2]，1830年项下）。此外，布莱克曾为斯图亚特和雷韦特的《雅典古物》（1794）版刻过帕台农神庙的插图，有可能二人都参考了这幅版画。

在克罗梅克联系他们之前,斯托瑟德和布莱克都有以乔叟为题材的画作。斯托瑟德为贝尔*编辑出版的《乔叟诗歌作品集》(1783)设计过15幅版画,还为约瑟夫·里特森编写的《英诗选集》(1793—1794)设计过乔叟作品中的马背上的朝圣者。布莱克则为贝尔编辑出版的《乔叟诗歌作品集》做过版刻,使用的是斯托瑟德的插图设计。他在笔记本中讨论《给孩童:天堂之门》(1793)[106] 的插图设计时,还引用了乔叟的诗句;在为海利的书房设计乔叟的肖像(1800)时,布莱克还借用了厄里†版(1721)的乔叟中两个骑行朝圣者的插图。很明显,早在1806年之前,斯托瑟德和布莱克就都已经在思考如何给乔叟的作品设计插图了。

布莱克后来的朋友约翰·林内尔,修正了 J. T. 史密斯的记述中的

298

几个具体的细节。布莱克先生跟我确认过这些细节,他的说法完全站得住脚——布莱克称,克罗梅克以20个基尼金币的价格雇用或者说约定布莱克来完成《坎特伯雷的朝圣者》(他是这么叫的)湿壁画。同时双方达成一致:此酬金足够支付布莱克的全部版刻工作,布莱克也保证会履约完成工作。‡但是,克罗梅克又私下找来布罗姆利,商量着让他按照布莱克设计的插图来版刻这一题材。克罗梅克绞尽脑汁,想用不高于20个基尼金币的价格从布莱克手中拿到插图。不过,布莱克有充分的理由怀疑克罗梅克的真实动机,

---

* 罗伯特·贝尔(1800—1867)是19世纪英国著名的文学编辑、评论家和出版人。他编辑出版的8卷本《乔叟诗歌作品集》(*Poetical Works of Geoffrey Chaucer*)是当时最完整的乔叟作品集。——编注

† 约翰·厄里(1666—1715),苏格兰文学编辑和中世纪学者。约翰·厄里是18世纪早期重要的乔叟研究者,他编辑出版的《乔叟作品集》(*The Works of Geoffrey Chaucer*)是第一个以罗马字母印刷的完整版本,也为后来的乔叟作品的研究和编辑工作奠定了基础。——编注

‡ 布莱克可能指望着能拿到最少200英镑的酬金,因为路易吉·夏芳尼缇应版刻斯托瑟德设计的《坎特伯雷的朝圣者》,尺寸与布莱克的这幅一样,但要价是881英镑。不过,直到1810年去世时,他也"只赚到275英镑"(A.C.考克斯黑德,《托马斯·斯托瑟德,皇家美术学院》[伦敦:A.H.布伦,1906],第13页)。根据斯托瑟德1813年的信函,路易吉和尼科洛·夏芳尼缇版刻了斯托瑟德设计的插图,克罗梅克(可能)在付给他们酬金之后,还有价值346英镑10先令的工作没有完成。

因而拒绝了他的要求。于是克罗梅克又找到斯托瑟德，委托他来设计坎特伯雷朝圣故事插图，提出的尺寸和人物要求，与之前布莱克为他设计的插图一模一样。布莱克一听说斯托瑟德先生已经开始为克罗梅克设计插图，而且题材相同，尺寸也一样，就立马着手版刻自己的作品……

斯托瑟德对这件事的记述从很大程度上讲或许是真实的。克罗梅克想引布莱克上钩，结果被识破诡计，失望之余，他找到了斯托瑟德，并委以绘画任务。彼时，他定然是绝口不提布莱克的构思。不过，他肯定建议了尺寸要求和人物处理方法，因为二人的作品在这些方面的相似度实在是太高了。[107]

林内尔的记述为整个故事增添了如下细节：克罗梅克同意支付给布莱克的设计费是（21 英镑）；插图的设计费非常低，但是版刻费较为优厚，可以两相冲抵；威廉·布罗姆利曾秘密接受克罗梅克的私下委托来版刻布莱克的插图。

之前，克罗梅克曾以很低的价格支付布莱克为布莱尔的《坟墓》设计的插图，答应由布莱克来版刻自己设计的插图，并以此作为卖点刊登在出版简介中。但是，显然是在没有通知布莱克的情况下，就把版刻业务突然转给了另一位版刻师。因此，不难理解，为什么布莱克以及后来大多数的批评家，都认为克罗梅克在版刻《坎特伯雷的朝圣者》的事上耍了同样的伎俩。克罗梅克在为斯托瑟德的《坎特伯雷的朝圣者》（1807 年 2 月）做的第一版广告中，称布罗姆利是这幅画的版刻师。这一事实，让人们更加相信林内尔的说法——布罗姆利一开始是被雇来版刻布莱克设计的《坎特伯雷的朝圣者》插图的。两次委托事件，唯一的区别在于：克罗梅克第二次不仅从布莱克的手里夺走了版刻委托，而且还撤回了插图设计的委托。

一直到 1807 年 4 月底之前，布莱克都还在为克罗梅克版的《坟墓》辛勤工作，坐在画室里给托马斯·菲利普斯当模特儿（布莱克的这幅肖像画后来被制成版画，当作布莱尔的《坟墓》的书名页插图）。布莱克甚至主动提议，拿出他设计《坟墓》插图的热情，创作一幅画送给克罗梅克，版刻好后，呈献给女王。可能就在这时，布莱克发现克罗梅克是个两面三刀的骗子，先是想雇用布罗姆利版刻他设计的插图，一计不成，又生一计，最后找来斯托瑟德偷梁换柱。*

显然，布莱克和林内尔都认为克罗梅克做事不老实，或者说，至少是热衷于玩弄商业伎俩。而克罗梅克对此事的说法是想让我们相信，布莱克才是那个狡诈之人，他抄袭了斯托瑟德的构思设计、对画幅大小以及人物刻画的安排。可是，这些伎俩，克罗梅克曾经恬不知耻地在布莱克的《坟墓》插图设计以及其他许多事上公然使用过。若是要判断威廉·布莱克和 R. H. 克罗梅克在商务诚信方面孰是孰非，就不难发现证据的天平早已重重地倒向了威廉·布莱克这边。

与克罗梅克打过一次交道后，布莱克学聪明了些，他一直没有交出乔叟的插图设计，除非得到克罗梅克的保证，很可能是以现金的形式，确保他能够版刻自己的作品才行。

在这场危机（以及其他大大小小的危机）中，托马斯·巴茨再一次证明他就是布莱克的铠甲骑士——他购买了布莱克创作的《坎特伯雷的朝圣者》的全部蛋彩画——尽管这是若干年之后的事情。[108]

根据几位诚实可靠的见证人保存下来的证据，克罗梅克在 1806 年的晚秋找到布莱克，预约一张以乔叟笔下的“坎特伯雷的朝圣者”为题材的插图，结果发现布莱克已经在愉快地进行着这一题材的创作。克罗梅克口头提出以 21 英镑的价格购买他的设计，并答应由布莱克来版刻。不过，布莱克拒绝了他的提议，指出除非拿出比之前的布莱尔《坟墓》委托任务更加具有约束力的版刻委托条款，否则不会交出自己的设计。

克罗梅克于是又找到了斯托瑟德，给出相似的提议。显然，他预先规定了插图的尺寸和设计方案，而斯托瑟德也向他展示了自己设计

---

* 他可能在 1897 年冬天，从闲聊中——“1807 年 1 月 20 日，星期二下午两点和晚上 7 点——绝望”（笔记本，第 10 页）——或者从克罗梅克 1807 年 2 月的乔叟出版简介中，得知了克罗梅克两面三刀的做法。

300 的插图——很可能就是后来得到委托为 1783 年版和 1793 年版乔叟版刻的那几幅图。斯托瑟德满怀热情地接受了克罗梅克的提议，并以 60 英镑的价格接受了这份委托。克罗梅克稍后又委托威廉·布罗姆利来版刻斯托瑟德设计的插图。版刻完成后，他又接着为插图和版画卖力打广告。1807 年 2 月，油画完工，[109] 并公开展出，[110] 吸引了成千上万的观众。

布莱克发现，他不仅被强硬的对手克罗梅克出卖，而且他的老朋友斯托瑟德创作的插图，在题材、风格和大小上都与自己设计的、克罗梅克将要出版的那幅一模一样。于是，他勃然大怒。

> 愤怒与恼怒撕裂着我的心
> 我以为这是朋友的无心之过
> 但我的全身被怒火燃亮
> 发现这竟是敌人在有意犯错

（笔记本，第 23 页）

布莱克在克罗梅克 1807 年 2 月的出版简介里，读到了这段话："虽然我们这位令人可敬的画家是出了名的低调内敛、谦逊温和，但若本项目的负责人不出声说上几句，将有碍读者全面理解斯托瑟德先生的能力与修养。"布莱克在笔记本里写下诗句：

> 论 S——
> 你说他低调内敛又谦和
> 他的心是铁，头是木头，脸是黄铜
> 是狐狸猫头鹰甲虫和蝙蝠
> 靠着甜美的内敛和谦和养肥

（笔记本，第 36 页）

他写过一首长诗，其中的"鲍勃·奢啬鬼"（Bob Screwmuch）指的是 R. H. 克罗梅克，"斯图哈德"（Stewhard）指的是斯托瑟德，"斯图哈德的灵魂……被吝啬鬼拴到了背上”，[111] 就像《天路历程》中“基督徒”
身上背负的重担。

1807 年 4 月 17 日，克罗梅克给诗人詹姆斯·蒙哥马利写了一封信，
提到了布莱克的古怪行为，但没有提及他对自己的猛烈抨击，言辞之间
颇显宽厚：

> 这位“热烈奔放的奇才”依旧生活在仙境；依旧相信，所谓的
> 幻觉的世界才是唯一的现实；所谓的幻想和想象才是永恒的世界！
> 这个世界只有欺诈，想象是唯一的真实！……

1807 年 4 月 20 日

301

我写下上面那段话后，布莱克为《坟墓》设计的插图已经呈给
在温莎的女王和公主——普兰塔小姐来信说，女王希望布莱克先生
能把这幅画献给她——这件事让布莱克很是高兴，他早就为此次奉
献创作了一幅画，还为女王准备了一篇饱含诗意的致辞，表现他一
贯的特色——崇高、简洁、优雅，当然还有他的奔放。我把诗行抄
录给您——这样您就不必再费时费力去抄录——

> 致女王
> 死亡的门是金子做的
> 肉眼并不能见；
> 可当肉眼一闭，
> 四肢一伸，冰冷、苍白
> 灵魂苏醒过来，游荡着，看见
> 她温和的手中那串金钥匙：
> 坟墓是天堂的金色大门，
> 富人和穷人，都围在门边等候；
> 啊，英格兰羊圈的女牧人
> 看见这珍珠和黄金的大门。
>
> 献给英格兰的女王

我的灵魂见到的异象，

经她的恩准，带着

我在庄严的羽翼上承载的

飞过坟墓的广袤地域，

在她的宝座前我振鼓双翼，

俯伏在我王的脚下：

"坟墓生出这些香郁的鲜花"

"放下尘世的辛劳，温和地安息"，

"永恒生命的鲜花盛开"。

女王陛下您忠诚的臣民和仆人

威廉·布莱克 [112]

布莱克写信给克罗梅克，为他创作的献词诗开出 4 英镑 4 先令的报价，同时还批评了斯托瑟德创作的《坎特伯雷的朝圣者》。

克罗梅克回信道：

纽曼街 64 号

1807 年 5 月

布莱克先生，——阁下，您在信中提到，献给女王的草图报价 4 基尼金币，这真是匪夷所思。我将您的草图随函退还给您，并简要陈述理由如下。首先，在任何情况下，我都认为该作品不值您开出的价钱。其次，我高度怀疑，您可能还一度盘算着写信让我出钱帮您创造一份我无法参与的荣耀。女王是让您而不是我，去奉献画作！这将是完全属于您的荣耀，而且很可能会提升您的知名度。那我情愿花 10 基尼金币请夏芳尼缇来版刻这幅画。

另一个退还草图的原因是我并不是非它不可。我多印刷一些蚀刻画，就抵得过卖书的收益，可以保障我的收入。以前您没有给过我这样的信心，现在还是给不了我这样的信心，将您以更加体面的形式推到公众面前。目前这样就是最好的。您说我在逼迫您。我拿我的荣誉担保，我不记得有过此类事情。如果明天就要让世人跟

302

我算个账，我向您保证天平肯定是向我这边倾斜的。在这一点上，"我负人少于人负我"。我不记得何曾逼迫过您，倒是想起来有好几次我曾逼迫我自己。说个两三件吧，不吐不快。

我初次拜访您时，您还寂寂无闻。我逼着自己，力举其事——其实一直以来这个工作都不轻松——为您从无到有，树立名气，简直是要拿出赫拉克勒斯的力气。我不仅要与公众较量，还要与一位决意不接受帮助的人斗智斗勇。您如今的名气，除了那出了名的古怪脾气，都是我帮您赚取的。我可以诚实地，凭着良心说，如果您能拿出我对您的事情的那份上心和真挚热情，您的名声早就打响了。不仅人人称羡，而且您的赫赫显名，岂是他人凭一己之力能够夺走的？卑微如我，既不能为之增添一分，也不能拿走一分。我还逼着自己相信您经常对我说的，您的作品是可以与拉斐尔或者米开朗琪罗媲美的，哦不，是比他们更好！很抱歉，作为出版商，我发现是公众把我从这种恍惚的状态中唤醒了，从这种心理的错觉中挣脱出来。公众只有从您的作品中发现实实在在的天赋，才愿意给您赞美之词。其他的说什么都没用。

我还硬逼着自己相信您是完全从这个世界抽离出来的，能与灵魂的世界对话！——简单的、无害的、集毒蛇与鸽子于一身的精神存在。每每想起自己在这方面所受的蒙骗，我就感到脸红。如果一个画家的目的是找个一般性质的赞助人，那么最有效的方法就是通过版刻这一媒介把他的作品带到公众面前。而您的画作有幸由欧洲一流的艺术家来版刻；展示给顾客的样品也已经帮您拿到了订单。我绝对相信，换作他人，您是拿不到任何订单的。在这一点上，我对自己很满意，我一心为您谋求生计、打造名气。不过，从您最近的表现来看，我有理由相信您的一个奇怪观点，那就是要管理好一位天才，并让他创作出好的东西，绝对有必要饿一饿他。*我记得您最好的作品——《坟墓》的插图就是在您和夫人落魄到一周仅靠半个基

303

---

* 布莱克正好相信与此相反的东西。

尼金币度日的时候创作出来的！这真是对您这一观点的有力佐证。

在我结束这封信之前，有必要说一句，我下订单向您购买《坟墓》的插图时，付给您的酬金并非在我当时可以承受的范围之内，也高出您平日开出的价格。您倒是心满意足得很。说句公道话，您的这些画的真正价值并没有我以为的那么大。或许您有朋友或者崇拜者，也像我一样能够看到这些画的优点和价值。我依然是那句话，《坟墓》的这 12 幅插图必须卖到最少 60 基尼金币。如果您认识哪位绅士愿意花这个数目购买这些画，那么在《坟墓》出版之际，我会把这些画送到他的手上，扣下已经付给您的 20 基尼金币，剩下的 40 基尼金币任您处置。

我一分钟也不愿意多耽搁您。您何必要对《坎特伯雷的朝圣者》这幅小画取得的成功如此暴怒呢？3000 人都已经看过，也都表示了认可。相信我，您的画作是"在旷野里呼喊！"

您说作品的题材低俗，表现方式不够高雅得体。但是，400 年来，因着这绝佳的题材表现方式，诗人一直备受青睐！我的穷画家身边也没有个古物来帮他构图设计的。因此，某些人还欠他一声对不起呢。……

> 我依旧是，先生
> 您真正的朋友和良好的祝愿者，
> R. H. 克罗梅克 *

克罗梅克用温文尔雅的文字表达如此厚颜无耻的内容，简直令人惊骇。他所说的许多内容要么是无中生有，要么是刻意隐瞒真相。把布莱尔的《坟墓》献给女王，将女王的名字列在订购单之首，无疑会增加订

---

* 1807 年 5 月信函，"原件的复制件"，由克罗梅克之子托马斯在 1833 年借给艾伦·坎宁安，未得归还（约翰·贝尔，《布莱克与克罗梅克》，《观察家》，第 1 期，第 836[1882 年 11 月 4 日]、1411 页）。1852 年，艾伦的儿子借来这封信，发表在《绅士杂志》上，之后复制件就不知所终。克拉布·鲁宾逊在《绅士杂志》上读到过这封信，他说，克罗梅克写这封信"为的是证明 B 的自私，——这不大可能是真实的"（*BR*，第 548 页）。

购的数量，提高克罗梅克的利润。*书的价格没有变，但版刻的插图却
从 20 幅减到 15 幅，最终减到 12 幅。克罗梅克付给布莱克的实际酬金
刚好就是他惯常收取的价格——一幅图 1 英镑 1 先令的设计费。布莱
克认为斯托瑟德对该题材的处理过于低俗，而非针对乔叟的原作。

　　可能最匪夷所思的是，如果布莱克真的以 21 英镑的价格将这 20 幅
画卖给克罗梅克，克罗梅克再把“为《坟墓》设计的 12 幅画”退还给
布莱克，拿回原先的 21 英镑，那么就相当于克罗梅克不仅免费得了布
莱克的 8 幅画，而且还占有了《坟墓》插图设计的版权。而且，克罗
梅克提出的退还画作还只是“在诗歌出版之后”。

　　是克罗梅克让布莱克沦为“在荒野里呼喊”的先知。经历此事之
后，布莱克的业务量下降了，而不是如克罗梅克所声称的增加了。正如
克罗梅克在写给詹姆斯·蒙哥马利的信中所说，这是“天才从俗人那里
领受的……如同麦子从稗子那里领受的”。

《坟墓》的出版

　　克罗梅克同时为《坟墓》和斯托瑟德的《坎特伯雷的朝圣者》招揽
订单，两项业务都异常成功。他写道（1807 年 11 月 2 日），“《坟墓》的
销量非常好”，“这一直是个来钱多的……生意”（1808 年 7 月 2 日）。[113]

　　6 月和 7 月，克罗梅克开始向订购者寄书。†这些书给一些订购者如
爱丁堡艺术家约翰·斯科特带来了极大的震撼：

　　　　标题页上，末日审判的号角吹出的气息，似乎不光唤醒了画在

---

* 1807 年 3 月，霍普纳征得克罗梅克的同意，将斯托瑟德版的《坎特伯雷的朝圣者》
　版画献给了威尔士亲王（*BRS*，第 44 页注释 1）。克罗梅克在他的出版简介中广告了
　这一奉献。譬如，与布莱尔的《坟墓》（1808）一道印刷的那份简介。
† 克罗梅克也给布莱克寄送了“两本，但他竟然连普通的礼貌都没有，没有向我致谢”
　（1818 年 8 月 14 日）。

那里的枯骨，也让我为之一振。肉体被放在灵柩架上，灵魂与之分离；一家人相聚在天堂——的确，几乎每一张版画，呈现的都是祂的神圣和庄严，我们（祂的孩子）都跟随着祂。……[114]

批评家威廉·保莉特·凯里则对布莱克设计的插图给予了全方位的赞美：

> 插图意象丰富，以雅致无华的形式，表现了各式的恩典、驯服的温柔以及悲悯的共情。这些插图，笔触自然朴实，与画家大胆的创意、庄严而敬虔的构思完美结合……整体而言，没有任何一处意象令人感到厌恶或者不敬……表现了他一贯的圣洁之风。他的精力没有浪费在花哨的藻饰上，也没有任何的奇形怪状……*

但是，对其他人而言，布莱克的《坟墓》插图带来的是另一种震撼。克罗梅克的通信人詹姆斯·蒙哥马利卖掉了他订购的一册书，因为"本想着这本书能放在客厅的桌子上，供人翻阅，但是书中的好几幅插图都不适合这样的目的，只好作罢"。标题页上，裸着身子的"天国信使"，"头朝下，几乎笔直地冲向地面，他的号角在死人的耳旁吹响，而那死人正要复活"。这幅画所表现出的"庄严的荒诞"，"给了蒙哥马利一个闲聊的笑料"。†

---

* 威廉·凯里，《〈苍白马背上的死亡〉（由本杰明·韦斯特［皇家美术学院主席］画制）的批判性描述与分析性评论》（伦敦，1817；费城，重印于1836年。第2—5段收录于《艺术、文学、时尚、工艺制品藏集》，[1818]（*BR*，第246页），部分措辞（如"庄严而敬虔的构思"）在凯里《漫谈煽动性出版物的反英体系》（1819）中被反复引用（*BR*，第624—625页）。据《文学报》（1827年11月），"有品位的人，没几个不知道布莱克为布莱尔的《坟墓》设计的插图"。

　　1820年12月，布莱克与其他45位画家一起，同意他们的名字出现在一份声明上。该声明称："威廉·凯里先生……可以胜任……（艺术藏品）负责人一职。"

† *BR*，第194页。罗伯特·亨特谴责《审判日》和《一家人相聚在天堂》中的人物"极为不雅的姿态"（*BR*，第196—197页）。1847年再次版刻的《枯骨复活》（书名页）和《审判日》在原作的基础上，进行了缩小，原先裸体的绅士们，在这一版中，隐私部位都被遮起来了，而《一家人相聚在天堂》则被撤掉了。究其原因，可能是那对几近裸体的夫妇拥抱在一起，会让有些读者把持不住吧。

对于布莱克而言，更不幸的是，绝大多数评论一面盛赞夏芳尼缇"无与伦比的雕工"，一面抨击布莱克的插图设计。在 1808 年 8 月 7 日的《观察家报》上，利·亨特的哥哥罗伯特赞扬夏芳尼缇："饱满的半彩点刻线条，……线条活泼流畅，刀法变化多端"，实乃"大师之作"。而布莱克"充满异象"的插图以及"狂人"菲尤泽利为其所做的辩护，简直是违背常识，说明这种"将灵魂表现为肉眼可见的形式，是根本行不通的"。"简言之，这些版画不是没有亮点，但是过大于功……几乎所有的寓言，岂止匪夷所思，简直是荒诞至极。"*

第二年，布莱克在他的《叙录》（第 68 段）中对这些攻击予以回应：

那些批评布莱克先生以可见的身体来表现灵魂的鉴赏家和艺术家们，不妨思考一下，他们所崇拜的古希腊雕像，譬如，维纳斯、密涅瓦†、朱庇特和阿波罗等，哪一个不是上帝永恒的精神存在的体现，哪一个不是必将腐朽的眼睛能够看到的？哪一个不是以坚硬的大理石表现出来并呈现给世人的呢？布莱克先生要求有同样的选择自由，这样皆大欢喜。

306

1808 年 11 月号的《反雅各宾评论》中的长篇评论，更是恶语相向，抨击《强壮的恶人之死》（见图 111）："这幅画对自然和可能事物的处理太过骇人，引人愤慨"；"垂死之人的'雄性灵魂'完全是以肉体的形式表现出来的"；这种"荒诞的表达"，是对"真正的品位"的侵犯，

---

* 罗伯特·亨特，《布莱克版的布莱尔的〈坟墓〉》，《观察家报》，1808 年 8 月 7 日。《观察家报》曾发起过反对"循道宗的愚昧与危险"的运动，认为相信灵魂的世界就是"愚昧"的表现。针对布莱克和菲尤泽利的攻击可能就是该运动的行动之一。3 周后，利·亨特把布莱克列入了"顽固不化的江湖骗子"名单（1808 年 8 月 28 日）。1808 年 11 月《反雅各宾评论》称克罗梅克的广告有几分"江湖骗术"的感觉。

约翰·兰西尔，《意大利的版刻流派》（约 1811），里斯的《百科全书》，不厌其烦地称颂夏芳尼缇为布莱尔的《坟墓》所作的版刻，称之为"极具价值的作品，……盛名不衰"（BRS，第 64 页）。

† 密涅瓦是罗马神话中的智慧女神，即希腊神话中的雅典娜。——译注

是"病态想象力的结果；我们认为，这种企图'以我们熟悉的家庭题材为载体，把可见的与不可见的两个世界结合起来的做法'，是彻头彻尾的失败之举"。

可能最为恶毒的是结论部分：

> 布莱克先生写了一首……献给女王的诗，他一心想编一个我们都看过的花环，编来编去，也没编出个名堂来。如果他还想攀登"诗歌的高峰"，建议他的朋友们最好给他穿件紧身衣，免得他到处乱跑。说他是个画家还勉强凑合，读他的诗可是会要了人的命。

这一期的《反雅各宾评论》，布莱克很可能看过，但他可能没有看过《苏格兰杂志》上刊登的可能是画家罗伯特·司各特的精彩评论：

> 我们不记得在其他什么地方，见过如此惊人的天赋与如此古怪的性格的结合。作者展现的是一种完全另类的思考，一种独属于他的思想。庄重而神秘的个性、持续思考死亡之地与不可见世界的习惯以及对这些思想的烂熟于心，这些于普通人而言，是遥不可及的虚无幻象，于他而言，则是当下工作最合适的条件。这些条件促使他创作出不同寻常、极具欣赏价值的作品，其表现力度之强烈，姿态刻画之生动，可能鲜有其匹。
>
> 但有一种情况……我们不敢苟同，即以肉体的形态表现灵魂。我们认为，这种做法太过冒失……
>
> 总体而言，我们认为这样的作品，若非出于异乎寻常的兴趣，任何画家或者风雅之士断乎不能想象。[115]

公开的批评在伦敦有影响力的报刊上随处可见，而公开的褒扬布莱克又见不着，这真是祸不单行。受这些评论影响最大的就是布莱克，因为评论刊出时，克罗梅克早已把订购单攥在手里了。这些评论对《坟墓》的销量几乎没有任何影响。

《坟墓》最后的也是最为简要的评论刊登在1808年12月1日的《月刊杂志》上:

> 这一系列的版画……成了英格兰出版史上最具特色的作品。就绘画设计而言,各种人物的线条形状,画家都有充分的理解和妥当的处理;各种元素的组合大都令人赏心悦目,构图安排也很合理;有些插图甚至带有一丝古风,倒是没有辱没罗马学派的名声。关于思想的部分……本来是应该与诗歌相互呼应,却有一种幻想的狂野与古怪在其中,使诗人变得遥不可及。可能也有一些例外……
>
> 这些插图的作者是一位禀赋非凡、技艺高超的版刻师,听说他从"明亮的异象"中获得了构思的灵感,就像弥尔顿的缪斯——
>
> "每晚进入他的梦乡,或在黎明
> 破晓之时。"*

布莱克为布莱尔的《坟墓》设计插图,赚得了21英镑的酬金,遭到了克罗梅克的背叛以及同时代的人最直言不讳的批评和轻视。

《坟墓》的后续故事

但是,这些版画却是布莱克在19世纪接下来的那些年里最为有名的作品。700多本对开本的《坟墓》被送到订购者的手中。† 同年(1808年),克罗梅克还卖了该书的4开本版本,数量不得而知。

克罗梅克在1812年3月去世时,把大部分的财产都留给了他身无分文的姐姐,希望他的妻子会由她在约克郡的富裕的父亲来供养。这个可怜的寡妇,还得设法打理克罗梅克名下的版权和画作。她的邻居拉尔

308

---

* 布莱克在1799年8月16日给特拉斯勒博士写信时,也引用了这两行诗,见《失乐园》,第7卷,第29—30行。这篇评论的作者掌握的信息非常丰富。

† "订购名单"上总计有688本。克罗梅克在1808年8月14日的信函中,对遗漏了某些订购者的名字,表示遗憾。

夫·赖伦斯在 1812 年 12 月 30 日写道，"克罗梅克的遗孀，还在出售亡夫的书籍和版画"，5 周之后，他又写道，她正在出让"布莱克为布莱尔的《坟墓》设计的版画原件以及其他的奇奇怪怪的作品，定价 30 英镑。如果布莱克去世了的话，或许能卖个更好的价钱……这位先生的作品现在都在甩卖，我猜想，克罗梅克夫人可能急着想要处理掉这些作品……"*

斯托瑟德写道（带有小小的拼写错误），"克罗马克（Cromack，即克罗梅克）夫人考虑到施渥内提（Shivonetty，即夏芳尼缇）正在做这件事（为斯托瑟德所绘的《坎特伯雷的朝圣者》版刻插图），就把布莱尔的《坟墓》出价 120 英镑卖"给了鲁道夫·阿克曼。[116]1813 年，阿克曼将布莱克的对开版版画和布莱尔的《坟墓》一起出版（版画上重新标示的日期是 1813 年 3 月 1 日）。1826 年，版画再一次出版，搭配的是西班牙流亡诗人何塞·华金·德·莫拉的《沉思组诗》，并配有一段文字"solamento como illustraciones de las estampas"，译为"仅仅作为插图版画"[117]（这些插图被加上了文字说明："出版人 R. 阿克曼，伦敦、墨西哥"）。由布莱克设计插图的布莱尔《坟墓》再次被出版（1870 年由约翰·卡姆登·霍顿出版），采用的是阿克曼 1813 年的版式（按照 1813 年的题词进行重新版刻，依稀可见西班牙文的痕迹），并于 1926 年再次重印。A. L. 迪克将布莱克的插图重新进行了版刻，缩小至原版的四分之一大小，并与布莱尔的诗一起先后于 1847 年、1858 年和 1879 年在纽约出版。

19 世纪中后期，几乎每次提到布莱克，人们都会赞扬他为布莱尔的《坟墓》所做的插图。这些插图使得布莱克的名字和他的天赋得以不朽，而人们再写到克罗梅克时，也就常常带了几分不齿。

---

* 拉尔夫·赖伦斯致威廉·罗斯科，1812 年 12 月 30 日，1813 年 2 月 3 日（*BRS*，第 70、71 页）。罗斯科没有购买布莱尔诗集中的这些插图，有关这些插图的另一个记载是在 1836 年 2 月 1 日至 19 日 C. B. 泰特在爱丁堡举行的拍卖会上，流水号 1835，是梅吉特兰德的托马斯·西夫莱特去世后的财产。

诗歌再创作

布莱克化愤怒为诗情，在他的笔记本中写下讽刺短诗，表达自己的愤慨。与此同时，他也在创作一生中最令人惊叹的诗歌，歌颂信心必将战胜怀疑。

在民谣手稿中，他写道：

309

天真的预言

从一粒沙子看见一个世界，
从一朵野花看到一座天堂，
把无限握于你的掌心，
将永恒凝入一个时辰。
……
嘲笑婴儿的信仰的人
会在年老死亡中被人嘲笑。
教导孩子去怀疑的人
将永远走不出腐烂的坟墓。
……
提问的人狡猾地坐着
永远不知要如何回答。
谁要答复怀疑者的发问，
就是熄灭知识的明灯。……
……
一个谜语或者蟋蟀的嘶叫
就是怀疑恰当的答案
……
亲眼看见还要怀疑的人

永远不会去相信，随你便吧。

若是太阳月亮也会生疑

它们的光芒就消失无迹…………

我们都被引领着相信一个谎言

如果我们看东西不通过肉眼

……

于栖息在黑夜的可怜灵魂而言

上帝出现了，上帝就是光

于栖息在白昼的人而言

上帝竟会显出人形？

（《天真的预言》，第 1—4、85—86、93—94、103—104、

107—110、125—126、129—132 行）

在布莱克一生的试炼中，上帝的人形总是在他的眼前显现。

布莱克同时也对《瓦拉》进行了最后的修订。他更换了标题：

310

第 1 版，约 1797 年	第 2 版，约 1807 年
瓦拉（VALA）	四天神（The Four Zoas）
或者（or）	爱与嫉妒的煎熬在（The torments of Love&Jealousy in）
死亡与（The Death and）	死亡与（The death and）
审判（Judgment）	审判（Judgment）
永恒之人（of the Eternal Man）	古人阿尔比恩*（of Albion the Ancient Man）

---

* 《瓦拉》，第 1 页（见图 79）。这可能是布莱克在这首诗上做的最后的改动，他没有改动文本从而保持与版画一致；譬如，“天神”一词没有在诗中再用（尽管该词在《弥尔顿》和《耶路撒冷》中重新出现过），这些夜晚依旧称为“瓦拉”。在文本中，他把“永恒的人”改成了“阿尔比恩”——但在第 56 页以外的其他地方则没有这样改。

这些首次出现在这里的天神，是

> 全能者的四个奇迹……
> 四重每重都是另一重的映照；它们被称作永恒的生命，
> 四个繁星的宇宙向前从永恒到永恒
>
> （《瓦拉》，第123页，第36、38—39行）

他修订了整首诗，将旧版中《夜晚》的"第八夜到第九夜"进行了删减和改写，并重写了"第八夜"，并在早期版本《夜晚》的基础上，首次添加了希伯来与基督教的象征。[118]第3页题词使用的就是他在1802年开始学习的希腊语，而圣经中的地名也常常为英国的地名所替代。[119]

在异象中，洛斯看见上帝的羔羊"奉献他充满生机的身体……被砍开并肢解，精神的身体得以显现"[120]。在撒旦的教堂，由理生抨击洛斯的异象："因此，上帝的羔羊被判处死刑。他们把他钉死在神秘之树上，为他哭泣。"[121]

撒旦的教会决定"用火焚烧神秘"，从灰烬里改造神秘，因为"古老的神祇和自然宗教，如今要焕然一新，巴比伦又回到称为自然宗教的婴儿时期"，"因为上帝要他们的心意更新变化，以成全祂的旨意"。[122]

> 害怕不存在之物，
> 他们就是这样看待肉体的死亡，洛斯伸出他植物般的手；
> 他的右手如树枝般伸出，抓住了太阳；他的左手如黑色的树根
> 遮住了月亮，把它们从天上扯下来，天国裂开了，从浩瀚到浩瀚。
> 接着永恒之火，高声尖叫着，坠下
> 嘹亮的号角吹响，从天国到天国
> 一个有力的声音在说"醒来！你们这些死人，来
> 接受四方之风的审判！醒来！离开！"
> 收起巨大的天与地的轴卷

311

带着雷鸣的大声和可怕的摇晃，来回折磨，

天国摇摇欲坠，大地也被抛离了原位

……

其间号角一直在响，从凝结的瘀血，从空空的洞穴

把成千上万颤抖着的人们赶进心灵之火的烈焰

他们的四肢沐浴在永恒的明亮的异象中。

……

这一夜

黎明破晓之前，老鹰叫唤秃鹫，

渡鸦叫唤鹰隼，我在漆黑的森林里听见它们，

说"我们飞走吧！我闻到空气里

传来的南边的恐惧。"老鹰和鹰隼逃走了

黎明到太阳升起之时，渡鸦和秃鹫也飞走了。

……

劈开一个又一个的联结，溢满的宇宙爆炸了。

所有的东西都掀翻了，从中心飞出来；骨头和关节也被震得咯

咯作响

摇晃抽搐，颤抖的泥人在呼吸……*

（《瓦拉》，第 117 页，第 5—16 行；第 118 页，

第 17—20、33—38 行；第 122 页，第 26—28 行）

这首诗的结尾是：

乌尔索纳†从那颓墙上站起

用他全部的古老的力量，成就科学的金色铠甲

---

* 这里颤抖的泥人在呼吸（shivering clay breathes）应该是指蒙受上帝的恩典，从而开始新生。《创世记》第 2 章第 7 节："神用地上的尘土造人，将生气吹在他鼻孔里，他就成了有灵的活人，名叫亚当。"——译注

† 乌尔索纳（Urthona）在布莱克的神话世界中是四天神之一，很少出现在布莱克的作品中，通常以其"堕落"形式出现，即洛斯的形式出现。——编注

为了心灵的战争。利剑的战争过去了，

黑暗的宗教过去了，甜美的科学来作王。

（《瓦拉》，第 139 页，第 7—10 页）

诺思罗普·弗莱写道：“《四天神》‘第九夜’所表现出的爆炸性的创造力，没有任何一首英语诗歌能与之媲美。”[123]

但布莱克从来没有蚀刻《瓦拉》或者《四天神》，最终他只是把这些美丽的手稿赠送给约翰·林内尔了。他把《四天神》中的大部分章节并入了《耶路撒冷》。[124]

312

插图 25 布莱克，《耶路撒冷》（H 本）第一章标题（图版 4 上部）

《耶路撒冷》*的演化

《耶路撒冷》经过多年才完成。这首长诗最晚在 1804 年（书名页上的日期）（见图 110）就已经开始创作了，直到 1820 年，第一个完整的版本才印刷成册。诗歌一开始提到“我在海边蛰伏的这三年”（1800—1803），并以一句天启般的诗句作为结尾：“四个活物，神性之人的战车。”[125]

---

* 这是布莱克创作的最后一部长诗，也是其创作时间最长、最壮观的一部长诗，以彩色印刷而成，集中表达了他在诸多领域的研究兴趣，从布莱克自创的神话体系到宗教历史，从性到认识论，从德鲁伊教到牛顿，他都有涉猎。——译注

这首诗是关于"通道 / 穿过永恒的死亡，唤醒永恒的生命"。[126] 目的是

> 打开不朽的双眼
>
> 让人向内窥探思维的世界；看进永恒
>
> 在上帝的怀中不断扩展，人的想象
>
> （《耶路撒冷》，图版 5，第 18—20 行）

"每天早上……日出时分……我看见救世主……向我讲述这首柔美之歌"。[127] 并将"这些歌词口述给我"。布莱克对无韵体诗尚不感冒，[128] 而是选择了在《亚美利加：一个预言》和《欧罗巴：一个预言》中使用过的七步体。显然，神灵的口述既有思想，也有意象，布莱克精心选择适合表现的文字形式。"每一个词，每一个字母，都反复推敲，恰如其分。"[129]

像《弥尔顿》一样，《耶路撒冷》也与布莱克自己的生活有着千丝万缕的联系。区别在于，通过对弥尔顿、欧罗隆和洛斯的异象的描述，《弥尔顿》反映的是布莱克的精神世界里发生的事件，而《耶路撒冷》则融合了大量他现实生活中的事件，特别是 1803 年和 1804 年因为被控煽动叛乱罪而受审的经历，以及 1809 年 9 月《观察家报》对他的作品以及精神状态发起的攻击。这些经历体现在《耶路撒冷》的神话体系中新增的人物中：

313

> 我写下……恩图松的各种恐怖恶行：
>
> 有汉德、海利与科班的，还有匡托克、皮奇、布里尔顿、史雷德和哈顿的
>
> （《耶路撒冷》，图版 5，第 24—25 行）

这些都是 1803 年 8 月控告布莱克煽动叛乱罪的士兵，有二等兵约翰·斯科菲尔德和约翰·科克以及乔治·赫尔顿中尉，以及 1803 年 10 月宣判他有罪的治安法官威廉·布里尔顿、约翰·皮奇和约翰·匡托克。

这些人物贯穿在《耶路撒冷》中,是阿尔比恩的十二子之一。

在大多数相同的插图中都可以发现阿尔比恩的另一个儿子的名字——汉德(Hand),取名自指指点点的手(hand),指代《观察家报》的那些评论:

> 那个名唤亨特的观察家
>
> 把死亡叫作疯子,在它面前瑟瑟发抖
>
> (笔记本,第22页,第15—16行)

《观察家报》的别名就叫亨特,因为编辑是利·亨特,印刷是约翰·亨特,艺术批评是罗伯特·亨特。与亨特三兄弟相对应的是制革工阿尼图斯、诗人美利图斯和演说家莱孔,即对苏格拉底提出公诉的三位公诉人。*在图版50中刻画了长着三个脑袋的汉德,"三个脑袋在矛盾委员会沉思"(《耶路撒冷》图版70,第5行)。阿尔比恩的儿子们,譬如"斯哥菲尔德†的宁录‡,企图弑杀耶和华",[130]联合起来悖逆圣灵的感动。

插图 26 布莱克,《阿尼图斯、美利图斯和莱孔》

---

* 在他的《公开致辞》(1811)中,布莱克"希望他的朋友阿尼图斯、美利图斯和莱孔"能够明白,"诽谤的毒药"迷惑了"英国公众",他们不相信《坎特伯雷的朝圣者》是"一个疯子画的"(笔记本,第86页)。汉德的"愤愤不平和自以为是"以及"对他人的蔑视……把他冻在了铁窗之后"(《耶路撒冷》,图版7,第75、71、72行),这句诗明显是在影射亨特因在《观察家报》上攻击摄政王,于1813—1815年入监。

† 此处指的是醉酒的士兵斯科菲尔德(Schofield),布莱克在诗中将他写作"Skofield"。——编注

‡ 宁录(Nimrod)是在《旧约·创世记》第十章中提到的人物,"他为世上英雄之首。他在耶和华面前是个英勇的猎户"。——编注

314

《耶路撒冷》凝结了布莱克历经数年的辛苦创作。1807 年夏天，乔治·坎伯兰说"布莱克已经版刻了 60 幅插图，要讲述一个新的预言！"*1809 年，布莱克在他的《叙录》（第 75 段）里，称这首诗是"鸿篇巨制"，包含"英国古代史、撒旦的世界和亚当的世界"，"如果上帝愿意的话"，他"会将其出版"。1811 年 7 月 24 日，他把长诗拿给罗伯特·骚塞看，但那时"还没准备出售"。[131]1812 年，几份"独立样本"在水彩画家协会年展上展出。1815 年 4 月，他告诉小乔治·坎伯兰，"他现在所有的时间都在蚀刻和版刻"，可能此时，这项工作还在进行之中。可能直到 1820 年，《耶路撒冷》集齐了 100 幅插图，布莱克才完成了完整版的第一批印刷工作，并在《伦敦杂志》上刊登了一则广告。[132]

这首诗的创作前提是："每一件事都受到圣灵的指引"，"上帝既在我们里面，也在我们外面！甚至在地狱的最深处，祂都存在！"[133]

《耶路撒冷》表现了一个修正主义的历史观："英国是父系宗教的初始之地"，"地球的居民们在一个宗教里联合起来，耶稣的宗教……永恒的福音"。†

> 伦敦走在每一个国家，相互有爱，和谐共处。
>
> 阿尔比恩覆盖了整个地球，英格兰包裹了所有的国家
>
> （《耶路撒冷》，图版 24，第 43—44 行）

这也是新的福音，"这是耶和华的契约：你们若彼此饶恕，耶和华也会饶恕你，他当住在你们中间"。[134]

这也是艺术的福音，"我认为基督教或者福音，就是拥有进行想象这种神圣艺术的身心自由，除此之外，并无其他"；"想象是真实永恒的

---

* 布莱克 1807 年印了一些清样。

† 《耶路撒冷》，图版 27，第 1 段。卡巴拉教派（即犹太教神秘哲学）的"传统认为天地万物都蕴含在远古人类的有力的四肢里"，经由"德鲁伊教僧传给犹太人"（《耶路撒冷》，图版 27，第 4 段）。

世界，植物的宇宙只是一个模糊的影子"。[135]

> 去，告诉他们，敬拜上帝是荣耀祂
>
> 赐给人的天赋：尽心爱最伟大的人，每一个根据
>
> 自己的天赋：就是在人里面的圣灵；别无其他的
>
> 神，只有人类心灵之源的上帝
>
> （《耶路撒冷》，图版91，第7—10行）

此福音的弥赛亚是洛斯，乌尔索纳的幽灵，能"在困境中看见神的异象"。[136]

福音的胜利迎来了天启：

> 伟大的时刻今又来临：
>
> 我们的灵魂无比欢欣，
>
> 伦敦的高塔躬身亲迎
>
> 上帝的羔羊前来居住
>
> 在英格兰的绿地树荫。
>
> （《耶路撒冷》，图版77，第9—12行）

315

在这首诗的结尾部分：

> 所有的人形都辨认出来了，甚至还有树、金属、土和石头：
>
> 所有的人形都辨认出来了，活着的，人来人往，疲惫地
>
> 进入地球的生活，年年月月日日时时；沉沉睡去
>
> 而后在祂的怀中醒来，进入不朽的生命
>
> 我听到了他们流溢的名字：唤作耶路撒冷
>
> （《耶路撒冷》，图版99，第1—5行）

布莱克仅把一份完整的《耶路撒冷》做了着色处理，定价21英镑。[137]
他只卖出过一本《耶路撒冷》，就在他去世的前一天。[138]

布莱克去世后，泰瑟姆乐此不疲地把彩印版《耶路撒冷》拿给别人
看。J. T. 史密斯（1828）就引用过这首诗；《伦敦大学杂志》（1830）也
提到过；艾伦·坎宁安（1830）评价这首诗"极为奔放"，"最大的问题
是晦涩难懂"，尽管 E 本中"许多人物""堪媲米开朗琪罗"；泰瑟姆
（约1831）也谈到诗中"扣人心弦的诗行"。[139]

《耶路撒冷》承载着布莱克最伟大的志向与雄心，也是他最令读者
生畏的一部作品。布莱克感到他必须像洛斯一样，

> 创造一个新的系统，否则会被他人奴役。
> 我不会推理或者比较：我的工作就是创造
>
> （《耶路撒冷》，图版10，第20—21行）

《耶路撒冷》是福音，是天启，布莱克同时代的人却视而不见。

埃格雷蒙特伯爵的赞助

布莱克一生当中，最为慷慨的赞助人，埃格雷蒙特伯爵要算一个。
他的封地在佩特沃思，靠近费尔珀姆的东面。1803 年 10 月，布莱克在
佩特沃思接受审判时，他是治安法官之一。埃格雷蒙特伯爵对布莱克应
该是抱有善意的，布莱克去世后，他去看望凯瑟琳·布莱克，"谈起了
布莱克在费尔珀姆的日子，不无遗憾地叹道：'他怎么就走了呢？'"*

---

* 吉尔克里斯特（*BR*，第 363 页）。就目前掌握的信息，伯爵并没有收藏这一时期的任
何作品，但布莱克去世之后，他花了 6 英镑 6 先令买了《约伯记》和《仙后》（巴特
林第 811 项），不过，他没有要"但丁组画"（*BR*，第 600、363、409 页）。

或许，埃格雷蒙特伯爵就是那位　　　　　　　　　　　316

　　贵族，曾送给布莱克一些核桃油，他之前特意提到是要用来做艺术实验的。布莱克尝了一口，接着又尝了一口，结果全喝完了。当伯爵问他实验的进展时，他只得承认这些原料都被自己喝掉了。从此，这就成了他的一个笑柄。[140]

　　布莱克曾经为伯爵夫人（时居伦敦）画过《撒旦召集他的军团》，还为她创作过一幅美妙绝伦的《最后的审判的异象》[*]（见图109），是对《坟墓》的版画插图《审判日》的呼应与拓展。布莱克还为这幅版画写了一首诗，有些类似他为《坟墓》插图所写的献词：

> 我看过许许多多的墓穴
> 这些都给英格兰的女王看过
> 但如今看到的地狱的洞穴：
> 我又敢展示给谁看？
> ……
> 埃格雷蒙特伯爵夫人能控制
> 燃烧在我身边的地狱烈焰
> 如果她拒绝，我继续前行
> 直到地老天荒
> 继续被高贵的灵魂崇拜，
> 被迎风的嫉妒追随。
> 被再次版刻反反复复，
> 我的设计永葆青春光华
> 不曾做出纤毫改变。

---

[*]　巴特林第642、662项。同时，布莱克在1808年5月在皇家美术学院展出了《雅各的梦》（《创世记》，28：12）（见图130）和《基督在圣体安置所，为众天使守候》两幅作品。

> 时间想发怒，也是徒然
>
> 因那时光之上不安的源泉
>
> 在大西洋的高山之巅
>
> 高高地在我金色的房子里
>
> 它们发出永恒的金光

（笔记本，第 87 页）

他曾于 1808 年 1 月为朋友（袖珍肖像画家）奥扎厄斯·汉弗莱写过一篇长文，阐述"最后的审判的设计思路，我已经完工，承蒙您向埃格雷蒙特伯爵夫人推荐"。这幅画荟萃各种人物形象，汉弗莱评价道：

> 如此恢宏繁复的题材，如此恰当妥帖的构思，无人能出其右。——这幅画不大，长度不超过 50 厘米、宽度大概有 40 厘米。然而，方寸之间却展现了构思之庄严、题材之重要、人物之丰富、精神之崇高……简言之，这是我见过的最引人入胜的作品之一；在许多方面甚至都超过了米开朗琪罗的《最后的审判》。如果这部作品想要收获应有的赞誉，展现更佳的效果，那么还需要一幅匾，面积不能小于威斯敏斯特议会席。[141]

这些褒扬之词，布莱克当之无愧。

在给汉弗莱的信中，布莱克极为详细地阐述了他的构图设想。图的上方是"坐在审判宝座上的基督"，"图的上半部是天国敞开的场景"。基督后面是在荣光中的众婴儿头像，代表着"从耶稣神圣的人性中涌出的永恒创造力"。围绕着基督的是"四个动物（四天神），长满了眼睛，被七位天使簇拥着，手里拿着盛有上帝的愤怒的七个瓶子"。基督的上方是"帐幔拉开的会幕"，"十字架取代了方舟"。基督的右边是洗礼，"左边是圣餐；这是进入永恒生命的两个管道"。

右边是"义人的复活；而左边……用来表现恶人的复活和堕落"。基督的脚前跪着亚当和夏娃，他俩的身后是亚伯拉罕和摩西。摩西的底下是堕落的“被毒蛇环绕的撒旦”。在正中间吹喇叭的天使旁边，有“两个天使在云上打开了死亡之书”；左上方的两个天使正翻开“生命之书”。吹喇叭的天使用星星给站在月亮上的女人加冕，女人代表着“基督教的教会”。

在基督的下方

> 大地因为重生的阵痛而颤抖；地表的洞穴里有七头十角的龙，被两个天使用铁链锁住；地表洞穴之上，是那个大淫妇，也被天使擒住并捆绑……
>
> 这就是整个的构图，我亲爱的先生，您一直是我创作的动力，要不是您，我可能要一直睡到最后审判的日子。[142]

读者和观众们一定非常希望，在理解布莱克其他的绘画和作品时，也能有这样一份详细的说明。

布莱克为埃格雷蒙特伯爵夫人创作的《最后的审判的异象》，可能也是克拉布·鲁宾逊记载的布莱克与天使长加百列的一件逸事的缘由：

> 一天，他带着一幅画往家赶——这幅画是为一位德高望重的女士而作——正想着在客栈里歇个脚，天使长加百列碰了碰他的肩头，说道，布莱克，你怎么还在这儿？往前走，你不会感到累的。他马上起身，继续前行，毫不觉累。*

318

---

* 克拉布·鲁宾逊，《国家博物馆》（*BR*，第 452 页）。这桩逸事是由一个朋友（可能是弗拉克斯曼）从布莱克那里听来后告诉鲁宾逊的。

布莱克对超自然的暗示笃信不疑，因此，他对鉴赏家的评价充耳不闻。针对任何有关作品的指责，他的回应都是一样——作品的本质决定了作品不可能是败笔。“我知道它（布莱克的作品）是它该有的样子，它充分再现了我在异象中的所见所感，因此它必定是美的。”

我们并不清楚这是转述故事的朋友下的结论，还是鲁宾逊自己的结论。

显然，布莱克相信天使长加百列对他有一份特别的关照。

出售布莱克的《坎特伯雷的朝圣者》版画

布莱克注意到，布莱尔《坟墓》的成功，与克罗梅克不遗余力的吹捧密不可分。他也想尝试使用克罗梅克的营销策略。布莱克出版了两份版画简介，一份名为《布莱克的〈乔叟：坎特伯雷的朝圣者〉》（1809年5月15日），另一份名为《布莱克的〈乔叟：原创版刻〉》（1810）。他把这两版简介分发给了朋友们——前者给了弗朗西斯·杜丝，后者给了托马斯·巴茨。不过，这方法好像并不奏效，现今发现的也只有四份简介。

他还把简介寄给了几位版画销售商。其中一位是罗伯特·鲍耶，鲍耶又将简介转寄给了斯宾塞伯爵，并附上评价："威廉·布莱克拥有极为细腻的蚀刻技巧，有理由相信，这是这么多年来在我国能看到的最为精美的版画之一。"[143] 这番话说出来，毫无私心，因为版画的订购单会直接寄到布罗德大街28号布莱克哥哥的家里，鲍耶根本不会从推荐中得到任何好处。

在简介中，布莱克刻意表明他的画家兼版刻师的身份：

设计者提议版刻这幅画，用正确的线雕版刻技法，与阿尔布雷特·丢勒、卢卡斯、希思本、阿尔德格拉夫以及过去富有创造力的版刻师相似，采用铜版版刻。这些都是在油画和绘画方面的大师，单凭他们的方法就能细致入微地刻画人物……

本画家预备从今年9月起专注工作至次年9月，拟用一年完成版画并寄送。——没有哪一件艺术品需要花费一年以上的时间：作品或许会改来改去，无休无止，耗尽一生都有可能。但是最终他又不得不改回原来的样子……画家在这一年里的价值就是社会评价的标准:对作品的评价可以反映出社会的兴衰。*

　　他在《叙录》中详细地描述了《坎特伯雷的朝圣者》,强调了乔叟的诗歌所拥有的永恒品质:

　　　　乔叟朝圣故事中的人物来自不同的时代和国家:一个时代衰落,另一个时代兴起。这些在肉眼凡胎看来是不一样的,而在永恒的神的眼中是相同的。我们看到的角色其实都未曾改变,无论动物、植物、矿物还是人,都是往复出现的不变的存在,并没有任何新的事物产生。意外总是以各种形式出现,但物质的实质永远不会发生变化或者经历衰败。

　　　　乔叟笔下的人物,如他在《坎特伯雷故事集》中所描述的,有些名字或者头衔被时间改变了,但人物的本质从来都是一样的†……改变的是名字,不变的是实质。我认识许多人,在现在的自然神论年代,是自然神论者;如果是回到修道院时期,那他们就是修士。正如牛顿确定了星星的数量,林奈‡确定了植物的种属数量,乔叟确定了人的阶层数量。§

　　布莱克还描述了"我的竞争对手的简介",夹杂着尖锐的批评和刻

---

* 《布莱克的〈乔叟:坎特伯雷的朝圣者〉》(1809)第 1 段和第 3 段。简介是由瓦茨与布里奇沃特印制的,他俩都是布莱克住在南莫尔顿街的邻居。订购价是 4 英镑 4 先令(1810 年降价到 3 英镑 3 先令,这也是斯托瑟德设计的版画的价格)。从 1809 年油画作品开始展出,到 1810 年展出结束,订购单的接单地址一直都是布罗德大街 28 号。奇怪的是布莱克没有提供过清样。
　　布莱克坚持在一年内完成版刻任务,部分原因是因为斯托瑟德设计的插图于 1807 年开始版刻,但是两年后,布莱克撰写自己的第一份简介时,斯托瑟德的版刻还未完工。实际上,版画一直到 1817 年 10 月才出版,已经是开工 10 年之后的事情。
† 这个词由《乔叟的朝圣者之序诗与角色》(1812)的编辑改写而来(BR,第 230 页)。
‡ 卡尔·林奈(707—1778),瑞典植物学家,现代生物分类体系的奠基人。他一生最大的贡献就是开创了用两个拉丁词或拉丁化的词给植物命名的双名法则。——编注
§ 《叙录》,第 16、17 页。哈兹利特在他的《英国诗人讲稿》(1818)中对此有过呼应:"一直有人这么说,乔叟确定了人的阶层数量,就像林奈确定了植物种属的数量一样。绝大多数至今未变:那些过时了的,很可能是被摒弃掉的,仍旧与他描述的差不多。"

薄的攻击：

320

> 他把一堆愚蠢的东西拼凑在一起，还被同路货色给吹上了天……
> 图画构思一塌糊涂，版刻技艺惨不忍睹，……一直以来我都被这些人轻视。他现在拥有的一切，都是亏欠我的，不会再有这样的好事了。
>
> 他们长着眼睛不看事，是我教会他们如何看见的；
>
> 而如今，他们既不认我，也不知道自己几斤几两。
>
> （《叙录》，第 52、58、64 段）

布莱克这样赤裸裸地表达自己的怨恨，熟识的友人，譬如托马斯·弗罗格纳尔·迪布丁慨叹道：

> 布莱克与斯托瑟德一同涉足这一领域，都曾用画笔再现过乔叟的《坎特伯雷故事集》中的人物形象。然而，一旦要一争高下，布莱克似乎就完全没了聪明智慧；绘画水平不如人，版刻技艺又不如克罗梅克（实指夏芳尼缇）。是夏芳尼缇版刻了斯托瑟德的这幅不朽名作。[144]

布莱克还起草了一份稿件，拟命名为

> 《乔叟的坎特伯雷的朝圣者》
> 《历朝历代人类各种重复上演角色之索引大全》

他还为之撰写了一份声明：

> 今日出版，实为布莱克版刻的《坎特伯雷的朝圣者》做推广，该版画取材于乔叟，内附画家逸事。定价 6 便士。[145]

这篇《公开致辞》稿痛批了铜雕协会的会员及其动机。该协会的秘书长是 R. H. 克罗梅克。1810 年 2 月,该协会通过《观察家报》宣布了一项华而不实的计划,拟资助该协会会员个人在英格兰的版刻工作。布莱克以其一贯犀利激烈的语言,谴责了这些"垄断性交易者"的动机[146] 以及他们装模作样地想要"提高"版刻艺术的做法。

约翰·兰西尔在一个小册子上抨击了该协会,1810 年 8 月 20,克罗梅克满以为自己会得到协会的授意,回应批评的声音。结果,此后不久,据威廉·凯里说:"协会的专业成员(版刻师们)……彼此嫉妒、恶意攻击、爆发各种纷争……于是,协会就解散了。"[147] 铜雕协会解散了,布莱克意欲通过《公开致辞》去攻击的目标也消失了,因此,这篇檄文终是未得付梓。

布莱克的一位朋友,尚不知姓甚名谁,有可能是 B. H. 马尔金,编写了一本《乔叟的朝圣者之序诗与角色》的小册子……目的是为布莱克先生自己版刻的一幅匠心独具的作品做一些说明(1812)。该作品可以在科尔纳吉画廊、布罗德大街28号詹姆斯·布莱克先生的家中*,以及出版商哈里斯先生处查阅。小册子的编辑说:"我挑选了序诗和角色,布莱克先生版刻的人物的面部特征,与乔叟描绘的相差无几。"[148] 布莱克为《乔叟的朝圣者之序诗与角色》又版刻了两幅插图,第一幅图刻画了七位朝圣者。《乔叟的朝圣者之序诗与角色》本身也是一部了不起的作品,但如今只有几本可以查到下落。想来这本小册也没给布莱克招揽来多少新的订阅者。

1812 年,布莱克在水彩画协会展出了他的乔叟蛋彩画,相关的文字评论只有一篇,态度也比较模糊。据《女士每月博览》(1812 年 6 月)记载,这是"一幅优秀的画作,风格杂糅","乍一看有些令人反感"。这是"无可辩驳的天才之作。历史的真实性,人物的装束和仪态都很到位。画家勤奋钻研,准确无误地再现历史,值得高度赞赏"。不过,这幅画表现的是"对不入流的艺术的拙劣模仿"。该评论人表示更为青睐

321

---

* 詹姆斯·布莱克 1812 年底搬离布罗德大街 28 号。

斯托瑟德的版本。[149]

另一方面，《男士杂志》（1812 年 9 月）则认为布莱克的《坎特伯雷的朝圣者》"画得很好"[150]。查尔斯·兰姆的评论是，"他的许多画，特别是《坎特伯雷的朝圣者》（远在斯托瑟德之上）具有极高的艺术价值，但是僵硬、干涩，又不失典雅。为此他还专门写了一个目录，对乔叟进行了极为热烈的批评，不过，内容很是神秘，充满了异象"[151]。

《坎特伯雷的朝圣者》是布莱克众多创作中出色且受欢迎的作品之一，尽管从流行规模上讲，无法与斯托瑟德相提并论。*

322　　但至少这些版画的成本是低廉的。†头两幅版画以 3 英镑 3 先令‡的

---

* 布莱克的《坎特伯雷的朝圣者》一共分出 5 种状况，第一种仅存 1 幅、第二种存 2 幅、第三种存 23 幅、第四种（约 1820—1823）现存 3 幅，最后一种则有 26 幅，其中的许多作品都是在他去世后出版的。此外，还有 142 幅有记录但无法追溯的作品（R. N. 艾斯克，《威廉·布莱克的独立版画》[普林斯顿：普林斯顿大学出版社，1983]，第 69—89 页）。有一幅作品，布莱克自己着过色，但未在生前卖出。

† 如果版刻乔叟作品（94.8 厘米 ×30.5 厘米或者 2891.4 平方厘米），每平方厘米使用的铜的成本与为弗拉克斯曼版刻的《赫西俄德》（1814—1817）相同（插图版面 35 厘米 ×25 厘米，或者 875 平方厘米，每幅 7 先令 4 便士 [BB，第 558 页]），那么价格大约是 1 英镑 4 先令 2.5 便士。

所用纸张的尺寸也必须是为弗拉克斯曼版刻的《伊利亚特》（1805）和《赫西俄德》（1817）的画幅尺寸的 3 倍到 4 倍，价格分别是每令纸 4 英镑 8 先令和 4 英镑（BB，第 561、558 页）。《坎特伯雷的朝圣者》采用的纸张每令可能在 14 英镑 14 先令，分摊下来，每 1 张 7 便士，每拉一面纸是 3.5 便士。（鲁思文·托德，《浅论制作〈坎特伯雷的朝圣者〉版画的经济问题》，《布莱克》，第十一期 [1977]，第 30—31 页，估计 101.6 厘米 ×126.2 厘米的纸张，可能每拉一面要花费 6 便士。）

如果布莱克夫妇自己承担印刷工作，那么劳动力的现金成本将是零。布莱克的《弥尔顿》可能是在 1811 年印刷的，因此，我们知道那时的布莱克就已经在使用自己的印刷机了。

制作 25 幅《坎特伯雷的朝圣者》版画，布莱克自掏腰包的开销总共可能包括：铜版 1 英镑 4 先令 2.5 便士，纸张（25×3.5 便士）即 7 先令 3.5 便士——共计 1 英镑 11 先令 6 便士。（托德的估算是 4 英镑 4 先令左右）

为《坎特伯雷的朝圣者》版画制作的两份简介，每一份印刷了几份，成本不会超过 2 英镑。

‡ 从当时为数不多的几份《坎特伯雷的朝圣者》的销售记录（BR，第 362、605、592、594、597 页）来看，能以广告中标价的 3.3.0 英镑售出的版画，几乎是凤毛麟角。

1826 年 8 月 阿德斯先生及夫人	2 英镑 2 先令
1827 年 9 月 约翰·林内尔	1 英镑 19 先令 [？]
1827 年 9 月 弗劳尔斯先生，印度	2 英镑 12 先令 6 便士
1828 年 1 月 克拉布·鲁宾逊，两幅，每幅计	2 英镑 12 先令 6 便士
1828 年 1 月 巴伦·菲尔德	2 英镑 12 先令 6 便士
1835 年 3 月 塞缪尔·博丁顿，"清样"	3 英镑 3 先令

价格售出，就已经偿付了所有的开销。此后，每卖出一幅画，都能给他们带来不低于 3 英镑的收入。这幅画总共售出 40 份，他们的收入可能超过了 100 英镑。

当然，我们并没有算一笔账，即布莱克夫妇本可以从插图设计、版刻和印刷中得到的收入。夫妇俩可能想象不到，迎合大众品味的斯托瑟德能够从相同题材、相同尺寸的作品设计中获得 60 英镑的收入，也想象不到版刻师们能从他们的劳动中获得 881 英镑的收入。不过，他们应该认为可以得到这个金额四分之一到一半的收入（220 英镑至 440 英镑）。毋庸置疑，他们得到的报酬远远低于公平的职业收入标准，更不消说还有一位投机商人指望着从投资中获利。但是，不管怎么说，他们确实是赚到了钱。

布莱克做出版商

在布莱克看来，克罗梅克和斯托瑟德都已经背叛了他。幸好，在这段黑暗的日子里，他仍然拥有像奥扎厄斯·汉弗莱和乔治·坎伯兰这样忠诚的朋友和崇拜者，为他找来不少委托的工作。

布莱克一直在实验平版印刷术（也称"石印术"）。这项技术发明于 18 世纪 90 年代，1800 年传入英格兰，并申请了专利。专利持有人逢人便展示这种在石头上直接作画并印刷的方法会给创意艺术家带来怎样的便利和好处。为了展示新技术的强大，他们专门出版了一本著名画家版画集。[152] 他们出租石版，供人制作版画。大约在 1807 年，布莱克采用这一技术制作了石印版画《以诺书》，上面还用希伯来文题写了圣经名句"以诺与神同行"（《创世记》第 5 章 24 节）。他的石印工艺不同于专利持有人所主张的工艺，乔治·坎伯兰在他的一本《以诺书》上写道：

323

威廉·布莱克的石印版画制作指南

以白色的石灰石——做印版；将柏油溶于亚麻油，制成绘画使用的油墨——再加入精细研磨的威尼斯硅藻岩和抛光石。等它晾干。晾干之后，用水将底板浸湿，用宽幅的上墨皮垫轻轻涂拭，然后薄薄地涂上一层上等印刷油墨——然后像印版一样印刷——这是布莱克的独门绝活。*

显然，布莱克的石版印刷术，让坎伯兰想起了他之前发明的华彩插图印刷术，觉得可能会对自己或者其他画家大有裨益。多年后，坎伯兰的儿子用石版印刷术复制了父亲的《意大利掠影》(1821)。

1808 年 12 月 18 日，坎伯兰给他的老朋友写信说：

亲爱的布莱克：

昨晚，我把你美妙绝伦的蚀刻画拿给一位相熟的先生看，他大为欣赏，要求我为他弄一整套你已经出版的作品，并且要求跟我手头的书一样也着色；†——他希望知道你能匀给他多少幅画，价格是多少，如果手头不全，他愿意等你有空的时候补全，并做成跟我这套一样的式样。

说到钱，画一到我的手上，我就会让我儿子把酬金给你送过去。

---

* *BRS*，第 55 页。这种石灰石被称为石灰岩，采自巴斯附近，据 C. 赫尔曼德尔在《石绘艺术》(1824) 第 2 页中的记载，该石用于制作版画，与产自德国的卡尔海姆石相比，质地"太软，多孔透水"。"硅藻岩"或"抛光石"是一种细腻的黏土，磨成粉后，用于擦亮金属表面。这份指南非常特别，罗伯特·艾斯克在他的著作《威廉·布莱克的独立版画》（普林斯顿：普林斯顿大学出版社，1983），第 56—57 页中，有过专门的论述，这也是我写作《以诺书》背景信息的来源。

† 坎伯兰收藏有水彩画《塞尔之书》(A 本)、《阿尔比恩的女儿们的异象》(B 本)、着色版画《欧罗巴：一个预言》(C 本)《洛斯之歌》(D 本)《天真与经验之歌》(F 本)，以及未着色的《亚美利加：一个预言》(F 本) 和《给孩童：天堂之门》(C 本)。因此，尚不清楚，"跟我手头的书一样也着色"到底指的是水彩画还是彩色版画。

坎伯兰让儿子立马“把上面的（这封信）拿给布莱克先生，并让他直接在这张信纸上写下自己的答复”。结果，坎伯兰在第二天便收到了布莱克的回信。

> 亲爱的坎伯兰先生：
>
> 　　非常感激你对我的事业的热情关照。我会立即着手清点以前制作的版画。要不是老早之前放弃旧的方法，研究出新的途径，如今的我也无法重操旧业，当前的工作也会受到影响。我现在满脑子都是新的虚荣，或者说是新的欢乐吧。新的利润似乎在向我招手，诱人极了，我已经忙开了，信心满满，好像没有什么干不成的事儿。

由此可见，哪怕是手里握着实实在在的订单，布莱克还是不想退回到印刷自己的书并着色的老路上去。确实，在 1804 年到 1818 年他用华彩插图印刷的方式只印了六本自己的作品，1811 年仅印了一本。*

布莱克新的虚荣和欢乐可能还包括他在 1807 年夏天跟坎伯兰谈及的“计划通过停灯（stopping lights）的方式，出版他的（蚀刻）新方法”。第二年春天，坎伯兰给自己写了份备忘录，“布莱克的停灯新方法将在尼科尔森出版”，即发表在威廉·尼科尔森的《自然哲学、化学与艺术期刊》上。在 1808 年 12 月 18 日的这封信中，坎伯兰接着写道：

324

---

* 1802 年，布莱克似乎就已经印刷了：《天真之歌》（O 本，R/Y 本），以及《天真与经验之歌》（P 本）中的《天真之歌》部分、外加《经验之歌》（P–Q 本）；1804 年，他印刷了《天真之歌》（P–Q 本）以及《天真与经验之歌》（Q 本）中的《天真之歌》部分；1807 年他明显是印刷过几幅《耶路撒冷》的清样外加《亚美利加：一个预言》（M 本）；1811 年他印刷了《天真之歌》（S 本）、《天真与经验之歌》（S 本）中的《天真之歌》部分，以及《弥尔顿》（A–C 本）（约瑟夫·维斯科米，《布莱克与本书的思想》[1993]，第 377—379 页）。

如果布莱克收到了他在 1818 年 6 月 9 日信函中为这些作品开出的售价，那么《亚美利加：一个预言》能为他带来 5 英镑 5 先令的收入、3 幅《弥尔顿》有 31 英镑 10 先令、2 幅《天真之歌》有 6 英镑 6 先令的收入。不过，很可能买家付给他的钱比这个数目要少得多。

需要注意的是，布莱克在信中表示，他手头连一本书的存货都没有，无法提供现货给坎伯兰的朋友。

　　你谈到想要出版你的新型版刻方法——寄到我这里来吧，我尽力帮你做好出版的准备工作。——这些搞定之后，或许你可以制作几份版刻的样本，给预定的买家一点参考……至于没有预定的买家，可以开出 6 页版画 1 基尼金币的价格——

对此，布莱克的回复是：

　　我自己已经开始在印刷一份我的各种艺术发明创造的说明。我已经找好了出版商，决定就按这个计划走，只出版我想印刷的东西，不打乱目前的时间安排，未来我要全心全意地投入到绘画创作中去……

从目前掌握的文献来看，尚未有这样一份独立出版的《我的各种艺术发明创造的说明》。*

325

布莱克的画展与《叙录》

　　布莱克为布莱尔的《坟墓》和乔叟的《坎特伯雷故事集》设计插图并版刻。本想通过克罗梅克获得一定的公众认同，不想大失所望，于是布莱克决定用自己的作品做一个回顾性展出。他觉得自己不能再去指望那些公共机构了，因为"我的绘画全都是以水彩形式完成的（即湿壁画），皇家美术学院通常都会拒绝展出，而不列颠学院今年也如法炮

---

* 在他的画展广告（1809 年 5 月 15 日）的第 9 段中，布莱克写道，"湿壁画的艺术已经失传，但是在我的手中得到了复兴。我将在一个论艺术的作品中，对湿壁画的整个制作过程和具体的做法进行说明，目前这部作品正在印刷当中"。在他的《叙录》第 9段中，他说，在"另一部论绘画的作品"中，他会讲述自己如何复兴了已经失传的湿壁画艺术，也会透露谁是"那罪魁祸首"，把"油画带入普通民众的思想和实践当中"。或许有关版刻的新方法以及湿壁画创作的说明都出现在同一部作品中。

制"。* 如果想要画作展出，布莱克必须亲自上阵。

时髦的画室，布莱克租不起；他也不敢像亨利·菲尤泽利那样在1798年和1799年亏本举办弥尔顿画展；而他在南莫尔顿街狭窄的公寓里又容不下画展的规模。于是，他把画展安排在布罗德大街他哥哥的缝纫用品商店里，就像之前克罗梅克选择在自己家里展出斯托瑟德创作的《坎特伯雷的朝圣者》那样。克罗梅克的画展就在纽曼街，离斯托瑟德家不远。布莱克的"画作塞满了普通人家的好几个房间"，† 布莱克画展的参观者也顺道成了哥哥詹姆斯的客户。

当然，在一家商店里开画展并不常见，但也不妨碍消息传到河岸街或者牛津街的富贵人家那里。不过，黄金广场从未发展为通衢。1809年，这一带已不复布莱克儿时记忆中的模样。60年前，布莱克的母亲把家安在这里。半个多世纪的时间里，文人雅客的栖息之所沦落为吞云吐雾、引吭高歌的波希米亚艺术家和作家的聚居地，着实令人惋惜。贵族和赞助人纷纷迁至更靠西边的地方，寻找更加宽阔高雅的广场。大约到1809年的时候，这一块就和1825年前后见到的模样差不多了：

> 从事严肃职业的人没几个会住在黄金广场附近，这里进进出出　326
> 颇为不便，已经沦为伦敦城里日渐衰败的一隅，到处都是放租的信
> 息。许多房屋的一层和二层都重新装修，出租给单身的男士。这里

---

* 《湿壁画画展》，第10段。这份声明中有两点很奇怪。首先，尽管布莱克展览上的作品确实"都是以水彩画形式完成的"，只有1—10号作品（巴特林649、651、653、655、657—661、663项）是"以湿壁画形式"或者蛋彩画（在一个事先准备好的，能够吸收颜料的表面上）创作的，而第11—16项则是普通的水彩画（巴特林69、438、456、495、500、664项）。其次，1808年，布莱克还在皇家美术学院展出过他的普通水彩作品《雅各的梦》和《基督在圣体安置所，为众天使守候》（第438、500项），这两幅作品也出现在他自己的画展上（《叙录》，第13—14号），作为"被皇家美术学院和不列颠协会……排斥"的例证。或许，他的意思是皇家美术学院和不列颠协会"经常拒绝"他的蛋彩画。（他的蛋彩画作品，譬如乔叟、皮特和纳尔逊［即1809年目录中的第1—3号作品］，都在1812年的水彩画联合画家作品展上展出过）。还有一种可能，在撰写《湿壁画画展》广告的时候，布莱克还没有定下来要在画展上展出自己的水彩画作品（第10—16号）。

† 克拉布·鲁宾逊，《克拉布·鲁宾逊回忆录》（BR，第537页）。鲁宾逊说，画展设在"一个袜商"的店铺里。不过，有可能詹姆斯·布莱克当时已经不做袜子生意了。就算他还在做，布莱克的画作也可以放在生活区展出，而不必在商铺里展览。

也招来了不少房客，成为外国人的聚居地。有着黝黑面孔的男人们，带着硕大的戒指，挂着粗重的表链，蓄着浓密的络腮胡子，聚集在歌剧院的柱廊下面。如果适逢有好戏上演，那段时间，每天下午四点到五点的时候，他们就会围在售票处，等着萨克文先生分发预订的戏票——这些人都住在黄金广场或者毗邻的某条街上。两三位剧院乐队的小提琴手和一位管乐手也住在周边。这一带的寓所也经常是乐声飞扬。傍晚时分，四处响起钢琴和竖琴的音符，飘向那座面容哀伤的雕像——它是广场中央一小块灌木丛的守护神。夏天的夜晚，这些屋子里的窗户都大开着，路过的行人可以看到皮肤黝黑、蓄着大胡子的男人们懒洋洋地靠在窗边，抽烟的架势让人心生怯意。剧团演员练功发出的粗哑声音，划破了夜晚的宁静，空气里弥漫着上等烟草的味道。在这里，鼻烟和雪茄、德国烟斗和长笛、小提琴和大提琴，此起彼伏。这是一个弥漫着歌声与香烟的地方。黄金广场上的街头乐队在卖力地歌唱，巡回合唱歌手也拔高了嗓门，不由得发出颤抖的声音。[153]

布莱克的出生地见证了从繁华到颓废的没落，这一切都深深地烙在了他的脑海里，反映在他的神话体系中：

> 布罗德大街的一隅在哭泣；波兰街在煎熬
> 直到伟大女王街和林肯旅馆，全都是痛苦与哀号。[154]

《古英国人》

布莱克一共整理出 16 幅画进行展览和销售，*有些甚至还是 1793 年创作的。大多数画的画幅都不大，一般是 25 厘米 ×30 厘米或者更小，但是有一幅画——《古英国人》，是 4.3 米 ×3 米，比其余所有的画

---

* 这些画的售价肯定是直接标在画上了，因为目录里没有相关的价格。

都要大。这也是布莱克的作品中尺寸最大的一幅，"画中人物如真人大小"[155]。这张巨幅油画，只能卷起来，才方便携带。一般人家的墙壁很少能放得下，也只有坐拥顶级豪宅的收藏家才会考虑购买。

这幅画直到布莱克与威廉·欧文·皮尤讨论过威尔士的古物之后，才形成最终的形式。不过，在此之前，布莱克早就开始了对"古英国人"这一主题的思考。[156]1806年，一文不名的威廉·欧文继承了一笔财产，还得了"皮尤"的姓氏。于是，他委托布莱克创作一幅名为《古英国人》的油画。欧文·皮尤此前曾出版过《威尔士人传记，或曰古代英国名人史》（1803），因此他委托布莱克来创作了不起的"古英国人"，倒也合情合理。

布莱克对这幅画的说明以一个威尔士三人组故事的译本为楔子。罗伯特·骚塞认为这个三人组的故事，"肯定是威廉·欧文提供给他的，这位先生善良单纯，满脑子想的都是威尔士，他的回忆就是一个储藏所有威尔士传统与各种传说的宝库"[157]。骚塞说，欧文·皮尤"找到了他希望在吟游诗人传统里找到的东西，在这一传统的海洋里，他发现了布莱克的思想。就这样，布莱克和夫人都相信了他所说的：他的梦讲述了远古父系社会的真理，很早以前被遗忘了，现在又显现了。他们是这样告诉我的"。*

这幅画于19世纪早期失踪，如今我们掌握的信息都源自当时的记载。根据布莱克在《叙录》中的描述，《古英国人》表现的是公元5世纪"阿瑟王的最后一场战争"。当时，所有的古英国人都被"野蛮的军队击败了"，只剩下"最美丽的、最强壮的，以及最丑陋的人"——"人类的三种基本类型"，"世世代代，不屈不挠"；"三个人行进在山野，顽

---

* 罗伯特·骚塞，1830年5月8日。骚塞说欧文·皮尤"在乔安娜·索思科特去世后，找到了我们的布莱克"（1814）。但是，具体的时间应该是在1811年之前，也就是布莱克为欧文·皮尤创作的《古英国人》即将完工的时候，即这一年的7月。也正是在这期间，骚塞第一次也是最后一次拜访了布莱克夫妇。骚塞接着说："我知道，欧文做事有些糊里糊涂的，也知道他对这一题材的看法有多大的价值。那次拜访，我是带着伤感离开的，自那以后，就再也没有拜访过他们。"

就目前掌握的信息，欧文·皮尤没有收藏布莱克其他的作品。

强不屈，仿若诸神；不列颠的太阳落山了"。*

美丽之人的"形体和容貌使之能够成为心智的容器"。丑陋之人，"代表着人类的理性"，与

> 野兽的形体和容貌相似，脑袋细小，没有前额；颌骨宽大；鼻梁高挺而薄削；胸腔与身体的耐力小到几乎没有，但关节和四肢都很粗大；眼睛几乎没有眼白，狭长而狡黠，身上的每一处都指向真正的丑陋；他没有心智思考的能力。

强壮之人是"智慧的容器，崇高的发生器……他的力量存在于集聚权力，获得主位的过程中……力量就是简洁，不拖沓、不臃肿"[158]。

赤裸着身体的勇士们"皮肤暴露在空气里，泛着健康的红润，这是森林和江海湖泊的神灵滋养的……布莱克先生画笔下的古英国人，他们的身体里可以看到血液在流动"。†

一个个

> 罗马士兵滚到一起，在他们面前堆成了小山……表现出不同的性格和各异的表情，或恐惧，或仇恨，或嫉妒，或茫然，或惊骇，或不解，或满是惊奇，或甘愿臣服，种种神态，不一而足。
>
> 赤着身体的古英国人与全副武装的罗马人扭打在一起，或战死，或奄奄一息，满遍山野。在一片混乱当中，最后一位吟游诗人……倒下了，四仰八叉地倒在已死和将死的人当中；忍着死亡的

---

* 《叙录》，第73、72段。《湿壁画画展》第1段描述了这一场景，表现了"三位古英国人击退全副武装的罗马士兵"，但是《叙录》中有诸多记述清楚地表明，他们是仅存的、尚未被罗马人打倒的古英国人。

　　布莱克认为《古英国人》是他最重要的作品，并将此作品列在画展广告的首位。

† 《叙录》，第87段。1866年1月25日，西摩·柯卡普写道，布莱克的"古英国人都是裸着身子的——我不确定他有没有画上类似底裤这样的衣服来遮遮羞——我认为应该是有的，像是用细小的鳞片制成的衣服——"（BR[2]）。在《国家博物馆》一书当中，克拉布·鲁宾逊说，"他笔下的人物，裸露的身体，皮肤几乎是深红色的"。在他自己的回忆录中，他又说道，身体肌肤的颜色"非常像红皮肤的印第安人"（BR，第436、450、538页）。

痛苦，和着竖琴吟唱。

远处的山峦之间，是德鲁伊神庙，与巨石阵颇为相似。太阳落山了，显出战斗的血色。*

为数不多的几个见过这幅画的人，极少能按捺住激动，或报以热烈的赞扬，或给予猛烈的抨击。汤米·巴茨的朋友——青年画家西摩·柯卡普称之为“他的代表作”。[159]

油画的质地呈现干粉状（我们的叫法），红色的使用有些过头了，太阳似乎都淹没在血色中了。尽管画中的人物有赫拉克勒斯、阿波罗和潘恩的影子，表现的形象却不是古希腊式的——他们是裸着身体的古英国人——……这是他所有的作品中，力量的表达最为突出的一幅，甚至比为布莱尔的《坟墓》所作的插图更有力量。[160]

“这是一幅完美的原创作品，不说胜过，但至少能与……伟大的古物相媲美。”[161]

克拉布·鲁宾逊在《国家博物馆》（1810）一书中写道：“他最伟大、最完美的作品是《古英国人》，取材于欧文提供的一个离奇的威尔士吟游传说……”[162]

其他的批评则应验了弗拉克斯曼之前的警告：如果布莱克“对创作巨幅作品存了指望——无论是从熟练的程度，还是从研究的深度来讲，布莱克都还不够格，这实在是可怜的错觉，他会输得很惨”[163]。罗伯特·骚塞说“《古英国人》……是他最糟糕的作品之一——这样说，是有点过”[164]；罗伯特·亨特在《观察家报》（1809 年 9 月 17 日）上撰文说“这幅画充满了夸张与滑稽……从颜色上看，人物的肌肉简直就是挂着的牛肉”。

---

* 《叙录》，第 84—86 段。1866 年 1 月 25 日，西摩·柯卡普说道，画中的光不是来自太阳（*BR* [2]）。

1809 年展出的时候，《古英国人》尚未完工。确切地说，两年后布莱克还在做各种修修补补的工作。1811 年 1 月 16 日，欧文·皮尤在日记中写道："布莱克夫人过来询问他丈夫正在为我画的那幅画，就是从卡姆兰逃出来的三位勇士的那张画……"[165] 这幅伟大的作品最终得以交付，欧文·皮尤可能把它直接带到了他位于南特格林的庄园，距离威尔士的登比不远。自那之后，就再也没有任何相关的记录了。

画展上的其他作品

画展目录的第一批作品中，*最有可能抓住公众眼球的是《纳尔逊的魂魄引导海中巨兽利维坦》和《皮特的魂魄引导陆地巨兽贝希摩斯》，†它们分别表现了巨兽从海上和从陆地上发出的力量。在 1805 年特拉法尔加海战中，海军中将霍雷肖·纳尔逊子爵英勇牺牲在战舰甲板上；前首相威廉·皮特也于 1806 年逝世。公众和艺术界都争相纪念他

330

---

* 除了《纳尔逊的魂魄引导海中巨兽利维坦》（第一卷，约 1805—1809，巴特林第 649 项）和《皮特的魂魄引导陆地巨兽贝希摩斯》（第二卷，约 1805，巴特林第 651 项）这两部作品之外，还有《坎特伯雷的朝圣者》（第三卷，约 1808，巴特林第 653 项）、《古英国人》（第五卷，约 1809，巴特林第 657 项，已失传）。此外，布莱克在 1809 年画展上展出的作品还有《吟游诗人》（第四卷，1809，巴特林第 655 项）、《莎士比亚一题》（《思维的马从记忆的悬崖一跃而起》）（第六卷，约 1795 年，巴特林第 658 项）、《山羊群》（第七卷，约 1809，巴特林第 659 项，已失传）、《精神的导师》（第八卷，约 1809，巴特林第 660 项，已失传）、《撒旦召集他的军团》（第九卷，约 1795—1800，巴特林第 661 项）、《婆罗门》（第十卷，约 1809，巴特林第 663 项，已失传）、《亚当和夏娃发现亚伯的尸体》（第十一卷，约 1805—1809，巴特林第 664 项）、《士兵抓阄分基督的衣服》（第十二卷，1800，巴特林第 495 项）、《雅各的梦》（第十三卷，约 1805 年，巴特林第 438 项）、《众天使盘旋在圣体安置所的基督之上》（第十四卷，约 1805 年，巴特林第 500 项）、《路得》（第十五卷，1803，巴特林第 456 项）、《游街示众的简·肖恩》（第十六卷，约 1793，巴特林第 69 项）。

† 布莱克对于战争英雄的看法，可从他的旁注"战争及其恐怖，以及英雄式的恶棍"中窥见一斑（见培根《论说文集》第 32 页的旁注 [1798]）。1809 年左右，布莱克还画了一幅《拿破仑的魂魄》（巴特林第 652 项）（未列入《叙录》，如今无法追考）。在 1804 年 5 月 28 日的一封信中，他写道："就像法国人如今崇拜波拿巴王朝，英国人也在崇拜我们可怜的乔治国王；因而，美国人会把华盛顿当成他们的神……同时我很欣慰，在考珀和弥尔顿等人的身上，我看到了神的形象，这形象比在任何王子或者英雄身上看到的都要分明得多"。

们。^{*}但极少有人把对爱国者的敬意描绘成

> 一个神话故事人物的集合，类似于古代波斯人、印度人和埃及
> 古人的神明。这些神明至今仍存留在古朴的纪念碑上。这是一些如
> 今已经失传了的伟大原作的复制品……我在异象中被带到了古代的
> 共和国、君主国和亚洲的宗族，见到了在神圣的经文中被称为基路
> 伯智天使的令人惊叹的原作。这些形象出现在庙宇、塔楼、城市和
> 宫殿外墙的雕刻和绘画中，矗立在高度文明的埃及、摩押、以东和
> 亚兰国以及天国之河的沿岸。古希腊人和伊特鲁里亚人[†]照着这些原
> 作，复制出了《休憩的赫拉克勒斯》《望楼上的阿波罗》以及古代
> 所有伟大的作品。[166]

他在《叙录》（第 4 段）中写道，“布莱克先生想要引起公众的关
注”，他从“天国河边的摩押、以东和亚兰国”的异象中直接取材作画。
不过，这一做法让公众甚感迷惑。J. T. 史密斯写道，布莱克的“寓言
性的……画作，尽管他自己看过，也不敢去描述”。《女士每月博物馆》
（1812）的评论谈到了皮特和纳尔逊的画像：“这二人的画像也算得上是
精美，但是意境过于崇高，令人费解。对菲尤泽利和米开朗琪罗的喜爱
之情，我等还是欣赏不来。”[167]

布莱克抨击油画（与水彩画相对）、着色师和斯托瑟德，妖魔化误
入歧途的着色师，这让公众也感到很费解。布莱克骂鲁本斯是“一个最
无耻的妖魔”，柯勒乔是“一个最残忍的妖魔”，另外还有一个“握在威
尼斯和弗兰德群魔手中的名叫基亚罗·奥斯库罗的炸雷”。[168] 细心的读

---

* 在《叙录》第 11 段，布莱克写道：

> 本画家希望现在制作这样的纪念物并未过时。譬如，画和……浅浮雕，以
> 及……高度在 30 米的雕像。如此一来，他便坚定了信心，以承载国家使命的态
> 度，来创作这两幅画，画的规模要表现出国家的庄严与伟大……以高度精细的湿
> 壁画形式……

† 这里可能是拼写错误，因为并没有 Hetrurian 这一单词，而只有 Etrurian（伊特鲁里亚
人）。伊特鲁里亚是古代意大利中西部的城邦国家。——译注

者会发现布莱克似乎是把"妖魔"和"恶棍"当作同义词在使用，譬如，他曾提及把"油画带入普通民众的思想和实践当中的……恶棍"[169]。艺术话题的争论，本无所谓善恶，但是布莱克对其展开了怒不可遏的神学批判，这在外人看来，最有可能的解释就是他是个疯子。但是，这种论断没有考虑事情发生的背景，以为读者事先已经看过克罗梅克为斯托瑟德版的《坎特伯雷的朝圣者》所做的简介说明，无疑失之偏颇。

一般人的反应大概都跟克拉布·鲁宾逊差不多："在这份目录中，布莱克这样描述自己——'本画家藐视一切想在着色方面与我一争高下之徒'，没有人能打败他，因为没有人能打败圣灵……这样的话，太令人震惊，无法接受！"[170]

布莱克还展示了一部新版英国史：

> 英国的古代史如今就在本画家的手中。他所有充满异象的深思，都与自己的国家及其古代的荣光有关，这是知识和灵感的源泉，过去是，将来还会是……
>
> 亚当是一个德鲁伊 *，诺亚也是；亚伯拉罕也曾受到感召，延续德鲁伊教的历史，开始把寓言的和精神的意思变成身体的指令。遵照这样的指令，人类的献祭会让地球的人数减少。这一切都写在了伊甸园。本画家就是该幸福国度里的一位居民……
>
> 天底下任何一个国家的古代史，都和犹太人的一样神圣。雅各布·布赖恩特证明过，所有的古代史也证明了，这些都是一样的……所有的人原本使用同一种语言，信仰同一门宗教——就是耶稣的教义，永恒的福音。古代史传播的是耶稣的福音。

（《叙录》，第 74、77 段）

要理解布莱克的这些论断，必须将其置于一个特殊的哲学宗教语境之下。这个语境，雅各布·布赖恩特以及其他喜欢思辨的神话学家都曾专

---

* 德鲁伊（Druid）指古代高卢、不列颠和爱尔兰等地凯尔特人中的祭司、巫师、占卜者。——编注

门做过论述。但是大多数的绘画爱好者和画评人，并不熟悉这一语境。布莱克严重误判了这些热爱艺术的公众，而克罗梅克却成功地利用了他们。

布莱克计划在 1809 年 5 月 15 日开放个人画展，[171] 并"于 1809 年 9 月 29 日结束展览"[172]。但是，很明显，画展开放的时间比预期的要久很多。1810 年 6 月 11 日，克拉布·鲁宾逊还携查尔斯·兰姆和他的妹妹看过画展。画展门票是 1 先令，与参观更大型、更时尚的皇家美术学院画展的花费相仿，而《叙录》要价 2 先令 6 便士，包含画展的门票。准备目录的时候，布莱克忘记写上画展的地址，不得不在门口出售的目录上手工添上。

《叙录》可能总共印刷了 50 份到 100 份，但是有记载的仅有 21 份。[*] 尽管传世者少，《叙录》仍被认为是布莱克这么多年来最为人所熟知的文学出版作品。所有早期的传记作家都曾描述和引用过《叙录》，[173] 而大多数有关他疯癫的论断来源也都隐隐指向了这本书。

332

对画展与《叙录》的回应

1809 年 10 月 14 日，小乔治·坎伯兰中肯地评论道："这本书是伟大的珍稀之作，给了斯托瑟德一记下马威。"11 月 13 日，他的父亲，老坎伯兰的评价更为直接："布莱克的《叙录》的确是别出心裁——有些虚妄，有些疯癫——还有一些极有道理……他卖出了很多幅画吗？"[†]

---

[*] 有记载的 21 份当中，只有 11 份做过修改。可能剩下的并未售出，直到布莱克去世前都一直在他手里。

[†] 坎伯兰的回答一定是"卖了一些，但没卖完"。第 I，III，XII—XV 号作品（巴特林第 649、653、495、438、500、456 项），在 1810 年左右，为托马斯·巴茨购得（依据目前收集到的收据，巴茨从 1809 年 4 月 7 日到 1810 年 12 月 18 日期间，总共支付给布莱克 177 英镑 10 先令，"做更多的记账"），第 V 号作品（巴特林第 657 项）为威廉·欧文·皮尤购得。然而，余下的部分作品可能一直在布莱克手上，长达十多年之久。第 XI 号作品（巴特林第 664 项）为约翰·林内尔购得（与布莱克相识于 1818 年）而第 IV 号和第 IX 号作品（巴特林第 651 项和第 655、661 项）为塞缪尔·帕尔默购得（与布莱克相识于 1824 年左右）。巴特林（第 472 项）的记载可能有误，他说画展上的作品"似乎一件都没有卖出去"。

如需更多有关坎伯兰的那本《叙录》上的旁注信息，请见 BR（2），收录在 1809 年 11 月项下。

1810 年 4 月 23 日，克拉布·鲁宾逊来看画展，购买了 4 份《叙录》，并且"讨价还价说，我应该能免费再去一趟——'免费！有生之年均可'，这位兄弟回答我说——兰姆惊诧于他的恣意之举，他从未见过这样的人，我打包票说他后来也没见过这样的人——兰姆看到叙录很是高兴……"[174]

1811 年，克拉布·鲁宾逊评价《叙录》是"名副其实的有关艺术和宗教的散论集，没有刻意的计划或安排……但就在这些反常的论说中，理性与智慧的光芒倾泻而出"[175]。J. T. 史密斯在 1828 年说，这"很可能是同类作品中最令人好奇的"。1830 年，坎宁安坚持认为，书中写的"完全是极为混乱与疯癫的……事物"[176]。

唯一为布莱克的画展和叙录写过评论的是罗伯特·亨特。他在 1808 年 8 月号的《观察家报》上猛烈攻击布莱克为布莱尔的《坟墓》设计的插图。在 1809 年 9 月 17 日的这一期上，他又匿名发表了《布莱克先生的画展》一文：

除却英格兰统治者的那些愚蠢的、拍脑门的政治举措之外，头脑清醒的英格兰人民要求有新的证据来证明这股疯癫之风已经发展到了令人担忧的程度。如今，这股风已经刮到了严肃的艺术领域，想必我们的人民深有体会。*……不健全的大脑迸发出的情感，被某些人（这些人的作品倒真正是展现了艺术中最为健康合理的思维）误认为是天才的表现。这一痼疾确实发展到了一种致命的高度，因此，有必要将其扼杀在进程当中。威廉·布莱克的创作和他的崇拜者目前就处于这种状态。很不幸，此人是个疯子。他并不伤

333

---

* 有人批评说，菲尤泽利"处在疯狂的边缘"，他的油画常常表现出"不切实际的幻想所产生的愤怒而扭曲的存在"。布莱克在笔记本中写下这些诗句的时候，大概也是想到了这些指控（第 25 页）：

致 H

你认为菲尤泽利不是一个伟大的画家。我很高兴：
这是对他的赞赏之一。

人，因此无法将其监禁。许多有名望的业外人士和学院教授都把他视为天才，称赞他在某些方面的原创性与合理性，拔高他在公众面前的形象。若不是《观察家报》对其予以揭露和批判，公众都还蒙在鼓里，完全没有意识到此人的危害。去年，这些绅士对这个可怜人为布莱尔的《坟墓》所作的插图赞赏有加，极大地满足了他的虚荣心，促使他想要出版更多的疯癫之作。这样一来，他的疯癫就更加暴露无遗了，即使不是再次沦为公众的笑柄，至少也成了大众眼中的可怜虫。……这个可怜虫，得了一点儿鼓励，竟以为自己真是位了不起的大师。他之前画过好几幅糟糕透顶的画，有些是不知所云的讽寓，其余的倒是想要表现严肃的人物，结果绘画手法怪诞可笑。他所有的画都是“模模糊糊，不清不楚”，画工也差劲得很。他把这叫作画展，为此还出了一本目录，还不如叫大杂烩得了：不明所以、莫名其妙、贪慕虚荣，还有不健全的大脑迸发出的胡思乱想……疯癫能膨胀到这种程度，也是这一痼疾久不得治的结果。但是，有品位的绅士们，竟会在头脑清醒的状态下，做出如此错判，把扭曲的观念当作是天才的表现，实属不凡。*

布莱克淡出公众视野

这些被布莱克称为“诡诈的，刻意针对你的”[177]言论攻击，大概就是他决心退出公众视野的原因。《耶路撒冷》中收录了一篇名为《致公众》的致辞，他写道“因着爱与友谊得以联结的人们，是有福的”，并

---

* 在《公开致辞》（笔记本，第52页）中，布莱克说：

> 无论是作为画家还是一个普通人，我的人品长期受到攻击……这周日，博福特大厦出版的《观察家报》的一篇报道也许可以说明这个问题。我们都知道，报纸的编辑压根就不关心艺术和科学，他们刊登这些不要脸的内容都是拿人钱财，替人说话。

祈求"亲爱的读者，饶恕你不赞同的，为了我的天赋得以热情的绽放，请爱我吧"。他后来把"爱""友谊""有福""饶恕""爱"等词都抹掉了。[178]他觉得自己不能再对公众抱有信任。在笔记本的《公开致辞》中，他写道：

334

> 本画家希望他的朋友阿尼图斯、美利图斯和莱孔（苏格拉底的公诉人）明白他们如今并不活在古希腊。尽管他们能用诽谤的毒药让英国公众相信，这样的作品永远不可能出自一个疯子之手，抑或是出自某位处于盛怒之人之手。这些无耻之徒正不遗余力地，使出浑身解数在印刷在出版。*

短诗《布莱克为其〈叙录〉而致歉》发出这样的悲叹：

> 可怜的夏芳尼缇死在克罗梅克的手上
>
> 这是套在观察家脖子上的颈绳
>
> 叫嚣着所有的艺术都是欺骗，所有的天才都是诡计
>
> 而布莱克就是一个可怜的疯子
>
> （《公开致辞》[笔记本，第62页]）

在《耶路撒冷》的图版93中，布莱克刻意把迫害他的三个人与苏格拉底的控诉者阿尼图斯、美利图斯和莱孔相提并论（见插图26）。在另一首猛烈抨击敌人的打油诗中，布莱克把恶毒攻击过他的亨特与只表扬敌人的普林斯·霍尔相提并论：

---

* 《公开致辞》（笔记本，第86页）。克拉布·鲁宾逊（1825年12月10日）说道，布莱克有着一副"苏格拉底式的长相"，他曾问布莱克："您觉得你的灵与苏格拉底的灵之间有何相之处？"布莱克的回答是："'就跟我俩的长相相似一样'——他停顿了一下，补了一句——'我就是苏格拉底。'后来，像是要纠正刚刚说的话，'像兄弟一样——我肯定同他说过话——我与耶稣基督也说过话——我记得不大清楚，但的确有跟他们在一起的经历'。"

那个名唤亨特的观察家

把死亡叫作疯子，在它面前瑟瑟发抖

就像颤抖的霍尔坐在他软弱的周报上

他过去常在这里跳舞、嬉戏和蹦跶

（笔记本，第 22 页）

　　画展惨淡收场，这之后的十年里，布莱克逐渐淡出公众视野，尽管他还继续在创作《耶路撒冷》。直到 1818 年，布莱克引起了一群年轻艺术家（他们中有些人还是毛头小子）的关注，他才决心重拾出版和公开版刻的事业。和他们在一起，布莱克收获的不是金钱和荣誉，而是内心的安宁。正因为他们，布莱克才创作出自己最为成功的线雕铜版画:《〈约伯记〉插图集》和但丁的《炼狱》插图。在此之前，因为罗伯特·亨特恶毒而诡诈的言论攻击，布莱克几乎完全失声。

第八章
1810—1818："我藏起来了"

插图27　布莱克，《所有的宗教同出一源》（A本）卷前插图（图版1）

义愤的菲尤泽利快要把自己藏起来了——我已经藏起来了[1]

"布莱克是个狂热的宗教分子，对吧？"

对朋友一向忠诚的雕刻师约翰·弗拉克斯曼听罢，忽然站起身，有些恼怒地说道："还有人说我是宗教狂呢。"[2]

在 1810 年至 1818 年的 9 年时间里,布莱克几乎从公众的视野里消失了,以至于都有人怀疑他是否还在世。即便如此,布莱克也并未闲着。

其间,布莱克结识了新的朋友,这些友人留下了有关布莱克生平的重要记录。他们当中有年轻的美术学生西摩·柯卡普、笔名为"朱尼厄斯"*的神秘作家、记者兼律师亨利·克拉布·鲁宾逊、积极乐观的青年贵族查尔斯·亨利·贝伦登·克尔、斯韦登堡信徒查尔斯·奥古斯塔斯·塔尔克、即将获得"桂冠诗人"称号的罗伯特·骚塞、即将成为皇家美术学院院长的托马斯·劳伦斯爵士,以及诗人、演说家、瘾君子塞缪尔·泰勒·柯勒律治。1815 年以后,布莱克重拾刻刀,为弗拉克斯曼的《赫西俄德》(1816—1817)、里斯的《百科全书》(1815—1819)以及韦奇伍德的《陶器与瓷器目录》(1815—1816)制作版画。大约在1816 年,布莱克为弥尔顿的诗歌制作了系列精美插图,1818 年又开始将自己的作品进行彩色复印。

西摩·柯卡普论布莱克异象的本质

336

布莱克的作品给公众狂放不羁、晦涩难解的印象,这使得大多数对他有所耳闻以及许多对他不甚了解的人感到惊慌,也引起了一些人的好奇。1810 年汤米·巴茨将布莱克介绍给他的朋友,年轻的美术学生西摩·柯卡普。虽然一开始柯卡普也觉得布莱克说话有些云里雾里的,后来竟也对他产生了兴致。[3]

当时,柯卡普并不相信灵魂的存在,而布莱克不仅相信有灵魂,而且还能看见灵魂并与之对话,这让柯卡普不由得怀疑布莱克精神不正常。柯卡普认为布莱克是诚实地说出了他的思想,不过有可能是受了蒙

---

* 朱尼厄斯(Junius)是 1769—1772 年间在伦敦报刊上公开发表文章批评英国内阁政策的不知名作者的笔名。——译注

蔽。"他是个自然的孩童般的人，是我遇见的最和善，最真诚的人。"

> 我了解布莱克，喜欢他，敬佩他。他是我所认识的人当中，最诚实、最正直、最真诚的人……没有人比他更诚实，也没有人能像他这样穷得有气节——如此安贫乐道……[4]

> 我坚持认为绘画就是善用各种色彩，这与布莱克的观点相反。[*]虽然我敬重他，不想去反驳他的观点，但我还是觉得他有些疯癫。[†]他对我很友善，与我交谈甚欢。而且，不光是对我，他对所有的人，除了夏芳尼缇，都是如此。[5]

> 布莱克是个诚实的人，这一点我从不否认。——不过，他的精神是否正常却让人怀疑。他只能自己保证所看到的异象是真的，并没有其他的证据可以支持他的说法。如此不可思议之事，当然需要最无懈可击的证据……[6]

> 我从不认为他是在装神弄鬼、坑蒙拐骗。他为人诚实，绝不会干出这种勾当。他对我非常友善，也很坚持自己的观点，虽然这些观点我并不赞同。他那贤惠的妻子对丈夫能看到异象的本事倒是深信不疑。有一天，她很认真地告诉我："布莱克先生很少与我为伴；他总是待在天堂里。"[7]

布莱克与朋友畅谈那些拜访过他的灵魂。不过，据柯卡普回忆，"如果一起聊天的友人根本无法理解所谈论的话题，或者话题较为敏感，他都会就此打住"[8]。布莱克大谈灵魂和异象，这让柯卡普有些不安：

> 可怜的布莱克拿不出证据证明自己说的是真的，他们就说他是个疯子、骗子。说他是骗子的话我是不信的。我一直认为布莱克是个诚实的人。可惜没有人能证明他说的是真的。[9]

---

[*] 柯卡普称自己是英格兰"色彩派"的支持者，"布莱克先生为此常常责备我"（1868年11月12日写给斯温伯恩的信函 [*BR*（2），1809—1810 项下]）。

[†] "我以前认为他是疯的。现在不这么看了。"（柯卡普1870年3月25日写给霍顿勋爵的信函 [*BR*，第221页]）

我拿不出证据，别人也拿不出，就是巴茨也没有办法。布莱克和斯韦登堡最大的缺憾就是拿不出证据，只有他们自己一家之词。如此这般不可思议，神奇超自然的事情，仅凭一家之词是不够的，因此，我也认为布莱克有些疯癫，没把他说的话当真。[10]

但是，半个世纪过后，柯卡普在多次真切地经历过灵魂的世界之后，终于相信了布莱克的言论：

> 作为心理学的研究，布莱克的异象是找不到任何证据支持的，斯韦登堡的异象也是如此——这些异象是醒着的梦境？——还是疯癫的梦境？我研究过这些异象……我只消防备着两样事，幻觉和诡计，小心地防范，绝不轻易相信……12 年的经验证明了灵魂是真真切切存在着的……虽然我亲眼见过的只有四次……但是，我还无数次见过显现的物象和其他类似的场景，这些让我相信其他的异象也是有可能存在的，虽然我并不十分确定——布莱克和斯韦登堡的奇妙异象也是如此——[11]

布莱克去世 30 多年后，柯卡普才开始相信布莱克不是受了蒙蔽才说出那样的异象，他口中谈到的灵魂是真真切切存在着的，比布莱克想象中的还要真切。

记者与幻想家：克拉布·鲁宾逊与
威廉·布莱克

还有一位，也喜欢探究，对布莱克异想天开的言论和充满激情的信念颇为着迷，他就是亨利·克拉布·鲁宾逊。鲁宾逊是《泰晤士报》的战地记者，刚刚从西班牙回国。他与塞缪尔·泰勒·柯勒律治、威廉·华兹华斯、查尔斯·兰姆、威廉·黑兹利特以及罗伯特·骚塞都私交甚好。他在日记中详尽地记录了与这些文学名人以及其他数百位名人交谈的细节。鲁宾逊的记录留下了有关浪漫主义诗人及其时代的宝贵而丰富的文字档案。从这些记录中，我们可以读到有关布莱克的生动记叙。

鲁宾逊是报道事实的记者，后来还做了律师，而布莱克是表达异象的画家。两个人跨越鸿沟，成为朋友，靠的是鲁宾逊强烈的好奇心，以及后来在 1825 年，他见到布莱克本人之后，彼此互生的钦佩与友善之情。

鲁宾逊回忆道：

338

> 我和弗拉克斯曼熟识以后，发现……他对这个人（指布莱克）的评价相当高，不过，他还是不敢贸然把布莱克奉为真正的先知——当然，他也不会像那些平庸之辈一样嘲讽布莱克是个疯子——虽然我还没有见到布莱克本人，但对他已是相当景仰。把他的事迹写下来，德国读者肯定感兴趣。* 汉堡的爱国出版商弗雷德·佩尔特斯在 1810 年写信给我，约我给他的《爱国志》写份稿子，我想写篇有关布莱克的文章，这真是再好不过的了……†

鲁宾逊明白不能"记录疯言疯语，免得被人指责为毫无原则……不知所云"。不过，他认为这条规矩并不适用于布莱克的"偏执狂"个案。[12]

鲁宾逊开始拜访那些能够提供有关布莱克的信息的人们。第一位拜访的便是伦敦学院的助理馆员威廉·厄普科特。厄普科特的父亲是袖珍画家奥扎尼斯·汉弗莱，于 1810 年 3 月 9 日去世。厄普科特从父亲处继承了几本布莱克的书：《天真与经验之歌》（H 本）、《大版画书》、合并

---

* 鲁宾逊曾于 1802—1805 年在耶拿学习过。
† 《克拉布·鲁宾逊回忆录》（BR，第 537 页）。鲁宾逊在日记中提到"疯子诗人、版刻师布莱克"，"在马尔金博士儿子的回忆录中，博士对这位非凡的天才进行了描述，还拿他的诗歌做例子。我把这些信息都挖出来，好写成一篇稿子"（BR，第 223 页）。

版的《亚美利加：一个预言》（H 本）和《欧罗巴：一个预言》（D 本），
《小版画书》。厄普科特和父亲都是布莱克的好友。*他在 1810 年 4 月 19
日接受鲁宾逊的拜访时，非常爽快地给鲁宾逊展示他收藏的布莱克作品
集，并讲述与之有关的细节。

　　第二天，鲁宾逊去拜访伊丽莎白·艾尔芒格。他描述艾尔芒格“信奉
神体一位……是个思想自由派——她的朋友圈很广，还给我介绍了几位
朋友。这些朋友都是我见过的最有教养的人”。艾尔芒格当时正在收集她
所谓的 18 世纪 90 年代“选集”。她写道：“安静闲适的心境，简单利落的
乡间生活……三五本好书，一个知己——这就是我的幸福之道。有此足
矣，别无他求。”鲁宾逊花了一个上午从艾尔芒格的藏书中抄写了布莱克
的诗。†

　　鲁宾逊没有忘记佩尔特斯的约稿，在 4 月 23 日

　　　　为了赶这篇稿子，……我去了趟布莱克的兄长在卡纳比市场
　　开的袜类店，那里有布莱克的原创画作展出。一户普通人家的房
　　子，用了好几间屋子来摆放这些画。参观者需要支付半克朗才能看
　　到这些画。还有一份展品目录——这份目录……很是奇怪，揭示了
　　画家的思想状态——我想寄一份到德国，给兰姆和其他人也捎上一
　　份——于是，我拿了 4 本目录……[13]

　　6 月 11 日，鲁宾逊拉上查尔斯·兰姆和他的姐姐又去了趟布莱克的

---

339

*　厄普科特让鲁宾逊抄写了他收藏的《亚美利加：一个预言》（H 本）和《欧罗巴：
　一个预言》（D 本）（BR，第 446—447 页）。厄普科特可能还为约翰·沃特金斯和弗雷德
　里克·肖柏所著的《大不列颠和爱尔兰在世作家传记辞典》（伦敦：亨利·科尔伯恩出
　版，1816）以及刊登在《绅士杂志》上的讣告（1827 年 10 月）提供了有关布莱克信
　息。详见《人文社科协会评论》，第 26 期（1975），第 116—122 页，《奥扎厄斯·汉
　弗莱、威廉·厄普科特和威廉·布莱克》一文。
†　BR，第 224—225 页。鲁宾逊 5 月 7 日又去了趟艾尔芒格夫人家。他抄写的诗歌来自
　《诗的素描》《天真之歌》《经验之歌》《亚美利加：一个预言》《欧罗巴：一个预言》。
　关于举办湿壁画画展的提议以及为布莱尔的《坟墓》作插图的信息来源大概也是来自
　厄普科特和艾尔芒格小姐（BR，第 224 页注 3；BRS，第 60—61 页）。鲁宾逊在自己
　的文章中大量引用了这些材料。

画展。罗伯特·骚塞后来也去看了画展，大概也是受鲁宾逊的鼓动。[14] 1810 年 6 月 25 日，鲁宾逊谈到他与乔赛亚·康德和简·泰勒就布莱克进行的一次有趣的谈话。简·泰勒还饶有兴致地把《天真之歌》中的《升天节》收入她的《城市画面》（1818）。*

鲁宾逊为《国家博物馆》（1810）所写的有关布莱克的文章主要基于马尔金对布莱克的记述以及布莱克自己的作品。在他的回忆录中，鲁宾逊称这篇文章"没有一丁点的价值"。[15] 不过，这篇文章倒是反映了一些有价值的事实（不是马尔金提供的部分）和论断，可以帮助我们了解到底是什么使得像鲁宾逊这样一个富有知识和同情心的人会相信布莱克是个疯子。

鲁宾逊这篇文章的题目是《威廉·布莱克：画家、诗人和宗教神秘主义者》。不过，他的目标读者并不是评论家或者神学家，而是"心理学家"。他援引莎士比亚的一句名言："疯子、情人和诗人／是所有想象的聚合"。鲁宾逊认为布莱克是一位"宗教狂人、神秘主义者、能看见异象的先知和梦幻家"。他的身上集中体现了"天才与疯子的完美结合"，将"强大的智力"与"自认为拥有的超自然禀赋"融为一体。布莱克的"宗教信念……让他背上了十足的疯子的名声"；"这位画家坚信能与……灵魂的世界沟通，这种事最容易搞坏一个人的名声"。[16]

鲁宾逊以《叙录》和画展为例说明布莱克精神失常，同时又以《诗的素描》和《天真与经验之歌》为例表明布莱克的天才一面。

在布莱克的作品中，疯癫体现为"将精神的存在以人体的形状表现出来"[17]，譬如，《强壮的恶人之死》（见图 111）和《灵魂与身体的重聚》。有些画（譬如《纳尔逊和皮特的精神形态》）看起来非常诡异，以至于"当代的作家……都不敢用语言来描述"[18]。

340

---

* 简·泰勒说《升天节》的仪式在布莱克的诗中得到了"很好的描述"（*BR*，第 254 页）。《城市画面》有 1818（3）、1823、1828 以及 1845 年多个版本。简·泰勒大概是从普莉希拉·韦克菲尔德的《漫步伦敦及其市郊》中知道这首诗的，因为这本书收录了《升天节》。

但是，"在种种怪诞之中，仍可看到理性与智慧之光"[19]，尤其是像《致缪斯》这样的抒情诗，表现了诗人"丰富而崇高的想象力"。《天真与经验之歌》配得上"最热烈的赞扬和最严厉的谴责"，"以诗的画面"表现了"最高境界的崇高与美"。"这些诗即使是写的人也难以读懂。"[20]鲁宾逊以《天真之歌》中的《升天节》和引言部分以及《经验之歌》中的《爱的花园》和《老虎》为例，说明布莱克诗歌表现出来的极致之美。又以《亚美利加：一个预言》和《欧罗巴：一个预言》中的段落为例说明布莱克的诗歌"神秘晦涩，充满狂想"，连鲁宾逊也弄不清他写的"到底是诗还是散文"。*

鲁宾逊总结道："也许……作为画家，布莱克永远都无法画出传世名作，作为诗人，他也写不出完美无瑕的诗歌。"但是，他"毋庸置疑，拥有伟大人物所有的特质，虽然这些特质未能有机地组合在一起"[21]。

这篇有关布莱克的文章表明，即使是像鲁宾逊这样对诗歌和诗人抱有极大热忱的人都很难打心眼里接受布莱克的绘画和诗歌。布莱克同时代的人甚至都没有想过要去理解他。"专业的鉴赏家压根就没有听说过他，怀有善意的人们一面对他表示欣赏，一面又忍不住流露出怜悯之情。"[22]

鲁宾逊希望能多聊聊布莱克，于是在1811年1月27日"与威廉·拉夫共进文学早餐"，"谈论布莱克、柯勒律治和《盖比尔》的作者兰多†"。

6周以后，1811年3月10日，鲁宾逊得意地展示了他刚刚购买的配有布莱克插图的《夜思》（1797）：

---

* 克拉布·鲁宾逊，《国家博物馆》（BR，第454页）。1863年11月11日，鲁宾逊写道，关于《亚美利加：一个预言》，"我之前认为这本诗集是疯人乱语。多年以后，我重拾再读"（见BR[2]）。他关于《夜思》的评论主要出现在弗雷德里克·阿道夫·厄伯特所著的《书目百科辞典概论》（莱比锡：F. A. 布洛克豪斯，1821，1830），第一卷，第199页；第二卷，第1097页（阿瑟·布朗恩翻译：《通用书目词典》[牛津出版，1837]）；第一卷，第196页；第四卷，第2018页[BR，第270、375—376页]）。

† 沃尔特·萨维奇·兰多（1775—1864），英国诗人、作家、社会活动家。兰多创作的长诗《盖比尔》（Gebir），大致讲述了伊比利亚国王盖比尔征服埃及和他挚爱埃及王后沙罗巴的故事。——编注

特纳和黑兹利特来看我，我给黑兹利特看威廉·布莱克为扬的《夜思》创作的插图。他觉得那些插图没什么看头。我又给他读了几首诗。——他很是震撼，用他惯常的独特而有力的表达方式说道，"这些诗太美了，凡夫俗子是看不懂的。他不懂何为荒诞；茅房里蠕动的蛆虫与万物无异，世间在上帝的眼中并无区别。对布莱克而言，扫烟囱的孩子也是如此。他拼命想甩掉压在心上的那些念头，可惜没有成功，还把自己给毁了——他在做不可能的事情——"我接上他的话，说道："他就像一个人想要举起自身无法承受的重负；终于举起来了那么一下子，马上重负就落下来，还把他给压垮了。"*

如果布莱克当时在场，定是要辩白一番，可能还会说"所有的活物都是神圣的！"或是"世间万物……本质上都是上帝的存在"，甚至会说：

> 让人类的器官按照原本完美的形态存在着
> 随心所欲地缩小成蚯蚓或者膨胀成上帝……23

或者，更明智的做法是不做任何应答，独享浅薄世人看不到的美，也不去理会世人口中的毁灭，尽享精神世界的欢愉。

4 个月后，1811 年 7 月 24 日，鲁宾逊

回到兰姆家中，有些晚了。发现有一大帮人在那儿——骚塞此前见过布莱克，对他的诗才和画作都非常崇拜。不过，与此同时他也认定布莱克的确是精神失常。他说，布莱克谈到他所见到的异象时，带着那类人常有的怯懦神情，看起来似乎也并不指望别人相信他所说的话。他还给骚塞看他的诗，名为《耶路撒冷》——真是疯

---

* 黑兹利特认为布莱克是"一个思想深邃的神秘主义者"（《直言集》[1826]）。不过他对"神秘主义"这个词的理解比较宽泛。他也用这个词来形容弗拉克斯曼、瓦利和科士威（*BR*，第 332 页）。

了，牛津街居然在耶路撒冷。

如果骚塞再多点耐心，就会明白诗中的耶路撒冷不是指一座城市，而是一个名叫耶路撒冷的女人，看见“宝石和金子筑成的大门……横跨牛津街”[24]。

多年以后，骚塞在写给卡罗琳·鲍尔斯的信中说道：“他确实让人钦佩，但他那时候（1811）明显看起来不正常。那种占据他心灵的感觉在与他对话，甚至有时候看着他，你会生出悲哀与怜悯……这世间总有一些疯子，在助长布莱克之流撒疯。”*

很明显，鲁宾逊对布莱克的兴趣愈来愈浓厚，他与各路朋友聊起布莱克。1812 年 5 月 24 日，他和华兹华斯一起散步，穿过一片草地去汉普斯特德荒野。华兹华斯认为“拜伦的家族有精神病史，他认为拜伦也有些精神不正常——我（鲁宾逊）给他读布莱克的诗。有些诗很合他的心意，他认为布莱克很有诗才——比拜伦、司各特强上不止一千倍……”。

布莱克的诗确实引起了华兹华斯的注意，“他曾对一位友人说：‘我那天去拜访你，恰好你不在家。我偷偷从你的书房里拿了本书——布莱克的《天真之歌》。’他读着读着，就把这本书带回了家，接着读”[25]。1813 年 1 月 12 日，鲁宾逊说他听完柯勒律治的讲座之后，与托马斯·巴恩斯（《泰晤士报》的主编）和巴伦·菲尔德聊起了“布莱克的诗。此前，他们对他还一无所知”。三天之后，鲁宾逊去拜访 C. 艾金，谈起“布莱克的《夜思》”。

自此以后，有 13 年的时间，至少是从日记的记载来看，鲁宾逊把布莱克完全忘到脑后了。直到 1825 年，他才在一个意外的场合第一次见到了布莱克。

---

* 1830 年 5 月 8 日骚塞在信中写道：“我手头上只有布莱克为布莱尔的《坟墓》设计的插图，是与这首诗一起出版的。除此之外，我没有任何布莱克的作品。他给自己的长诗（可能是《耶路撒冷》）配的插图更是怪诞。我见到他的时候，他还没准备出售这些插图，我也没听说过这些插图要卖出去的事儿。”

引起鲁宾逊注意的不是布莱克的绘画或诗，而是他的古怪个性。对他而言，布莱克只是西摩·柯卡普笔下的"一个心理学研究对象"。鲁宾逊和他的朋友们似乎和骚塞一样，都认定布莱克"明显看起来不正常"，"的确是精神失常"，受了"瞬间即逝的念头"和妄想症的折磨。虽然布莱克的画和诗都表现了非凡的潜力，但是人们对他精神失常的判断，使这些作品大打折扣。这些伟大的作家和评论家，无论是兰姆、诺思科特、骚塞、华兹华斯还是鲁宾逊本人，都一致认为布莱克是个疯子。200 年后的今天，布莱克的读者们不禁质疑，他同时代的那些人做出的布莱克患有幻想症（至少是在 1810—1818 年）的判断是否是对的。

这些伟大的人物没有一个与布莱克有过真正的接触——只有骚塞见过他，也仅有一面之缘——没有人试图真正深入地理解他的作品。这些人只是基于表象就做出判断，认为布莱克是个疯子。当然，深入的研究也可能得出同样的判断。200 年后，读者收集到了比 1810 年至 1813 年兰姆、黑兹利特、骚塞、华兹华斯和鲁宾逊多得多的证据。关于布莱克，他们也许更有发言权。虽然今天的读者没有鲁宾逊的朋友那般的才华，他们仍然可以基于广泛的证据保留自己的判断。

不管人们对布莱克的精神状态做出何种判断，后人显然对布莱克的作品更感兴趣。正如布莱克写的："这 32 年里，你们英格兰的版刻师说的都对。我是个疯子。不然，你们就是疯子。我们的感受不可能都是对的。后人看到我们的作品，自会做出明断。"[26]

对理性怀疑的"正常"和坚定宗教信念的"不正常"，布莱克自有区别判断。有人说"信仰宗教常常使人失去理智"，布莱克回以异象："考珀跟我说：'哦，我一直都是疯的……我藏在上帝的怀中……躲避那些不信的人。'"[27] 在世人的眼中，那些相信异象和上帝的人似乎都是疯子。而对于真正敬虔的人来说，信念就是上帝怀中的避风港，躲避那些不信之人的攻击。

其他的仰慕者

布莱克与外界的联络日渐稀少，不过，可能连他自己都没有意识到，仍有不少人对他非常仰慕。1810 年，《艺术、文学、时尚及工业制品宝库》上一位署名为“朱尼厄斯”的评论家，对布莱克的绘画给予热情洋溢的赞美：

> 最近由布莱克版刻的布莱尔的《坟墓》为青年画家提供了精彩的研究典范。此前，菲尤泽利曾对布莱克大加赞扬，确是实至名归。布莱克许是我国版刻行业最有天赋的版刻师。他若肯在作品的观赏性上多下点功夫，定会声名大噪。[28]

后来，朱尼厄斯记录了一位 K 小姐和她的学生伊芙小姐关于版画的一段对话，可以看出来他对布莱克非常了解。两位女士谈话的起因是布莱克在 27 年前为马尔金版刻的《罗莎蒙德的堕落》（见图 30）。

> K 小姐：这位版刻师根据霍格思（1790）的原图用线雕法制作了一幅大型版画，表现了《乞丐的歌剧》中的场景……
> 　　这位画家似乎已经放弃了版刻，开始研习绘画这类高等艺术，并小有成就。从他的作品可以看出他肯定对古董进行过大量的研究。
> 　　伊芙小姐：如果那些版刻的能工巧匠询问这位天才的布莱克为何要放弃版刻，他可能会用诗人的语言，如实答道：

> 　　　　我听见一个你们不能听见的声音，
> 　　　　告诉我不要滞留此处
> 　　　　我看见一只你们不能看见的手，
> 　　　　向我示意召唤我离开[29]

关于布莱克"研习绘画这类高等艺术"，只有少数几位看过他的
1809 年画展的人才知道。更令人吃惊的是，朱尼厄斯和 K 小姐好像还
知道布莱克在 1808 年 12 月 19 日曾下过决心，"我以后……的时间都只
用来绘画"。

伊芙小姐似乎对布莱克了解更深，她从托马斯·尼克尔的《露西
与科林》中引用了一些话，而这些引述也出现在布莱克在 1802 年 1 月
10 日写给巴茨的信中。朱尼厄斯和他的朋友们确实是把布莱克当朋友
来待。

还有一位名为查尔斯·亨利·贝伦登·克尔的年轻人也对布莱克非
常仰慕。克尔并不富裕，但是喜爱昂贵的艺术品；虽志存高远，却不切
实际。他的父亲约翰·贝伦登·克尔当时正和人打官司，想从二堂兄威
廉——巴伦·贝伦登男爵七世、罗克斯伯勒公爵四世——那里争到一个
头衔和一大笔地产。

1810 年 8 月 20 日，克尔写信给乔治·坎伯兰："布莱克版刻的《坟
墓》——真是精美啊！夏芳尼缇没有辜负期望。毫无疑问，这是本世纪
出现的最美的版画。我真希望自己有钱把它买下来。唉！我自己现在都
是一穷二白……"

克尔虽然囊中羞涩，但还是向布莱克订购了两幅画，指望着父亲打
赢了官司，拿到钱付画款。大概在 1810 年 8 月下旬，克尔又写信给坎
伯兰：

> 我本打算今天和你谈谈布莱克的，但这阵子老不在状态，都忘
> 了这茬子事了。大概在 3 年前，我找到布莱克，跟他说："布莱克
> 先生，我们（其实是我父亲）很快就能得到罗克斯伯勒的头衔了。
> 你要是不忙的话，就先帮我画两幅画。等我拿到了钱，就付给你。"
> 结果，有一天，距离之前写信有一段时间了——他寄了两幅画到我
> 家，要价 20 基尼金币，弄得我措手不及。你也清楚，我目前的经
> 济状态如何，他居然以为我有钱为这两幅画支付 20 基尼金币。我
> 自己都不知道到哪儿去弄这么多钱。而且，我也不认为我有义务要

付钱给他——他在附言中要求在两周之内付清全款或部分款——语气很是不客气。——如果他坚持这么做，随他好了。我希望你能亲自跑一趟，给他看看这个，也让他知道我有理由拒绝支付画款。首先，在他给我的信中，他自己说这些画是两年前订购的——当时，我还年少，算不上是个青年人，不能够保证这些订购条款的效力。这就是我的理由。如果他非要我马上付清款项，你告诉他我的律师……是戴维斯先生，住在埃塞克斯大街河岸街 20 号。不过，当然，如果我父亲打赢了官司，或者我手头有钱的话，我肯定会付给他的。请您斟酌处理吧。

　　麻烦你了。我这也是境况不好，自己没法处理这些事。[*]

345

显然，克尔知道是自己有负于布莱克，于是在 8 月 27 日又给坎伯兰写了一封信：

　　布莱克——我最终还是给他写了封信，提议付给他 15 基尼。他没同意。——后来提议以友情价出售，还是没同意。然后，我又提议先付 10 基尼，然后再付 10 基尼，还是不同意。——后来，他把我抓起来——还为自己的行为辩护。他这样不通情理，想诈我的钱，那就休想从我这里得到一个子儿……

　　布莱克非常信任的克罗梅克也曾欠过他的钱，可能是看到了斯托瑟德答应克罗梅克推迟付款后所发生的一切，他便下了决心，对这个年轻的贵族不心软、不妥协。至少，他心里明白，一个公爵的堂侄所谓的"一穷二白"与一个穷困潦倒的画家所理解的是不一样的。他除了来自天堂的盼望之外，几乎一无所有。

　　不过，我们并没有找到任何有关逮捕或诉讼之类的证据。布莱克可

---

[*]　克尔致坎伯兰，未注明日期（*BR*，第 227—228 页）。如果《英国传记词典》猜得不错，克尔出生于 1785 年，该项委托应该发生在 1806 年他成年之前。

能只是扬言要请律师起诉克尔。不过，不管他到底是用了什么办法，还是奏效的。

布莱克好像将两幅画的价格从 20 基尼抬到了 30 基尼，大概是因为这笔钱拖欠得太久了。

在这场无谓的纷争中，坎伯兰显然是站在布莱克这一边的。所以，当克尔再次给他写信时，他感到非常不悦。克尔说他已经见过斯托瑟德，从迪格比勋爵处揽了个活儿。

> 我觉得应该告诉你，可能你也想知道，我之前与你的朋友布莱克产生了纠纷，现在大概又要跟斯托瑟德闹不和了。说布莱克是个傻子，还不如说他是个骗子无赖，居然要我为那两幅画付 30 基尼。我根本就没有订购那些画，是布莱克耍无赖非要画。你都不为我说话，真是偏心——斯托瑟德说你在城里，看来我真是不讨你喜欢了……30

克尔在之前的信中说要布莱克"帮我画两幅画"，如果"手头有钱的话，我肯定会付给他"。现在又说自己"根本就没有订购……这两幅画"，真是非常的不厚道。他说那些画"是布莱克耍无赖非要画"的，可能是他的虚荣心在作祟，而不是基于事实。

克罗梅克也指责布莱克，说他装着一副老实无辜的样子，实则狡猾世故。"想到我被他给骗了，真是丢脸。"31 克尔和克罗梅克都是典型的贼喊捉贼。

1809—1810 年的画展失败后，这些作品布莱克只公开展出过一次。1812 年，水彩画家联合会在邦德街举行春季画展，布莱克参展了 4 部作品：《杰弗里·乔叟和二十七位朝圣者离开泰巴旅馆》、《皮特的魂魄引导陆地巨兽贝希摩斯》、《纳尔逊的魂魄引导海中巨兽利维坦》以及"标题为《耶路撒冷：阿尔比恩的流溢》的原创华彩插图诗散页"。32 前三幅画是他在之前的画展中已经展出过的，最后一部作品包括当时尚未完

成的《预言诗》中的第 25、32、41 和 47 幅插图。*

布莱克希望这些画能得到公众的青睐。可惜，只有一篇相关评论，发表在 1812 年 6 月的《女士每月博览》上。评论对这些画作表示费解，而不是肯定。"布莱克的《杰弗里·乔叟和二十七位朝圣者离开泰巴旅馆》，是一幅风格混杂的优秀作品，……是对艺术品的拙劣模仿"，"《皮特的魂魄引导陆地巨兽贝希摩斯》和《纳尔逊的魂魄引导海中巨兽利维坦》……这两幅画太高深，令人费解"。[33]

祸不单行，"房东把画展的作品扣下来，当作租金的抵押"[34]。后来，大概布莱克或者是他的好友巴茨和房东进行了协商，才把这些画从房东的手中拿回来。巴茨后来成为《杰弗里·乔叟和二十七位朝圣者离开泰巴旅馆》和《纳尔逊的魂魄引导海中巨兽利维坦》这两幅画的主人，不过也有可能在 1812 年以前，他就已经买下了这两幅画。

知道布莱克名字的人越来越少，不离不弃的几位老友仍然惦念着他的事，还不时从他那里学艺。1813 年春，乔治·坎伯兰来到伦敦，于 4 月 12 日拜访了布莱克。他在笔记本中记述："看到了布莱克，他建议用白蜡来刮版画——他在画斯宾塞勋爵。"这一建议与布莱克自己在 1807 年笔记本（第 10 页）中记下的备忘录很相似——"在白蜡上作木刻"。版画《斯宾塞勋爵》必须表现出"正直高尚的斯宾塞勋爵"，署名是"皇家美术学院托马斯·菲利普斯画""威廉·布莱克版刻"。

次年春，6 月 3 日，坎伯兰再次拜访布莱克，看到他"仍然是又穷又脏……晚上在纽曼街和斯托瑟德一起——他比布莱克还要邋遢——不过，这不影响他们才情四溢"。

约翰·弗拉克斯曼也一直在为布莱克留着心，希望能帮助他揽到活。约翰·比肖夫写信给弗拉克斯曼，寻找版刻师来版刻弗拉克斯曼为

347

---

* 如果巴茨在 1812 年就买下了《纳尔逊的魂魄引导海中巨兽利维坦》和《杰弗里·乔叟和二十七位朝圣者离开泰巴旅馆》的话，那么布莱克在 1812 年展出的就是他从巴茨那里借来的作品。（之前，巴茨就有过这样的善举。1802 年 1 月 10 日，布莱克感谢巴茨，"你热心提议，要展示我的两幅画。"）不过，我们并不知道是谁购买了 1812 年的版画《皮特的魂魄引导陆地巨兽贝希摩斯》和《耶路撒冷》。

T. H. 惠特克博士所著的《利兹等地的历史》*所画的纪念碑图。弗拉克斯曼在 8 月 19 日回复道：

> 如果尊敬的博士先生想要的只是纪念碑的略图，就像已经出版的荷马的《伊利亚特》和《奥德赛》中的那种风格的插图，或者是像考珀翻译的弥尔顿的拉丁诗歌中的插图——这种书籍装饰风格最近非常流行——在征得编辑同意的情况下，我自己就可以画。如果请最优秀的略图版刻师布莱克先生来版刻的话，版刻费加上铜版费共计 6 基尼金币——

注意在这封信中，弗拉克斯曼根本就没有提到要对方付给自己绘画和版权的费用。可惜，虽然弗拉克斯曼力荐"最优秀的略图版刻师"布莱克，而且开出的价格也不高，他的提议并没有收到任何的效果。

克拉布·鲁宾逊在 1815 年 1 月 30 日的日记记叙了他去看望弗拉克斯曼的情景，发现弗拉克斯曼这个人

> 非常健谈，亲和友善。他谈到了版刻师威廉·夏普的几件趣事。夏普似乎很容易上当受骗，随便什么个宗教狂或者骗子都可以把他给忽悠了……夏普虽然被理查德兄弟给骗了，却成了乔安娜·索思科特的坚定拥护者（1795 年 6 月以后）——他决意要改变版刻师布莱克，†不过，根据弗拉克斯曼的明断，像布莱克这样的人是不会甘心给别人打下手的——布莱克自己就是能看见异象的先知，拥有梦境的梦想家，是不会对另一个声称自己是先知的人低头的——布莱克后来告诉弗拉克斯曼他与天使大吵了一架，把他们给赶走了。詹姆斯·巴里在这个方面和他很像，有些怪怪的不正

---

* 即《洛伊德和埃尔梅特》（*Loides and Elmete*）（1816），T. H. 惠特克著，并未收录布莱克的版画。（译者按：T. H. 惠特克是英格兰教会的牧师，也是一个古董商。）

† 1802 年，乔安娜·索思科特宣称自己能招来士罗，1813 年她称自己从圣灵怀孕，次年，死于水肿。布莱克写了一首小诗《论童贞女玛丽亚和乔安娜·索思科特的童贞》（笔记本，第 6 页），表明他不相信乔安娜的这些言论。

常……布莱克和巴里都是很骄傲的人——

也许布莱克所谓的"与天使大吵一架",可能反映了内心对于理性的怀疑和信念的盼望之间的斗争。

布莱克的新赞助人中,有一位叫查尔斯·奥古斯塔斯·塔尔克的,是个热情的斯韦登堡信徒,也是约翰·弗拉克斯曼夫妇的朋友。塔尔克的女儿认为布莱克夫妇"托了父亲塔尔克先生的福,得以摆脱赤贫"[35]。塔尔克购买了布莱克的《诗的素描》(C本)、《天真与经验之歌》(J本)以及布莱克根据斯韦登堡的《难忘的关系》画的几幅图(现已无从考证)。"其中一幅画表现了一个女性天使正在教导灵界的孩童。"*

这幅画大概就是南希·弗拉克斯曼在1816年7月写给丈夫的信中所提到的那幅画:

> 告诉我……《赫西俄德》进展得如何。我已经和我们的朋友(可能是塔尔克)讨论了布莱克的书和那些小画——他确实什么都没有给他,因为他觉得他俩之间发生了那些事之后,这么做不妥当了。我了解布莱克——他性子很烈。说真的,虽然我们彼此都很信任,但是他对你——他最好的朋友——也玩过同样的花招。就在不久前,你应该还记得吧。他买了他的一幅画,对此我无话可说。这事儿不好插手,只有我知道我和你都遭受过什么。别的人没有义务要忍受布莱克的怪脾气——就这么算了吧。

这样的争吵就好像是一个人被全世界所遗弃,只剩下赖以维系在这世间的一点点尊严。

大概布莱克自己也不知道,他的文学声望在逐渐提升。1816年,

---

* 卡罗琳·塔尔克·戈登(*BR*,第250页)。塔尔克可能拥有《没有自然的宗教》(M本)、《所有的宗教都是一体》的图版1和两幅草图(巴特林第151、257项)。大概在1843年,塔尔克印刷了12本《天真与经验之歌》,预留了不少空间,以便临摹插入布莱克的画(*BR*,第436页)。

他的名字出现在《大不列颠和爱尔兰在世作家传记辞典》中，该书称他是"一位性情古怪，才华横溢的画家……主要版刻和出版自己的绘画作品"。书中收录了布莱克的《给孩童：天堂之门》、《经验之歌》（不包含《天真之歌》）、《亚美利加：一个预言》、《欧罗巴：一个预言》以及《叙录》。* 这是继马尔金的传记（1806）之后，布莱克第一次在公开出版物中被定义为作家。

年轻的画家尤爱布莱克。当时有个名为威廉·恩森的版刻师很是崇拜布莱克。1815 年 5 月 30 日，在共济会的酒馆举行的艺术、制造业与商业促进会的周年会餐上，恩森获得了银质奖章，奖品是威廉·布莱克的画笔和油墨头。†

来自利物浦的雕刻师约翰·吉布森，满怀志向去罗马求学。1817 年，他怀揣着给弗拉克斯曼、菲尤泽利和其他人的引荐信，途经伦敦，稍作停留。

> 虽然没有引荐信，我还是去拜访了布莱克先生，给他看我的画。他对作品所表现出的创造力给予了很高的评价。他还给我看了他的草图（水彩画），悲叹在英格兰没有人喜爱崇高的艺术。他的妻子也一起附和，言辞颇有些激烈。36

显然，像这样的拜访，凯瑟琳·布莱克都是全程参与的。

虽然有钱人不会买布莱克的书，但有时也会在上流社会见到布莱克。1818 年，皇家日记作家夏洛特·伯里记录了卡罗琳·兰姆女爵（拜伦曾经的情人，后被抛弃）举行的宴会。夏洛特坐在温文尔雅的托马斯·劳伦斯爵士的旁边：

---

* J. 沃特金斯和 F. 肖柏著，《大不列颠和爱尔兰在世作家传记辞典》（1816）（BR，第 244 页）。编者对布莱克有一定的了解，知道他曾经在赫拉克勒斯公寓、兰贝斯和费尔珀姆住过。这本奇怪的传记辞典的名字也出现在沃特的《大英百科全书》（1819）和刊登在《绅士杂志》上的布莱克的讣告（1827）中（BR，第 259、356 页）。

† 威廉·恩森有可能就是临摹版刻了《夜思》（1797）（Q 本）的那个人。"这本书由布莱克先生为我上色。│W. E."（BR，第 238—239 页）。

　　还有一位古怪的画家，叫布莱克的，不是那种经常作画的专业画家，而属于那种单单因为喜欢就去画画，能从绘画中得到乐趣的画家。在我看来，他充满了美丽的幻象和四溢的才情。但是他的画作在多大程度上能表现出他脑海中的异象，我无从得知，因为我并没有见过那些画。心灵特别强大的人，相应地就会缺乏俗世的努力。布莱克先生似乎对俗世的一切都不甚了解。从他的话中，我感觉他是那种内心情感不受窘迫的生活境遇所束缚的人。他看起来有些忧心忡忡，闷闷不乐的样子。但是，只要一谈到他热爱追求的事情，他的脸上就大放光彩；如果交谈的对方能够理解他的情感，他就一副心满意足的样子。我可以想象，很少有人能够走入他的视野，因为他的视界与众不同，远远高于人们普遍接受的视点。我忍不住将这位卑微的画家与我身边有权有势的托马斯·劳伦斯爵士做对比。劳伦斯爵士享有的成就和名望，布莱克完全配得到，但是，这些似乎都与他无关。以布莱克的才华和德性，他完全应该得到劳伦斯爵士所拥有的各种利益。世俗的智慧和优雅的姿态是在行业中脱颖而出并成功进入上流社会的法宝，但是，很显然，这两样他都缺乏。他说出来的每一个字都表达了他的思想的至真至简，以及他对于俗世的无知。他告诉我说卡罗琳·兰姆夫人对他很好。"啊！"他说道，"那位夫人真是好心肠。"虽然她举办的这个聚会有些怪怪的，让人觉得可笑，但是，我同意他说的话。兰姆夫人心地善良、慧眼识珠，愿意赞助这位名不见经传的画家，让我不禁心生敬佩。我和布莱克先生说话的时候，劳伦斯爵士瞅了我好几次。我看到他的嘴角露出嘲讽之意，好像我和这么一位小人物说话很让他看不起似的。很明显，劳伦斯爵士对身边的这些人都很不感冒，但是出于礼貌和克制，他没有贸然对这个话题进行评论。[37]

350

　　布莱克很清楚他在艺术界的卑微地位。"布莱克谈到劳伦斯和那些发达亨通的画家屈尊去看望他时，说道，'他们都觉得我可怜'，'但是，他们才是可怜的：我拥有我的异象和内心的平静。他们却把这与生俱来的权利交出去，换取乱七八糟的汤羹'。"[38]

且不论劳伦斯爵士对布莱克的社会地位作何评判，他对布莱克的画还是很欣赏的，后来还买了好几幅他的作品。劳伦斯知道布莱克，还是因为有次看到布莱克为海利的《威廉·考珀传》所作的考珀肖像画。劳伦斯对这幅版刻插图非常欣赏。1805 年，他公开赞扬了布莱克为布莱尔的《坟墓》作的插图。[39] 又过了很久，托马斯爵士购买了布莱克的《凯瑟琳女王的梦》和《智慧和愚蠢的处子》，为每幅画支付了 15 英镑 15 先令的高价。[40] 据说《智慧和愚蠢的处子》是"劳伦斯最钟爱的一幅画，一直摆放在画室的桌上以供研究"。*1826 年 4 月，劳伦斯又花费 10 英镑 10 先令购买了布莱克标价 5 英镑 5 先令的《约伯记》版刻清样。[41] 当时，布莱克"经济上非常窘迫"，劳伦斯这么做大概是想资助布莱克。事实上，这些画"使他得以摆脱贫困，他和妻子都欢欣鼓舞"，他和朋友说起此事时"眼中饱含热泪，充满感激"。† 劳伦斯爵士对布莱克的艺术才华还是很赏识的。

351 塞缪尔·泰勒·柯勒律治也对布莱克印象深刻。"查尔斯·奥古斯塔斯·塔尔克带柯勒律治去看布莱克画的《最后的审判的异象》……《克里斯特贝尔》‡ 的作者看到这幅画，澎湃激昂、滔滔不绝地发表了一通评论。"§ 大概是塔尔克写道："布莱克和柯勒律治共处之时，情投意合，二人都仿佛来自另一星球，而我们的地球只是他们暂时歇脚的场所。这从

---

* 约翰·普因德在 1830 年劳伦斯的拍卖会上以 8 英镑 15 先令购入（*BR*，第 400 页）。经手人约瑟夫·霍格思在 1877 年写道，劳伦斯以每幅 26 英镑 5 先令的价格购入布莱克的《智慧和愚蠢的处子》以及《沙得拉与朋友从烈火的窑中走出来》（*BR*，第 468 页注 3）。不过，关于第二幅画以及霍格思的说法并未得到考证。林内尔曾在 1827 年 2 月向劳伦斯出售布莱克的《复乐园》，劳伦斯并没有购入（*BR*，第 108 页）。

† 威廉·埃缇在 1830 年 3 月 25 日的信函中（*BRS*，第 97 页）提到这是桩"一两年前"的事（也就是在布莱克去世之后），并且指出这位友人只是一位"住在查令十字街附近"的人。托马斯·劳伦斯爵士乐善好施，人所共知。但是，布莱克去世后，他的遗孀凯瑟琳的生活非常窘迫。从这点来看，埃缇所谓的劳伦斯的大手笔慷慨之举（100 英镑的现钞）的说法有些站不住脚。喜欢嚼舌根子的人添油加醋一番，倒是可以把 10 英镑 10 先令的慷慨出价夸大成 100 英镑。

‡ 《克里斯特贝尔》（*Christabel*）是柯勒律治的代表诗作之一。——译注

§ J. 斯皮灵（1887），大概是引自笳斯的一封信（*BRS*，第 86 页）。克拉布·鲁宾逊在 1826 年 2 月 19 日的信函中写道："柯勒律治去拜访了布莱克，现在跟我说起布莱克来，满是赞美之词。"

二人作品中贯穿始终的思想的相似性中可以清楚地看出来。"[42]

塔尔克把他的那本《天真与经验之歌》(J本)借给柯勒律治，柯勒律治在1818年2月6日写信给亨利·弗朗西斯·卡里：

> 我整个上午都在读一本奇怪的书——一本诗集，内附大胆而有趣的插图，像是缠绕的带子，（我猜是）蚀刻画。不过，据说这些插图都是作者威廉·布莱克本人印刷和上色的。他真是个天才——我觉得他应该是个斯韦登堡信徒——毋庸置疑的神秘主义者。和布莱克先生一对比，我真是庸碌无才之辈。他是具有天启——或者更准确地说，是能够揭示隐秘之事的诗人和画家！

插图28　布莱克，《天真与经验之歌》(c本)书名页（图版1）

第二天，他写信给塔尔克，谈到《天真与经验之歌》：

> 我开始并不喜欢这些诗，想着很快就会忘掉的：诗中的爱与怜悯无处不在。书名页和下一页的图案（《天真之歌》的卷首插图）

352 有不少绘画的硬伤，但也有一些精美之处。这就像是一个缺点和优点都很突出的人。缺点——滥用象征，堆砌在书名页上，让人……厌恶，偶尔还有诗句韵律不齐，死气沉沉，缺乏变化，有时候显得很生硬，有时又没有主心骨——像条软塌塌的牛筋。同样的，服饰也显得模棱两可。不知道画的到底是衣服呢——还是先雕刻，后来又被抹掉的身体？——书名页上有两个脸朝下的人形，处于上方的那个蔫蔫的，毫无生气，就像是被醋泡过的鸡蛋。第二页中后方的树枝很像眼睛，——下一幅图中，直线顺着粉红色的金箔肠衣马甲而下，人形带着"我什么都不知道"的表情，嘴巴的样子看起来好像是里面的舌头经常夹在下牙龈和下颚之间似的，给人一种蠢笨，而不是轻蔑的感觉。——这些是我注意到的觉得恶心的缺点。不过，第二页中的人形（暂且不看他的表情，嘴巴以及下唇到下巴的那些部位），只有技艺精湛的大师才有如此手笔。

柯勒律治评价的诗集是塔尔克所持的 J 本，诗中的各种象征"给我极大的愉悦"，[*]"更大的愉悦"，[†]"更更大的愉悦"，[‡]"最大程度的愉悦"，[§]"最低程度的愉悦"。[¶]

---

[*] 《天真之歌》：《牧羊人》、《春天》（"最后一节给我更大的愉悦"）、《保姆之歌》（见插图 13）、《飘荡着回声的草地》（见插图 12）（"这些人形给我极大的愉悦"，"第二页给我更大的愉悦"）、《摇篮曲》（见图 9）、《另一种悲伤》、《迷路的小男孩》（"这些插图给我更大的愉悦"）、《寻获的小男孩》；《经验之歌》：《序诗》《婴儿的悲哀》《泥块和小石子》、《蛇虫》、《升天节》、《迷路的小女孩》、《寻获的小女孩》、《找寻……》（"装饰尤为精美！"）、《给得撒》（"带给我极大的愉悦，但同时也是最低级的"）、《毒树》（"带给我极大的愉悦，但同时也是最低级的"）、《伦敦》（见插图 20）、《病玫瑰》。

[†] 《天真之歌》：《欢笑的歌》、《羔羊》；《经验之歌》：《大地的回答》《爱情的花园》《老虎》（见插图 21）（"我完全懵住了——不知作何评价"）、《迷路的小男孩》。

[‡] 《天真之歌》：《升天节》、《婴儿的喜悦》（见插图 4）（"最后三行：你笑了。我唱着，祝你得到甜蜜的欢乐，我会祈愿——'你何时微笑'，抑或——'笑吧，笑吧！我会唱着！'——只有两天大的婴儿并不会微笑——天真必须要符合自然的真实性才行。婴童是神圣之物，容不得半点修饰"）、《小学生》（见插图 6）。

[§] 《天真之歌》：《神的形象》（见扉页 3[书名页] 插图）《小黑孩》（"最大程度的赞同"，再加上一句"最大程度的"）、《夜》。

[¶] 《天真之歌》：《花》、《古代行吟诗人的声音》、《扫烟囱的男孩》；《经验之歌》：《我漂亮的玫瑰树》、《啊！向日葵》、《百合花》（三首诗在同一个图版上）、《保姆之歌》、《扫烟囱的男孩》、《迷路的小女孩》（我宁愿没有这首诗——不是因为这首诗里缺乏天真，而是很多读者的心中缺乏天真）。

有两首诗让柯勒律治很是不解。他对《一个梦》的评价只有一个
"？"。他写信给一位斯韦登堡信徒友人，谈到布莱克的《小流浪儿》：

> 我对最后一首诗并不完全认可，并且认为这里有个错误，极容
> 易给伊曼纽·斯韦登堡的学者们造成困扰。在永恒之子的爱中，最
> 糟的自我存在也能体现本性的崇高，而这种崇高又带来邪恶的意
> 愿。诗中的错误就是将这种巨大的矛盾与邪恶的意愿完全分离开
> 来。——这样一来，意志薄弱的人就会受到诱惑，把这种爱沉淀为
> 好脾气——我对这首大胆的诗所表现出来的情绪也感到不满。不
> 过，那些所谓的当代圣人（他们的存在就是个谎言，他们对自己撒
> 谎也对弟兄撒谎）写的奴颜媚骨，睁眼说瞎话，败絮其中的《恐惧
> 的外衣》更让我感到厌恶。看到这些个新型的圣人，我们的慈善
> 宣扬之星，在读到这首大胆放肆的诗时，喉咙里嘟囔着，翻着白
> 眼——说句良心话，我真是觉得好笑！——除开如此丑恶的人性，
> "我们如何喊得出口'天父'"，诗中有神的化身！ *

柯勒律治对布莱克诗歌的喜恶与20世纪的读者——以及他同时代的人
都很不一样。他最喜欢的诗都来自《天真之歌》。他对《老虎》一诗所
作的最终评价远胜过同时代的评论家，就是今天的我们也望尘莫及：
"我完全蒙了——不知作何评价。"

对于那些没有把布莱克当作疯子或是宗教狂的人来说，上述感言就
是他们对布莱克所持的普遍评价。柯勒律治与众不同的地方在于他以真
正严肃的态度来对待布莱克的诗，并从中感到崇高的喜悦。在布莱克人
生最黑暗的日子里，能够得到像柯勒律治这样的大诗人的赞扬，在很大
程度上也缓解了人们对布莱克的怪脾气的抱怨。同时，这也表明在英格
兰还是有人在深情地向往崇高的艺术。

---

* 柯勒律治略去了"人的抽象观念"。

为弗拉克斯曼的《赫西俄德》制作版画

弗拉克斯曼为布莱克揽到了另外一项版刻工作，而且报酬更为丰厚。弗拉克斯曼还在罗马的时候就已经开始创作一系列以古希腊诗人赫西俄德为题材的图画，希望与他的无文字略图版刻系列——《伊利亚特》（1793）、《奥德赛》（1793）、《但丁》（1793）和《埃斯库罗斯》（1795）配成套。布莱克很早就知道这个系列，因为这些画早已名扬欧洲，而且布莱克在 1805 年还为《伊利亚特》额外版刻了三幅插图，每幅 5 英镑 5 先令。

朗文公司对弗拉克斯曼的绘画系列很感兴趣，在 1814 年委托布莱克为《赫西俄德》制作 37 幅版刻插图，费用也是每幅 5 英镑 5 先令。对布莱克而言，这是个大工程，仅次于之前完成的 43 幅扬的《夜思》（1797）版刻插图，而且收益可能更为丰厚一些。版刻《赫西俄德》所得的 194 英镑 5 先令是我们所知道的布莱克绘画或者版刻一套图所能得到的最为丰厚的一笔收入。

354

按照安排，布莱克购买铜版，根据弗拉克斯曼的图样进行版刻，他自己在家里印刷清样，然后把清样交给朗文公司。如果朗文公司满意这些清样，布莱克就能拿到酬劳，然后再由一位名叫杰弗里斯的刻写师把铭文加进去。

第一个季度，布莱克铆足了劲，几乎每周完成一幅《赫西俄德》版刻插图。他在 1814 年 9 月 22 日到 12 月 30 日期间共交给朗文公司 12 幅清样，得到了 63 英镑的酬劳和 5 英镑 9 先令 7.5 便士的铜版费。[43] 他自己也留了一套清样。这些清样双面印刷在纸上以及他节省下来的纸片上。他的早期商业版刻以及自己的彩色印刷作品的清样也是这样印刷的。[44]

1814 年秋，布莱克刚开始这项工作时，干劲十足，且成绩斐然，但是此后，工作进度大幅放缓。他在次年只完成了 9 幅版刻。最后的 16 幅版刻又耗掉了一年的时间（1816 年 1 月 4 日—1817 年 1 月 23 日）。

铜版上的铭刻日期是 1817 年 1 月 1 日。不过，此时，这些版画应该尚未出版，因为布莱克 3 周之后才将最后一批印版交上去。

这项工作进行了 17 个月之后，弗拉克斯曼才和朗文公司签订了一份《赫西俄德》插图出版合同，由弗拉克斯曼提供原图，朗文公司的“条件是要按照原图一模一样地版刻”[45]。朗文公司还负责推广工作。结果，校对时发生了一个匪夷所思的错误，版刻师的名字居然是“J. Blake”。[46] 这一失误至少让某位作家认为《赫西俄德》的插图是由布莱克的弟弟约翰·布莱克所版刻的。[47]

与弗拉克斯曼所有的插图系列一样，《赫西俄德》的出版也历经周折。初版销售非常缓慢。1817 年总共印刷了 200 本，到 1838 年还有 18 本没有卖出去。[48] 不过，《赫西俄德》的插图很快就名扬欧洲。欧洲大陆出现了各种抄袭布莱克版刻插图的版本，譬如罗马的贝尼亚米诺·德尔·韦基奥（未注明出版日期），巴黎的邦斯和贝纳尔（由苏瓦耶夫人版刻，1821 年出版）、P. 费耶（1823）以及雷韦耶（与弗拉克斯曼的作品一起，1836、1847），佛罗伦萨的路易吉·皮亚齐尼（1826）的版本。伦敦的贝尔和达尔迪则重新印刷了布莱克的版刻插图（1870）。可以说，布莱克在 19 世纪的欧洲知名度最高的作品就是他为弗拉克斯曼的《赫西俄德》（1817）所制作的版刻插图。

弗拉克斯曼的原图是极简的轮廓略图，几乎没有任何的阴影或者景深。他以雕刻师的手法来勾勒静态人物。即使是表现力最强的作品，譬如《诸神与巨人们》（见图 112），也只是表现了动作的可能性而不是动作本身。拉紧的弓弦似乎尚未松开，闪电的银枪做欲掷出状，却未脱手而出。蓄势待发的感觉虽然强烈但不摄人心魄。也许，布莱克认为这些画不是不好，只不过，如果让他来画，可能会更胜一筹。*

355

---

* 吉尔克里斯特说是因为弗拉克斯曼的“好心帮忙”，布莱克才得了《赫西俄德》的版刻工作。“布莱克却还不怎么领情。他更希望能得到推荐做绘画创作……这些画优美流畅，赏心悦目，但是，缺乏力感。布莱克对弗拉克斯曼的作品一向如此评价。”（*BR*，第 233 页）。这些评论不是没有可能，不过，我并没有找到一手的证据表明布莱克说过这样的话。而且，我怀疑这是吉尔克里斯特假借布莱克之口，在表达自己的想法。

处在政治边缘的布莱克

布莱克年轻的时候是个自由主义者，曾经戴着象征该派的红色帽子穿街过巷，他也曾活跃在约瑟夫·约翰逊的极端自由派文人圈，还目睹了1780年纽盖特监狱暴动。虽然布莱克对"兽"的所作所为深恶痛绝，他本人却从未参加过任何的政治运动，甚至连投票都没有投过。

不过，最少有两次，有人注意到布莱克对当时的政治运动发表过意见。1815年4月21日，乔治·坎伯兰的两个儿子乔治和悉尼去看望布莱克，乔治写信向父亲汇报：

> 我们昨晚去拜访布莱克，他和妻子正在喝茶，房间比以前更加脏乱。不过，他倒是把我们招待得好好的，还给我们看他画的《最后的审判的异象》大幅水彩画。他一直在画，房间的光线越来越暗，最后黑得和您的帽子的颜色一样。——仅有的光源来自一盏深紫色的灯——[*]他所有的时间都在蚀刻[†]和版刻——我想问问他有关版刻的建议，如果我的心愿能达成的话——我自己做了些漂亮的玩意儿，不过，要拿给您瞧瞧的话，还不够火候——布莱克说他担心那些人太拔高拿破仑了，还要让他到我国来——布莱克太太说如果我国真的要参战，咱们的国王就要掉脑袋了——

---

[*] 巴特林第648项（约1810—1827，1847年以后就没有了记录），约5米高。J. T. 史密斯说（*BR*，第467—468页），有"一千多个精美的人物"。布莱克开价26英镑5先令，但是直到1846年或1847年的时候，画还在泰瑟姆的手中。泰瑟姆描摹了这幅画，并写道："原作高约2米，宽约1.5米，修来改去，已经面目全非，愈发暗沉了。布莱克在《叙录》中说过'斑斑渍渍的恶魔'毁了多少作品。这幅画也算是被毁的作品之一吧。"（*BR*，第235页注4）。显然，布莱克应该记住自己的话："一个人想画画，就让他一直画下去，他总会画出一幅不错的画来。完成以后，最好就此打住，不要再修来改去，免得毁了作品。"（《公开致辞》，笔记本，第44页）。吉尔克里斯特认为布莱克"是想重申：'艺术创作中最先涌现出来的想法是最好的，后来的想法就另当别论了。'"（*BR*，第236页）。R. C. 杰克逊说他的父亲在喷泉苑见过布莱克的《最后的审判的异象》。1821年以后，布莱克就住在那儿。（*BR*，第235页注4）

[†] "蚀刻"应该是指布莱克正在版刻的《赫西俄德》。吉尔克里斯特说"他瞧不上刻针技法"，确实布莱克主要甚至"在晚年全部只用刻刀版刻"（*BR*，第234页）。

收到儿子的来信，乔治·坎伯兰做了简短的回复："你对布莱克——以及他的魔性作品的评价比较宽容——他是有点疯癫，但是非常诚实——至于他的妻子嘛，发起疯来，比他有过之而无不及——他对你一定会知无不言，言无不尽的。"

5年后，"这个又疯又盲、遭人鄙视、行将就木的老国王"[49]死了。准备继位受封乔治四世的摄政王体态臃肿、生活放荡，引起民众强烈的不满。这位乔治三世的继承人拥有众多的情人。他在1785年秘密迎娶了一位情人——菲茨赫伯特夫人，1795年又公开迎娶了来自不伦瑞克－沃尔芬比特尔的卡罗琳公主。很快，这位公主就被抛弃了，此后数年都生活在国外。

得知乔治三世去世的消息，卡罗琳公主回到英格兰准备参加加冕典礼。激进派和感伤主义者为之振奋，公主的丈夫却惊惶不安。1820年6月6日，坎伯兰拜访布莱克，"告诉他王后回国的消息"。民众聚集街头，热烈欢迎；出版商们兴高采烈地忙着印刷宣传小册子和漫画。这位德国公主俨然成了遭受专制统治迫害的象征，英格兰民主派与共和派的宠儿。

让摄政王不得安生的方法很多，其中之一就是公开谴责他的不忠行为。他的情人中，有一位叫哈丽雅特·昆廷夫人，人称"Q夫人"。激进派的出版商艾萨克·巴罗委托布莱克版刻一幅H.维利尔斯创作的Q夫人画像，并于1820年6月1日出版。彼时民众因为卡罗琳公主回国参加加冕典礼，准备获封王后而群情激奋（结果，加冕并未成功）。*布莱克差点就卷入了这场政治大运动，做了那位臭名昭著的激进派出版商的鹰犬。

---

* 详见大卫·沃若尔的《乌合之众与〈Q夫人〉：威廉·布莱克、威廉·本鲍以及摄政时期的激进主义》，第169—184页，引自杰基·蒂萨沃、G.A.罗梭和克里斯托弗·Z.霍步森主编《布莱克、政治和历史》（纽约、伦敦：加兰德出版社，1998）。《Q夫人》是布莱克有名的版画之一。现今能找到的有15幅，另有记录的有43幅。

　布莱克与当时的政治激进派有关联的另一个例子是他版刻的《加图街景，1820年2月23日晚，阴谋刺杀者被发现并逮捕》（J.布朗出版，1820）。这幅版画的背面还画了两个幻象中的头像（巴特林第763A项）。

新的艺术工作：为弥尔顿诗集所作的水彩画，
为里斯和韦奇伍德所作的版刻

1814 年秋，布莱克干劲十足地开始了《赫西俄德》的大型版刻任务，但是，此后进度就大幅放缓。其中的原因有可能是他当时还在为弥尔顿的一些不太有名的诗集制作插图，包括《耶诞晨颂》的 6 幅插图、《酒神之假面舞会》的 6 幅插图（这两套插图都是在约瑟夫·托马斯的原图基础上 [约 1815] 进行改编的）、《欢乐颂》的 6 幅插图（约 1816）、《沉思颂》的 6 幅插图（约 1816）以及《复乐园》的 12 幅插图（约 1816）。布莱克还为《酒神之假面舞会》、《欢乐颂》和《沉思颂》的绘画构思进行了书面说明。这些插图有可能是布莱克出于个人的喜好而不是受他人委托进行创作的。

给弥尔顿的作品制作插图是布莱克由来已久的心愿。他找到著名的书志学家托马斯·弗罗格纳尔·迪布丁，讨论这些插图。迪布丁回忆道：

> 很快，我就发现这位和气又有些爱幻想的布莱克先生，其学识与洞见远非我所能及。有那么一个瞬间，他处在他的"第三天堂"——身旁是振翅的六翼天使。这场景只有用他自己的天赋才能形容，只有用他自己的画笔才能描绘。我们眼下要讨论的话题——他老实跟我交代在某种程度上也是此次拜访的目的——"弥尔顿的那些不太有名的诗集"。我从未见过有谁像我的这位特殊的访客这样，尽情倾吐"各种梦境"……
>
> "布莱克先生，菲尤泽利画的弥尔顿的《利西达斯》*，你认为如何——熟睡着，在清晨张开的眼睑下？"
>
> "我不记得了。"

---

* 《利西达斯》（"Lycidas"）是弥尔顿早期创作的一首哀悼逝去朋友的挽歌，与雪莱的《阿多尼斯》和丁尼生的《怀念》并称为英国文学中的三大哀歌。——编注

"那就请祷告看到它吧，仔细地审视它。在我看来，这异象就是诗歌的画笔，让诗人的笔充满智慧与表情。"

······

我后来才知道我的这位访客早就看到了异象——只不过，他认为这个异象太过"枯燥"——菲尤泽利的画居然可以用"枯燥"来形容！

我告诉布莱克，我们都认识的一位朋友——迈斯奎瑞尔先生，推荐我购买他的《天真之歌》，我不"后悔买了这本书"。这位非凡的诗人有时候——说真的，是很少——能达到崇高的境界。他幻想中的崇高，不知怎的，似乎总是与怪诞纠缠在一起。最后的选择或是结果当然也不令人信服。不过，布莱克的插图的确新颖独特，没有哪本书能像《夜思》那样让我爱不释手，值得我细细研读。[50]

新的弥尔顿插图系列展现了布莱克一贯的汪洋恣肆的风格。根据《欢乐颂》创作的插图《欢乐女神》（见图 113）和《他的东边大门的太阳》（见图 114）中，"欢乐女神"和"太阳"的姿势很相似，身边都围绕着喜悦的人形，只不过，"欢乐女神"因喜乐而舞蹈，"太阳"则表现得庄严而肃穆。布莱克开始版刻《欢乐女神》时，干劲十足，沉醉忘我，可能还想把《欢乐颂》中剩余的插图都版刻出来，甚至想把弥尔顿其他的诗歌也都配上版刻插图。可惜，布莱克踌躇满志，到最后却只完成了一幅版刻，现存已知的印本也只有两个。

《欢乐颂》的插图《忧郁》（见图 115）体现了精心设计的和谐画面。"神情忧郁的修女"的两旁各有两个人形，左右肩上又各有一个人形，头顶上方是坐在"火焰轮转的宝座"上的"沉思的天使"。

《复乐园》中《天使照看基督》（见图 116）的场景也体现出同样的对称布局。我们从基督的手势并不能看出祂是要接受还是拒绝天使送来的饼和酒。虽然《复乐园》比《失乐园》的篇幅要短得多，布莱克为这两首诗所作的插图数目都是 12 幅。

《耶诞晨颂》、《酒神之假面舞会》、《欢乐颂》和《沉思颂》的系列

358

插图最后都卖给了布莱克忠实的朋友托马斯·巴茨。不过，《复乐园》一直无人问津。最后，约翰·林内尔在 1825 年秋，花费 10 英镑买下这些插图。无疑，他这么做是为了布莱克着想。他先向弗朗西斯·钱特里开价 20 英镑转手这些画，接着又在 1827 年 2 月，向托马斯·劳伦斯爵士开出 50 英镑的售价，[51] 但都是无用功。林内尔根据布莱克的《复乐园》插图原图制作了一套精美的复本，也算是对画家表达的最崇高的敬意。*

还有一件事也影响了《赫西俄德》的工作进度，可能还是弗拉克斯曼自己安排的。弗拉克斯曼多年来一直为大名鼎鼎的瓷器生产商乔赛亚·韦奇伍德设计图案。他在 1784 年为韦奇伍德在斯塔福德郡的宅邸的天花板设计装饰图案，并由布莱克进行临摹绘制。1815 年，"弗拉克斯曼把布莱克介绍给韦奇伍德"，说服他启用布莱克来版刻公司的产品目录。"这些瓷器上的图案是弗拉克斯曼先生设计的。"[52] 韦奇伍德把要图示的汤罐或便盆送过来给布莱克过目，布莱克先临摹瓷器，然后将图寄给韦奇伍德。之后，韦奇伍德再寄出一件瓷器，如此往复。等到所有的临摹图都完成以后，韦奇伍德再授意如何将图案安排在铜版上。[53]

布莱克整个秋天都在为韦奇伍德画图，[54] 一直到第二年才开始版刻。他最终在 18 张铜版上完成了 189 件陶器和瓷器的版刻工作。1816 年 11 月 11 日，布莱克得到了极其微薄的 30 英镑酬劳。[55]

通过弗拉克斯曼的介绍，布莱克得到为亚伯拉罕·里斯的《百科全书》工作的机会。这本书于 1802 年首次出版部分章节，一直到 1820 年 8 月才全部出版完。1804—1816 年，弗拉克斯曼一直在匿名发表有关浮雕和雕刻的文章。[56]1815 年，布莱克受托为这些文章作 7 幅版刻。早期作品有插图《休憩的赫拉克勒斯》（《雕塑》，图版 II）、《梅第奇的维纳

---

* 1994 年这套插图中的 6 幅图重现天日，由罗伯特·艾斯克教授购得；详见艾斯克的《市场中的布莱克，1994》，《布莱克》，第 38 期（1995）。

斯》、《望楼上的阿波罗》以及《拉奥孔》（《雕塑》，图版III）。* 除了《拉奥孔》以外，其他的雕塑，布莱克家里都有石膏模型，有可能他为里斯所作的部分插图就临摹自这些模型。

皇家美术学院有梵蒂冈拉奥孔原始雕塑的全尺寸复制品。为了画好拉奥孔，布莱克亲自去皇家美术学院临摹。去了之后，他发现雕塑展厅里早已聚满了学生。他静静地坐到学生中间，然后就在雕像的脚边开始工作。布莱克后来的学徒弗雷德里克·泰瑟姆对这件逸事津津乐道，"布莱克正在画画的时候，他的老朋友菲尤泽利走进来，惊呼道：'嘿，怎么是你布莱克，在这里做学生！你都可以当我们的老师了。'"[57]他后来又把这个故事讲给吉尔克里斯特听。"'天呐！布莱克先生，你居然在这儿？'菲尤泽利说道，'我们应该向你学习呢，而不是你向我们学习！'听到老朋友菲尤泽利的恭维和好话，布莱克当然开心。他和学生们坐在一块儿，像个年轻的学徒一样，满怀欢喜地绘画。这是泰瑟姆先生说给我听的"[58]。

这些临摹的学生当中，就有西摩·柯卡普。五十多年以后，他写下了记忆中的这一幕：

> 我记得他到皇家美术学院来临摹拉奥孔的雕像。我当时也在那儿，看见他坐在铸像边上的一个矮凳上。有学生走过来对我说："看那不是布莱克吗？他的眼镜都戴反了。他还说这种眼镜就是要这么戴的。他——是不是——疯子啊？"我正好可以瞧见，他为了要看到距离头顶很高的地方，就把眼镜倒过来，让鼻梁桥反扣在

---

* 布莱克的插图版画（1815—1819）包括《盔甲》图版4—5、《浮雕》图版4、《珍品版刻》图版18、《雕塑》图版1—4；布莱克为《珍品版刻》版刻了两幅不同但是看起来非常相似的图。（BRS，第246页）

他还设计了插图《古埃及神秘狮身人面像》和《最古老的希腊珍品——手持闪电和三叉戟的朱庇特》（《浮雕》图版1，匿名版刻），以及《赫拉克勒斯和阿波罗争夺三脚鼎》（《浮雕》图版2，威廉·邦德版刻）。（BRS，第246页）

《休憩的赫拉克勒斯》（《雕塑》图版2）的形象后来成为布莱克为班扬的《天路历程》（约1824年）设计的《基督与希望从怀疑城堡中逃脱》中绝望巨人的原型。《维纳斯》（《雕塑》图版3）的形象后来成为《耶路撒冷》图版81中坎贝尔的原型。

鼻梁上，这样眼镜就比原来高一些——他说这么做的效果比两个凹透镜还要好——至于那个年轻学生的评论嘛，我们都觉得好笑极了……[59]

1815—1819 年，布莱克为里斯的《百科全书》一共制作了 7 幅版刻，每幅版刻都制作了一个复本。第一幅版刻使"布莱克先生在（1815年）8 月 19 日得到——雕像的版刻酬劳 10（英镑）10 先令"。[60] 如果他为《百科全书》制作的其他插图和版刻的酬劳也是如此丰厚的话，他就应该可以从朗文公司拿到 73 英镑 10 先令的报酬，这都相当于一年（多）的工作所得了。

当然，这份工作只是临摹和版刻，不过，这也使得布莱克的线雕画技艺进入了更广泛的公众视野，因为朗文公司每推出《百科全书》的一个部分，就印刷 6250 册，这其中就有配有布莱克的插图版画的部分。

重操旧业——印书

布莱克还引起了雅茅斯的银行家、签名收藏家道森·特纳的关注。特纳曾写信给威廉·厄普科特，谈到他想"购买一本初版的布莱克配图的布莱尔的《坟墓》"[61]。厄普科特告诉他自己就有从父亲奥扎厄斯·汉弗莱那里继承来的布莱克的书。于是，厄普科特直接写信给布莱克。1818 年 6 月 9 日，布莱克回复道：

承蒙垂询，不胜荣幸。以下是您所询作品清单——虽然于购书者价格不菲，于我亦是无利可图。为汉弗莱先生所印刷的《大版画书》和《小版画书》选自不同的书，汇编而成。这些书亦可印成无字版本，不过，如此一来，某些精华部分，自会丢失。插图印刷出来，与诗的象征和场景形成绝配，相得益彰，缺一不可。

		英镑 / 先令 / 便士
《亚美利加：一个预言》	对开本 18 幅版画	5.5.0
《欧罗巴：一个预言》	对开本 17 幅	5.5.0
《阿尔比恩的女儿们的异象》	对开本 8 幅	3.3.0
《塞尔之书》	4 开本 6 幅	2.2.0
《天真之歌》	8 开本 28 幅	3.3.0
《经验之歌》	8 开本 26 幅	3.3.0
《由理生之书》	4 开本 28 幅版画	3.3.0
《弥尔顿》	4 开本 50 幅	10.10.0

12 幅大型版画，
每幅尺寸约为60厘米×45厘米，
历史题材和诗歌，
彩色印刷

每幅   5.5.0

最后一栏中 12 幅版画没有文字相配。

    本人印刷并销售的书籍虽然不多，但足以为我赢得画家的美誉。声名于我，乃头等大事。然而，若以传统方式出版，断不能实现大批量印刷与销售。因此，有必要要求任何意欲购买以上全部或部分作品者遵守以上条件，方可下订单印刷。本人亦会全力以赴，完成订单，至少不会逊色于已完成的作品。[*]

361

    这封信表明布莱克的生活发生了巨变。7 年前，有人委托布莱克"将其出版的所有作品集结成册"，布莱克当时拒绝了，理由是"我以

---

[*] 这张报价单没有将《给孩童：天堂之门》收录其中，因为当时还未上色。《阿哈尼亚之书》和《洛斯之书》也不在其中，大概是因为这两部诗集每部都只印刷了一本。《天堂与地狱的婚姻》也未列入其中，这倒是有些蹊跷。因为布莱克在 1818 年就印刷了G 本。不过，这些书道森·特纳一本都没有买。

后……的时间都只用来绘画"。

到 1818 年夏，布莱克为弗拉克斯曼的《赫西俄德》（1814—1817）、韦奇伍德的《产品目录》（1815—1816）以及里斯的《百科全书》（1815—1818）的绘画和版刻工作几近尾声。生活又陷入了困顿。约翰·林内尔谈到那年夏天见到布莱克时，他"没有事做，生活难以为继"[62]。

1813 年以后，除了上述委托之外，布莱克接到的唯一一份版刻工作是为一名叫查尔斯·伯克哈特的袖珍画家版刻他自己视为珍宝的传统题材画作《自然之子》和《艺术之子》。版画的尺寸很大（38.1 厘米 ×24.8 厘米和 ?×27.9 厘米）。布莱克希望这些使用点刻和线雕技法的版画能卖到大价钱。但是，如果由双方分摊制作的风险，以销售量来计算报酬的话，布莱克可能所得甚少。因为我们只在两页纸上找到了三幅《自然之子》的版画。在另外某位版刻师的网线铜版的上方依稀辨认出了《艺术之子》的图案轮廓和压印。[63]

可能是受了道森·特纳寻书问价的启发，布莱克开始重操旧业，将自己的作品印刷成配有华彩插图的书。这倒也不麻烦。因为布莱克此前为弗拉克斯曼的《赫西俄德》、里斯的《百科全书》以及韦奇伍德的《产品目录》制作版刻清样时，就已经建了一个版画工作室。大概在 1818 年，布莱克印刷制作了《塞尔之书》（N—O 本）、《天堂与地狱的婚姻》（G 本）、《阿尔比恩的女儿们的异象》（N—P 本）、《天真与经验之歌》（Y—U 本）、《由理生之书》（G 本）、《弥尔顿》（D 本）。印刷使用的仍然是标有"RUSE & TURNERS | 1815"水印的纸张、橙色的颜料和橙红色的油墨。全部图画都是手工上色，配以红色边框和版画编号。*有些作品布莱克还会一次性印刷个两到三本。这说明他印书不是受他人委托而是为了备足货，以便在将来合适的时候卖个好价钱。譬如，《阿尔比恩的女儿们的异象》（O 本）直到 1825 年 12 月才卖出去。

---

* 约瑟夫·威斯康米，《布莱克与书的思想》（1993），第 330 页。这里讨论的布莱克的华彩插图印刷系列都是由威斯康米确认并注明年代的。他是这一领域的权威专家。布莱克还印刷了两份《奥布的枷锁》。这幅版画取材于《瓦拉》第 62 页的插图。
注意在 1818 年，布莱克打算出售他在 1795 年创作的 12 幅大型历史和诗歌版画（可能是库存）。不过，在此之前，这些版画还不为人所知。

1818 年印刷的书中有几本可能是为了送给特定的顾客。《弥尔顿》（D 本）和《塞尔之书》（D 本）装订在一起，"由布莱克本人亲自上色，十分精美……是为他的主要赞助人怀特岛的（詹姆斯·）瓦因先生特别制作的"。[64]

相较于布莱克在 1793 年印刷的简介中列出的价格，这些华彩插图书的价格要高得多。他在 1818 年开出的价格是之前的 8 到 14 倍。譬如，《天真之歌》从 1793 年的 5 先令涨到了 1818 年的 3 英镑 3 先令；《亚美利加：一个预言》从 10 先令 6 便士涨到了 5 英镑 5 先令。部分原因是这些书的着色极其精美，布莱克倾注了大量的心血，涨价亦属情理之中。其实，后期印刷的书中，有些上色的范围很广，色彩也很浓重，连文字的部分也着了色。虽然看起来更加的精美，但也有些妨碍阅读。

新书价格如此昂贵，当然只有有钱人或是极其喜爱这些作品的人才可能会购买。毕竟，有时候布莱克整个月的收入都不过 5 英镑 5 先令，也就是《亚美利加：一个预言》在 1818 年的报价。所以，更不用说开价 10 英镑 10 先令的《弥尔顿》的销售情况了。

这些年，布莱克虽然没有得到公众的关注和认可，但幸有好友支持，不离不弃。布莱克失去了威廉·海利的赞助，好友兼书商约瑟夫·约翰逊也在 1809 年去世，公众对他在 1809 年的画展和《叙录》予以漠视和讥讽。在这种种不幸之中，他仍然得到了像西摩·柯卡普、克拉布·鲁宾逊和泰勒·柯勒律治这些慧眼识珠者的欣赏和喜爱。

问题是这些朋友并不是赞助人。曾有一段时间，布莱克放弃了印刷自己的作品（1811—1818），放下了刻刀（1805—1815），没有进行任何新诗的创作（约 1807—1825）。他在 1815 年重拾刻刀时，也主要是做些卑微的临摹工作，譬如，里斯的《百科全书》和韦奇伍德的瓷器产品目录。这些委托的工作都是临摹别人的绘画作品，而不是他自己的独创。

在这些最黯淡的岁月里，布莱克觉得"我藏起来了"。这样的想法，也无可厚非。他失去的只是赞助人而已。

他得到的是真正的朋友。

第九章

1818—1827：古人和晓谕者

插图 29　布莱克，《塞尔之书》（B 本）图版 8

我听见一个你们不能听见的声音，
告诉我不要滞留此处
我看见一只你们不能看见的手，
向我示意召唤我离开 [1]

年轻人的灵感

　　"我的孩子，愿上帝让这个世界在你的眼中如同在我的眼中一样美丽。"[2]

　　1818年夏，布莱克结识了一位新朋友，生命自此发生巨变。这种改变虽然没有带来物质环境的改善，却坚定了布莱克的信心，教他明白这世间还有人真正地欣赏他、珍视他。自此，布莱克的身边总是围绕着一群年轻人，人数虽然不多，但是队伍却越来越壮大。他们年纪很轻，但是却故意称自己是"古人"，还给布莱克的陋室冠了个"晓谕者之家"的雅号。他们在布莱克的身上发现了一种宁静与安详，一种激发的灵感。他们的生命为之改变，布莱克的生命也因他们而改变。

　　多年来，布莱克一直在与"兽"，与世风潮流、物质追求抗争。现在，他终于平静下来，安于这世间一隅。年轻时，他也曾嫉妒过那些飞黄腾达的人，现在，他觉悟过来，那些人其实错失了上帝给予的最佳机会。简言之，正如他的同时代人所言，"杰里米·泰勒写过一章论'知足'的优美散文，他就是知足常乐的活例"[3]。

　　有一次聚会，布莱克遇见了一位非常美丽的小女孩，"调教得温文尔雅，一身珠光宝气"。她

364

　　　　被带到布莱克跟前。布莱克和蔼地看着她，良久不语，然后，摸了摸她的脑袋和垂下的长长的卷发，说道："我的孩子，愿上帝让这个世界在你的眼中如同在我的眼中一样美丽。"她说，当时听到这话还很纳闷，这个老头衣衫褴褛，可怜巴巴的，怎么会以为这个世界在他的眼中会如同在她的眼中一样美丽呢……但是，多年以后，她终于明白了这句话的深意……[4]

安贫乐道，是布莱克给新朋友留下的最深刻的印象。

这些年，布莱克几乎销声匿迹。1817 年，一直痴迷艺术作品的威廉·保莉特·凯里谈及布莱克，写道："我一直没有机会见到他。而且根本就不知道是否还有可能再见。我问了很多人，有的甚至怀疑他是否还在世……虽然他的创造力无穷，但是支持他创造的人太少了。"[5]

1824 年 5 月 15 日，查尔斯·兰姆写信给詹姆斯·蒙哥马利：

> 我向你保证，布莱克确有其人，一个非凡的奇才，如果他还活着的话。他就是威廉·布莱克，为精美的对开本《夜思》设计了大胆狂放的插图的那位……他以水彩作画，画面新奇独特，表现出来的异象据称都是他自己亲眼所见。这些画很有价值。他见过斯诺登山上的威尔士游吟诗人——他见过最美丽的人和最强壮的人，见过在罗马人屠杀英国人的浩劫中幸存下来的最丑陋的人。他按照自己的记忆来作画（我见过他的画），并且称这些作品中的人物毫不逊色于拉斐尔和米开朗琪罗笔下的人物。不过，只是不逊色，并不是比他们更出众。因为，他们和他一样拥有先知般的异象，并且能在回忆中重现出来……他的作品——特别是《坎特伯雷的朝圣者》（比斯托瑟德的好太多）——都很有价值。画法虽然有些僵硬死板，却无损典雅气质的传达。他还写了份作品目录，对乔叟进行了猛烈的批评，不过，整体给人的感觉还是很神秘，充满了异象。迄今为止，他的诗歌还只是以手稿的形式出售。我自己没有读过，但是我的一位友人，应我的心愿，买了本《扫烟囱的男孩》。还有一首诗，是写老虎的，我记得有朋友曾经背诵过，[*] 开头是

365

> 老虎，老虎，燃烧的光芒
>
> 穿过夜的沙漠[†]——

---

* 这位背诗的朋友可能是克拉布·鲁宾逊。林内尔清楚地记得"在阿德斯家的餐桌上，听见克拉布·鲁宾逊当着一群宾客的面，背诵布莱克的诗《老虎》。场面让人难以忘怀"（A. T. 斯托利：《约翰·林内尔传》[1892] [*BR*，第 286 页]）。

† 这里兰姆记忆有误。因为原诗是"照亮夜的森林"（"In the forests of the night"），而不是"穿过夜的沙漠"（"Thro' the deserts of the night"）。——译注

真是雄浑壮丽！唉！只可惜我自己没办法弄到这本书，因为作者早已不知去向。到底是去世了呢，还是送去了疯人院呢——不管怎样，我都认为他是这个时代最杰出的人。[*]

约翰·林内尔，为先知带来荣耀，
随荣耀带来利益

布莱克结识的第一位新朋友是约翰·林内尔，年纪比布莱克小很多。林内尔是风景和肖像画家，在版刻业也崭露头角。

林内尔和布莱克在很多方面有惊人的相似。他和布莱克的身高都在1.65米左右，而且，和布莱克一样，他们都对现实不满，坚持走自己的道路。林内尔没有上过学。1804年，12岁的时候，他跟着黄金广场布罗德大街15号的画家约翰·瓦利当学徒。就在上一年的秋天，布莱克夫妇和兄长詹姆斯还住在离这里几步之遥的布罗德大街28号。

和布莱克一样，林内尔是个坚定的异教徒，对自己信仰的宗教无比狂热："拒绝真正的先知的那些人……紧跟兽的脚步。因为兽与假先知臭味相投。"[†]

和布莱克一样，林内尔为了自己的艺术追求而活——他曾说："我最爱诗意的风景画，我活着就是为了画画——虽然我也画肖像画，却不

---

[*]　显然，兰姆对布莱克的了解主要来自克拉布·鲁宾逊以及鲁宾逊给他的那本布莱克的《叙录》。

兰姆对詹姆斯·蒙哥马利主编的《扫烟囱的孩子的朋友及爬树的男孩的相簿》（1824）中收录的《扫烟囱的男孩》（《天真之歌》）一诗做出评价——这首诗是这本书的精华所在。《综合评论》（1824年6月）对蒙哥马利的这本书的评价是"无法评价布莱克的《天真之歌》，狂放不羁，荒诞不经，仿佛是'春天疯人院里的女孩'唱的歌；不过，这是天才才有的疯癫"（BRS，第80页）。

[†]　摘自《林内尔自传》（由后人约翰·林内尔整理，写于19世纪50年代，1863—1864年又增补了一些内容）的第13章。这部手稿中有不少在别处找不到的信息。1830年，约翰·林内尔的父亲詹姆斯在赫德街制作画框（BR，第393页注3）。

有一段时间，林内尔参加了约翰·马丁的浸信会礼拜，后来又为贵格会所吸引。不过，在其他教友的眼中，他一向特立独行，有自己的主张。

过是为了糊口。"[6]（见图 117）。

不过，两人也有相异之处，主要表现在两点。一点是林内尔知道如
何取悦那些有钱的赞助人，也知道如何与周遭的世界周旋。[*]他"做生意
干脆利落，从不赊账"。25 岁的时候，银行户头上就已经有 530 英镑的
积蓄，足够他娶妻生子。[7]

另一点是林内尔没有看见异象的能力。

1817 年的夏末，林内尔从积蓄中拿出 50 英镑，

> 9 月 15 日，我去苏格兰结婚。之所以铁了心要去苏格兰，是
> 因为我认为教堂的结婚仪式简直就是亵渎神灵，令我备感屈辱。如
> 此一来，婚礼就得推后多日，因为当时只有去苏格兰结婚才能逃离
> 教堂的枷锁……牧师的强压……我……相信只有这么做，才对得起
> 自己的良心……[†]

从伦敦到爱丁堡要走上近 7 天的路程，很多时候，他和未婚妻都没
有马车可坐，不得不日晒雨淋，日夜兼程。

而且等到他们终于抵达了爱丁堡，

> 有些异教徒强迫我接受一个半教堂仪式性的婚礼，我告诉他们
> 我千里迢迢从伦敦赶过来，为的就是反抗这种由神职人员包办的世
> 俗仪式。婚姻完全只关律法和法律，只是一个证明，在法官面前宣
> 告人们成为合法的夫妻。仅此而已，我只接受这点，其他的仪式一
> 概拒绝。就这样，我们在 24 日结婚了。[8]

---

[*] 1807—1881 年，林内尔总共展出了近 1300 幅画（大卫·林内尔著，《布莱克、帕尔默、
林内尔及其公司：林内尔的一生》[（刘易斯），苏塞克斯：图书协会，1994]，第
335—406 页）；1780—1812 年，布莱克共展出了 17 幅画。此外，他还在 1809 年举行
了一个私人画展，展出了 16 幅画。

[†] 林内尔，《林内尔自传》，第 51 页。林内尔详尽地记述了他此行的动机、旅行的花费
和行程安排，但是很少涉及他的未婚妻（北上时期）和新娘（南下时期）。这是他说
话的一个特征。他总是坚决地以单数第一人称叙述："我去苏格兰结婚"；"我认为这
是亵渎神灵"。从他与布莱克的交往，我们可以看出林内尔是一个体贴他人、乐善好
施的人。不过，他本人以及他在自传中所表现出来的行为方式常常会使人误解他是一
个冷酷贪婪、狂妄自大的人。

显然，林内尔是个忠于内心、表里如一的人。

有时候，林内尔也表现出调皮幽默的一面。1809 年，一位绅士通过中间人表示想向当时 21 岁的林内尔购买一幅画，条件是画的四个边都要削去一个宽约 10 厘米的长条，顶部还要多削一点。林内尔回答道："这位绅士到底是想要削掉的部分，还是没削掉的部分啊，哪个更值钱，我可说不准。"[9]

林内尔教授绘画也很有天赋，他的学生中就有小乔治·坎伯兰。1818 年 6 月，年轻的乔治写信给父亲，"我把他（林内尔）引荐给布莱克。他俩情投意合，林内尔答应帮布莱克找活干"。[*]

林内尔当时正在版刻浸信会牧师詹姆斯·厄普顿的肖像画。他让布莱克准备略图。6 月 23 日，他"从庞提斐克斯先生处买来一张铜版，准备版刻厄普顿的肖像画"。第二天，他去"布莱克先生的住处，还带来了厄普顿的画和铜版——准备开始版刻"。[†]

多年以后，林内尔说布莱克很喜欢这份工作，他

> 已经没有什么活干，靠他的收入，生活都难以为继。当时，艺术正处在低潮期……我很快就发现布莱克与众不同，他的某些言谈非常大胆，让我有些惊诧。不过，我从未看出他有任何疯癫之处。旁人均以叵测之心来揣度他，我却从未如此。只不过，真的很想知道，有没有可能让他用最平和友好的语气，用理性的方

---

[*] 林内尔当时住在拉斯伯恩街 38 号，"在这里我初识威廉·布莱克"，"不过，1818 年年底，我买了菲茨罗伊广场赛伦塞斯特街 6 号的房子"（林内尔，《林内尔自传》，第 104、105 页及以后）。详见 R. 霍伍德的威斯敏斯特地图（见图 8）。

[†] 林内尔的日记（*BRS*，第 102 页）。

林内尔小心地保存了布莱克在 1818 年 8 月 12 日（2 英镑）、9 月 11 日（5 英镑）、11 月 9 日（5 英镑）以及 12 月 31 日（3 英镑 15 先令）写下的"用以支付版刻厄普顿先生肖像"的收据（*BR*，第 580、581 页）。这些酬劳总共 15 英镑 15 先令，表明布莱克为林内尔的厄普顿版画做了大量的工作。而他为弗拉克斯曼的《伊利亚特》（1805）以及《赫西俄德》（1814—1817）版刻的成品轮廓图，每幅也仅得到了 5 英镑 5 便士的酬金。

铜版制造商庞提斐克斯支付给林内尔 12 英镑 12 便士的厄普顿肖像画绘画费以及 52 英镑 10 先令的版刻费（*BRS*，第 122 页）。林内尔从 1818 年 9 月 18 日开始版刻厄普顿，一直到 1819 年 6 月 3 日完工（*BRS*，第 103 页）。这幅版画"于 1819 年 7 月 1 日由 R. 庞提斐克斯出版"（*BRS*，第 103 页）。

式，向我解释明白那些惊人话语中的真理。我向约翰·瓦利引荐了布莱克，瓦利对布莱克的惊人天语非常着迷（见图 118B）。偶尔，就算没有被问到，布莱克先生也会对瓦利说起异象，他相信瓦利和我都能和他一样看见异象。这让我明白，布莱克能看见异象的能力其实我们都有，只不过他的更强烈些罢了。这个能力没有被世人所珍视，他们在追求俗世的——声望、虚荣和不义之财中丧失了这个能力。[10]

林内尔很快在布莱克的职业和社会生活中发挥出重要的作用。他大大拓宽了布莱克的交际圈，使布莱克成为他那人丁兴旺的小家的座上宾，他把布莱克引荐给自己的赞助人，带他参加画展和戏剧，给他安排版刻工作，委托布莱克为《约伯记》和《但丁》制作了令人惊叹的版画插图，还帮助布莱克完善版刻技艺。布莱克在晚年能安心工作，再创艺术辉煌，很大程度是托了约翰·林内尔的福。

368

7 月 10 日，周五，林内尔"和布莱克先生一起前往萨福克勋爵家欣赏藏画，之后去了（蓓尔美尔街）观看达·芬奇的《最后的晚餐》"。8 月 21 日，他们又一起前往销售版画的科尔纳吉画廊。[11] 3 天后，"布莱克夫妇（过来）喝茶"，林内尔在 9 月 9 日、11 日、18 日和 19 日的晚间去拜访布莱克，后两次还邀上了约翰·瓦利。[12]1818 年 9 月 12 日，"布莱克先生带过来一份厄普顿先生的插图清样。他留下版画，开价 15 英镑，这是之前说好的价格——瓦利先生和康斯特布尔先生跟布莱克待在一起"[13]。

有一次，约翰·康斯特布尔给布莱克看他的一本素描册，布莱克"看到一幅很美的画，是汉普斯特德荒野里的一条林荫道，两边是冷杉树，'哎呀，这哪里是画，这是灵感啊'。康斯特布尔回答道：'我还不知道呢，我只是把它当成普通的素描画下来。'"[14]

显然，如果布莱克眼中看到的只是一幅冷杉素描，他是不会有如此兴致的。

约翰·瓦利和"异象中的头像"

　　布莱克的朋友和看过他作品的人常常会把他和观相术联系起来。和演员一样，画家也要求能够从人物的面部，表现出人物的个性。绘画指南上介绍了各种各样的表现人物愤怒、嫉妒、渴望和恐惧等情绪的方法。布莱克非常仰慕的拉瓦特尔在《人生格言》（第 124 段）中写道："目光炯炯之人，说完全的真话，也说完全的假话。"布莱克把这句话标了下划线，并在一旁批注"的确如此"。拉瓦特尔的挚友菲尤泽利非常热衷于观相术。有可能是他牵线搭桥，安排了布莱克来版刻拉瓦特尔的《论观相术》。当时，观相术备受追捧，不少人，譬如，1790 年的威廉·考珀，就"对拉瓦特尔的观点深信不疑，认为观相犹如读书，从表面可窥见内心"[15]。

　　观相术的风靡，也许并没有使之发展为一门科学。但是，至少通过 J. G. 施普尔茨海姆发表的《观相术》，这一观念得到了更为系统的阐释。约翰·林内尔买了本施普尔茨海姆在 1817 年出版的《大脑失常的表现，或曰精神错乱》。[16]布莱克还做了阅读笔记。他对观相术并不陌生，*在解释为什么自己是一个"自由派的男孩"时，他"会装着极力为自己辩护的样子打趣地说，是脑门儿的形状决定了他是个共和派。他对托利党的朋友说，'我也拿它没辙'，'你也一样，你的脑门儿是上面大；我的呢，正好相反，是下面大'"。[17]

369

　　林内尔以前的老师约翰·瓦拉也相信观相术。他是个多产的风景画画家和占星家，不过，常常欠债。他对宗教持怀疑态度，不过对星相却是深信不疑。

　　瓦拉是个大块头，体格异常壮硕；人也乐观，无论发生什么事，都

---

*　颅相学家詹姆斯·德维尔制作的第一个脸模塑像（1823 年 8 月 1 日）是"布莱克的头部塑像，是具有想象力的大脑的典型代表"（乔治·里士满［*BR*，第 278 页］）。里士满评价这尊塑像"看起来很严肃"，不像布莱克本人，还说"布莱克夫人不喜欢这个脸模，也不喜欢菲利普斯画的布莱克的肖像……不过，布莱克的朋友们还挺喜欢这个脸模塑像的"。

很想得开。他因为欠债，几番入狱，每次放出来，都是神采奕奕，没事人一般。他常常挂在嘴边的话是："这些麻烦与我都是必要的……要是没有这些麻烦的话，我岂不是要开心到爆！"[18]

林内尔把瓦利介绍给布莱克，瓦利对布莱克有关异象的说法非常着迷，而且坚信异象与星相的精神世界是相通的。事实上，他还写了篇《论星相》（1828），并附有版刻插图。插图的原图来自布莱克所绘的"异象中的头像"系列。

1825 年，一家名为《乌拉尼亚》的占星术杂志刊登了有关布莱克的星相的文章。如果文章的作者不是瓦利的话，那么就是他提供给了作者这些信息：

> 他似乎与我们看不见的世界有着某种奇妙的关联。照他自己的话说（他当然是很认真地这么说的，而且怎么看，都不觉得是在撒谎），他的身边一直都围绕着死去的魂灵，各个年龄、各个国家的都有。他很肯定地说，他与米开朗琪罗、拉斐尔、弥尔顿、德莱顿以及古代圣贤都有过真实的对话。他手头上有首长诗，快要写完了，他坚称这是弥尔顿的魂灵向他口述的。*这位先生的绘画也很是神秘奇特，值得任何意欲摆脱俗世羁绊，追求更高境界的人士观看。
>
> ……我们与这位先生有过几次接触，不仅交谈甚欢，对他的非凡禀赋亦是惊叹不已。且不论旁人会如何反对，我们认为他说的那些话不带一丁点的迷信色彩。他对自己所说的也笃信不疑……也可能，这位先生拥有的非凡禀赋和古怪言论是黄道十二宫月亮落在巨蟹座的结果（星座和黄道宫都主神秘）。这时，主神秘的双鱼座、科学宫与天王星形成三分相。这个平凡的三分相与落在主科学的水瓶座上的土星，以及落在天蝎座的水星形成四分相，再与落在主神秘的射手座上的太阳和木星形成五分相。从固定的星座到火星和水星的四分相有相当强烈的提升智力的倾向，为产生非凡的思想奠定基础。

370

---

* 这可能是关于布莱克创作《弥尔顿》的一个误传。这首诗并不是"弥尔顿的魂灵向他口述的"。这首诗于 1811 年印刷并销售。

不过，林内尔没有耐心听这些占星术的解释。他相信布莱克也认为他的异象与星相没有任何关系。他写道：

> 瓦利很想引起布莱克对占星术的兴趣，不过，布莱克对此并不感冒。布莱克说："你所谓的幸运出生，在我看来是很糟糕的想法。你以为出生在 8 月就能引起王公贵族的关注和赞助，这就是一个人所能得到的最好。那么，那些使徒和殉道者呢，他们对这个俗世根本就不屑一顾。照你这么说，他们该是最惨的吧，他们出生的时候，就已经注定了将来要上绞刑架。"瓦利对布莱克的异象的真实性毫不怀疑，甚至比布莱克自己还要坚信——也就是说更加直接地完全地相信，甚至不需要布莱克作任何额外的解释……就是瓦利鼓动的布莱克，去看那些历史名人的画像——譬如，爱德华、华莱士、大卫、所罗门还有建造金字塔的人，*等等，这些画像大部分我都有。布莱克用黑色铅笔画了国王爱德华和威廉·华莱士的头像以及"跳蚤幽灵"。我临摹了他的爱德华和华莱士头像，作了幅油画送给了瓦利。†

虽然布莱克可能并不相信星相运势，他笔下的人物当中倒是有些信的。"霍茨波‡说……要不是那些该死的星星，我们就打赢了。他愤懑不

---

* 根据《杂志月刊》（1839）（*BRS*，第 75 页）上刊登的匿名作者（可能是约翰·赫洛德）的《布莱克的诗歌》一文，

> "召唤吧，画一画金字塔的建造者。"有人对这位能看见异象的画家说。
> "他就在那儿，"布莱克说道，"威严庄重，穿着紫色长袍，拿着一本满是金页的书，在书上画图。"

保存至今的《金字塔的建造者》是一幅铅笔素描图（巴特林第 692 103 项，附有彩色标注），后由林内尔复制（巴特林第 752 项）。《金字塔的建造者》的异象在赫洛德的《大洪水的审判》（1834）（*BRS*，第 75 页注 3）中有所反映。

† 林内尔，《林内尔自传》（*BR*，第 263—264 页）。在《耶路撒冷》，图版 91，第 36—37 行中，"洛斯读阿尔比恩的星星：幽灵读星星之间的空白"。

布莱克在 1804 年 1 月 27 日的信函中写到"我的邪恶的星星"，他可能是指自己的运气不佳。

‡ 霍茨波是《亨利四世》上部中的人物，诺森伯兰之子。——编注

平地说，明明亨利王子比他差远了，但是偏偏星相运势向着他，害得自己枉死沙场。"[19]

据布莱克的徒弟弗雷德里克·泰瑟姆说：

> 他常常很肯定地说他有能力把幻象中的画面重新呈现在脑海里，井然有序，明白晓畅，完美构图。因此，当他把异象临摹到（他是这么说的）铜版或者画布上的时候，根本不可能出现任何差错。如果出现了错误或者瑕疵，那一定是异象消失了或者画面变得模糊而无法准确临摹。他说这些魂灵是他的朋友，他们教导他、指责他，与他辩论、给他建议，就像人与人之间那样亲密地交谈。更加新奇的是，他宣称自己拥有能召唤任何一位往昔之人显灵的能力，并临摹下他们的音容笑貌，还能畅谈他们在世上的日子……*

1819 年秋，布莱克开始为瓦利记录下他在深夜见到的异象。有时候，他几乎每晚都会把"异象中的头像"画下来。瓦拉的题注也证明了这点：

> 1819 年 10 月 14 日："狮心王理查德。根据他的幽灵绘成"，"生于 1156 年，卒于 1199 年 4 月 6 日（星座是摩羯宫双鱼座）出生是上午 10 时（天秤座）"，"威廉·布莱克作于 1819 年 10 月 14 日凌晨零点 14 分"。
>
> 1819 年 10 月 18 日："建造金字塔的人，威廉·布莱克绘"，"1819 年 10 月 18 日巨蟹宫上行 15 度"。
>
> 约 1819 年 10 月 22 日："10 月 22 日"，一个魔鬼和一个身披铠甲的人的草图。

---

* 泰瑟姆（*BR*，第 518—519 页）。吉尔克里斯特（*BR*，第 260 页）也表达了相似的看法："在白天，有批评说这是对人物的亵渎，把这些人物或者他异象中的任何一个人物画下来，都是轻慢的行为。'哦，没关系，'布莱克平静地说道，'我这么做肯定没错：这些的确是我亲眼所见。'"

T. F. 迪布丁在《图书馆导读》（1824）（*BR*，第 289 页）中写道："他有时候还与荷马握手，或者与维吉尔一起吹奏乡村牧笛。"这似乎就有些言过其实了。

1819 年 10 月 27 日："卡萨毕连恩"和"英军首领卡萨毕连恩"，"1819 年 10 月 27 日晚 11 点，布莱克作"。

1819 年 10 月 29 日："玛蒂尔达皇后说玫瑰水在桌子底下的瓶子里。10 月 29 日，周五，晚上 11 点。还说有几个橱柜，用以存放各种寝具"；"你想我能忍受被人当成是食物上方蒸腾的热气吗？""我并不比一只蝴蝶更加高贵，你若不信，我便离去"；"与布莱克先生的精神交流"；"玛蒂尔达皇后个头不是很高"。

1819 年 10 月 30 日："沃特·泰勒痛击税吏的头，威廉·布莱克作，根据幽灵绘成。1819 年 10 月 30 日凌晨 1 点。"*

午夜亡魂显灵的事件引起了很多人的关注，此前他们并未留意到布莱克。各种耸人听闻的显灵报道纷至沓来——不过，这些报道倒也不是空穴来风。至少，这些说法并不自相矛盾，而且也与画下来的异象中的头像相吻合。

有关头像的说法很多是来自约翰·瓦利，只不过，报道中并未提及他的名字。艾伦·坎宁安说，瓦利曾经告诉他：

　　"我很了解布莱克——我和他做了 9 年的朋友。我曾经坐在他的

---

* 巴特林第 729、752、692 99 项；《布莱克—瓦利大型素描本》，第 81—83 页；巴特林第 692 23、692 5、737 项。（佳士得拍卖行 1989 年 3 月 21 日的藏品目录中列出了《布莱克—瓦利大型素描本》，这是巴特林版目录出版后 [1981] 发现的布莱克的作品。）

　　"异象中的头像"系列的题词大多是瓦利所为。有时候，林内尔在做校样时，也会加上题词。这些作品大多没有注明创作的日期，大部分可能是 1819—1820 年所作。譬如，威廉·华莱士的头像和爱德华一世的头像都没有注明日期，但是林内尔在 1819 年 10 月 23 日、26 日以及 11 月 1 日临摹了这两幅画，并做成油画给了瓦利（BRS，第 104 页）。

　　有些头像创作的时间则要更晚一些：

1820 年 8 月："老帕尔的青年时代（40 岁）"，"1820 年 8 月威廉·布莱克"。

1820 年 9 月 18 日："布莱克于 1820 年 9 月 18 日所绘'品达'"以及"交际花拉伊丝"。

1821 年之后："被摩西杀死的埃及监工"，"布莱克在异象中看到这个场景，并当场作画。我 J. 瓦利本人亲眼所见，地点是艾克赛特大楼旁边的喷泉苑 3 号二楼的客厅"。这是布莱克 1821—1827 年居住的地方。

1825："布莱克应我的要求所绘的阿喀琉斯的头像。1825 年"（巴特林第 748、711、696、707 项）。

身边，从夜里 10 点一直待到凌晨 3 点。有时候我睡着了，有时候又醒过来，但是布莱克压根儿就不睡。他坐在那里，拿着纸笔，画着我最想见到的那些人的画像。先生，我给你瞧瞧，他画的这些作品。"

他拿出一个画满素描的大本子，打开来，说道："看看这张脸上诗人的热忱——这是奥林匹克竞赛的胜利者品达。这个可爱的家伙是科琳娜，她也在诗歌中占据一席之地。这个是妓女莱斯——带着干这行的人的轻慢神态。她插在布莱克和科琳娜之间，为了把她赶走，布莱克不得不把她也画下来。"

"你瞧！这是另一类人的脸——你能猜出来是谁吗？"

"是哪个混蛋吧，我猜的话。"

"瞧瞧——这就是铁证啊，布莱克画得多准——这就是个混蛋！是摩西在埃及杀死的那个监工。"

"这个又是谁呢——随便猜猜看？"

"我猜应该不是个好人吧，先生。"

"你猜对了，这是个恶魔——他代表着两个无名氏：一个是大律师，另一个——我希望我敢说出他的名字——就是教唆别人做假证的人。"

"这个头像呢？——这个一眼就能看出来——是希律王；看他多像个军队里的大官儿！"*

---

* 坎宁安（*BR*，第 497 页）在第 38 段把这些内容分成了好几段。坎宁安也说，"'天使造访'的最佳时段是晚上 9 点到次日凌晨 5 点"（*BR*，第 496 页）。坎宁安（*BR*，第 499 页）在第 41 段还杜撰了一个不太真实的对话：

> 有个朋友，绝对靠谱的那种，某日晚间去拜访布莱克，发现他正坐着，拿着一支笔和画板，在画一幅人物画像。他的表情有些焦虑，看起来他的模特有些难搞定。他一会儿抬头看看模特，一会儿又低头作画，如此反复。但是房间里并不见有任何其他人。
>
> "不要打扰我，"他悄声说道，"我面前坐着模特。"
>
> "你的面前！"这位朋友万分惊异地说道，"他在哪儿呢，他长什么样？——我怎么连个人影都瞧不见。"
>
> "但是，我看得见，先生，"布莱克骄傲地说道，"他就在那儿。他的名字叫洛特——你大概在经文中也读到过他的名字吧。他正坐着我面前，给我做模特呢。"

巴特林并未收录有关洛特的异象头像。

还有一位匿名的作者写道：

373

　　这几次我都在场。一天夜里，我们正在评论他在1825年版刻的《约伯记》，书中的插图恣意张扬，偶尔也有些意境高远的。突然，他惊呼道："天哪！爱德华三世过来了！"（见图119）

　　"在哪呢？"

　　"在桌子的另一边。你们是看不见他的，但是我能看见。这是他第一次造访。"

　　"你怎么知道是他呢？"

　　"我的灵魂认得他——怎么认得的我也说不清。"

　　"他长什么样？"

　　"严肃、平静、坚定，面有喜色。到现在为止，我都只看到他的侧脸。他现在转过脸，对着我，面色苍白。这张脸是多么的骄横又英勇！"

　　"你能问他一个问题吗？"

　　"当然可以，我们这会儿一直在谈话，不过，不是用我们的舌头，而是用某种微妙的，不可言传的，像是某种电流样的交流方式。我们彼此看一眼，就能互相明白。灵魂之间的沟通不需要语言。"

　　"告诉他你想知道他如何看待他活着的时候所犯下的大屠杀的罪行。"

　　"你这么说的时候，我已经告诉他了。"

　　"国王陛下是怎么回答的？"

　　"简言之就是：你我口中的大屠杀根本就是件无足挂齿的小事。杀死5000人并没有给他们带来真正的伤害。他们最重要的部分是不朽的，只不过是把他们的存在从一种状态转移到了另一种状态。肉身是飘摇的房屋，离开得越早越好。帮助他们脱离肉身的人，他们应该感恩戴德才是。与从乏味腐朽的躯壳中解脱出来的快乐相比，被大卸成八块又算得了什么呢？"

"他说的这番话真是可恶，让人作呕。"

"他的眉毛拧紧了，正盯着你看呢。你要是再吭声，就会消失不见了。安静！我来画张他的草图。"[20]

根据另一位目击者的说法：

374

他对我们说……第一次见到扫罗王时，他身披铠甲，头盔的形状和样式都与我们之前见到的不一样。自从大洪水以来，他就一直在万国中以铠甲装束示人。不过，扫罗王站的那个位置，使得布莱克无法看到头盔的全貌。布莱克也不好意思绕过去一探究竟。

这就是头盔的素描，——画家的圈子里有条规矩，如果在国外已经画过某物的素描，回到国内就不得再画一遍……这条规矩，布莱克一直遵守着……

（第一次给扫罗王画素描的）"几个月后，"布莱克说，"扫罗王又向我显灵了（他第二次给扫罗王画素描），于是，我就得了机会看到头盔的另一面。"

我们看到了布莱克画的完整的头盔，一点都不夸张地说，这些头盔和铠甲真是举世无双！ *

布莱克的午夜画像中有一幅《异象中的头像之伏尔泰的幽灵》（见图120）。根据克拉布·鲁宾逊的记载，

他说："我刚刚跟伏尔泰聊了好久——他对我说'我亵渎了人子，世人要原谅我——但是他们'（指伏尔泰的敌人）'亵渎了我的圣灵，就不能被宽恕'"。

---

* 匿名，《威廉·布莱克》（讣闻），《文学编年史》（1827 年 9 月 1 日）。目前已知的扫罗王的画像（巴特林第 696 项［图版 910］）中并没有头盔。还有一幅类似的画像，林内尔在上面的题词是："已逝的国王爱德华一世，根据他在布莱克先生面前显现的样子画成。这里他的头部稍微画得大一些，有些像王冠。"（巴特林第 735 项［图版 947］）。

　　我问他伏尔泰说的是哪国语言——他回答得很巧妙，容不得我再往下问。"我的感官告诉我是英语。这就像是触碰一个琴键——他也许是用法语触碰的，但是到了我的耳朵这里就变成英语了。"*

这类通灵事件中，记述得最为完整，令人印象最深刻的来自简·波特。她是克拉布·鲁宾逊的朋友，而且与弗拉克斯曼夫妇也一直保持书信往来。她的小说《苏格兰首领》（1810）讲述的是爱德华一世与他的劲敌苏格兰爱国领袖威廉·华莱士的故事。数年后，她提到友人约翰·瓦利（不过她并没有指出他的名字）告诉她，布莱克

　　常常……言辞激烈，愤懑不平地说到此事，好像华莱士之死是昨天才发生的事情。

　　我的一位朋友常常去拜访这位年轻的画家，有一次，他发现布莱克欣喜若狂，激动得有些喘不过气来。布莱克告诉他，自己刚刚完成了两幅素描——一幅是威廉·华莱士，另一幅是他的敌人，爱德华一世！——两位首领依次向他显灵，而且应他的请求，依次站立，以便他能匆匆画下他们的形态（见图 121）。

　　……画家告诉我的朋友，他正在低头勾勒画像，一抬头，异象不见了！……（布莱克向他解释道：）"他就坐在那儿，像平时一样，思考着这位苏格兰英雄的英勇抵抗和艰难命运。突然，如同一道闪电，一个人影立在跟前。他心下马上就意识到，这个人就是威廉·华莱士。他知道这是显灵，来得快去得也快。于是，很想把眼前的这一幕画下来。他恳求这位英雄稍作停留，以便能画下他的草图……英雄带着惯常的礼貌，微笑地看着画家。草图的轮廓出来了，他又在旁边添上一两笔。画家全神地画着，也没怎么抬头，连

375

---

* 克拉布·鲁宾逊，《克拉布·鲁宾逊回忆录》中 1826 年 2 月 18 日的记载（*BR*，第 547 页）。显然这时，布莱克已经不再画"异象中的头像"了，因为"我也问了他这些人物的模样，并且纳闷他为什么不接着画下去——'没有多大必要了，'他说，'而且，人物林林总总，全部都画，工作量太大了——而且，这么画下去也没有多大意义。'"

铅笔都来不及换。过会儿，他想再看看整体的模样，但是这位"坚定的骑士"的灵魂已经从眼前消失了。不过（布莱克接着说，）眼前并未空着！爱德华一世接踵而至，全副武装，身穿密集锻造、手工精致的锁子甲。不过，他的头盔的面罩是打开的。

画家似乎一下子还没认出来这位国王。他的眼睛和他的心都还在向刚刚离去的古苏格兰爱国勇士的伟岸身影致敬。不过，作为忠诚的英格兰人，见到英格兰国王的异象时，布莱克还是不由得站起身来，向君王致敬。天才布莱克带着同样的热情与诚挚，恳请这位外表冷峻、气宇轩昂的国君也能允许他绘制一幅与刚才那位苏格兰首领一样的草图。他的要求得到了应允。与刚才的情景很相似，布莱克画到差不多的时候，国王就消失了。——只剩下布莱克一个人——虽然没有合着心意画得完全，倒也不那么沮丧。能够得到允许，目睹两位非凡人物是何等的荣幸与欢喜。他们在他的面前显现，并且透过他，显现给世人和后世万代！ *

376　　　艾伦·坎宁安讲述的这个故事就有点添油加醋的味道，符合他一贯的作风：

他笔下的灵魂模特还真是听话，会合着他的朋友的心意显现。不过，有时候，他想画的人物迟迟没有出现，他就拿着纸笔候着，眼

---

* 简·波特，《苏格兰首领》（1841）（*BR*，第 261—263 页）。她的描述与保存至今的画像之间有很大的不同（巴特林第 734 项）。按照她的记叙，瓦利"给我……看了"两张彩色帆布油画，而不是在纸上的铅笔画。华莱士有着"蓝色的眼睛"和"淡金色的头发"，穿着一件"做工普通的护胸甲，披着格子披肩"。这些描述在布莱克的人物素描中是没有的。爱德华一世披着锁子甲，戴着王冠，而不是头盔和面具。（而且，1810 年《苏格兰首领》首次出版时，布莱克已经 53 岁了，称不上是"年轻人"。）如此说来，要么就是有两幅爱德华一世和华莱士的油画遗失了，要么就是简·波特在胡编乱造。当然，也有可能她指的是林内尔临摹的油画版本（1819 年 10 月），而不是布莱克的原始铅笔素描版。

据 J. 萨丁的《一位毫画老者的回忆：1808—1899》（1899）记载，瓦利给他看的画像是有题词的："威廉·华莱士向我显现，伫立良久，让我有时间把他画下来。他消失后，爱德华一世又向我显现，我把他也画下来了。他答应下次再来的时候，把妻儿也一并带过来。威廉·布莱克。"（*BR*，第 260—261 页）。不过，这个题词并未在别的地方出现过。

睛茫然四顾。突然，异象出现了，他像是着了魔一般，开始画起来。

有人让他画威廉·华莱士——布莱克眼前一亮，他喜爱英雄。

"威廉·华莱士！"他惊呼道，"我看见他了——那儿，那儿，他看起来是多么的高贵——快把我的东西拿过来！"

他画画的时候，注视的眼神和下笔的动作，仿佛那些灵魂就是活生生地站在他面前的人。布莱克突然停下来，说道："我没办法画完——爱德华一世插进来了。"

"真是走运，"他的朋友说道，"我还想要张爱德华的画像呢。"

布莱克拿出另外一张纸，快速勾勒出这位金雀花王朝君主的容貌。国王消失了，画家完成了华莱士的头像。[21]

这些"异象中的头像"为人们研究相关人物提供了新鲜的视角。最引人注目的人物有欧文·格伦道尔（见图 122）、沃里克伯爵（见图 123）和布拉德上校（见图 124）。格伦道尔和沃里克伯爵都是 15 世纪著名的勇士，一个是威尔士英雄，领导暴动反抗英格兰的统治，另一个独揽大权，主导玫瑰战争的王位更迭。布拉德上校是布莱克祖父一辈的冒险家，1671 年从伦敦塔盗窃皇冠宝石被当场截获，却凭着三寸不烂之舌不仅免了死罪，还得了国王的宠幸。

布莱克的这些灵魂访客都有着鲜明的性格，他们的命运似乎也与星相有关。这其中不乏臭名昭著的罪犯，譬如"因谋杀丈夫而受火刑的凯瑟琳·海斯"（1762 年）、"虐杀孤女的布朗里格夫人"（1767 年受绞刑）以及"毒死父亲的布兰迪小姐"（1752 年受绞刑）。[22]瓦利选择这些人物，大概是希望能用颅相学来解释他们的性格。

377

这些人物当中，有些虽然为世人所熟知，但是具体姓名不详。譬如，"被摩西杀死并埋葬的埃及监工"、"建造金字塔的人"、"在梦中指导布莱克绘画的人"（见图 125）等。[23]

向布莱克显灵的不只有古代的英雄。

"多年来，"布莱克说道，"我一直想看看撒旦是个什么样子——我从未料想到他竟然与我们传说中的形象一致，是个粗鄙的魔鬼——我之前还幻想着他是一个非凡的灵魂，如同他向住在乌斯的那个人（约伯）显现时的那样，带着原始的雄伟气势。”

我终于见到他了。当时，我正准备摸黑上楼，突然脚下闪过一道亮光，我回过头，发现他正在楼梯窗户的铁栅栏外，恶狠狠地盯着我。我叫人拿来我的东西——凯瑟琳以为我是想写首歌，于是拿过来笔和墨水——

我说道：“嘘！——没关系——这也可以用。”——他既然已经显现了，我就要把他画下来——他就在那儿。

说完，布莱克拿出一张纸，很快画出一个带有栅栏的窗户，栏杆的后面就是那个发光的人们能够想象到的最可怕的幽灵。它眼睛硕大，如同燃烧的煤块——牙齿长如钉耙，爪子似乎是传令官办公室职员的噩梦中才会出现的那种。

“这就是我们传说中的恶魔，”布莱克说道，“真正的魔鬼——其他的都是胡编乱造。”*

这些异象画作中最吸引读者眼球的当数《**异象中的头像之跳蚤幽灵**》（见图 126）。约翰·瓦利说：

一听说有跳蚤的幽灵，我就急着想用自己的方法查个水落石出，看看布莱克说的异象到底是不是真的。我问他能否把所见到的画个大概出来，他马上说道：“他这会儿正在我眼前呢。”于是，我看见他拿出纸笔，画下这幅画像……

他作画的样子，好像眼前真的有这么个形象似的。他停下笔，拿出另外一张纸，专门来画跳蚤的嘴巴，因为这时跳蚤的嘴巴张开

378

---

* 坎宁安（*BR*，第 498 页）的第 40 段里有附加的解释。撒旦图从 1830 年以后，就没了踪迹（巴特林第 694 项）。

　　J. T. 史密斯说布莱克在“楼梯最顶层”看见了“亘古常在者”，并将这幅图作为《欧罗巴：一个预言》的书名页图。（*BR*，第 470 页）

了。他得先画完这幅图，再回过头去继续第一幅图。[*]

　　布莱克埋头作画的时候，跳蚤告诉他，所有跳蚤的身体里都居住着像人似的灵魂。不过，因为嗜血无度的天性，得了神的旨意，被缩在小虫的体型和模样里。不然，倘若是长成马的体型，大概一大半国民就此殁了。他接着说，如果想从一个岛跳到另一个岛，[†]他应该会掉到海里去，不过，他会游泳，所以也不会就这么没了。这个幽灵后来又向布莱克显现过，而且还让他看自己的全貌……[‡]

还有一个匿名的作者提到

　　跳蚤告诉布莱克以往的事情，谈到上帝造万物时的自己。跳蚤说："最开始是想把我造成一头牛的大小；不过，考虑到我的身体构造、防卫能力和巨大力量，倘若是造成牛的大小，就像我现在这样弄着好玩，变成的大小，一定是个超级无敌的毁灭者。所以，上帝决定把我造成——虫子的大小。"[24]

艾伦·坎宁安又添油加醋地增加了一些细节。据他那位不知名的朋友说：

　　一天夜里，我去拜访布莱克，发现他异常兴奋。他告诉我说看见了不可思议的事情——跳蚤的幽灵！

　　"你把他画下来了吗？"我问道。

---

[*] 吉尔克里斯特写道，有时候"他正画着画着，突然，停下笔，带着惯常平静的语气和稀松平常的神情，说道，'下雨了'，'画不下去了——异象消失了！我得要等到它再来才行'；或者是，'他动了，嘴巴消失了'；抑或是，'他皱起了眉头；他不喜欢我画的像'"（*BR*，第 260 页）。

[†] 根据 J. T. 史密斯（1828）的记载，布莱克将"这个人形的跳蚤称为吸血鬼"，"如果这个生猛的小东西有大象那么大，肯定能从多佛一下子就跳到加来"（*BR*，第 467 页）。

[‡] 约翰·瓦利，《黄道带相面术》（1828）（*BR*，第 372—373 页，添加了说明文字）。瓦利的这段话也被引用在《文学报》（1828 年 12 月 27 日）的一篇评论中（作者可能是 W. P. 凯利）。瓦利解释说，"他在想象中出现的幽灵"，"在面相上与双子座的人是一致的"。《黄道带相面术》中收录了一幅跳蚤的版刻插图。

"没有呢，"他回答道，"我倒是希望把他画下来。如果他再次出现，我一定会画下来的！"

他神情专注地望向房间的一个角落，说道："他就在那儿——把我的东西拿过来——我得要盯住他。他走过来了！他饥渴的舌头探出来了，他的手里握着一个盛血的杯子，身上披着金色和绿色的鳞片。"——他边说边画。*

布莱克的精神状态和"异象中的头像"

很多人听说布莱克不仅给死去的人画头像，而且还与这些看不见的访客交谈，不由得会认为布莱克是个疯子。就算有人对此尚存疑虑，当他们得知这些幽灵访客中不仅有早已作古的先人，还有迄今为止从未在人们的脑海中出现过的事物，譬如双子座、巨蟹座以及跳蚤的幽灵时，他们也会打消疑虑，相信布莱克是个完全的疯子。在有些人看来，布莱克的疯癫是明摆的事实，应该关进疯人院才是。†

1820 年以后，有关布莱克的记述大多将"异象中的头像"系列画作视为布莱克疯癫的证据，或者是用来辩解某事[25]——也许用来开瓦利的玩笑。很少有人会相信布莱克画的确实是他亲眼所见，他所见的确实

---

* 坎宁安第 39 段（*BR*，第 498 页）中增加了解释和引用的部分。

　　根据沃特·索恩伯里在《英国画家：从荷加斯到特纳》（1861）里的说法，布莱克是"在我的一位老友利（詹姆斯·马修·利 [1808—1860]）的父亲（塞缪尔·利）的家中""画出魔鬼跳蚤一图的"。"布莱克和瓦利都是这里的常客。"（*BR*，第 264 页）。正是"出于利先生的愿望"，布莱克才在 1826 年 1 月 16 日为威廉·厄普科特的纪念册题词——"书商利先生"，斯特兰德还在 1826 年 1 月 10 日和 4 月 29 日向布莱克预订了布莱克的《约伯记》插图（*BR*，第 587、591 页）。

† 根据《大不列颠评论》（1833 年 7 月）上刊登的匿名作者的文章《伦敦疯人院》，作者在疯人院采访了乔纳森·马丁（约克大教堂纵火犯）和威廉·布莱克，"一位年长的男性……他与米开朗琪罗对话，与摩西交谈，与赛摩瑞玛斯共进晚餐"。他还在疯人院里画了幅跳蚤的幽灵（*BR*，第 299 页注 1）。这篇文章抄袭自某位匿名作者发表在《杂志月刊》（1833 年 3 月）上的《小传（一）：布莱克，能看见异象的先知，以及马丁——约克大教堂纵火犯》一文，而且还添加了不少内容。

是真实的存在，发生的一切是一种不寻常的灵魂现象。

从一开始进入公众的视野，布莱克的画和诗歌就被定性为疯子的作品。有关 1785 年皇家美术学院画展的一份评论称布莱克的"巴德……看起来像个疯子，刚从不可救药的疯人院里跑出来"；1797 年画家约翰·霍普纳评价布莱克的画"像是酒鬼或是疯子想出来的"；1826 年骚塞用了奇怪的模棱两可的措辞赞扬布莱克为布莱尔的《坟墓》所画的插图《灵魂与身体的团聚》，"最有禀赋的天才才想得出来；只有疯子才敢画出来"。*

380

说布莱克是疯子的那些人经常给出的理由是，他的作品所表现的精神世界与有形的物质世界并无二致，令观众们感到不安。罗伯特·亨特批评布莱克的《坟墓》插图，谴责他"用肉眼可视的方式表现灵魂，根本就是妄想"，认为布莱克是个"可怜的疯子，亏得他没有攻击性，不然早就给关进疯人院了"。[26]

布莱克的诗歌也是不守常理，恣意洒脱，因此，同样为人诟病，拿来当他疯了的证明。这些人当中不乏一些颇有分量的评论家——与布莱克同时代的诗坛巨擘。华兹华斯谈到《天真与经验之歌》时，说道："毫无疑问，这个可怜的人儿是真的疯了，不过，比起讨论拜伦和沃尔特·斯科特的精神状况，布莱克的疯癫之中倒是有种让我更觉有趣的东西。"[27]"兰姆总是叫他'疯癫的华兹华斯'"，沃尔特·萨维奇·兰多则希望布莱克和华兹华斯"能把他的疯癫一分为二，各得一半"。[28] 已经获得"桂冠诗人"称号的罗伯特·骚塞"认定他是一个疯子……他给 S 看了一首百分百疯子的诗《耶路撒冷》"，威廉·贝克福德说《老虎》这

---

* *BRS*，第 8 页；*BR*，第 58、326 页。布莱克同时代的人对他的疯癫的指控大同小异，这些人其实并没有与布莱克本人打过交道。T. F. 迪布丁（可能在 1816 年春）称布莱克"完全神志不清了"；《文学报》（1828 年 10 月）称布莱克是个"疯子"；《绅士杂志》（1830 年 2 月）称布莱克是"一个温和的宗教狂，精神方面有些问题"；《月刊评论》（1830 年 3 月）称布莱克是一个"不平凡的疯子"；《弗雷泽杂志》（1830 年 3 月）称"布莱克的脑子给烧坏了；把梦境当作了现实"；《爱丁堡评论》（1834 年 4 月）称布莱克"有才华，但是，唉！可惜是个疯子"；沃特·库柏·邓迪在《神秘的哲学》（1841）中称"布莱克是一个爱幻想的人，把异想天开的念头当作了现实——他就是个疯子"。（*BR*，第 244、370、379、626、380、391 页及 489 页注 1）

首诗"像是从……疯人院的墙上抄过来的"。*

这些人大多与布莱克素未谋面，得出这样的结论主要是基于对他的作品的理解而不是对他本人的了解。不过，即使是那些熟悉他的人，譬如菲尤泽利，也会认为"布莱克有点疯癫"[29]。据克拉布·鲁宾逊的记载，弗拉克斯曼"虽然不与别人一道嘲笑布莱克是个疯子"[30]，但是，他确实提到"布莱克比较易怒"，还说"我对他常常出神的状态感到非常的害怕……这与普通人太不一样了"。[31]威廉·海利写到"布莱克的想象力……有种危险的力量"，"他变得神经质般易怒"，他的"感官……敏锐得让人觉得可怕"，他"在我面前的样子常常让我觉得他马上就要发疯了"。[32]布莱克的挚友乔治·坎伯兰说道："布莱克的确很独特——有些虚荣，有些疯癫——还有敏锐的感悟。"†

这些证据中，有些最有说服力的是来自克拉布·鲁宾逊，因为他不仅观察入微，而且不会做不负责任的报道。1811年，鲁宾逊与布莱克尚未谋面，他对布莱克的形容是"精神不正常"，表现出"天才与疯子的结合"。[33]1825年，鲁宾逊见到了布莱克本人，不过，这并未改变他对布莱克的看法。他写道，布莱克是一个"疯子"，守着"疯狂的教义"，"疯癫得耐人寻味"。‡正是"他的宗教信念让他背负了彻头彻尾的疯子的骂名"，"对两个世界怀抱着近乎疯狂的奇思怪想"。[34]

1820年之前的那些年，布莱克看起来似乎性情大变。他的密友约

---

* 克拉布·鲁宾逊1811年7月24日的日记（*BR*，第229页）；《贝克福德手稿》对马尔金收录的《老虎》一诗的注解（*BR*，第431页注）。《反雅各宾评论》（1808年11月）谈到了布莱克对布莱尔的《坟墓》插图的热爱，"一旦他又想攀登诗歌的巅峰，他的朋友就会把他拉回现实"；《综合评论》（1824年6月）称，布莱克的《天真之歌》里《扫烟囱的男孩》狂放不羁，仿佛是'春天疯人院里少女的歌声'，不过，这是天才的疯癫"（*BRS*，第80页）。爱德华·布尔沃·里顿在《新月刊》（1830年12月）中评论，"这是多么令人愉悦的疯癫——他充满了灵感，诗句是如此的优美"。坎宁安（1830）写道，在《诗的素描》中"有……大量荒诞不经的内容，怪异地糅杂在一起"（*BR*，第480页）。

† 坎伯兰信函（1809年11月13日）。他在1809年11月还写道："他们说布莱克是个疯子：如果真是这样，那么莎士比亚和弥尔顿都是疯子。"（*BR*[2]，1809—1810项下）

‡ 克拉布·鲁宾逊，1825年12月10，1826年2月18日的日记；1836年，鲁宾逊在威尔士遇见了塞缪尔·帕尔默，他"谈到布莱克的疯癫，但并未引起他的不悦，因为我和那些骂他的人说的不是同一回事"（*BR*，第363页）。

翰·弗拉克斯曼和威廉·海利都写到了"布莱克的易怒"（1804 年 1 月
2 日），他"神经质般易怒"（1805 年 8 月 3 日），他"有点神经衰弱"
（1802 年 7 月 15 日），他"马上就要发疯了"（1805 年 8 月 3 日），看起
来跟已经疯了的威廉·考珀一样。1812 年骚塞拜访布莱克后，说道："你
看着他，不会觉得欣慰——他的疯癫之态已是非常明显了，令人不寒而
栗。他眼中的神情仿佛中了邪一般。"[35]

　　但是，1820 年以后的布莱克却给人平和宁静的印象。克拉布·鲁宾
逊在 1825 年再次见到布莱克后说："他有一种充满灵感的气质——但又
不致太过，不似之前与他交往，听他谈话，总给人精神不正常的印象。
他现在的样子根本没有任何疯癫之态。"[36]

　　布莱克通过林内尔认识了一群年轻人。他们不仅没有把布莱克
看成疯子，而且认为他比一般人都要清醒。塞缪尔·帕尔默写道："我
记得威廉·布莱克，他过着波澜不惊的平静生活。在我认识的人当
中，他就算不是顶正常的那个，也应该是最明智清醒的人之一。"* 约
翰·林内尔说："在我与他所有的交谈中，我从未闪过一丝念头，认为
他精神不正常——他说的那些晦涩难懂的话，只要他愿意，总能解释
得让我心服口服。不过，他对其他人，说得最多的还是那句'听见他
们所听不见的'。"[37] 爱德华·卡尔弗特告诉吉尔克里斯特，"从他的言
行举止和为人处世中，我看不出有任何疯癫之态……我看到的只有清
醒"。弗朗西斯·奥利弗·芬奇确信"他没有疯，只是性情有些乖僻罢
了。对于武断的观点，特别是谬论，他总能有理有据予以驳斥"。约
翰·瓦拉的兄弟科尼利厄斯认为"他根本就没有疯"，"詹姆斯·沃德
多次在社交场合见到布莱克，并与之交谈，很是见不得别人叫布莱克

---

* 塞缪尔·帕尔默，《关于布莱克的虚构故事》，《图书馆》，第 2498 号（1875 年 9 月 11 日），
第 348—349 页。他在 1881 年 2 月 5 日的一封信中，称布莱克是"我所认识的人当中，
最清醒、最稳重、最朴素、最勤勉的一位"（《塞缪尔·帕尔默书信集》，雷蒙德·李斯
特编著 [牛津：克拉伦登出版社，1974]，第 1061 页）。

疯子"。*

382

　　布莱克带着宗教的狂热来看待这个世界。他认为这个世界是由灵魂推动的，这些灵魂他都亲眼所见并与之交谈。他评价斯韦登堡，"谁敢说……灵魂升天……是宗教狂热，是发疯？"[38] 对于那些把对宗教的狂热等同为疯癫的人，布莱克回应道，"不是我疯了，就是你们疯了；不可能你我都做出正确的判断"[39]。詹姆斯·沃德说："布莱克有时……会说：'有些人被当成疯子给关进了疯人院，可能他们并没有疯。倒可能是外面的疯子把清醒正常的人给关了进来。'"[40]

受到林内尔关照的布莱克

　　林内尔不遗余力地向有识之士推荐布莱克，希望能助他一臂之力。1819 年 7 月 17 日，林内尔带着布莱克去见收藏家爱德华·丹尼和颇有建树的袖珍肖像画家安东尼·斯图尔特；8 月 20 日"去看哈洛斯临摹的《主显圣容》"，21 日去拜访书商兼版画鉴赏家威廉·胡卡姆·卡彭特；次日晚间他和袖珍肖像画家詹姆斯·霍姆斯一起"去布莱克先生家"。

　　1819 年，林内尔开始购买布莱克的诗歌。第一次有记录的购买是在 1819 年 8 月 27 日，林内尔花费 1 英镑 19 先令 6 便士，"购得一本《天真与经验之歌》"[41]。随后，同年 12 月 31 日，他以 14 先令"购得《耶路撒冷》第二卷"；14 个月后，1821 年 2 月 4 日，他又以 15 先令购得"《耶路撒冷的巴尔》"。[42]1821 年 4 月 30 日，林内尔以 2 英镑 2 先令购买了"一本他的《天堂与地狱的婚姻》"，同年 8 月 8 日又以 1 英镑购

---

* 吉尔克里斯特（*BR*，第 268 页）。西摩·柯卡普在 1810—1816 年与布莱克相识。他在 1870 年 2 月 24 日说道："我以前认为他是个疯子，但是，现在看来，他的头脑清醒得很。"（*BR*，第 221 页注 4）。亨利·弗朗西斯·凯利说，"与他熟识之后，以前关于他是个'疯子'的看法，就完全推翻了"（吉尔克里斯特 [*BR*，第 233 页注]）。

买了"一本《欧罗巴与亚美利加》（未找到）"。[43] 这些诗集的售价都很低，比布莱克向别人开出的价格要低得多——1818 年的价目表中，《欧罗巴：一个预言》和《亚美利加：一个预言》每本售价是 5 英镑 5 先令，而《天真与经验之歌》的售价是 6 英镑 6 便士 *——这些年布莱克的作品销售大多是通过林内尔来代理的。所以，布莱克以友情价出售这些诗集倒也是在情理之中。

随着时间的推移，林内尔的收藏越来越多，逐渐形成了最为独特的布莱克作品系列。[†] 这其中有些是林内尔直接委托布莱克创作的，譬如为《约伯记》和《但丁》所作的宏伟插图。有些则是受赠于布莱克，譬如风格独特的《法国大革命》和《瓦拉》。还有些是在布莱克去世后从遗孀凯瑟琳处购买的，多半可能是同情之举。另有些是在布莱克去世多年后购买的。

在林内尔与布莱克相识的这些年里，他一直都有写日记的习惯，内容非常简短：1818 年 9 月 8 日，"汉娜出生"；1823 年 11 月 7 日，"上午 8 点半次子出生"。日记显示林内尔多次拜访布莱克，并且还与布莱克一道去别处拜访：

383

---

* 1818 年 6 月 9 日信函。1827 年 7 月 20 日，乔治·坎伯兰写道："我为布莱克倾尽全力，但是一无所获。他们似乎认为布莱克的开价太高，但又急于得到他的作品。"（*BR*，87）

† 林内尔拥有《控诉者》（C 本）、《所有的宗教同出一源》（A 本）、《亚美利加：一个预言》（O 本）、《叙录》（K 本 [1831 年 8 月 25 日从布莱克夫人处购买，价格 2 先令 6 便士]）、《欧罗巴：一个预言》（K 本）、《由理生之书》图版 21、《给两性》（A—B 本，K 本）、《法国大革命》（唯一清样版）、《亚伯的幽灵》（B 本）、《耶路撒冷》（C 本）外加图版 51、《天堂与地狱的婚姻》（H 本、L—M 本）、《欢乐女神》（A 本）、《论荷马史诗与论维吉尔》（B 本）、《诗的素描》（D 本 [1866 年获得]、T 本 [1831 年 8 月 25 日从布莱克夫人处购得，价格 2 先令 6 便士]）、《天真与经验之歌》（R 本 [购于 1819 年]、AA 本 [购于 1835 年]）、《没有自然的宗教》图版 a2 以及《瓦拉》（唯一手稿）。外加许多绘画，例如为《约伯记》和但丁作品设计的插图，"异象中的头像"系列，书信、收据以及布莱克的藏书（譬如，查普曼版的荷马史诗）等。《亚美利加：一个预言》（O 本）、《欧罗巴：一个预言》（K 本）、《耶路撒冷》（C 本）以及《天真与经验之歌》（R 本）均在 1824 年以白色牛皮纸装订。

　　不过，有点意外的是，林内尔没有《塞尔之书》、《弥尔顿》、《洛斯之歌》、《由理生之书》和《阿尔比恩的女儿们的异象》。当然，他也没有《阿哈尼亚之书》和《洛斯之书》。这些书都是在 1795 年左右印刷的孤本，而林内尔认识布莱克则是多年以后的事情。

林内尔在日记中对布莱克的记载 [44]

1820 年

4 月 24 日　　与布莱克一起去春天花园看油画和水彩画画家协会组织的画展，在那儿遇见了阿盖尔公爵

5 月 8 日　　与布莱克一起拜访怀亚特先生，之后去拜访福特小姐，并欣赏她的画作

5 月 11 日　　与布莱克和瓦利一起去丹尼先生家喝茶

10 月 9 日　　与布莱克一起拜访桑顿先生

1821 年

2 月 3 日　　桑顿先生来家里吃饭，之后我们一起去布莱克家

2 月 9 日　　布莱克晚上来访

3 月 8 日　　与布莱克一起去大英美术馆，布莱克和我一起吃饭

3 月 27 日　　与布莱克一起去特鲁里街剧院观看谢里丹的《皮萨罗》

4 月 30 日　　与布莱克一起去看水彩画展

5 月 7 日　　与布莱克一起去萨默塞特宫看皇家美术学院举办的画展

5 月 20 日　　与布莱克一起去汉普斯特德

6 月 8 日　　与布莱克一起去特鲁里街剧院欣赏歌剧《狄耳刻》（又名《致命之瓮》）

8 月 26 日　　与布莱克一起拜访亨登的伍德伯恩先生

9 月 8 日　　"全天都在临摹布莱克先生的《约伯记》设计草图——布莱克先生和里德先生陪了我一整天"

9 月 10 日　　"临摹布莱克先生的《约伯记》插图轮廓——花了整整一天。布莱克先生完成了轮廓图——花了整整一天……布莱克先生把《约伯记》插图带回家"

9 月 11 日　　"布莱克先生带来一张该隐和亚伯的画"

9 月 12 日	"开始临摹该隐和亚伯"
9 月 14 日	继续临摹该隐和亚伯
10 月 27 日	布莱克晚间来访
11 月 11 日	周日：布莱克与我们一起吃饭
12 月 9 日	周日：布莱克与我们一起吃饭

384

1822 年

4 月 14 日	周日：布莱克和瓦利与我们一起吃饭
5 月 8 日	与布莱克一起拜访瓦因先生
5 月 9 日	"布莱克先生开始临摹自己为弥尔顿的《失乐园》所作的插图"
7 月 13 日	与布莱克一起拜访托马斯·劳伦斯爵士

1823 年

4 月 17 日	与布莱克一起去大英博物馆欣赏版画
4 月 24 日	与布莱克一起去大英博物馆
5 月 5 日	与布莱克一起去看皇家美术学院画展
6 月 25 日	与布莱克一起去大英美术馆，"c 同行"

1824 年

5 月 14 日	去拜访瓦因先生、詹姆斯先生以及布莱克
8 月 4 日	瓦利、泰瑟姆父子以及布莱克和我们一起在汉普斯特德吃饭

1825 年

1 月 28 日	拜访布莱克，（付给他 10 英镑）
3 月 4 日	与布莱克一起"去看狄克逊的《约伯的试炼》"
3 月 5 日	与布莱克一起"去看莱希的《约伯的试炼》"
3 月 9 日	拜访布莱克以及其他人

4 月 8 日　　　拜访布莱克"和 c"，并付给他 3 英镑 10 先令

5 月 3 日　　　与布莱克一起去看皇家美术学院画展

8 月 6 日　　　与布莱克一起拜访尤斯顿广场 11 号的阿德斯夫人

11 月 7 日　　　拜访布莱克

12 月 10 日　　与布莱克和 H.C. 鲁宾逊一起在阿德斯夫人家吃饭

1826 年

5 月 17 日　　　拜访布莱克

7 月 12 日　　　拜访布莱克

7 月 13 日　　　拜访布莱克、扬博士"以及 c"

1827 年

1 月 9 日　　　拜访布莱克，给他 5 英镑

2 月 7 日　　　拜访布莱克，和他商量搬到赛伦塞斯特（和我们）一起住

2 月 8 日　　　把布莱克的《复乐园》插图寄放在托马斯·劳伦斯爵士处，售价 50 英镑

4 月 17 日　　　与布莱克一起拜访奥特利先生

5 月 15 日　　　拜访布莱克"和 c"

7 月 11 日　　　去萨默塞特宫和布莱克家

7 月 17 日　　　拜访布莱克"和 c"

8 月 3 日　　　拜访布莱克

385　8 月 10 日　　拜访布莱克；"看起来快不行了"

8 月 12 日　　　"布莱克先生去世"

8 月 13 日　　　在"布莱克先生的葬礼"上见到布莱克夫人和 B. 帕尔默

8 月 14 日　　　去"布莱克夫人家，见到托马斯·劳伦斯爵士"

8 月 16 日　　　给奥特利寄出一本《耶路撒冷》

8 月 18 日　　　拜访布莱克夫人

林内尔的日记只是简要记录了大的事件，他和布莱克一起经历的许多其他事情，并未记录其中。譬如，林内尔在 1821 年 11 月 2 日的日记中写道，他去观看戏剧《俄狄浦斯》。另外，根据他的现金账簿记录，他还为桑顿博士支付了 4 先令的《俄狄浦斯》包厢座位票。[45] 而在一封信中，林内尔写道："上周二晚，瓦拉先生、布莱克先生和我在西伦敦剧院观看《俄狄浦斯》。戏剧效果和演员的表现都大大超乎我们的想象，令人赏心悦目。"[46] 可能，他们此前的预期与现场所见有天壤之别吧。这部戏打出的广告是："索福克勒斯的《俄狄浦斯王》……'是 2440 年来的首次演出'。"[47] 如此说来，这部剧作创作于公元前 619 年，比索福克勒斯的出生还早 123 年呢。《泰晤士报》对这部戏剧表示强烈不满，评论道："1678 年纳撒尼尔·李和约翰·德莱顿就同样的主题写过浮华夸张却震撼有力的悲剧，（《俄狄浦斯王》）充其量只是这种剧的删节版。"*

我们从林内尔只言片语的日记中得知布莱克经常去看戏，这有些出人意料。我们可能还以为布莱克和别的异教徒一样对那些"流连戏院，吃喝玩乐"的"花花公子"之流嗤之以鼻。[48] 其实，布莱克在青少年时代创作的诗剧《爱德华三世》、《诗的素描》中的"诗剧《爱德华四世》之序诗"和《约翰王》，以及后来思想更为成熟的《月亮上的岛屿》均以戏剧形式写成，并预备舞台演出。他还为许多剧本制作插图，譬如，莎士比亚的《麦克白》和《罗密欧与朱丽叶》、弥尔顿的《酒神之假面舞会》、盖伊的《乞丐的歌剧》以及索福克勒斯的《菲罗克忒忒斯》。†

布莱克在谈到舞台和演员时也显得毫不生疏，这说明他和剧院有着直接的接触。1805 年 3 月 22 日，他写信给海利，聊起当时引发剧院

---

* 《泰晤士报》（1821 年 11 月 2 日）（*BRS*，第 78 页）。

　　详见迈克尔·菲利普斯的《威廉·布莱克与索福克勒斯的手稿笔记》以及小 G. E. 本特利的《威廉·布莱克与索福克勒斯之谜》，《布莱克》，第 31 期（1997），第 44—49、65—71 页。这两篇文章都论证了威廉·布莱克有可能是，但是更有可能不是索福克勒斯的《埃阿斯》的译者。

† 布莱克临摹了霍格思为《乞丐的歌剧》创作的插图、博伊德尔主编的《莎士比亚全集》中约翰·奥佩为《罗密欧与朱丽叶》创作的插图，以及《酒神之假面舞会》、《莎士比亚全集》、索福克勒斯的《菲罗克忒忒斯》中的诸多插图，并制成版画（巴特林第 527、547、676 项）。

观演狂潮的童星威廉·亨利·韦斯特·贝蒂："城里的人都疯了。少年罗西乌斯*这样的天才人物自然为民众津津乐道……我对他本人并无兴趣，想想都知道一个 14 岁的男孩能有多大能耐。真正的表演就像是创作历史画，根本不是一个孩子能做的事儿。"

但是，我们从林内尔的日记中只能了解到布莱克何时去了剧院，以及观看了什么剧目，此外并无具体描述。

林内尔常常和布莱克一起拜访他人，多是为了帮布莱克牵线搭桥，寻找可能的赞助人。这些人当中有些还是林内尔自己的主顾。1818 年7 月 10 日，布莱克和林内尔一起去"萨福克勋爵家看藏画"，还到蓓尔美尔街"看达·芬奇的《最后的晚餐》"。布莱克可能还和林内尔一起去拜访了詹姆斯·瓦因先生。林内尔曾给瓦因寄过一幅画。† 后来，瓦因至少购买了 5 本布莱克的书：《塞尔之书》（C 本）和《弥尔顿》（D 本）的合装本、《耶路撒冷》（J 本，在布莱克去世后）、《天真与经验之歌》（V本）——这几本书都采用相似的半俄罗斯软革装订而成——此外，还有一本《约伯记》的校对本。对布莱克而言，这是笔可观的销售，《塞尔之书》售出 2 英镑 2 先令，《天真与经验之歌》售出 6 英镑 6 先令，《弥尔顿》售出 10 英镑 10 先令，《约伯记》售出 5 英镑 5 先令。‡

1819 年 6 月 17 日，林内尔带着布莱克一起拜访了他自己的赞助人，

---

* 罗西乌斯（约公元前 126—公元前 62），古罗马演员。罗西乌斯出生时是一名奴隶，后被主人推送上台演出，出演悲剧和喜剧都获得极大成功，不仅赚钱赎回了自由，还被执政官苏拉授予骑士地位。西塞罗曾师从罗西乌斯学习演说。现今常用"罗西乌斯"指代一个时代获得最高荣誉的最杰出的演员。——译注

† *BRS*，第 102 页。根据林内尔的账本（*BRS*，第 275 页注 2），瓦因住在"不伦瑞克广场格伦维尔街的拐角处"。他在不伦瑞克广场、格伦维尔街、伦敦都待过。1837 年 6月 18 日，他做了份遗嘱附录（登记号：Prob 1111882 13204）。他卒于 1837 年 7 月 16日，葬于怀特岛尼特顿的圣约翰浸信会教堂，紧挨着他的女儿奥古斯塔。奥古斯塔1821 年出生于怀特岛帕卡斯特的帕卡斯特街。这可能说明，1821 年的时候瓦因一家就已经住在这里了。

‡ 布莱克在 1818 年 6 月 9 日信函中给出了《塞尔之书》《天真与经验之歌》以及《弥尔顿》的价格；林内尔的账本中记录有《约伯记》的价格（*BR*，第 590 页）。
    布莱克还写了注意事项："《天真与经验之歌》要先标明页码再下订单。"可能这是为了告诉凯瑟琳如何处理瓦因订购的印本（这是订单中唯一的印本）。这可能也表明，他们库存的印本已经售罄，没有可以用来临摹的版本（约瑟夫·威斯康米，《布莱克与书的概念》[1993]，第 335—336 页）。不过，自此以后，布莱克的《天真与经验之歌》的大多数印本就有了新的统一的顺序安排。

一位名叫爱德华·丹尼的有些爱幻想的年轻人。1820 年 5 月 11 日，丹尼与布莱克、瓦利和林内尔一起喝茶。*1821 年秋，丹尼写信给林内尔，谈到"布莱克先生……正在为我创作画"[49]。6 年后，丹尼写信给布莱克，要一本布莱克版刻插图的布莱尔的《坟墓》。丹尼认为这是"你的作品中我所见过的最为精美有趣的之一"[50]。丹尼还买了一本《约伯记》，称之为"精致美观，恢宏壮丽"，"真正崇高"的"伟大作品"。[51]在如此艰难的岁月，这样的赞助行为无疑深受布莱克的欢迎。

林内尔给布莱克介绍的新朋友当中最引人注目的一位是绅士托马斯·格里菲思·温赖特。温赖特曾拜在菲尤泽利门下，不过并未十分上心学艺。他同时也是散文作家和画家。查尔斯·兰姆曾评价"温赖特心眼好，没烦恼"，"是《伦敦杂志》†的天才写手"。[52]布莱克很喜欢温赖特的绘画，认为他的《挤奶女工之歌》"非常精美"。大概是爱屋及乌，也喜欢上了他的文章。[53]温赖特对布莱克私下的赞美只有寥寥数语，公开发表的评论则满是赞美之词。1827 年，温赖特对林内尔说，布莱克的"境遇是国家的耻辱，他在精神上的富足是国人的楷模"[54]。他在 1820年 9 月的《伦敦杂志》上写道：

> 亲爱的、尊敬的、可敬的编辑先生！
>
> ……我一直在为贵刊物色顶尖供稿人，孜孜不懈，丝毫不亚于您……我的朋友托拜厄斯·拉迪库姆博士（医学博士），‡学识渊博，在我的一再恳请下，答应架起一门重型大炮——一门 88 弹的大炮！§——准备在您的下一期杂志中猛烈开火。他的文章将讲述一

---

* *BRS*，第 103、104 页。1821 年 8 月到 11 月，林内尔为爱德华·丹尼（《布莱克》，第 21 期 [1987—1988]，104 页有复制图）和家族中的五名成员创作肖像画，酬金 162 英镑 5 先令（*BRS*，第 76 页及 103 页注）。1821 年，丹尼住在伍斯特的金思恩宅；1826 年，搬至伍斯特的巴博恩宅。

† 《伦敦杂志》是世界上最早的期刊之一，创刊于 1732 年，全称为《伦敦杂志，或绅士每月情报员》，著名供稿人有华兹华斯、雪莱、济慈等。——译注

‡ 根据泰瑟姆的说法，布莱克此处的笔名可能跟他那头金黄的卷发有关。年轻的时候，他的头发"耸立着，犹如一团卷曲的火焰"（*BR*，第 518 页）。

§ 大炮一般以发射出的炮弹数来命名。32 弹大炮有时候用于海防。88 弹大炮足以击沉任何一艘船。

部最近发现的古代插图手稿，名曰《耶路撒冷：巨人阿尔比恩的流溢体！！！》手稿的主要内容将围绕"洛斯"展开。自开天辟地以来，洛斯就一直是著名的哥贡诺扎城*唯一的四重统治者！这位博士先生告诉我人类若想得到救赎，就要将手稿中的教义广为传播。[55]

温赖特"急不可待地想要吸收他（指布莱克）的伟大思想"[56]。他并没有购买布莱克在1819—1820年首次印刷的《耶路撒冷》，而是在1826年购买了一本《弥尔顿》以及《约伯记》的校对本（5英镑5先令）。[57] 1827年，他委托布莱克印刷彩色版《天堂与地狱的婚姻》以及《天真与经验之歌》。[†] 至少《天真与经验之歌》的酬金是相当丰厚的。布莱克在1827年4月12日的信中写道："我现在忙着为一位朋友印刷一套《天真与经验之歌》，酬金10基尼金币。我手头上还有别的工作要做，要在6个月内交货，还真是吃不消。"温赖特可能支付了6英镑6先令购买《天堂与地狱的婚姻》，10英镑购买《弥尔顿》，[58]外加10英镑10先令购买《天真与经验之歌》。这些酬金加起来总共27英镑6先令，对于当时陷入贫困布莱克夫妇而言，无疑是雪中送炭。布莱克去世后，温赖特写信给林内尔："失去一位如此伟大的画家，我们深表同情。我担心温赖特先生悲伤过度，他再也没有机会同布莱克一起畅聊了。"[59]

388 温赖特真心欣赏布莱克的作品，并对他的创作予以慷慨的资助。不过，布莱克的观相术并不到家。他断没有想到，这位外表快乐活泼的温赖特先生，在1826年付给他的酬金，居然来自一桩伪造犯罪所得。多年后，温赖特甚至为了得到保险赔偿，不惜毒杀多名亲戚。[‡]

当时，还有一位热衷于收藏布莱克作品的人——作家艾萨克·迪斯

---

* 哥贡诺扎城（the City of Golgonooza）是布莱克在作品中创造出的城市，由充满了想象力、创造力和实行能力的工匠和诗人建成，是艺术之城，诗人的乌托邦。——译注

† 温赖特在1827年2月写给林内尔的信函中提到了这次委托工作（BR[2]）。显然，温赖特拥有《叙录》（F本）、《天堂与地狱的婚姻》（I本）、《弥尔顿》（B本）、《天堂与地狱之歌》（X本）、《约伯记》（1826）、布莱尔的《坟墓》（1813）、马尔金（1806）（BBS，第127页注160），以及《谜之手稿》（BRS，第339页注2）。

‡ 经过漫长的裁决，温赖特于1826年被宣判犯有伪造罪，并于1837年被驱逐到塔斯马尼亚岛。

雷利。1819 年，他想弄到"一本布莱克的扬"[60]（指《夜思》[1797]）。
1824 年，他的朋友 T. F. 迪布丁说，艾萨克·迪斯雷利"是布莱克先生
的独特绘画作品（即版画）的最大收藏家，他收藏了布莱克的每一幅
画。他希望朋友们能从这些画中得到愉悦的享受"。* 这些作品可能也为
布莱克带来了不菲的收入。

布莱克的《维吉尔》木刻版画

　　林内尔还帮助布莱克揽到了商业图书插图的工作。他把布莱克介绍
给他忠实的家庭医生罗伯特·约翰·桑顿。†[61] 1818 年秋，布莱克和林内
尔都得到了桑顿的委托，为他编著的《维吉尔的〈牧歌〉，配有英语阅
读教程，适合学校使用》制作插图。该书配有 230 幅版画插图，并提供
所有配套帮助，使年轻人能在最短的时间内掌握拉丁语。‡

　　桑顿医生能成为布莱克的赞助人，倒是有些出人意料。因为布莱克

---

* T. F. 迪布丁，《图书馆导读》（1824 年 8 月 9 日）。1835 年，艾萨克·迪斯雷利称自己
　拥有 160 幅布莱克的画作（*BR*，第 244—245 页）。他和儿子本杰明·迪斯雷利拥有
　《控诉者》（H 本）、《亚美利加：一个预言》（A 本）及图版 d、《塞尔之书》（F 本）、《欧
　罗巴：一个预言》（A 本）、《由理生之书》（B 本）、《亚利马太的约瑟夫在讲道》（F 本）、
　《天堂与地狱的婚姻》（D 本）、《洛斯之歌》（B 本）、《天真与经验之歌》（A 本）、《阿
　尔比恩的女儿们的异象》（F 本）。这其中有些作品，可能是在布莱克去世之后的罗姆
　尼拍卖会上购买的。譬如，《亚美利加：一个预言》（A 本）、《由理生之书》（B 本）、《阿
　尔比恩的女儿们的异象》（F 本）。（巴特林没有关于艾萨克·迪斯雷利的藏品的记录。）
　很难判断艾萨克·迪斯雷利在 1824 年到底拥有哪些布莱克的作品。详情请见 *BR*[2]
　（1819）。
　　　本杰明·德以色列在 1862 年写道，他的"父亲与布莱克先生并不熟识"（*BRS*，
　第 74 页）。虽然艾萨克·迪斯雷利可能并不认识布莱克，但他的确是与乔治·坎伯兰
　相熟。坎伯兰还寄给过他一本《山拿城堡的囚徒》（澳大利亚国立大学）。后来出于政
　治上的考虑，坎伯兰停止了这本书的出版。
† 桑顿还为林内尔出具了份"证明材料"，证明"林内尔先生是我的病人，患有行动迟
　缓，或曰，四肢无力症，不适合于应征入伍"（艾瑞密手稿）。
‡ 这是第三版（1821）的标题，不过，"Youth"拼错成"Youtm"。对于教科书而言，这
　可是个重大失误。这本书之前的销路就很好，1812 的第一版还没有配插图；1814 年
　特地单独出版了配套版画插图；1819 年，在第二版中，文字和插图就放在一起印刷出
　版了。

认为——可能在 1820 年抱有这样的看法——桑顿是个"有学问，瞎胡扯"的人，与迫害耶稣的该亚法*、彼拉多†和希律王同属一类，是"基督和他不识字的门徒"的对立面。桑顿"翻译的主祷文（1827）带有托利党的政治倾向"，是"对耶稣的天国的最恶毒最狡猾的攻击"，因为桑顿"不相信有灵魂"，只对"皇家杜松子酒"应该征税感兴趣。"都说主祷文能击退魔鬼，按照他们的解释倒是能激发魔鬼。"[62] 显然，布莱克内心的魔鬼已经被激发出来了。

布莱克对维吉尔倾慕已久。1799 年 8 月 23 日，他告诉特拉斯勒，"荷马、维吉尔和弥尔顿的艺术成就如此之高……他们都是在和想象中的世界对话"。‡ 维吉尔宁静和谐的田园《牧歌》让布莱克欣喜不已。维吉尔笔下的罗马风光在布莱克的画中变成了宜人的英格兰乡间，有的甚至变成了他钟爱的费尔珀姆小镇。在一幅木刻中，牧人经过一块刻有"距离伦敦 100 公里"的里程标。这正是费尔珀姆的位置所在。这幅图的远处，起伏的山丘之间，有一座小镇，哥特式的教堂尖塔耸立，很像奇切斯特。

插图 30　布莱克，《经过里程桩的牧羊人》

---

* 该亚法（Caiphas）是古代犹太人的大祭司，他曾判处耶稣死刑并迫害信徒。——编注

† 彼拉多（Pilate）是将耶稣钉死在十字架上的罗马总督。——编注

‡ 不过，布莱克对维吉尔的《牧歌》中的田园之音与《埃涅伊德》中的战争之声做了区分："希腊和罗马……的艺术损毁殆尽……"维吉尔在《埃涅阿斯纪》第 VI 卷，第 848 行中说道："让别人来研究艺术吧：罗马有更擅长的事情可以做，战争和征服。"（《论荷马史诗与论维吉尔》，约 1821）

如此"偷梁换柱"者，布莱克并非第一人。在他之前，安布罗塞·菲利普斯曾模仿过维吉尔的《第一首牧歌》。在他的笔下，牧人赶着羊群"去往遥远的剑桥"。布莱克还为这首诗创作了插图，表现了剑河两岸的美景，远处是剑桥国王学院的教堂尖塔。

插图 31　布莱克，《剑桥国王学院》

凹版印刷成本高昂，因此，像这种廉价的委托（15 先令），一般采用木刻而不是铜版雕刻，可以在表面印刷，印数也与排版好的文字部分一样。此前，布莱克曾在铜版上凸版蚀刻彩色印刷作品，以实现成本节约。不过，这种方法用于商业实践仅有一次，即为海利作《小水手汤姆》。桑顿的《维吉尔》给了布莱克最后一次机会，尝试将凸版蚀刻应用于商业版刻。

390

布莱克曾受托制作了关于著名人物（譬如维吉尔和独眼巨人波吕斐摩斯）的 7 幅传统凹版版刻作品。不过，他现在受托创作的 20 幅插图的意义则更为重大。

布莱克采用的是他熟悉的凸版蚀刻，用耐蚀材料直接在铜版上作画。*他在作品中营造出一种乡间田园之夜的氛围。月亮悬于半空，下面是点点星光。牧羊人身着束身衣（见图 127），颇似《天真之歌》中的牧羊人。

这是一个大胆的尝试，此前，凸版蚀刻鲜有应用于商业印刷的先

---

* 这些《维吉尔》的凸版版画在 1997 年由 R. N. 艾斯克购得。在此之前并不为人所知。

例。像大多数新鲜事物一样，这一尝试引来"木雕版刻师们……嘘声一片。'这绝对行不通，'他们说道，'让我们来告诉你该怎么做。'——也就是，公众期待什么样的作品。"*一位不知名的版刻师临摹了其中的三幅图。在这些临摹图中，布莱克原创木雕版画中的魔幻意境荡然无存（见图128）。†

就这样，布莱克用他并不十分熟悉的木雕版刻技艺创作了《维吉尔》的所有插图，‡并将之临摹在木版上。在这些插图中，布莱克精心设计了牧羊人和哲人的衣服，看起来有些像传统的僧袍，不过，这丝毫无损凸版蚀刻所营造出的神秘月夜之韵。§

布莱克别出心裁制作的插图让桑顿医生有些犯愁。1820年9月15日，他寄给林内尔一幅

> 布莱克的《奥古斯都大帝》——以普通方式印刷而成——换作石雕该有多好——如果效果也不错的话——可与木雕相得益彰——我盼着你的《维吉尔》能雕刻在石头上——优势很明显——绘画——大师手笔——制作精美——印刷便宜——保存持久——

---

* 亨利·科尔，戈德史密斯的评论，《韦克菲尔德牧师传》"配有32幅插图。W. 莫瑞迪"，《图书馆》（1843）（*BR*，第267页）。显然，这一信息来自林内尔。

　　弗朗西斯·杰弗里斯在《爱丁堡评论》（1816）上发表了一篇很有名的文章，评论华兹华斯的《远足》。评论的开篇语就是"这绝对行不通"。

† 布莱克的画表现了一个隐喻："首先，然后，几只轻盈的鸟儿忘了要飞走……以前，我都没有注意到月亮的盈亏。"在布莱克的画中，这些鸟显得较大，且位于前景；而在匿名临摹图中，这些鸟被置于背景之中。

‡ 木雕一般都是直接在木版上作画。譬如，林内尔为桑顿的《维吉尔》雕刻的"独眼巨人"（*BRS*，第76页），以及布莱克所作的《先知以赛亚预告耶路撒冷的毁灭》（巴特林第773项）。不过，由于布莱克此前没有木雕的经验，他可能觉得还是要谨慎为好。他大概制作了两套维吉尔插图，一套直接刻画在铜版上做凸版版刻，另一套先画在纸上，然后再临摹到木版上。

§ 这幅图所表现的内容是：

> 我之惨境如光秃之树，
> 电闪雷劈处伤痕触目……
> 可怜这树，更怜我境！
> 牧羊人也不愿停驻，
> 离开你，抛却我。

插图 32　布莱克，《枯萎的橡树》

又过了两个多星期，林内尔与桑顿一起"去印刷店把维吉尔的头像印成校样"。显然，究竟要不要采用布莱克的木雕版画，桑顿心里还是没有底。

好在这个时候，桑顿

> 某日在阿德斯先生家的饭局上遇见几位画家——劳伦斯、詹姆斯·沃德、林内尔及其他人——话题引到了维吉尔。席间诸位无不对布莱克的技艺，尤其是绘画和木雕，赞赏有加。有了这些内行的肯定，桑顿算是吃了颗定心丸。即便还有些疑惑，他想着一定是这些作品里有着某种他和出版商还看不懂的门道。之前他还心疼那些切掉的木版，现在也不那么想了。[63]

如今，说到桑顿的《维吉尔》插图，最常被提及的画家和版刻师的名字就是布莱克。但是，这些插图版画印刷成册后，竟出现了一段模棱两可的致歉词，令人费解："这本英文田园诗集由著名的布莱克先生配图。布莱克还为扬的《夜思》以及布莱尔的《坟墓》设计插图并亲自版刻。本书插图表现了画家的禀赋而非技艺，深受若干画界大师的青睐。"[64]

布莱克的《维吉尔》系列深深地感染了自称"古人"的这群年轻人，如同一束柔光，照亮并改变了他们的艺术轨道。多年以后，爱德华·卡尔弗特写道，布莱克的《维吉尔》插图："仿佛出自孩童之手；虽

392

有几处错误和疏漏，但无损内在气质的表达，谦卑而有力量。质朴之人看了，定是要感动得落泪的。"[65] 塞缪尔·帕尔默也说：

> 这些插图是天堂里的小山谷和小角落的异象；是饱含深情的诗歌最美妙的音符……深邃庄严、精彩生动，这些词都太平淡，无以完整地表达出……插图的光影之美。与俗世耀眼的日光不同，插图中神秘梦幻的微光直击心灵，点燃最深的灵魂，带给观众全然的愉悦。这些插图表现了画家一贯的寓意——拉起窗帘，将俗世阻隔在外，只让微光透过来。这是最圣洁勤勉的圣人贤者才能沐浴的微光，它属于上帝的子民。布莱克先生刻画的人物带有强烈的表现灵魂的态度和动作。灵动的泉水则寓意摆脱羁绊的不朽灵魂。*

《维吉尔》插图是木刻版画艺术的伟大成就，也是布莱克艺术生涯的伟大成就，对"古人"和后世的画家都产生了深远的影响。但是这些并没有引起布莱克同时代人的重视。

迁居喷泉苑

1821 年，布莱克的"房东马克·马丁撤下生意，搬到法国安度晚年。他就搬到了泰晤士河边喷泉苑 3 号……的二楼……这是一栋私人住宅，屋主是亨利·贝恩斯先生，他的妻子萨拉与布莱克的妻子是姐妹"[66]。布莱克在此度过了余生。在这些"充满魔力的房间"里，布莱

---

* *BR*，第 271—272 页。布莱克给了帕尔默"一些他在喷泉苑自家的印刷机上亲手印刷的印本，并当着我的面签上名字"（*BR*，第 222 页注 1）。1825 年 9 月 16 日，林内尔从桑顿手中以 2 英镑 2 先令购得这些印版。卡尔弗特还将其中部分印版印刷出来送给林内尔（*BR*[2]，第 1821 页）。这些木版目前保存在大英博物馆的版画与绘画展厅。
　　布莱克后来还响应桑顿组织的"1825 年及 1826 年勿忘我之新年礼物／圣诞礼物"活动，创作并版刻了一幅精美的版画《躲避官兵的摩西》。

克与来访的"古人"们畅谈。[*]

　　这幢房子位于一条又窄又黑的巷子的尽头。巷子通往泰晤士河泥泞的岸边。这一带住的都是普通人家，小孩子们在街上玩耍，生活也很方便，走不了几步，就可以在"喷泉苑的街角买到黑啤"。[†]"有一次，他手里拿着一罐黑啤，瞥见对面走过来……一位德高望重的人物，皇家美术学院的威廉·科林斯。就在几天前，他们还在一次聚会上见过。这位大人物正准备伸出手来，可是一瞅见布莱克手里的黑啤，就打住了，装作不认识的样子走开。"[‡]

　　穿过喷泉苑 3 号狭窄的门道，爬上安装着安妮女王式风格的扶手并饰有护墙板的楼梯，就到了二楼，有门通向布莱克夫妇住的前屋和后屋。东边的屋子镶有内饰板，透过其中的一扇窗户，可以望见喷泉苑。还有一扇门通向一间小点的带书房的卧室。[§]"布莱克常常谈起美丽的泰晤士河，从窗户望过去，'犹如一根金条'。"[¶][67]

　　乔治·里士满记得这间卧室兼书房

　　　　　正对着窗户，最右边的角落有一个壁炉；他们的床位于左手

---

[*]　塞缪尔·帕尔默 1860 年 5 月 3 日的书信（*BR*，第 565 页注 4）。

　　在狄更斯的小说《马丁·翟述伟》（1843）中，喷泉苑有一个美丽的喷泉，是重要的故事背景。小说里的喷泉苑指的是坐落在圣殿街的喷泉苑，而不是布莱克所居住的河岸边上的喷泉苑。

[†]　吉尔克里斯特（*BR*，第 235 页）也说过，"有段时间，大概是两年吧，布莱克根本就是足不出户"，除了去街口的酒吧以外。林内尔在日记中表示这一说法有些言过其实，不过，1826—1827 年，布莱克确实是因为生病，大部分时间都待在家里。

[‡]　吉尔克里斯特（*BR*，第 307 页）：

　　　　布莱克说起这件事的时候，语气很平静，没有半点讽刺的意思……他是个非常和善自制的人。他也是到了晚年，才喜欢时不时喝上几口。他发现黑啤能让自己舒缓放松。一点钟的午餐过后，他会来上一杯，坐在那里，慢慢啜饮，陷入沉思。他也会在家里喝点红酒，当然，不是很经常地喝。他说自己喜欢一口干。不过，那些酒器确实有些怪怪的……

　　　　另见文后"补记"。

[§]　吉尔克里斯特（*BR*，第 565 页）。吉尔克里斯特（1880）第一卷，第 322、348 页中提到后屋的大小约为 3.6 米 × 3.9 米，壁炉在西北角。详见吉尔克里斯特（1880）第一卷，第 322、348 页中弗雷德里克·希尔德的插画。

[¶]　见文后"补记"。

边，正对着泰晤士河；挨着窗户有一张长长的版刻用的桌子（我曾观察布莱克在这张桌子上版刻《约伯记》。他对着光线工作），他的右手边是一摞资料和绘画作品，紧挨着的是家里唯一的橱柜；这位诗人和画家的左手边有一堆书，平放着摞起来；房间里没有书柜。*

工作室的墙上有一幅画，就在版刻桌的旁边。这幅画临摹自朱利奥·罗马诺为奥维德的《变形记》创作的插图，笔触细腻，旁边还有一幅丢勒的《忧郁：创造之母》。†

394　　布莱克的大部分绘画作品存放在会客室，他的印刷机应该也放在这儿。布莱克安装好印刷机，为温赖特和其他顾客印刷了《天真与经验之歌》（X 本）以及《天堂与地狱的婚姻》（I 本）。纸上水印标注的时间是 1825 年。除此之外，这间寓所里一定还有些宝贵的小空间是留作他用的。

　　会客室的窗户往外看，是狭窄阴暗的喷泉苑——但是，布莱克看到的却是异象。"'那是天堂'，他领着友人走到窗前，指着一群正在嬉戏的孩子们。"‡

　　1825 年，克拉布·约翰逊到喷泉苑拜访布莱克，发现他

---

* 乔治·里士满写给安妮·吉尔克里斯特的信函（*BR*，第 566 页）。《文学报》（1827 年 8 月 18 日）中布莱克之讣闻的作者，虽然匿名，但是显然对布莱克非常了解。这位作者描述"他的床在房间的一角，另一角是他简单就餐的地方。一张摇摇晃晃的桌子上堆着他的铜版、颜料、书……，大幅的绘画、草图、手稿之类的"。

† 吉尔克里斯特（*BR*，第 565 页注 3）1855 年 8 月 23 日塞缪尔·帕尔默信函。这幅朱利奥·罗马诺的奥维德图可见于巴特林第 846 项，原图已无踪迹。帕尔默谈到"他工作的角落，着实让人喜爱……各种工具齐全——让人忍不住想一试身手"（吉尔克里斯特 [*BR*，第 565 页注 4] 中帕尔默 1860 年 5 月 3 日的书信）。

‡ 1855 年 8 月 23 日，塞缪尔·帕尔默写给吉尔克里斯特的信函（*BR*，第 565 页注 4）。耶稣说"小孩子常常得见天父的颜面"（布莱克的旁注 [约 1820 年]，乔治·伯克利《西里斯》[1744]，第 212 页）。

　　喷泉苑的外部结构在 F. W. 费尔赫特发表在《艺术期刊》（1858）上的一篇文章《英国画家的坟墓：第七位——威廉·布莱克》中有所描述（*BR*，第 563 页中引用了其中的内容）。喷泉苑是三层红砖结构，外加一个地下室和位于第四层的阁楼。门口有黑色装饰性的铁栅栏。这栋楼于 1902 年被拆除。

正在一间小卧室里版刻。屋里光线充足，外面是个破败的院子——房间里到处脏兮兮的，一副惨淡的光景——布莱克除外。他举手投足都带着自然的优雅，丝毫不为贫困所累。他的存在让陋室生辉。……他让我坐下，仿佛他的家是宫殿一般——除去他坐的那把椅子，房间里只剩下一张椅子——我用手掂量了一下，感觉这椅子若是拿起来，肯定要散架的。于是，我装作贪图享受的样子，笑着对他说："能让我待着更舒服点不？"我坐到床边——挨着他。[68]

寓所一贫如洗——连个书柜都没有——但这只是无足轻重的表象。"'我居于世间一隅，'他说道，'但上帝在别处为我预备了美丽的大宅。'"*

在喷泉苑的"魔法房间"里，布莱克完成了《约伯记》和《但丁》的绘画和版刻。这是向年轻的"古人"们敞开的"晓谕者之家"。布莱克在这里歌唱，在这里安息。

布莱克的痛苦，约伯的痛苦

搬到喷泉苑以后，布莱克的境遇比之前在南莫尔顿街时更加潦倒。林内尔的解释是

---

* 吉尔克里斯特（*BR*，第 567 页）。"演奏横笛的鲁道尔先生"前来拜访布莱克。布莱克"对客人说，他有一处壮丽精美的宫殿。见鲁道尔先生环顾四周，布莱克说道：'你该不会以为我指的是这间屋子吧。我还不至于愚蠢到这个地步。'"（J. J. G. 威尔金森的记述，引自 J. 斯皮灵发表在《新教会杂志》[1887] 上的文章《看见异象的布莱克》[*BRS*，第 76 页]）。

395　　　　在这里，他开始迫切感到需要工作。*我都不知道他已经将所有的旧版画卖给了科尔纳吉画廊——我了解到他的困境之后，把他的情况向托马斯·劳伦斯勋爵、皇家美术学院的科林斯先生以及学院的其他一些成员做了一个说明。这些好心人把这件事提交给大会讨论，最后投票决定捐给布莱克 25 英镑。我亲手把这 25 英镑交给布莱克，他表示非常感激——但是，这也只是权宜之策，还得要为今后的生计做长远的打算。正是基于这样的考虑，我建议他出版《约伯记》，由我来出钱。†

插图 33　布莱克，《〈约伯记〉插图集》图版 "6" 中的围边图案

　　布莱克一直在进行《约伯记》的主题绘画创作，长达 35 年之久。‡这些绘画作品中最重要的部分，是他于 1805—1806 年为托马斯·巴茨

---

*　布莱克开始《约伯记》版刻的时候，"每周顶多只有十七八先令的收入"（坎宁安 [*BR*，第 499 页]）。如果不是 "有林内尔的帮忙，布莱克在晚年就得要去画……莫兰的猪和农夫之类的主题了"。这是 1863 年亚历山大·蒙罗告诉 W. M. 罗塞蒂的话（1825—1871）（*BR*，第 274 页）。
　　林内尔还委托布莱克制作版刻师 "威尔逊·罗瑞"（瓦利的岳父）的肖像版画。他付给布莱克 25 英镑（1824 年 8 月 18 日、11 月 10 日、12 月 25 日，1825 年 1 月 1 日 [*BR*，第 587、588、604 页]）。最后完成的作品于 1825 年 1 月 1 日出版，林内尔得到了 31 英镑 10 先令的报酬（*BRS*，第 80、122 页）。

†　林内尔 1830 年 4 月 3 日信函。林内尔代表 "有能力，贫困潦倒的画家、版刻师威廉·布莱克"，通过威廉·科林斯向皇家美术学院申请善款。1822 年 6 月 28 日，申请得到批准。根据塞缪尔·帕尔默在 1864 年信中的记载，委员会的书记秘书亨利·霍华德 "说如果能画得像布莱克那样好，他情愿断掉一根手指"（*BRS*，第 79 页）。

‡　他的伟大历史题材版画的题词是 "约伯，每时每刻都在接受试探的人会是什么样子？"。版画于 1786 年开始制作，1793 年出版。《给孩童：天堂之门》（1793）的卷首插图也使用了相同的题词。他在《天堂与地狱的婚姻》图版 5，第 17 段中写道："弥尔顿的弥赛亚，在《约伯记》中叫作撒旦。"他制作了不同版本的水彩画《约伯和他的女儿们》（约 1799—1800），以及《约伯就自己的自以为义向上帝认罪，上帝从旋风中回答约伯》（1803—1805）（巴特林第 394、461 项）。

所作的 19 幅水彩画。布莱克曾经把这些画拿给林内尔看。林内尔有着坚定的宗教信仰，布莱克在作品中表现出的宗教精神深深地吸引住了他。现在，他想启动一个项目，既能表现宗教精神，又能展现布莱克的天赋，还能为他提供工作的机会，帮助他脱离困境。

一本"书"由 29 幅版画组成，只在书名页和版画说明部分使用文字，这在以往一定会被认为是离经叛道，不过，现在这种做法并不罕见。弗拉克斯曼为《伊利亚特》、《奥德赛》、《埃斯库罗斯》、《但丁》以及《赫西俄德》创作了大量的插图。这些书的出版表明，重要的绘画作品，即使没有很多文字，也一样可以出版。不过，长久以来，英格兰有个传统，《圣经》插图系列的出版都不得包含詹姆斯国王钦定版《圣经》的文字部分，因为皇室拥有该版《圣经》的永久知识产权，不允许他人随便使用。[69]出版这样的一本书，最大的好处是不用付给作者任何费用，只要付给画家、版刻师、造纸商和印刷商相应的报酬就行了。就《约伯记》而言，造纸商和印刷商的报酬还可以等到布莱克完成绘画和版刻之后再付。

托马斯·巴茨大方地"将《约伯记》的原图借给布莱克临摹"。[70]虽然巴茨购买了布莱克的这些画，拥有了作品的版权，但是，他并未向布莱克收取任何的使用费。*1821 年 9 月 7 日、8 日、10 日，林内尔开始临摹这些水彩画。10 日，布莱克完成所有的临摹，并于次日将原作归还给巴茨。

布莱克的绘画创作并未完全取材于传统的《约伯记》插图，与《旧约》中关于约伯的记载也有较大的出入。和威斯敏斯特的圣史蒂芬小教堂的湿壁画一样，这些画中，有些故事是杜撰的。[71]譬如，传统绘画作品常将约伯视为基督的预表，甚至将他塑造成主教的形象。而在《约伯记》的第一和第四幅画中，布莱克表现的是哥特式的（大概是基督教会的）建筑。在《圣经·约伯记》中，族长让女儿们以音乐来敬拜上帝。

---

* 由于巴茨本人并不是出版商，所以《约伯记》的版权可能还是在布莱克这里。一幅画的复制权并不一定，或者说一般来说，并不只属于画的所有者，除非在购买时有明确的协议说明。布莱克为克罗梅克版本的《坟墓》所作的版画即属于后一种情形。

事实上，一直到 1600 年以前，约伯一直被视为音乐的赞助圣人。这一身份后来被圣塞西莉亚所取代。在布莱克的《约伯记》第一幅和最后一幅图中，约伯和家人的手里都拿着乐器（见图 129）。

1805—1806 年，在为巴茨创作的 19 幅图的基础之上，布莱克做了三项大的增补。第一，在后期创作中，他在中心图画的周围添加了彩色边框。林内尔说这些"边框之前并没有出现在图画中，是后来加上去的，直接手绘并版刻在铜版上"。* 这些边缘图案有些主要是起修饰的作用（见插图 33、34），有些则是对约伯故事的说明。譬如，在第 4 幅图《在地上走来走去》中，可以看到持剑的撒旦；第 14 幅图中有上帝创世六日的故事描述（见图 20）。

397第二，布莱克在图画的周围添加了大量的铭文。铭文大多来自《约伯记》，但是在第一幅和最后一幅图中，布莱克添加了自己对于"约伯的囚禁"之核心精神的理解：

> 向上帝祷告就是学习想象的能力
> 赞美上帝就是练习想象的能力 [72]

这些重要的暗示后来被布莱克擦掉了。

第三，大概在布莱克开始版刻之后，他增加了两幅新图（第 17 幅和第 21 幅），主题是上帝赐福给约伯和他的妻子，以及约伯向女儿们讲述他的试炼。第 21 幅图临摹自他于 1799—1800 年为巴茨所作的蛋彩画。为了表达对巴茨的敬意，布莱克还将这两幅图做成水彩画送给巴茨，使之与其他 19 幅画一起，组成一套 21 幅的《约伯记》水彩画系列。

布莱克版刻的时候，又在这些水彩画的基础之上做了无数细微的改

---

* 林内尔 1844 年 9 月 27 日书信（*BR*，第 326—327 页）。不过，《约伯记》的草图上有铅笔勾勒边框的痕迹，落款日期是"1823 年"（菲茨威廉博物馆，巴特林第 557 项）。此外，三张清样中也有边框的痕迹（罗森沃德藏品，美国国家美术馆，巴特林第 559 项）。

变。譬如，在给巴茨的水彩画《上帝的儿子们在欢呼》（见图 20）中，只有四个上帝的儿子在举臂欢呼。而在版画中，这四个儿子的周围还出现了其他儿子们的臂膀，暗示着欢呼的儿子们不计其数。

显然，在临摹《约伯记》系列图的时候，林内尔尚未制定出明确的版刻计划。直到 18 个月之后，林内尔才起草了一份非常慷慨的

威廉·布莱克与约翰·林内尔的协议备忘录。
1823 年 3 月 25 日——

威廉·布莱克同意根据自己创作的"约伯的囚禁"系列图为约翰·林内尔版刻一套版画，共计 20 幅，*——约翰·林内尔同意支付威廉·布莱克每幅版画 5 英镑的酬劳，或者也可以应布莱克先生的要求，从整套 100 英镑的酬劳中预先支付一部分，其余的可在版画完成后全部付清。此外，林内尔同意从版画销售的利润中再拿出100 英镑给布莱克，并立据为证。

签名：约翰·林内尔　威廉·布莱克

N. B. J. L 负责落实铜版。†

虽然这套伟大的版刻作品的价值远非这些酬劳所及，但是对于布莱克而言，已是绰绰有余。当年，他为弗拉克斯曼的《伊利亚特》和《赫西俄德》版刻轮廓版画，每幅酬金是 5 英镑 5 先令；为海利的《威廉·考珀传》和《乔治·罗姆尼传》版刻的 4 开本线雕铜版画，每幅酬金是 31英镑 10 先令。如今，他只是临摹版刻自己的作品《约伯记》，就能额外得到 100 多英镑的版税，简直是天上掉馅饼的事情。

398

---

* 备忘录中列举的 20 幅版画包括之前为巴茨所作的 19 幅，外加一张书名页插图。
† 1823 年，林内尔支付了 3 英镑 5 先令 7 便士用以购买铜版，1825 年又再支付 6 先令购买了两块铜版（*BR*，第 602 页）。不过，后来的这两块铜版的花销并未记录在册，可能这些铜版此前曾有其他的用途（*BRS*，第 195 页注 10），因此，布莱克没有花什么钱或者免费就弄到了。

　　林内尔时不时地付给布莱克一二英镑，布莱克能做或者想做的时候就继续版刻的工作。*《约伯记》的第一次酬劳是"按照上述协议支付的现金"5英镑，布莱克在备忘录的反面作了签收。[73] 林内尔写道："我总是预付给布莱克酬金。"[74]1803—1810年，布莱克为巴茨创作水彩画时，也是如此安排，这种模式似乎很适合布莱克。1823年，林内尔付给他45英镑；1824年，又付给他53英镑7先令9便士；1825年，再付给他47英镑6先令6便士。[75] 有了这些收入的保障，布莱克可以安心于他的异象。

　　林内尔偶尔，可能是不定期的，也用煤炭代替现金支付酬劳。[76] 有一次，爱德华·卡尔弗特的儿子谈到喷泉苑的一桩逸事，

　　　　楼梯上传来缓慢沉重的脚步声，一个大老粗模样的人咚咚撞着门。布莱克有些心烦，起身去开门，不过，他并没有发火，因为他也不知道他的天使会在什么情况下以什么模样出现在眼前。不过，这次来的人"是送炭的"，背上扛着又大又脏的袋子，嘟囔着："这是你的炭不？"

　　　　……"老兄，我想应该不是我的，不过，我可以替你问问。"后来，我父亲有些遗憾地说道："这些炭不是给可怜的布莱克的——是楼上租客的。"†

《约伯记》的清样是由"布莱克或者布莱克夫人在自家（客厅里）

---

* 林内尔说布莱克进行但丁系列插图的绘画和版刻（1824年及以后）时，"非常清楚，当然，只是口头上这么说……他做多做少，都随意，只要是他自己觉得对得住预支给他的钱就行了。如果，作品的数目实在是太少，那么他已经完成的作品就都归我了，因为我已经付给他钱了"（林内尔1831年3月16日书信）。布莱克的《约伯记》大概也是基于这样的约定。

† 塞缪尔·卡尔弗特，《画家爱德华·卡尔弗特回忆录》（1893）（*BR*，第326页），内容进行了分段处理。斯托瑟德的儿子说："有一次……我在楼梯上遇着布莱克。他跟我说，'为了这些煤炭，他刚跟楼下的恶魔斗了一番'。""画家利"提到布莱克"甚至还在煤窖里见过魔鬼"（*BR*，第326页注1）。

的印刷机上印刷而成的"。*

　　1823 年秋，至少有一幅《约伯记》版画基本完工，可以拿给赞助
人鉴赏并征求认购。[77] 但是，事实上，直到 18 个月之后，这些版画才
拿去印刷。1825 年 3 月 4 日，林内尔和布莱克到铜版印刷商狄克逊处
取回《约伯记》的版画清样；次日，他们又一同前往牛津市场城堡街的
詹姆斯·莱希处察看工作进展如何。[78] 他们信心满满，认为这项工作即
将大功告成，布莱克还在每幅版画上题写："1825 年 3 月 8 日河岸边喷
泉苑 3 号的威廉·布莱克依法于伦敦出版。"

　　但是，直到一年以后，这些版画才挂上标签，并添上了林内尔的
名字："1826 年 3 月由河岸边喷泉苑 3 号的本画作者以及菲茨罗伊广场
赛伦塞斯特 6 号的约翰·林内尔先生共同出版。"[†] 林内尔起草了一份广
告，称"这些版画全部由布莱克先生仅凭刻刀版刻而成（即未使用硝酸
腐蚀）"[79]。

　　1826 年 2 月，这些版画"由一位名叫弗里曼的人"在莱希处印刷
完成，[80] 共计 65 份法国纸"清样"、150 份印度纸"清样"以及 100 份

*　大英博物馆版画收藏室中第七幅版画上泰瑟姆的题词（*BB*，第 519 页）。每张版画大
　概都有 4 张到 15 张试印样得以保留至今（*BBS*，第 195 页）。试印样与这 215 份印度
　纸和法国纸清样版画不同。这些版画都标有"清样"二字。

†　*BR*，第 327 页。为了澄清"1825 年 3 月 8 日……威廉·布莱克……出版"以及"1826
　年 3 月由……作者以及……林内尔先生共同出版"的内容，布莱克特地在 1826 年 7
　月 14 日给林内尔写了封信：

　　　　谨此申明，林内尔先生向我购买了《约伯记》的版画及版权。上述作品及版权归
　　　林内尔先生独有。
　　　　证人　　　　威廉·布莱克
　　　爱德华·约翰·强斯（林内尔的外甥）

　　　同日，布莱克还写了份收据：

　　　　今收到林内尔先生购买《约伯记》之版画（共计 22 幅）及版权款，共计 150 英
　　　镑。1825 年 3 月由本人——作者威廉·布莱克出版。
　　　　　　　　　　　　　　　　　　　　　　　　　　　　　　喷泉苑 3 号
　　　证人：爱德华·约翰·强斯

　　　事实上，1825 年 10 月 30 日，布莱克收到的"《约伯记》的进账"是 150 英镑 19
　先令 3 便士（*BR*，第 605 页），比合同里规定的多了 50 英镑 19 先令 3 便士。

印在"画纸"上的普通复印件。每张版画上原有的"清样"二字均被擦除。*这些足够林内尔用上 50 年了。†

布莱克的这套《约伯记》版画插图表现的主题是"这世界的王要被赶出去"；"主神，全能者啊，你的作为大哉，奇哉！"[81] 这些版画是旧式绘画与版刻技艺的伟大成就。布莱克早年学习这些技艺，晚年在林内尔的帮助下日臻完善。正如伟大的美术研究者波·林德比尔格所言："铜版版刻的复兴，有一人青史留名——布莱克。继他之后，铜版版刻再无来者。"[82]

除林内尔之外，还有几位布莱克的忠实粉丝也对《约伯记》版刻系列赞赏有加。托马斯·格里菲思·温赖特一拿到印本，就写道，"这些版画构思宏大，版刻精美"；爱德华·丹尼说这些版画"精致美观、壮丽雄浑"，"有着真正崇高的意境"；爱德华·菲茨杰拉德说这些画"惊世骇俗、美妙绝伦"。[83]

400

----

* 林内尔的《约伯记》酬金账目（*BR*，第 602—603 页）包括以下内容：

铜版费	3 英镑 11 先令 7 便士
1825 年的清样费	6 英镑 10 先令
1825 年 11 月的装订费（或清样费）	7 先令 6 便士
"付给莱希先生 150 份印度纸清样费"	56 英镑 5 先令
"65 份法国纸《约伯记》"	16 英镑 3 先令
100 份"画纸"费	21 英镑
"付给工人弗里曼"（例行的酒钱）	1 英镑
"付给怀特先生的食宿费"及纸张费用	3 英镑 10 先令 6 便士
付给"雷顿先生装订费"及纸张费用	13 英镑 17 先令
总计	**111 英镑 15 先令 6 便士**

1863 年 12 月 30 日，林内尔在给麦克米伦出版社的信函中写道，"大约共计 300 份印度纸和法国纸清样已经印刷完成。这些都是版刻工作一完成，就立即印刷出来的"（*BR*，第 327 页）。

† 林内尔在 1874 年印刷了 100 多份《约伯记》版画（*BR*，第 524 页），这也是《约伯记》的最后一次印刷。1882 年林内尔去世，在此后相当长的一段时间里，印度纸的"清样"（1826）一直存放在林内尔的家中。1918 年 3 月 15 日，林内尔的后人在佳士得拍卖行出售了 68 份《约伯记》版画，包括部分印度纸清样。本书的插图 34 即是其一。

插图34　布莱克，《〈约伯记〉插图集》图版"20"中的围边图案

不过，伯纳德·巴顿的评价似乎更加中肯，反映出鉴赏家的眼光："布莱克的版刻呆板僵硬，自然不受一般版画收藏家的青睐……他没有曲意逢迎当代版刻的风尚。"[84]

这部作品并不畅销。5年之后，林内尔写道："《约伯记》的销售所得只够付清印刷和纸张的费用。"[*]

古人和晓谕者

这群自称是"古人"的年轻人团体主要由爱德华·卡尔弗特、塞缪尔·帕尔默、乔治·里士满和弗雷德里克·泰瑟姆组成。1824年，19岁的塞缪尔·帕尔默第一次见到布莱克；泰瑟姆当年也是19岁，是个听风就是雨的年轻人；乔治·里士满15岁；爱德华·卡尔弗特25岁，已成家立业。和这个圈子走得比较近的还有塞缪尔·帕尔默的表兄约翰·贾尔斯，谈到这位"能看见上帝，能与天使谈话"的"神一般的布莱克"时，[85] 满是崇拜之情。此外，还有弗雷德里克·泰瑟姆的弟弟阿瑟（1809年生）、塞缪尔·帕尔默的兄弟威廉、韦尔比·舍曼以及画家弗朗

401

---

[*] 林内尔1831年3月16日的书信。事实上，《约伯记》版画的收入比上述所说的要多一点（*BR*，第408页注1）。不过，"这些作品从来就没打过广告"（林内尔1830年1月的书信）。

西斯·奥利弗·芬奇（1802 年生）。芬奇曾师从瓦利学习了 5 年，听说了不少布莱克的逸事，称"从未见过像布莱克这样的人，在任何事上都是全然不落俗套"。[*]

"古人"们每月聚会一次，[†]地点经常是布莱克的家。他们给这里取名为"晓谕者之家"。《天路历程》里的"基督徒"从"毁灭城"去锡安山的途中，"来到晓谕者之家……他们告诉我……如果来到这里，你会让我看到极美好的事情，譬如，为我的旅途指点迷津之类的"。[‡]与所有的朝圣者一样，他们也有自己的一套敬虔的仪式。乔治·里士满说："他在每次进门之前，一定会毕恭毕敬地亲吻门把手，因为这是先知摸过的；不只有他一人敬虔，他的朋友们也都是如此行。"[§]

可能这些人当中，最早认识布莱克的是弗雷德里克·泰瑟姆（见图 136）。泰瑟姆的父亲查尔斯·希思科特·泰瑟姆是一名建筑师、浸信会教徒，与布莱克相交多年。1799 年 10 月 7 日，布莱克将一本题词的《亚美利加：一个预言》（B 本）赠予查尔斯·泰瑟姆。另据林内尔的日记记载，1824 年 8 月 4 日，"瓦利先生、泰瑟姆先生父子、布莱克先生与我一起在汉普斯德吃饭"。[¶]查尔斯·泰瑟姆曾写信给林内尔："你能安排个时间让米开朗琪罗·布莱克和我们在你的书房见个面吗？然后和我们一道去，这些鉴赏师足以令阿波罗神和缪斯女神称羡。"[86] 可能因为这件事，凯瑟琳·布莱克将布莱克版刻的罗伯特·霍克的画像送给了泰瑟姆，并以布莱克在 30 多年前阅读拉瓦特尔的《人生格言》时，画线的一个

---

[*] 吉尔克里斯特（BR，第 294 页）。塞缪尔·帕尔默称，"我们这个圈子里对布莱克的通灵异能最笃信不疑的人大概就是芬奇了"（1863 年 1 月的书信 [BRS，第 83 页]）。

[†] 塞缪尔·卡尔弗特，《画家爱德华·卡尔弗特回忆录》（1893）（BR，第 295 页注 1）。"古人"一词的使用可以追溯到 1824 年 9 月，帕尔默向林内尔家的孩子们问好："爱你们这些小古人。"

[‡] 约翰·班扬，《天路历程》，托马斯·司各特编辑出版（伦敦，1801），第一部分，第 44—46 页。大概是在 1824 年，布莱克对之前的版画《清扫晓谕者家客厅的人》（约 1794）进行修改，并正式开始创作《天路历程》的水彩画系列。

[§] 《里士满文件》，由 A. M. W. 斯特林于 1926 年编著出版（BR，第 292 页注 4）。A. H. 帕尔默的记载可能更加可靠，他写道："不仅是塞缪尔·帕尔默，其他人也都会在开门进屋之前，亲吻布莱克房门上的把手。"（BR，第 292 页）

[¶] 布莱克的《叙录》（P 本）上有题词："1824 年 6 月 12 日，弗雷德里克·泰瑟姆受赠于作者。"

句子作为题词：

致查尔斯·泰瑟姆先生

402

谦卑的养成是为了敬爱；
爱的养成是为了连接

永远爱您的
凯瑟琳·布莱克

约翰·林内尔写道，在约翰·马丁的浸信会教堂，"我开始与建筑师查尔斯·泰瑟姆先生走得很近……他对我颇有好感，我也常去他家"。[*]林内尔把布莱克介绍给查尔斯·泰瑟姆的"大儿子……是一位美术雕刻师，还是水彩肖像画家"[87]。没料想，弗雷德里克·泰瑟姆后来居然对布莱克的生活和名望产生了巨大的影响。

泰瑟姆父子不仅对威廉·布莱克忠心耿耿，而且也对"古人"们有着重要的意义。约翰·林内尔回忆道：

老泰瑟姆痛心不已地向我说起他的女儿朱莉娅与乔治·里士满一起私奔到格雷特纳格林镇[†]结婚。里士满和朋友们常到我家里做客。帕尔默先生当时刚刚开始自己的事业，尚未成家，但仍借给了里士满 50 英镑，帮助他私奔。老泰瑟姆提起这桩风波，正欲严词谴责，我坦率地告诉他，是他错了。能有里士满这样的女婿应当是

---

[*] 《林内尔自传》，第 79 页。后来，"C. 泰瑟姆觉得当个异教徒有些让他难堪，寻思着继续信下去的话，会阻碍儿子的发展前程"，因为儿子阿瑟想要成为一名牧师（第 80 页）。

[†] 格雷特纳格林镇（Gretna Green）是苏格兰著名的逃婚小镇。位于苏格兰南部边境，是从英格兰进入苏格兰境内的第一个村庄。当时英格兰的未婚男女为了规避英格兰法中要求 16 岁至 21 岁年轻人结婚需要征得父母同意的规定，所以常私奔到这里结婚。——编注

他的福气。我敢肯定我说的没错。我能保证里士满的人品和家世。
"我亲爱的朋友，你真是这么认为的？"他说道，"听你说得这么有
把握，我还真是打心眼里高兴啊。"[88]

"古人"圈中年纪最小、最招人喜爱的就是乔治·里士满。

　　1825 年的一天，16 岁的里士满在老泰瑟姆家见到布莱克，并
且得了布莱克的同意与他一道步行回家。在少年看来，这仿佛是在
"与先知以赛亚同行"；[*]他对布莱克多有耳闻，仰慕已久；他还亲眼
见过布莱克的画，满心敬佩……

　　这次，他谈到他的青年时代，谈到他的异象……里士满先生
说……他会……大胆地争辩，提出反对意见，似乎他们之间没有年
龄和阅历的差距。布莱克自始至终没有流露丝毫的不悦。里士满接
着说："我从未见过哪位画家像他这样，如此充满灵性，如此投入，
如此专注，如此珍视想象的力量。"

　　一次，这位年轻的画家连着两周都找不到创造的灵感，于是，
跟往常一样，他去找布莱克，想得着点建议或者安慰什么的。他发
现布莱克正坐着与妻子一起喝茶。他向他倾吐了自己的烦恼，讲述
自己没了创造的灵感，是多么的落寞。

　　令他吃惊的是，布莱克突然转过头对妻子说："我们也有过这
样的状况，是吧？都好几个礼拜了，没有任何的异象产生？我们是
怎么做的，凯蒂？"

　　"我们跪下来祷告，布莱克先生。"[89]

　　1825 年 4 月，里士满把他第一次画的画《牧羊人亚伯》（1825）拿
给布莱克看。布莱克"在弟子的素描本上仔细修改了牧羊人的胳膊"。[90]

---

[*]　根据 A. M. W. 斯特林编著的《里士满文件》（*BR*，第 292 页注 4]）所述："我父亲说：
'我感觉像是行走在云端，仿佛在与先知以赛亚对话一般。'"这也有可能是吉尔克里
斯特添油加醋。

里士满在旁边题注:"威廉·布莱克为我的《牧羊人亚伯》所做的修改。1825年。"*

布莱克的专注力以及能看见异象的能力给里士满留下了深刻的印象。布莱克"有一次告诉里士满,'我能一直盯着木头的结节,看着看着,直到心里生出恐惧来'"。[91]

"古人"中年纪最长的是画家爱德华·卡尔弗特。没有通过任何人的引荐,卡尔弗特自报家门,[92]与布莱克相识,并结为挚友。某日夜晚,布莱克去拜访住在布里克斯顿罗素街17号的卡尔弗特夫妇。深夜

> 布莱克和卡尔弗特正在试验某种腐蚀涂料,放在火上慢慢融化。突然,盛着涂料的小罐子裂了,点着了烟囱,顿时火光冲天,烟雾弥漫。在布莱克看来,试验新材料,出点状况是在所难免。不过,他着急的倒不是火情,而是还在睡梦中没有惊醒的卡尔弗特夫人。布莱克的善良天性可见一斑。†

当然,最后火扑灭了,也没有造成大的损坏,只是腐蚀涂料和小罐子不能再用了。

"古人"中最热烈爱戴布莱克的是塞缪尔·帕尔默。他是一个敬虔保守的年轻画家。与布莱克的初次相遇成为他一生快乐的回忆:"这是我第一次见到布莱克,终生难忘的记忆……他一直在工作——'《约伯记》的插图就是这么版刻出来的'——第一幅版画的铜版放在桌上。灯

404

---

* *BRS*,第83页;巴特林第802 1(a)项。塞缪尔·帕尔默称坐着的两个人物是"布莱克所画。1825年4月4日"。

　里士满拥有的布莱克作品(《欧罗巴:一个预言》,图版4、6(?)、7,《由理生之书》图版2(?),以及《亚利马太的约瑟在阿尔比恩的岩石间》[E本])可能都是布莱克去世后购得的。他从大舅子弗雷德里克·泰瑟姆处购买的画作也是在布莱克去世之后。可能唯一例外的就是这幅"布莱克画的画,想让我看看菲尤泽利年轻时候嘴巴的样子"(巴特林第802 2项)。

† 塞缪尔·卡尔弗特,《画家爱德华·卡尔弗特回忆录》(*BR*,第333页)。这件事发生在卡尔弗特一家1826年5月搬去布里克斯顿以后。

　卡尔弗特拥有的《天真与经验之歌》(Y本)可能是在布莱克去世后购得的。

光之下，经过打磨的铜版看起来是那么的美。"*

30 年后，帕尔默在给吉尔克里斯特的信中写道：

> 我永远都忘不了林内尔先生带我去布莱克家的那个夜晚；也忘
> 不了那些静静流淌的时光，和他一起（在别的地方）鉴赏古物名画
> 以及 16 世纪的意大利版画……
>
> 没有人像他这样喜爱阿尔布雷特·丢勒。† 但是，看过他的几幅
> 画之后，布莱克似乎对画家对服饰的处理有些不满，认为这些衣服
> 与人物的肢体形态和动作不相符。他又仔细比对了古代的服装，看
> 不出他到底是更喜欢丢勒的绘画构思，还是更欣赏丢勒版刻的精湛
> 技术和表现力度……
>
> 他对所有伟大的作品都深怀敬意，同时又不失自己独立的判
> 断。他所探寻的不是最纯粹的年代里的作品，而是各个年代各个国
> 家里最纯粹的作品——无论是雅典还是罗得岛，托斯卡纳还是大不
> 列颠。他不受权威评价的影响，也不为潮流趋向所动，坚持自己独
> 特的判断。因此，布莱克与菲尤泽利和弗拉克斯曼一致认为，虽然
> 埃尔金大理石雕忒修斯像‡ 充满古典情怀，但还称不上是古物的理
> 想典范，亦不能算入最精美的古代文物之列。从另一个方面来看，
> 虽然世人对菲尤泽利的作品嗤之以鼻，布莱克对他的景仰之情却是

---

* 吉尔克里斯特（*BR*，第 282 页）。"通常，版刻时要依着窗台搭个正方形的架子，架
  子上蒙着绢纸，版刻师就在绢纸透过来的柔光下工作"，因为"如果阳光直接照进来，
  打在铜版上，会非常的耀眼"（W. 尼科尔森，《大英百科全书》[伦敦，1809]，第 III
  章，C5ʳ）。
  　　布莱克弥留之际，帕尔默家多位成员都守候在身旁，不是非常确定到底有哪些
  人：不仅有布莱克的弟子塞缪尔·帕尔默及其兄弟威廉，还有玛丽·安·林内尔的父
  亲托马斯（约翰·马丁浸信会教友，曾在 1825 年 10 月 18 日与布莱克一起就餐，还
  在 1825 年 5 月 5 日和 1826 年 1 月 27 日给布莱克送过煤炭[林内尔出的钱]）和
  玛丽安的舅舅本杰明（家具生产商帕尔默父子公司职员）。他们一起安葬了布莱克
  （*BR*，第 342—343 页）。
† 按照帕尔默的说法，"谈到阿尔布雷特·丢勒，他说如果仔细观察丢勒最精美的木版
  画，就会发现那些画的组成主要就是线条；——'除了线条，还是线条'"（*BR*，第
  315 页）。
‡ 埃尔金大理石雕忒修斯像原本属于希腊的帕台农神庙，后于 1805 年被英国埃尔金勋
  爵（Lord Elgin）运回英国，现保存在大英博物馆。——编注

未减半分。

他对早期的基督教艺术怀有敬虔的热爱，尤其喜欢谈论弗拉·安杰利科，称他是一位神启的发明家，一位圣人。不过，一谈到米开朗琪罗，谈到达·芬奇的《最后的晚餐》，《贝尔维德雷躯干雕像》，以及古代文物珍宝中所蕴含的各种创新创举，他的崇敬之情就溢于言表……

他喜欢谈论米开朗琪罗的生平。在圣保罗大教堂的建造中，米开朗琪罗不为任何俗世的利益，单单凭着对上帝的爱尽心尽意地工作。他还常常谈起教堂恢宏的建筑。*

405

帕尔默说朱利奥·罗马诺的《朱庇特的看护》

深受布莱克的青睐。我曾听他称赞道，"先生，这真是炉火纯青，无人能及啊"。他遥想当年拉斐尔、朱利奥·罗马诺、波利多罗†还有其他人，芸聚梵蒂冈，为了一项共同的伟大任务，毫无嫌隙（他是这么认为的），齐心协作。他常常将这一情景与圣徒的同工相提并论（并无大不敬的意思）。这些想法时常萦绕在他的心头……

古画真伪莫辨。布莱克遇见过不少所谓的"克劳德"作品。不过，如果有经他鉴定，确认是真迹的，他便大为欢喜，津津乐道。他说，这些真迹有一个特别之处，颇为神奇。若是仔细观察，便可见树叶聚光之处，有细小的纯白色斑点，如清晨莹莹露珠……他对克劳德真迹的描述，叫我终生难忘。这一话题引发了他的兴致，我们一路走，一路聊，不觉已入夜。太阳虽已落山，布莱克关于克劳德的这番话却如同阳光照亮了阴暗的住所。[93]

---

* 吉尔克里斯特（*BR*，第 282—283 页）。关于"在我们所谓的黑暗时代建立教堂的哥特式画家"，可见《亚利马太的约瑟在阿尔比斯的岩石间》（见图 15）。

† 维尔吉利奥·波利多罗（约 1490—1550），意大利医生、哲学家。他以反对亚里士多德学说的激进思想而闻名，被人称为"疯狂的异端"。——编注

林内尔和布莱克都教过帕尔默绘画。1825 年 1 月 2 日，帕尔默在笔记本上写道：

> 我和他（林内尔）一道去布莱克先生家。布莱克也喜欢林内尔，看到了我的……素描本，大为赞赏，令我信心倍增。他的赞扬平和中肯，既非臆断闲说，也非有意吹捧。

帕尔默在给吉尔克里斯特的信中，提到了 1824 年 5 月与布莱克一起去皇家美术学院的经历。"布莱克穿着一身黑色西服，戴着一顶帽檐很宽的帽子，不过，看起来倒不像个贵格会教徒。他静静地站在衣着光鲜，熙熙攘攘的人群之中，我心下暗忖'你们可知是谁同你们站在一起！'"*帕尔默喜欢回忆他从布莱克那里学到的对伟大画家的评价。

他仔细观察了皇家美术学院展出的《最后的晚餐》复制品中各个门徒的头部，对除犹大之外的诸门徒给出的评价是："每个人看起来似乎都已经战胜了血气。"他对同时代的画家，他的竞争对手，也不吝赞美。布莱克将菲尤泽利的《撒旦在喧嚣之上建造桥梁》列为最伟大的想象力作，认为他的《埃癸斯托斯》更是高瞻远瞩，我们得要有两百年之后的人们的智慧才看得懂。†

---

* 吉尔克里斯特（*BR*，第 280 页）。皇家美术学院发起一项联合行动，抵制衣衫褴褛和不名一文的画家。吉尔克里斯特写道（*BR*，第 280—281 页）：

> 关于他的衣着……因为并不宽裕，他在家中穿着比较朴素，但绝不邋遢：衣服有些破旧，灰色的裤子都穿成黑色的了，前面磨得发亮，像是机修工的裤子。若是出门，他就会讲究一些，因此，他的一身扮相在伦敦的街头倒也不怎么惹眼。他穿着黑色的带搭扣的齐膝马裤，黑色精纺毛袜，一双系带皮鞋，头戴一顶宽檐帽，看起来有些像个老派的生意人。

† 吉尔克里斯特（*BR*，第 281—282 页）。我在哥特·希弗所著的《约翰·亨利·菲尤泽利 1741—1825》（苏黎世：信息出版社；慕尼黑：普瑞斯特尔出版社，1994）以及 D. H. 韦恩格拉斯所著的《亨利·菲尤泽利的版画和版刻插图及其影响》（奥尔德肖特：思格雷出版社，1994）中都没有找到相关的主题目录。
　1806 年 6 月，布莱克在信中写道，"某日，有位先生来拜访我，对我说"，"菲尤泽利先生……的思想比现世要超前 100 年"。

多年以后，帕尔默回忆道：

> 1824 年 10 月 9 日，周六，林内尔先生来访，后与我一道去布莱克先生家。布莱克的一只脚（或是腿）烫伤了，不得不卧床休息。尽管如此，这位年近 67 岁的老人，一点都没闲着，坚持在病榻上工作。他的床上堆满了书。此情此景，不禁让人联想起古代的长老，或是将死的米开朗琪罗。* 就这样，在这张病榻上，布莱克在一个大本子（对开本）上进行着最恢宏的但丁插图创作。他说自己是带着害怕与战栗开始的工作。
>
> 我说："哦！我也是常常感到害怕和战栗呢。"
>
> "这样的话，"他说道，"你一定能行的。"†
>
> 卧病在床两周，布莱克完成了（我估摸着有 100 幅的）插图设计！就在这张病床前，我第一次，诚惶诚恐地（之前更甚，他的但丁插图早已让我紧张得找不着北了）给他看我刚开始学画的几幅作品。他对我画的《基督祝福小孩子》给予了诚挚的鼓励，不是随便说上几句，就打发掉我的那种。他的鼓励让我在那天下午和深夜都愈发努力地作画。这次拜访过后，这一幕又以一种异象的形式……浮现眼前。这是纯朴而又伟大的所在，体现在布莱克夫妇的身上，或是挂在墙上的饰物上。[94]

有一次，帕尔默说服布莱克和卡尔弗特夫妇与他一道前往他的祖父在肯特郡肖勒姆的乡村小屋。这一带风光秀丽，距离伦敦大约 30 公里，帕尔默很喜欢在这里写生。爱德华·卡尔弗特的儿子回忆起这几家人的逸事：

407

---

* "某日，一位年轻的画家过来拜访，抱怨说自己近来身体很差：'那他该怎么办呢？''哦！'布莱克说道，'我从不停笔；我一直在工作，不管是生病还是没生病。'"（吉尔克里斯特 [*BR*，第 233 页注 5]）

† "我战栗地坐着，日复一日，夜复一夜。朋友们看到我这样，都稀奇不已。"（《耶路撒冷》，图版 5，第 16 行）布莱克很喜欢使用"战栗"（tremble）及其引申词。

这次的旅行，所有人都感到称心如意。乘坐的是当时流行的带篷顶的四轮马车……马车的主人是赶车人罗素。卡尔弗特夫妇负责安排座位，从查令十字街出发，到达肯特郡的坦布里奇韦尔斯。布莱克和帕尔默——可能还有布莱克夫人——也都舒舒服服地落座了。马车由八匹或者是十匹马拉着，载着满满一车人，不慌不忙地上路。这些马都养得膘肥体壮，覆以马衣……带着项圈，系着铃铛。马车轮轴上巨大的凸缘，即人们称为外壳的部分，一升一降。帕尔默说那是古老的珀加索斯*的雏形或是它退化的双翼……

这栋宅子，或者称之为村舍更为妥当，有着古朴的三角墙，屋顶铺着厚厚的茅草，异常繁茂。这些景象时常出现在帕尔默的画作中。这群人饶有兴致，聚在巨大的烟囱壁炉旁。房间建有拱形横梁，用以支撑楼上的建筑。大伙儿在这间屋子里坐下来聊天。帕尔默爷爷穿着及膝的马裤和绑腿——一副颇为老派的打扮。

卡尔弗特夫妇分到了最好的一间房。布莱克先生到路对面的邻居家借宿。帕尔默则在村子里温暖的面包房过夜，虽然是个临时的铺位，倒也合他的心意。次日，布莱克在距离烟囱较远的一角坐下，我父亲和老帕尔默坐在他的对面。他们谈到了神赐的礼物——文学与艺术，谈到了灵魂的异象和灵感，谈到了"情感的贯通"（他们给出的新名词）。这些话题引得老帕尔默不由得说起了村舍旁边半毁弃的大宅里闹鬼的故事……

卡尔弗特提议当晚就去鬼屋一探究竟，众人连声附和。卡尔弗特相信的是奇遇，布莱克相信的是鬼魂，帕尔默相信的是布莱克。就这样，大家拿着蜡烛和提灯上路了。

这幢鬼屋很符合鬼屋该有的样子。阴风四起，呼啸着"穿过歪歪咧咧的隙缝和摇摇欲坠的窗户"。月亮低垂天际，提灯的众人，

---

* 珀加索斯是希腊神话中生有双翼的神马，为美杜莎与海神波塞冬所生。传说被其足蹄踩踏过的地方有泉水涌出，诗人饮之可获灵感。——译注

身影重叠一处，如鬼魅般投射在残垣断壁之上。帕尔默的心中顿时生出庄严肃穆之感。

接着……传来了奇怪的窸窸窣窣的声音。众人顿时安静下来，凝神聚听。果然，又是一阵噼噼啪啪，清晰刺耳的声音。帕尔默吓得六神无主。可惜布莱克当时的反应，并未记录下来。卡尔弗特倒是兴致不减，循着声音，来到一扇凸出壁外的窗户边。帕尔默也帮忙把灯打开。原来，一条大蛇正盘于直棂之上，竖铰链窗的玻璃上还挂着蛇皮，颇有几分怪异……

第二天傍晚，布莱克在大房（或者是厨房）的桌边忙着自己的事儿。老帕尔默在后屋抽着烟管。卡尔弗特与平常一样，对着烛光看书。小帕尔默因为伦敦有事，一个多小时前就已经走了。这次搭乘的是马车。

过了一会儿，布莱克把手放在额前，平静地说道："帕尔默回来了。他正顺着大路往回走。"

"哦，布莱克先生，他已经去伦敦了。我们送他上的马车。"

又过了一会儿，布莱克说道："他正穿过小门——那儿——"他的手指向紧闭的大门。果然，不一会儿，帕尔默打开门闩，走了进来。

原来，马车行进到肯特郡的陆灵斯顿公园附近的时候坏掉了。[95]

帕尔默从不与布莱克发生争执——"里士满还会与布莱克辩上两句，但是帕尔默不会"[96]——不过，帕尔默对布莱克的观点并非全盘接受，他只选择接受自己认同的部分。他对布莱克的记述并非不实，只是不够全面。塞缪尔·帕尔默是个传统敬虔的人，骨子里是守旧的。吉尔克里斯特对帕尔默又是言听计从的。所以，维多利亚时代人们眼中的布莱克远没有 20 世纪末火样激情的现代人眼中的布莱克那般离经叛道。帕尔默记录下来的布莱克的思想，特别是关于教会的部分，听起来更像是高圣公会教徒的观点，而不是那个在 1827 年抨击桑顿博士提出的"带有

408

托利党政治立场的"《主祷文》是在"倒着念主祷文"，并以此为撒旦辩护，认为撒旦是"俗世的王和父、控告者"撒旦。[97]

譬如，帕尔默在给吉尔克里斯特的信中写道："一天，他滔滔不绝地说道，只有罗马天主教会才教授罪的赦免。他反复表达自己的观点，相比以国王为首的政府，以教皇为首的政府能带给人民更多的自由……"[*] 帕尔默说布莱克"主张以教会为首的政府。他常常问我们，如果我们听到的更多的是如何做好神职工作，而不是如何当个好兵，这世界将是何种面貌……"[†]

帕尔默还督促吉尔克里斯特把他的书中原本打算插入印刷的布莱克的作品剔除掉：

> 我不允许书中的任何部分出现对"圣经"一词、三位一体中的任何一位，或是弥赛亚表示不敬的文字……
>
> 我认为仅凭这一整页的内容（摘自《天堂与地狱的婚姻》）……这本书都应该立即从英格兰的书桌上消失。布莱克也对我说过这样的话……[‡]

林内尔认为布莱克是个有争议的人物：

> 他是异教徒中的圣人，是有着正统思想的异教徒。虽然我对布莱克无比爱戴，但是不得不承认他说的很多话与基督教的道义相悖——即使没有引发争议。如果碰到那些讲迷信的、耍心机的或是

---

* 帕尔默于 1862 年 7 月 24 日的书信（*BR*，第 321 页注 5）。吉尔克里斯特从这些言论中总结道，布莱克"对天主教会颇有好感……经常说教会掌权会比国王专制好些。'他认为世间最适合当君王的就是主教。'"（*BR*，第 42 页）

† *BR*，第 42 页。泰瑟姆说过"他厌恶神职人员的权术"（*BR*，第 530 页）。

‡ 塞缪尔·帕尔默 1862 年 7 月 24 日的信函（*BR*，第 319 页）。安·吉尔克里斯特在 1862 年 10 月 6 日给 W. M. 罗塞蒂的信函（《但丁·卡不列·罗塞蒂写给威廉·阿灵汉姆的信函：1854—1870》[1897]，第 259 页）中写道："麦克米伦出版社（已经读了所有的清样），想把这些内容加进《阿尔比恩的女儿们的异象》里，根本行不通，我敢打包票，出版社看了，肯定会把它剔除。任何有悖传统道德的内容他都坚决抵制。他对宗教上的异端则要相对包容些。"

爱摆谱的人反对他的观点，他还会说出一些有悖常识和理性的话，甚至偶尔还会曲解《圣经》中的经文，为自己辩护。[98]

叶芝在谈及林内尔的孙子辈时，说道："一想到他（布莱克）有可能是个异教徒，他们就大为不安。我……发现要让小格局的人接纳伟大的神秘主义者，真是比登天还难。"[99]这话用在林内尔和帕尔默的身上也不为过。

克拉布·鲁宾逊谈布莱克"荒诞不经的谵语"

这些年，这群满怀渴望，身无分文的"古人"们一直在"晓谕者之家"敬拜。与此同时，林内尔和瓦利也一直在帮助布莱克打入更重要的人际圈。瓦利"带布莱克参加圣詹姆斯广场的布莱辛顿夫人举办的家庭宴会"，同席皆是"社会名流"。布莱克穿着"极其普通、有些破旧的衣服，一双厚重的鞋子和毛线长袜"。[100]

这些社会名流中可能有"一位历史画家，属于那种孜孜不倦，但是怎么都出不了名的类型"。他给布莱克看他画的"无望的巨大"。布莱克客气地说道："啊！这正是我毕生所追求的——绕着画——可惜我总是做不到。"[101]

林内尔也会带布莱克结识名流之外的人物。林内尔的赞助人当中有一对独具慧眼、富有大方又亲和友善的夫妇——伊丽莎白·阿德斯和查尔斯·阿德斯。[*]他们住在尤斯顿广场 11 号的大宅里，偶尔会邀请林内尔前来聚餐。就在阿德斯家中的一次宴席上，林内尔、詹姆斯·沃德、

___

[*] 伊丽莎白·阿德斯（生于 1785 年）可能在童年时代就听说布莱克的名字了，因为她的父亲约翰·拉斐尔·史密斯也是版刻师。柯勒律治和兰姆都在她的画册里题过诗。柯勒律治的诗的标题是"献给痛苦中的伊丽莎白"（后改名为"两股清泉"）。布莱克的两幅画，《洛斯走在阿尔比恩的山间》以及根据《天路历程》（巴特林第 784 项及第 829 20 项）创作的插图《基督徒带着信心之盾与同伴告别》也粘贴在册子里。

托马斯·劳伦斯爵士以及其他一些宾客对布莱克的《维吉尔》木刻给予了高度的肯定。1825 年 8 月 6 日，林内尔带布莱克一起去阿德斯家赴宴。在阿德斯家里，布莱克无比欣喜地"再次欣赏到老一辈大师的名作"[102]。大概就是在这次聚餐上——

> 弗拉克斯曼、劳伦斯还有其他一些画界名流都在场——布莱克正和身边的一小群人在说话。当时在场的还有一位夫人，她在寄宿学校上学的孩子，因为放假，刚刚回到家。
>
> "有一天傍晚，"布莱克以他惯常的平静的口吻说道，"我在散步，来到了一块草地。望见远处有一群羔羊。我走近一瞧，地上开满鲜花，有木栅栏和栏内毛茸茸的小羊，一派美丽的田园风光。等我再一瞧，羊群消失了，只有一座美丽的雕塑。"
>
> 那位夫人以为这是给她的孩子们的节日表演，于是，急切切地插了一句："不好意思，打断一下，你说的这个地方是哪儿啊？"
>
> "这里，夫人。"布莱克一边说着，一边摸了摸自己的额头。[103]

在一次类似的聚会上，来了"一位陌生人，很有教养的样子，出于礼貌，给他看《机械师杂志》的创刊号（1823 年 8 月 30 日）。'啊，先生，'布莱克冷冷地说道，'这些都是我们画家厌恶的东西！'"[104]

1825 年 12 月 10 日，林内尔和布莱克再次到阿德斯家聚餐，发现亨利·克拉布·鲁宾逊也在被邀的宾客之中。在此之前，鲁宾逊只是对布莱克有所耳闻。他曾参观过布莱克的画展，读过他的《叙录》，还写了一篇有关他的报道。这次得以在阿德斯家的餐桌上见到布莱克本人，鲁宾逊显得愈发兴致高昂。

411 　　聚餐过后，克拉布·鲁宾逊找到布莱克，对这位"天才的疯子所发出的荒诞不经的谵语"[105]进行了广泛的记载。克拉布·鲁宾逊在日记中记录下来的布莱克的谈话，信息之丰富，无人能及。虽然鲁宾逊并不明白布莱克"关于艺术和宗教的毫无头绪的谵语"[106]的主旨为何，但是他的这些记录与布莱克的写作和绘画实践却相吻合。这些语录是智慧的结晶，神秘的宝库。

克拉布·鲁宾逊分别在 1825 年 12 月 10 日、17 日、24 日，1826 年的 1 月 6 日、2 月 18 日、5 月 12 日、6 月 13 日和 12 月 7 日，以及 1827 年的 2 月 2 日拜访了布莱克或者与其一同进餐。[107] 第一次会面时，鲁宾逊想套他的话，"让他公开承认自己精神不正常"。他在日记中"把我能记住的有关这位奇人的对话都记录下来，不做任何处理"：

> 他有些老态——脸色苍白，有着苏格拉底般的面容，和蔼中透着虚弱——但是，只要一开口，他的脸就立刻生动起来，有了一种被灵感充满的气质……

> 他一进屋，阿德斯夫人就把自己的几件作品拿出来给他瞧。他热情地赞扬了这些作品，并且把自己的《坎特伯雷的朝圣者》版画拿给阿德斯夫妇看。* 版画中的一个人物与阿德斯家藏品中某幅画中的人物很相似。†

> "他们说我抄袭了这幅画，其实，早在 20 年前，我就已经完成了我的版画，这幅画是我后来才看到的——不过，我年轻的时候，常常研究这种类型的绘画。有些相似也不足为奇——"

> 他的这番解释，听起来倒还像是个普通人——不过，有时候他说自己的画是从异象的灵感而来——而且说起"我的异象"的时候，语气平淡，并无变化，好像是在谈论一件人人都明白，不会特别劳神去关注的琐事一般——他就这么平静地说——反复地说"灵

---

* 他将《天真与经验之歌》AA 本带给了阿德斯夫妇，Z 本带给了克拉布·鲁宾逊。1826 年 1 月 3 日，伊丽莎白·阿德斯在给林内尔的信函中写道："我想拜托您一件事，请帮我把钱带给布莱克先生，看看怎样让他安心收下，不驳了他的面子才好。当初，我和鲁宾逊先生提出来，想要看看这本书，本意并不是要他把书送给我们。"阿德斯夫人为 AA 本支付了 5 英镑 5 先令，托林内尔带给布莱克（*BR*，第 591 页）。鲁宾逊还买下了《亚美利加：一个预言》（D 本）、《阿尔比恩的女儿们的异象》（O 本），支付了"布莱克 1 基尼金币的要价"。此外，他还购买了 5 本《叙录》（可能包括 J 本、L 本、N 本 [1842 年购入]，以及 S 本），《诗的素描》（可能是 A 本 [1848]、O 本）以及《天堂与地狱之歌》（K 本）。

† 阿德斯夫妇的藏画以德国及弗兰芒文艺复兴时期的绘画为主。林内尔在 1825—1826 年刻过其中的一幅画，因此，布莱克极有可能在看到这幅真品之前就已经在林内尔处了解到概貌了（*BRS*，第 107—108 页）。

魂告诉我"——

我趁机接过他的话——"你使用的词，苏格拉底也曾用过——那么，你的灵魂和苏格拉底的灵魂之间有何相似之处呢？"

"我们有着相似的面容，而且——"

他顿了顿，说道——"我的前生就是苏格拉底。"

412　过了一会，他似乎觉得自己说得不够准确，于是补充道："像是一种兄弟的关系——我肯定是和他交谈过的——我也曾与耶稣基督交谈过——我还依稀记得曾与他们二人在一起——"

在此之前，基于非常明显的哲学原因，我认为不朽之物是不可能被创造出来的——永恒既没有开端——永恒也没有终止——

听到我这么说，他眼前一亮，急切地表示赞同——"确实是不可能——我们与上帝同在——我们是神圣的整体的部分——我们都带有圣洁的属性——"

……我问他一个很重要的问题，如何看待耶稣基督的神性，他说道——"他是唯一的神"——不过，他马上又接着说——"我也是，你也是——"*

他刚才……一直在说耶稣基督的不是："他不应该牺牲自己，让人给钉在十字架上。他不应该抨击政府；那不是他要管的事儿。"

我问他，既然耶稣有这么多的不是，那又如何解释祂的神性呢——他回答道，"他那时尚未与圣父一体——"

即使能将这些思想的碎片整理出个头绪来，仍然很难判断布莱克信奉的到底是基督教的柏拉图主义还是斯宾诺莎主义——不过，他自称对柏拉图很反感，并且指责华兹华斯不是基督徒，而是柏拉图主义者。

休谟说有些宗教的思想会……消解人们对于善与恶的区分对

---

* 见《耶路撒冷》，图版4，第18—19行：

　　我不是遥不可及的神，我是你的弟兄和挚友；
　　我住在你的心里，你住在我的心里

立，使得人们对发生的任何事情都无动于衷。我趁机把这句话和布莱克说过的话联系起来——"果真如此的话，"我说道，"那么管教和教育都是没有用处的；区分善恶也没有意义——"

他立马打断我的话——"教育是一丁点的用处都没有。我认为教育就是个错误——是一种大大的罪。教育就是吃分别善恶树上的果子——"

"这是柏拉图的错——他就只知道区分善与恶，美德与恶习。这些东西没有任何意义——在上帝的眼中，每一样都是好的。"

我提了个没有多少新意的问题——"那是否意味着人所做的事当中，并无绝对的恶呢——"

"对此，我不能判断。也许在上帝的眼中并不为恶——"

虽然在这样或那样的场合，他说的话似乎都在表明他否认恶的存在——而且，既然我们无法判断正误——那么把一切事物都看作是上帝的作为也未尝不可——（我插嘴说了个德语的"客观性"一词，他表示赞同——）不过，有时候，他谈起人们犯错，似乎也是在天堂里一般——

我问他，如何透过但丁描写的异象来评价他的道德品质；他是一个纯洁的人吗？——

"纯洁，"布莱克说道——"你认为有什么在上帝的眼中是看为纯洁的吗——就是天上的天使也与我们无甚分别。'祂责怪祂的天使愚钝。'"*接着，他把这一话题延伸到至圣者——"祂也会犯错——祂不是怪自己不该造尼尼微城吗？"

……他说着说着，似乎有了一种自满的神情——他说自己是奉命行事——圣灵告诉他："布莱克，不要干别的，就做个画家。在绘画里，你能得到幸福。"他谈到倾尽一生，为上帝作画的喜悦时，眼睛里闪着光——"艺术就是灵感。无论是米开朗琪罗、拉斐尔还是弗拉克斯曼先生，他们在创作精品时，都是被圣灵充满着

413

---

* 《约伯记》，4:18。布莱克后面引用的句子好像不是来自《圣经》。

的——"

布莱克说，"如果我得到了任何俗世的名望，我会深感不安。一个人在世上的荣耀越多，他在属灵里的荣耀就越少。我不要为谋利而工作。我要为艺术而生——我不需要别的什么。我已经很幸福了——"*

……他继续说着……自然的世界和属灵的世界的区别——自然的世界必将毁灭——

……谈到了斯韦登堡——"是一位神启的老师——他行了许多善事，而且还要行更多的善事。他纠正了天主教的种种错误，还对马丁·路德和约翰·加尔文进行了纠正——"

不过，他也说到斯韦登堡试图用理性的方式来解释理性所不能理解的事，这一做法是错误的。他应该就这么放着不管——

布莱克同时提到了斯韦登堡和但丁，因此，我问布莱克，这俩人的异象是否属于同一性质。我记得布莱克的回答是"是"——他说，相比而言，但丁在诗歌创作方面更胜一筹——因为他有政治的诉求。虽然他的政治思想并不正确，但是在布莱克看来，这并不影响他的异象的真实性。

奇怪的是，谈到华兹华斯的时候，布莱克的语气就大不一样了。他认为华兹华斯根本就不是基督徒，而是柏拉图主义者——他问我——"他到底信不信《圣经》？"

我给了他肯定的回答。他说阅读《远游》的序言部分简直就是煎熬。让他觉得恶心†——布莱克朗读了这段诗句

"耶和华——带着祂的闪电，迎着天使的欢呼，

在至高天国的宝座上——

---

* 塞缪尔·帕尔默说："如果有人问我，在认识的文人当中，有谁是快乐的。我第一个想到的就是布莱克。"（吉尔克里斯特［*BR*，第 312 页注 2］）
† 鲁宾逊后来说："他告诉我，《远游》的序言……让他腹如刀绞，痛不欲生。"（1826年 2 月 19 日写给多萝西·华兹华斯的信函）

我擦身而过，浑然不觉。"*

这句"擦身而过，浑然不觉"着实惹恼了布莱克。"难道华兹华斯先生以为他的思想能够超越耶和华吗？"

我试图按照布莱克的逻辑来理解这段话，但是发现怎么也说不通。布莱克对华兹华斯下的定论是他是个异教徒——不过，他仍然盛赞华兹华斯是这个时代最伟大的诗人——

谈到雅各布·伯梅时，布莱克认为他是神启之人。他还称赞威廉·劳神父翻译的雅各布·伯梅著作中的插图非常精美。†"米开朗琪罗的画也不过如此——"

他谈到了他的幸福，也谈到了他在以往遭受的种种不幸，并且认为这些不幸是必要的——"天堂里也有苦难，有能力享受幸福，就有能力承受苦难"……

我又萌生出几个念头。

培根、洛克和牛顿是无神论的三大导师，还是撒旦哲学的代表。

若是认为自然的、无灵的世界就是现实，那就是无神论。

——欧文——他是天赋极高之人；他是上帝派来的——不过，这些人有时候做事过了头——

但丁看见了魔鬼，而我没有——我只看见善——在卡尔文的家中，我看到的只有善——相比之下，路德的家就逊色许多；他养了娼妓——"

他的系统当中有关斯韦登堡的部分相当危险。他有关性的宗教思想也很危险。‡

---

* 华兹华斯，《远游》（1814），第 xi 页。1814 年 12 月 19 日，鲁宾逊"与弗拉克斯曼夫妇一起喝茶，读给他们听……华兹华斯《远游》中的部分章节。弗拉克斯曼对华兹华斯在序言中谈到的耶和华浑然不觉……此类的神秘表达颇为不满"（*BR*，第 312 页注 3）。
† 《雅各布·伯梅作品集》（附有插图及狄俄尼索斯·A. 弗莱切的评论），阐述了他的原则。威廉·劳神父藏本，四卷本（1764、1772、1781）。
‡ 布莱克在 1789 年加入了新耶路撒冷教会，该教会后来因为在斯韦登堡的"性的宗教"上的不同理解而产生分裂。

"我不相信地球是圆的。我认为地球是平的——"我不觉得我们是在一个球体上运动——这时，有人叫我们过去吃饭，我没来得及听听他的回答。

太阳——"我与——灵魂的太阳——交谈过——我在樱草花山上见过他。他问：'你认为我是希腊的阿波罗神吗？''不，'我回答道，'那（布莱克指着天空）是希腊的阿波罗神——他是撒旦。'"

415

"现在，我凭着内心的信念就能辨别真伪。我有自己的信条——我的心告诉我这一定是真的——"

我想确认他说这话的意思。于是，我说，这就如同不可能让没有受过教育的人对所谓的宗教的外部证据进行判断一样。他对我的话表示完全赞同。

……他谈到的最妙的一件事大概是将道德的恶与自然的恶进行对比——"谁说在上帝的眼中看为恶——这是穆罕默德派的一个聪明的说法——是谋害了婴孩的那个上帝的天使的说法 *……事实上，哪一个生病死去的婴孩不是被天使夺了性命？"

12 月 17 日，克拉布·鲁宾逊到喷泉苑拜访布莱克，再次详细地记录下与布莱克的谈话。虽然

他的思路混乱，前言不搭后语；后来的谈话也是各种的荒诞离奇与自相矛盾——

我们的谈话从但丁开始。"他是一个无神论者——一个忙于应付俗世的政客，有些像弥尔顿。弥尔顿直到晚年才回归上帝——那个他童年时代曾经相信过的上帝——"

我想从布莱克的口中套出话来：他对这些人的无神论的指责其实是源自一个更高层次的要求，并非是指我们常言所道的无神论。

---

* 克拉布·鲁宾逊认为这句话隐射帕内尔的《隐士》（第 150—230 行，《托马斯·帕内尔博士诗歌作品》[约 1796]，第 46—48 页）。二者的故事情节比较相似，不过与穆斯林无关。

但是，布莱克并不同意这一说法——他以同样的理由指责洛克也是无神论者，我辩护说，洛克著书立说都是基于基督教的事实例证，而且他本人也过着敬虔的生活。布莱克无言以对，也没再对洛克继续恶意诽谤。我承认洛克的宗教思想会导致无神论。他似乎对我的这一说法颇感满意——

我们暂时抛开这个话题，谈起了善与恶。此前，他发表过有关善恶的言论，观点更为鲜明——他说人确实会犯错或者失误，如果这就是所谓的恶的话——那么恶是存在的，但是错误和失误只能算是善的对立面——他认为人不应该接受教育，除非是为了培养想象力和美的艺术创造——

"在自然的世界里被认为是伤风败俗的东西，在精神的世界里是最崇高的表现形式。"

我又问他，如果他是一位父亲，而他的儿子作恶多端，犯下滔天罪行，他会不会伤心难过呢？他回答道："我努力在做的是思考自己的缺点，而不是把眼睛盯在别人身上。"

我又辩道，照他这么说，所有的努力都是枉然，甚至都不要想去改变什么。他无言以对——

我们谈到了魔鬼。小的时候，我认为摩尼教的教义或者善恶二元论的教义颇有道理。对此，他表示赞同——而且，为了表明态度，他说自己并不相信上帝是全能的——《圣经》中有关这一部分所使用的语言只是一种诗性的或者寓言式的表达。不过，他立马又否认自然的世界是某种事物的说法。自然的世界本是无物，撒旦的王国虚无一物。

很快，他又回到了自己最爱的话题"我的异象"——"我在想象中见到了弥尔顿。他告诉我要小心，不要被他的《失乐园》给误导了。*他特别希望我能够指出他思想的误区，即性的欢愉来自堕

416

---

* 吉尔克里斯特引述"帕尔默及其他弟子"谈到布莱克平日的讲话："'一日，弥尔顿对我说'之类的。还有'我想说服他，让他明白是他错了，但是没能成功'；'他的家是帕拉迪奥风格，而不是哥特式的建筑'"（BR，第316页注1）。

落——堕落根本就不能带来任何的欢愉。"

　　我回答说，堕落会产生一种恶的状态，混合着善与欢愉。从这个意义上讲，可以说堕落导致欢愉——

　　他辩解道，堕落只能产生下一代和死亡。接着，他就进入一种混乱的状态，东扯西拉，说什么要像上帝一样，人也应该是两性合为一体——一种雌雄同体的状态。我都听不懂他在说什么——[*]

　　他说到弥尔顿向他显现时——我问他弥尔顿是否长得跟版画里的一样——[†]

　　他说——"一模一样——"

　　"他看起来像是多大年纪？"

　　"各种年纪都有——有时候看起来很老。"

　　他说到弥尔顿，在某一时期是——一个典型的无神论者——而但丁，此时正与上帝在一起——

　　他说人们在襁褓中就已经具有看见异象的能力——他认为所有的人都拥有这个能力——只是，这种能力没有得到培养，就渐渐丧失了。我说世上一切的能力，人人都有，只是程度有所差别。对此，他深表赞同——

417　　1825 年的平安夜，鲁宾逊再次拜访布莱克。布莱克那些稀奇古怪的话似乎没能再次引起他高昂的兴致：

---

[*]　洛斯说："当阿尔比恩从可怕的休憩中醒来时，两性必须消失。"（《耶路撒冷》，图版 92，第 14—15 行）

[†]　在《克拉布·鲁宾逊回忆录》（BR，第 543—544 页）中，这些版画指的是弗朗西斯·布莱克本所著的《托马斯·霍利斯、F. R. 及 A. S. S. 先生回忆录》（1780）中的插图："我见过他年轻时的样子。他老了的时候，留起了长长的大胡子。"霍利斯有五幅弥尔顿不同时期的画像，不过，并没有一幅画中有大胡子。书中有些版画的署名是巴塞尔。不过，弥尔顿肖像画的署名都是斯普莱力。

　　1879 年，塞缪尔·帕尔默在给乔治·里士满的信函（BRS，第 84—85 页）中写道，布莱克告诉他"有一幅弥尔顿的肖像画表明了他对……霍利斯一生所产生的伟大意义"。帕尔默认为这座半身雕塑虽然署名作者是斯普莱力，时间是 1760 年（彼时"布莱克才三岁"），但是"看刀工，应该是威廉·布莱克的作品"。

我为他朗读华兹华斯那首无与伦比的《不朽颂》。他非常陶醉——*

又是那套关于两个世界的半痴半颠的论调——反反复复，说来说去，总归让人生厌——

他又开始老调重弹——"我觉得华兹华斯是热爱自然的——自然是魔鬼撒旦的作品——魔鬼就住在我们里面，我们就是自然——"

我问他，既然魔鬼的能力不及上帝，那么会不会被上帝消灭掉呢——他否认上帝有任何的能力——坚称魔鬼不是上帝创造的永恒存在——但是是上帝允许的存在。我提出质疑，允许不就意味着上帝也有能力制止吗？他似乎没有听明白我的话——

值得注意的是，他最喜欢的《不朽颂》的部分正是我觉得最晦涩难懂，最不喜欢的部分。

1826 年 1 月 6 日，鲁宾逊再次拜访布莱克，但是

我觉得没有必要再把他的谈话记录下来。大多是之前说过的，如今又搬出来重复一遍——

他一直都很友善。我给他揽了个活儿，预定两幅《约伯记》版画给乔治·普罗克特和巴西尔·蒙塔古。我付给他每幅画 1 英镑——我这么做，大概是振奋了他的精神，连他自己都没有意识到——他说认识我以后，日子宽裕多了，而且他还告诉阿德斯夫人，我和他有着一致的观点。我从未有意欺瞒过他，但现在听他这么一说，也只好缄口不语。

他又开始指责华兹华斯，间或夹杂着对他的赞扬。

他所说的最为怪诞之事是奉命行事，写一写弥尔顿。他拒绝了

---

* 鲁宾逊在 1826 年 2 月 19 日给多萝西·华兹华斯的信函中着重强调，"我从未见过有谁，在听到这首诗时，有如此的喜悦"。

这一命令，得到了喝彩。他与天使理论，最后说服了天使——

他的妻子加入了谈话——

6 周之后，2 月 18 日，克拉布·鲁宾逊再次拜访布莱克：

他抄写了华兹华斯的《远游》序言，送给我——并在结尾的地方做了批注——

418

"所罗门王与法老的女儿结婚，改信了外邦人的神话，说起话来也是如此的腔调，以为耶和华是凡人思考中某个劣等的对象。他还擦身而过，浑然不觉。他这么做，也是上帝允许的。耶和华流下一滴眼泪，祂的灵追着他，进入抽象的虚空。这就是上帝的慈爱。上帝的慈爱里有撒旦，但是撒旦没有上帝的慈爱。"

他对华兹华斯的评价还是一如从前——他的有些作品是从圣灵而来的，有些则是受了魔鬼的驱使[*]——不过，我发现在这个话题上，布莱克的言论与东正教的教义更为契合——他谈到自然的人，其思想行为受到自我和理性的指引，与之对立的是上帝的恩典——他热烈地宣称自己所知的一切都源于《圣经》，然后，靠着《圣经》，他领悟了精神的感知。同样的，上帝给了伏尔泰自然的感官让他去揭示——

"我和伏尔泰聊了很多，他告诉我'我亵渎了人子，但我还是会被宽恕。但是，他们（伏尔泰的敌人）却亵渎了我的圣灵，他们不应该被宽恕——'"

我问他伏尔泰是用什么语言与他交谈的。他的回答很是新

---

[*] 克拉布·鲁宾逊 1826 年 1 月借给布莱克华兹华斯的《诗集》（1815），布莱克在第一页的空白处写道："我看见华兹华斯身上作为自然的人（Natural Man）在与作为精神的人（Spiritual Man）奋力抗争，持续地抗争。他不再是一个诗人，而是一个异教徒的哲人，与所有真正的诗歌和灵感相对立。"

奇——

　　"我的感官听到的是英语——这就好比是弹奏琴键——他可能是用法语奏响的，但是到了我的耳朵里就成了英语——"

　　我又说起向他显现的那些人的样子，问他为什么不把他们画下来——

　　"耗不起——这么多的人物，一一画下来，工程太巨大。而且，也没有多大意义 *——譬如莎士比亚：他和旧版画中的形象一模一样 †——别人说那幅版画不好。我觉得还挺不错的——"

　　我问他写的那些东西——

　　"我写的东西比伏尔泰或者卢梭的都要多——我写的史诗长度是荷马的六七倍，我的悲剧长度是《麦克白》的二十倍。" ‡

　　他给我看他的新版（姑且如此称呼）《创世记》——是"从一个基督徒异象者的角度来理解"的 §。风格与《圣经》相似——圣灵已经赐给每个人；他随口朗读了一段。让人印象深刻——

419

　　他不想再印刷作品——他说"一旦受到圣灵的感召"，"我就提笔写作"，"写完的时候，我看见词语在房间里四处飘荡——就这样出版了，圣灵也可以读到——我的手稿其实都没啥用了——我曾经想把手稿给烧了，但是我妻子不让我这么做"。

　　"她是对的，"我说道——"你写下这些，不是出于自己的目的，乃是遵行一个更高的命令。这些手稿是他们的，不是你的个人财产——你不明了他们意欲何为；你无法预见——"

　　他喜欢我这么讲，然后答应不会销毁这些手稿。

———————————

* 布莱克直到 1825 年都还在画"异象中的头像"，瓦利在其中一幅上的题词是："威廉·布莱克应我的要求所画的阿喀琉斯头像。1825 年"（*BR*，第 323 页）。克拉布·鲁宾逊在 1826 年 2 月 19 日给多萝西·华兹华斯的信函中写道："他一直生活在幻觉之中。"

† 这幅"旧版画"大概指的是《莎士比亚第一对开本合集》（1623）中德罗肖特所版刻的莎士比亚肖像画。

‡ 泰惠姆在 1829 年 4 月 11 日写道，"常常听他说他写的东西比弥尔顿和莎士比亚合起来的都要多"（*BRS*，第 90 页）。不过，我们并没有发现如此大量的手稿。

§ 布莱克存留至今的作品中，《创世记》是最典型的"从一个基督徒异象者的角度来理解"世界的作品。

他反复提到他的哲学思想——对因果关系的否定，坚称万物都是上帝所作的工，抑或是魔鬼撒旦作的工。远离上帝的事情不断发生——天使堕落成魔鬼。每个人的心里都住进了一个魔鬼。人的自我与上帝之间是永恒的抗争——诸如此类的话。

他告诉我，我抄写的《天真与经验之歌》值 5 个基尼金币。他对我听到这一消息时的反应感到很高兴。他说自己害怕金钱。如果有人拿钱给他，他会吓得面无人色。诸如此类的话——

克拉布·鲁宾逊在第二天给多萝西·华兹华斯的信中写道：

我借给了布莱克关于华兹华斯的所有作品，不过，他的理解并不完全……他有着某种令人愉悦的特质——虽然极度贫困，他仍以真正的自尊和自立，完美诠释了一个绅士应有的风度——他对礼物不屑一顾，对文字却有着与生俱来的细腻与敏感，诸如此类。我毫不犹豫地答应要把他和华兹华斯先生相提并论，推荐给别人——他大为感动和感激——说道："我真是三生有幸。华兹华斯先生是一个了不起的人——而且，他使我相信，我可能对他存有误解——我之前的看法是错的。"柯勒律治拜访过布莱克，对我说了布莱克的许多好话——

不过，华兹华斯和布莱克却未曾会面。

3 个月后，1826 年 5 月 12 日，克拉布·鲁宾逊为弗拉克斯曼夫妇、迈斯奎瑞尔夫妇、萨顿·夏普和布莱克举办了茶会和晚宴。

迈斯奎瑞尔对他的观点发表了自己的意见，认为那都是些俗套的想法——布莱克认为最早期的画家和诗人才是最优秀的——

"你是在否认一切的进步吗？"迈斯奎瑞尔问道。

"嗯，是的！"

我真不知道弗拉克斯曼受不受得了布莱克。不过，布莱克对弗拉克斯曼倒是赞赏有加。

又过了一周，5月17日，鲁宾逊

　　一大早就去找布莱克。他的思想还是和以往一样狂放不羁，并无多大的新意。不过，他坦承自己有一个很现实的想法。这比我听过的其他任何事情对他的伤害都要大。他说从《圣经》中，他了解到妻子应该都是一样的——我反驳说婚姻是神赐予的制度，他转引《圣经》的话——"起初并不是这样"——

　　他继续说着，情绪并无起伏。他称自己犯了多起谋杀，起因只有一个，恶或者罪。那些无忧无虑的快活人比那些成天思考的人要强得多，等等，诸如此类的话。

　　鲁宾逊显然并不知道——当然布莱克是知道的——那句引自《圣经》的话的背景：耶稣"对他们说，摩西因为你们的心硬，所以许你们休妻，但起初并不是这样"（马太福音 19：8）。

　　7个月后，1826 年 12 月 7 日，听闻弗拉克斯曼的死讯，克拉布·鲁宾逊去

　　拜访布莱克，急切地想知道，像他这样一个对弗拉克斯曼抱有特殊的情感和看法的人，在得知这一消息后，会做何反应。他的反应和我预想的一样——他自己在今年夏天生了场大病。听到这个消息，他淡然一笑——"我本以为我要先他而去的。"*他接着说道——"我认为死亡只不过是从一个房间搬到另一个房间——"

---

* 1827 年 4 月 12 日，布莱克在给乔治·坎伯兰的信函中写道：

　　弗拉克斯曼已经去了，我们大家都会步他的后尘，每个人都将抛却虚假的自然女神和她的律法，去往自己的永恒之所，去到没有律法羁绊的自由国度，进入心灵的世界。在这里每一个人都是自己的国王和牧师。这天堂的世界，上帝也在世间赐给了我们。

说到这，他的话匣子打开了，又进入到以往那种狂放不羁的状态——人一出生，里面就住进了魔鬼和天使，或者按照他的解释，身体和灵魂。

他对《旧约》没有多少好感——"基督，"他说道，"很像他的母亲（律法），从这个意义来讲，作为肉身的人，他是最坏的那种——"我想知道他为什么这么说。他的解释是——"他把兑换银钱的人赶出圣殿——他没有权利那么做——"

接着，布莱克开始批评那些喜欢论断别人的人——"我还从未遇见过一个完全的、找不到一丝优点的坏人——"

他谈到了赎罪，说——"这是条可怕的教义——就算别人帮你还了债，我还是不能原谅你——"诸如此类的话。

他拿出富凯的《辛德姆和他的朋友们》*——"这本书比我写的那些都要好！"

421　　克拉布·鲁宾逊记录的布莱克谈话极富启发性，不仅将布莱克的思想展现给我们，而且还忠实地记录下一位哲学思维缜密、富有同情心的听众的反应。虽然鲁宾逊认为布莱克的谈话既无章法，也无逻辑，但是他记录下来的这些语言片段与布莱克在写作和绘画中所表达出来的思想惊人地吻合。†如果没有鲁宾逊的记录，我们就不会知道布莱克会认为但丁"只是一名政客"，不过，仍不失为一位伟大的诗人；也不知道，在他的眼中，死亡只不过是"从一个房间搬到另一个房间"。

这些记录是前人的馈赠，我们感激不尽。林内尔和帕尔默这些人虽然对布莱克抱有更多的热爱和仰慕之情，他们有关布莱克的回忆尚不能

---

* 弗里德里希·德·拉·莫特·富凯，《辛德姆和他的朋友们》（1820），翻译自德语，译者是克拉布·鲁宾逊的朋友尤里乌斯·黑尔。

† 乔治·里士满在1886年7月28日告诉安·吉尔克里斯特："克拉布·鲁宾逊……对布莱克非常景仰……不过，布莱克之前说过一些荒唐话，因他还遭了不少的罪——所以回答他的提问时，不免有些天马行空，口无忌言。"（博德利：英语手稿。信196，f. 135ʳ）不过，这番话似乎没有考虑到布莱克的作品的确与克拉布·鲁宾逊的访谈记录之间有很强的关联性。

与鲁宾逊的记录相提并论。如果没有克拉布·鲁宾逊的日记和回忆录，我们对布莱克的认识就会大打折扣。

为但丁的《神曲》描绘最庄严的插图

　　布莱克的《约伯记》版刻插图即将完工，但是一时半会还分不到钱。于是，林内尔开始四处寻找机会，好让布莱克手里不闲着，能够挣上几个钱——至少不饿肚子。

　　　　这个想法是这样来的。虽然《约伯记》的酬劳已经付了，林内尔仍然每周给布莱克钱。布莱克说："我都不知道要怎样报答你。"
　　　　林内尔说："我不需要你报答我。我真的非常高兴能够为你做点事。不过，如果你一定要为我做点什么的话，我想请你为但丁的《神曲》（《地狱》《炼狱》《天堂》）创作插图。"*

　　林内尔的解释是，但丁插图"是为林内尔先生画的。布莱克先生没有别的经济来源，林内尔把画画的钱预先支付给布莱克先生……林内尔先生的本意只是希望在力所能及的范围内帮助朋友解决温饱问题"。"不过，这些画的价值远非这笔钱（130 英镑）所能及。"†"这么做……也只

422

---

*　A. T. 斯托利，《约翰·林内尔传》（伦敦，1892），第一卷，第 231、228 页。这段对话听起来有些像是杜撰的，而且日期也不详。不过，也许斯托利有证据证明确有此事吧。帕尔默说他看见布莱克在 1824 年 10 月 9 日创作但丁插图，但是，布莱克明确得到报酬的日期是 1825 年 12 月 21 日（*BR*，第 589 页）。

†　1831 年 3 月 16 日林内尔写给埃格雷蒙特勋爵的信函。林内尔为布莱克慷慨解囊，并不止于此。"为了照顾布莱克的遗孀，他甚至愿意把手中的画卖出去。只要能卖到更高的价钱，他就把差价补给布莱克夫人。"
　　在 1831 年 3 月 9 日和 16 日林内尔写给泰瑟姆信函中可以找到酬金支付的具体细节："我总是提前把钱支付给他"；"做多做少，都随他方便，只要他自己觉得开心就好"。

是希望他能够不为生计所累，安然工作到去世。"*

布莱克对林内尔的这一提议应该是感到高兴的。他一直仰慕但丁，在《天堂与地狱的婚姻》中，将但丁置于与莎士比亚同等的地位，称他们是旷世奇才。布莱克还曾根据《神曲》画过几幅图。譬如，《神曲》中乌格利诺伯爵和他的儿子们被卢吉埃里大主教关在塔中活活饿死的场景，分别出现在：1780—1785 年的几幅画、《给孩童：天堂之门》（1793）的插图 14（《你的上帝和牧师也会这样报复吗？》）、1801 年为海利的图书室所作的但丁肖像画的背景，以及 1826 年的一幅蛋彩画。[108]

当然，他当时对但丁作品的理解都还只是基于二手的资料。1800 年，他在亨利·博伊德的《〈地狱〉译本》（1785）上做了注释。他的朋友乔治·坎伯兰、约翰·弗拉克斯曼、亨利·菲尤泽利和威廉·海利都懂意大利语，布莱克从他们那里曾听说过但丁的意大利文原版。1793 年，弗拉克斯曼还创作了一套但丁作品插图系列，轰动一时，后于 1802 年出版。

为了给但丁的作品配图，布莱克必须学习中世纪的意大利文。他的第一步可能是弄到了一本由弗拉泰利·塞萨出版的附有木刻版画插图，以及亚历山德罗·韦卢泰洛和兰迪诺注释的意大利原文《神曲》（该书有 1564 年、1578 年和 1596 年三个版本）。此外，还有三卷本的《异象》；或者是亨利·弗朗西斯·卡里翻译的《地狱》、《炼狱》和《天堂》。[109] "他凭着自己掌握的拉丁文，用了几周的时间自学了意大利语。虽然文法不是很通，他还是基本上弄明白了这位晦涩的作者的作品大意……"†

---

* 1830 年 4 月 3 日林内尔写给伯纳德·巴顿的信函。1827 年 4 月 25 日，布莱克写信给林内尔："我觉得但丁插图的酬金足够维持我目前的生活。"

† 吉尔克里斯特（BR，第 290 页）。关于布莱克学习意大利语的具体时间，有多种说法：1820 年（J. T. 史密斯［BR，第 475 页］："63 岁的时候"）；1824 年（吉尔克里斯特［BR，第 290 页］："67 岁的时候"）；1825 年（《文学报》［1827 年 8 月 18 日］："66 岁的时候"）（不过，由于这篇文章的作者匿名，而且考虑到 1827 年布莱克是 68 岁，而不是 66 岁，所以这里指的应该是 1825 年）。泰瑟姆说话一向含混，而且喜欢夸大其词。他的解释是："他 60 多岁才开始读但丁，之前一个拉丁词儿都不认识。"（BR，第 527 页）。这些画的左边有一连串交叉的数字，好像是指代但丁的某页诗句。譬如，"列在第 71 页旁的第 37 号"（巴特林第 812 2 项）。不过，"目前还没有发现这些数字之间有何逻辑关联"（巴特林，第 555 页）。

林内尔称他给了布莱克一本琴尼诺·琴尼尼的《绘画论》（罗马，1821）。布莱克"很快就看懂了"（BB，第 717 项）。

布莱克的身体每况愈下，他在信中表达了对但丁的热爱：1825 年 6 月 7 日，"我坐在床上也能画，可能画得还要更好一些。可惜，我没办法版刻。我一直在画但丁，很开心"；1826 年 4 月，"我怕是好不了了……但是但丁的插图画得越来越顺畅了，我现在只关心这些"；1827 年 4 月 25 日，"我现在满心满眼的都是但丁，无暇顾及其他"。

他并没有像塞缪尔·帕尔默说的那样（1824 年 10 月 9 日）在"卧病在床的两周里"完成了所有的绘画——事实上，他根本就没有完成这些作品——他确实是在一个大的对开本上画了 102 幅图。有些是在自己的家中，经常是在病床上画的；有些则是在林内尔位于汉普斯特德城北的科林斯牧场的新家里画的。譬如，1826 年 8 月 1 日，他去汉普斯特德拜访林内尔，"他正在画但丁插图。老朋友们直到现在（1861）都还把荒野边上的那片树丛叫作'但丁林'"。*

布莱克的画表现了他所谓的"对这个世界愤怒的上帝"。他的结论是："但丁《神曲》中的每一件事都表明了他为了专制的目的所创造的这个世界是一切的根源；带给他灵感的是自然神秘女神，而不是想象力和圣灵。"[†] 他对克拉布·鲁宾逊说，但丁"有政治诉求"；"但丁看见了魔鬼，我却看不见"。不过，他也告诉鲁宾逊，但丁的异象都是真实的，他现在和上帝在一起。他和华兹华斯一样，是伟大的，同时也是有些走偏了的诗人。

与大多数的插画家和批评家一样，布莱克对《神曲》的第一部尤为着迷。他的大部分绘画和版画表现的都是《地狱》中的场景。不过，他最有表现力的绘画表现的是《天堂》中的景象。譬如，《但丁崇拜基督》

---

* 吉尔克里斯特（*BR*，第 333 页）。布莱克在 1826 年 7 月 2 日给林内尔的信函中写道，他会"只带上我的但丁插图绘画本，并在本子里夹上一张版画"来到汉普斯特德。

但丁插图绘画目前有 36 幅保存在维多利亚国家美术馆（墨尔本），其余有 23 幅在福格博物馆，19 幅在泰特美术馆，15 幅在大英博物馆的版画展厅。

† 但丁插图画 3 号和 7 号上的题词。"想象力是每个人神性的身体"；"人就是想象。上帝是人，住在我们里面，我们也住在祂里面"（写在乔治·伯克利的《西里斯》[1744] 第 204、219 页上的旁注 [1820]）。

（见图131）。值得注意的是，这里没有出现贝雅特丽齐*。在《天堂》中，贝雅特丽齐一直陪伴但丁左右，是教会的象征。最后，但丁抛开中保，独自走向基督。

这是一项巨大的工程，投入与回报根本不成比例，靠的是布莱克满腔的热爱和赖以生存的异象。首先，这102幅水彩画并未完工。如果布莱克活得再久一点，他肯定能完成这些水彩画，并且创造出更多的作品。其次，版刻的数量很大。假设布莱克和林内尔的计划是使《炼狱》和《天堂》的版画数与《地狱》基本一样的话——弗拉克斯曼在1802年的版本就是如此——那么总共要版刻20多幅插图。就算最多只这个数目的话，他也要为《地狱》版刻7幅插图。再次，这些版画的尺寸非常之大（约35厘米×28厘米），是《约伯记》版画（约22厘米×17厘米）的2.5倍，是弗拉克斯曼的但丁插图（约13厘米×16.5厘米）的4.5倍。最后，与弗拉克斯曼的但丁插图不同，布莱克的插图不是轮廓图，而是全部完工的凹雕版画。不仅制作昂贵，印刷起来也很费钱。

接手这项工作本就是一场抱着幻想的冒险。林内尔能得到盈利的机会也是微乎其微。

布莱克的但丁水彩画让朋友们倾心不已。弗雷德里克·泰瑟姆说："不论是哪个时期的英国人，还是15世纪以来的外国人，都不曾创作出如此图画，唯有米开朗琪罗堪与之媲美。"T. G. 温赖特惊呼道："他的但丁插图是我所知道的最了不起的想象力之作。"[110]

布莱克也在全力以赴地进行但丁插图的版刻工作。截至1827年2月，他已经基本完成了4幅版刻，可以在家里客厅的印刷机上印刷清样。1827年4月25日，他告诉林内尔："我已经校样了6幅版刻，把争斗的魔鬼缩小了些，可以进行铜版印刷了。"

这些是布莱克制作的最后一批大型版画——足以展现布莱克最精湛的技艺。《约伯记》和但丁系列版画是布莱克作为版刻师的大成之作，

---

* 贝雅特丽齐是但丁刻骨铭心的柏拉图精神爱恋的对象，对但丁的一生产生了重要的影响，其形象反复出现在《神曲》中。——译注

也是线雕版画的扛鼎之作。

这些版刻作品也同样震撼了布莱克的弟子们。塞缪尔·帕尔默写道："没有什么能与之媲美：这些版画是艺术最崇高纯然的样子……从污浊的物质世界里永远脱离出来。它们不属于这个世界。"[111] 但是，在布莱克的有生之年，这些画只有他身边的朋友才得以亲见。*

未竟之作

布莱克在 1823—1827 年创作的《约伯记》和但丁系列插图、版画是了不起的成就，耗费了布莱克大量的时间和精力。尤其是对于一位年近七十，日渐衰弱的老人来说。这些年里，他还开展了许多其他的项目。与《约伯记》和但丁系列插图相比，这些项目的规模都不大，而且都没有完成。这些作品向我们表明，人已暮年心不老，布莱克的想象依然充满活力。

《给两性：天堂之门》

这些未竟之作中有一部《给两性：天堂之门》（见插图 24、36），是《给孩童：天堂之门》的扩充版。布莱克对《给孩童：天堂之门》的插图进行了调整（譬如，在原诗第 7 幅插图中，撒旦的腹部添加了鳞片［见插图 18]），调大了标题的字号，特别是书名页上的标题字号，还增加了《大门之匙》的部分（图版 19—21）。这样，原本谜一样的主题变得豁然开朗许多：

425

---

*　但丁的版画分别在 1838 年（印度纸 25 份）、1892 年（50 份）、1955 年（20 份）及 1968 年（25 份）印刷（*BB*，第 544—545 页）。当时的售价是 2 英镑 2 先令。以此看来，林内尔希望通过销售版画收回 130 英镑的投资，是不大可能实现的，至少是在世期间。

> 相互饶恕每一样恶：
> 如此便是天堂之门
>
> （《给两性》，图版 2［书名页］，第 1—2 行）

"善与恶"被视为"毒蛇的推理"，原诗中的第 7 幅插图表现为：从堕落中崛起的撒旦，一个"头上长有两只角"的像摩西的"邪恶雌雄同体人"。[112] 撒旦，张开繁星点缀的黑色蝙蝠之翼，盘旋在熟睡的人之上。在诗的结尾部分被布莱克加以称颂。

> 致控诉者
> 今世的神
> 诚然，我的撒旦，你不过是一个愚人
> 并不知从人来识别衣装。
> 每一个娼妓都曾是处女
> 你亦无法将凯特变成楠*。
>
> 虽然世人尊你的名为圣
> 如尊耶稣和耶和华：你仍是
> 倦怠暗夜消逝时的黎明之子，
> 山阴下迷途的旅行者的梦
>
> （《给两性》，图版 21）

布莱克可能并未完成这些修改。不管怎么说，我们如今所知道的完整版《给两性：天堂之门》只有 5 本，而且都是他去世后卖出去的。可能这其中有几本还是凯瑟琳和泰瑟姆印刷的。

---

* 此句中的凯特（Kate）和楠（Nan）是 18 世纪英国常见的女性名字，是一种泛指。布莱克在这里用这两个名字强调个体的独特性，即便名字（外在符号）不同，每个人的本质是无法被外力强行改变的。——编注

《永恒的福音》

与此同时，布莱克在他的笔记本剩余的空白处（第1—4、33、48—54、98、100—101、120页），零零散散地写下了《永恒的福音》。他在开篇清楚地表明："这是……耶和华的约定：如果你们饶恕彼此的过犯，耶和华必会饶恕你。"这一观点在《天堂与地狱的婚姻》中的图版23中，耶稣打破所有的道德律法这一看似矛盾的行为中得到了印证。

> 如果美德就是基督教
> 基督的标榜就是虚荣

> （《永恒的福音》，c部分，第1—2行）

道德的律法就是撒旦的法典，今世的神的法典： 426

> 基督徒的号角嘹亮地宣布
> 在全界全境奉耶稣的名
> 相互饶恕每一样恶行
> 便是开启天堂的大门

> （《永恒的福音》，b部分，第24—27行）

传统的基督徒谨守律法，在基督的眼中是看为敌人的：

> 你们所见的基督的异象
> 是我的异象的死敌
> ……
> 我们日夜都读圣经
> 你读的是黑，我读的是白。

> （《永恒的福音》，e部分，第1—2、13—14行）

上帝告诉基督：

> 你是人，不再是神！
> 你自身的人性学习仰慕 [113]

如果能够认识到肉眼所见的世界是对天国现实的扭曲，可能就会明白这个道理：

> 现世小看灵魂的窗户
> 扭曲天国，从地极到地极
> 引导你相信一个谎言
> 用你的眼，而不是透过你的眼来看

（《永恒的福音》，k 部分，第 103—106 行）

《拉奥孔》

1815 年，布莱克为了版刻里斯的《百科全书》插图，曾去皇家美术学院写生，画拉奥孔雕像。后来，他还画了类似的一幅图，图中的拉奥孔身披牧师的长袍。[114] 他按照原图版刻了《拉奥孔》，并在周围做了边注阐释（见图 133）。这幅画表现的不是犯了亵渎之罪的特洛伊祭司和两个儿子被大蛇撕咬的场景，而是耶和华"和他的两个儿子撒旦和亚当"被"善与恶"或"富有与贫穷"的大蛇攻击的场景。画的主题是艺术和想象力与战争和帝国之间的对立："帝国反对艺术。"

427　　道德是帝国和罗马的武器。"如果道德是基督教，苏格拉底就是救世主。""耶稣和他的门徒以及弟子都是艺术家。""人类的工作就是艺术。""诗人、画家、音乐家、建筑师：不管男人还是女人，如果不在这些工作里挑选一项来做的话，他／她就不是基督徒。""祷告就是学习艺术"；"赞美就是践行艺术"。

《拉奥孔》是布莱克最神秘迷人的作品，不过，并非为商业目的而作。保存至今的只有两本。布莱克在世时，可能一本都没有卖出去。*

《论荷马史诗与论维吉尔》

还有一部未竟之作——刻有"论荷马史诗"（上方）和"论维吉尔"（下方）的浮雕版画。版画的文字部分提到了拉奥孔雕像。其中"论荷马史诗"部分还引用了维吉尔的诗句。同样的诗句也出现在版画《拉奥孔》中。

与《拉奥孔》一样，这幅版画将艺术与帝国相对立。"希腊和罗马……是一切艺术的毁灭者"；"正是经典作品，而不是野蛮人，也不是修道士让欧洲成为饱受战争摧残的荒芜之地"。

这部小小的作品，布莱克印刷了6份，或赠予或卖给了托马斯·巴茨和约翰·林内尔之类的友人。

《亚伯的幽灵》

布莱克在一块铜版的正反两面蚀刻了《亚伯的幽灵》，印刷成册后赠予巴茨和林内尔之类的友人。布莱克以这部短小的诗剧呼应拜伦的诗剧《该隐之谜》（1821），旨在向这位"荒野中的拜伦勋爵"致敬。

《亚伯的幽灵》是"布莱克见到的耶和华异象中的启示"，以耶和华、亚当、夏娃和亚伯的幽灵的对话形式写成。亚伯的幽灵是"血的控诉者和复仇者"，高喊着"以命偿命！以命偿命！"亚当和夏娃在怀疑耶和华的应许。然后，撒旦出现了，拒绝了"以羔羊做赎罪"的燔祭。

> 我要人的血，而不是公牛或公羊的血
> 不是赎罪，哦，耶和华！
> 上帝靠着人的祭而活……

---

* 见文后"补记"。

你们要将自己钉在十字架上，献给我你们的神

428   耶和华总结道：

这就是我的意愿   滚滚惊雷
                你们自己走向永恒的死亡
自我毁灭，直至撒旦征服自我，抛却撒旦

这是"外邦人的耶和华"与"上帝耶和华"之间的争战，最后耶和华通过订立"罪的赦免的契约"，赢得争战。

《亚伯的幽灵》保存至今的只有 5 本。我们也没有发现当年有关《亚伯的幽灵》或者布莱克晚年其他作品的任何评述。

《以诺书》的插图绘画

布莱克毕生都在研究《圣经》，创作了大量的《圣经》主题插图，尤其是受托马斯·巴茨的委托而创作的部分。他还为罗马天主教次经和《圣经》中未纳入正典的经书创作过插图。[115] 因此，当《以诺书》的第一个现代欧洲语言版本，即理查德·劳伦斯的英译本（1821）出版时，布莱克产生了极大的兴趣。*

《以诺书》形成于公元前 1 世纪，对《新约》产生了巨大而深远的影响。但是，在公元 325 年的尼西亚会议上，《以诺书》被剔除出《圣

---

* 1821 年《以诺书》的翻译并未引起公众的兴致。不过，却为托马斯·莫尔、理查德·维斯托的插图版《天使的爱人》（1823）以及弗拉克斯曼的 13 幅绘画带来了创作的灵感（详见《埃塞俄比亚耳垂上的珍宝：〈以诺书〉给威廉·布莱克、约翰·弗拉克斯曼、托马斯·莫尔以及理查德·维斯托带来的灵感》，《布莱克与他的时代》，罗伯特·艾斯克、唐纳德·皮尔斯编著［布鲁明顿、伦敦：印第安纳大学出版社，1978］，第 213—240 页）。《月刊杂志》（1801）上也出现了《以诺书》的节选章节（详见约翰·比尔，《布莱克变化的历史观：〈以诺书〉的影响》，《史记布莱克》，史蒂芬·克拉克、大卫·沃若尔编著［贝辛斯托克：麦克米伦，纽约：圣马丁出版社，1994］，第 173 页）。
    《以诺书》的插图设计可能是由林内尔委托的，因为后来他拥有了这些插图，并且其中的一幅就画在为林内尔所绘的但丁插图的设计图背面。

经》正典。因此，在欧洲，"以诺……神将他取去，他就不在世了"
（《创世记》5：24）。《以诺书》保存在埃塞俄比亚教会，并被视为《圣
经》正典。目前唯一保存完好的早期版本是以衣索比亚语写成的。1770
年，非洲探险家詹姆斯·布鲁斯发现了这本经书，把它带回英格兰，并
在 1821 年翻译成英语。

　　《以诺书》中让布莱克和弗拉克斯曼感兴趣的地方是有关上帝的儿
子们"守望天使"的故事。守望天使受到人类的女儿们的诱惑（女人
们"毫不费力就将天使引入邪途"[19：2]），生下"邪恶的灵"，身高
300 腕尺*，穷凶极恶，毁坏人间。守望天使们还告诉自己的妻子天国的
秘密。于是，上帝派祂的天使将这些守望天使和他们的邪恶后代深埋地
下。有一个部分，布莱克和弗拉克斯曼都没有注意到——《以诺书》预
言了人子的救赎。

　　布莱克对两性的较量尤为感兴趣。此前在《欧罗巴：一个预言》中，
布莱克也表达了类似的观点："女人，美丽的女人！会来统治。"[116]《以
诺书》六幅插图中的第一幅表现了一个赤身的守望天使，在他巨大的阴
茎周围，环绕着裸体的女人。在第二幅图中，一个守望天使伸手触摸一
个裸体女子的阴部。在第三幅图中，人类的女儿夹在两个守望天使中
间，天使的"阳具如马形"，"发出光芒"（见图 134）。

　　在《天堂与地狱的婚姻》（图版 16）中，布莱克写道，大洪水之前
戴着锁链困于大地的巨人们，才是生命之源。在《以诺书》中，布莱克
发现了一个古老的预言。这个预言以希伯来文的形式表达了他想要表达
的思想。难怪乎他会投入如此热情。这是一种使命对另一种使命的呼
唤，一种异象对另一种异象的回应。

班扬的《天路历程》

　　《天路历程》对新教徒而言，即使不是一本信心培养指南，至少也

---

*　腕尺（cubits）是古代的一种量度，指自肘部至中指指尖的长度，1 腕尺约等于 45 厘
　米。——编注

有指导和提醒的作用。布莱克应该在孩提时代就已经知道这个故事了：身背沉重"罪孽包袱"的基督徒，从"毁灭城"出发，历经"绝望潭"和"浮华镇"，来到天国的大门与发光的圣者在一起。基督徒寓言式的朋友"传道人"、"良善"、"希望"、"忠诚"和"谨慎"，不忠的朋友"柔顺"和"世故"，以及他的敌人"魔王亚玻伦"*和"怀疑城堡里的绝望巨人"†都是异象的化身。《天路历程》充满了异象。"117 布莱克的一幅小型版画《打扫晓谕者之家客厅的人》就是取材于《天路历程》。"古人"们给布莱克的寓所取的名字"晓谕者之家"也是来自《天路历程》。因此，"基督徒"是布莱克很容易就会想起的形象："正如可怜的天路朝圣者所言，我要带着我主上帝的力量前行。"118

1825 年，布莱克画了 30 幅非常零碎的《天路历程》插图草图。他把这其中相对完整的一幅《带着信心盾牌的基督徒》送给了伊丽莎白·阿德斯。‡可能是希望她能看中这幅画，把整套系列插图都买下来。可惜，希望还是破灭了，布莱克似乎也放弃了完成草图的计划。这些草图后由他人进行增补润色，§可能是凯瑟琳·布莱克或者是弗雷德里克·泰瑟姆。这些插图上增加了编号和文字说明。¶

430

---

* 亚玻伦（Apollyon）在《圣经·启示录》中是无底深渊的天使，统领着伤害人类的蝗虫，亦即毁灭者。——编注

† 怀疑城堡里的绝望巨人是指在班扬的《天路历程》中，有一个城堡叫怀疑城堡，而城堡的看守人是绝望巨人和他的妻子猜疑。——编注

‡ 巴特林第 829 20 项。这些插图（水印的日期是 1824 年）只是《天路历程》第一部分的配图。布莱克可能在 1825 年 3 月给林内尔的信函中提到的"朝圣者"（Pilgrims）（原文是"I send the Pilgrims"，这里用的是"Pilgrim"一词的复数形式）指的可能是《天路历程》（*Pilgrim's Progress*），也可能是《坎特伯雷的朝圣者》（"The Canterbury Pilgrims"）。

§ 这些插图后来在戈达·诺维格所著的《渴慕之国的黑暗人物：布莱克的〈天路历程〉插图》（伯克利、洛杉矶、牛津：加州大学出版社，1993）中得以再现。不过，草图的上色并非出自布莱克之手一事，并未引起作者的关注。

¶ 泰瑟姆说："她甚至还对他的作品进行再加工。有些地方的增补根本就是画蛇添足。但是她对上色有着自己的理解，认为这些增补对他的作品而言有着不可或缺的作用。她的增补之多，超乎人们的想象。"（*BR*，第 534 页）

这些没有完成的班扬《天路历程》插图是布莱克夫人手中唯一一拥有的布莱克作品系列。其他的作品，譬如《约伯记》和但丁插图都归林内尔所有。可能这就是泰瑟姆和布莱克夫人试图从林内尔的手中要回未完成的但丁插图作品的原因——也是林内尔坚决不放手的原因——他们想自己为这些插图上色。

《创世记》

布莱克去世前创作的最后一个作品大概就是为约翰·林内尔所作的《创世记》彩色手抄本。他完成了11页的初稿（包括书名页的两个版本），抄写到了《创世记》第4章第15节的部分。布莱克怕把字抄歪了，还在纸上小心地画线；先用铅笔写，再用绿色的墨水笔填写一遍，偶尔也会用红色墨水（一直到第三页都是这样）。

当然，他并不满足于只是抄写钦定版英译《圣经》。在词语"the ground"的旁边，他还加上了希伯来文"Adamah"的音译文。原文上帝"给该隐立了一个记号"被他改为上帝"在该隐的额头上立了一个记号"。他还增添了自己对章节标题的阐释：

> "自然的人的创造"（i）
>
> "自然的人分成了男人和女人……"（ii）
>
> "性的自然，堕落为繁衍和死亡"（iii）
>
> "繁衍和死亡如何控制了自然的人，在谋杀犯的额前写下罪的赦免"（iv）[119]

钦定版英译原文是："耶和华就给该隐立了一个记号，免得人遇见他就杀他。"（4∶15）。"罪的赦免"完全是布莱克自己的阐释。

布莱克还在第二张书名页的手抄稿上表现了基督将赎罪名册交给亚当的场景。虽然这种阐释在一般的基督徒看来并不陌生，但是对《创世记》的作者而言，简直是惊世骇俗之举。

晚年的布莱克在一切事上都看见了罪的赦免，甚至在人类的第一个谋杀犯该隐的额头上也看得见。

431

林内尔和布莱克在汉普斯特德

1824 年 3 月 6 日，林内尔举家迁往伦敦北部绿树成荫的公园郊区汉普斯特德的科林斯牧场，[120] 不过他在赛伦塞斯特还保留了一间工作室：

> 林内尔先生的家⋯⋯穿过外面的公园，从一个单独的入口进来——面积不大，不很起眼，只有五间房。屋子的大门朝南，十分适意。根据友人在 1861 年的回忆，布莱克常常安静地站在门口，目光越过公园，投向远处遍布荆豆的山丘，凝视着陷入遐想。他喜欢坐在长长的公园尽头的凉亭里，或者在黄昏时分，沿着公园来回漫步。树篱另一侧的牧场上，牛群咀嚼着晚间的草料，传来哞哞的叫声。他很喜欢听林内尔夫人唱苏格兰民歌。他坐在钢琴边，听到《边境旋律》时，泪水潸然而下。歌曲的开头——
>
> > '哦，南希的头发是金子般的黄色，
> > 她的眼睛是天空般的蓝色。'
>
> 这些简单的民谣让布莱克大为动容。相反，那些曲调更为复杂的音乐反倒激不起他的深情。他自己也会哼上几句，带着老迈的颤音。有时候是古老的歌谣，有时候是他自己写的歌，配上自己谱的曲子。[121]

布莱克是林内尔忠诚的朋友——他写信给林内尔："最让我欣慰的是，你事业有成。这比什么事都要让我高兴。"[122]

他在周日前往汉普斯特德——"惯常如此"[123]——部分原因是要教林内尔的夫人玛丽·安学习绘画。玛丽·安记录下布莱克的一次拜访："布莱克先生今天（周四）过来看望我们。他平常都是周日来。他带来一个素描本，有他大约 14 岁时制作的版画的临摹图。我保存下来，想

给人瞧瞧……"[124] 根据吉尔克里斯特的回忆，这个素描本"在孩子们的眼中，满是顶顶神奇的东西。他们在里面发现了一幅完整的，像是前拉斐尔派的蚱蜢图，喜欢得不得了"[125]。

不过，布莱克曾经懊恼地回忆道："在我表兄家……小的时候，每次去汉普斯特德、海格特、霍恩西、马斯韦尔山，甚至伊斯灵顿，以及任何伦敦北部的地方，回来的第二天，我都会卧床不起，有时候接下来的两三天也不见好转。每次的病症都一模一样，肚痛如绞。"[126] 这些不适，好像在 40 年后仍然困扰着他。"譬如，有一次，林内尔夫人壮着胆子，表达了她对汉普斯特德的印象，说这是个修养身心的好地方。布莱克的回答吓了她一跳：'胡说！根本就不是这么回事！'"[127]

去汉普斯特德拜访林内尔是件开心的事。无忧无虑的孩子们围绕在林内尔夫妇身旁：汉娜（1824 年 6 岁）、伊丽莎白（5 岁）、约翰（4 岁），还有詹姆斯·托马斯（2 岁）。*布莱克常常把孩子们抱在膝上，给他们背《天真之歌》里的诗。多年以后，汉娜·林内尔嫁给了塞缪尔·帕尔默。她告诉儿子，帕尔默的家

在布莱克去汉普斯特德的路上。因此，他俩常常结伴一起到村子里来……布莱克非常喜爱小孩子。在他的诗和故事中，孩子们是欢乐的，是美丽的精神世界的产物和精神存在，如此真实，如此触手可及地出现在他的人生里。所以，每当这俩人快到牧场的时候，就有一队欢快的小人儿跑出来迎接，领头的是一个有着浅色头发的小姑娘……直到现在，她还记得在寒冷的冬夜送布莱克回家的情景。布莱克裹着林内尔夫人的旧披肩，仆人在一旁提着灯笼，照着他穿过荒野去到大路上。[128]

_____

* 根据林内尔的日记，林内尔的三子——威廉于 1826 年 7 月 3 日凌晨 3 点半出生。布莱克反对让孩子随他的名叫威廉，"孩子的名字……当然得叫托马斯，以纪念林内尔的岳父"——托马斯·帕尔默（1826 年 7 月 16 日信函）。因此，这个孩子又改名为托马斯，林内尔的四子取名威廉。

432

汉娜告诉吉尔克里斯特：

> 只要知道是他要来，孩子们一定都急急地盼着，看谁眼尖能第
> 一个看到他。有个女孩……当年不过五六岁，至今仍记得当年观望
> 他时的情景。他一越过坡顶，进入了孩子们的眼帘，就会打一个很
> 特别的手势……[129]

半个世纪以后，林内尔家的孩子们还记得布莱克

> 是位肃穆恬淡的绅士，花白的头发，高扬的眉毛，大且柔和的
> 眼睛，闪着光芒……温和而亲切。他很喜欢小孩子，常常把林内尔
> 先生家的小不点们抱到膝头上，和他们说话，一副既认真又搞笑的
> 样子。他给孩子们讲故事；若是碰上孩子们在做游戏，他还会凑过
> 去和他们一起玩。有一次，他看见林内尔家的老大汉娜正在笨拙地
> 画着人脸，他拿起一支铅笔，熟练地勾勒了几笔，告诉她如何能画
> 出真实生动的人脸。[130]

布莱克的健康每况愈下，步行去汉普斯特德也变得愈发困难。虽然
有马车，"即使是走去驿站再走回来的这一段路，我也吃不消"[131]。林
内尔越来越担心布莱克的身体。于是，他建议布莱克夫妇搬到离他近一
点的住处，要么和赛伦塞斯特街的赫德夫人住在一起*（林内尔在那里还
有一间工作室——"赫德夫人，我想把这间房留下来"），要么就搬到汉
普斯特德，视野也好些（"说到景色宜人，这里是伦敦北部最宜人的地
方了"）。林内尔还主动提出来要帮布莱克付房租。不过，布莱克为他着
想，回复说："想想这要花多少钱哪，这些钱本可以用在别的地方。你
就甭操心我的事了。"[132]

---

* 林内尔1827年2月7日的日记："跟布莱克先生说让他住到CP（译者按：指赛伦塞
斯特街［Cirencester Place］）去。"布莱克的哥哥詹姆斯从1812年起至1827年2月底
去世，其间都一直住在赛伦塞斯特街（*BR*，第564页）。

布莱克认为汉普斯特德不是个修养身体的好地方（至少是对他而言），而且以他孱弱的身体，四处走动也不大可能：

> 搬家的事我考虑再三，一想到要搬去汉普斯特德，我就不由得担心害怕，而且是越想越怕。一开始，我还觉得是件好事，还存了美好的希望。你应该把这份心意用在正确的事情上，心智特别的事上。我还是要待在自己的地方，否则就是个废人。我告诉你我在这事上的异象和梦境。我曾经问过圣灵，恳求帮助，但是内心的恐惧一直没有消失。虽然我很想搬去与你同住，但是想也没有用。我现在必须得放弃这个想法。[133]

此后，林内尔就来喷泉苑拜访布莱克。但是，布莱克可能就再也没能去汉普斯特德给孩子们唱歌了。

"所有的纺线和线轴都还爱着织工的织布机"

布莱克是体格强壮的人——"我认为自己的身子骨算结实的"[134]——他很少卧病在床。不过，令人担忧的是，他开始"一阵阵地打寒战"。*

---

* 1825 年 3 月（存疑），1826 年 3 月 11 日、5 月 19 日信函。根据《布莱克》第 30 期（1996），第 26—49 页，雷恩·罗布森（医学博士）和约瑟夫·威斯康米的文章《布莱克之死》的分析，寒战畏冷是炎症性肠病的典型特征，尤其是硬化性胆管炎的主要表现。这是目前有关布莱克罹患之病的最可靠的分析。两位学者分析，"导致死亡的直接原因可能是肺水肿。硬化性胆管炎引发了胆汁性肝硬化，继而导致肝脏功能衰竭，从而导致肺水肿"。布莱克在蚀刻铜版时吸入烟尘，可能"产生了慢性铜中毒，导致或加重了"硬化性胆管炎。不过，并"没有证据表明或者反驳铜与硬化性胆管炎之间的关联"（第 44、37、40 页）。在这些讨论当中，蚀刻铜版产生的烟尘是一个最让人感兴趣却又无法确定的因素。

两位学者不同意（我也不同意）胆结石的诊断（莫娜·威尔逊和杰弗里斯·凯恩斯）以及"胆囊穿孔并发腹膜炎"的诊断。（艾琳·沃德，《威廉·布莱克及圣徒行传作家》，第 15 页，弗雷德里克·R.卡尔编著《传记与信息来源研究》［纽约：AMS 出版社，1994］。作者并未给出证据。）

434 他认为这是伦敦北部之行所带来的恶疾。1826 年 1 月 27 日，周日，他去汉普斯特德拜访了林内尔。两天后，他写道：

> 我又病倒了，胃寒绞痛。汉普斯特德的空气，以前就让我不舒服，恐怕以后也是如此……小的时候……去到任何一个伦敦北部的地方，回来的第二天，我都会卧床不起，有时候接下来的两三天也不见好转。每次的病症都一模一样，肚痛如绞。虽然很快就能好，但是一痛起来，还是难受得很，而且接下来的一段时间，人还是很虚弱。*

无论是在布莱克的童年还是老年，这种"病症都一模一样"。他有时候称之为"胃寒"，有时候叫"可恶的寒战，或者随便叫什么都行"，痛得没有办法的时候，说它是"叫不出名字的病"。[135]

疾病发作的时候，他就陷入"一种神志不清的状态，痛苦不堪，无法思考"。[136]"起初，胃一阵阵的绞痛，很快，死一般的感觉弥漫全身。我开始打寒战，死一般的感觉仍然没有消失。我不得不躺到床上去，想办法捂出汗来，寒战就止住了……"[137]

1825—1826 年，布莱克断断续续一直在发病——"我怕是好不了了"[138]——一直到 1826 年 12 月 29 日，他告诉伊丽莎白·阿德斯，"他现在不敢离开房间半步。昨晚，他的病又发作了，全身打战，痛苦不堪。他现在认为，离开房间走出去肯定要坏事，说不定就这么殁了……"

这些医学名词和症状描述在今天看来大都比较模糊，很难做出明确的判断。但是有一个症状是非常明显的："除了这些以前就有的症状，我的皮肤一直发黄。"[139]这无疑是黄疸病，胆汁郁积，导致皮肤和大便

---

* "周日我去了趟汉普斯特德，回来又犯病了。"（1827 年 7 月 3 日信函）

　　他认为冷空气是诱发旧疾的原因："寒冷的空气立马让我打起了寒战。"（1826 年 5 月 31 日信函；也可见 1826 年 7 月 2 日信函）

都呈现黄色，并且使人虚脱。*

布莱克听取了医生的建议，至少是按着医嘱服了药。但是，马上，435
病又发作了。† 和往常一样，他用自己的方法来治疗："我不得不躺在床
上，想办法捂出汗来，寒战就止住了"；"休息对我的病大有帮助"，但
是"我想的话，只要控制饮食就好了。只要身体的主要零部件没坏，我
这把老骨头还能派上用场：我与往常身体健康时一样，继续工作。其实，
只要这病不发作，我的身体都还硬朗得很"。[140]

虽然布莱克瘦得只剩下"皮包骨，所有的纺线和线轴都还爱着织工
的织布机"[141]，‡ 他的精神并未萎靡。1827 年 4 月 12 日，他告诉乔治·坎
伯兰："我已经在死亡的门边上了。我的身体非常虚弱，没有多少气力，
连路也走不稳了。但是，我的灵魂、生命、真正的人和永恒的想象力
并未减弱。随着这具愚钝的躯体的毁坏，我的灵命和想象力会越来越
强大。"

他也没有停止会客。1827 年 2 月 2 日，克拉布·鲁宾逊说：

> 德国青年画家古腾堡来看我，我陪他一起去布莱克家。我们看
> 了布莱克画的但丁插图——古腾堡似乎欣喜不已。阿德斯夫人说古
> 腾堡认为布莱克是英格兰绘画第一人，弗拉克斯曼排第二——交谈
> 没有很深入——我充当他俩的翻译，布莱克没有说出什么惊人之

---

* J. T. 史密斯和弗雷德里克·泰瑟姆都认为布莱克最后一次发病的原因是"胆汁里混着
血"——乔治·坎伯兰对史密斯这一说法的解释是："他去世时胆汁里混着血——他
写东西总是这么颠三倒四。"（BR，第 475、528、371 页）这一推断似乎与病情比较
相符，但是可信度不高。史密斯和泰瑟姆可能都是从凯瑟琳·布莱克那里得来信息。
吉尔克里斯特（第一卷，第 347 页）称布莱克"一直以来深受……痢疾之苦"，不过，
并没有原始的证据支持这一观点。
　　登在《文学报》上的讣告（1827 年 8 月 12 日）还提到了一些细节："他的脚踝
肿得厉害，呼吸也很困难。"根据雷恩和威斯康米的解释，肺部和腿部有积液经常是
与肝功能衰竭有关。
† "我最近在……服用托马斯·扬医生开的药蒲公英，辅助乔治·芬切姆先生的处方。"
（1826 年 7 月 16 日信函）蒲公英是民间用来治疗肝病和胆结石的土方（雷恩和威斯
康米）。1826 年 5 月（存疑），塞缪尔·帕尔默写道，"桑顿先生过来探访"布莱克
（BRS，第 86 页）。
‡ 可能这里是将上帝比喻为织工，布莱克自比作纺线和线轴。——译注

语——显然，古腾堡引起了他的兴趣。*

4月25日，布莱克写道："我继续着自己的工作，不敢多想将来。"7月1日，周日，他觉得身体还吃得消，于是又去了趟汉普斯特德。这是他最后一次去汉普斯特德。两天之后，他写道："旧病复发，到今天都没好。"

虽然只能待在喷泉苑，布莱克仍勤工不辍："最后一个先令用来打发人去买支铅笔回来。"[142] 他的最后一幅版刻是为乔治·坎伯兰制作的小卡片（见插图35）。画中的男孩子有的在滚铁箍，有的在放风筝。坎伯兰的儿子说，布莱克告诉他，这幅画"表现的是四季"。†

436   林内尔非常担心布莱克，分别在7月11日和17日以及8月3日和10日（"快要死了"[143]）去探望布莱克。

此时，布莱克也感到自己大限将至，

在他去世前不久，布莱克夫人问他希望死后葬在哪里，是由清教牧师还是国教牧师来念悼词。他回答说，如果只是考虑自己的感受，他可以葬在任何她乐意的地方，然后又补上一句，还是和他的父亲、母亲、姑妈和哥哥一样葬在本思园吧。这可能是更好的安息

---

* 根据《克拉布·鲁宾逊回忆录》，古腾堡"回到德国后，说：'……我在英格兰遇着许多才华横溢之人，称得上天才的不过三位——柯勒律治、弗拉克斯曼和布莱克——三人之中，又以布莱克为最。'"（BR，第536页）可能正是通过古腾堡，布莱克的彩色印刷版《由理生之书》（J本）、《洛斯之歌》（F本）、《天真之歌》（Z本）以及《阿尔比恩的女儿们的异象》（R本）得以在19世纪早期收入维也纳和慕尼黑的皇家图书馆。这也是当时在欧洲大陆唯一的印本。

† 小乔治·坎伯兰1828年1月的信函。坎伯兰在1827年12月3日说，布莱克已经"在铜版上临摹完毕，就等着在我的名字周围蚀刻上一些装饰性的图案"。1820年6月，坎伯兰拜访布莱克，"向他（指顺路来访的约翰·林内尔）建议创作大型春之主题"的绘画。"他和布莱克都觉得这个提议不错。"布莱克选择以"四季"为主题制作贺卡给坎伯兰，大概也是想借此向他致意。这幅版画凯瑟琳的收费是3英镑3先令（BR，第583页）。

坎伯兰称布莱克"为英国画派贡献了高贵美丽的思想——没有诡计欺诈，没有奴颜媚骨"（1827年11月25日）。

之所。不过，葬礼的话，他希望还是能在国教教堂举行。[143*]

疾病发作时，布莱克痛苦异常，

　　但是，直到生命的最后一刻，他都是愉快和满足的。他说："我因将死而欢欣。除了要离开你，凯瑟琳，我一无所憾。我们一直过得很幸福，我们也算是长寿，我们从未分开过，但是，很快，我们就要分开了。我为何要害怕死亡？我根本无惧死亡。我一直努力按照基督所训诫的来生活，一直努力尽心尽意地敬拜上帝——在我自己的家里，在别人看不见的地方。"[144]

布莱克靠着垫子的支撑，在床上继续工作。疾病发作时，他就停下来。泰瑟姆记录道：

　　他若是觉得身体舒服点了……状况稳定了，就让人把发病之前正在画的画拿过来给他瞧：这是一幅名为《亘古常在者》的彩色版画，画中的人物正在地球的上方丈量出第一个圆（见图54）。这是应我的委托，特意画的。[†]完成之后，他欢呼道："我已经尽我所能了；这是我画得最好的一幅。我希望泰瑟姆先生会喜欢。"

　　他突然把画放到一旁，说道："凯瑟琳，我的好妻子，我要给你画一幅画像。"

　　她就在床旁坐下，他画了幅画像。虽然不是很像，但是笔触细

437

---

* J. T. 史密斯（*BR*，第475—476页）。注意这里布莱克说的是在国教教堂举行葬礼，但不是由国教牧师来主持葬礼。

† J. T. 史密斯（*BR*，第471页）说："我刚从朋友 F. 泰瑟姆处得知，布莱克对这幅画不时进行润色修改，常常把画拿到远处审视。他带着一种胜利者的狂喜，向我欢呼，'喏！大功告成！无懈可击！'"坎宁安特意提到《亘古常在者》是在'他去世前三天'上的色。"（*BR*，第502页）。泰瑟姆为这幅画支付了3英镑13先令6便士的酬金（*BR*，第471页）。这是《欧罗巴：一个预言》书名页插图的临摹画，署名是"威廉·布莱克"，目前保存在曼彻斯特大学的惠特沃斯学院。

腻，相当传神。*

　　他画了一个小时左右，把画像放到一边，然后开始高唱阿里路亚和喜乐得胜的歌。布莱克夫人说这些歌无论是旋律还是歌词，都带着崇高的意境。他的歌声高亢，饱含狂喜与激情；他似乎非常高兴，他已经走完了人生的道路，跑完了自己的赛道，很快就要来到上帝的面前，领受至高永恒的呼召的奖赏……突然迸发的喜悦之情使房间再次响起幸福安详的交响曲。

　　他回答了几个有关他去世后凯瑟琳的生计问题，说是让我来负责凯瑟琳的生活可能比较合适。之后，他的魂魄，如同一阵微风的叹息，离开了。他和他之前曾经描绘过的那些先人安息在一处了。†

　　布莱克去世没多久，18 岁的乔治·里士满走进屋，"合上了诗人的眼睛，亲吻了安息在喷泉苑这间充满魔力的工作室的床上的布莱克"。‡

　　三天之后，里士满在给塞缪尔·帕尔默的信中写道：

---

* J. T. 史密斯说，"他的眼睛紧紧地盯着心爱的凯瑟琳，他大声说道，'别动！就这样！你一直就是我的天使，我要把你画下来'；他笔下的凯瑟琳与真人相当神似"（*BR*，第 471 页）。不过，1827 年以后，这幅布莱克在病榻前为爱妻所作的画像就不知所终了（巴特林第 685 项）。

† J. T. 史密斯（*BR*，第 475 页）补充道：

　　1827 年 8 月 12 日，布莱克去世。临死前，他向造物主歌唱自己创作的曲子。凯瑟琳觉得歌声悦耳极了，不禁起身聆听。他看着她，眼中充满了爱意，说道："我的爱人啊，它们不再属于我了——不再——它们不再属于我了。"他在傍晚 6 点去世，极其喜悦安详。

　　坎宁安的记录也许能提供一些证据（*BR*，第 502 页）："他很难过，再也不能将那些他称之为灵感的东西，付诸笔尖了。'凯蒂，'他说道，'我与往日大不同了——以前我总能写下我的所思所想，无论下雨下雪，还是阳光普照。而你呢，你总是一起床就坐到我的身边——这些都不再有了。'"

‡ 泰瑟姆（*BR*，第 527—528 页，在这句"突然迸发的喜悦之情使房间再次响起幸福安详的交响曲"处增加了引用文字和解释，并将这句从段落结尾调整至此处）。泰瑟姆还有一个版本，内容稍有不同，详见 *BR*（2）的 1827 年 8 月 12 日项下。所有有关布莱克临死前的记录都是直接或者间接来自凯瑟琳·布莱克。

　　雷恩和威斯康米以他们对布莱克病情的推断，认为布莱克在去世前的几日，应该是处于"半昏迷的状态"。艾琳·沃德也持有同样的观点。不过，所有传记中的证据都不支持这种观点。譬如，《文学报》（1827 年 8 月 12 日）称布莱克"死亦如生！敬虔而欢喜！款款而谈，最后归入安息，如婴儿般沉沉睡去"。

我亲爱的朋友

　　怕你还没有听说布莱克先生去世的消息，我特意写信告诉你——他是周日晚间 6 点去世的，走得非常的荣光（。）他说他要到毕生渴望的国度里去，他说自己很幸福，希望能借着耶稣基督得到救赎——他的眼睛放着光，他高唱自己在天堂看到的景象（。）真的，他像圣人一般离世，就像站在上帝身边的那位一样地看见——*

＊＊＊

　　威廉·布莱克是来自天堂的异乡人，来到这格格不入的世界，兽掌控的国度。他真正的人生存在于想象中，存在于黄金的国度里。他用诗歌和绘画向我们展示黄金的国度，以及他所来自的想象的天堂。如果我们也善用想象力，这个天堂也能成为我们的居所。他还向我们展示了他生命中的黄金国度。他拒绝接受兽的国度、世俗的太阳和原子组成的物质世界。他拥抱的是想象力的精神太阳。在这里，他听见天堂的欢呼：“圣哉，圣哉，圣哉，主神是全能者！”

　　在布莱克的眼中，这个由原子组成的世界，这个充满理性怀疑和科学证据、伏尔泰理论和牛顿学说的宇宙，只不过是上帝荣光的轮廓。他在天堂金色的沙滩上，在信仰的地基上写下一首小诗，收在笔记本里：

　　　　嘲笑吧，嘲笑吧，伏尔泰，卢梭，

　　　　嘲笑吧，嘲笑吧，但一切徒劳，

　　　　你们把沙子对风扔去，

---

* 《安·吉尔克里斯特：生平与作品》（1887）（*BR*，第 342 页）。阿瑟·里士满说，他的父亲合上了布莱克的眼睛，“让异象永存其中”（*BRS*，第 87 页）。

风又把沙子吹回。

每粒沙都成了宝石，
反映着神圣的光，
吹回的沙子迷住了嘲笑的眼，
却照亮了以色列的道路

439 德谟克利特的原子，
牛顿的光粒子，
都是红海岸边的沙子，
那里闪耀着以色列的帐篷。*

（笔记本，第7页）

科学和怀疑的滑沙被以色列闪耀的帐篷和信心所改变。对布莱克而言，重要的不是我们所见之物，而是我们如何去见。要么顺从兽的国度，要么追寻来自天堂的异乡人，我们必须做出选择。如果我们是睿智的，我们便可从布莱克的诗歌和他的人生轨迹中，明白"天真的预示"的真谛：

从一粒沙子看见一个世界，
从一朵野花看到一座天堂，
把无限握于你的掌心，
将永恒凝入一个时辰。

---

* 引自王佐良，《英国诗史》，南京：译林出版社，第233页。——译注

插图 35　布莱克，为坎伯兰设计并雕刻的名片（坎伯兰的名字已经从蚀板上移除）

后 记
布莱克的快乐之影落单了：
1827—1831 年的凯瑟琳·布莱克

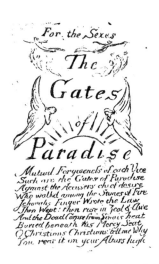

插图 36 布莱克，《给两性：天堂之门》（C 本）的书名页（图版 2）

不要颤抖，我的埃尼阿尔蒙，在你悲怜的

破碎的心门前。我眼中的你仿若一道枯槁的影子[1]

分裂的灵魂[2]

布莱克"将自然的世界称作虚幻之影"。他的离世让凯瑟琳——他的"快乐之影"变成了"一个总在哭泣的忧伤之影"。[3] 凯瑟琳"每每回忆起他来，总是满满的爱恋"[4]，但是，除了回忆，布莱克"留给遗孀的，就只有几幅版画和绘画作品。这些作品即便是全都变卖掉，也无法应付眼前的开销"。*

如有急需，凯瑟琳会去找忠实的老友约翰·林内尔帮忙。布莱克在世的那几年，也经常如此。布莱克去世那天，凯瑟琳向林内尔借了 5 英镑，很可能是用来给布莱克的葬礼（10 英镑 18 先令）支付定金。葬礼由林内尔的岳父托马斯·帕尔默[5]主持。出殡的那天，

> 他的灵车后面跟着两架送行的四轮马车，里面坐着的都是他生前结交的朋友：卡尔弗特、里士满、泰瑟姆和他的兄弟……泰瑟姆尽管生着病，还是赶了 140 多公里的路，前来参加他的葬礼……8月 17 日，布莱克被安葬在本思园，距离北面的围墙大概 8 米，编号 80。†

441

之后是守灵，凯瑟琳"亲自摆放了葬礼的茶点"[6]。

---

* 林内尔，《布莱克夫人的情况》，为申请皇家美术学院救济而写（*BR*，第 346 页）。"他的遗孀（我们担心，从我们手上汇总的情况来看）目前处于一个非常孤立绝望的状态。"（《文学公报》，1827 年 8 月 18 日）

† J. T. 史密斯（*BR*，第 476 页）。欲查阅午后一点钟时布莱克安葬仪式的官方档案，请参见 *BR*，第 347 页。在一份不完整的葬礼参加者的名单中，约翰·林内尔的名字给省略掉了。这如果不是办事的人粗心，就是他根本没有出现，因为他反对由英格兰教会来主持葬礼（大卫·林内尔，《布莱克、帕尔默、林内尔及公司：约翰·林内尔的生平》[刘易斯，东部]苏塞克斯，英格兰：图书协会有限公司，1994），第 110 页。
布莱克的家庭成员并未安葬在一起。1792 年，凯瑟琳·莱特·阿米蒂奇·布莱克葬于"第 16 排（东西向），42 或 43 列（南北向），约 3 米深处"。她的儿子威廉葬于 1827 年，"第 77 排（东西向），32 列（南北向），约 3 米深处"。她的儿媳凯瑟琳·索菲亚·布彻·布莱克，葬于 1831 年，"第 7 排（东西向），31 或 32 列（南北向），12 英尺深处"。本思园的记载中并无有关詹姆斯·布莱克（1784）和罗伯特·布莱克（1787）的具体安葬地址信息。

经过这么多年，

曾经美丽的褐发女子，如今只是……相貌平庸的俗妇，有认识她的人说，"以前"，"因了爱情的滋润，她还不是这个样子，那双熠熠的黑眼睛流露出来的满满都是爱意"。（见图135）她穿着一条很普通，甚至有些脏兮兮的裙子。生活困顿加之又上了年纪，凯瑟琳看起来与路人无异。[*]

林内尔安排凯瑟琳住在他家里"帮忙打理家务"。[†]于是，她把喷泉苑那两间房里少得可怜的几样东西打包：衣服、一点儿家具，[‡]布莱克的图书[§]（他收藏的版画在1821年左右已经卖给了科尔纳吉画廊[7]），他原本打算用于销售的书和版画，[¶]50年间创作的几十幅绘画作品，以及一些手稿，譬如，布莱克的笔记本和皮克林民谣手稿等。[**]最大件的物品，就是那台大印刷机，在8月29日搬到了林内尔位于赛伦塞斯特街的家

442

---

[*] 吉尔克里斯特（*BR*，第237页）。"'从未见过哪个女人变化如此之大。'这是某人时隔7年之后，再次见到凯瑟琳时发出的感慨。"（吉尔克里斯特［*BR*，第24页］，说这话的人可能是弗拉克斯曼，他在1787年至1794年生活在意大利）

[†] 克拉布·鲁宾逊日记，1828年1月8日。林内尔1831年3月9日写道："我给布莱克夫人付了47英镑，包括葬礼费用10英镑18先令——还有喷泉苑的租金，……其中的20英镑是给她在赛伦塞斯特街为我照料房子和打理家务的酬劳。"（*BR*，第404—405页）。"照料房子和打理家务"7个月，就能得到20英镑的酬劳外加食宿，这实在是相当丰厚。当时的家仆，要么只有食宿没工资，要么有工资，但是没有自己单独的床铺。

[‡] 可能她的部分或者全部家具，从林内尔家搬出时（1828年4月）已经变卖，折合1英镑10先令或者可能是2英镑（"J.林内尔付给布莱克夫人的现金"［*BR*，第606页］）。

[§] 泰瑟姆所说"我从布莱克夫人处继承来的财产"包括"布莱克常常翻阅的一些书，被蚀刻的手弄得脏兮兮的，有拉丁文、希腊文、希伯来文、法文和意大利文的，还有大量神秘作家的作品集，譬如，雅各布·伯梅、斯韦登堡等"，"翻阅最多的是他的《圣经》以及以其他语种写就的著作"（*BR*，第41页注4第527页）。除了斯韦登堡的书，布莱克的其他藏书不为人知。布莱克藏书现存的都记录在*BB*，第680—702页（共44册）和*BBS*，第313—325页（另加5册），以及《布莱克》（1999）中的《威廉·布莱克与他的朋友圈子》（另加2册）中。

[¶] 例如，凯瑟琳将《坎特伯雷的朝圣者》卖给了克拉布·鲁宾逊等人，将《以西结书》和《约伯记》及《天真与经验之歌》（W本）中的插图版刻卖给了约翰·杰布（*BR*，第362、379页），泰瑟姆从她手上获得了《耶路撒冷》（E本）。

[**] 林内尔已经购得或者受赠绝版的《法国大革命》和《瓦拉》，以及为《复乐园》《约伯记》《创世记》《以诺书》和但丁作品等画的素描。

中。[*]两周后，凯瑟琳自己也搬了过去。

生　计

1828 年 1 月，凯瑟琳告诉小乔治·坎伯兰"想自己动手印刷先夫的作品，寄售出去，谋个营生"。她和泰瑟姆印刷了布莱克的铜版作品《亚美利加：一个预言》、《欧罗巴：一个预言》和《天真与经验之歌》。泰瑟姆有时代她写信，有时以她的名义写信，极力推销这些作品。⁸吉尔克里斯特说：

> 她非常擅长营销，绝不会一次展示给客户太多的商品。在泰瑟姆的帮助下，她依着布莱克之前蚀刻的线条，给版画插图书上色。她甚至还完成了一些绘画作品（例如，《天路历程》）——当然，林内尔认为这样做甚为不妥。[†]

布莱克去世后，有关他的讣告和传记突然暴增，⁹引起了广泛的关注，¹⁰这让凯瑟琳和泰瑟姆萌生了售卖布莱克作品的念头。老友 J. T. 史密斯在布莱克传记的结尾处，向收藏者发出呼吁，笔触令人心酸："布莱克去世后，他深爱的凯瑟琳甚至还得为他偿还 6 便士的债务。她当真认为在接下来的日子里，可以靠着售卖亡夫的遗作来勉强度日。她打算以作

品当初出版时的定价来出售……"。*

　　然而，售卖布莱克的著作和版画并不能保凯瑟琳衣食无忧。布莱克的几位友人的帮助更加大手笔。约翰·林内尔写了《历史题材画家，版刻师威廉·布莱克的遗孀的境况》，[11] 向皇家美术学院提出慈善救助申请，最终无果。相较之下，埃格雷蒙特勋爵的大手笔更能解决问题。1829 年 7 月，埃格雷蒙特勋爵花费 84 英镑购买了布莱克的水彩画《斯宾塞的〈仙后〉人物集》。† 这笔钱让她对未来的财务状况重拾信心。因此，在 1830 年 1 月 5 日，凯瑟琳撤回了之前向艺术家普通救济机构提出的申请。[12] 索菲亚公主寄给她"100 英镑……布莱克夫人如数寄还并致谢忱。她不愿意接受或者留着（在她自己看来）用不上的东西。然而，对于许多既没有机会也没选择的人来说，这份大礼简直就是活下去的保障"。‡

凯瑟琳的慰藉

凯瑟琳

　　在布莱克去世后仍能经常见到他：他每天都会过来，陪着她坐上两三个小时。如此充满灵性的探望是她仅有的慰藉。他拉开椅

---

* J. T. 史密斯（*BR*，第 476 页）。可能在 1828 年 11 月，J. T. 史密斯在给林内尔的信函中写道："我完全明白，我所说的有关你的挚友布莱克的一切，都会对他的遗孀有帮助。"坎宁安写道："她每天都活在失去布莱克的悲痛之中——忍受着切肤之痛。"（*BR*，第 504 页）

† 吉尔克里斯特（*BR*，第 363 页）。1829 年 8 月 1 日和 4 日凯瑟琳两次给埃格雷蒙特勋爵写信，询问该画（*WBW*，第 xxix—xxx 页）。1831 年 3 月 16 日，林内尔把但丁组画转让给埃格雷蒙特伯爵，并允诺只收回他原来入手时的 130 英镑，超出的钱款无论多少都转交给凯瑟琳。

‡ A. C. 斯温伯恩，《威廉·布莱克》（1868 年）（*BR*，第 345 页），基于西摩·柯卡普的信函（*BR*[2] 在 1809—1810 年）。凯瑟琳礼貌地拒绝了皇家的慷慨馈赠可能与她的共和理念有关。
　　泰瑟姆多次尝试从林内尔手中取走但丁组画及版刻，先是以凯瑟琳的名义（1831 年 1 月至 3 月）行事，后来又以自己的名义（1833 年 3 月），但林内尔之前已经全额付款。1829 年 1 月 27 日，林内尔去看望"布莱克夫人——她说布莱克先生在一个异象中告诉她，他认为但丁版画系列我应该支付每幅 3 个金币"（*BRS*，第 110 页）。

子，坐下来与她交谈，与他在世时无异：他给她建议，如何以最好的方式把版刻作品卖出去。她知道他的身体早已埋于地下，但是他的灵魂常常探望她，安慰她，指引她，这便使她感到满足。布莱克去世一年以后，这位执着又深情的未亡人凡事都要先"找机会咨询一下布莱克先生"，方才答应。*

久而久之，凯瑟琳变成了维多利亚时代某些人尊崇的对象，[13] 主要是因为她比较和善。不过，画商约瑟夫·霍格斯对此有不一样的看法。他曾从弗雷德里克·泰瑟姆的手中购入多幅布莱克绘画和版刻作品。他写道：

> 布莱克夫人，可不像 J. T. 史密斯所撰写的传记中描述的那样，是一个逆来顺受的角色——起码，泰瑟姆是不这么认为的。泰瑟姆为着凯瑟琳的利益着想所安排的一切事情都会遭到她的反对。就算是最终听从了他的意见，她也会补上一句："这么做也是无济于事。"——末了，泰瑟姆再也受不了她事事都要抬杠，把那份遗嘱一把扔进火里，说道："这下好了，你想这么做就这么做吧，反正遗嘱也没了。"然后就离开了。第二天一大早，凯瑟琳找到他，说布莱克头天晚上一整晚都跟她在一起，一定要她来找泰瑟姆，重新执行遗嘱。打那以后，她再也没有对泰瑟姆的安排有过任何反对意见了。[14]

444

如果这桩怪谈确有其事，那么就表明可能真的有一份离奇的"遗嘱"存在。可是，从来没有证据显示布莱克曾经立过遗嘱，而且具有法律效力的遗嘱也不可能这样随随便便就可以"重新执行"。或许布莱克

---

* 匿名，《传记杂集·第 1 期：布莱克，能观异象者，与约克牧师煽动者马丁》，《月刊杂志》（1833 年 3 月）（*BR*，第 373—374 页）。吉尔克里斯特（*BR*，第 364 页）记载："说到丈夫，她总是声音颤抖，泪眼婆娑。她说'那个好人'的灵魂依然跟她在一起，这是他去世时答应她的。他是她毕生所爱，终身所敬。"

的临终遗愿被记录下来（当作了口头遗嘱）——不过，布莱克似乎不大可能会把凯瑟琳托付给经济并不稳定的泰瑟姆，而不是忠诚殷实的林内尔。毕竟布莱克去世后，凯瑟琳马上就搬到林内尔家里去住了。

与约翰·林内尔在赛伦塞斯特街住了 9 个月后，凯瑟琳搬到了利森街 20 号（1828 年 4 月—1831 年初），与弗雷德里克·泰瑟姆住在一起，"他的日常起居完全由她料理"[15]。又过了一段时间，实在受不了繁重的家务，她搬到了查尔顿大街（1831），住到"一户面包师的家里"[16]。

从一个房间搬到另一个房间

布莱克去世后，"她的胃就没消停过，一直在痛"[17]。而她又"总是没能照料好自己的身体"，"屡犯肠炎，愈来愈严重，最后连医疗急救都给叫过来"。

> 医生告诉她……腹部绞痛和痉挛最终会导致坏疽，于是她打发人把朋友泰瑟姆夫妇叫来。她不慌不忙地交代后事，仔细做出安排，特别要求，除了他们夫妇俩，其他人都不得看到她的遗体。而且还要往棺材里放一蒲式耳*的熟石灰，以防有人企图要解剖她的遗体。†之后，她就向布莱克小姐告别，独自度过了剩下的时间——大约 5 个小时——平静而喜乐。"她反复颂念经文，不断地呼唤着她的威廉，好像他就在隔壁的房间，她告诉他，马上就要见面了，很快很快了。"她一直这么说着，直到咽气。[18]

泰瑟姆夫妇"端了一杯水，送到她颤抖的手中，她奄奄一息，用水沾湿

---

* 蒲式耳（bushel）是英式的容量单位，1 蒲式耳 =36.368 升。——编注
† 那时的盗墓者有一项兴隆的生意，就是从坟墓中偷走尸体，卖给医生解剖。

了一下干裂的嘴唇，然后就断气了，身后事都交由泰瑟姆夫妇俩来打理"。*

泰瑟姆在 1831 年 10 月 18 日写给林内尔的信中，告诉他

445

> 布莱克夫人的死讯。今天早晨她已经从死亡走向了新生。在经受了 24 个小时痛苦的折磨之后，她于今早 7 点半，如清风耳语般离逝了。
>
> 泰瑟姆夫人和我一直守候在她身边，与她一起经历临终的痛苦。我们很荣幸，能见证一位圣人的离世。这于我们是一种应允，我们都将会安息在上帝的怀中。†

泰瑟姆说道：

> 根据她自己的指示，凯瑟琳被安葬在本思园丈夫的墓地旁，墓葬的装饰也与丈夫一模一样，这都是她的心愿……在她的葬礼上，泰瑟姆夫妇和伯德先生（油画家）、德纳姆先生（雕刻家）、里士满夫妇送走了……荣光的圣人的遗孀最后一程。[19]

布莱克如影随形的伴侣与他在另一个空间团聚了。

处理布莱克的遗产

根据泰瑟姆的说法，1829 年，"几位"与"他……走得很近的朋友"

---

* 泰瑟姆（*BR*，第 535 页）。泰瑟姆谈到自己和妻子时，说"她（凯瑟琳）很爱我们，几乎是当偶像来对待，她心心念念的是我们的安康。我们的幸福是她唯一的安慰，是她努力的唯一动力和仅有的快乐"。

† 吉尔克里斯特补充道，"她在泰瑟姆夫人的怀里去世"（*BR*，第 410 页）。

建议他"为布莱克写个传记"。[20] 结果，弗雷德里克·泰瑟姆为布莱克和凯瑟琳写了个充满道德说教意味的传记，[21] 而且还不是单独作为传记写的，而是与彩色版的《耶路撒冷》装订在一起，用于推销图书。

布莱克和凯瑟琳都没有留下遗嘱。[22] 凯瑟琳去世时，泰瑟姆称："我拥有他遗留下来的所有作品，包括绘画、草图和铜版的支配权。"[23] 而此时布莱克的妹妹，凯瑟琳·伊丽莎白·布莱克依然在世，而且贫困潦倒。*吉尔克里斯特对此批评道，

> 不管你怎么看，这么做很卑劣，于情于理都说不通：布莱克的遗孀去世后，布莱克小姐是他唯一在世的亲属，理应由她来继承财产——而布莱克小姐，唉，生活十分窘迫，一贫如洗。我还听说了一个传闻，她是自行了断的。日子过得太凄苦了，确实熬不下去了。†——泰瑟姆将大量布莱克的绘画和版刻插图书据为己有。而且据他自己交代，在之后的"三十年"，这些作品一直在售卖，而且"价钱还不错"。[24]

泰瑟姆还卑鄙地想从林内尔那里把布莱克的但丁系列版画也要去。第一次是打着凯瑟琳·布莱克的旗号（1831），第二次是为了自己的目的（1833），不过，都没能得逞。[25]

1831 年凯瑟琳·布莱克去世之后，泰瑟姆陷入"破产或者是接近破产的状况"[26]。色他印刷了《亚美利加：一个预言》、《欧罗巴：一个预言》、《耶路撒冷》和《天真与经验之歌》，纸上的水印显示是在"1832年"。后来，这些作品的铜版都让他给弄丢了。接下来的 30 多年，他一直都在售卖布莱克的绘画和版画作品。

他后来成了"一名狂热的使徒公教会信徒"，并且信了"教派里某

---

* 1833 年 7 月 1 日，林内尔去见律师乔治·斯蒂芬，"为的是见一见布莱克小姐，像兄长一样给予关照"（*BRS*，第 112 页）。没有任何资料显示布莱克的妹妹从他的遗产里得到任何好处。

† 关于布莱克的妹妹死于贫困的证据，见 *BR*（2）1841 年 3 月。

些有影响力的成员的话……认为布莱克是受了神启的；不过神启的源头却是错误的——来自撒旦——应该当作'不洁的灵'给赶出去"。[27] 爱德华·卡尔弗特担心布莱克的手稿将遭遇一场浩劫，于是就"找到泰瑟姆并恳求他重新考虑这件事，不要毁了'这个好人的珍贵作品'。但是，泰瑟姆毫不听劝。据我所知，布莱克的印版、版画插图、绘画和手稿,[*] 就这样给毁掉了"。[28]

　　虽然弗雷德里克·泰瑟姆曾经对威廉和凯瑟琳·布莱克夫妇很尽心，但是保存至今的布莱克遗作比之前传到他手上的要少得多。

---

　*　除了他已经卖掉的皮克林民谣手稿，布莱克的笔记本也由凯瑟琳赠予塞缪尔·帕尔默的弟弟威廉（*BB*，第 334 页）；布莱克自己也已经把《瓦拉》赠予了林内尔。

附录 1　布莱克的主要传记一览[*]

插图 37　布莱克,《天堂与地狱的婚姻》(B 本)图版 10

1806　**B.H. Malkin** (1769—1842), *A Father's Memoirs of His Child* (London: Longman, Hurst, Rees, & Orme, 1806), xviii-xli (reprinted in *BR* 421-431),[†] gives original, reliable, and important accounts of Blake's youth and early manhood apparently derived from Blake himself.

1811　[**Henry Crabb Robinson** (1775—1867)], "Willam Blake, Künstler, Dichter und religiöser Schwärmer" [tr. Dr. Niklaus Heinrich Julius], *Vaterländisches Museum*, I (Jan 1811), 107-131 (*BR* 432-455 in

---

* 不包括1830年后期刊中的记述,因其主要从坎宁安(1830)改编而来,例如约翰·戈登,《布莱克(威廉)》,《通用传记字典》(伦敦:Whittaker & Co., 1835; 1841; 1847; 1851); W. A. 贝克特,《普通传记》(伦敦:G. F. 伊萨克, 1836);沃特·桑伯利,《布莱克,威廉……》,《普通传记帝国词典》,P. E. 达夫等编写。(伦敦,格拉斯哥,爱丁堡,利物浦,利兹,阿伯丁,纽卡斯尔,布里斯托尔,"美国波士顿",纽约:威廉·麦肯齐,约1863年。)

† 马尔金、克拉布·鲁宾逊、史密斯、坎宁安、泰瑟姆(从 A. G. B. 罗素的抄本中所得)及其他人对布莱克的记述均记录于约瑟夫·T. 维特赖希编写的《19世纪威廉·布莱克记述》(盖恩斯维尔,佛罗里达:学者复印件与重印件, 1970)。

German and English), written before Robinson met Blake,* is derived largely from Malkin and from Blake's writings, with a few original and important details.

1827   **Anon. [?William Paulet Carey** (1759—1839)], "William Blake; *The Illustrator of the Grave, & c.", Literary Gazette* (18 Aug 1827), 540-541 (*BR* 348-350), is an original and valuable obituary; it was largely reprinted in *Monthly Magazine* (Oct 1827) (*BR* 354-355), *Gentleman's Magazine* (1 Nov 1827) (*BR* 356-357), *New Monthly Magazine* (1 Dec 1827) (*BR* 359), *Annual Biography and Obituary* (1828) (*BR* 361-362), and *Annual Register* (1828) (*BR* 362).

1827   **Anon.**, "William Blake", *Literary Chronicle And Weekly Review* (1 Sept 1827), 557-558 (*BR* 351-353), is an original obituary.

1828   **John Thomas Smith** (1766—1833), "William Blake", *Nollekens and His Times* (London: Henry Colburn, 1828; 1829), II, 454-488 (*BR* 455-476), is an important and reliable account of Blake as an artist by a friend from his early manhood.

1830   **Allan Cunningham** (1784—1852), "William Blake", *The Lives of the Most Eminent British Painters, Sculptors, and Architects* (London: John Murray, 1830; Second Edition [revised], 1830; …) (*BR* 476-507), is a largely derivative and anecdotal biography which was enormously influential—until 1863 it was by far the best-known account of Blake. The facts in Cunningham's life of Blake which demonstrably derive from earlier sources have uniformly been engagingly embroidered, and in any Cunningham story which cannot be traced to an earlier source one must wonder which parts are fact and which invention.

1832   **Frederick Tatham** (1805—1878), MS "Life of Blake" (*c*. 1832), first printed with *The Letters of William Blake*, ed. A.G.B. Russell (London: Methuen & Co., 1906) (*BR* 507-535), provides valuable information derived from his intimacy with Blake's widow but is inaccurate in petty details.

1835   **Thomas Dodd** (1771—1850), MS "William Blake" among his "Memorials of Engravers that have exercised the art in Great

---

* 克拉布·鲁宾逊在他的日记里对布莱克有大量的、非常重要的第一手记述（1810—1813，1815，1825—1828）（*BR*，第 223—226、229、231、235、309—318、320—326、331—332、336—338、362—363、367—368、371 页），在他的《杂忆》（1852）一书中有修订（*BR*, 第 535—549 页）。

Britain"(*c.* 1835), is derivative and negligible; it was printed in "An Unknown Early Biography of Blake", *Times Literary Supplement*, 16 March 1962, p. 192.

1863 **Alexander Gilchrist** (1828—1861), *Life of William Blake, "Pictor Ignotus"* (London: Macmillan, 1863; 1880 …), is based on careful research particularly among Blake's friends (usually un-named); it is reliable, vastly influential, and irreplaceable.

1893 **Edwin John Ellis**, "Memoir", *The Works of William Blake, Poetic, Symbolic, and Critical*, ed. Edwin John Ellis & William Butler Yeats (London: Quaritch, 1893), I, 1-172,[*] is a surprisingly fictional account, including allegations that Blake was Irish.

1893 **Alfred T. Story**, *William Blake:* His Life Character and Genius (London: Swan Sonnenschein & Co.; New York: Macmillan & Co., 1893), is a pedestrian biography.   449

1907 **Edwin J. Ellis**, *The Real Blake:* A Portrait Biography (London: Chatto & Windus, 1907), is an "original" work revealing that the "real" William Blake was the son of an Irishman named "O'Neill".

1907 **Arthur Symons**, *William Blake* (London: Archibald Constable and Company Ltd, 1907), is chiefly significant for its reprints of the Blake sections of (1) Henry Crabb Robinson, MS Reminiscences (1852), (2) H.C. Malkin, *Memoirs* (1806), (3) Lady Charlotte Bury, *Diary* (1839), (4) [R.C. Smith], *Urania* (1825), (5) *Literary Gazette* obituary(1827), (6) *Gentleman's Magazine* obituary (1827), (7) John Varley, *Zodiacal Physiognomy* (1829), (8) J.T. Smith, *Nollekens and his Times* (1828), (9) J.T. Smith, *A Book for a Rainy Day* (1845), and (10) Allan Cunningham, *Lives* (first edition, 1830).

1919 **Charles Gardner**, *William Blake the Man* (London: J.M. Dent & Sons; New York: E.P. Dutton & Co., 1919), is a pedestrian biography.

1922 **Allardyce Nicoll**, *William Blake & his Poetry* (London, 1922) is a popular, ill-informed biography.

1925 **Herbert Jenkins**, *William Blake*: Studies of his Life and Personality, ed. C.E. Lawrence (London: Herbert Jenkins Limited, 1925), reprints his biographical articles (some published under the pseudonym Herbert Ives), including original material.

---

* 叶芝写道:"传记是他(埃利斯)做的。他写作传记时,篇幅三倍于我所写作的传记。"(Hazard Admas, *Blake and Yeats* [Ithaca: Cornell University Press, 1955], 47)。

1927 **Mona Wilson**, T*he Life of William Blake* (London: Nonesuch, 1927 …), is a careful biography of major importance with some original information.

1927 **Thomas Wright**, *The Life of William Blake*, 2 vols (Olney: Thomas Wright, 1929), is a curious combination of original research and garbled facts.

1933 **John Middleton Murry**, *William Blake* (London: Jonathan Cape, 1933), is an earnest attempt to describe Blake as a Marxist Christian.

1943 **Jacob Bronowski**, *William Blake, 1757—1827:* A Man Without a Mask (London: Penguin, 1943; … revised as *William Blake and the Age of Revolution* [N.Y., 1965 ff.]), is a valuable book which stresses Blake's social and political background.[*]

.450 **1951** **H.M. Margoliouth**, *William Blake* (London, N.Y., Toronto: Oxford University Press, 1951) includes some valuable original materials.

1951 **Morchard Bishop [i.e., Oliver Stoner]**, *Blake's Hayley*: The Life, Works, and Friendships of William Hayley (London: Victor Gollancz Ltd, 1951), focuses on Hayley but includes important original material relating to Blake.

1969 **G.E. Bentley, Jr**, *Blake Records* (Oxford: Clarendon Press, 1969), reprints all the documents then known relating to the life of Blake and his family, of major importance.

1969 **Deborah Dorfman**, *Blake in the Nineteenth Century:* His Reputation as a Poet From Gilchrist to Yeats (New Haven & London: Yale University Press, 1969), prints some useful new material for the period 1863—1893.

1970 **Joseph Anthony Wittreich, Jr**, ed., *Nineteenth-Century Accounts of William Blake* by Benjamin Heath Malkin, Henry Crabb Robinson, John Thomas Smith, Allan Cunningham, Frederick Tatham, William Butler Yeats: Facsimile Reproductions with Introductions and Headnotes (Gainesville, Florida, 1970) (Scholars Facsimiles and Reprints).

1973 **Suzanne R. Hoover**, "William Blake in the Wilderness: A Closer Look at his Reputation 1827—1863", *William Blake:* Essays in honour of Sir Geoffrey Keynes, ed. Morton D. Paley & Michael Phillips (Oxford: Oxford University Press, 1973), 310-348, reprints

---

[*] 另见 David V. Erdman, *Blake: Prophet Against Empire*: A Poet's Interpretation of the History of his Own Time (Princeton: Princeton University Press, 1954; 1969; 1977; 1991)。

some interesting new material.

1975 **G.E. Bentley, Jr**, "Forgotten Years: References to William Blake 1831—1862", *William Blake: The Critical Heritage* (London: Routledge & Kegan Paul, 1975), 220-269, is a supplement to *Blake Records* (1969) gathering all the material for 1831—1862 then known.

1977 **Michael Davis**, *William Blake:* A new kind of man (London: Paul Elek, 1977), gives a responsible synopsis.

1979 **Soho Kumashiro**, *William Blake—sono shogai to sakuhin no subete* [*William Blake—On His Life and Works*] (Tokyo: Hokuseido Shoten, 1979); in Japanese.

1979 **Jack Lindsay**, *William Blake:* His Life and Work (N.Y.: George Braziller, 1979),* is concerned particularly with religious and political radicals.

1979 **Ryo Namikawa**, *Blake no shogai to sakuhin* [*On Blake's Life and Works*] (Tokyo: Hara Shobo, 1979), in Japanese.

1988 **G.E. Bentley, Jr**, *Blake Records Supplement* (Oxford: Clarendon Press, 1988), prints material related to Blake discovered since 1967, some of it important.

1990 **Shivshankar Mishra**, *Rise of William Blake* (New Delhi: K.M. Rai Mittal, 1990), is about criticism of Blake *c.* 1806—1979, derived chiefly from *Blake Records* (1969).

1991 **James King**, *William Blake: His Life* (London: Weidenfeld & Nicolson, 1991), is concerned with Blake's "paranoia", with no new facts.

1995 **Peter Ackroyd**, *Blake* (London: Sinclair-Stevenson, 1995, ...), is a careful and usually accurate biography with few pretensions to originality.

1995 **Michael Phillips**, *William Blake:* Recherches pour une Biographie: Six Etudes, tr. Antoine Jaccottet (Paris: Diffusion les Belles Lettres, 1995), reprints his largely bibliographical essays preparatory to "une grande biographie du poète".

1998 **Stanley Gardner**, *The Tyger, the Lamb, and the Terrible Desart:*

---

* 这本书尝试以印象主义来评估布莱克作品中的"心理学机制"，与 Jack Lindsay，*William Blake:* Creative Will and the Poetic Image (London, 1927) 有明显的区别。

Songs of Innocence and of Experience in its times and circumstance including facsimiles of two copies (London: Cygnus Arts; Madison & Teaneck: Fairleigh Dickinson University Press, 1998), concentrates usefully on the first half of Blake's life (1757—1794) with special reference to charity to children in the parish of St James and to the *Songs*, with novel ancillary details.

附录 2
布莱克的主要著作、系列插图设计及商业版画

插图 38　布莱克,《耶路撒冷》(Ｈ本）图版 39

　　若无特别说明，布莱克的作品出版地均为伦敦。页左边所列年代为布莱克商业版画的版刻时间，可能与书籍最终出版的时间不同。除非另有说明，布莱克的华彩版画均为彩色。布莱克本人的文字著作均以黑体标示。"对开本"等尺寸标注仅为版刻作品时的大致尺寸参考。

1773?　　"Joseph of Arimathea Among the Rocks of Albion", 4°, 1 plate after his own design adapted from Michelangelo, revised 1810—1820, 12 copies, at least one printed posthumously (Pl. 15)

1777—1779? Jacob Bryant, *A New System ... of Ancient Mythology*, 3 vols (T. Payne *et al*., [Vols I-II] 1774, [Vol. III] 1776; [Second Editon of Vols I-II] 1775), 4°, several plates were probably engraved by Blake though signed by his master Basire

1777—1779? Sir Joseph Ayloffe, *An Account of some Ancient Monuments in Westminster Abbey* (Society of Antiquaries, 1780), part of

Vetusta Monumenta, folio; Blake probably designed (1775) and engraved 7 plates signed by J. Basire

1777—1779? [Richard Gough], *Sepulchral Monuments in Great Britain*, I (T. Payne & Son, 1786), folio, 16 plates (n.d., signed by Basire) after Blake's drawings (1777) of monuments (Pl. 18)

1780 "Death of Earl Goodwin" exhibited at the Royal Academy

1780 *The Protestants Family Bible* (Harrison & Co. [1780—1781]), 4°, 5 plates (n.d.) after Raphael

453 1780 William Enfield, *The Speaker* (Joseph Johnson, [1780]; 1781; 1785; 1795; 1797), 12°, 1 plate after Stothard

1780 [J.] Olivier, *Fencing Familiarized; L'Art des Armes Simplifié* (John Bell, 1780), 8°, 1 plate after J. Roberts

1780—1782 *The Royal Universal Family Bible* (Fielding & Walker, 1780—1782 [i.e., 1782—1783]), 4°, 5 plates after Anon.

1781 Henry Emlyn, *A Proposition for a New Order in Architecture* ([no publisher], 1781; 1784), folio, 1 plate [after Earle]

1782 John Bonnycastle, *An Introduction to Mensuration* (Joseph Johnson, 1782; 1787; 1791; 1794), 12°, 1 vignette after Stothard

1782 Edward Kimpton, *History of the Holy Bible* (J. Cooke, 1782?; 1785?), folio, 3 plates after Stothard and C.M. Metz (2), also printed in Flavius Josephus, *Works*, ed. George Henry Maynard (J. Cooke, 1787?—1790?)

1782 *The Ladies New and Polite Pocket Memorandum-Book* (Joseph Johnson, 1782), 12°, 2 plates after Stothard

1782 "Morning Amusement" and "Evening Amusement" (Thomas Macklin), 4°, 2 plates after Watteau

1782 William Nicholson, *Introduction to Natural Philosophy*, 2 vols (Joseph Johnson, 1782; 1787), 12°, 1 vignette (printed twice) after Anon.

1782 *Novelist's Magazine*, VIII (Harrison & Co., 1782; 1784; 1792), 8°, 2 plates after Stothard for Miguel Cervantes, *Don Quixote*, tr. Tobias Smollett

1782—1783 *Novelist's Magazine*, IX (Harrison, 1782; 1785; 1793), 8°, 3 plates after Stothard for Laurence Sterne, *Sentimental Journey*, Sarah Fielding, *David Simple*, and Tobias Smollett, *Launcelot Greaves*

1782   John Seally & Israel Lyons, *Complete Geographical Dictionary*, 2 vols (John Fielding, 1784?; 1787; reprinted as *New Royal Geographical Dictionary*, 1793?; 1794?), 4°, 3 plates after Anon.

1782   *A select Collection of English Songs*, [ed. Joseph Ritson], 3 vols (J. Johnson, 1782), 12°, 9 plates after Stothard

1782   John Scott, *Poetical Works* (J. Buckland, 1782; 1786; 1795), 8°, 4 plates after Stothard

1782—1783 *Novelist's magazine*, X-XI (Harrison, 1783; 1785; 1793; 1800?;   454
1811; 1818), 8°, 3 plates after Stothard for Samuel Richardson, *Sir Charles Grandison*

1783   Ariosto, *Orlando Furioso*, tr. John Hoole (congery, 1783; 1785; 1791; 1799), 8°, 1 plate after Stothard

1783   **Poetical Sketches**, 8°, 76 pp., in type, privately printed, 23 copies (14 distributed posthumously) (Pl. 32)

1783   Geoffrey Chaucer, *The Poetical Works* (Bell, 1782 [*sic*]), 12°, 1 plate after Stothard

1783   Thomas Henry, *Memoir of Albert de Haller* (J. Johnson, 1783), 8°, 1 plate after Dunker

1783   "The Fall of Rosamund" (T. Macklin, 1783), 4°, 1 plate after Stothard (Pl. 30)

1783   "Robin Hood & Clorinda" (T. Macklin, 1783), 4°, 1 plate after J. Meheux

1784   "A breach in a city, the morning after a battle" and "War unchained by an angel, Fire, Pestilence, and Famine following" exhibited at the Royal Academy

1784?   **An Island in the Moon**, 8° manuscript, 32 pp. (lacking 2 or more leaves from the middle) (Fitzwilliam Museum, Cambridge)

1784   *The Wit's magazine*, I (Harrison & Co., 1784), 8°, 6 plates after Stothard (2) and Samuel Collings (4)

1784   "Zephyrus and Flora" (Pl. 39) and "Calisto" (Blake & Parker, 1784), 4°, 2 plates after Stothard

1784—1785 D. Fenning & J. Collyer, *A New System of Geography* (J. Johnson, 1785—1786; 1787), 4°, 2 plates [after Stothard]

1785   Exhibited at the Royal Academy (1) "Joseph making himself known to his brethren" (Pl. 37), (2) " Joseph's brethren bowing before him", (3) "Joseph ordering Simeon to be bound", and (4) "The Bard, from Gray"

1785　　　[Elizabeth Blower], *Maria: A Novel* (T. Cadell), 8°, 1 plate after Stothard

1786　　　Thomas Commins, *An Elegy Set to Music* (J. Fentum, 1786), 4°, 1 plate after his own design

1787　　　"Venus Dissuades Adonis" (G. Hadfield, 1787), 4°, 1 plate after R. Cosway

455　1787　　　"Rev. John Caspar Lavater", First State (Johnson, 26 Dec 1787), First State (1 copy), Second and Third States (1801, 21 copies), folio, 1 plate after Anon.

1788?　　　*All Religions are One*. 24°, 10 plates, 1 copy (Huntington Library) (see Figs on pp. 131 [right], 335)

1788?　　　*There is No Natural Religion*, 24°, 21 plates, 13 very diverse copies (see Fig. on p. 131 [left])

1788, 1790　William Hogarth, design for John Gay, *Beggar's Opera*, etched by Blake (1788), then finished as an engraving (1790) for Hogarth's *Works* (Boydell, 1790?—1880?), elephant folio

1788　　　"The Idle Laundress" and "The Industrious Cottager" (J.R. Smith, 1788), 4°, 2 plates after Morland

1788　　　J.C. Lavater, *Aphorisms on Man*, tr. [Henry Fuseli] (J. Johnson, 1788; 1789; 1794), 12°, 1 plate [after Fuseli]

1788　　　J.C. Lavater, *Essays on Physiognomy*, tr. Henry Hunter, 3 vols bound in 5 (Henry Hunter, John Murray [& Joseph Johnson], 1789—1798; 1810; 1792 [i.e., 1818]), folio, 4 plates after Rubens and Anon. (3)

1789?　　　*Tiriel*, **MS**, 8°, 15 pp. (British Library) plus 12 watercolours (Pl. 50) (scattered)

1789　　　*Songs of Innocence*, 8°, 27 plates, 26 copies (Pl. 9, Figs on title page, pp. 1, 17, 87, 98)

1789　　　*The Book of Thel*, 4°, 8 plates, 14 copies (Pl. 51 and Fig. on p. 363)

1790?　　　*The Marriage of Heaven and Hell*, 8°, 27 plates, 9 copies (Pl. 52 and Fig. on p. 447)

1790—1791 C.G. Salzmann, *Elements of Morality for the Use of Children*, tr. [Mary Wollstonecraft], 3 vols (J. Johnson, 1791; 1792; 1799;

1805? 1815?), 12°, 45 plates perhaps engraved by Blake after D.N. Chodowiecki[*]

1791　　　***The French Revolution*** (J. Johnson), 8°, 20 pp. in type, 1 proof copy (Huntington) (Pl. 42)

1791, 1795　Erasmus Darwin, *The Botanic Garden* (J. Johnson, 1791; 1795; 1799; reprinted in his *Poetical Works*, 1806), 4°, 6 plates after Fuseli (2) and Blake's copies of Wedgwood's vase (4)

1791　　　David Hartley, *Observations on Man* (J. Johnson, 1791; 1791), 8°, 1 plate after Shackleton　　　　　　　　　　　　　　　456

1791　　　James Stuart & Nicholas Revett, *Antiquities of Athens*, III (Printed by John Nichols, 1794), folio, 4 plates after [Stuart & Revett]

1791　　　Mary Wollstonecraft, *Original Stories from Real Life*, 3 vols (J. Johnson, 1791; 1796), 12°, 6 plates after his own designs; re-engraved by Anon. in *Marie et Caroline* (Paris: Dentu, 1799)(Pl. 43); Blake's 10 designs are in the U.S. National Gallery

1792　　　John Hunter, *Historical Journal of the Transactions at Port Jackson and Norfolk Island* (John Stockdale, 1793), 4°, and 8° editions, 1 plate after Governor King

1792—1794 John Gabriel Stedman, *Narrative of a five year's expedition against the Revolted Negroes of Surinam*, 2 vols (J. Johnson & J. Edwards, 1796; 1806; 1813), 4°, 16 plates after Stedman (Pls 44-45)

1793　　　*Bellamy's Picturesque Magazine* (T. Bellamy, 1793), 8°, 1 plate after C.R. Ryley

1793　　　***America***, 4°, 19 plates, 16 copies (3 posthumous), 12 not coloured (Pls 35-36 and Figs on half-title, p. xxvi)

1793　　　***For Children: The Gates of Paradise***, 8°, 18 plates, 5 copies, uncoloured, revised, with 3 additional plates, as *For the Sexes* (1826?) (see Figs on pp. 29, 100, 110)

1793　　　**"The History of England, a small book of Engravings. Price 3s"**, 18? plates, 8°, no copy survives

1793　　　**"To the Public"**, 8°, 1? plate, no copy survives

---

[*] 霍多维茨基设计，为扎尔茨曼的《年轻人的体操》（1800）所配的 10 幅匿名的版刻如今已经不再被认为是布莱克的作品。

1793   *Visions of the Daughters of Albion*, 4°, 11 plates, 18 copies (Pl. 53 and Fig. on p. xxiv)

1793   "The Accusers" (1 copy; Second State [1793—1796], 2 copies; Third State [1805—1810 or later], 6 copies), "Albion Rose" (2 copies; Second State[1804—1818?], 2 copies), "Edward & Elinor" (2 copies), "Job" (1 copy; Second State [1804—1818], 2 copies), and "Joseph of Arimathea Preaching" (2 copies)(Blake, 1793), folio, 5 plates after his own designs

1793   James Earle, *Practical Observations on the Operation for the Stone* (J. Johnson, 1793; 1796; 1803), 8°, 2 plates of instruments after Anon.

457   1793   John Gay, *Fables* (John Stockdale, 1793; [1811]), 8°, 12 plates after W. Kent (5), J. Wootton (4), and H. Gravelot (3)

1793?—1818?**Notebook, MS**, 8°, 120 pp., including "Vision of the Last Judgment" (1810?), "Public Address" (1811?), and "The Everlasting Gospel" (1818?) (British Library)

1794   *Europe*, 4°, 18 plates, 12 copies (4 posthumous), 4 uncoloured (Pls 54-56)

1794   "Ezekiel" (Blake, 1794), folio, 1 plate after his own design, First State (no copy known); Second State (post 1804 to 1818), 3 copies (see Pl. 47)

1794   *The First Book of Urizen*, 8°, 28 plates, 8 copies, mostly colour-printed (Pls 57-58, and Fig. on p. 30)

1794   *Songs of Innocence and of Experience*, 8°, 54 plates, 37 copies (9 posthumous), 11 uncoloured (see Figs on pp. 145, 146, 147, 351)

1794—1795 George Cumberland, *Thoughts on Outline* (Robinson & T. Egerton, 1796), 4°, with 8 plates after Cumberland; 4 were reprinted in Cumberland's *Outlines from the Antients* (Septimus Prowett, 1829)

1794—1796 Edward Young, *The Complaint and The Consolation, or Night Thoughts*, 537 **folio watercolours** (43 engraved in 1796—1797) (British Museum print Room) (for engravings, see Pls 64-70, and Fig. on p. 161)

1795   *The Book of Ahania*, 4°, 6 plates, 1 copy, colour-printed (Library of Congress) (Pl. 60)

1795   *The Book of Los*, 4°, 5 plates, 1 copy, colour-printed (British Museum Print Room) (Pl. 61)

1795   *The Song of Los*, 4°, 8 plates, 6 copies, colour-printed (Pl. 59)

1795   John Brown, *The Elements of Medicine*, 2 vols (J. Johnson, 1795), 8°, 1 plate after Donaldson

1795   Caius Valerius Catullus, *Poems*, tr. [John Knott] (J. Johnson, 1795), 2 plates after Xavier Della Rosa

1795   **Large Colour Prints** of (1) "Christ Appearing to the Apostles",   458 (2) "Elohim Creating Adam" (Pl. 62), (3) "God Judging Adam", (4) "The Good and Evil Angels", (5) "Hecate", (6) "The House of Death", (7) "Lamech and his Two Wives", (8) "Naomi Entreating Ruth and Orpah to Return to the Land of Moab", (9) "Nebuchadnezzar", (10) "Newton", (11) "Pity", and (12) "Satan Exulting over Eve", some repeated as late as 1805, offered for sale as late as 1818

1796   **Large Book of Designs**, 4°, 8, plates from other works, 2 copies

1796   **Small Book of Designs**, 8°, 23 plates from other works, 2 copies

1796   Gottfried Augustus Bürger, *Leonora*, tr. J.T. Stanley (William Miller, 1796), 4°, 3 plates after his own designs

1796   George Cumberland, *An Attempt to Describe Hafod* (T. Egerton, 1796), 4°, 1 plate perhaps engraved by Blake

1796—1797 Edward Young, *The Complaint, and The Consolation; or, Night Thoughts* [Nights I-V of 9] (Richard Edwards, 1797), folio, 43 plates after his own designs (Pls 64-70 and Fig. on p. 161); 26 copies are coloured, at least a few probably by Blake; one design copied by P. Jones in *The Seraph*, ed. John Whitaker (?1818—1828)

1796?—1807 *Vala* or *The Four Zoas*, **MS**, folio, 146 pp. (British Library) (Pl. 80-81)

1797   Advertisement for carpets (Moore & Co., [1797]), folio, 1 plate after his own design

1797   Charles Allen, *A New and Improved History of England* (J. Johnson, 1797), 8°, 4 plates [after Fuseli]

1797   Charles Allen, *A New and Improved Roman History* (J. Johnson, 1798), 8°, 4 plates [after Fuseli]

1797   Leonard Euler, *Elements of Algebra*, tr. [Francis Horner] (J.

Johnson, 1797), 8°, 1 plate after Ruchotte's medallion

1797　　　 *Monthly Magazine*, IV (R. Phillips & J. Johnson, 1797), 8°, 1 plate after Anon.

1797—1798 Thomas Gray, *Poems*, 116 **folio watercolours** for Flaxman (Yale Center for British Art), (Pls 71-73)

459　1799　　　 "The Last Supper" exhibited at the Royal Academy

1799　　　 John Flaxman, *A Letter to the Committee for Raising the Naval Pillar or Monument* (T. Cadell et al., 1799), 8°, 3 plates after Flaxman

1799　　　 William Shakespeare, *Dramatic Works*, ed. George Steevens, 9 vols (Boydell, 1802 [i.e., 1803]; 1832), folio, 1 plate after John Opie; also issued in *Boydell's Graphic Illustrations of the Dramatic Works of Shakespeare* (Boydell, 1803?; 1807)

1799—1805 Bible 135 **folio temperas** (1799—1800) **and watercolours (1800—1805, with a few up to 1809)** for Butts (scattered)(Pls 3, 5, 37, 75-79, 130)

1800　　　 William Hayley, *Essay on Sculpture* (T. Cadell Jr & W. Davies, 1800), 4°, 3 plates after T. Hayley and John Flaxman (2) (Pl. 83A)

1800　　　 William Hayley, *Little Tom the Sailor* (Folkestone: The Widow Spicer, 1800), 4°, 4 plates after his own designs (Pl. 85)

1801　　　 Henry Fuseli, *Lectures on Painting* (J. Johnson, 1801), 8°, 1 plate after Michelangelo

1801?　　 John Milton, *Comus*, 8°, 8 **watercolours**, the larger set (Huntington) (Pl. 86) repeated in c. 1815

1802　　　 William Hayley, *Designs to a Series of Ballads* (Felpham: William Blake et al., 1802), 4°, 14 plates after his own designs (Pl.92)

1802, 1804 William Hayley, *Life ... of William Cowper*, 3 vols (J. Johnson, [Vols. I-II] 1803; [Second Edition of Vols I-II] 1803; [Vol. III] 1804), 4°, 6 plates after George Romney, D. Heins, Thomas Lawrence, Blake, Francis Stone, and John Flaxman (Pl. 89)

1803　　　 William Hayley, *Triumphs of Temper* (T. Cadell & W. Davies, 1803; 1807), 12°, 6 plates after Maria Flaxman

1804 [—1811?]　 ***Milton A Poem***, 8°, 51 plates, 4 copies (Pl. 4A-B, 93-95)

1804 [—1820?]　 ***Jerusalem***, 4°, 100 plates, 8 copies (3 posthumous), 1 coloured (Pl. 110 and Figs on pp. xvii, 312, 313, 452)

1804　　Prince Hoare, *Academic Correspondence* (Robson, Payne, Hatchard, & Barker, 1804), 8°, 1 plate after Flaxman

1804　　William Shakspeare, *Plays*, ed. Alexander Chalmers, 9 and 10 vols (Longman, 1802—1803; 1805; 1805; 1811), 8°, 2 plates ater Fuseli

460

1805　　**40 designs** for Robert Blair, *The Grave* (now scattered), mostly lost (etched by Schiavonetti [1808])

1805　　John Flaxman, *The Iliad of Homer* (Longman et al., 1805—1829; 1870), 4°, 3 plates after Flaxman, without text

1805　　William Hayley, *Ballads ... Relating to Animals* (Richard Phillips, 1805), 8°, 5 plates after his own designs (Pl. 97)

1805?　William Hayley, *Life of George Romney* (T. Payne, 1809), 4°, 1 plate after Romney

1805—1806　*Job*, Butts set, 8°, 19 **watercolours**, 2 more added in 1823 (Pierpont Morgan Library)

1806　　Prince Hoare, *Inquiry into the ... Arts of Design in England* (Richard Phillips, 1806), 8°, 1 plate after Sir Joshua Reynolds

1806　　Benj. Heath Malkin, *A Father's Memoirs of His Child* (Longman, Rees, & Orme, 1806), 4°, 1 plate designed and engraved by Blake, re-engraved by R.H. Cromek (Pls. 99-100)

1806—1809　William Shakespeare, Second Folio (1632), 6 **watercolours** (British Museum Print Room)

1807?　"Enoch", lithograph after Blake's own design

1807　　John Milton, *Paradise Lost*, 4°, 12 **watercolours** for the Rev Joseph Thomas (Huntington), repeated in 1808

1807?　**The Ballads or Pickering Manuscript**, 8°, 22 pp. (Pierpont Morgan Library)

1808　　"Jacob's Dream" (Pl. 130) and "Christ in the Sepulchre, guarded by Angels" exhibited at the Royal Academy

1808　　John Milton, *Paradise Lost*, 4°, the larger Butts set, 12 larger watercolours (9 in the Museum of Fine Art, Boston) (Pls 103-106)

1808　　Robert Blair, *The Grave* (R.H. Cromek, 1808; 1813; [1870]), 4°, 12 plates after Blake engraved by Louis Schiavonetti; reprinted in Jose Joaquin de Mora, *Meditaciones Poeticas* (R. Ackermann;

and in Megico, Columbia, Buenos Ayres, Chile, Peru, & Guatemala, 1826)(Pls 63, 91, 101-102, 111)

461 1809   ***Descriptive Catalogue*** (J. Blake, 1809), 8°, 72 pp. in type, 22 copies

1809   John Milton, *On the Morning of Christ's Nativity*, 4°, Rev Joseph Thomas set, 6 **watercolours** (Whitworth Art Gallery) (Pl. 68), repeated in *c.* 1815

1809—1810 Blake exhibited 16 **pictures** at 28 Broad Street (his brother's hosiery shop): (1) "The Spiritual Form of Nelson", (2) "The Spiritual Form of Pitt", (3) "Sir Jeffrey Chaucer and the nine and twenty pilgrims in their journey to Canterbury", (4) "The Bard, from Gray", (5) "The Ancient Britons", (6) "A spirit vaulting from a cloud to turn and wind a fiery Pegasus", (7) "The Goats", (8) "The spiritual Preceptor", (9) "Satan calling up his Legions", (10) "The Bramins", (11) "The body of Abel, found by Adam and Eve", (12) "The Soldiers casting lots for Christ's Garments" (Pl. 76), (13) "Jacob's Ladder" (frontispiece), (14) "The Angels hovering over the Body of Jesus in the Sepulchre", (15) "Ruth", and (16) "The Penance of Jane Shore"

1810   "The Canterbury Pilgrims" (Blake, 1810—1941[?]), oblong folio, 1 plate after his own design (Pl. 103)

1811   Geoffrey Chaucer, *The Prologue and Characters of Chaucer's Canterbury Pilgrims* (Harris, 1812) 12°, 2 plates after his own designs

1812   Blake exhibited at the exhibition of The Associated Painters in Water Colours: (1) "Sir Jeoffrey Chaucer and the Twenty-seven Pilgrims", (2) "The Spiritual Form of Pitt", (3), "The spiritual Form of Nelson", and (4) "Detached Specimens of … '*Jerusalem* …'"

1814—1817 John Flaxman, *Compositions from … Hesiod* (Longman et al., 1817; 1870), 4°, 37 plates after Flaxman, without text (Pl. 112)

1815?   John Milton, *Comus*, 8°, 8 **watercolours** (Museum of Fine Art, Boston), repeated from the 1801 set

1815?   John Milton, *On the Morning of Christ's Nativity*, 8°, 6 **watercolours** (Huntington)(Pl. 87), repeated in smaller size from the 1809 set

1815—1816 [*Wedgwood's Catalogue of Earthenware*]([?Wedgwood, 1816?—1843?]), 8°, 18 plates after Blake's copies of Wedgwood earthenware

1815—1819 Abraham Rees, *Cyclopaedia*, 39 vols of text, 6 vols of plates　462
(Longman et al., 1802—1820), 4°, 7 plates after Anon. (6) and
Farey

1816?　　　John Milton, *L'Allegro*, 8°, 8 **watercolours** (Pierpont Morgan
Library) (Pl. 114)

1816?　　　John Milton, *Il Penseroso*, 8°, 8 **watercolours** (Pierpont Morgan
Library)(Pl. 101)

1816?　　　John Milton, *Paradise Regained*, 8°, 12 **watercolours** (Fitzwilliam
Museum) (Pl. 116)

1818　　　"The Child of Nature" (3 copies) and "The Child of Art" (1
copy) (C. Borckhardt), folio, 2 plates after C. Borckhardt

1818—1819 Smaller Blake-Varley Sketchbook, 34 leaves with Visionary
Heads (now scattered) (Pl. 126)

1818—1819 Larger Blake-Varley Sketchbook, 4°, 90 leaves (24 removed,
one replaced), 52 with Visionary Heads (Allan Parker) (Pls 122-
124)

1820　　　"Revd Robert Hawker" (A.A. Paris, 1820) (3 copies), folio, 1
plate after Ponsford

1820　　　"Mrs. Q" (J. Barrow, 1820)(15 copies plus 43 untraced), folio, 1
plate after H. Villiers

1821　　　*Job*, Linnell set, 8°, 21 **watercolours** (scattered)

1821?　　　***On Homer's Poetry [&] On Virgil***, 8°, 1 plate, uncoloured, 6 copies

1821　　　Virgil, *Pastorals*, ed. Robert John Thornton, Third Edition,
3 vols (F. & C. Rivington et al., 1821), 12°, 27 woodcuts by
Blake after his own designs (4 after portraits by others), 1 Blake
design engraved by Byfield; there is also an unpublished plate
with 3 designs etched in relief by Blake (R.N. Essick)(Pls 127-
128 and Figs on pp. 389, 391); Blake's drawings are now widely
scattered

1822　　　***The Ghost of Abel***, 8°, 2 plates uncoloured, 4 copies

1824—1827 John Bunyan, *Pilgrim's Progress*, 8°, 29 **watercolours** probably
touched up by Catherine or Tatham (Allan Parker plus 1 in the
U.S. National Gallery)

1824　　　*Remember Me!* (I. Poole, 1824; 1825), 12°, 1 plate after his own design

1824?　　　Enoch, 5 drawings (U.S. National Gallery)

463   1824—1827 Dante, *Divine Comedy*, 103 **folio watercolours** (widely scattered) (Pl. 131)

1825   "Wilson Lowry" (Hurst, Robinson, 1825)(18 copies plus 11 untraced), folio, 1 plate after Linnell

1825   *Illustrations of The Book of Job* (William Blake & John Linnell, 1826; 1874), 4°, 22 plates without separate text (Pls 20, 128 and Figs on pp. 395, 400)

1826?   ***For the Sexes: The Gates of Paradise***, 8°, 21 plates uncoloured, 9 copies (7 posthumous); a revision of *For Children* (1793) (Figs on pp. 140, 267, 440)

1826?   **"Laocoon"**, 8°, 1 plate, uncoloured, 2 copies (Pl. 133)

1826—1827? **Illuminated Genesis MS**, 11 leaves (Huntington)

1826—1827 *Blake's Illustrations of Dante* ([John Linnell, 1838; 1892; 1955; 1968], oblong folio, 7 plates after his own designs (Pl. 132)

尾 注

前 言 写作目的和特点

1　G.E. Bentley, Jr, *A Bibliography of George Cumberland* (New York and London: Garland Publishing, 1975) and the edition of Cumberland's *The Captive of the Castle of Sennaar*, ed. G.E. Bentley, Jr. (Montreal, Kingston, London, Buffalo: McGill-Queen's University Press, 1991).

2　G.E. Bentley, Jr, *The Early Engravings of Flaxman's Classical Designs* (New York: New York Public Library, 1964) and David Irwin, *John Flaxman 1755-1826*: Sculptor, Illustrator, Designer (London: Studio Vista/Christie's, 1979).

3　Gert Schiff's catalogue raisonné of *Johann Heinrich Füssli 1741-1825* (Zurich: Verlag Berichthaus; Munich: Prestel-Verlag, 1973); *The Collected Letters of Henry Fuseli*, ed. David Weinglass (Millwood [New York], London, Nendeln [Liechtenstein]: Kraus International Publications, 1982); and D.H. Weinglass, *Prints and Engraved Illustrations By and After Henry Fuseli*: A Catalogue Raisonné (Aldershot: Scolar Press, 1994).

4　Shelley M. Bennett, *Thomas Stothard*: The Mechanisms of Art Patronage in England circa 1800 (Columbia: University of Missouri Press, 1988).

5　G.E. Bentley, Jr, "Thomas Butts White Collar Maecenas", *PMLA*, LXXI

(1956), 1052-1066; Joseph Viscomi, "William Blake's 'The Phoenix/to Mrs Butts' Redux", *Blake*, XXIX (1995), 12-15; Joseph Viscomi, "Blake in the Marketplace 1852: Thomas Butts, Jr. and Other Unknown Nineteenth-Century Blake Collectors", *Blake*, XXIX (1995), 40-68; Joseph Viscomi, "A 'Green House' for Butts? New Information on Thomas Butts, his Residences, and Family", *Blake*, XXX (1996), 4-21.

6　Gerald P. Tyson, *Joseph Johnson, A Liberal Publisher* (Iowa City: University of Iowa Press, 1979) and the discovery of Joseph Johnson's office letter-book now in the Pforzheimer Library.

7　David Linnell, *Blake, Palmer, Linnell and Co.:* The Life of John Linnell (1994).

导 论 天堂与兽

1　*Milton* pl. 37, 1.43; *Jerusalem* pl. 75, 1.20; pl. 89, 1.53

2　*Vala* p. 111, 1.24.

3　*Jerusalem* pl. 74, 1.32.

4　*Jerusalem* pl. 74, 1.16.

5　Marginalium (1798) to Watson, *Apology* (1797) p.25.

6　Letter of 7 Aug 1804.

7　Marginalium (?1798) to Bacon, *Essays*

(1798) p.14.

8 *BR* 292.

9 Gilchrist quoting unnamed friends of Blake (*BR* 567).

10 Letter from Thomas Woolner of 1860 (*BR* 274-275).

11 Letter of 25 April 1803.

12 Crabb Robinson in 1826 (*BR* 337)

13 Draft of "London" in Blake's Notebook p. 109.

第一章
1720—1772：上帝驻足窗边

1 Crabb Robinson (*BR* 543).

2 Anon., "Nativity of Mr. Blake, The Mystical Artist", *Urania*, No. 1 (1825), with explanations of its astrological significance, perhaps by John Varley (*BR* 296-297).

3 [John Lambert], *An Illustrated Guide to St James's Church Piccadilly* (London: St James's Church, [1991]), 6.

4 Mark x, 14, used in the baptismal service.

5 Cunningham (*BR* 482).

6 See *BR* (2).

7 See *BR* (2).

8 *BRS* 2-8.

9 See *BR* (2).

10 Tatham (*BR* 508).

11 Tatham (*BR* 519).

12 Cunningham (*BR* 477, 480-481).

13 See *BR* (2).

14 "Blake & Son, Hosiers & Haberdashers" at 28 Broad Street are listed in *Kent's London Directory* (1793-1800), *The New Annual Directory* (1800, 1801, 1803), *Holden's Triennial Directory*

(1802-1804), and "Blake, James, Hosier" in *The Universal British Directory* (1790), *Kent's Directory* (1794-1800), *Holden's Triennial Directory* (1799, 1805-1811), *Kent's Directory* (1801-1802, 1804-1808, 1810), *The New Annual Directory* (1806-1813), and in *The Post Office Directory* (1812).

15 Gilchrist (*BR* 2, 3).

16 *BR* 562.

17 Smith (*BR* 465).

18 Gilchrist (*BR* 3).

19 Tatham (*BR* 509).

20 Tatham (*BR* 508).

21 Tatham (*BR* 510).

22 Smith (*BR* 457).

23 Tatham (*BR* 509).

24 Letter to Blake of Sept 1800.

25 Gilchrist (*BR* 415).

26 Letter of 1 Feb 1826.

27 Smith (*BR* 476).

28 "The Everlasting Gospel" Part e, ll. 13-14, Notebook p. 33.

29 "The Chimney Sweeper", *Experience* (*Songs* pl. 37).

30 "The Everlasting Gospel" Part d, ll. 37-38, Notebook p. 120.

31 Lodowick Muggleton, *A Looking-Glass for George Fox* (1756), 62-63 (quoted in E.P. Thompson, *Witness Against the Beast* [1993], 94).

32 Annotation to Watson's *Apology for the Bible* p. 25.

33 Cunningham (*BR* 502).

34 Crabb Robinson Diary for 9 Feb 1826.

35 Samuel Palmer (*BR* 42).

36 Samuel Palmer (*BR* 283).

37 Crabb Robinson Diary for 18 Feb 1826.

38 See Chapter IV.

465

39　Crabb Robinson Diary for 7 Dec 1826.

40　Crabb Robinson Diary for 10 Dec 1826.

41　Crabb Robinson Diary for 17 Dec 1826.

42　Crabb Robinson Diary for 10 Dec 1826.

43　Annotation to Thornton, *Lord's Prayer* p. 3.

44　Annotation to Bacon's Essays p. 14.

45　Crabb Robinson Diary for 10 Dec 1825.

46　John Saddington, *The Articles of true Faith* (1830), written in 1675 and circulated in manuscript (quoted in E.P. Thompson, *Witness Against the Beast* [1993], 73). The images are also Kabalistic.

47　*America* pl. 17, 1.191 and annotation to Swedenborg's *Divine Providence* p. xix.

48　Annotations to Watson's *Apology for the Bible*, 1, 6.

49　Letter of 22 Nov 1802, all punctuation added.

50　Letter of 14 Sept 1800.

51　Letter of 7 Oct 1803.

52　Milton pl. 18, 1.44.

53　Marginalium to Reynolds, *Works* p. 157.

54　W.T. Whitley, *Artists and their Friends in England 1700-1799* (London, 1928), I, 115.

55　*Survey of London Volume XXXI: The Parish of St James Westminster Part Two: North of Piccadilly* (London: The Athlone Press, 1963) 204-205.

56　Smith (*BR* 465).

57　"MR BLAKE'S NURSERY RHYME" was once with *Songs* (X) but has since disappeared; it is quoted in Geoffrey Keynes & Edwin Wolf 2nd, *William Blake's Illuminated Books: A Census* (New York: The Grolier Club of New York, 1953), 64.

58　Henry Chamberlaine, *A New and Compleat History and Survey of the Cities of London and Westminster* (London: J. Cooke [1770]), 599.

59　As in "Blind-man's Buff" in *Poetical Sketches*.

60　Such games are shown in Blake's designs for Gray's "Ode on a Distant Prospect of Eton College".

61　*An Island in the Moon* Chapter 11.

62　Crabb Robinson Diary for 10 Dec 1825.

63　See "The Freaks of Learning: Learned Pigs, Musical Hares, and the Romantics", 87-104. Blake refers to both Learned pigs and Hares playing on a tabor (Notebook p. 40).

64　As in Hogarth's "Gin Lane" (1751).

65　"Edward the Third", Scene [ii], ll. 10-11 (*Poetical Sketches*).

66　Letter of 21 Sept 1800.

67　Letter 23 Aug 1799.

68　Crabb Robinson's Reminiscences (*BR* 542-543), a passage which does not appear in his Diary: Catherine Blake said, "You know, dear, the first time you saw God was when You were four years old And he put his head to the window and set you ascreaming."

69　Linnell wrote that Blake was "reprov'd by his Father for asserting" his "belief in his inspiration" (*BR* 318 n2).

70　Crabb Robinson Diary for 10, 17 Dec 1825.

71　Vision of the Last Judgment, Part x, Notebook p. 95; I have divided one paragraph into three.

72　Linnell noted his "Early talent of

design 3 years old. (*BR* 318 n2).

73   Cunningham (*BR* 477).

74   Stanley Gardner, *The Tyger, the Lamb, and the Terrible Desart* (London: Cygnus Arts; Madison & Teaneck: Fairleigh Dickinson University Press, 1998), 6, with no indication of source.

75   Samuel Johnson, The Rambler, No. 116 (27 April 1751) in The Rambler, IV (London: J. Payne & J. Bosquet, 1752), 141-142, a story about an apprentice haberdasher. Of course the account is a caricature of a mechanic or counter trade ("applying all my powers to the knowledge of my trade, I was quickly master of all that could be known"), but it does show a useful patrician view of an apprentice haberdasher at work.

76   Autobiographical "Memoirs of Thomas Jones, Penkerrig Radnorshire 1803", ed. A.P. O[ppé], *Walpole Society*, XXXII (1951), 8, reporting his experience in 1767, the year Blake joined the school.

77   Marginalium to Reynolds, *Works* p. xix.

78   Autobiographical "Memoirs of Thomas Jones, Penkerrig Radnorshire 1803," ed. A.P. O[ppe], *Walpole Society*, XXXII (1951), 8.

79   Malkin (*BR* 421). Presumably Malkin means that Blake profited from these opportunities.

80   Malkin (*BR* 422).

81   *Descriptive Catalogue* (1809) ¶78.

82   Malkin (*BR* 422).

83   *BR* 283.

84   *BR* 288.

85   Malkin (*BR* 428).

86   It is quoted in his Notebook pp. 88-89.

87   This is a series of engravings of the paintings in the Vatican made long after Raphael's death in 1520.

88   Advertisement [by A.S. Mathew] to *Poetical Sketches*.

89   Tatham (*BR* 527).

90   Gilchrist (*BR* 234).

91   *Milton* pl. 28, 1.57; "The Crystal Cabinet" from the Pickering Manuscript p. 11.

第二章
1772—1779：看见异象的学徒

1   Letter of 23 Aug 1799.

2   Gilchrist (*BR* 511 n1).

3   *BR* 511 n1.

4   *Jerusalem* pl. 12, 1.26; pl. 90, 1.48.

5   As William Hayley wrote in 1789 (*BR* 556); Hayley lived in Kneller's house at 5 Great Queen Street in 1769-1774.

6   Public Address, Notebook p. 51.

7   Samuel Palmer describing Blake's rooms in Fountain Court about 1824-1827 (*BR* 565 n4).

8   Letter of 12 March 1804.

9   Public Address, Notebook p. 24.

10   *BR* 12.

11   *BR* 460n1.

12   Gilchrist (*BR* 13); Goldsmith died in 1774.

13   James Boswell, *Life of Samuel Johnson* (1791), chapter called "Aetat 54".

14   Public Address, Notebook p.58.

15   Public Address, Notebook p.58.

16   Malkin (*BR* 422-423).

17   Butlin #1.

18   *On Homer's Poetry [&] On Virgil*.

19   Malkin (*BR* 423).

20   "To the Public" (10 Oct 1793).

21   Marginalia to Wordsworth, *Poems* p.364.

22　*Lectures on the English Poets* (1818).

23　Lamb's letter of 15 May 1824.

24　Crabb Robinson's Reminiscences (*BR* 543-544).

25　Tatham (*BR* 509).

26　The preface [by A.S. Mathew] to *Poetical Sketches* says that the poems were "commenced in his twelfth, and occasionally resumed ... till his twentieth year", i.e., from Nov 1768 to Nov 1777.

27　"A War Song to Englishmen" l.21, *Poetical Sketches* p. 59.

28　"The Everlasting Gospel" part d, l.38, Notebook p. 120.

29　*BRS* 11.

30　On 26 Aug 1799, Blake wrote: "It is now Exactly Twenty years since I was upon the ocean of business."

31　As Blake said of his move to Felpham in his letter of 21 Sept 1800.

第三章
1779—1787 : "良友佳偶，幸甚至哉"

1　Upcott's Autograph Album.

2　Blake's Marginalium to *The Works of Sir Joshua Reynolds, Knight*, I, 56.

3　Malkin (*BR* 423).

4　Sidney C. Hutchison, "The Royal Academy Schools, 1768-1830", *Walpole Society*, XXXVIII (1962), 130, and *Library of the Fine Arts*, III (1832), 443, 444.

5　*Descriptive Catalogue* ¶87.

6　James Elmes, *Annals of the Fine Arts*, II (1818), 359.

7　Gilchrist (*BR* 31), recounted as an anecdote "Blake used to tell".

8　Gilchrist (*BR* 31), citing a letter from "a surviving friend" about a time when Blake was "a very young man".

9　Marginalium to *The Works of Sir Joshua Reynolds, Knight* I, title page verso.

10　Gilchrist (*BR* 33).

11　J.T. Smith and Frederick Tatham (*BR* 469, 517).

12　Cunningham (*BR* 503).

13　Tatham (*BR* 517). Tatham's account of Blake's tempera technique applies to the years he knew Blake (c. 1824-1827); Blake's early practice was probably quite different.

14　Samuel Palmer to George Richmond in Oct 1828 (*BRS* 9).

15　William Vincent, *A Plain and Succinct Narrative of the Late Riots and Disturbances in the Cities of London and Westminster ... with an Account of the Commitment of Lord George Gordon to the Tower* (London Fielding & Walker, 1780) 35, 26.

16　Cumberland letter of 7 June 1780 (*BR* 18).

17　Gilchrist (*BR* 18); this "long remembered" story is reported by no one else.

18　*America* pl. 16, l. 176; *Vala* p. 123, l. 8; *French Revolution* l. 67, *Jerusalem* pl. 5, l. 6; *Europe* pl. 15, l. 177; *America* pl. c, l. 9; *Jerusalem* pl. 14, l. 28; *Vala* p. 58, l .18; *Milton* pl. 24, l. 32; *Jerusalem* pl. 29, l. 82.

19　According to Anon., "John Flaxman, Esq. R.A. Professor of Sculpture at the Royal Academy", *Annual Biography and Obituary for the year 1828*, XII (1828), 21, "in early life he [*Flaxman*] was in the habit of frequently passing his evenings in drawing and designing in the company of ... Mr. Stothard, Mr. Blake, ... Mr. George Cumberland, and Mr. Sharp".

20   Letter of 12 Sept 1800.

21   Mrs [A.E.] Bray, *Life of Thomas Stothard, R.A.* (London: John Murray, 1851) (*BR* 19-20). This account by Stothard's daughter-in-law is supplemented by "the account of Frederick Tatham received from Mrs Blake" on the copy of the print in the Balmanno Collection in the British Museum Print Room ("Parkes") and by the imprecise note of "M^{rs}. Blakes account" on the copy of the print in the Rosenwald Collection of the U.S National Gallery (which identifies "T. Blake", "Parkes", and "the Coast of France").

22   Most of the background details here derive from "Blake's First Arrest, at Upnor Castle", Blake, XXXI (1997-1998), 82-84.

23   The first line of a "Song" taken, like the other poems quoted just below, from *Poetical Sketches*.

24   Gilchrist (*BR* 21).

25   Gilchrist (*BR* 21).

26   *Ambulator:* or, A Pocket Companion in a Tour Round London, 9th edn (London: J. Scatcherd, 1800), 32, 33.

27   Tatham (*BR* 517).

28   Tatham (*BR* 518).

29   See the Boucher genealogy above (p. xx). At least three of her sisters had died in childhood.

30   For individuals named Bouche, Boucher, Bouchet[t], Bucher, and Du Bouchet, see *Lists of French Protestants and Aliens Residing in England 1618-1678* from Returns in the State Papers Office, ed. Wm Durant Cooper (Camden Society, 1862); David A. Agnew, *Protestant Exiles in France in the Reign of Louis XIV, or* The Huguenot refugees and their Descendants in Great Britain and Ireland (London: Reeves & Turner, 1871), I, 26, 28-29, 37-38,52, 58; Eugene & Emile Haag, *La France Protestante*, 2nd edn, II (Paris, 1889), 964-965; *The Registers of the French Church, Threadneedle Street, London*, ed. T.C. Collyer-Fergusson (1916), Publication of The Huguenot Society of London, XXIII; *Registers of the Churches of the Tabernacle, Glasshouse Street and Leicester Fields, London, 1688-1783*, ed. William & Susan Minet (1926), Huguenot Society, XXIX; *Société de l'Histoire du Protestantisme Français, Table Alphabétique, Analytique & Chronologique ... du Bulletin historique et littéraire (1852-1902)*(Paris, 1902); A.P. Hands & Irene Scouloudi, *French Protestant Refugees Relieved through the Threadneedle Street Church, London, 1681-1687* (1971), Huguenot Society, XLIX; *The Case Book of "La Maison de Charité de Spittlefields"* (1981), Huguenot Society Quarto Series, LV; *Minutes of the Consistory of the French Church of London, Threadneedle Street 1679-1692*, Calendared by Robin Gwynn (1994), Huguenot Society Quarto Series, LVIII. For instance, John Boucher was one of the London Merchants who signed a Loyal Address against the [Catholic] Pretender in 1744 (David C.A. Agnew, *Protestant Exiles from France*, 3rd edn [1886], I, 212).

31   Agnew, *Protestant Exiles*, II, 104.

32   Hillel Schwartz, *The French Prophets*: The History of a Millenarian Group in Eighteenth-Century England (Berkeley & Los Angeles: University of California Press, 1980), esp. 216, 285.

33   Robin D. Gwynn, *The Huguenot Heritage:* The history and contribution

of the Huguenots in Britain (London, Boston, Melbourne & Henley: Routledge & Kegan Paul, 1985), 68.

34　Gwynn, *Huguenot Heritage*, 68.

35　The Register of the Tabernacle in Glasshouse Street and Leicester Fields 1688-1783 in *The Publications of The Huguenot Society of London*, Vol. XXIX (1920). The Hog Lane Church absorbed other French churches in London (Reginald Lane Poole, *A History of the Huguenots of the Dispersion at the Recall of the Edict of Nantes [London: Macmillan*, 1880], 85).

36　*BR* 556-557.

37　[Charles lamb], "The South Sea House", *Essays of Elia* (London: Taylor & Hessey, 1820), 7.

38　*Minutes of the ... French Church of London*, LVIII, pp. 85, 104, 110, 115, 118, 220, 272.

39　Gwynn, *Minutes*, 160.

40　Tatham (*BR* 517).

41　*Ambulator:* or, A Pocket Companion in a Tour Round London, 9th edn (London: J. Scatcherd, 1800), 33.

42　*BR* 6.

43　Blake's good friend Henry Fuseli told Joseph Farington on 24 June 1796 that Blake had "married a maid servant".

44　As William Hayley wrote on 3 Aug 1805, repeated almost word for word from his letter of 15 July 1802; each passage begins "perhaps".

45　Crabb Robinson Reminiscences (*BR* 542).

46　Gilchrist (*BR* 237).

47　Crabb Robinson Reminiscences (*BR* 542).

48　Gilchrist (*BR* 307).

49　Hayley's letter of 15 July 1802.

50　Tatham (*BR* 534).

51　Hayley letter of 15 July 1802; Hayley also wrote poetry for music.

52　Crabb Robinson Reminiscences (*BR* 542).

53　George Richmond (*BR* 294) "in excuse for the general lack of soap and water".

54　*Marriage* pl. 7.

55　Tatham, clearly derived from Catherine (*BR* 518).

56　Letter of 22 June 1804.

57　*BR* 569.

58　For details of Blake's Commercial Engravings, see Appendix 2.

59　There was "half a gale blowing", according to "Daily records kept at Sion House" (Stanley Gardner, *The Tyger, the Lamb, and the Terrible Desart* [London: Cygnus Arts; Madison & Teaneck: Fairleigh Dickinson University Press, 1998], 31).

60　Letter of 16 Sept 1800.

61　Tatham (*BR* 534).

62　This is the address Blake gave when he exhibited at the Royal Academy in May 1784.

63　As Fuseli told Joseph Farington about the Blakes on 24 June 1796.

64　W.T. Whitley, *Artists and Their Friends in England 1700-1799* (London, 1928), II, 282.

65　Hayley letter of 3 Aug 1805.

66　Hayley letter of 15 July 1802.

67　Seymour Kirkup to Lord Houghton, 25 March 1870 (*BR* 221); she "was as good as a servant. He had no other".

68　J.T. Smith (*BR* 459).

69　Crabb Robinson Diary for 18 Feb 1826.

70　Marginalium to Lavater, *Aphorisms* P. 210.

468

71 Gilchrist (*BR* 275-276).

72 Gilchrist (*BR* 276), following and perhaps paraphrasing comments by Samuel Palmer. I have divided the long paragraph into several short ones.

73 Tatham(*BR* 525).The Blakes might have expected to be able to live for about a week on a guinea.

74 Smith, *A Book for a Rainy Day* (*BR* 26-27).

75 Blake's inscription in Upcott's Autograph Album in 1826.

76 Smith, *A Book for a Rainy Day* (*BR* 26).

77 Smith (*BR* 457). The only songs Blake is known to have written at this time are in his *Island in the Moon* (?1784).

78 *BRS* 18-19.

79 Smith (*BR* 456).

80 Smith (*BR* 457),

81 Letter of 23 Oct 1804, see *BR* 68, 70-72, 99.

82 In 1806 Malkin quoted the two Songs beginning "I love the jocund dance" and "How sweet I roam'd" (*BR* 428-430); in 1811 Crabb Robinson gave "To the Muses" in German (*BR* 442); in 1828 J.T. Smith printed "How Sweet" (*BR* 457); in 1830 Cunningham gave "To the Muses", "I love the jocund dance", and parts of "Edward the Third", "Gwin King of Norway" (*BR* 478-480,505-506); and in 1847 Robert Southey printed the "Mad Song" in his collection of anecdotes called *The Doctor*. William and Dorothy Wordsworth copied "I love the jocund dance" from Malkin (*BR* 430 n1), Tatham incorporated "How sweet I roam'd" and "Love and Harmony Combine" in his manuscript biography of *c.* 1831(*BR* 513-514), and Crabb Robinson transcribed "To the Muses" and "How sweet I roamed" (*BR* 224 n.

469

3).

83 Malkin (*BR* 431).

84 *BR* 453; the original German version is on P. 442.

85 Cunningham (*BR* 479); he says that the prose is "wild and incoherent" (480).

86 Cunningham (*BR* 478).

87 Tatham (*BR* 513).

88 Cunningham (*BR* 480).

89 A.C. Swinburne, *William Blake* (London: John Camden Hotten, 1868), 8.

90 See Martha England, "The Satiric Blake: Apprenticeship at the Haymarket?", *Bulletin of the New York Public Library*, LXXIII (1969), 440-464, 531-550.

91 British Library Add MSS 36, 494, ff. 357-358. See the letter of Candid [George Cumberland] in the *Morning Chronicle*, 21 Oct 1784, on "Mr. Taylor's Lecture on the Lamps of the Ancients", which discreetly says nothing of the explosion.

92 William George Meredith, Taylor's patron, writing on 30 Dec 1829 (*BRS* 94-95).

93 *Vala* p. 33, ll. 34-35.

94 Alexander Dyce, Taylor's long-time friend, writing about 1867-1869(*BRS* 95); I have broken up the long paragraph into several smaller ones.

95 *BR* (2).

96 *BR* (2).

97 *BR* (2).

98 *Abstract of the Annual Registers of the Parish Poor ... [for] 1783* (1784), and *Sketch of the State of the Children of the Poor in the Year 1756, and of the Present State and Management of all the Poor in the Parish of Saint James, Westminster* (1797), p. l. The paragraphs above about the St James

institutions derive from *BRS* 2-7.

99 *Sketch of ... the Poor, in the Parish of Saint James*, 3-5,

100 *Sketch of ... the Poor, in the Parish of Saint James*, 5-6.

101 *An Island in the Moon* (?1784) Chapter 11; "Holy Thursday" was modified slightly when it was printed in *Songs of Innocence* (1789).

102 For all details of the business of Blake & Son with the parish of St James, see *BRS*, 2-8.

103 *Sketch of ... the poor, in the Parish of Saint James*, 3.

104 *BR* 554.

105 Tatham (*BR* 509).

106 *BR* 558.

107 *BR* 558.

108 Tatham (*BR* 509).

109 *BR* (2).

110 Tatham says James Blake "supported his only sister" until his death in 1827 (*BR* 509).

111 Linnell's note on J.T. Smith (*BR* 461 n1).

112 Flaxman's letters of 27 Aug 1795 ("The Journeyman and the Genius: James Parker and His Partner William Blake with a List of Parker's Engravings", *Studies in Bibliography*, XLIX[1996], 208-231) and 7 Nov 1804 (*BR* 155).

113 Obituary of Parker in *Gentleman's Magazine*, LXXV (June, 1805), 586.

114 Some of these details derive from Parker's will reported in "The Death of Blake's Partner James Parker", *Blake*, XXX (1996), 49-51.

115 See "The Journeyman and the Genius: James Parker and His Partner William Blake With a List of Parker's Engravings", *Studies in Bibliography*, XLIX(1996), 208-231.

116 Gilchrist (*BR* 29).

117 *BR* 603.

118 Parker's will of 1805 (see above, n114) did not mention a printing press.

119 Cunningham (*BR* 482).

120 Gilchrist (*BR* 363-364), describing Catherine's methods after Blake's death.

121 *BRS* 8.

122 Smith (*BR* 457).

123 Gilchrist (*BR* 30), one paragraph which I have divided into three. Catherine was two months older than Robert.

124 See John Heath, *The Heath Family of Engravers 1779-1878* (London: Scolar Press, 1993), I, 142.

125 For Blake's plates, see Appendix 2 here; for Parker's, see "The Journeyman and the Genius: Parker and his Partner William Blake with a List of Parker's Engravings", *Studies in Bibliography*, XLIX (1996), 208-231.

126 As Parker wrote in his Letter of 24 March 1803 to the amateur illustrated book publisher Du Roveray (see "F.J. Du Roveray, Illustrated-Book Publisher 1798-1806: [Part]III: Du Roveray's Artists and Engravers and the Engravers' Strike", *Bibliographical Society of Australia and New Zealand Bulletin*, XII [1988], 101—the essay displays Parker's diplomatic skills in reconciling Du Roveray with the striking engravers).

127 Public Address (c. 1811) (Notebook P. 52) speaking of a time "five & twenty years ago".

128 Smith (*BR* 457). The passage begins "soon after this period", referring to *Poetical Sketches* (1783), but as the firm of Parker & Blake was at 27 Broad Street "next door to his father's" (as Smith says) only from the end of 1784

to the end of 1785, the date of Mrs Mathew's generosity in enabling them to continue in business was probably in the spring or summer of 1785.

129　Smith (*BR* 457).

130　Cunningham (*BR* 482).

131　Fanny Burney, *Memoirs of Dr. Charles Burney* (1832), I, 134, describing the area as it was about 1770. Oxford Road is now called Oxford Street.

132　Allan Cunningham, *The Life of Sir David Wilkie* (London, 1843), I, 80, describing the public house in 1805.

133　Tatham (*BR* 510).

470　134　Linnell (*BR* 459 n2).

135　Gilchrist (*BR* 32).

136　Linnell (*BR* 459 n2).

137　*Vala* p.125, ll. 29-30.

138　*Vala* p. 133, 1.25.

139　Letter from Catherine Blake of 14 Sept 1800.

140　Letter of 22 Nov 1802.

第四章
1787—1795：黑暗的逐利岁月

1　Blake speaks in his letter of 23 Oct 1804 of the "twenty dark, but very profitable years" from 1784 to 1804.

2　Last page of *Island in the Moon* (?1784).

3　George Cumberland, "A New Mode of Printing", *A New Review*, IV (Oct 1784), 318-319.

4　As Cumberland confessed in his letter of 2 Jan 1784 (British Library Add MSS 36, 494, ff. 231-232), though he did not mention this defect in his printed essay on the subject.

5　Anon., *Valuable Secrets concerning Arts and Trades* ([1758], 1775, 1778, 1795,

1798, 1809, 1810), gave directions "*To engrave with* aquafortis, *so that the work may appear like a* basso relievo".

6　Public Address, Notebook pp. 58, 24.

7　*Descriptive Catalogue* ¶76.

8　J.T. Smith, amplified by Cunningham and Gilchrist (*BR* 460, 486, 32-33).

9　Gilchrist (*BR* 32).

10　Joseph Viscomi, *Blake and the Idea of the Book* (Princeton: Princeton University Press, 1993), 118.

11　See Viscomi, *Blake and the Idea of the Book*, the source of most of the information about Blake's techniques of Illuminated Printing here.

12　Letter of 12 Sept 1800.

13　Letter of 2 July 1800.

14　*BR* 531.

15　John Johnson letter of 14 June 1822 (see *BR* [2]).

16　Public Address, *Notebook* p. 62.

17　Notebook p. 40.

18　As Linnell had heard (*BR* 53).

19　*BR* 53.

20　Cunningham's life of Fuseli (*BR* 480 n10); I have divided the single paragraph into three.

21　Fuseli letter of 17 Aug 1798 (*BRS* 15).

22　Smith (*BR* 467), silently echoed by Gilchrist (*BR* 39).

23　Gilchrist (*BR* 39). Tatham said that "Fuseli admired Blake & learned from him as he himself confessed, a great deal" (*BR* 531).

24　*Poetical Sketches* (E, F, S), which he sponsored, *Descriptive Catalogue* (N), *Songs of Innocence* (D), and *Songs of Innocence and of Experience* (O).

25　Gilchrist (*BR* 39).

26　Erasmus Darwin to Josiah Wedgwood, 9 July 1791 (*BRS* 10).

27　Johnson to Erasmus Darwin, 23 July 1791.

28　*BR* (2).

29　*The French Revolution* ll. 89-90, 94-96. This defence of the past is apparently based upon Edmund Burke.

30　Letter of Richard Twiss to Francis Douce, 25 Sept 1794—see *BR* (2).

31　Gilchrist (*BR* 40) was, of course, writing half a century and more after the facts. Tatham said that Blake "was intimate with a great many of the most learned & eminent men of his time, whom he generally met at Johnsons, the Bookseller of St. Pauls Church Yard[.] It was there he met Tom Paine …" (*BR* 530), but the social intimacy which Tatham alleges is probably exaggerated.

32　[William West], "Annals of Authors, Artists, Books, and Booksellers, Letter XI: Mr. Johnson of St. Paul's Church-Yard, and his Literary Connexions", *Aldine Magazine*, I (April 1839), 204: "I knew Mr. Johnson from 1785 to 1805."

33　*BR* 40-41. Samuel Greatheed said on 27 Jan 1805 that he "understood, that, during the crisis of the French Revolution, he [*Blake*] had been one of its earnest partizans".

34　Linnell wrote notes of what he intended to tell Gilchrist about Blake's life, including Richard "Edwards Godwin, Paine, H. Tooke, &c.—Fuseli" (*BR* 318 n2).

35　*BRS* 14.

36　Gilchrist (*BR* 40).

37　Fuseli writes on 29 May 1792 of "Mr. Paine who is a Mechanic as well as a Demogorgon", and Hayley's reference of 1800 to Romney's painting studio as "Demogorgons Hall" "may mean that Paine had helped to fit up Romney's studio" (*BR* 46, 70 & n2).

38　Marginalia (1798) to Bishop Watson's *Apology for the Bible* (1797) pp. 12-13.

39　Watson, *Apology*, p. 1.

40　Watson, *Apology*, p. 49.

41　*BR* 41 n1.

42　*BR* 530-531.

43　Michael Phillips, "Flames in the Night Sky: Blake, Paine and the Meeting of the Society of Loyal Britons, October 10th, 1793", *Bulletin de la Société d'Etudes Anglo-Américaines des XVIIe et XVIIIe Siècles*, No. 44 (juin 1997), 100. There is no evidence that Blake met or was even aware of the Loyal Britons mob, but their clamour and conflagration may have been apparent to his neighbours.

44　*BR* 45, quoting from Stedman's diary (then in the collection of Stanbury Thompson and now in the University of Minnesota Library). All the quotations from Stedman are from this source (see *BR* 45-51).

45　Details of Johnson's agreement with Stedman derive from Johnson's Letterbook (now in the Pforzheimer Collection, New York Public Library), which is quoted extensively in "William Blake and His Circle … 1995", *Blake*, XXIX (1996).

46　Stedman's *Narrative* in the form in which he submitted it to Johnson was edited by Richard Price and Sally Price (Baltimore and London, 1988).

47　E.g., in May 1796 Stedman wrote "12 letters to Blake"; none of the Stedman-Blake correspondence is known to have survived.

48　Tatham speaks of Blake's "utter detestation of human slavery" (*BR* 521).

49　Letters of 10 Jan 1802, 11 Sept 1801.

50　Letter of 26 Aug 1799.

471

51 *Milton* pl. a, 1.26.

52 Letter of 25 April 1803, a general statement not referring to Stedman.

53 *BR* 522.

54 Letter of 22 Nov 1802.

55 Letter of 21 Sept 1800.

56 Public Address, Notebook p. 64.

57 See *BR* (2) under 1789.

58 J. Hassell, *Memoirs of the Life of the Late George Morland* (London: James Cundee & C. Chapple, 1806) (*BRS* 9).

59 *BR* 189.

60 *BR* 136.

61 *BR* 46, *BRS* 10.

62 Flaxman letter of 7 Nov 1804 (*BR* 155).

63 Letter of 26 Aug 1799.

64 *BR* 569.

65 *BR* 55; Blake's copy of Cumberland's *Thoughts on Outline* has not been traced.

66 Letter of 26 Aug 1799.

67 See *BBS* 542-544 for details; Cumberland may have given away as many copies as he sold.

68 "When Klopstock England deified" 1.8, Notebook p. 5.

69 Tatham (*BR* 522).

70 The authority for the statements about three floors plus a basement, the panelling, and the mantelpieces is Thomas Wright (*Life of William Blake* [Olney, Thomas Wright, 1929], I, 51), who "went over the house twice a few years before it was pulled down", while the information about the grates, cupboards, and the well-proportioned ground–floor rooms derives from Anon., "William Blake's Homes in Lambeth and Sussex", *Spectator*, No. 4,584 (6 May 1916), 571-572.

71 *Europe* pl. 3, ll. 23-24.

72 *Observer*, 10 Feb 1793, a reference generously pointed out to me by my friend Paul Miner, who explores its significance in his *The Bard's Prophetic Song* (MS in 1999). The reference gives no indication of which house in Hercules Buildings had the peach and rose trees.

73 Tatham (*BR* 521). Fuseli reported on 24 June 1796 that they then had no servant.

74 Letter of 12 April 1827.

75 *Jerusalem* pl. 84, 1. 4.

76 *Milton* pl. 4, ll. 14-15; cp. *Jerusalem* pl. 84, ll. 3-4.

77 *Jerusalem* pl. 41, l. 15.

78 Cp. *Jerusalem* pl. 31, ll. 25-26: "Bethlehem where was builded Dens of despair in the house of bread"— Bethlehem Hospital for Lunatics moved near Lambeth, and "Bethlehem" means "house of bread" in Hebrew.

79 *Milton* pl. 20, ll. 5, 9, 10-12.

80 A.C. Swinburne, *William Blake* (London: John Camden Hotten, 1868) (*BR* 31).

81 He had "a large collection of works of the mystical writers, Jacob Behmen, Swedenborg, and others" (Tatham writing in 1864 [*BR* 41 n4]).

82 Crabb Robinson's Diary of 10 Dec 1825.

83 *BR* 38 n1.

84 *BR* 35.

85 *Minutes of a General Conference of the Members of the New Church Signified by the New Jerusalem in the Revelation* (1789) (*BR* 37).

86 *Milton* pl. 20, 1.50.

87 *Jerusalem* pl. 48, ll. 9-11.

88 Charles A. Tulk (1768-1849) told Garth Wilkinson (1812-1899), who

told James Spilling, who reported it ("Blake, Artist and Poet", *New Church Magazine*, VI [1887], 254), that Blake wrote "The Divine Image" "in the New Jerusalem Church, Hatton Garden" (*BRS* 10). However, "The Divine Image" was published in 1789, and Hatton Garden Church was not established until 1797; indeed the poem was probably written before the New Church was established in April 1789. However, it could have been written at one of the meetings of the Swedenborg study group.

89 *Descriptive Catalogue* ¶92-93. The picture (Butlin #660) does not survive.

90 Crabb Robinson (*BR* 452, 440).

91 Smith (*BR* 458).

92 *Jerusalem* pl. 3.

93 *Europe* pl. 16, ll. 202-203.

94 See *Tiriel: Facsimile and Transcript of the Manuscript, Reproduction of the Drawings and a Commentary on the Poem* by G.E. Bentley, Jr (Oxford: Clarendon Press, 1967); the *Tiriel* designs, Butlin #198 1-12, but only the first is reproduced there.

95 *There is No Natural Religion* pl. b12.

96 Joseph Viscomi, *Blake and the Idea of the Book* (1993).

97 *Marriage* pl. 27, ¶92, *Visions* pl. 11, l. 215, *America* pl. 10, l. 71, *Vala* p. 34, l. 79, adapted from the marginalium to Lavater, *Aphorisms*, ¶309 ("all life is holy").

98 "A Dream", *Songs* pl. 26, l.16.

99 "The Little Boy found", *Songs* pl. 14, l.4.

100 "Night", *Songs* pl. 20, ll. 12-13.

101 "A Cradle Song", *Songs* pl. 16, ll. 24, 32 (pl. 10).

102 "The Chimney Sweeper" from *Innocence* (*Songs* pl. 12) ll. 13, 23.

103 Twenty-five copies of *Innocence* by itself survive and twenty-six more in *Songs of Innocence and of Experience*.

104 The "Introduction" to *Innocence* was printed in (1) Crabb Robinson (1811) (*BR* 443-444, 454); (2) Cunningham (830) (*BR* 483); (3) T.F. Dibdin, *Reminiscences of a Literary Life* (1836) (*BR* 243); (4) *Monthly Magazine* (1839) (*BBS* 343); (5) *Boys' and Girls' Magazine* (July 1843) (*BBS* 157); (6) *Blackwood's Edinburgh Magazine*, LXII (Oct 1847) (from Cunningham) (*BBS* #1083); (7) *Union Magazine* (1848) (bb #1440); (8) William Allingham, *Hogg's Weekly Instructor* (1849) (quoted from Cunningham without acknowledgement) (*BB* #803); (9) *Nightingale Valley*, ed. William Allingham (London, 1860) (*BB* #264); (10) *Folk Songs*, ed. John Williamson Piper (1861) (called "The Piper") (*BB* #384); (11) *The Children's Garland*, ed. Coventry Patmore (1862) (*BBS* 340).

472

"The Divine Image" was printed in (1) Malkin (1806) (*BR* 427-428); (2) *Dawn of Light* (1825) (*BRS* 83); (3) *London University Magazine* (1830) (*BR* 385 n1); (4) *New Church Advocate* (1844) (*BBS* 151); (5) *National Anti-Slavery Standard* (1842) (*Blake* [1998]); (6) J.J. G. Wilkinson in *The Human Body and its Connection with Man* (1851) (called "The Human Form") (*BB* #2971); (7) *Heat and Light* (1851) (*BBS* 151); it was copied in MS by Crabb Robinson (*BRS* 60).

"The Chimney Sweeper" from *Innocence* was printed in (1) Cunningham (1830) (*BR* 483-484); (2) James Montgomery, *The Chimney Sweeper's Friend* (1824; 1825) (*BR* 284); (3) *Eclectic Review* (1824) (*BRS* 80); (4) William Hone, *Every-Day*

Book (1825 … 1889) (*Blake* [1998]); (5) [Amedée Pichot], *Revue de Paris* (1833) and *Revue Britannique* (1862) (*BB* #2392); (6) *National Anti-Slavery standard* (1842) (*Blake* [1998]); (7) *National Anti-Slavery Standard* (1849) (*Blake* [1998]); (8) [Jane Laurie Borthwick], ed., *Illustrated Book of Songs for Children* (1863) (*Blake* [1995]); it was copied in MS by Crabb Robinson (*BRS* 60).

"The Lamb" was printed in (1) Cunningham (1830) (*BR* 505); (2) Pichot, *ut supra*; (3) *Monthly Magazine* (1839) (*BRS* 342-343); (4) *New Jerusalem Magazine* (1842) (*BB* #268); (5) *Retina* (1843) (*BBS* 157); (6) *New Church Magazine for Children* (1843) (*BBS* 157); *Boys' and Girls' Library* (1844) (*BBS* 157); it was given in MS by Tatham (1831) (*BR* 532).

473

All the *Songs* were reprinted by J.J. Garth Wilkinson in 1839 and (in twelve copies) in 1843.

105 "To the Public" (1793) and letters of 9 June 1818 and 12 April 1827.

106 *Songs of Innocence and of Experience*, ed. J.J. G. Wilkinson (London: W. Pickering & W. Newbery, 1839), xx.

107 Letter of 25 Oct 1833 *BR* (2).

108 Crabb Robinson letter of 10 Aug 1848 (*BRS* 68).

109 Crabb Robinson Diary of 24 May 1812.

110 In a notebook of 1800-1808, Dorothy and William Wordsworth copied from Malkin "Holy Thursday" and "Laughing Song" from *Innocence*, "The Tyger" from *Experience*, and "I love the jocund dance" from *Poetical Sketches* (*BR* 430 n1).

111 Samuel Palmer writing in 1862 (*BRS* 71).

112 His favourites in *Innocence* were "Holy Thursday", "Infant Joy", "The Ecchoing Green", "The School Boy", and especially "The Divine Image", "The Little Black Boy", and "Night" (letter of 12 Feb 1818).

113 Letter of 6 Feb 1818.

114 Crabb Robinson letter of 19 Feb 1826.

115 Anon., "The Inventions of William Blake, Painter and Poet", *London University Magazine*, II (March 1830) (*BR* 386).

116 *Thel* pl. 5, ll. 68-69.

117 "To the Public" (1793) and letters of 9 June 1818 and 12 April 1827.

118 *Marriage* pl. 27. Joseph Viscomi is responsible for the argument that the *Marriage* "resulted from four or five distinct and recognizably sequential periods of composition, all presumably taking place in 1790" ("The Evolution of *The Marriage of Heaven and Hell*", *Huntington Library Quarterly*, LVIII [1996], 285), with pls 21-24 first.

119 *Marriage* pl. 27, ¶91-92. This Chorus is lacking from *Marriage* copy M, which disappeared from March 1918 until November 1997.

120 *Marriage* pl. 22, ¶79, ¶78.

121 *Marriage* pl. 4 (¶12), 10, 7.

122 *Marriage* pl. 5 (¶17), 6(¶22).

123 *Marriage* pl. 6 (¶23).

124 *Marriage* pl. 9.

125 *Marriage* pls 4 (¶2), 11 (¶30), 16 (¶56), 23-24 (¶86).

126 *Marriage* pl. 18 (¶66-67).

127 *Marriage* pl. 20 (¶72).

128 *Marriage* pl. 8.

129 Palmer's letter of 24 July 1862 (*BR* 319 n1).

130 *BR* 581.

131 See *BR* (2), Feb 1827.

132 There is no charge for a minister at the burying ground.

133 "To the Public" (10 Oct 1793). Catherine sold "Job" and "Ezekiel" together for £2.2.0 on 25 Feb 1830.

134 "To the Public" (10 Oct 1793).

135 Malkin (*BR* 423). Perhaps the other engraving for *The History of England* was to be from "The Penance of Jane Shore" which was painted before 1779 (*Descriptive Catalogue* ¶112), though no engraving for it is known.

136 "To the Public" (1793) and letters of 9 June 1818 and 12 April 1827.

137 "To the Public" (1793) and letters of 9 June 1818 and 12 April 1827.

138 Cunningham and Crabb Robinson (*BR* 500, 454). Robinson translated some of *America* into German (*BR* 446-447).

139 *BR* 470; Smith is quoting Richard Thomson.

140 *BR* 486.

141 "Eternity", Notebook p. 105; see the design on *Visions* pl. 3 (Fig. on p. xxiv) of Oothoon kissing the winged joy as it flies.

142 Crabb Robinson's Reminiscences (*BR* 548).

143 Gilchrist (*BR* 237 n3).

144 Joint tile page to *Songs of Innocence and of Experience* pl. 1.

145 "Introduction" (*Songs* pl. 30), ll. 12, 8-9; "Earth's Answer" (*Songs* pl. 31), ll. 5, 14, 7, 11.

146 "The Clod & the Pebble" (*Songs* pl. 32), l. 12.

147 *Jerusalem* pl. 84, l.11. In the *Jerusalem* design the old man is being led leftward towards a Gothic church.

148 "To the Public" (1793) and letters of 9 June 1818 and 12 April 1827.

149 *BR* 252-253.

150 "Introduction" in *London University Magazine* (1830) (*BR* 381); "The Garden of Love" in (1) Crabb Robinson (1811) (*BR* 454) and (2) *London University Magazine* (1830) (*BR* 385); "A Poison Tree" in *London University Magazine* (1830) (*BR* 385); "On Anothers Sorrow" in *Dawn of Light* (1825) (*BBS* 159); and "The Tyger" (1) in Malkin (1806) (*BR* 430-431), (2) Crabb Robinson (*BR* 444-445, 454), (3) Cunningham (1830) (*BR* 479), and (4) Pichot in *Revue de Paris* (1833) (*BBS* #2392).

151 *BR* 454.

152 *BR* 429, 454.

153 *BR* 285, 286.

154 *BR* 479.

155 According to *A Concordance to the Writings of William Blake*, ed. D.V. Erdman et al. (Ithaca: Cornell University Press, 1967).

156 *Island*, last page. See "What Is the Price of Experience? William Blake and the Economics of Illuminating P[r]inting", *University of Toronto Quarterly*, LXVIII (1999), 617-641.

157 *WBW* 708. Exactly the same passage is cited by J.T. Smith (*BR* 471).

158 *BR* 470-471.

159 "To the Public" (1793) and letters of 9 June 1818 and 12 April 1827.

160 *BR* 454.

161 *BR* 500.

162 *BR* 470, 471.

163 "To the Public" (1793) and letters of 9 June 1818 and 12 April 1827.

164 *BR* 486, 487.

165 Gilchrist (*BR* 34).

166 Letter of 9 June 1818.

167 In Butlin the Small Book of Design is #260 1-23 and #261 1-11, while the

Large Book of Designs is #262 1-8. Blake dates the first copy of the Small Book "1794" and the second copy "1796".

168 #289, 292, 294, 297, 301, 303, 306, 320, 321, 313 are inscribed with some variant of "W Blake 1795".

169 Besides Butlin (1981), see Martin Butlin, "The Evolution of Blake's Large Color Prints of 1795", pp. 108-116 of *William Blake: Essays* for S. Foster Damon, ed. Alvin Rosenfeld (Providence, 1969); Martin Butlin, "The Large Color Prints of '1795'", and David W. Lindsay, "The Order of Blake's Large Color Prints", *Huntington Library Quarterly*, LII (1989), 1-17, 19-41; Martin Butlin, *William Blake 1757-1827* (London: The Tate Gallery, 1990) Tate Gallery Collections, V, 82-105; and Christopher Heppner, *Reading Blake's Designs* (Cambridge: Cambridge University press, 1995).

170 Butlin #289, 291-292, 294-303, 306-307, 310-312, 316-318, 320-327.

171 *BR* 572-573; Butlin #289, 294, 297, 301, 306, 320, 323, 325. Butts also acquired #291, 310, 316, but he is not known to have owned the twelfth print, "Naomi Entreating Ruth and Orpah".

172 Butlin #301, 306; the late dates are based upon Martin Butlin, *William Blake 1757-1827* (London: The Tate Gallery, 1990), Tate Gallery Collections, Vol. 5, 82-105.

173 Butlin #320, 323, 302-303, 289, 307, "Elohim Creating Adam" is the only known copy, but it was probably preceded by one of 1795.

174 Butlin #292, 295-296, 302, 304, 307, 311-312, 318, 321-322, 324, 326-327. Five of them were probably the first pulls Blake made of those subjects

(Butlin #292, 295, 311, 324, 326).

175 Letter of Frederick Tatham to W.M. Rossetti of 9 Nov 1862 (*Rossetti Papers 1862-1876*, ed. W.M. Rossetti [London, 1903], 16-17.

176 The dealer Joseph Hogarth offered #292, 295, 304, 307, 312, 318 by 1843 and #321, 327 by 1854, and Sotheby sold (for Tatham) #296, 302, 322, 324, 326 in 1862.

第五章
1795—1800：商海

1 In his letter of 26 Aug 1799, Blake writes: "It is now Exactly Twenty years since I was upon the ocean of Business".

2 Paraphrase of Fuseli's otherwise-unknown judgment of Blake's *Night Thoughts* designs in the auction by Messrs Thomas Winstanley & Co., 10 May 1826, of Thomas Edwards, Bookseller of Halifax (Halifax: Thomas Winstanley & Co., 1826), 65-66, Lot 1076.

3 Diary of Joseph Farington for 12 Jan 1797, reporting the opinion of the Royal Academician John Hoppner, who ridiculed the absurdity of the designs for Young's *Night Thoughts*.

4 Letter of 26 Aug 1799.

5 Annotation (?1798) to Bacon, *Essays* (1798), p. 14.

6 Some of the background details here derive from "Richard Edwards, Publisher of Church-and-King Pamphlets and of William Blake", *Studies in Bibliography*, XLI (1988), 283-315, and "The 'Edwardses of Halifax' as Booksellers by Catalogue 1749-1835", *Studies in Bibliography*, XLV (1992), 187-222.

7　Auction catalogue of Thomas Edwards, 10 May 1826, repeated in the auction catalogue of Thomas Edwards, 24 May 1828.

8　Thomas Edwards, *Edwards's Catalogue* (Halifax: Thomas Edwards, 1821), Lot 3, specifying that the signature was lost through the "inattention" of the bookbinder, presumably when the leaves were mounted for Blake's designs.

9　These were seen in Traylen's bookshop (Guildford) in 1978.

10　E.B. Bentley & G.E. Bentley, Jr, "Bishop Phillpotts Library, The Franke Parker Bequest and its Extra-Illustrated [Macklin] Bible 1800", *Book Collector*, XXIX (1980), 378.

11　The 1821 catalogue says that the drawings "occupied nearly two years of the time" of Blake, and the 1826 catalogue says that Blake "was employed for more than two years" on the "Work". Perhaps the difference is due to whether one is counting the drawings only (presumably completed by the time the first engravings were dated in June 1796) or the drawings and engravings together (the last engravings are dated June 1797).

12　Tatham (*BR* 526).

13　Tatham (*BR* 526). The imprint on the Lavater plate is 1 May 1800.

14　Engraved for *Night Thoughts* (1797) p. 40.

15　Blake's watercolours in the British Museum Print Room are reproduced in black and white (with a few glorious colour examples) in somewhat reduced size and numbered in *William Blake's Designs for Edward Young's NIGHT THOUGHTS: A Complete Edition,* ed. John E. Grant, Edward J. Rose, Michael J. Tolley, Co-Ordinating Editor David V. Erdman, 2 vols (Oxford: Clarendon Press, 1980).

16　*Night Thoughts* watercolours echo designs in *No Natural Religion, Innocence, Marriage, Europe, Jerusalem,* and *Vala* (see *WBW* 5, 8, 12, 40, 96, 230, 586, 633, 1072, 1075, 1138, 1157, 1241).

17　*BR* 59. Advertisements in similar terms in *Monthly Magazine* (Nov 1796) and *Monthly Epitome and Catalogue of New Publications* (Jan 1797) Specified that the price to non-subscribers would be £6.6.0 (*BRS* 12, 13). *The Monthly Epitome* ad does not mention Blake.

18　*Elucidation of Mr. Bowyer's Plan for a Magnificent Edition of Hume's History of England* (London: R. Bowyer, 1795), 30; the cost of the book derives from a prospectus entitled *Mr. Bowyer's Address to the Patrons of the Fine Arts Respecting His Splendid National Undertaking of the history of England* (London: Robert Bowyer [May 1793?]). 475

19　The copy on vellum in the Huntington (Butlin #334) is traced from Night the First p. 6; the copyist (not Blake) forgot to include the staff, leaving the traveller's raised hand without a function.

20　J.T. Smith (*BR* 461).

21　The price Blake received from Longman for each of his three much smaller plates for Flaxman's *Iliad* (1805) and his thirty-seven plates for Flaxman's *Hesiod* (1817) (*BR* 571, 579).

22　Letter of 12 March 1804.

23　*Monthly Epitome and Catalogue of New publications* (Jan 1797) (*BRS* 13).

24　Edward Young, *The Complaint, and The Consolation; or, Night Thoughts* (London: R. Edwards, 1797) iii-viii. The prose sounds like that of Fuseli.

25　In early Nov 1797, Nancy Flaxman

mentioned it in her letter (*BRS* 14), and on 6 Nov 1797 James Edwards billed Fuseli's friend William Roscoe £1.1.0 for the first part of *Night Thoughts* and £1.1.0 towards his subscription for the remaining parts (*BRS* 14).

26 In 1810 Crabb Robinson wrote that Blake's *Night Thoughts* "is no longer to be bought, so excessively rare has it become" (*BR* 453), and in 1801 Jean Paul Richter thought that his copy of these "herlichen phantastischen Kupferstichen' ("magnificent fantastic copper engravings") was probably the only one in Germany (*BRS* 17).

27 "Young's *Night Thoughts*, decorated with appropriate Designs, by Mr. *Blake*. Part I. 11.1s. Robson", *Monthly Magazine* (June 1798) (*BRS* 15).

28 The patent is in my own collection. Richard Edwards "relinquished business about 1799, on being presented by [*his brother James's most important patron and customer*] Earl Spencer to the appointment of Head Registrar of Minorca" (*Gentleman's Magazine*, XCVII [Nov 1827], 478, an obituary of Richard Edwards).

29 *BBS* 645-646, 643, 645.

30 *BR* 453. Robinson also said that "the publisher ... has refused to sell the drawings, although a handsome sum was offered him for them" (*BR* 453).

31 T.F. Dibdin, *Reminiscences of a Literary Life* (London: John Major, 1836) (*BR* 243). In a letter of 15 May 1824 Charles Lamb referred to Blake's "splendid folio edition of the Night Thoughts".

32 T.F. Dibdin, *The Library Companion* (London: harding, Triphook, Lepard, and J. Major, 1824) (*BR* 289).

33 Edwards, *Edwards's Catalogue* (*BBS* 284).

34 Auction catalogue (10 May 1826) of Thomas Edwards, Bookseller of Halifax, sold by Messrs Thomas Winstanley & Co. (Halifax: Thomas Winstanley & Co., 1826). Similar terms were used in the auction catalogue (24 May 1828) by Messrs. Stewart, Wheatley, & Adlard of the property of Thomas Edwards, Esq.

35 *BR* 487.

36 Edward Bulwer Lytton, "Conversations with an Ambitious Student in Ill health", *New Monthly Magazine* (1830) reprinted as *The Student* (1835 ff.) (*BR* 401-402). Bulwer Lytton's information about Blake came from John Varley.

37 See *BR* (2) under 1795.

38 See "Flaxman's 'Sports of Genius': 'The Casket' as an Illustrated Poem", *Harvard Library Bulletin*, XXXI (1983), 256-284.

39 *BRS* 14. The fact that this letter summarizes the one of March 1796 which never arrived and that the earlier letter says nothing of the Gray designs suggests that the project had not been started, or at least was not known to Nancy, in March 1796.

40 Flaxman's payments to Blake of £5.5.0 in July 1796 and £2.2.0 in early Oct 1797 (*BR* 569, 570) may be related to the Gray commission, and the payment of 3s. in early May 1797 for "Blake's book, binding" (*BR* 569) may be related to it also.

41 In the early summer of 1807, George Cumberland wrote that "Blake made 130 drawg^s for flaxman for 10.10—". The number is wrong—there are 116 drawings in the Gray suite—but the only suite of Blake designs which otherwise matches this description is that for Gray.

42 *BR* 41 n4.

43　*WBW* 1324. The watercolours, rediscovered in 1919 and now in the Yale Center for British Art, are reproduced full size and in colour in *William Blake's Water-Colour Designs for the Poems of Gray*, ed. Geoffrey Keynes, Kt (London: Trianon Press for The William Blake Trust, 1972). They were never engraved.

44　*BRS* 11.

45　*BR* 570.

46　*BRS* 13.

47　Thanks particularly to the amplifications and corrections to *BB* by Joseph Viscomi, *Blake and the Idea of the Book* (Princeton: Princeton University Press, 1993).

48　*BRS* 14.

49　See *BR* (2).

50　Stanley Morison, *John Bell, 1745-1831* (Cambridge: Cambridge University Press, 1930), 4. The first Part of Trusler's *Memoirs* was published in 1806; the second, unpublished, Part is in the W.S. Lewis Library of Yale University in Farmington, Connecticut.

51　Letter to Cumberland of 26 Aug 1799. "Malevolence" (Butlin #341) is reproduced in *BR* at p. 60 and in Butlin (p. 345).

52　*Paradise Lost*, Book VII, ll. 29-30; the same passage from Milton in illustration of Blake's claim to inspiration is quoted in an anonymous review of Blake's designs for Blair's *Grave* in *The Monthly Magazine* (Dec 1808).

53　The unspeakable prophet is Balaam in Num. xxiv, 13.

54　Letter of 26 Aug 1799.

55　Inscription, perhaps not by Blake, on the Tate copy of *Urizen* pl. 2 (*WBW* 240) (Fig. on p. 30).

56　*Descriptive Catalogue* ¶64.

57　"Laocoon".

58　*BR* 293-294, all one paragraph.

59　*BR* 291 n2, one paragraph.

60　Marginalium to Reynolds's *Works* third contents leaf.

61　*BR* 291.

62　Tatham (*BR* 524-525, one paragraph), giving little indication of the date (?1790s) and no indication of the identity of the young artist.

63　The first reference to the patronage of Thomas Butts is in Blake's letter to George Cumberland of 26 Aug 1799; probably Blake and Butts had met not long before this.　476

64　See Ian Maxted, *The London Book Trades, 1775-1800*: A Topographical Guide (Exeter: printed and sold by the author, 1980).

65　Letter of 22 Nov 1802.

66　Quoted from the MS (c.1800) in the British Library Department of Manuscripts (the MS was discovered after the publication of *WBW*).

67　Letter of 22 Sept 1800.

68　Even after he had moved to Felpham, Blake wrote wistfully to Butts, "I shall wish for you on Tuesday Evening as usual" (letter of 22 Sept 1800).

69　These objects, hallmarked 1792, 1794, and 1796 and "traditionally stated [*in the family*] to have been used by BLAKE", were sold at Sotheby's 19 Dec 1932 by Anthony Bacon Drury Butts, the great-grandson of Thomas Butts (*BR* 73).

70　On 26 May 1960 Mrs Camilla Israel wrote to me that her grandmother directed in her will, "I give my eight needlework pictures by Elizabeth Butts a friend of William Blake to

the Trustees of the Boston Museum";
the Curator of Textiles at the Boston
Museum wrote to me on 28 June 1960
that the museum did not accept them,
and "The former Curator of Textiles
tells me that the pictures bore no
resemblance in design to the work of
William Blake". A needlework panel
by Mrs Butts of two hares in long grass
was designed by Blake, in the opinion
(there is "little doubt") of Sir Geoffrey
Keynes, *Bibliotheca Bibliographici*
(London: Trianon Press, 1964), 53, 54.

71 It is inscribed "Agnes | From the Novel
of the Monk | Designed & Painted by
Catherine Blake | & Presented by her
in Gratitude & Friendship | To Mrs.
Butts" (Geoffrey Keynes, *Bibliotheca
Bibliographici* (London: Trianon Press,
1964), 50; Butlin #C1).

72 Sotheby's, 22 March 1910, Lot 446,
called "William Blake's Working
Cabinet", with the crest of the Butts
family (in the form of a harness badge)
on the outside front and the Butts coat
of arms painted inside the door added
by Aubrey Butts after he acquired it
about 1880. When the cabinet was sold
by W.E. Moss at Sotheby's 2 March
1937, Lot 284, it was "believed to have
been given him [*Thomas Butts*] by
Blake".

73 Butlin #410-411 (Pls 495-496); see
also #412, which may be yet another
variation made for Butts if Rossetti,
who is the only evidence for its
existence, has not confused it with
#411.

74 Receipt of 15 Oct 1806 (*BR* 575).

75 Receipt of 3 March 1806 (*BR* 573).

76 In his letter of 22 Nov 1802, he sent
Butts two pictures, asked "what
Subject you choose to be painted in
the remaining Canvas which I brought

down with me (for there were three)",
and reminded him that "the remaining
Number of Drawings which you gave
me orders for is Eighteen".

77 Butlin (p. 336) records Graham
Robertson's guess that the inscriptions
were made by Mrs Blake but suggests
that "alternatively they may have been
done while the watercolours belonged
to the Butts family".

78 Butlin #193-196 (and #442, a duplicate
of "Pestilence" which also belonged to
Butts).

79 Letter of ?April 1826. In his *Job*
accounts, Linnell recorded that Butts
paid the price of a plain copy (£3.3.0)
but was given a proof copy(value
£5.5.0) "because he lent the Drawing
to Copy" (*BR* 599).

80 *Marriage* (?1790), *Visions* (1793),
For Children (1793), *America* (1793),
Urizen (1794), *Europe* (1794), *Book of
Los* (1795), and *Book of Ahania* (1795).

81 Marginalia to Francis Bacon, *Essays
Moral, Economical, and Political*
(London: J. Edwards & T. Payne,
1798) half-title, 65, 14, 84.

82 R. Watson, D.D. F.R.S., Lord Bishop
of Landaff, and Regius Professor
of Divinity in the University of
Cambridge, *An Apology for the Bible*,
in a Series of Letters, Addressed to
Thomas Paine, Author of a Book
entitled, The Age of Reason, Part the
Second, being an Investigation of True
and of Fabulous Theology, 8th edn
(London: T. Evans, 1797), title page
verso.

83 Marginalia to Watson pp. 1, 3, 6, 9, 2,
125.

84 Marginalia to Watson pp. 2, 8, 6, 108, 9.

85 Including 537 watercolours for Young's
Night Thoughts, 116 watercolours for
Gray's poems, 50 temperas for the

Bible, and 84 drawings for *Vala*.

86   *Vala* Night the First p. 1, ll. 8-10, 13; the omitted lines are later additions.

87   *Jerusalem* pl. 36, l. 31.

88   *Europe* pl. 8, l. 92.

89   *Vala* Night the first p. 4, l. 34, a late addition adapted in *Jerusalem* pl. 13, l. 31.

第六章
1800—1804：甜美的费尔珀姆与国王诉布莱克案

1   *Milton* pl. 7, ll. 5-6.

2   *Milton* pl. a, l. 26; *Jerusalem* pl. 30, l. 10; paraphrased in Blake's letter of 25 April 1803.

3   Letters of 19 Dec 1808 and 12 April 1827.

4   Letters of 22, 21, 12 Sept 1800.

5   *BR* 65, 70, 154.

6   *Letters of Robert Southey: A Selection*, ed. Maurice H. Fitzgerald (Oxford: Oxford University Press, 1912), 157.

7   Richard Dally, *The Chichester Guide* (Chichester: P. Binstead, 1831), 98:

A rustic club was established at Felpham, and this thoroughly good-natured man [*William Hayley*] was accustomed every year to provide "*A Copy of Verses*," and to get them printed and circulated amongst members of the club and through the village; and he permitted them, with their rural band of music and their colours flying, on their annual feast-day, to parade through his grounds.

8   [Richard Dally], *The Bognor, Arundel and Littlehampton Guide* (Chichester:

Printed by William Mason, 1828), 61.

9   Thomas Alphonso Hayley to his father, June 1796 and 1 June 1795: West Sussex Record Office, Add MSS 2817, #43, 35.

10   Tom Hayley to his father, 24 March 1795 (West Sussex Record Office, #30). The "immortal painter" is presumably Romney.

11   Tom Hayley to his father, 12 March 1795 (West Sussex Record Office, #28).

12   Tom Hayley to his father, 29 May 1797 (West Sussex Record Office, #63). On 17 March 1795 he told him that he had "read Greek testament" (#29). Probably Hayley taught Blake Greek and Latin in 1802 in the same way he and Flaxman had taught Tom.

13   Tom Hayley to his father, 10 March 1795 (West Sussex Record Office, #28).

14   Tom Hayley to his father, 2 April 1795 (West Sussex Record Office, #32).

15   See *BR* (2).

16   In the spring of 1797 Flaxman said that Tom may "at any future time learn to etch in two hours without costing you a Farthing" (Yale University).

17   Tom Hayley to his father, 3 March 1795 (West Sussex Record Office, #27).

18   Flaxman to Johnny Johnson, 26 March 1823 (collection of Mary Catherine Barham Johnson).

19   William Hayley, "Felpham a local Epistle to Henrietta [*Poole*] of Lavant 1814", 6 (MS in University of Texas Library), printed as "Felpham: An Epistle to Henrietta of Lavant, 1814" in [William Hayley], *Poems on Serious and Sacred Subjects. Printed Only as Private Tokens of Regard for*

the Particular Friends of the Author (Chichester: Printed at the Private Press of W. Mason, 1818), 22.

20 Hayley to Samuel Rose, 7 March 1800.

21 Flaxman to Hayley, 26 March 1800.

22 Letter of 6 May 1800.

23 Letter of 2 July 1800.

24 Letters of 1 Sept (see *BR* [2]) and 14 Sept 1800, the latter from Catherine Blake.

25 Letter of 10 Jan 1802; "This from Johnson & Fuseli brought me down here" to Felpham. The context is "my dependence … on Engraving".

26 Letter of 10 Jan 1802.

478 27 Letters of 1 Sept 1800 (see *BR* [2]).

28 Hayley letter of 6 July 1802; the London post reached Chichester every morning except Monday at 8 a.m. and left Chichester daily except Saturday at 4 p.m. ([Alexander Hay], *The Chichester Guide, and Directory, A New Edition* [Chichester: J. Seagrave, (?1804)], 35, correcting *BR* 103 n2).

Blake wrote to Hayley "at Miss Pooles Lavant near Chichester" (Tuesday 16 Sept 1800), and Hayley wrote on Wednesday 18 Jan 1804 that "a Letter met me yesterday at Lavant".

29 Hayley letter of 6 July 1802.

30 Letter of 11 Dec 1805.

31 Hayley letter of 27 April 1804.

32 Letter of 30 Jan 1803.

33 As Samuel Rose said in 1804 (*BR* 143).

34 Blake's description of her "whenever she hears it [*Felpham*] named" in his letter of 16 Sept 1800.

35 Letter of 14 Sept 1800 to "My Dearest friend" Nancy Flaxman, ostensibly from Catherine Blake.

36 On Wednesday 10 Sept they had tea with the Buttses, on Saturday 13 Sept Blake breakfasted with Mrs Butts, and on Sunday 14 Sept they were to call on the Flaxmans (Blake's letter of 12 Sept).

37 Details of the journey derive from Blake's very similar letter of 21 and 22 Sept 1800. By Hayley's advice, they came by the Petworth road (letter of 16 Sept 1800), rather than by the post-road through Lavant.

38 Letter of 21 Sept 1800.

39 In 1801 there were 536 persons in Felpham and 82 houses (Richard Dally, *The Bognor, Arundel and Littlehampton Guide* [Chichester: Printed by William Mason, 1828]). According to James Dallaway, *A History of the Western Division of the County of Sussex* (London: printed by T. Bensley, 1815), I, p. 9, 1801 Felpham had 71 houses with 85 males and 221 females, but probably the "85" should be "285", for in 1811 there were 536 persons and in 1821 there were 581, with approximately equal numbers of males and females.

40 Dally, *Bognor* (1828), 58, 59; three of the bells are dated 1589, 1600, and 1627. Thought Blake probably did not attend services in the church, he may have seen the "ancient open seats of oak", the Saxon or Norman font large enough to immerse an infant, and the "rather laughable lines on the walls" of the belfry by a "village muse" (57-58).

41 *Jerusalem* pl. 40, l. 51.

42 Russel Ash, *The Pig Book* (New York: Arbor House, 1986), 44.

43 For "Kwantok [or Guantok, Gwantok], Peach[e]y, Brer[e]ton", see *Jerusalem* pl. 5, l. 25, pl. 19, l. 18, pl. 32, l. 11.

44 *Vala* p.80, l. 9; *Jerusalem* pl. 30, l. 30.

45 *Vala* p. 35, l. 15.

46 *Jerusalem* pl. 60, l. 27, pl. 83, l. 9.

47 Letter of 16 Aug 1803.

48 Letters of 22, 21 Sept 1800.

49 *Milton* pl. 44, l. 29. In Blake's designs to *L'Allegro*, "The Lark is an Angel on the wing" (*WBW* 1333).

50 Letters of 22 Sept 1800.

51 Letters of 22 Nov 1800 (alpha).

52 Letters of 22 Nov 1802 (beta).

53 As perhaps is the one in "The Fairy" (?1793), which is caught by the speaker in his hat (*WBW* 977-978)—*For Children* (1793) pl. 9 shows a boy catching a fairy in his hat. Blake illustrated Gray's "A Long Story" (1797) with a scene of "Fairies riding on Flies" (*WBW* 1326), and in his designs for *Il Penseroso* (1815) are "Fairies hovering on the air" (*WBW* 1338). In Lambeth "My Fairy sat upon the table, and dictated EUROPE" (*Europe* pl. 3, l. 24).

54 *Descriptive Catalogue* ¶74; Milton pl. 31, l. 19 and *Jerusalem* pl. 36, l. 36; *Descriptive Catalogue* ¶32; *Vala* p. 4, l. 3.

55 In his letter of 11 Sept 1801, Blake said, "by my Sisters hand I transmit" the miniature of Butts.

56 Letter of 22 Nov 1802 (beta) describing an event of "above a twelvemonth ago".

57 Letter of 22 Nov 1802 (beta).

58 Letter of 22 Nov 1802 (beta), all line-end punctuation added; the poem, "Composed above a twelvemonth ago", is the only place where Enitharmon, Los, and Theotormon appear outside the Prophecies.

59 Letter of 21 Sept 1800.

60 Letter of 12 Sept 1800.

61 Letter of 19 Oct 1801.

62 Gilchrist (*BR* 166).

63 Letter of 22 Nov 1802 (beta), punctuation added.

64 He refers to the "indefatigable Blake" in letters of 1 Oct 1801, 31 Jan, 11 March, and 15 July 1802.

65 Letter of 7 Dec 1801.

66 Hayley, Preface to *Designs to A Series of Ballads* (1802) (*BR* 93).

67 Letter of 10 May 1801. "I continue painting Miniatures & Improve more & more as all my friends tell me" (11 Sept 1801).

68 This is how the soldier Scofield identified him in accusing him of sedition in 1803 (*BR* 124), though at first "he called me a Military Painter; I suppose mistaking the Words Miniature Painter, which he might have heard me called" (Blake's Memorandum of Aug 1803).

69 He apologized in letters of 2 Oct 1800 and 22 Nov 1802 (alpha) for not having finished it.

70 Blake wrote to Butts on 11 Sept 1801: "Historical Designing is one thing & Portrait Painting another & they are as Distinct as any two Arts can be."

71 Letter of 11 Sept 1801.

72 Letter of 30 Jan 1803.

73 On 24 March 1801 she wrote: "[*A friend*] says that he always fear'd that he [*Cowper*] would suffer from the Methodists" (*BR* [2]).

74 Letter of 19 Sept 1801. On 15 Jan 1803 she wrote of "that distracted and distracting look which prevails in the miniature". Not surprisingly, the miniature has disappeared.

75 Letter of 20 March 1801.

76 Poem written between 10 Sept and 20 Nov 1801 in "A Collection of brief devotional Poems composed on the Pillow before the Dawn of Day 1801"

479

(*BR* 83).

77 Letter of 11 Sept 1801.

78 Letter of 11 Sept 1801.

79 Mary Ann Linnell's letter of 1839 (*BRS* 81).

80 See *BR* (2). Marsh's journal also reports visits to Blake of 9 May and 26 June 1801 (see *BR* [2]) and gifts of white kittens to others in Dec 1801 and May 1805 ("The Journal of John Marsh", XX, 37; XXV, 10).

81 E.G. Marsh letter of 21 Feb p. 1801 (*BRS* 18-19).

82 Hayley letter of 3 Feb 1802. The title page and motto were published in *The Odyssey of Homer*, tr. William Cowper 2nd edn, ed. J[ohn]. Johnson (London: J[oseph]. Johnson, 1802).

83 Gilchrist (*BR* 290 n2). Blake quotes Voltaire in French in his marginalia (?1801-1809) to Reynolds's *Works* (1798) third Contents leaf.

84 Letter to Flaxman of 18 Oct 1801, wishing that the poem may "strike you, as it does Blake & me".

85 Hayley letter of 8 Nov 1801.

86 Hayley's letter of 18 Nov 1801. Perhaps this experience is the basis of Blake's description of Hayley "Horseback with Death" ("And his legs", 1.22, Notebook p. 22).

87 Letters to Lady Hesketh (21 Feb, 13 March 1802), to Johnny Johnson (25 Feb 1802, plus Flaxman's version), and to Flaxman (25 Feb 1802).

88 Letter of 30 Jan 1803.

89 "The Riddle Manuscript" (?1802) (*WBW* 1298).

90 Letter of 30 Jan 1803.

91 Hayley letter of 16 Dec 1802.

92 Letters of 21 Sept 1800, 10 May 1801.

93 Blake is "is most happily settle" (3 Feb 1801) and working "happily" (3 Sept, 25 Oct, 8 Nov 1801); he is "more and more attach'd to this pleasant marine village" (18 Oct 1801), and he and Catherine "regard [*their cottage*] as the most delightful residence ever inhabited by a mortal" (15 July 1802).

94 Letter of 30 Jan 1803.

95 "Mr H approves of My Designs as little as he does of my Poems" (letter of 6 July 1803).

96 Letter of 25 April 1803.

97 Letters of 10 Jan 1802, 6 July 1803.

98 Johnny Johnson letter of 3 Dec 1802.

99 When Lady Hesketh offered to send Blake a gift of £5.5.0, Hayley replied on 25 April 1803: "Whenever I make that Liberality known to Him I must contrive to do it with the utmost caution as I know his honest pride would be otherwise hurt".

100 *BR* 119, an undated letter perhaps from the spring of 1803.

101 Letter of 10 Jan 1802.

102 Hayley's preface to his *Designs to A Series of Ballads*, And founded on Anecdotes Relating to Animals, Drawn, Engraved, and Published, by William Blake. With the Ballads annexed, by the Author's permission (Chichester: Printed by J. Seagrave, and sold by him and P. Humphry; and by R.H. Evans, Pall-Mall, London, for W. Blake, Felpham, 1802) (*BR* 93).

103 Hayley letter of 6 July 1802.

104 Hayley letter of 10 July 1802.

105 Letters to Hayley from Johnny Johnson (7 July 1802), Flaxman (27 June), and Charlotte Collins (28 June).

106 Letter of 28-29 1802.

107 Letters of 30 and 3 July 1802.

108 Letter of 3 July 1802.

109　Letter of 10 July 1802.

110　Letter of 19 Aug 1802 (see *BR* [2]).

111　Marginalium to Reynolds's *Works* (1798) p. 5.

112　Letter of 30 Jan 1803. On 25 April 1803 he wrote to Butts: "The Reason the Ballads have been suspended is the pressure of other business but they will go on again Soon".

113　Letter of 26 Oct 1803; Evans had been an unfortunate choice as agent, because poetry was "out of his line of business to publish, and a line in which he is determined never to engage".

114　28 Dec 1804.

115　Flaxman letter of 25 Jan 1802.

116　Hayley letter of 13 March 1802; the same poem was sent to Joseph Cowper Walker on 25 March.

117　Hayley letter of 15 July 1802.

118　Lady Hesketh letter of 22 July 1802.

119　Lady Hesketh letter of 29 Dec 1802.

120　Letter of 30 Jan 1803.

121　Letter of 26 Oct 1803.

122　Letter of 19 Dec 1808. From the summer of 1807 to 1809, Cumberland refers to Blake's intention to publish his new method of engraving "through … stopping lights" (*BR* 187, 188, 211-212).

123　Letter of 30 Jan 1803. On 6 July 1803 he wrote: "there is all the appearance in the world of our being fully employed in Engraving for his [*Hayley's*] projected Works".

124　Letter of 6 July 1803. "The idiot Reasoner laughs at the Man of Imagination" (*Milton* pl. e, 1.6).

125　Letter of 27 Jan 1804.

126　*Milton* pl. 16, ll. 1-2.

127　*Milton* pl. 39, ll. 6-8; "my Path became a solid fire, as bright As the clear Sun" (pl. 40, ll. 4-5).

128　*Milton* pl. 3, l. 20.

129　*Milton* pl. 12, ll. 13-14.

130　*Milton* pl. 22, l. 58.

131　Autobiography of John Marsh under 3 Oct 1800 (Huntington Library). As captain of the company, Marsh persuaded them to remain embodied on condition that there should be no more "Monthly Meetings till the ensuing Spring".

For more information about the disgruntled Chichester Volunteers, see "Rex v. Blake: Sussex Attitudes toward the Military and Blake's Trial for Sedition in 1804", *Huntington Library Quarterly*, LVI (1993), 83-89.

132　Letter of 19 Oct 1801.

133　John Marsh's Autobiography for 16 Aug and 27 Sept 1803.

134　Muster Books and Pay Lists (War Office 12/454-465) cited by Paul Miner, "Visions in the Darksom air: Aspects of Blake's Biblical Symbolism", in *William Blake*: Essays for S. Foster Damon, ed. Alvin H. Rosenfeld (Providence: Brown University Press, 1969), 466.

Miner, "Visions in the Darksom air", 466, cites War Office records that the Regiment was in Chichester from June 1803 to Feb 1804, but Blake's friend the musician John Marsh wrote in his autobiography that on 15 July 1803 "4 Troops of the 1st Regiment of Dragoons came to quarter at Chichester, having a very good Band".

135　*Jerusalem* pl. 43, l. 51; in his letter of 2 Oct 1800, Blake says that in Felpham, "the People are Genuine Saxons".

136　Letter of 6 July 1803.

137　Flaxman letter to Hayley of 24 Aug

480

1803; the letter contains no reference to the fracas in Blake's garden of 12 Aug.

138 In his letter of 7 Oct 1803, Blake said that "my ... good naturd Devil ... is not in the least to be blamed for the present scrape [this Soldier-like danger], as he was out of the way all the time on other employment seeking amusement in making Verses to which he constantly leads me".

139 Blake's Memorandum; perhaps the insult was to Catherine.

140 Rose's Speech.

141 Rose's Speech.

142 Letter of 16 Aug 1803.

143 In his "Complaint", Schofield alleged that Blake's "wife then told her said Husband to turn this Informant out of the Garden", which may be true. According to Blake's Memorandum, William the ostler said "the first Words that he heard me Speak to the Soldier were ordering him out of the Garden".

144 Letter of 16 Aug 1803.

145 Blake's Memorandum.

146 "This was his often repeated Threat to me and to my Wife", according to Blake's Memorandum.

147 Blake's Memorandum.

148 Blake's letter of 16 Aug 1803.

149 Blake's Memorandum.

150 Blake's Memorandum.

151 Blake's Memorandum.

152 Schofield's "Information and Complaint". According to Blake's letter of 16 Aug 1803, the captain's name was Leathe.

153 These are quite clear in Hayley's autobiographical account of the trial (*BR* 144-145). Long before the incident, on 2 Nov 1801, Johnny

Johnson described Blake as "peaceful", and on 22 Sept 1803 he exclaimed: "What a villain of a soldier to interfere with the most peaceable of creatures!"

154 Letter of 16 Aug 1803.

155 The bonds are quoted in *BR* 127-128. In his 16 Aug letter, Blake erroneously says that Hayley's bond was £100.

156 Blake's Memorandum.

157 Blake's Memorandum.

158 Letter of 16 Aug 1803.

159 Letter of 16 Aug 1803.

160 Letter of 16 Aug 1803.

161 Blake wrote to Hayley on 19 Sept 1803, presumably very soon after his arrival in London.

162 Letter of 7 Oct 1803.

163 Letter of 26 Oct 1803.

164 Cumberland's note of the address was made in Nov 1803 (*BR* 562).

165 On 7 Oct 1803, Blake wrote to Hayley asking "how you escaped the contagion of the Court of Justice". Seagrave, who had put up a £50 bond for Blake and had to renew it, was probably present in Petworth as well.

166 Letter of 16 Aug 1803.

167 *BR* 131; Tredcroft is there misread as "Trederoft".

168 Tredcroft's grandson, *Recollections from Seventy Years and Memoirs of My Family* [privately printed in thirty-one copies), quoted in a letter to me by Professor Roussel Sargent.

169 *Sussex Weekly Chronicle*, 10 Oct 1803. One of the rioters was named Charles Blake, and when the *Sussex Weekly Advertiser* for 16 Jan 1804 reported the result of Blake's second trial, the accused was identified as "Charles Blake, an engraver, at Felpham".

170 *Jerusalem* pl. 5, pl. 25-26; pl. 19, ll.

18-19, 23; pl. 32, l. 11; ll. 36, ll. 16-17.

171 Letter of 7 Oct 1803.

172 Linnell says that Blake "occupied the first floor" (European style) or the "second floor" (North American style) (*BR* 395, 257). See the photograph of 17 South Molton Street in *BR*, pl. LVIII at p. 563.

173 This is the account of young Martin Cregan, who visited "this happy pair" in 1809 (*BR* 214)

174 Most of Blake's works in Illuminated Printing on paper watermarked 1804, 1808, 1813, 1815, 1818, 1819, 1820, and 1821 must have been printed while he was in South Molton Street in 1803-1821. As late as 13 Dec 1803, Blake writes that "my Press [*is*] not yet … put up" in South Molton Street

175 *Milton* pl. a, ll. 21-22 *Jerusalem* pl. 62, l. 34

176 *Jerusalem* pl. 38, l. 142.

177 Letter of 13 Dec 1803.

178 Johnny Johnson letter of 6 Jan 1804.

179 Flaxman letter of 2 Jan 1804.

180 Lady Hesketh letter of 27 Nov 1803.

181 Lady Hesketh letters of 27 and 31 July 1805.

182 Dally wrote on 25 Dec 1803 for a transcript of "the Indictment agst Mr Blake", and Blake paid him £15 (Blakes letter of 2 April 1804).

183 Hayley letter of 1 Jan 1804.

184 Hayley's autobiography (*BR* 144).

185 Johnson's letter to the New York booksellers T. &J. Swords of 24 Feb 1804 is in the Pforzheimer Library now housed in the New York Public Library.

186 Untitled poem in Notebook p. 12. I have transposed the last stanza to the end, as in *Jerusalem* pl. 52. The poem is called "The Grey Monk" in the Ballads Manuscript.

187 Marsh's Autobiography (Huntington) (see *BR* [2]). Marsh also says that on the 10th, M^r. Hayley was to dine with us that day & his friend M^r. Rose the Counsellor, M^r. Dally ye attorney were occasionally coming to ye house

188 *BR* 140 gives the complete list of magistrates, plus the members of the jury.

189 Rose's Speech.

190 Hayley's Autobiography (*BR* 145).

191 Gilchrist (1880) (*BR* 145), quoting an unnamed "old man at Chichester, but lately dead" who came to the trial primarily "to see Hayley, 'the great man' of the neighbourhood".

192 Hayley's MS Autobiography (*BR* 145), the passage about the bigoted old Duke of Richmond was omitted in the printed version. I have broken Hayley's long paragraph into shorter ones.

The Duke's bitter prejudice against Blake did not prevent him from appreciating the skill of his advocate, for Rose said: "I was highly complimented by the Duke of Richmond for my Defense of Blake" (5 May 1804).

193 Letter of 14 Jan 1804. Hayley described this letter as "so full of the most cordial Gratitude &Felicity on his safe return to his anxious Wife, that no feeling Mortal can read it without Tears" (18 Jan 1804).

194 Blake's letter to Hayley of 27 Jan 1804; Rose's letter of 5 May 1804.

195 *Jerusalem* pl. 5, l. 25; pl. 8, l. 41; pl. 19, ll. 18-19; pl. 58, l. 30; pl. 90, l. 40.

196 *Jerusalem* pl. 3; letter of 25 April 1803.

197 Letter of 23 Oct 1804, describing his situation from 1784 to 1804.

第七章
1804—1810 ："沉醉于心灵的
异象"

1　Letter of 23 Oct 1804.

2　Letter of 2 July 1800.

3　Letter of 7 Oct 1803.

4　Letters of 13 Dec 1803 and 27 Jan 1804.

5　Letter of 23 Oct 1804: "I speak with perfect confidence and certainty of the fact which has passed upon me."

6　*Marriage* pl. 17, 18, ¶65, 67.

7　*Milton* pl. 36, ll. 19-20; pl. 14; pl. 20, l. 12, pl. 44, ll. 19-20.

8　Letters of 2 July 1800, 23 Oct 1804.

9　Hayley's letter of 15 July 1802.

10　Letter of 11 Sept 1801.

11　*Vala* p. 4, l. 34; cp. *Jerusalem* pl. 13, l. 31, pl. 22, l. 24.

12　*French Revolution* l. 21; "The Clod & the Pebble", l. 4; "The Keys of the Gates", l. 10, *For the Sexes* pl. 19.

13　*Jerusalem* pl. 69, l. 3, *Milton* pl. 27, l. 9.

14　Letter of 25 April 1803. "Urizen who was Faith & Certainty is changd to Doubt (*Vala* p. 27, l. 15).

15　"The Keys of the Gates" l. 14 (*For the Sexes* pl. 19), *Jerusalem* pl. 93, l. 20.

16　*For Children* pl. 15—see Fig. on p. 267.

17　*Vala* p. 49, l. 23.

18　Subtitle of *Songs of Innocence and of Experience*, pl. 1; *Vala* p. 126, l. 20.

19　Notebook pp. 10, 67.

20　Letter of 16 Aug 1799.

21　*Marriage* pl. 24, ¶88, letters of 7 Oct 1803, 23 Oct 1804. In the *Marriage*, "The Voice of the Devil" is Blake's voice—or one of his voices.

22　*Vala* p. 80, l. 29; p. 120, l. 9.

23　Butts letter of Sept 1800.

24　Letter of 4 Dec 1804.

25　Letter of 7 Oct 1803.

26　Letter of 10 Jan 1802.

27　Crabb Robinson Diary For 10 Dec 1825.

28　Letters of 16, 21, 22 Sept 1800.

29　*Descriptive Catalogue* ¶96-97. He speaks of the "enmity to the Painter himself" of "Venetian and Flemish demons" (*Descriptive Catalogue* ¶96).

30　*Milton* pl. 18, l. 44; *Vala* p. 133, l. 3; *Europe* pl. 7, l, 77.

31　Letter of 18 Dec 1804.

32　Letter of 28 Dec 1804.

33　Hayley letter of 15 June 1804.

34　Flaxman letter of 16 June 1804.

35　Flaxman letters of 7 Nov and 2 Aug 1804.

36　Letter of 22 March 1805.

37　Letter of 28 March 1805.

38　Letter of 22 Jan 1805.

39　Letter of 22 March 1805. Of these "little high finished Pictures", the only known survivors are "The Eagle" (Pierpont Morgan Library) and "The Horse" (Yale Center for British Art). Blake drafted an advertisement for the *Ballads* in this letter but it was not used.

40　Weller inscription (*BR* 163) and Hayley's letter of 18 July 1803.

41　Lady Hesketh letter of 27 July 1805.

42　[Samuel Greatheed), *Eclectic Review*, I (Dec 1805), 923. Greatheed had thanked Hayley on 21 Nov 1805 for "Your pretty little volume of Ballads".

482

43 *Annual Review* for 1805, IV (1806), 575.

44 Phillips was to pay half (£52.10.0) the expense of Blake's engravings (£105), and Blake was to pay half (£75.10.0) of all the other publication expenses (£151.0.7), leaving Blake in debt to Philips for £23.

   For calculations of the costs and profits or losses of the *Ballads* (1805), see *BR* (2) under June 1805.

45 Cromek letter of May 1807.

46 Ian Maxted, *The London Book Trades 1775-1800* (Folkestone: Dawsons, 1977), 18.

47 *Scots Musical Museum*, ed. James Johnson (Edinburgh & London, 1853), 456, citing "a letter of a late date".

48 Letter of 2 Aug 1804. In his Expenses notebook, Flaxman made enigmatic payments to "Cromak—[£]5" (30 March-6 April 1805) and "Cromak Stothard's picture—5—" (June-July 1805) (British Library Add MSS 39, 784 M, f. 15). "Stothard's picture" cannot be for the Canterbury Pilgrims, which was not conceived until the next year.

49 Letter of 12 Sept 1862 quoted in [Thomas Hartley Cromek], "Memorials of the life of R.H. Cromek, Engraver, F.A.S. Edin^h. Editor of the 'Reliques of Burns'; 'Remains of Nithsdale and Galloway Song' &c with unpublished correspondence on those works; and other papers relative to his professional and literary works Collected and edited by his Son", MS in the possession of Mr Wilfid Warrington.

50 "English Encouragement of Art [:] Cromeks opinions put into Rhyme", Notebook p. 41.

51 Cromek letter of 17 April 1807 (*BRS* 47). " '*Fit Audience find tho' few 'MILTON*'"

is the motto Blake chose for the advertisement for his "Exhibition of Paintings in Fresco" (1809).

52 Cromek letter to James Montgomery, 30 Dec 1807 (Sheffield Public Library).

53 Cromek letter of 27 Jan 1810 (*Poems and songs by Allan Cunningham*, ed. Peter Cunningham [London: John Murray, 1847], xix).

54 Allan Cunningham, *Poems and Songs* (1847), xix n.

55 Letter of 3 Dec 1810 (*The Letters of Sir Walter Scott*, ed. H.J.C. Grierson [London, 1932], III. 409).

56 Cromek letter of 16 Dec 1808 (*BRS* 59).

57 Cromek letter of May 1807.

58 J.T. Smith (*BR* 464). In his letter of May 1807, Cromek writes of "the 20 guineas I have paid you" for the drawings for *The Grave*, "though I am decidedly of opinion that the 12 for 'The Grave' should sell at least for 60 guineas".

   Butlin #609-617, 619-638 records thirty drawings perhaps for Blair, but #609-610, 617, 622, 626-628, 630, 637 are untraced and may not be related to Blair, and the connection to Blair of #619, 636 is also uncertain. (An additional drawing of "Churchyard Spectres Frightening a Schoolboy" [Butlin #342] is identified as a drawing for Blair by R.N. Essick, "Blake in the Marketplace, 1999", *Blake*, XXXIII [2000], 107-108, though Butlin disagrees.) Of these drawings, only six are finished (two dated 1806), and four of the finished ones were not engraved.

59 Blake asked £31.10.0 for his quarto head of Cowper for Hayley's *Cowper* (Hayley to Flaxman, 7 Aug 1803), and he estimated the price of plates for Hayley's *Romney* at £31.10.0 "if

483

finished & if a Sketch 15 Guineas". (letter of 28 Dec 1804). For "The Vision of the Last Judgment", one of the most intricate *Grave* plates, Schiavonetti asked £63 (*BRS* 53).

60 The Royal Academy sponsors, given in Cromek's prospectuses (reproduced in *BRS* 31-33, 35-36), also included Sir William Beechey, Thomas Lawrence, Joseph Nollekens, James Northcote, John Opie, Martin Arthur Shee, Henry Thomson, and Henry Tresham. All the sponsors save Northcote also appear in the subscription list, as do eleven other Academicians Francis Chantrey, Richard Corbould, James Fittler, James Heath, John Hoppner, Ozias Humphry, William Owen, Thomas Phillips, J.F. Rigaud, James Ward, and Richard Westmacott Jr.

61 This was the "shout of derision ... raised by the wood-engravers" when shown Blake's relief-etchings for Thornton's Virgil (1820): "we will show what it ought to be" (*BR* 267).

Cromek presumably returned the white-line print to Blake, for the only known copy of it was acquired from Blake by Samuel Palmer (R.N. Essick, *The Separate Plates of William Blake* [Princeton: Princeton University Press, 1983], 49).

62 The second Prospectus of Nov 1805 is reproduced in *BRS* 35-36; it also omits the list of "SUBJECTS PROPOSED TOBE ENGRAVED".

63 Hayley's translation of "Hero and Leander" by Musaeus was not published, and no correspondence between Hayley and Blake is known after December 1805.

64 Robert T. Stothard, "Stothard and Blake", *Athenaeum* (1886) (*BR* 172).

65 Puff in *Monthly Literary Recreations* (Sept 1807) (*BRS* 53).

66 Letter of 21 July 1807 (*BRS* 53).

67 *BR* 424.

68 Both prospectuses for Blair's *Grave* of Nov 1805 specify that it was to have a "Preface ... by BENJAMIN HEATH MALKIN". Malkin may have written the account "Of the Designs" for Blair's *Grave* (1808).

69 *BR* 421.

70 *BR* 424.

71 *BR* 422, 423, 424.

72 *BR* 425-429.

73 *BR* 622, 181, 182, 623.

74 This is the probable speculation of Gilchrist (*BBS* 540).

75 Butlin #528 (eight for *Comus*), 542-543 (eighteen for "On the Morning of Christ's Nativity", *L'Allegro,* and *Il Penseroso*) 667-671, 673, 675-676, 770, 806. As late as 1831 Tatham said that he had "seen pictures of Blakes in the possession of W^m. [*i.e., Thomas*] Butts Esqre Fitzroy Square" (*BR* 515).

76 *BR* 574.

77 Letter of 30 Nov 1865 (*BR* 220). The passage continues: "I don't think they knew Blake's value", but he offers no evidence for this somewhat surprising conclusion. Tommy Butts was seventeen when his lessons began.

78 Ada Briggs, "Mr. Butts, the Friend and Patron of Blake", *Connoisseur*, XIX (1907), 92-96. Ada Briggs was the sister-in-law of Butts's grandson. The same information is given by Mona Wilson (1927) on the authority of Mrs Colville-Hyde, widow of Butts's grandson (*BR* 175).

79 See Essick, *Separate Plates*, 213-219. The *America* copperplate, found in a secret drawer of the cabinet

given by Blake to Butts, is now in the Rosenwald Collection of the Library of Congress.

80 *Milton* pl. 2.

81 Cromek placed puffs and announcements and advertisements in (1) *Birmingham Gazette* (28 July 1806) (*BRS* 42), (2) *Birmingham Commercial Herald* (28 July 1806) (*BRS* 42), (3) *The Artist* (1 Aug 1807) (*BRS* 55), (4) *Monthly Literary Recreations* (Sept 1807) (*BRS* 53-54), (5) *Manchester Gazette* (7 Nov 1807) (*BBS* 54), (6) *Literary Panorama* (Nov 1807) (*BR* 190n2). (7) *Wakefield Star* (28 May 1808) (*BRS* 56), (8-9) *Bristol Gazette* (9, 30 June 1808) (*BRS* 56, 57), (10) *Monthly Literary Advertiser* (9 July 1808) (*BR* 191), (11) *Athenaeum Magazine* (Sept 1808) (*BR* 191 n2), (12) *Edinburgh Review* (Jan 1809) (*BR* 191 n2), and (13) *Reliques of Robert Burns*, ed. R.H. Cromek (Dec 1808) (*BR* 213-214).

82 Letter of 17 Nov 1807 (*BRS* 55). The subscription list detailed 51 from Manchester headed by William Roscoe, 66 from Birmingham and its Vicinity, 11 from Halifax, 7 from Pontefract, 55 from Wakefield and its Vicinity, 48 from Leeds, 69 from Manchester, 7 from Newcastle-upon-Tyne headed by Thomas Bewick, 33 from Bristol but omitting George Cumberland, and 16 from Edinburgh. (The names of a number of subscribers were accidentally omitted.) Notice how many are from Cromek's native Yorkshire.

83 *Descriptive Catalogue (*1809) ¶48. Presumably Blake had simply multiplied 688 copies by £2.2.0 (the price of ordinary copies) to get £1,444.16.0.

84 *Birmingham Gazette and Birmingham Commercial Herald* for 28 July 1806.

85 *Monthly Literary Recreations* (Sept 1807), Cromek letter of 17 Nov 1807 (*BRS* 55), and *Literary Panorama* (Nov 1807).

86 *Wakefield Star* (28 May 1808). The text was printed by Bensley, but the engravings were pulled by an unidentified copperplate printer.

87 *Monthly Literary Recreations* (Sept 1807).

88 *Wakefield Star* (28 May 1808).

89 The five orders are: (1) The first Prospectus (Nov 1805); (2) The advertisement in the *Manchester Gazette* (1807); (3) The Prospectus in Burns's *Reliques* (Cromek, 1808); (4) The description "Of the Designs" in Blair's *Grave* (1808); and (5) The titles on the engravings on Blair's *Grave* (1808) (summarized in *BRS* 40). There is no independent evidence that Blake chose any of these orders.

90 *Songs* (I), which belonged to Thomas Phillips's son Henry Wyndham Phillips (1820-1868), was believed in the family to have been a gift from Blake, presumably to Thomas Phillips (*BB* 416). 484

91 The portrait is dated 4 April 1807 in Phillips's book of sitters (*BRS* 45).

92 See Chapter V.

93 Allan Cunningham, *The Cabinet Gallery of Pictures* (1838) (*BR* 183). T.F. Dibdin, who knew Blake, described it as "A magnificent portrait", "a most faithful and happy resemblance", though it shows "more elevation and dignity" than Blake really possessed (*BR* 289[1824], 243[1816]).

94 A notice of the marriage appeared in the *Wakefield Star* and *West-Riding Advertiser* for 24 Oct 1806.

95 [Mrs A.E. Bray], "Reminiscences of

Stothard", *Blackwood's Edinburgh Magazine*, XXXIX (1836), 753, introduced by the phrase "The following is, as nearly as I can recollect at this distance of time, the account given to me by Mr. Cromek". The same information is given in paraphrase in her *Life of Thomas Stothard, R.A.* (London: John Murray, 1851), 130. There is no reference to Blake in either account. Cromek also wrote: "I give myself great Credit for thinking of such a glorious Subject" (17 April 1807).

96 Cromek's letter to Blake of May 1807.

97 A prospectus dated Feb 1807 said that it was "TO BE ENGRAVED IN THE LINE MANNER BY MR. WILLIAM BROMLEY, *In an exquisitely delicate and finished Style*" (British Library: 1890 e 2, #122).

98 Letter of 14 Feb [1807] in Yale University (Beinecke Library). The crucial year is missing in the date, but it may be confidently inferred from references in the letter to the publication of Boyd's translation of Dante (1802), the prizes offered for artistic works in memory of William Pitt (d. 1805) and Nelson (d. 1805), the founding of the British Institution (1805), Opie's first lecture at the Royal Academy (1807), and the first English publication of Flaxman's illustrations to Dante (1807) ("Longman has purchas'd the well known plates [*for Dante, first printed in Rome*], & the Public will have Flaxman's designs in a very short time"). The contemporary docket, "M.ʳˢ Flaxman 14 Feb, 1802", must be in error as to the year.

99 Undated letter in the Boston Public Library extra-illustrated copy of Mrs Bray's *Stothard*; the letter was printed in Bray and in Bennett, *Stothard* (1988). The letter must have been written in

or after 1813, for it refers to the deaths of Cromek (March 1812) and of Luigi Schiavonetti (1813).

100 J.T. Smith (*BR* 465).

101 "Blake's Chaucer: An Original Engraving" (1810) ¶6.

102 *Descriptive Catalogue* ¶18.

103 Butlin #653; the dimensions of the print are given in "Blake's Chaucer: An Original Engraving".

104 The Prospectus of Feb 1807 says that Stothard's "Picture is 3 Feet 1 Inches long, and 10.5 Inches high. The Print will be executed exactly of the same size."

105 There were illustrated editions of Chaucer by Caxton (1483?), Thynne (1532), Stowe (1561), Speght (1602), Urry (1721), Bells's Edition of the Poets of Great Britain (1782, with fifteen plates designed by Stothard, one engraved by Blake), Tyrwhitt (1789, with plates after Mortimer [d. 1799]), plus the Ellesmere MS (late fifteenth century) (see Betsy Bowden, "The Artistic and Interpretive Context of Blake's 'Canterbury Pilgrims'", *Blake*, XII [1980], 164-190). Blake probably used the 1687 edition of Speght for his *Descriptive Catalogue* account of his picture (see Alexander S. Gourlay, "What Was Blake's Chaucer?", *Studies in Bibliography*, XLII [1989], 275-285), the edition used in *The Prologue and Characters of Chaucer's Pilgrims* (1812) published to puff Blake's print.

106 Notebook p. 69, quoting from Dryden's adaptation of the Knight's Tale in *Fables Ancient and Modern* (1700), probably found in Edward Bysshe's *The Art of English Poetry* (1710) (*BBS* 329).

107 Linnell's notes on J.T. Smith's biography of Blake (*BR* 464 n1) were

made in 1855 for Gilchrist.

108 Blake's tempera (Butlin #653) passed to Thomas Butts but there is no separate receipt in which it is named (a receipt of 29 Jan 1807 for £21 "on further account" [*BR 575*] might be for the Canterbury Pilgrims), and the work appeared as if for sale in Blake's exhibition of 1809. The surviving Butts accounts end in 1810, but Butts plainly bought works from Blake after that date. "The Original reduced Drawing made to reduce the Picture of the Canterbury Pilgrims to the size of the Plate Blake afterwards engraved" (Butlin #654) stayed with Blake until his death and was acquired from his widow by Frederick Tatham, who so inscribed it.

109 *The Morning Chronicle* for 21 March 1807 says that Stothard has "just finished" his Canterbury Pilgrims painting (British Museum Print Room Whitley Papers X, 448).

110 Cromek advertised the exhibition of the picture at his house in *The Times* for 5 March 1807 (as I am told by Professor Dennis Read). On 3 April 1807, James Hopwood wrote to James Montgomery that Cromek "has for nearly two months [*Feb-March*] been exhibiting it at his House in Newman Street, and the people are still coming by hundreds in a day to see it" (Sheffield City Libraries). A review of "This admirable performance" in *The Cabinet*, I (April 1807), 90-97, says that "the Picture is to be seen, with Tickets" at Cromek's house, No. 64, Newman Street (p. 97). According to *Bell's Weekly Messenger, 3 May 1807*, p. 141, "Stothard's admirable Picture of the Procession of Chaucer's Pilgrims is now exhibiting", and an advertisement in *The Times* for 4 May 1807 says that Stothard's

Canterbury Pilgrims, now on view at Mr Lee's, perfumer, 344 Strand, is moving soon to [Cromek's house at] 64 Newman Street (British Museum Print Room Whitley Papers X, 448).

111 "And his legs", Notebook p. 22.

112 *BRS* 46, 48-49. The poem was given in Blair's *Grave* (18908), and De Quincey quoted it in his anonymous "Sketches of Life and Manners, from the Autobiography of an English Opium-Eater", *Tait's Edinburgh Magazine* (1840) (*BRS* 49 n2).

113 *BRS* 55, 57.

114 William Bell Scott in 1892 (*BR* 193). W.B. Scott's brother David wrote in 1844 that these designs "are the most purely elevated in their relation and sentiment" "of any series … which art has produced" (*BR* 194nI).

115 See *BR* (2)

116 *BRS* 70.

117 *BR* 333.

118 "the Council of God … behold … As One Man all the University Family & that One Man They Call Jesus the Christ"; "the Seventh Lamp of the Almighty is named Jesus The Lamb of God" (*Vala* p. 21, ll. 1, 3-5; P. 19, ll. 10-12). The Sons of Los are the tribes of Israel (p. 115, ll. 19-21).

119 For instance, "Beth Peor" becomes "Conways Vale", and "Mount Gilead" is replaced by "High Snowdon" (*Vala* p. 21, 1. 15, p. 19, 1. 8).

120 *Vala* p. 104, II. 71, 76, 78.

121 *Vala* p. 106, II. 1-2.

122 *Vala* p. 111, ll. 18, 20, 22-24, 21. "And who shall mourn for Mystery who never loosed her Captives [?]" (p. 134, I. 17).

123 Northrop Frye, *Fearful Symmetry* (Princeton: Princeton University Press,

1947), 305.

124 168 lines in passages of 5 to 54 lines from *Vala* pp. 4, 21, 25-26, 40-42, 59, 92-93, 105, 119-120 are repeated in *Jerusalem* pl. 7, 19, 22, 29, 38, 40, 65, 67-68.

125 *Jerusalem* pl. 3; pl. 98, 1. 24; his letter of 25 April 1803 refers to a poem about "the Spiritual Acts of my three years Slumber on the banks of the Ocean".

126 *Jerusalem* pl. 4, ll. 1-2.

127 *Jerusalem* pl. 4, ll. 3-5.

128 *Jerusalem* pl. 3, ¶4.

129 *Jerusalem* pl. 3, ¶4.

130 *Jerusalem* pl. 22, 1. 3.

131 *BR* 229 (1811), 398 (1830).

132 *BR* 265-266. Copies were printed in 1820 (A, C-D), 1821 (B, E), 1827 (F), and posthumously (H-J, watermarked 1831 and 1832) (Joseph Viscomi, *Blake and the Idea of the Book* [1933], 376-381).

133 *Jerusalem* pl. 3, ¶3, pl. 12, I. 15.

134 *Jerusalem* pl. 61, ll. 24-26. "Forgiveness of Sins … is Self Annihilation, it is the Covenant of Jehovah"; "The Spirit of Jesus is continual forgiveness of Sin" (*Jerusalem* pl. 98, I. 23; pl. 3, ¶2).

135 *Jerusalem* pl. 77, ¶1.

136 *Jerusalem* pl. 30, I. 15; pl. 95, II. 19-20.

137 Letter of 12 April 1827.

138 *BR* 347, 594.

139 *BR* 458, 463; 383; 490; 532.

140 Gilchrist (*BR* 308).

141 Letter of 9 Feb 1808.

142 Letter of 18 Jan 1808 to Ozias Humphry, with copies (Feb 1808) for the Earl of Egremont and the Earl of Buchan.

143 Letter of 20 June 1810 (*BRS* 133).

144 Dibdin, *Reminiscences of a Literary Life* (1836) (*BR* 243-244).

145 Public Address, Notebook pp. 65, 56.

146 Public Address, Notebook p. 60.

147 Dennis M. Read, "The Context of Blake's 'Public Address': Cromek and The Chalcographic Society", *Philological Quarterly*, LX (1981), 69-86, the source of all the information here about the Chalcographic Society.

148 *BR* 230.

149 *BRS* 69.

150 *BR* 623.

151 Lamb letter of 15 May 1824. Crabb Robinson wrote in 1852 that his friend "Lamb preferred it [*Blake's engraving of the Canterbury Pilgrims*] greatly to Stoddart's and declared that Blake's description was the finest criticism that he had ever read of Chaucer's poem" (*BR* 538).

152 *Specimens of Polyautography Consisting of Impressions taken from Original Drawings made purposely for this work* (London: P. André, Patentee, Nᵒ. 5 Buckingham Street, Fitzroy Square, and J[ames]. Heath, Nᵒ. 15 Russell Place, Fitzroy Square, 30 April, 1803), expanded (Printed by G.J. Vollweiler, Patentee, Successor to M. André, 1806[-1807]), with a prospectus listing terms for renting the stone and printing form it. The work was printed at the Polyautographic Office, 9 Buckingham Place, cross the river in Walworth, far from Buckingham Street, Fitzroy Square.

153 Charles Dickens, *The Life and Adventures of Nicholas Nickleby* (1839), 5-6.

154 *Jerusalem* pl. 84, II. 15-16; Blake lived in Broad Street (1757-1772, 1779-1782, 1784-1785), Great Queen Street

486

near Lincoln's Inn (1772-1779), and Poland Street (1785-1790).

155　"Exhibition of Paintings in Fresco", ¶1.

156　The subjects for his History of England listed about 1793 in his Notebook (p. 116) include "The Ancient Britons according to Caesar" and "Boadicea inspiring the Britons against the Romans".

157　Southey in 847 (*BR* 226).

158　*Descriptive Catalogue* ¶75, 80-82. This is clearly derived from physiognomical theories such as those of Lavater.

159　*BR* 222 n1. In 1866, Kirkup wrote: "the impression which Blake's *Ancient Britons* made on me (above all others) was so strong that I can answer for the truth of my sketch" made fifty years later (*BR* 220 n2)

160　Kirkup letter of 25 March 1870 (*BR* [2]).

161　Kirkup letter of 25 Jan 1866 (*BR* [2]).

162　*BR* 438, 451.

163　Flaxman letter of 19 Aug 1800.

164　Southey in 1847 (*BR* 226).

165　*BRS* 66, translated from the Welsh.

166　*Descriptive Catalogue* ¶10.

167　Smith (*BR* 451); *Lady's Monthly Museum* (1812) (*BRS* 69).

168　*Descriptive Catalogue* ¶97, 98, 96.

169　*Descriptive Catalogue* ¶9.

170　Crabb Robinson Reminiscences (*BR* 538). In the *Descriptive Catalogue* ¶87, Blake says that he "defies competition in colouring".

171　The date Blake added at the end of his flyer called "Exhibition of Paintings in Fresco".

172　*Descriptive Catalogue* ¶2.

173　Crabb Robinson in *Vaterländisches Museum* (1811), *Gentleman's Magazine* obituary (1827) (but not in other obituaries), J.T. Smith (1828), Allan Cunningham (1830), and Frederick Tatham (1832) (*BR* 435-441; 357; 465; 492-496; 515-516); of course Malkin, whose memoir of Blake was published in 1806, does not refer to the *Descriptive Catalogue* of 1809.

174　Crabb Robinson's Diary and Reminiscences (*BR* 225, 537). He gave one copy to Charles Lamb, sent one to a friend in Hamburg, perhaps gave one to Wordsworth, and of course kept one for himself.

175　Crabb Robinson in *Vaterländisches Museum* (*BR* 450, 452). In his Reminiscences (1852) he remarks more neutrally that "it is a very curious exposure of the state of the artists mind" (*BR* 537).

176　*BR* 465, 494.

177　Notebook p. 40.

178　*Jerusalem* pl. 3, ¶1, 2.

第八章
1810—1818 : "我藏起来了"

1　Marginalium (?1808) to Reynolds, *Works* (1798) title page verso.

2　Gilchrist reporting a conversation (probably derived from Flaxman's sister-in-law Maria Denman) between Henry Frances Cary, the translator of Dante, and John Flaxman (*BR* 232-233).

3　Kirkup told Lord Houghton on 25 March 1870, "I was much with him from 1810 to 1816, when I came abroad" (*BR* 221).

4　Seymour Kirkup's conversation reported by C.E. Norton to James Russell Lowell, 24 Feb 1870 (*BR* 221

487

n4).

5 Seymour Kirkup to A.C. Swinburne, 30 Nov 1865 (*BR* 220).

6 Seymour Kirkup to W.M. Rossetti, 19 Jan 1866 (*BR* 221 n2).

7 Seymour Kirkup to Lord Houghton, 25 March 1870 (*BR* 221).

8 Swinburne, *William Blake* (1868) paraphrasing Kirkup (*BR* 221 n3).

9 Kirkup letter of 25 Jan 1866 (*BR* [2] under 1809-1810).

10 Kirkup letter of 19 June 1867 (*BR* [2] under 1809-1810).

11 Kirkup letter of 10 Feb 1868 (*BR* [2] under 1809-1810).

12 Crabb Robinson Reminiscences (1852) (*BR* 536); he goes on to say that this is "what a German wd. Call a *Verüngluckter Genic*".

13 Crabb Robinson Reminiscences (1852) (*BR* 537) .

14 *BR* 226.

15 Crabb Robinson Reminiscences (1852) (*BR* 537) .

16 [Henry Crabb Robinson], "William Blake, Künstler, Dichter, und Religiöser Schwärmer" (tr. Dr Nikolaus Henrich Julius), *Vaterländisches Museum*, I (Jan 1811), 107-131, translated back from German into English (*BR* 448, 451). The issue of *Vaterländisches Museum* with Crabb Robinson's essay on Blake is dated January 1811, though his own copy did not arrive until 28 April (*BR* 229).

17 Crabb Robinson, *Vaterländisches Museum* (*BR* 450).

18 Crabb Robinson, *Vaterländisches Museum* (*BR* 451).

19 Crabb Robinson, *Vaterländisches Museum* (*BR* 452, 453).

20 Crabb Robinson, *Vaterländisches Museum* (*BR* 453-454).

21 Crabb Robinson, *Vaterländisches Museum* (*BR* 455).

22 Crabb Robinson, *Vaterländisches Museum* (*BR* 448-449).

23 *Visions of the Daughters of Albion* pl. 11, l. 215; marginalium to Lavater's *Aphorisms* (1789) ¶630; *Jerusalem* pl. 55, ll. 36-37.

24 *Jerusalem* pl. 38, ll. 55, 57.

25 Samuel Palmer to Anne Gilchrist, Sept 1862 (*BRS* 71). This is plainly little better than rumour.

26 Public Address, Notebook pp. 56-57.

27 Marginalium (?1818) to Spurzheim, *Observations on ... Insanity* (1817), 154.

28 Juninus, "On Splendor of Colours, &c", *Repository of Arts, Literature, Commerce, Manufactures, Fashions, and Politics* (June 1810) (*BRS* 62).

29 Juninus, "On Splendour of Colours, &c.", *Repository of Arts* (Sept 1810) (*BRS* 63).

30 Ker to Cumberland, n.d. (*BR* 228). It is tempting to see a connection between Ker and "Cur my lawyer" who "went to Law with Death [*Blake*] to keep our Ears on" (Notebook p. 22, ll. 25-26).

31 Cromek to Blake, May 1807.

32 *A Catalogue of the Fifth Annual Exhibition of the Associated Painters in Water Colours* (1812).

33 *BRS* 69.

34 J. L. Roger, *History of the Old Water Colour Society* (1891), I, 271.

35 C. A. Tulk's daughter Caroline Tulk Gordon (later Leigh) born 1815, writing c. 1860 (*BR* 250).

36 John Gibson's autobiography (*c.* 1851) (*BR* 245).

37 Lady Charlotte Bury's diary for

Tuesday 20 Jan [i.e., June? 1810]. For the difficulties of the date, see *BR* 248 n2.

38   Gilchrist (*BR* 250).

39   *BR* 169, 193.

40   Gilchrist (*BR* 339); the designs (Butlin #481, 549) were repetitions of drawings Blake had made for Thomas Butts.

41   *BR* 599.

42   Anon. [perhaps C.A. Tulk], "The Inventions of William Blake, Painter and Poet", *London University Magazine* (March 1830) (*BR* 386).

43   All the *Hesiod* payments are given on *BR* 579-580.

44   Thirteen years later, after Flaxman's death, Blake sent to Flaxman's beloved sister-in-law and executrix Maria Denman on 18 March 1827 "15 Proofs of The Hesiod"; the other Hesiod proofs he has "are all Printed on both sides of the Paper ... many of the backs of the paper have on them impressions from other Plates for Booksellers which he was employed about at the same time", such as Rees's *Cyclopaedia* (1816-1819) and Wedgwood's *Catalogue* (1815-1816).

45   *BB* 556, contract of 24 Feb 1816.

46   *BB* 560.

47   Anon., "Blake, John", *Neues allgemeines Künstler-Lexicon*, ed. G.K. Nagler, I (Munich: E.A. Fleischmann, 1835), 522: "Blake, John, Bruder William's ... stach ... die Umrisse zu Hesiod's Theogonie nach Flaxmann. Die nähren Lebensverhältnisse dieses Künstler sind uns nicht bekannt". Anon. knew no more about John Blake, engraver, because there was no more to know; indeed, there wasn't even this much.

48   *BB* 560. In that year Longman sold the "Coppers & Copyright" to Flaxman's sister-in-law Maria Denman for £50; she sold them to H.G. Bohn; and at the end of the century the plates were sold by Bell & Daldy in a fit of patriotism to be melted down for cannon (*BBS* 560).

49   Percy Bysshe Shelley, "England in 1819".

50   Dibdin, *Reminiscences of a Literary Life* (1836) (*BR* 242, 243, paragraphing added).

51   *BR* 338-339, 589, 604. The offer to Chantry is undated, from Gilchrist.

52   Note by Frederick Tatham on a Wedgwood proof (*BR* 239).

53   Josiah Wedgwood's proposal to Blake in his letter of 29 July 1815 and Blake's tardy reply of 8 Sept.

54   There are notes in the Wedgwood Archives about the progress of Blake's drawings on 23 Oct, 25 Oct ("Mrs. Blake: 1 W.H. Basin 20 in. | 1 Nurse Lamp with | bason top & lip"), 5 Dec, and 13 Dec 1815 ("Mr Blake ... states that he shall very soon have completed Designs from all that he has"[*BR* 240-241]).

55   Wedgwood account of payment to Blake (*BR* 578).

56   Flaxman letter of 2 Jan 1804.

57   Frederick Tatham's inscription on a "Laocoon" drawing (*BR* 238).

58   Gilchrist (*BR* 238).

59   For Kirkup's letter of 25 Jan 1866, see *BR* (2) 1 under 1809-1810.

60   Longman Ledger (*BRS* 72).

61   Turner, 21 Dec 1817 (*BRS* 72).

62   *BR* 257.

63   Robert N. Essick, *The Separate Plates of William Blake* (Princeton: Princeton University Press, 1983), 183-185 and

488

Figure 79.

64　Christie's catalogue of Vine's collection (24 April 1837).

第九章
1818—1827：古人和晓谕者

1　Letter of 10 Jan 1802, quoting Thomas Tickell's popular ballad "Lucy and Colin"; Coincidentally the same lines are applied to Blake in Juninus, "On Splendour of Colours, &c." *Repository of Arts* (Sept 1810) (*BRS* 63).

2　Dante Gabriel Rossetti to Thomas Woolner, 6 Dec 1860 (*BR* 274-275).

3　Anon. [?William Carey], obituary, *Literary Gazette* (18 Aug 1827).

4　Dante Gabriel Rossetti, 6 Dec 1860 (*BR* 274-275).

5　William Carey, *Description and Analytical Review of "Death on the Pale Horse", Painted by Benjamin West, P.R.A.*(London, 1817); reprinted in *Repository of Arts, Literature, Fashions, Manufactures, &c.* (1818) (*BR* 247). Carey had found that Blake "is now a resident in London".

6　Linnell, Autobiography, f. 15r.

7　Linnell, Autobiography, f. 44 (addendum numbered "44 2") and f. 48.

8　Linnell, Autobiography, f. 54.

9　Linnell, Autobiography, f. 32; he later learned that the aspirant purchaser was Mr Hope.

10　Linnell, Autobiography (*BR* 257).

11　Linnell's Journal for 10 July, 21 Aug 1818 (*BRS* 102). Leonardo's "Last Supper" is the copy in the Royal Academy.

12　Linnell's Journal for 24 Aug, 9, 11, 18-

19 Sept 1818 (*BRS* 102, 103).

13　Linnell's Journal for 12 Sept 1818 (*BRS* 103).

14　C.R. Leslie, *Memoirs of the Life of John Constable, Esq. R.A.* (1843) (*BR* 258).

15　Cowper letter of 17 April 1790 in William Hayley, *Life and Posthumous Writings, of William Cowper, Esqr* (London: J. Johnson, 1803), I, 365; Blake may have seen this letter in manuscript.

16　*WBW* 1750 n2.

17　Gilchrist (*BR* 40).

18　A.T. Story, *The Life of John Linnell* (London, 1892), I, 168.

19　Butlin #692 131; this, like some other designs, has a pattern for "Counting for Geomancy".

20　Anon., "Bits of Biography. No. 1. Blake, the Vision Seer …", *Monthly Magazine* (March 1833) (*BR* 298-299, paragraphing added).

21　Cunningham ¶36-37 (*BR* 496-497), paragraphing added. Cunningham specifies that the drawings were on two sheets of paper, framed, "the size of common life"; "The first had the front of a god, the latter the aspect of a demon".

22　Larger Blake-Varley Sketchbook ff. 31v, 32v.

23　Butlin #696, 752, 755.

24　Anon., "William Blake" (obituary), *Literary Chronicle* (1 Sept 1827).

25　For the argument that these were "eidetic vision", "phenomena that take up an intermediate position between sensations and images", see Joseph Burke, "The Eidetic and the Borrowed Image: an Interpretation of Blake's Theory and Practice of Art", Chapter 13 of *In Honour of Daryl Lindsay,* ed. Franz Phillip & June Stewart (Melbourne, London, Wellington, N.Y., 1964), 110-127.

26　Robert Hunt, *Examiner* (Aug 1808, Sept 1809); Blake's exhibition is "fresh proof of the alarming increase of the effects of insanity".

27　Crabb Robinson Reminiscences (1852) (*BR* 536).

28　Crabb Robinson letter of 10 Aug 1848 (*BRS* 68) and J. Forster, *Walter Savage Landor* (1869) (*BR* 229 n3).

29　Farington, Diary for 24 June 1796 (*BR* 52)

30　Crabb Robinson Reminiscences (1852) (*BR* 537).

31　Flaxman letters of 2 Jan 1804 and 1 Dec 1805; Blake himself writes of "my Abstract folly", "this spirit of Abstraction & Improvidence" (letter of 11 Sept 1801).

32　Hayley letters of 15 June 1802 and 3 Aug 1805.

33　Crabb Robinson Reminiscences; *Vaterländisches Museum* (1811) (*BR* 223, 448).

34　Crabb Robinson, *Vaterländisches Museum* (1811) (*BR* 448) and Diary for 24 Dec 1825.

35　Southey letter of 8 May 1830.

36　Crabb Robinson Reminiscences (1852), amplifying a description of 10 Dec 1825 (*BR* 539, 309).

37　Linnell letter of 3 April 1830.

38　Marginalium (?1789) to Swedenborg, *Divine Love and Divine Wisdom* (1788) P. 233.

39　Public Address (Notebook p. 57).

40　Gilchrist (*BR* 268).

41　Blake's receipt of 27 Aug 1819 (*BR* 581) For *Songs* (R).

42　Linnell's General Account Book (*BRS*

120).

43　Linnell's General Account Book (*BRS* 120); the payment for *America* (O) and *Europe* (K) is "on acc.", implying that Linnell paid more on another occasion. As the works are now coloured, presumably Blake finished them at a later date.

44　*BRS* 104-109 for originals; for notes, see *BR* 264-265, 267, 271-275, 277-278, 288, 300-301, 308-309, 332, 338, 341-342, 345-346, 350.

Note that Linnell saw Blake on occasions not recorded here, e.g., when he took from him receipts dated 22 March 1822, 25 March 1823, and 14 July 1826.

45　*BRS* 77 n3.

46　Draft reply on the back of a letter of 2 Nov 1821 from Edward Denny to Linnell (*BRS* 77).

47　*Times* review of *Œdipus* (2 Nov 1821) (*BRS* 78)

48　Letter of 7 Oct 1803.

49　*BRS* 77. There is no record in Butlin of Denny's ownership of Blake drawings.

50　*BRS* 115.

51　Denny letter of 20 Nov 1826.

52　*The Letters of Charles and Mary Lamb*, ed. E.V. Lucas (London, 1935), II, 395, 323

53　Samuel Palmer's recollection of seeing the Royal Academy exhibition with Blake in 1824 (*BR* 280).

54　Wainewright letter of Feb 1827 (*BR* [2]).

55　[Thomas Griffiths Wainewright], "Mr. [*Janus*] Weathercock's Private Correspondence, Intended for the Public Eye. George's Coffee House, Tuesday, 8th August 1820", *London Magazine* (Sept 1820).

490

56 Wainewright letter of 29 March 1826 (*BR* [2]).

57 See Wainewright letters of 28-29 March 1826 (*BR* 327 and *BR* [2]).

58 *The Marriage*, which does not appear in lists of 9 June 1818 and 12 April 1827, was probably the same price (£6.6.0) as *Urizen* in 1827—it is the same size as *Urizen*. The price of *Milton* was £10.10.0 in 1818; it is not in the 1827 List.

59 *BR* 346.

60 *BRS* 73.

61 Thornton and Blake called on Linnell on 19 Sept 1818.

62 Marginalia to Robert John Thornton, *The Lord's Prayer, Newly Translated from the Original Greek* (1827) title page and verso and pp. 1, 10.

63 Gilchrist (*BR* 267-268).

64 *BR* 271. The work was entered at Stationers' Hall on 12 Feb 1821.

65 *BR* 271.

66 Linnell letter of 3 April 1830.

67 George Richmond to Anne Gilchrist (*BR* 566).

68 Crabb Robinson Reminiscences (1852) (*BR* 542), somewhat amplifying his Diary entry for 17 Dec 1825.

69 See "Image of the Word: Separately Printed English Bible Illustrations 1539-1830", *Studies in Bibliography*, XLVII (1994), 103-128.

70 Linnell's explanation in his Job Accounts (*BR* 599) as to why Butts was given a set of proofs (value £5.5.0), though the sum he had paid (£3.3.0) was the price of a "plain" copy.

71 This and many of the other details about Job here derive from Bo Lindberg's brilliant *William Blake's Illustrations to The Book of Job* (Abo,

Finland, 1973). Lindberg says that Blake "certainly knew" the frescos, which were re-discovered behind the wainscoting in St Stephen's Chapel in August 1800 when the Houses of Parliament had to be expanded because of the addition of new Irish members consequent upon the Act of Union with Ireland (pp. 138-139). The drawings are described in John Topham, *Some Account of the Collegiate Chapel at Westminster*, with engravings by Basire (London: Society of Antiquaries, April 1807).

72 *BBS* 195-196, where the first plate is reproduced. Blake repeated these two inscriptions in his "Laocoon", omitting "to God" and "Imaginative" and replacing "Exercise" with "Practise".

73 *BR* 582.

74 Linnell letter about Blake's Dante designs of 16 March 1831. The conclusion is amply supported by Linnell's account book.

75 *BR* 607.

76 Linnell's father-in-law Thomas Palmer delivered coal to Blake in Jan 1824, 5 May 1825, 27 Jan 1826 (*BR* 587-589, 604). Butts too had paid Blake in coal (*BR* 573).

77 Robert Balmanno wrote that Blake had "showed me one of the plates" when he subscribed on 15 Nov 1823 (*BR* 329, 604).

78 Linnell's Journal for 4-5 March 1826 (*BRS* 107).

79 Draft advertisement for Job (see *BR* [2] under March 1826); this advertisement was not printed. The information is repeated in Linnell's letter of 6 Aug 1838 (*BR* [2]).

80 Mary Ann Linnell letter to her husband of 9 Feb 1826.

81 Inscriptions (quoting Job) on the 17th

and 22nd plates.

82 Lindberg, *William Blake's Illustrations*, 176.

83 Letters of T.G. Wainewright, 29 March 1826 (*BR* [2]); Edward Denny, 20 Nov 1826 (*BRS* 115); Edward FitzGerald, 23 Oct 1836 (*BR* [2]).

84 Bernard Barton letter of 22 April 1830.

85 [Samuel Calvert], *A Memoir of Edward Calvert Artist* (1893) (*BR* 294).

86 *BR* 288.

87 Linnell, Autobiography f. 80.

88 Linnell, Autobiography ff. 80-81.

89 Gilchrist (*BR* 293-294), paragraphing added.

90 *Anne Gilchrist: Her Life and Writings*, ed. H.H. Gilchrist (1887) (*BR* 293 n1).

91 A.H. Palmer, *The Life and Letters of Samuel Palmer* (1892) (*BR* 294); the "f" is omitted from "frightened".

92 Gilchrist (*BR* 294).

93 Palmer letter, n.d. (*BR* 314-315), paragraphing added. For a curious variant of these "Claudes", see *BR* (2) under 1780.

94 A.H. Palmer (*BR* 291), paragraphing added. The "fear and trembling" story was one which Palmer loved to tell (*BR* 291 n2, *BRS* 81).

95 [Samuel Calvert], *A Memoir of Edward Calvert Artist* (1893) (*BR* 302-303), some paragraphing added.

96 A.H. Palmer (*BR* 292).

97 Marginalia to Thornton's translation of *The Lord's Prayer* (1827), pp. 10, 3.

98 Linnell's memorandum of April 1855 (*BR* 318). In this context, it should be remembered that one of Linnell's most passionately held precepts was the wickedness of male midwives (Autobiography) and that Blake believed Christianity had nothing to do with moral precepts.

99 *BR* 319 n1.

100 F.G. Stephens, *Memorials of William Mulready* (1867) (*BR* 277); the dinner must have taken place before August 1822.

101 D.G. Rossetti letter to Anne Gilchrist, *C.* April 1880 (*BR* 307); the conversation occurred "on the last occasion when the old gentleman visited me". The "endlessly industrious" painter of "hopeless hugeness" sounds woundily like Benjamin Robert Haydon.

102 Letter to Mrs Aders of 29 Dec 1826.

103 Gilchrist (*BR* 301), paragraphing added.

104 Gilchrist (*BR* 279).

105 Robinson Reminiscences (1852) (*BR* 536).

106 Robinson Reminiscences (1852) (*BR* 538).

107 These Diary entries are rephrased and occasionally supplemented in his letter to Dorothy Wordsworth of 19 Feb 1826 and in his Reminiscences (*BR* 536-549). In the passages from Robinson's Diary given below, almost all the quotation marks and most of the paragraphing have been added.

108 Butlin #207-208 (1780-1785), #343 4 (1801), #806 (1826).

109 The obituary of Blake in the *Literary Gazette* (12 Aug 1827) said that he worked from "Sessi Velatello's Dante, and Mr. Carey's translation", and Crabb Robinson speaks of finding Blake on 17 Dec 1825 "at work on Dante— The book (Cary) and his sketches both before him". According to J.T. Smith, Blake "agreed with Fuseli and Flaxman, in thinking Carey's translation superior to all others" (*BR* 475).

110 Tatham (*BR* 527); T. G. Wainewright letter, Feb 1827 (*BR* [2]).

111 Samuel Palmer letter, Sept-Oct 1828 (*BRS* 89).

112 *For the Sexes* pl. 19, ll. 8, 7, 15, 13.

113 "The Everlasting Gospel", part j, ll. 41-42, repeated in part k, ll. 75-76.

114 Butlin #681.

115 "Susanna and the Elders", The Testament of Job, and the Fourth Book of Esdras (Butlin #394, 550 15, 20, 21).

116 *Europe* pl. 8, l. 3.

117 "Vision of the Last Judgment", Notebook p. 68.

118 Letter of 4 Dec 1804.

119 Butlin #828. The leaves bear watermarks of 1821 and 1826.

120 Linnell Journal for 6 March 1824; the rent was £10 per quarter (*BR* 286, 590).

121 Gilchrist (*BR* 305).

122 Letter of ?Feb 1827.

123 Letter of 11 Oct 1825; there are other references to his Sunday visits to Hampstead in his letters of 31 Jan, 19 May 1826, and 3 July 1827.

124 Mary Ann Linnell letter of Thursday 20 Oct 1825 (*BR, S* 113). The sketchbook has not been traced today.

125 Gilchrist (*BR* 306).

126 Letter of 31 Jan 1826.

127 Gilchrist (*BR* 306).

128 A.H. Palmer, *The Life and Letters of Samuel Palmer* (1892) (*BR* 292): *Songs of Innocence* "were the first poems I ever heard & … she who repeated them had heard them as she sat at the authors knee at Hampstead" (*BR* 292 n1).

129 Gilchrist (*BR* 304).

130 A.T. Story, *The Life of John Linnell* (1892) (*BR* 305 n1).

131 Letter of 1 Aug 1826.

132 Letter of 2 July 1826. Gilchrist says that Linnell "proposed taking lodgings for him in the neighbourhood of his own cottage at Hampstead" (*BR* 338); Linnell's journal and Blake's letters do not identify where Blake was to lodge in Hampstead.

133 Letter of ?Feb 1827.

134 Letter of 31 Jan 1826.

135 Letters of 31 Jan 1826, 7 June 1825, 1 Aug 1826; he also calls it "Aguish trembling", letter of 29 Dec 1826, and Tatham calls it "a species of Ague, (as it was then termed)" (*BR* 527).

136 Letter of 16 July 1826; on 5 July 1826 he speaks of "paroxysms" of pain.

137 Letter of 19 May 1826.

138 Letter of 10 Nov 1825.

139 Letter of 3 July 1827.

140 Letters of 19 May 1826, 10 Nov 1825, 5 July 1826.

141 Letter of 1 Aug 1826.

142 Gilchrist (*BR* 341).

143 *BRS* 109; the entry has a slight sketch of Blake in bed.

144 Cunningham (*BR* 501-502) most of Cunningham's account comes from J.T. Smith, but this passage is unique- and, like all Cunningham's dialogue, probably an embroidery of fact.

后 记 布莱克的快乐之影落单了：1827—1831 年的凯瑟琳·布莱克

1 *Vala* p. 87, ll. 41-42.

2 Hayley wrote that Catherine "is so truly the Half of her good Man, that

they seem animated by one Soul" (*BR* 106).

3　Letter of 11 Dec 1805; *Milton* pl. 36, l. 31 (cp. Pl. 44, l. 28); *Jerusalem* pl. 53, l, 26.

4　J. T. Smith, *Rainy Day* (1845) (*BR* 26).

5　*BR* 342-343. She probably gave a month's notice to her landlord that day, for she moved out exactly a month later.

6　Tatham (*BR* 533-554).

7　Linnell letter of 3 April 1830.

8　See, for example, Tatham's letter of 1 April 1829 (*BRS* 90-91) and the letters signed by Catherine of 1 and 4 Aug 1829 (*WBW* xxix-xxx). *America* (N), *Europe* (I), and other works were almost certainly sold to the artist James Ferguson of Tynemouth (see *BR* 363) because of letters written by Tatham.

9　There were obituaries in the *Literary Gazette* (18 Aug 1827) (the source of most of the others, sometimes verbatim), *Literary Chronicle* (1 Sept 1827), *Monthly Magazine* (Oct 1827), *Gentleman's Magazine* (1 Nov 1827), *New Monthly Magazine* (1 Dec 1827), *Annual Biography and Obituary for the Year 1828*, and *Annual Register* (1828), followed by more formal biographical essays by J.T. Smith (1828) and Allan Cunningham (1830). Some of these accounts, such as that of J.T. Smith (*BR* 468), are clearly based upon information which came from Catherine Blake.

10　There were editions of Cunningham in 1830 (two editions), 1831, 1837, 1839, 1842, 1844, 1846, 1859, 1862, 1868, 1879, 1886, 1898, and the Blake biography was reviewed or sometimes merely excerpted in *Athenaeum* (6 Feb 1830), *London Literary Gazette* (6 Feb 1830), *Edinburgh Literary Gazette* (13 Feb 1830), *Edinburgh Literary Journal* (20 Feb 1830), *Gentleman's Magazine* (Feb 1830), *Monthly Review* (March 1830), [?C.A. Tulk], *London University Magazine* (March 1830, reprinting the "Introduction" to *Experience*, "The Poison Tree", "A Cradle Song", "The Garden of Love", and portions of *Thel*), *Fraser's Magazine* (March 1830- not really a review but almost half of it is quoted from Cunningham's life of Blake), Philadelphia *Casket* (May 1830), Hartford *New-England Weekly Review* (3 May 1830), Philadelphia *Literary Port-Folio* (13 May 1830), *Zeitgenossen* (1830), *Library of the Fine Arts* (Feb 1831), and *American Monthly Magazine* (June 1831). J.T. Smith's life of Blake was reviewed in *Athenaeum* (19 Nov 1828) and *Eclectic Review* (Dec 1828).

11　*BR* 346.

12　*BRS* 96.

13　For instance, Lydia Maria Frances Child, *Good Wives* (1833-1871) and Herbert Ives [Herbert Jenkins], "The Most Perfect Wife on Record", *Bibliophile* (1909).

14　Hogarth note on J.T. Smith (*BR* 374). The fact that Tatham "left her" suggests that the incident took place in 1831 when Catherine was no longer living with the Tathams.

15　Tatham (*BR* 534; *BRS* 90).

16　*BR* 567, 568.

17　Tatham (*BR* 535).

18　Gilchrist (*BR* 410), with bracketed interpolation from Tatham (*BR* 535). Clearly all Gilchrist's information comes from Tatham.

19　Tatham (*BR* 535), supplemented in brackets from Gilchrist (*BR* 410). Tatham adds: "Her age not being known but by calculation, 65 Years

492

were placed upon her Coffin"; she was really 69.

20　Tatham (*BRS* 91)

21　*BR* 507-535.

22　On 22 March 1833, Linnell's father-in-law Thomas Palmer searched vainly for wills of William and Catherine Blake (*BR* [2]), and none is now recorded in the Public Record Office.

23　Tatham letter, n. d. (*BR* 413). He also wrote of "the possessions into which I came by legacy from Mrs. Blake"

(letter of 8 June 1864 [*BR* 41 n4]), but the "legacy" was clearly oral rather than, as he implies, written.

24　*Anne Gilchrist: Her Life and Writings*, ed. H.H. Gilchrist (1887) (*BR* 416-417).

25　See *BR* 403-418.,

26　Linnell letter of 18 March 1833 (*BR* [2]).

27　*BR* 417-418.

28　[Samuel Calvert], *A Memoir of Edward Calvert Artist* [1893]) (*BR* 417 n3).

补　记　斯特兰奇的奇事

约翰·克拉克·斯特兰奇*是雷丁附近的斯特里特莱镇上的粮商，一个殷实本分的贵格会教徒。他在 1853 年 6 月 29 日的福斯特拍卖会上，从小托马斯·巴茨的手中购买了大量布莱克的绘画作品。此后，他又从 H. G. 博恩手中购买了一批数量更多的布莱克的画作。这些画是波恩在巴茨拍卖会上购买的。

有好几年的时间，斯特兰奇都在谋划着如何集齐有关布莱克的资料，甚至还萌生了为他写传记的念头。1859 年春，他开始寻访曾经认识布莱克的人，并且阅读有关他的书。他的信息主要来自但丁·加布里埃尔·罗塞蒂（罗塞蒂曾把布莱克的笔记本借给他抄写）、威廉·帕尔默及其弟弟塞缪尔，以及乔治·里士满。他在日志中对各种信息的发掘和发现进行了详细的记录。

他听说亚历山大·吉尔克里斯特写过一阵子布莱克的传记，但是后来又放弃了。1861 年，斯特兰奇见到了吉尔克里斯特本人，并且了解到吉尔克里斯特的传记即将完成，他于是停下了手头的工作，大概是有了种如释重负的感觉吧。

斯特兰奇获取的有关布莱克的大部分信息在吉尔克里斯特 1863 年的传记中都有记载，只是形式稍微不同，因为"他（吉尔克里斯特）告诉我，我计划要做的事情和他计划要做的是一样的，而且我们考虑的方面也相同"。吉尔克里斯特时常有意隐瞒信息的来源，而斯特兰奇一眼

---

* 他可能就是那位约翰·斯特兰奇（据国际宗谱索引），1808 年 11 月 3 日生于白金汉郡的沙尔斯顿，1839 年 5 月 4 日在该郡的奇平威科姆与莉蒂亚·穆利斯结婚，1889 年 12 月 18 日卒于北安普敦郡布拉克利镇的阿斯特韦尔，1889 年 12 月 20 日葬于北安普敦郡的瓦珀顿。

就能瞧出端倪。斯特兰奇记载下来的信息，偶尔也有一些是他的独家发现，在别处都找寻不到。譬如，他记录下曾经照料过布莱克的护士的叙述。

1975 年，彼得·宾德利将斯特兰奇的日志交由雷·沃特金森先生来抄写，部分节选以"与罗塞蒂先生的一次会面"为题，发表在《前拉斐尔派研究》，第 IV 期（1983），第 136—139 页，不过，他并未提及这位贵格派收藏家的名字。

494
2000 年 12 月，本书排版之际，雷·沃特金森先生非常慷慨地给我寄来了他抄写的斯特兰奇的日志中有关布莱克的部分，节选附后。这部分布莱克的信息将出版在《布莱克档案》（第 2 版）上。

下面抄写中涉及的主题信息，本书也有收录，特将与之对应的信息页码标注于前。*

第 3 页

"我们甚至不知道……他们（布莱克父母）的母亲"；布莱克的父亲"很可能出生在 1732 年左右"。

在罗瑟希德的圣玛丽教堂里"1772 年 4 月洗礼名单"中列有"詹姆斯和伊丽莎·布莱克的儿子詹姆斯，于 4 月 12 日"。这几乎可以肯定就是詹姆斯·布莱克，罗瑟希德的詹姆斯·布莱克之子。他在 15 年后的 1737 年 7 月 14 日，拜师学艺，学做布商。

1714 年到 1759 年，这对夫妇再没有带其他孩子在罗瑟希德的圣玛丽教堂里接受洗礼。

诗人妹妹的名字凯瑟琳·伊丽莎白·布莱克中的第二个名字是为了纪念她的奶奶。

---

* 此处涉及的页码为原书页码，即本书的页边码。——编注

第 19—20 页

他告诉父亲在碧根莱看到"一棵满是天使的树"时，"因为母亲的央求……他才逃脱父亲的一顿痛揍，因为父亲诚实守信，不喜欢人撒谎"。

但据塞缪尔·帕尔默讲，布莱克根本就没逃过父亲的那顿痛揍："年幼时，布莱克常去乡间远足，回到家就大谈他见到的树上的那些天使，父亲听他这么说，想着肯定是在撒谎，于是狠狠地鞭打了他好几次。"

乔治·里士满说：

> 布莱克满怀深情地谈起一位老保姆。布莱克就是和这位老保姆谈到了自己的第一次异象——丰收的季节，少年出外远足，看见田间有一群收割者，天使就在他们的中间；他回到家告诉朋友们，但是所有人都嘲笑他，只有这位老保姆例外，她相信他说的话——布莱克每每提到这位保姆，总是满怀深情。

其他的传记都没有提到布莱克的这位老保姆。不过，至少《天真之歌》中的《保姆之歌》有可能是与之有关的。（这当然不是布莱克的第一个异象，他四岁时就经历过。）

第 28 页

布莱克会在伦敦南部的乡间远足，"去布莱克希思，或者去西南部，翻过达利奇和诺伍德的山坡"。

塞缪尔·帕尔默说："布莱克很喜爱乡间，尤其是达利奇一带，远胜过汉普斯特德。他常与帕尔默一起到附近的地方远足，他认为这一带的风光是最美的。"我们一直都不知道他在 1820 年以后的那几年居然还能走这么远的路。

第 30 页

詹姆斯·布莱克带儿子去见威廉·温·赖兰，希望孩子跟着这位版刻家兼艺术家做学徒，但孩子却对他说："爸爸，我不喜欢这人的脸：那张脸看起来似乎将来要被绞死的样子。"

帕尔默的记录与之相似，侧面证明了吉尔克里斯特的记述，虽然这份记述看起来不大可信：

495

> 一开始，他想跟着版刻师学习版刻技艺——父亲把他带到与他们住在同一条街的师傅那里。但是布莱克非常害怕他的长相，不愿意跟着他学艺，而是选择了巴西尔做师傅。布莱克说这个人最终会被绞死，后来也的确如此——P 先生将此作为布莱克通晓相面术的证据。

目前掌握的情况是，此时（1768—1774 年）仅有的一位住在布罗德大街的版刻师是弗朗西斯科·巴尔托洛齐，而仅有的一位被绞死的版刻师是威廉·温·赖兰。赖兰 1767—1772 年住在皇家交易所的康希尔，1772 年迁至骑士桥的女王街。

第 91 页

布莱克的弟弟在 1792 年左右"跑去参军了"。

乔治·里士满说："他的弟弟做煤炭生意，很早就去世了。"但是，并没有其他证据表明约翰·布莱克是煤炭商人。

第 110 页

"这似乎不大可能，虽然布莱克支持他们的政治主张，但他只是一个工匠，不大可能在约瑟夫·约翰逊家自由派人士的上流聚会中占据一席之地。"

帕尔默曾经告诉斯特兰奇：

> 他的思想有可能受到他在约翰逊家碰到的那些朋友和书商的毒害，在那里……菲尤泽利·科曼·潘恩（原文如此，可能为戈德温）及其他一些人经常聚在一起——在某位绅士的家里，谈论的话题多围绕天文学、天堂的距离之类的……有人认为有数千公里，而其他人则提出反对意见，并且给出了非常精确的数字。就在此时，布莱克站起来说道："诸位先生，跟我来，我指给你们看，我手指着的地方，就是天堂与尘世的交界之处。"

他曾经对安妮·吉尔克里斯特讲过相似的故事（*BR*，第302页）："一次，在一个朋友家，当天的话题全是有关科学的，而且还谈到了宇宙的广袤，他听到后大为恼火，喊道：'这是错的。有天傍晚，我走到了地球的末端，还用手指碰到了天空。'"

第 116 页

1795年，"布莱克被围攻遭劫"。

塞缪尔·帕尔默让斯特兰奇"回忆我告诉过你的布莱克与劫匪的故事"——但是他并没有讲过这个故事，至少在斯特兰奇的日志中看不出来。

第 123 页

"布莱克，一生中唯一一次，见到鬼了……'有鳞有斑，非常可怖'，追着他跑下楼梯。他一生中从未如此害怕过，拔腿跑出了房子。"

斯特兰奇写道：

我曾与帕先生就布莱克所见到的异象的性质进行过长谈——总的来说，帕先生认为这些异象如实物一般为布莱克的肉眼所见，并以绘画的形式表现出来。有时候，别人半真半假地讥笑他，他就故意做出一些怪诞的动作，仿佛是为了达到更为夸张的效果——布莱克的异象不同于幽灵或者幻影。布莱克只见过一次幽灵——他进屋时看见一个朋友的幽灵正在上楼，早上又从他睡觉的房间里走出去。

第 143—144 页

"有时候也会风雨大作……那时候两个人都还年轻；意见不合肯定是要大吵大闹的……但事出有因（在她这一方是因为嫉妒，但也并非完全无中生有），这样一来，小事也就不小了。"

塞缪尔·帕尔默坚称布莱克"终其一生是一个品行非常端正的人，比他所认识的其他人都好——钟爱他的妻子，没有子嗣，对婚姻的看法也与大多数人不同。他认为婚姻是圣洁的……"不过，我们要意识到，帕尔默是在布莱克的晚年认识他的，所以有他做什么都是对的感觉。

第 158 页　脚注

塞缪尔·帕尔默在 1862 年写道，《天堂与地狱的婚姻》图版 24"给了布莱克创作'荒野中的尼布甲尼撒王'的灵感。我有西塞罗和彼特拉克等人的著作，是很古旧的德语译本，……里面有非常相似的形象。布莱克完成这幅画的草图设计之后，又过了许多年，才看到这幅木雕插图"。

斯特兰奇的日志记载，帕尔默"给我看了布莱克的一幅版画；主人公尼布甲尼撒匍匐在地上爬行，身体赤裸着，长发散落，指甲很长，正在吃草。——'奇怪的是，布莱克的构思几乎与古代德国相同主题的版画如出一辙，而布莱克之前是从来没有见到过这幅画的'，他自己澄清过"。既然帕尔默并未收藏一幅《天堂与地狱的婚姻》，他给斯特兰奇看的就应该是那幅分色的尼布甲尼撒版画。巴特林指出这幅分色版画是以丢勒*的《圣约翰·克里索斯托穆斯的忏悔》为蓝本制作的，但是他并未提及这幅画（巴特林第 303 项，三幅已知传世作品之一）归塞缪尔·帕尔默所有。

第 165 页

根据泰瑟姆所讲，"当时，他正在版刻拉瓦特尔的巨幅肖像，没办法达到想要的效果，一气之下把铜版从屋子的这头扔到那头去了。后来说起这件事，别人问他是否把铜版给摔坏了，他用一贯打趣的口吻说：'哦，我还是很爱惜它的。'"

帕尔默给斯特兰奇讲述了一个类似的故事：

> 布莱克一连几周都在全神贯注地版刻一幅插图，相当需要技巧的那种——但总达不到想要的效果，他反复尝试，依旧不得要领；于是，勃然大怒，一气之下，把铜版扔到工作室的另一边去了——
>
> "铜版摔坏了吗？"我问他。
>
> "没呢，"布莱克平静地说，"我扔的时候当心着哪，不会摔破的——。"铜版不便宜，布莱克也不宽裕。

497

第 263—264 页

"在审判过程中，士兵无中生有地说了些事情……布莱克怒吼道：'血口喷人！'——这很'布莱克'。他的口吻让整个法庭为之一振，容不得不信。"

塞缪尔·帕尔默"说过他记得布莱克讲他接受叛国罪审判的事（扰

---

* 丢勒（1471—1528）是德国文艺复兴时期的代表画家、版画家。——译注

乱治安的言论在《威廉·海利的自传》中已作陈述），布莱克出庭时，有人出示伪证——布莱克大声怒吼，把在场的人都吓住了，'血口喷人！血口喷人'。他的声音很洪亮——他的妻子当时也在场"。吉尔克里斯特也记述了这个故事，因为"布莱克夫人后来常常提及此事"。不过，他的记述让人心生疑问，因为布莱克夫人根本就没有参加过1804年的庭审。

第 393 页　脚注

吉尔克里斯特（*BR*，第 307 页）记载："他喝红酒，当然是在家里，次数并不多，他说自己喜欢用平底玻璃杯大口大口地喝，那些成套的红酒玻璃杯根本就是没用的摆设。"

帕尔默告诉斯特兰奇，"他从来不喜欢用红酒杯喝红酒，他说——如果他喝红酒，他会倒在平底玻璃杯里，然后一口喝干"。

第 393 页

乔治·里士满告诉安妮·吉尔克里斯特："布莱克常常说泰晤士河很美，从卧室的窗户看出去，像根'金条'。"

根据 J. C. 斯特兰奇日志的记载："他讲话非常具有感染力，帕尔默本来不喜欢伦敦，但是，跟着布莱克一起坐在喷泉苑的家里聊天，从临河的窗户俯瞰泰晤士河，这些风景经布莱克这么一说，倒让帕尔默也新生喜欢。"

第 410 页

吉尔克里斯特讲过布莱克在田野里见到"一群羊羔"的故事，但"走得更近，……我再一看，原来根本就不是活的牲畜，而是美丽的雕像"。一位女士坐在他身边"急切地打断他，'对不起，布莱克先生，我能问问您是在哪里看到这些的？'‘就这儿，女士。’布莱克答道，手摸了摸前额"。

帕尔默给斯特兰奇讲了一个相似的故事：

> 在一位女士家里（帕氏提到了名字），好些人聚在一起，其中就有布莱克和柯勒律治——布莱克正在跟这群人讲，有一天黄昏时分，他经过达利奇的田野，见到了一幅极为美丽的画面，他充满激情地说着——在田野的角落里，有几个美丽的天使在漫步——现场一位女士被他的描述深深地打动，当即问他具体地点，想带她儿子也去看看。布莱克沉默了一会儿，神秘地指了指他的前额，以示回答。——这场景原来是出现在他的脑海里。

498

帕尔默的记述中增加了这个故事里羊圈的具体位置（达利奇）这一细节，并表明柯勒律治当时也在场。他还把绵羊都改成"几位美丽的天使在漫步"——不过记述的应该大致是相同的故事。

第 427 页

很可能在布莱克的有生之年《拉奥孔》的版画一幅也没有卖出去。

J. C. 斯特兰奇在日志中记载，塞缪尔·帕尔默"给我看了一幅精致的布莱克版画《拉奥孔》，四周环绕着一些文字。这些是帕尔默问及布莱克有关绘画的问题时，布莱克给出的观点。他曾送给帕尔默一幅版画，并且说道：'你会在这里看到我的艺术信念。'"

第 447 页

泰瑟姆写道，有些"与他……关系很亲密的人"，在 1829 年提议"提供……生平信息"（关于布莱克的）（BRS，第 91 页），但有关此事没有下文。

不过，乔治·里士满曾告诉 J. C. 斯特兰奇："若干年前，我们熟知布莱克的四个人决定把我们了解的有关他的所有生平细节都记录下来——我们也确实这么做了，而且还写了不少页。但是，我们中间的一个，他拿着这些记录，竟然像发了神经一样，将这些文稿付之一炬。太遗憾了。"这四位作者很可能是乔治·里士满、塞缪尔·帕尔默、弗雷德里克·泰瑟姆——还有爱德华·泰瑟姆，也有可能是约翰·林内尔。发神经的人显然是弗雷德里克·泰瑟姆。这是仅有的证据，表明曾经有人合作写过布莱克的生平——或者被销毁了。

索　引

（本索引中的页码为原书页码，即本书的页边码。涉及布莱克的作品均以作品标题列出，并未归入"Blake"条目下。涉及本书卷首图或插图处均已加粗处理。）